SV

Michail Bachtin
Rabelais und seine Welt

Volkskultur als Gegenkultur

Aus dem Russischen von
Gabriele Leupold
Herausgegeben und
mit einem Vorwort versehen von
Renate Lachmann

Suhrkamp Verlag

Titel der Originalausgabe:
Tvorčestvo Fransua Rable

Erste Auflage 1987

Druck: Wilhelm Röck, Weinsberg
Printed in Germany

Inhalt

Renate Lachmann

Vorwort

Wozu dient Zergliedern gewesenen Lachens

F. Ch. Rang, Historische Psychologie des Karnevals[1]

I

Wenn Michail Bachtin seine Rabelais-Untersuchung als »erste(n) Schritt im großen Unterfangen, die volkstümliche Lachkultur zu erforschen«[2] (S. 519), bezeichnet, formuliert er, genau besehen, zwei sich wechselseitig bedingende Ziele: zum einen die Neulektüre des *Gargantua und Pantagruel*, die die Schlacken der puritanisch-puristischen und moralisierend-offizialisierenden »Fehldeutungen« wegräumt und das Werk wieder freilegt im Sinnzusammenhang der Renaissance, jener einzigartigen Periode einer »Annäherung von Volkskultur und Hochkultur«, zum andern die Rekonstruktion dieser Volkskultur in ihren verbalen, gestischen und rituellen Ausdrucksformen mit Hilfe der Analyse des Rabelaisschen Romans.

Wie ist die Beziehung Bachtins[3], der sein Buch in den dreißiger Jahren – in der Stalinära – schrieb, zur Lachkultur der Renaissance und zu ihrem literarischen Repräsentanten zu denken, die Beziehung eines an einer unheilbaren Knochenkrankheit leidenden und beinamputierten Mannes zur Apotheose des Körpers, eines Zeugen der »Säuberungen« zur Propagierung der Vermischung, des Antidogmatismus und der Grenzüberschreitung? Wegen Zugehörigkeit zu einem inoffiziellen Philosophenzirkel[4] aus dem Zentrum der herrschenden Kultur an deren Rand verbannt, erkannte er aus der Marginalperspektive die emanzipatorische Kraft des vom Zentrum Wegdrängenden, eine Vielfalt von Ablösungen vom Kern. Er entwickelte – allerdings schon vor der Verbannung, als er die drohende Versteinerung des Systems zu begreifen begann – die Vorstellung eines *kulturellen Mechanismus*, der durch den Widerstreit zweier Kräfte bestimmt ist, die des Zentrifugalen und die des Zentripetalen. Eben die letztere ist es, die zur Vereindeutigung, Schließung des Systems, zum Monologischen tendiert, den Herrschaftsraum der einen Wahrheit beanspruchend, eine Kraft, die das gesamte Sprachsystem affiziert, es zur Vereinheitlichung zwingt, die Literatursprache purgiert, aus der Dialektspuren und Subsprachenelemente jeglicher Art entfernt werden und in der nur ein Idiom Geltung hat. Diese zentripetale Kraft wird von der zentrifugalen, auf Mehrdeutigkeit zielenden, Öffnung und Überschreitung zulassenden bedrängt.

Bachtin kannte die Paradigmen, die dieser Mechanismus hervortrieb. Er hatte die Erfahrung der Revolutionseuphorie mit ihren kulturellen und textuellen Praktiken, welche Öffnung, Mischung, Dehierarchisierung nicht nur verhießen, sondern exerzierten. Und er beobachtete den Prozeß der zunehmenden Schließung, Isolierung, Hierarchiebildung. Gerade aber die Erfahrung der Revolution, das Aufwirbeln von Sinn, das sie bewirkte, der Pluralität von Welten, der Kreuzung von Kulturen und Sprachen, von Texten und Gattungen, die sie zuließ, – mit andern Worten die Erfahrung der postrevolutionären Avantgarde in Rußland – bereitete seine Rabelais-Perspektive vor. So konnte er Rabelais lesen als *Repräsentanten eines Umbruchs*, in dem er den aktuellen seiner Zeit erkannte. Die Beziehung zwischen Rabelais' *Gargantua und Pantagruel* und Bachtins *Rabelais und seine Welt. Volkskultur als Gegenkultur* ist daher nicht nur die eines Textes über einen Text, d. h. eines interpretativen über einen literarischen Text, sondern die einer elementaren Verwandtschaft. Katarina Clark und Michael Holquist, die Autoren der jüngst erschienenen Monographie über Bachtin, haben diesen Punkt prägnant formuliert: »Jeder der beiden (Bachtin und Rabelais) entstammt einem Zeitalter der Revolution und jeder entwickelt einen besonders offenen Sinn für den Text. Bachtin kann Rabelais' Gelächter hören, weil er Rabelais' Buch zu lesen vermag, und er demonstriert diese Fähigkeit im Schreibakt seines Buches.« Und weiter: »Bachtin hat ein Buch über ein anderes Buch geschrieben, das ständig mit den Kategorien spielt und die Grenzen überschreitet, die die Mächte der offiziellen Ideologie gesetzt haben. Wie Rabelais untersucht Bachtin in seinem Buch den Raum (interface), wo ein von oben diktierter Stillstand und das Verlangen nach Wandel von unten, alt und neu, offiziell und inoffiziell aufeinander treffen.«[5]

Die Störung dieser für Bachtin zentralen *Ambivalenzerfahrung*, die durch den Aufbau der neuen, auf die Bewegung der Dehierarchisierung der Revolution folgenden Hierarchie, durch die Aufrichtung des Monumentalen und Heroischen, durch die rigide Trennung von oben und unten, von sakraler Person (Stalin), sakralem Ort (Kreml), sakraler Zeit (die Epiphanien des Super-Heros) und dem Profanen des sowjetischen Alltags sich einstellt, wird in der *Gegenideologie* seines Buches analysiert. Das Karnevalslachen, dessen Formen und Funktionen er bestimmt, trifft – so gelesen – nicht nur die römisch-katholische Kirche und das heilige römische Reich in der Renaissance, sondern den Stalinismus, das neue »Erhabene« des entrückten Herrschers.

Kompromisse mit Bachtins Thesen waren weder Ende der zwanziger noch während der dreißiger und vierziger Jahre möglich. Gegen den pervertierten Begriff des Volkes in der Stalinära, gegen die verordnete – alternativelose – *Volkskultur* konnte der Bachtinsche Begriff subversiv gelesen werden. Im Lachen, wie es die Volkskultur der Renaissance auf spektakuläre Weise im Karneval als Fest der Umstülpung und Parodie der Hochkultur hervorbringt, sieht Bachtin das Wissen um die Möglichkeit einer vollständigen Abkehr von der gegenwärtigen Ordnung (vgl. S. 316), d. h. im Spiel der karnevalesken Verkehrung der offiziellen Welt die Ahnung einer anderen, in welcher Antihierarchie, Relativität der Werte, Infragestellen der Autoritäten, Offenheit, fröhliche Anarchie, Verspottung aller Dogmen Geltung haben, wo der Synkretismus, die Vielzahl der Perspektiven zugelassen sind.

Die »gegenwärtige Ordnung« Bachtins aber ist die einer Volkskultur, aus der das Volk ausgetrieben und von seinem eigenen Zerrbild verfolgt wird: der Folklore. Die Poetik der Volksepen wird empfohlenes literarisches Muster. Das Karnevalslachen erstickt in Chören, der rampenlose Volkstanz wird zur Bühnenaufführung, der Marktplatz zum Opernhaus. Die Schritte der Überschreitung werden in der perfekt angewendeten choreographischen Regel gebunden. Das inszenierte Volk wird zur erhabenen Dekoration, die das Blasphemische, Parodistische und Obszöne verdrängt und das Körperliche des Körpers ausgrenzt. Bachtins *Apotheose des Körpers* als grotesken Körpers hat ihr negatives Pendant in der »Erhöhung« des funktionalen Körpers der Normübererfüllung und der Stoßarbeit, des im Monument heroisierten entkörperlichten Volkskörpers und im Körper, der mit Volkstracht, Uniform und Arbeitskleidung ausstaffiert gegen jede Vermischung gefeit ist, fest verortet in den Hierarchien der Institutionen und der Brigade, im Wettstreit gegeneinander abgegrenzt, geschlechtslos. Es ist der asketische Körper im Streben nach dem höheren Ideal, der nur noch in *einer* Gegenform parodiert werden kann, in der »Trunkenheit« (die später in der Ausnüchterungszelle enden wird). Die Vermischung, in der das eine sich mit dem anderen »verunreinigt«, wird in der stalinistischen Säuberung geahndet, der Sprache, Literatur, Ideologie, Körper, sei es der individuelle, sei es der kollektive, unterworfen werden. Gegen die Darstellung des Körperlichen und der Sexualität meldet sich die Zensur zu Worte, die von krudem »Naturalismus« und »Physiologismus« spricht. Es ist das Zensurwort, das Autoren wie Pil'njak, Babel' u. a. trifft. Der sozialistische Realismus entwickelt das genannte offizielle Körperbild, Bachtins Gegenkonzept ist das des »grotesken Realismus«, das er für Rabelais' Körper-Poetik einführt und das auch für einen Teil der avantgardistischen Literatur der zwanziger Jahre zutrifft.

Die Theorie der Karnevalskultur und der karnevalisierten Literatur, die Bachtin in seiner Monographie *Probleme der Poetik Dostoevskijs*[6] entwickelt, wird in der Rabelais-Untersuchung mit dem Konzept der Volkskultur als inoffizieller Kultur verknüpft. Der Zusammenhang der beiden Arbeiten wird deutlich, wenn man eine der Hauptthesen zur Kenntnis nimmt, wonach Rabelais und Dostoevskij in eine gemeinsame Gattungstradition gehören, deren Beginn durch die menippeische Satire gekennzeichnet ist und die in ihrer Thematik, Stilistik und narrativen Struktur eine Gegentradition zur »epischen« (klassischen) Linie der europäischen Prosatradition darstellt. Über die spezifischen Abhängigkeiten und Wechselbeziehungen zwischen Gattungstradition, Volkskultur und »Karnevalsideologie« wird noch zu reden sein.

Während die ihm in den dreißiger Jahren zugängliche *Rabelaisforschung* gerade jenen reduktionistischen Interpretationsansatz zu repräsentieren schien, in dem das »universale« Lachprinzip des Werkes ebenso verkannt wird wie dessen Stellenwert in der Karnevalskultur, konnte Bachtin an Ergebnisse der russischen Rabelaisforschung anknüpfen, die aus heutiger Sicht als Vorformulierungen einiger seiner zentralen Thesen betrachtet werden können.[7] Auch in K. E. Flögels *Geschichte des Grotesk-Komischen*[8] fand Bachtin seiner Konzeption verwandte Überlegungen und insbesondere Beschreibungen des Lachphänomens, die seine Vermutungen zu bestätigen schienen. Seine Untersuchung, der er zunächst den Titel »François Rabelais in der Geschichte des Realismus« gab, wurde vom Institut für Weltliteratur der Sowjetischen Akademie der Wissenschaften, der sie als Dissertation vorlag, stark kritisiert und konnte erst 1965 nach dem großen Erfolg der 1963 in überarbeiteter Fassung erschienenen Dostoevskij-Monographie publiziert werden. Bachtin nutzte die fünfundzwanzigjährige Zwischenzeit bis zum Erscheinen des Werkes und setzte sich mit einer der für sein Thema wichtigsten Veröffentlichungen auseinander, mit Kaysers Buch *Das Groteske*.[9] Er wies die Kaysersche Position als Eingrenzung auf die romantische Groteske-Variante des Schauervollen und Schrecklichen zurück, die er auch als Ausgrenzung des befreienden Lachaspekts und Verkennung seiner universalen Dimension kritisierte. Neuere Literatur war ihm nicht bekannt bzw. nicht zugänglich, weder zur Renaissancekultur noch zum Werk Rabelais'.

Innerhalb der *sowjetischen Forschung* wurde *Rabelais und seine Welt. Volkskultur als Gegenkultur* wie zwei Jahre zuvor *Probleme der Poetik Dostoevskijs* zu einem Ereignis, Bachtin zu einer Art wissenschaftlicher Kultfigur, die hinfort auf doppelte Weise vereinnahmt wird. Die konforme Kulturideologie und Literaturwissenschaft macht sich Bachtins Opposition von offizieller und inoffizieller Kultur, die als Beschreibung des Klassenantagonismus interpretiert wird, sowie seine Kritik des Formalismus zu eigen; die – ins Inoffizielle ragende – Text- und Kultursemiotik der Tartu-Moskauer Schule profiliert seinen Zeichenbegriff als Antizipation eigener Theoreme, präzisiert seinen Beschreibungsapparat und diskutiert Bachtin als Kulturtheoretiker im Kontext der Lévi-Strauss'schen strukturalen Anthropologie und der Freudschen Psychoanalyse.[10] Als Schnittpunkt dieser doppelten Vereinnahmung kann die 1976 erschienene Monographie

Die Lachwelt des alten Rußland[11] gelten, die einen Neuentwurf der Kulturgeschichte des russischen Mittelalters versucht.
Die *Rezeptionsgeschichte Rabelais'*, der Bachtin zu Beginn seiner Untersuchung breiten Raum gibt, ist zugleich die Geschichte der Fehllektüren und die Geschichte der nach der Hoch-Zeit der Renaissance einsetzenden Degeneration des Lachmoments, die erstere bedingt. Das heißt, das Mißverstehen des Romans ist Folge des Schwindens des karnevalesken Weltempfindens, das sich in einem Prozeß zunehmender Verbürgerlichung, Puritanisierung und Verharmlosung des Karnevals[12] bekundet. Auch die Reduktion der Karnevalsfunktionen aufs rein Sozialkritische verwirft Bachtin.
Die Geschicke der *karnevalesken Restbestände* im 20. Jahrhundert verfolgt er freilich nicht; sie hätten, denkt man an die Karnevalsgesellschaften, Cliquen, Komitees, Fastnachtsprotokolle, an den ganzen heillosen Prozeß der Offizialisierung, seinen Karnevalspessimismus bestätigen können. Indessen hat eine wiederaufgelebte Form karnevalesker Verkleidung, die Vermummung im Demonstrationszug, als »ordnungswidrig« und als »Straftat« geahndet, die Funktion des Inoffiziellen wiedergewonnen.
Es stellt sich die Frage nach der konkreten *Lachkultur-Erfahrung* Bachtins. Man wird davon ausgehen können, daß Bachtin die Geschichte der russischen Lachtradition, die mit der westeuropäischen verwandt ist, sowie einige ihrer konkreten Manifestationen kannte. Er »kannte« aber auch den römischen Karneval des ausgehenden 18. Jahrhunderts, und zwar aus Goethes *Das Römische Karneval*. Bachtin greift auf Goethes Beschreibung, die ihn in vielen Aspekten fasziniert, zurück, auch wenn er die Unterschlagung der »kosmischen« Dimension beklagt. Seine Hauptquelle aber ist, und von daher leitet sich das eingangs genannte Anliegen ab, Rabelais' Roman.
Zweifellos ist Rußland nicht der Referenzrahmen der Bachtinschen Untersuchung, und doch rechtfertigen es die wenigen Bezugnahmen auf Russisches, den in der Renaissance entwickelten *kulturkritischen* Ansatz auf die Folie Sowjetunion zu projizieren. So etwa, wenn Bachtin den Fall der Usurpation der Karnevalsrituale durch den Gewaltherrscher vorbringt, den Fall Ivans des Schrecklichen. Ivan der Schreckliche nahm die karne-

valeske Umkehrung der Welt beim Wort, er pragmatisierte sie. Die karnevaleske Verhöhnung und Profanierung des Sakralen (des Patriarchen) war eine tatsächliche, ebenso wie die Krönung eines rangniedrigen Vasallen zum Zaren und der Thronverzicht des Zaren es tatsächlich waren. Ivan der Schreckliche baute innerhalb seines eigenen Staates einen Gegenstaat auf, der die geltenden durch Gegengesetze aufhob.

Dies ist die Verkehrung der Usurpation: nicht der Narrenkönig usurpiert den tatsächlichen, sondern der tatsächliche usurpiert den Narrenkönig, usurpiert die in der Umstülpung freiwerdende Kraft. Der usurpierte Karneval richtet sich gegen das Volk, denn das Gegengesetz, das sich der Maskerade und des Mummenschanzes bedient, übt Gewaltherrschaft aus: Karneval als Theater der Grausamkeit.[13] Bachtin nennt einen zweiten Fall von Karnevals-Usurpation, der freilich andere Formen annahm, den Peters des Großen. Beide, Ivan und Peter, sind die großen Zarenfiguren, die in der Stalinzeit als Präfiguration des Volksführers galten.[14] Wenn Bachtin gegen Ende seines Buches aus Puškins *Boris Godunov* zitiert, einem Drama, in dem das Volk »das letzte Wort hat«, indem es gegen den Usurpator der legitimen Macht, Boris Godunov, anlacht, dann geht es ihm darum, eben dieses lachende Volk zur historischen Instanz zu machen: »Alle Akte des weltgeschichtlichen Dramas spielten sich vor dem lachenden Chor des Volkes ab; doch nicht in jeder Epoche hatte das Volk einen so bedeutenden Chorführer wie Rabelais.« (S. 519f.) Mit der letzten Passage von *Rabelais und seine Welt* suggeriert Bachtin selbst die über die Renaissance hinausgehende Gültigkeit des Romans und damit auch die seiner Interpretation: »Der Dirigent des Volkschores der Renaissance präsentierte die schwierige Sprache des lachenden Volkes so klar und umfassend, daß ihr Werk, der Roman, auch als Schlüssel zur volkstümlichen Lachkultur anderer Zeiten dient.« (S. 520)

Es ist das Volk in seinem Verstehen von Krieg, Leben, Tod, Macht und Zukunft als ein Geschichte und konkrete Zeit transzendierendes Über-Individuum. Gegen den Dogmatismus und die Verdinglichung der Revolution wird die Idee der permanenten Revolution stark, gegen die positiven »Errungenschaften«, die immer Verrat sind und Perversion, tritt die

»negative« Revolution, die ihre »Wahrheit« noch nicht ausgesprochen hat.[15]

II

Eine Interpretation der Bachtinschen Vorstellung von Volkskultur als Lachkultur muß deren doppelte Motivierung im Blick behalten: die *weltanschauliche* und die *kulturtypologische.*
Als Lachkultur tritt die Volkskultur vermittels eines Ensembles von Riten und Symbolen periodisch in Erscheinung, eine Lebensform auf Zeit, den Karneval, ermöglichend. Das Prinzip des Lachens jedoch, das diese organisiert, ist zeitüberschreitend, universal. Es übersteigt die Gegenstände, auf die es sich temporär richtet: die offiziellen Institutionen und das Sakrale. Es ist ein den Gattungs-Körper der Menschheit erschütterndes Lachen, kollektiv und auf das »Weltganze« gerichtet.
»Das Karnevalslachen ist ebenfalls (d. h. wie das rituelle Lachen, das die Sonne, den höchsten Gott, verlacht) auf das Höchste gerichtet[16], auf den Wechsel der Mächte und Wahrheiten. Das Lachen umfaßt beide Pole des Wechsels, bezieht sich auf den Prozeß des Wechsels selbst, auf die Krise. Im Akt des Karnevalslachens verbinden sich Tod und Wiedergeburt, Verneinung (Spott) und Behauptung (triumphierendes Lachen). Es ist ein ausgesprochen weltanschauliches, universales Lachen.« (Dost. 142) Im Lachen vollzieht sich eine »zweite Offenbarung«, wird eine »zweite Wahrheit« über die Welt verkündet.
Dieses *weltanschauliche Pathos* seiner Konzeption läßt Bachtin von der *Beschreibung* der konkreten Lachformen und deren historischen Funktionen nicht zudecken. Und so hat seine Darstellung zwei Objekte: die Verkündigung der zweiten Geburt der Welt aus dem Geist des Lachens und die Morphologie der karnevalesken Ausnahmekultur, die sich mit den jeweils verbindlichen Institutionen der Macht immer wieder durch das Aufgebot ihrer Lachsymbole und -riten auseinandersetzt.
Die zweite Wahrheit über die Welt offenbart diese als den Ort, an dem sich das »Körper-Drama« abspielt, das Drama von Geburt, Geschlechtsakt, Tod, Wachsen, Essen, Trinken und Entleerung. Das Körperdrama betrifft nicht den privaten, individuellen Körper, sondern den großen, kollektiven Volksleib.

Die Wahrheit der zweiten Offenbarung ist die Wahrheit der Relativität der Wahrheit, die Wahrheit der Krise und des Wechsels, die Wahrheit der Ambivalenz.[17] Im Akt des Karnevalslachens wird die Krise als Verneinung und Bejahung manifest, als Spott und Triumph. Das Schwellen- und Krisenbewußtsein, das der Karnevalsperiode entspricht, verleugnet die Lösung, die Vereindeutigung, es dementiert das Absolute des Todes. Und dies scheint der Angelpunkt der Konzeption: die Profilierung eines *Mythos der Ambivalenz*, der das Ende ausschließt durch die Sublimierung des Todes im Lachen und durch das Lachen. So verkörpert die Trägerin der Offenbarung, die Volkskultur, indem sie Ende und Tod verlacht, die Weigerung, die Autorität solcher Institutionen anzuerkennen, die – Tod und Ende einkalkulierend – Herrschaft ausüben. Nur in der Ableugnung der offiziellen Macht und ihrer hierarchischen Strenge, wie sie sich im militant-spielerischen Einsatz der Karnevalsrituale Ausdruck verschafft, kann die Volkskultur diesen Mythos inszenieren.[18]
Das Inventar der Karnevalshandlungen, -symbole und -zeichen gewinnt seinen Sinn also nicht nur aus der parodistischen und profanierenden Inversion der kanonisierten Werte, auch wenn diese umkehrende Abbildung der offiziellen in der inoffiziellen Kultur (die Übersetzung der offiziellen in die inoffizielle Sprache) den kulturellen Mechanismus bestimmt, sondern es gewinnt seinen Sinn auch und besonders durch die *utopische* Dimension des Mythos. In ihr gründet der universale Anspruch des Lachens, in ihr erhält dieses seine weltanschauliche Gestalt. Und dennoch, dieser utopische Mythos oder mythische Utopismus, der die Konfrontation von offiziell und inoffiziell in ihrer Zeitgebundenheit überholt, stellt in der Zeit, periodisch, sein Theater vor. Die provokativ-heitere Umstülpung der geltenden Institutionen und ihrer Hierarchie, die vorgeführt wird, zeigt – auch wenn sie letztlich alles beim alten läßt – eine permanente Alternative auf.[19] Und es ist diese nicht zum Schweigen zu bringende Energie des alternativen Appells – und nicht so sehr die konkreten Einzelformen volkskultureller Praxis –, die die institutionelle Kultur in Unruhe versetzt.
Bachtins Konzept erhält weitere Konturen, wenn die für seine Argumentation konstitutiven Begriffe des *Materialismus* und der *Ambivalenz* als den Utopiegedanken klärend miteinbezogen

werden. Die Lach- und Volkskultur wird unumwunden als materialistisch bestimmt. Seine Geltung scheint der Bachtinsche Materialismusbegriff, den man zunächst wohl eher in die Nähe des Marxschen gerückt hätte, bei genauerem Hinsehen aus dem Gegensatz zum Spiritualismus zu gewinnen. Es geht Bachtin – und er gestaltet dieses Interesse in vielfach sich wiederholenden Gedankengängen sehr eindringlich – um die *Aufwertung der Materie*, des Körperlichen. Damit widersetzt er sich der Betonung des rein Spirituellen und bezieht Stellung im heillosen Widerspruch von hylē und pneuma, der die abendländische Philosophie- und Religionsgeschichte prägt. Der Materie- und Körper-Ekel, wie er insbesondere in der Gnosis zum Ausdruck kommt, aber auch in den asketischen Strömungen und der Mystik des Mittelalters seine Entsprechungen hat, wird hier durch einen *Materie-* und *Körperjubel* beantwortet, der letztlich auf die Aufhebung des Dualismus von Materie und Geist gerichtet ist und den »Sieg« des Mystischen und Asketischen über den Körper travestiert (vgl. S. 338).

Nicht der von der Körperhülle entblößte Geist, der nach Verlassen des negativen Kosmos über einzelne Läuterungsstufen seiner Erlösung zustrebt, wie die Gnosis lehrt, sondern der groteske Leib als Hyperbolie und Hypertrophie des Leiblichen wird zur Verheißung. *»Im menschlichen Körper wird Materie schöpferisch, originell, hier ist sie aufgerufen, den ganzen Kosmos zu besiegen, die Materie des ganzen Kosmos zu organisieren. Im Menschen gewinnt die Materie historischen Charakter.«* (S. 411)

Der Materialismusgedanke in dieser Konzeption deckt aber noch anderes ab: die Materie wird zum Garanten für den Fortbestand der Kultur, denn sie »verkörpert« ihr *Gedächtnis*, in dem alle konkret realisierten kulturellen Handlungen abgebildet sind. Das Materiell-Körperliche nämlich ist das schlechthin Manifeste, das »Wirkliche«. Soteriologische Lehren und asketische Praktiken der Körperablehnung sind für Bachtin, da sie Einstellungen auf das »Ende« des Materiell-Manifesten und Wirklichen sind, nicht utopiefähig.

Es ist nun keine Frage, daß Bachtin das kritische, provokative, ja destruktive Potential von Bewegungen ausspart, die zwar ebenfalls anti-institutionell, aber nicht mit seinem Konzept der Volkskultur als einer Kultur der Materie vereinbar sind. So thematisiert er weder die sozial- und ideenrevolutionäre Bewegung der Ketzer noch die mittelalterliche Klostermystik noch die große Bedrohung der institutionalisierten Kirche von seiten der weitverzweigten gnostischen Lehre, der Sekten und Geheimkulte. In einem das Kollektive und das Öffentliche thematisierenden Modell, das mit einem universalen, die Gattung Mensch betreffenden Anspruch auftritt, scheinen Hermetismus und okkulte Lehren ihre Relevanz zu verlieren. Die Inoffizialität der Esoterik bildet weder die fröhliche Relativität noch den Lachaspekt der Welt der »zweiten Offenbarung« ab.

Bachtin, der beiläufig auf dionysische Spuren im Karneval eingeht, hat sich um das Fortwirken der dionysischen Mysterien in der Renaissance wenig gekümmert.[20] Bachtins *Volkskarneval* läßt in seiner konkreten, an den öffentlichen Platz gebundenen Theatralik weder Rausch noch Ekstase zu. Hier ist sein Konzept von denen F. Ch. Rangs und H. P. Duerrs sowie von deren nietzscheanischen Wurzeln deutlich abzugrenzen.

In F. Ch. Rangs *Historische Psychologie des Karnevals* ist der Wille zum Rausch bestimmend, die »dionysische Verwirrung«. »Die Dionysos-Orgien der orphischen Religion auferwecken in Schaltzeiten das ausgeschaltete Chaos.«[21] Die Betonung von Mord und Grausamkeit, des »furchtbaren Ausbruchs einer Tobsucht der Menschheit«[22], setzt einen mit dem Bachtinschen Ansatz nicht vereinbaren Akzent: »weil im Mysterium maskierter nächtlicher Tänze der empörerische Rausch jede Schandtat, jeden Mord, jede Ausschweifung verübte, die Willkür und Wahnwitz zu träumen gewagt«.[23] Die vom Kalender bestimmte Schaltzeit – der Kalender ist Niederschrift einer »Astrologik« – schaltet im Rausch-Chaos alles aus, was im Bachtinschen Konzept als Bezugspunkt konstitutiv ist. Die Schaltzeit ist für Bachtin Schwellenmoment, Krise, Umbruch im Spannungsfeld von Gesetz und Gegengesetz. Vor allem aber ist sie Restaurationszeit, Zeit der *Wiedergeburt*.

H. P. Duerr geht es in *Traumzeit. Über die Grenzen zwischen Wildnis und Zivilisation*[24] um die Beschreibung der Dialektik von Natur und Kultur. Die Zeit des Eintauchens in die Wildnis, um die Kultur – von außen – zu erfahren, ist als Karnevalszeit interpretierbar. »Wir haben bereits darauf hingewiesen, daß in der archaischen Mentalität der Zaun, die Hecke, die den Bereich der Wildnis von dem der Kultur trennte, nicht nur keine unüberwindliche Grenze darstellte, sondern daß dieser Zaun zu gewissen Zeiten sogar niedergerissen wurde. Wer mit Bewußtsein innerhalb des Zaunes leben wollte, der mußte zumindest einmal im Leben diese Einfriedung verlassen haben, der mußte als ein Wolf, als ›Wilder‹ durch die Wälder geschweift sein, oder moderner ausgedrückt: er mußte die Wildnis in sich selber, seine Tiernatur, erlebt haben. Denn seine ›kulturelle Natur‹ war nur die eine Seite seines Wesens, schicksalhaft gebunden an die tierhafte flygja, die demjenigen sichtbar wurde, der den Hag überschritt, der sich seinem ›zweiten Gesicht‹ überließ.«[25]

In Duerrs Soziologie der *Grenzüberschreitung*, des totalen Ausstiegs (um wieder einsteigen zu können) ist nicht das Karnevalskollektiv der Agent, sondern es sind die Nachtschwärmer, Werwölfe, Hexen. Das Erneuerungspathos ist das nämliche wie bei Bachtin. »Wie groß auch immer die Differenzen zwischen all diesen Menschengruppen sein mögen, es verbindet sie, daß sie außerhalb der Zeit ihre normalen, ihre Alltagsaspekte verlieren und zu ›jenseitigen‹ Wesen werden, sei es nun, daß sie ihre ›sozialen Rollen‹ umkehren; sei es, daß sie leiblich durch die Landschaft schwärmen oder daß sie dies nur ›con lo spirito‹ in der Ekstase, mit oder ohne ›halluzinogenen Drogen‹ tun. ›Zwischen den Zeiten‹ bedeutet eine Krisis in der Ordnung der Dinge. Die Normalität ist außer Kraft gesetzt, oder genauer gesagt, Ordnung und Chaos hören auf, Gegensätze zu sein. In dieser Krisenzeit, in der sich die Natur regeneriert, indem sie zuvor stirbt, ›sterben‹ auch die Menschen und schwärmen als Geisterwesen durch die Gegend, um zur Wiederbelebung der Natur, von der sie ein Teil sind, beizutragen.«[26] Die Ausblendung der offiziellen Kultur, wie sie Rausch und Ekstase bewirken, ist eine Grenzüberschreitung, die in einen Bereich gänzlich anderer Zeichengeltung führt, einer Zeichengeltung, die keine Kommunikation mit der offiziellen Kultur mehr gestattet. Die Karnevalskultur im Bachtinschen Verständnis aber kommuniziert in ihren konkreten Text- und Körperritualen mit ihr, wenngleich sie umkehrend und negierend.[27]

Der allgemeine Geltungsanspruch des *utopischen Materialismus* im Denken Bachtins, der eine manifeste Welt ohne Gewalt und

Tod (d.h. ohne Tod des Kollektivs, ohne Gattungstod), eine Welt ohne Materie-Ekel und Zerstörungswillen entwirft, konkurriert mit seiner Phänomenologie der *konkreten Lachformen* der mittelalterlichen und Renaissance-Karnevalspraxis. Es ist die Konkurrenz zwischen weltanschaulicher und kulturdeskriptiver Einstellung, die seine ganze Arbeit bestimmt. Diese beiden Einstellungen geraten gelegentlich in Konflikt, etwa dann, wenn die Frage der Opposition von offizieller und inoffizieller Kultur Dominanz gewinnt und bei der Beschreibung der Gegenformen gerade diejenigen des asketischen »Lagers« nicht berücksichtigt werden, obwohl sie in ihrer Anlage weit radikaler sind als die fröhlichen Äußerungen des temporären karnevalistischen Ausstandes. Wird umgekehrt die Universalität des mythischen Utopismus, der den Leben-Tod-Prozeß materialistisch – »endlos« – interpretiert, zur dominanten Frage, dann bleibt das Problem des Sinns einer rein temporären periodischen Vergegenwärtigung im Karneval ungelöst zurück.
Für Bachtin bedeutet dieser Einstellungskonflikt offenbar keine methodische Schwierigkeit. Vielmehr führt er den *kulturideologischen* und den *kulturdeskriptiven* Aspekt in dem Versuch zusammen, die Opposition von Lachkultur und Kultur der Agelasten (der Lachfeinde) als Konstante der Kulturgeschichte der Menschheit zu verstehen. Das Utopische bricht sich am Historischen, aber bricht auch immer wieder durch es hindurch. Die Opposition von Lach- und Agelastenkultur wird faßbar als Gegenüberstellung von Kultur der *Ambivalenz* und Kultur der *Dualismen*, die in ständigem Kampf mit dem einen Prinzip dem andern zustrebt und durch restriktive Praktiken der Sublimierung und Verdrängung die Vereindeutigung sucht. Diese Dualismen lassen weder Versöhnung noch Vermittlung zwischen Leben und Tod zu.[28]
Die Ambivalenz erhält in Bachtins Konzeption die Aufgabe, die Ur-Opposition zwischen Leben und Tod, auf die alle anderen dualen Formen rückführbar sind, zu verarbeiten. Damit funktioniert sie wie der »Mittler« in Lévi-Strauss' Strukturmodell der Mythen.[29]
Im ambivalenten Lachen bringt sich die Erfahrung der Ur-Opposition ins Spiel. Die Ambivalenz ist integrativ, sie reflektiert auch die sie eigentlich ausgrenzende Ordnung der Monova-

lenz[30], die die Welt in einem permanenten Prozeß des Ausschließens und der Reduktion »abarbeitet«.
Somit erscheint die Gegenüberstellung von inoffizieller Lachkultur und offizieller Ordnungskultur als die einer Ambivalenz- und einer Monovalenzkultur[31], wobei letztere einem »kosmozentrischen« Modell der Weltinterpretation folgt und die erste einem Modell, das man »oxymoral« nennen könnte.
Die *Doppelwahrheit des Oxymorons* wird im Ausnahmezustand des Festes offenbar: in der Figur des schwangeren Todes. Das Festlachen suspendiert Monovalenz und Reduktion, löst sie in die Ambivalenz auf, »versöhnt« die Ur-Opposition. Die Ambivalenz aber wird nicht getilgt, ja, es geht eigentlich um das Hervortreiben der Ambivalenz, um ihre Radikalisierung. Erst im kollektiven, ambivalenten Lachen entsteht die Utopie (der Versöhnung), sie erhält ihren »Ort« in der Festzeit auf dem Festplatz.
Statt Dogma, Herrschaft und Autorität, die im Aus-Lachen gebannt sind, werden Wechsel und Krise als die eigentlichen primären Bedingungen des Lebens, die die Folgen der Ur-Opposition darstellen, zum Thema der Lachhandlung. Das Spektakuläre der karnevalesken Rituale richtet sich nicht eigentlich gegen die Institutionen, deren Funktionen und Formen lediglich auf Zeit usurpiert werden, sondern gegen jenen Verlust *utopischen Potentials*, den Dogma und Autorität verursachen. Das Fest aber, das nicht auf Arbeit und Produktion gerichtet ist und nur sich selbst produziert, setzt auch das Utopische frei.
Bachtin zeigt die konkreten kulturellen Handlungen, in denen sich diese Ambivalenzinterpretation manifestiert, beginnend mit der Weltvorstellung, endend mit der Körpervorstellung. Das Lachen ist die alles erfassende Geste und Einstellung, die auf die Ambivalenzerfahrung antwortet, und es repräsentiert zugleich die Grundkompetenz des Menschen, die ihm die Überwindung der »kosmischen Angst« ermöglicht.[32]
Das *kosmische Lachen* lacht die kosmische Angst aus. Bei Rang ist die Vernunft Flucht vor der Angst, und Rausch ist »die Angst und die Flucht vor Angstlosigkeit, heraus aus der Vernunft, als diese die Seele zwar aus der Toten-Angst geflüchtet hatte, sich aber selbst als tote Ordnung auflegte«.[33] Der Übergang von der »Astrologik«, die den Karneval begründet, zur Vernunft, die die

Flucht vor der Angst ermöglicht, ist der Übergang zum Logozentrismus, der sein tödliches Gesetz verkündet. Der Karneval treibt zwischen Logos und »Dämon des Rausches«.[34] Die Vernunft des Bachtinschen Karnevals ist dezentriert, d. h. nicht auf die Definition, die eine Wahrheit ausgerichtet, sie ist die *Vernunft des Doppelten*.[35]

Das Lachen ist generativ, es erfindet immer neue Formen, die die Ambivalenz instrumentieren. Das Verbot, das Ausgrenzen des Lachens bedeutet die Zerstörung dieser ursprünglichen Fähigkeit, mit der Opposition Leben-Tod fertig zu werden. Die Lachfeinde sind die Vertreter einer restriktiven Kultur, die der kosmischen Angst und der Angst vor dem individuellen Tod zur Abstützung ihres Systems bedarf.

Die offizielle Kultur der Agelasten erscheint in dieser Konzeption wie die Folge eines Sündenfalls, in dem die Ambivalenzerfahrung verlorenging.

Mit einem Inventar von *Lachformen*, das er in der Antike beginnen läßt und in dem er dann zur Hauptsache Formen des Mittelalters[36] und der Renaissance zusammenstellt, versucht Bachtin zu belegen, wie die Ambivalenzerfahrung in der Volkskultur in der Auseinandersetzung mit der agelastischen Kultur immer wieder gewonnen wird, so daß die konkreten Lach-Ausdrücke, die sie erfindet, den jeweils geltenden offiziellen Formen korrespondieren. So erhält, wie es scheint, das aufs Universale zielende Konzept seine *historische* Relevanz und seine diachrone Gestalt.

Die fröhliche Relativität, die sie in Szene setzt, betrifft die Lachkultur selbst, d. h. ihren Status gegenüber der herrschenden Kultur, in deren Rahmen sie sich jeweils – als ein sich selbst auslachendes Lachen – realisiert. Wenn sie im Jahreszyklus ihre Frei-Zeit und ihren Frei-Raum erhält, entfaltet sie sich nicht als destruktive, sondern als *regenerative Kraft*. Das temporäre Eintauchen der offiziellen Kultur in die des Volkes bedeutet einen Erneuerungsprozeß, der die in ihre parodistischen Gegennormen umgestülpten Wert- und Hierarchievorstellungen in Bewegung bringt, dynamisiert. Und so reicht die Lachkultur die Petrifikate der Institutionen in einem gleichsam aufgefrischten, erneuerten Zustand an diese zurück.[37] Die Prozeduren der Profanation, der Degradierung, Mesalliance und Familiarisie-

rung haben ihnen nichts anhaben können. Auch dieser Aspekt des Bachtinschen Entwurfs ist hervorzuheben. Das Gegenkulturelle der Lachkultur spielt sich nicht auf derselben Ebene ab, auf der die offizielle wirkt. Während im Bereich des Pragmatischen das Normative Konsequenzen hat, bleibt das karnevaleske Gegenritual folgenlos im Bereich der politisch und sozial relevanten Handlung: das *Phantasma* tritt an die Stelle des *Pragma*.
Frei-Raum und Frei-Zeit, die sich die Lachkultur nimmt und die die Institutionskultur gewährt – wobei das Gewähren zum kulturellen Mechanismus gehört und sozusagen regelhaft eintritt –, markieren *Einschnitte* besonderer Art. In der von Bachtin suggerierten Vorstellung ist es ja nur die Volkskultur, die die zyklische Zeit bewahrt, indem sie sie durch ihre Feste skandiert, nur die Volkskultur spiegelt die Periodizität als kosmisch-mythische und schafft im Zusammenspiel von Karnevalsraum (es ist der öffentliche Marktplatz) und Karnevalszeit den »Karnevals-Chronotop«. Der Karnevals-Chronotop verdichtet den Absterbens- und Erneuerungsprozeß in einem Ensemble von Ritualen, die anders als die institutionellen Zeremoniale nicht auf Machterhaltung, nicht auf Bewahrung der Hierarchie gerichtet sind, sondern einzig dieses mythische Faktum zur Schau stellen. Durchkreuzt wird dieser Chronotop durch die Institutionen, die linearen und finalistischen Parametern verpflichtet sind und Raum und Zeit ihren *Gebrauchswert* wiedergeben. Die All-Gewalt des Alltags zwingt die Narren, ihre Insignien abzulegen und ihr Karnevalswissen für ein weiteres Jahr zu speichern. Die All-Gewalt des Lachens aber, ihrer periodischen Wiederkehr bewußt, überschreitet sowohl die konkreten Medien, in denen sie sich zum Ausdruck bringt, als auch den historischen Zeit-Raum ihrer Aktualisierung. Die Interferenz des *Temporär-Ludistischen* und des *Universal-Anthropologischen* bestimmt die Bachtinsche Karnevalsaxiologie.
E. R. Leach hat in *Rethinking Anthropology*[38], in Anknüpfung an Durkheims Idee des Festes als einem den Zeitfluß markierenden Übergang von einer normal alltäglichen Ordnung zu einer unnormal geheiligten (und zurück), Differenzierungen eingeführt. Es geht ihm um die Beschreibung der Transposition der Profanstruktur in eine überhöhte Struktur des »Heiligen« (sacred). Das Heilige teilt mit Bachtins Karneval elementare Funk-

tionen, doch unterscheidet sich die von Leach vorgeschlagene Phasenfolge von Bachtins Interpretation:

Phase A bedeutet Heiligung, Trennung, den »Tod«;

Phase B die Grenzsituation, den geheiligten Zustand, in dem das Normalleben aufgehalten ist;

Phase C die Entheiligung, die Rückkehr und Wiedereingliederung des Heiligen ins Profane, die »Wiedergeburt«, den Wiederbeginn der weltlichen Zeit;

Phase D das normale säkulare Leben, das als solches wiederum als Intervall zwischen den Festen verstanden wird.

Dabei ist die Phase A die Umkehrung von Phase C, Phase B das Gegenteil von Phase D.[39]

Unter den drei Verhaltensformen bei rituellen Anlässen ist es nur eine, die der Bachtinschen Konzeption entspricht: »And finally, in a few relatively rare instances, we find an extreme form of revelry in which the participants play-act at being precisely the opposite to what they really are; men act as women, women as men, Kings as beggars, servants as masters, acolytes as Bishops. In such situations of true orgy, normal life is played in reverse, with all manners of sins such as incest, adultery, transvestitism, sacrilege, and lèse-majesté treated as the order of the day.«[40] Mit der Unterscheidung von Formalität, Maskerade und Rollentausch beschreibt Leach in bezug auf die genannten Phasen Formen von Festverhalten und zeigt von Bachtin nicht beobachtete Mechanismen auf: Formalität und Maskerade bilden ein Gegensatzpaar (die strenge Form, z.B. Hochzeit, kann in Maskerade enden, Maskeraden dagegen, z.B. Neujahrsfeier, Karneval, in Formalität) und entsprechen den Phasen A und C. Die Rollenumkehrung entspricht der Phase B als Symbol einer vollständigen Verlagerung vom Weltlich-Profanen zum Heiligen: »normal time has stopped, sacred time is played in reverse, death is converted into birth«.[41]

Der von Leachs Ansatz wegführende *enthusiastische Utopismus* der Bachtinschen Konzeption läßt Spuren der klassischen Historiosophie erkennen: Karneval als Wiederkehr des »Goldenen Zeitalters« und als Vision einer zukünftigen Welt des befreiten Lachens, das die »kosmische Angst« nicht mehr kennt. Das sind die klassischen Utopiemotive des verlorenen, wiedergewonnenen Paradieses, des Gelobten Landes.[42] Die Aufhebung der

Entfremdung, die diese Motive zum Gegenstand haben, hat für Bachtin neben der historischen die universale Dimension, die das *Sein des Menschen im Kosmos* betrifft. Die kosmische Angst, die den Gattungskörper der Menschheit erfaßt, ist stärker als die individuelle Angst vor dem individuellen Tod.[43] Das Lachprinzip, das sie aufhebt, indem sie sie in die Sprache des Materiell-Leiblichen übersetzt, ließe sich somit als das Kultur generierende Prinzip überhaupt begreifen.[44] Denn nur die im Lachen hervorgebrachte Kultur reflektiert das Werden, den Umbruch, die Schwelle, die Wiederkehr, das Nicht-Ende. Das Lachprinzip garantiert die *Regeneration des Gattungskörpers*, die Akkumulation der Kulturerfahrung als Gedächtnis, das sich zyklisch in den konkreten Formen der Karnevalsriten als antieschatologische Verheißung zum Ausdruck bringt. Diese Kultur hat kein telos.

Die offizielle Kultur der Agelasten hingegen, die der kosmischen Angst erliegt, ist von ihrer Struktur her finalistisch, aufs Ende angelegt. Finalistisch ist ihr Arbeits- und Produktionsbegriff. Alle Formen des Ausschlusses, der Verdrängung und Sublimierung, der Reduktion sind auf Vereindeutigung gerichtet, auf die eine Wahrheit, die für Bachtin das »Ende« der Ambivalenzbewegung bedeutet.

Die *Renaissancekultur* gewinnt nun in der Bachtinschen Darstellung und vor dem Hintergrund dieses universalen Anspruchs einen Sonderplatz in der Geschichte der Menschheit. Thema ist die einmalige Annäherung von Volkskultur und Hochkultur: die Grenzen zwischen offiziell und inoffiziell scheinen aufgehoben, die Lachformen dringen in die höchsten Sphären der Literatur und Ideologie ein. Das herrschende *Weltmodell* beruht auf der Ambivalenzerfahrung. »In der Renaissance gelang es dem Lachen in seiner radikalsten, universalsten, vielleicht weltumfassendsten und zugleich *heitersten* Form, ein einziges Mal im Lauf der Geschichte für [...] fünfzig oder sechzig Jahre aus dem Volk heraus und zusammen mit den (›vulgären‹) Volkssprachen in die große Literatur und die offizielle Ideologie vorzudringen.« (S. 122) (Bachtin führt Boccaccio, Rabelais, Cervantes, Shakespeare als Beispiele für dieses einmalige Kulturereignis an.) Die Renaissance erscheint als ein Stück realisierter Utopie. Von daher wird verständlich, daß Bachtin gerade in Rabelais' Werk die Lachkultur untersucht, indem er von einer Homologie zwischen Lachkulturpraxis und literarischer Praxis, von einer beiden gemeinsamen »Sprache« ausgeht.

Bachtins *Materialismusbegriff* hat nun auch Konsequenzen für die Art und Weise, wie er sich das Funktionieren der *kulturellen Zeichen* vorstellt und das Wechselverhältnis von Karnevalspraxis und Literatur entwirft. Entscheidend hierbei – und dies scheint eine eigene Position innerhalb der Geschichte der Zeichentheorie zu markieren – ist die Hervorhebung der Materie – besser der Material-Dimension des Zeichens.

Das bedeutet, daß alle kulturellen Hervorbringungen – Bachtin nennt sie »Produkte des ideologischen Schaffens« – d. h. Kunstwerke, wissenschaftliche Arbeiten, religiöse Symbole, Riten etc. als materielle Dinge in Erscheinung treten. Es sind Dinge besonderer Art, da sie Bedeutung tragen, Sinn bilden und werthaft sind. Doch Werthaftigkeit und Bedeutung sind nur in und durch die Materialität gegeben. Mit anderen Worten: Werte und Bedeutungen werden zu einer ideologischen, also einer kulturellen Wirklichkeit erst, wenn sie sich in Lauten (Worten), Handlungen, Kleidung, Manieren, in den Organisationsformen, die der Mensch sich selbst und den Dingen gibt, realisieren, kurz: in einem *Zeichenmaterial*.

Im Nach-außen-Gewendetsein des Zeichens als Laut, Geste, Stoff, sichtbar-tastbare Formation vollzieht sich die semiotische Inszenierung der Materie. Bachtin spricht vom »Körper-Zeichen« (telo-znak)[45], dessen Findung allein schon bedeutsam sei, Bedeutung trage. Eine Abspaltung des Sinns vom Körper, eine Trennung von Materie und Zeichenwert ist daher in Bachtins Konzeption nicht möglich, und es ist eben dieses Zusammenspiel von Materie und Zeichen – von soma und sēma –, das Spiel der *somatischen Semiotik*, das Kultur konstituiert.

Jede Materie-Zeichen-Koalition bzw. jede Form ideologischen Schaffens hat ihre eigene Sprache und ihre eigenen Verfahren, um deren spezifische Morphologie es Bachtin zu tun ist.

Die *Sprache des Karnevals*, ein System von Zeichen, die, nach bestimmten Regeln ausgewählt und zu Folgen kombiniert, kulturellen Sinn hervorbringen, verfügt über eine bestimmte Anzahl von Paradigmen, die alle vom Lachprinzip bestimmt sind. Diese Paradigmen sind: fröhliche Relativität, Instabilität,

Offenheit und Unabgeschlossenheit, das Metamorphotische, die Ambivalenz, das Exzentrische, die Materialität-Leiblichkeit, der Überfluß, das Austauschen der Wertpositionen: oben/unten, Herr/Sklave, und das Gefühl der Universalität des Seins. Von diesen Paradigmen sind die semantischen Eigenschaften und die Gestaltung aller Fakten der Lachkultur bestimmt, auch solche Elemente unterliegen ihnen, die aus anderen Bereichen in die Lachsphäre eindringen. Bachtin, als Sprachbeschreiber, erstellt ein Inventar von Elementen, die er »Bilder« nennt (vielleicht ließen sie sich eher als Symbole bezeichnen), die wie die Wörter der verbalen Sprache Sequenzen bilden können: konkrete *Karnevalshandlungen*. Dieses Symbol-Inventar oder -Lexikon enthält die Schemata für alle konkret realisierten Erscheinungsformen der Lachrituale: die Verknüpfung von Geburt und Tod, die Apotheose der Narren, die Erniedrigung von Gegenständen und Personen des offiziellen Kultes, die Demonstration des Verborgenen (Sexualität, Verdauungsprozeß), das Vertauschen der sozial- und geschlechtsspezifischen Kleidung und Gestik, die Verkleidung, die Veranstaltung von Gastmählern, das Eindringen in das Körper- oder Erdinnere, schließlich die Zerstückelung.

Bachtin macht deutlich, daß in dieser im Mittelalter und in der Renaissance geltenden Karnevalssprache eine ältere, verschüttete gleichsam mit-spricht, die der *Mythen*. Die Bedeutungsvielfalt der einzelnen Zeichen, deren sich die Lachkultur der Renaissance bedient, erwächst aus der Überlagerung der »ursprünglichen« Karnevalsbedeutungen durch solche, die im Laufe der Entwicklung jener »tausendjährigen Volkskultur« jeweils neue kulturelle Erfahrungen, neue Weltmodelle aufgenommen haben. Im Einzelzeichen sind diese Bedeutungen in einer vielfältigen Schichtung gespeichert. Bachtin geht es darum, die genetische Dimension des Einzelzeichens zu reflektieren, aber ebenso sehr auch darum, zu zeigen, wie sich die ursprüngliche Sprache, die sich in einem »archaischen Synkretismus«[46] als Mischung verschiedener Zeichensysteme gebildet hat, verändert und wie es in der Renaissance zu einem neuen Synkretismus kommt. Dieser *neue Synkretismus* bildet den thematischen Schwerpunkt seines beschreibenden und interpretierenden Interesses.

Die Lach-Volkskultur der Renaissance hat eine Reihe von Formen absorbiert, die ihr von ihren elementaren Funktionen her verwandt sind. Jede dieser Formen hat ihre eigene Geschichte und eine eigene Geschichte der Vermischung mit anderen. Es ist das Synkretistische, Hybride, das den Grundcharakter der Sprache der Renaissance-Volkskultur[47] ausmacht und als deren Exponent der Karneval in Erscheinung tritt. Der Karneval als synkretistische Form verschiedener volkstümlicher Riten (vgl. S. 259) ist nicht nur Gegenritus, der als formale Umkehrung des offiziellen gestaltet wird, sondern er vermengt sich auch mit parodistischen Tendenzen, die bestimmte antike und christliche, mit sakraler und kultureller Autorität ausgestattete Traditionen immer schon unterlaufen haben und die gewissermaßen innerhalb der seriösen Kultur entstanden sind. In diesem Sinne spricht Bachtin von der parodistisch-karnevalistischen Implikation des alten Fronleichnamsfestes, stellt er das antike Symposium und das christliche Abendmahl mit dem Festmahl parodistischer Prägung in eine Reihe (vgl. S. 270, 330).

Der Karneval als *hybridisierende Ausdrucksform* der volkstümlichen Lachkultur, wie sie die Renaissance manifestiert, hat also heterogene, aus verschiedenen Bereichen kultureller Praxis stammende Elemente integriert, so zum Beispiel Strategien des Eselstages, der Maskeraden und Umzüge, des risus paschalis, der parodia sacra etc., und diese alle in ein funktionsfähiges »System« von Verschmelzungen überführt. Es gilt aber für die Renaissance in Bachtins Verständnis auch ein Ensemble von Vor-Formen, formalen Antizipationen, die sich nicht so sehr der sogenannten klassischen, als vielmehr der »karnevalisierten Antike« verdanken. Spätantike Autoren wie Lukian, Athanaios, Aulus Gellius, Plutarch, Macrobius, Formen wie die »mimische Tradition«, der Dialog und eben das Symposium (vgl. S. 146) repräsentieren diese Karnevalisierung. Bachtin sieht die Verbindung zwischen einer so entstandenen Antike und der Renaissance noch enger: »Das antike Lachen war für die *Lachtheorie* der Renaissance von außerordentlicher Bedeutung: indem sie ihm den Weg in das humanistische Denken ebnete, schuf sie die Apologie der literarischen Lachtradition. Die künstlerische Lach*praxis* der Renaissance dagegen war vor allem von den Traditionen der volkstümlichen Lachkultur des Mittelalters geprägt.« (S. 121)

In der Renaissance sieht Bachtin aber nicht nur die Fusion von karnevalisierter Antike und Volkskultur des Mittelalters, sondern auch jene historisch »einmalige« Verschmelzung von Hoch- und Volkskultur überhaupt.

In seiner Interpretation entspricht die Renaissance nicht mehr einem klassischen Kulturmodell, sondern stellt eine hybride Kulturformation dar, die sich durch Integrationsfähigkeit, Amalgamierungskraft auszeichnet und gerade mit unklassischen Formen kulturellen Handelns Koalitionen eingeht. Die Renaissance repräsentiert damit einen *Kulturtyp*, der eher zentrifugal als zentripetal, eher dekanonisierend als kanonisierend, eher antihierarchisch als hierarchiegebunden funktioniert, einen Kulturtyp, der Fusionen und Berührungen zwischen den einzelnen Zeichensystemen, die ihn konstituieren, zuläßt. So auch die Annäherungen von volkskultureller und literarischer Praxis.

Hier muß nun die Frage nach dem Zusammenhang von *Literatur* und *Volkskultur* noch einmal gestellt werden. Bachtins Vorgehen suggeriert zwei Aspekte: Zum einen geht er von einer Art *Widerspiegelungsbeziehung* zwischen literarischem Text und karnevalesker Praxis aus. D.h., Rabelais' Werk erscheint als Abbildung volkskultureller Handlungen, seine Sprachpraxis als Rekonstruktion volkstümlicher Sprachformen. Unter diesem Aspekt ist das Verhältnis zwischen Volkskultur und Literatur zugleich als dasjenige zwischen Dargestelltem und Darstellung wie auch als dasjenige zwischen Material und Darstellung zu bestimmen. Zum anderen aber setzt Bachtins Behandlung des Rabelaisschen Romans so etwas wie ein *Verhältnis der Parallelität* zweier Zeichensysteme voraus, von denen jedes seine eigene Tradition hat. Insofern die beiden Zeichensysteme, volkskulturelle und literarische Praxis, homolog sind, ermöglichen sie die Umsetzung, Übersetzung von Elementen der einen in die andere Sprache. Aber bei diesem Prozeß gibt es einen »unübersetzbaren« Rest, eine unaufhebbare Differenz, in der die Spannung zwischen den beiden Zeichenensembles erhalten bleibt. In seinem Buch über Dostoevskijs Poetik, in dem, wie gesagt, das Thema des Karnevals und der Karnevalsliteratur ausführlich behandelt wird und zentrale Thesen des Gesamtkonzepts ausformuliert sind, geht Bachtin auf diese spezifische Übersetzbarkeit mit »Restbeständen«, diese Kongruenz-Inkongruenz der beiden Sprachen, ein: »Der Karneval hat eine ganze Sprache symbolischer, konkret-sinnlicher Formen geschaffen, von großen komplizierten Massenaufführungen bis zu einzelnen karnevalistischen Gesten. Diese Sprache brachte differenziert, man kann sagen artikuliert (wie jede Sprache), das einheitliche (aber komplexe) karnevalistische Weltempfinden zum Ausdruck, das alle seine Formen durchdrang. Diese Sprache läßt sich nicht auch nur einigermaßen vollständig und adäquat in die Sprache der Worte, geschweige denn abstrakter Begriffe übertragen, aber sie läßt sich auf bestimmte Weise in die ihr durch ihren konkret-sinnlichen Charakter verwandte Sprache künstlerischer Bilder, d. h. in die Literatursprache transponieren. Die Transposition des Karnevals in die Literatursprache nennen wir Karnevalisierung der Literatur.« (Dost. 136f.)

In dem Begriff »Karnevalisierung« (karnevalizacija) sind zwei Aspekte enthalten: Zum einen wird der Prozeß der Verschmelzung, der heterogene Formen in den Lachdienst der Volkskultur stellt, als kulturelle Handlung bestimmbar. Zum anderen – und darum ist es Bachtin zu tun – wird hiermit die Herausbildung einer *Gattung* bezeichnet, in der die Rolle des Literarischen selbst durch die Aufnahme von Funktionen der Lachkultur verändert zu sein scheint. Die Gattung »karnevalisierte Literatur« setzt mithin die kulturelle Praxis »Karneval« und den diese ermöglichenden Verschmelzungsprozeß voraus. – Dies ist eine gattungsgenetische Überlegung, wie sie auch in bezug auf die Tragödie angestellt worden ist, die ebenfalls auf eine rituelle Praxis, den Mimus, zurückgeführt wird. In Bachtins Konzeption übernimmt die karnevalisierte Literatur – nachdem der Karneval selbst ab der zweiten Hälfte des 17. Jahrhunderts aufgehört hat, Quelle der Karnevalisierung der Kultur zu sein – dessen Funktion. Rabelais' Werk, das noch die direkte Berührung mit dem Karneval reflektiert, wird demnach in der Nachkarnevalsära zum *Hauptparadigma* der karnevalisierten Literatur. (Ebenso wie in der karnevalisierten Literatur ein Funktionswandel des Literarischen einsetzt, zeigt die Transposition ins Literarische einen Funktionswandel des Karnevalistischen an.)

Nun vermag der Begriff der karnevalisierten Literatur, mit dem

Bachtin – die Literaturgeschichtsschreibung modifizierend – eine eigene literarische Tradition zu bestimmen versucht, keineswegs eine bestimmte literarische Gattung genauer zu bezeichnen. Wohl aber gibt es für Bachtin Gattungen, die als Repräsentanten karnevalisierter Literatur gelten können: so vor allen die sogenannte *menippeische Satire*, die seit der Antike als eigene Gattung begriffen wurde. Allerdings stellt auch die menippeische Satire nicht jene vom Karneval direkt ausgehende Grundgattung dar, eher ließe sich davon reden, daß die Menippea, eine Mischgattung, die in der Brechung der epischen und tragischen Distanz Antwort auf eine Krise der offiziellen hohen Gattungen ist, als eine Form zu fassen wäre, die dasselbe Verhältnis zum Etablierten und zu den Hierarchien zum Ausdruck bringt wie der Karneval in bezug auf die herrschende Kultur. Um aber die Frage der Umschaltung von kultureller Praxis in Literatur nicht ganz unbestimmt zu lassen, könnte man, wiederum Bachtinsche Überlegungen aufgreifend, die Menippea als Repräsentation eines *Gattungsgedächtnisses* verstehen, in dem die Spuren der Übersetzung eines archaischen Karnevalsgestus, eines archaischen Synkretismus und einer archaischen parodistischen Grundeinstellung in einen verbalen Text bewahrt sind. Diese Spuren werden in alle späteren Gattungen, die von der Menippea affiziert werden, eingebracht. So lebt die Gattung in der Gegenwart ihrer konkreten Realisierung, aber sie erinnert ihr Vergangenes, ihren Beginn, die archaische Kommunikationssituation, sie stellt das »schöpferische Gedächtnis im Prozeß der literarischen Entwicklung« (Dost. 118) dar. Bachtin verbindet mit der Tradition der menippeischen Satire Autorennamen wie Menippos von Gadara, der als ihr Begründer gilt, Lukian, Apuleius, Petron u. a. und siedelt Rabelais und hernach Dostoevskij in dieser Tradition an.

Ohne Bezug auf Rabelais' Werk und die Renaissance hat es Bachtin in seinem Dostoevskij-Buch unternommen, *Gattungsmerkmale* der Menippea zusammenzustellen und diese zugleich auf den Roman in seiner nicht-epischen Ausprägung auszudehnen. Diese Merkmale, die nicht immer gekoppelt und mit unterschiedlicher Dominanz auftreten können, sind das Parodistische (als Schaffung eines »erniedrigenden Doppelgängers«, als Erzeugung der »umgestülpten Welt«), das Lachelement selbst, die experimentelle Phantastik, die gewissermaßen freie, unmotivierte, sich an keinem Wahrscheinlichkeitskode orientierende Wahl des Sujets, der Synkretismus der Form, die Exzentrik der Thematik: Behandlung der letzten Fragen, Darstellung von Schwellensituationen, Beschreibung von Anomalien, Manien, Psychopathien, Skandalen; sodann die utopische, aufs Universale zielende Ausrichtung.

Hält Bachtin einerseits an der Menippea als Paradegattung der karnevalisierten Literatur fest, so geht es ihm anderseits durch Aufstellung eines Katalogs von vier »Karnevalskategorien« darum, wiederum über die spezielle Gattung hinaus, Grundzüge karnevalisierter Literatur überhaupt zu identifizieren, in der insbesondere der Roman als später Verwandter der Menippea Prominenz gewinnt. Die *Kategorien* sind: erstens »das Familiäre« als Berührung auf der Horizontalen, die die Vertikale des Hierarchischen ablöst; zweitens »die Exzentrik«. Diese Kategorie läßt sich als Beschreibung eines Prozesses des Hervordrängens des Verdrängten beschreiben, der Veröffentlichung des Verborgenen. Sie meint aber vor allem das Heraustreten des Individuums aus dem seine Identität fixierenden Zentrum in den Raum transindividueller Gemeinschaft, die Teil eines Festes ist, des Festes der »alles vernichtenden und alles erneuernden Zeit« (Dost. 139). Die dritte Kategorie, die Bachtin »karnevalistische Mesalliancen« nennt, beschreibt den alle Hierarchien und getrennten Bereiche durchkreuzenden Kontakt aller mit allen, die Mischung von oben und unten, heilig und profan. Mit »Profanierung«, der letzten Kategorie, meint er den semantischen Bereich der lästernden, parodistischen, obszönen Umkehrung.

Über den kategorialen Charakter dieser Begriffe läßt sich streiten, es sind wohl eher, wie Bachtin selbst einräumt, »konkret-sinnliche« oder »gespielte«, rituell dargestellte »Gedanken« (Dost. 139), doch er beharrt auf ihrer für die Literatur folgenreichen formenbildenden Struktur. D. h., diese »Kategorien«, die er aus der Analyse der Literatur ermittelt hat, werden zugleich als Prinzipien gelesen, die diese Literatur organisieren. Es gelingt Bachtin, sie in *Gargantua und Pantagruel* aufzudecken.

So gilt sein analytisches Interesse den *Verfahren der Gattungs-*

und Stilmischung, der Kreuzung der Diskurse der offiziellen Kultur (der Wissenschaft, besonders der Medizin, der Jurisprudenz, der Theologie und Philosophie) mit den inoffiziellen der Volkskultur, den Verstößen gegen das decorum, der Behandlung »extremer« Themen, der parodistisch-travestierenden Orientierung auf die Werke der hohen Literatur. Vor allem gilt sein Interesse dem Sprachsynkretismus des Werks, das die Sprachpraxis der Zeit, die auf die Krisensituation mit einer Tendenz zur Hybridenbildung antwortet, nicht nur widerspiegelt, sondern zum Muster für die eigenen sprachlichen Verfahren wählt. Rabelais, an dessen kontextgebundener, also humanistischer Substanz Bachtin keinen Zweifel läßt, repräsentiert jene Stufe der Reflexion, die die Spaltung von offizieller und inoffizieller Kultur – bereits abweichend vom Mittelalter – als Krise erkennt und die Krise als Schnittpunkt der Kultursphären sichtbar macht.

Die Grenze zwischen offizieller und inoffizieller Kultur verläuft in Bachtins Sicht auf Rabelais entlang der *Sprachgrenze* zwischen Latein und Vulgärsprache oder genauer auf der Grenze, die drei Sprachen trennt: klassisches Latein, mittelalterliches Latein und Volkssprache. Ihre Konfrontation oder Mischung, die einer »fröhlichen Grammatik« folgt, schafft neue Formen des Zeitbewußtseins. Auch die Dialekte werden entdeckt und, wie es die commedia dell'arte tut, als Sprachmasken vorgeführt. Das Narrenwort des Pulcinell entsteht just im Schnittpunkt der Sprachen. Die Vielsprachigkeit entdogmatisiert und setzt »unerlaubte« Bedeutungen frei. Die von der offiziellen Sinnbindung befreiten Wörter sind auf dem fröhlichen Weg zu Schimpfworten und komischen Spitznamen. Hier setzt Bachtin im Rahmen seiner Rabelais-Analyse mit Einzelinterpretationen ein und kommt zu der Feststellung, daß alle Eigen- und Gattungsnamen auf den zugleich lobenden und beschimpfenden Spitznamen hintendieren, und daß dieser *Doppelfunktion* alle Phänomene und Gegenstände unterworfen werden können. Denn ihrer aller principium individuationis liege in Lob und Beschimpfung, Positivierung und Negativierung. »Je inoffizieller aber die Rede, um so familiärer ist sie, und um so häufiger und grundsätzlicher mischen sich die beiden Tonlagen, um so schwächer wird die Grenze zwischen Lob und Beschimpfung. Sie beginnen, derselben Person und derselben Sache zu gelten, und diese verkörpern die ganze werdende Welt. Die festen offiziellen Grenzen zwischen Dingen und Werten beginnen sich aufzulösen, und es erwacht die alte Ambivalenz des Worts, das immer Leben und Tod wünscht, von Aussaat und Wiedergeburt zugleich spricht.« (S. 466)

Bachtin geht es darum, im Fluch, im profanierend-degradierenden Spitznamen die Ambivalenz, den Doppelsinn[48] aufzuspüren – wozu ihm eine Reihe glänzender Analysen der Fluchpoetik Rabelais' gelingt. Das Prinzip der Ambivalenz tritt im Bereich des Sprachlichen auf zweifache Weise auf: in der Berührung der Sprachen, ihrer Mischung also, die einen Dialog zwischen ihnen inszeniert, und im Einzelwort selbst, das in sich zwei Sinn- oder Wertpositionen – wiederum dialogisch – einander berühren läßt.

Die *Mischung* und das *Dialogische*[49] haben für die Sinnbildung der Texte aus der menippeischen Tradition entscheidende Bedeutung. In seiner Definition des hybriden, also gemischten, Dialogwortes hat Bachtin die Aspekte zusammengeführt: »Wir nennen diejenige Äußerung eine hybride Konstruktion, die ihren grammatischen (syntaktischen) und kompositorischen Merkmalen nach zu einem einzigen Sprecher gehört, in der sich in Wirklichkeit aber zwei Äußerungen, zwei Redeweisen, zwei Stile, zwei Sprachen, zwei Horizonte von Sinn und Wertung vermischen.« (Ästh. 195).

Die Kategorie des Dialogischen, die eine dynamische Bedeutungskomplexion beschreibt, ist kommunikativ positiv, versöhnlich. Setzt man aber den Aspekt der Reibung der Stile (es geht, wie oben erwähnt, nicht nur um zwei Stile und Sprachen, sondern um einen Stil- und Sprachenpluralismus) dominant, d. h. den Aspekt der Differenz der heterogenen Stile, dann gerät ein eher Unharmonisches in den Blick: das Hybride, das Synkretistische treibt den einen, sich konsolidierenden Sinn auseinander, und so können auch die Bilder der konkreten Wirklichkeit trotz ihres »Realismus« nicht gerinnen. Die *synkretistische Sinngeste* löst die Sinn-Kerne auf und entfaltet zugleich den aus verschiedenen Kontexten stammenden Sinn. Sie spielt ihr Spiel mit dem heterogenen Sinn, ein Spiel, wie es die Mischung der Einzeldiskurse der Renaissance erlaubt, die sich jeweils eigener

Stile und Sprachen bedienen: der Sprache des Marktplatzes und der Schaubuden, der Sprache der Medizin und der Jurisprudenz, der Sprache der Theologie der Sorbonne und der philosophischen Disputation, der Klostersprache, der Kirchensprache. Rabelais hat alle genannten Diskurs-»Idiome« parodistisch als Rollen dargestellt und insbesondere in seinen überquellenden Wortkatalogen eine freie, alle sprachlichen Folien nutzende komische Wortkreation vorgeführt, die als solche eine eigene Tradition gebildet hat.

Neben der Geste des Auseinandertreibens gibt es die der Verdichtung des Sinns, der Verschleierung, des Kryptischen. Bachtin hat zwar auch diesen Aspekt bei Rabelais nicht übersehen, aber die Dechiffrierung der Hermetismen des Textes macht er sich nicht zur Aufgabe.[50] In seiner Interpretation erscheint der Roman als groß angelegtes *Sinn-Spiel*, das sich auf keinen Sinn festlegen will, das weder Identität, noch Substanz, noch Definition anstrebt, als ein »hieroglyphisches Spektakel«, wie Julia Kristeva formuliert, das zögert, »ein psychisches Universum zu definieren«[51], und in dem »die Phantasmagorie und der Symbolismus mit einem makabren Naturalismus«[52] sich vermischen. Hier läßt sich ein weiterer Aspekt anfügen. Der Sinn, der sich nicht auf ein Zentrum zurückführen läßt, der ex-zentrische Sinn, verweist immer auf ein anderes, indem er Identität verweigert, schließt er Alterität ein.

Wie in der Karnevalshandlung die Person hinter der Maske verschwindet und in der Maske ihren Doppelgänger findet, erscheint die Person bei Rabelais als nicht mit sich selbst identisch, sondern *ex-zentrisch*, also in der Sprachmaske. In der Sprachmaske tritt das zensierte, inoffizielle Bewußtsein nach außen, wird die innere Rede zur äußeren.[53] Die karnevalisierte Rede ist Mittel der Verbindung von »Unbewußtem« und sozialem Milieu, in der die Opposition von »Wir-Erfahrung« und »Ich-Erfahrung«[54] (die das Leibliche und Sexuelle betrifft) aufgehoben wird: es ist die Aufhebung des unsagbaren Ich und des sagbaren Wir in der Rede des Karnevals-Kollektivs.

Das Konzept des »double«[55], der *Verdoppelung*, des Doppelgängers, das besonders im Anschluß an Bachtinsche Gedanken weitergeführt wird, bedeutet nicht Ich-Spaltung, sondern personale Ambivalenz.

Für Bachtins Argumentation wesentlicher allerdings ist die Frage, wie der *Körper* in diesem Prozeß ins Spiel gebracht wird. Denn es ist der Körper, der zur Bühne der Exzentrik wird, der Körper, der seine Grenzen verläßt, seine eigene Übertreibung hervortreibt, der groteske Leib. Bachtin arbeitet das Bild des grotesken Leibes, wie es der Rabelaissche Text entwirft, heraus und rückt es immer stärker in den Mittelpunkt. Es geht um die Wiederkehr des Körpers in der Renaissance, wobei die Neubewertung der Rolle entscheidend ist, die der Körper im Kosmos spielt. »Alle Dinge der Welt *haben ihren alten Platz in der Hierarchie des Weltalls verlassen* [gemeint ist: in der Renaissance] *und sich auf die horizontale Ebene der werdenden Welt begeben. Sie fangen an, sich auf dieser Ebene neue Plätze zu suchen und untereinander neue Beziehungen und Nachbarschaften herzustellen.* Das *Zentrum,* um das sich alle Dinge und Werte neu gruppieren, ist der *menschliche Körper,* der in sich die ganze Vielfalt des Weltalls birgt.« (S. 410)
Hierin wird ein Gedanke der Renaissance reformuliert, wie ihn Pico della Mirandola äußert, der den Menschen als etwas Werdendes, nicht Abgeschlossenes begreift, als eingebunden in eine universelle Sympathie, in eine Korrespondenzbeziehung von Mikro- und Makrokosmos, die aus der Hierarchie von oben und unten ausgetreten ist. Die karnevaleske Variante ist die Umstülpung: unten statt oben, Erde statt Himmel, Hintern statt Kopf (von daher der karnevaleske Gestus des auf-den-Kopf-Stellens). Auch die Medizin der Renaissance bekundet ein neues Körperinteresse: die Sezierung von Leichnamen, die minutiöse Beschreibung von Pathologien, deren karnevaleskes Pendant die fröhliche Zerstückelung, die Verspottung des Todes, die obszöne Bloßstellung des Körpers ist. Das unmäßige Interesse für Fäkalien, Entleerung und deren Begleitumstände hat Rabelais mit der »Arschwisch-Episode« dokumentiert, die Bachtin im Rahmen des Entwurfs einer antimittelalterlichen Weltvorstellung als parodische Verkehrung interpretiert – ein Glanzstück unter seinen Interpretationen. *»Kot und Urin verkörperlichen die Materie, die Welt und die kosmischen Elemente* [...] *Urin und Kot verwandeln kosmisches Entsetzen in Karnevalsheiterkeit.«* (S. 377)

Die groteske Weltsicht erlaubt es, die Grenze zwischen Körper und Welt anders zu ziehen, als es die natürliche zuläßt. Der Kot als fröhliche Materie wird zum Mittler zwischen Erde und Körper, zwischen dem lebendigen, der den toten Körper, und dem toten, der den lebendigen gebiert, zur lustvoll-erniedrigenden Durchgangsstation zwischen Grab und Geburt: Skatologie – nicht Eschatologie.

Körperentgrenzung und das Treffen des Menschen und der Welt findet im schlingenden, beißenden und zerreißenden Mund statt: »*Das Aufeinandertreffen mit der Welt im Akt des Essens war froh und triumphal.* Hier war *der Mensch Sieger über die Welt, er verschlang sie,* nicht umgekehrt, die Grenze zwischen Mensch und Welt war im für den Menschen positiven Sinn aufgehoben.«[56] (S. 323)

Im Schlachtfest – einem Karnevals-Chronotop – wird das Innere des tierischen Körpers (die Innereien) »veräußert«, nach außen geholt und sogleich vom menschlichen Körper *einverleibt*; das leistet der Riesenmund, der Schlund. Bachtin zeigt dies an der Kuttelorgie der Gargamelle, die in den Gebärakt umschlägt. Gargamelle »leibt« Kutteln »ein« und »leibt« Gargantua »aus«. Dieses Ein-Nehmen und Aus-Geben ist ein Tauschgeschäft des Körpers mit der Welt.

Das Schlachtfest selbst in seiner karnevalesken Bestimmung verdeckt die Ambivalenz eines anderen Festes, das als dessen *archaische Stufe* gedacht werden kann, das der Totem-Mahlzeit. Für Freud ist dieses Fest in *Totem und Tabu* »ein gestatteter, vielmehr gebotener Exzeß, ein feierlicher Durchbruch eines Verbotes«.[57] Verzehrt nämlich wurde das Totemtier, dieses aber ist Ersatz des Vaters. Der Verzehr des Vaters ist gleichzeitig Ur-Schuld und Versicherung der eigenen Unsterblichkeit. »Das Opfer war ein Sakrament, das Opfertier ein Stammesgenosse. Es war in Wirklichkeit das alte Totemtier, der primitive Gott selbst, durch dessen Tötung und Verzehrung die Clangenossen ihre Gottähnlichkeit auffrischten und versicherten.«[58]

Ein Fest des Verzehrs, für das sich die Gemeinschaft selbst die Lizenz erteilt und das in der Aufeinanderfolge von Totenklage und Festjubel die Tod-Leben-Opposition als (vor-)kulturelle Handlung darstellt. Diese archaische Interpretationsfigur taucht, verändert um das Objekt des Verzehrs, in der griechischen Mythologie auf. Der Mythos erzählt die Riten der Zerstückelung, Zerreißung (sparagmos) des Gottessohnes (Dionysos, Pentheus) durch die Mutter oder die Frauen (Mänaden), des Verzehrs (omophagia, theophagia), wobei die Mutter den Sohn verzehrt, und der dann folgenden notwendigen Zusammensetzung der membra disiecta. In *Gott-Essen*[59] hat J. Kott die Bewegung, die sich zwischen sparagmos und Zusammensetzung vollzieht, interpretiert: »Die Zerstückelung und Zusammenfügung des Dionysos ist ein kosmischer Mythos der ewigen Wiederkehr, die Erneuerung, ein Mythos von Tod und Wiedergeburt, Chaos und Kosmos.«[60]

Bachtin, so scheint es, liest die Karnevalspraxis wie die Realisierung eines Mythos, dessen Fokus der Körper ist.

Es gibt keinen rein individuellen Körper; der *groteske Körper*, der aus »Einbrüchen und Erhebungen« besteht, »die schon den Keim eines anderen Körpers darstellen«, ist vielmehr »Durchgangsstation für das sich ewig erneuernde Leben« (S. 359). Hier läßt sich ein Gedanke von G. Bataille anschließen, der in *Der heilige Eros* in der gewaltsamen, Tötung einschließenden Herstellung der Kontinuität, die die Diskontinuität des Einzellebens aufhebt, die Tod-Leben-Ambivalenz erkennt. »Der Exzess, aus dem die Zeugung hervorgeht, und der Exzess des Todes können nur der eine mit Hilfe des anderen verstanden werden.«[61] »Der Tod des einen steht in Wechselbeziehung zur Geburt des anderen, die er ankündigt und deren Bedingung er ist. Das Leben geht immer aus der Zersetzung des Lebens hervor, es ist in erster Linie dem Tod verpflichtet, der ihm Platz macht; dann der Verwesung, die auf den Tod folgt und die für das ununterbrochene Auf-die-Welt-Kommen neuer Wesen die notwendigen Substanzen in Umlauf setzt.«[62]

Die Herstellung der *Transindividualität* und der irdischen Unsterblichkeit im Fleisch der Nachkommen (vgl. S. 451) bei Bachtin entspricht dem Batailleschen Streben nach der »göttlichen Kontinuität«, die gebunden ist »an die Übertretung des Gesetzes, das die Ordnung der diskontinuierlichen Wesen begründet«.[63] Die Kontinuität wird im Exzeß, der die Diskontinuität aufhebt, erfahren: »Durch den gewaltsamen Tod [und Bataille sieht ihn als Konsequenz der heiligen Erotik] wird die Diskontinuität eines Wesens gebrochen: Was bleibt und was in

der eintretenden Stille die angstvollen Seelen spüren, ist die *Kontinuität* des Seins, der das Opfer zurückgegeben wurde.«[64]
»Das Leben ist Zugang zum Sein: Das Leben mag sterblich sein, die Kontinuität des Seins ist es nicht. Das Näherrücken der Kontinuität, der Rausch der Kontinuität beherrschen die Betrachtung des Todes [...] jener unbegreiflichen erkennbaren Kontinuität, die das Geheimnis der Erotik ist und deren Geheimnis nur die Erotik nahebringt.«[65]
Bachtin geht es darum, die *Ambivalenz Tod-Leben* in einem Punkt, in einem Akt, an einem Ort zu zeigen: es ist der weibliche Körper, der Körpergrab des Mannes und Geburtshöhle zugleich ist (vgl. S 456), in dem er zeugt und stirbt, in dem er stirbt und aus dem er wiederaufersteht. »In allen Ereignissen des Körperdramas sind *Anfang und Ende des Lebens miteinander verflochten.*« (S. 359) Der Körper ist als lebend-sterbender zweileibig (vgl. S. 360).[66] »Die Ereignisse des grotesken Körpers entwikkeln sich immer an der Grenze zwischen zwei Körpern, quasi in ihrem Schnittpunkt: der eine Körper trägt seinen Tod bei, der andere seine Geburt, sie sind zusammengeschlossen zu einem zweileibigen Motiv.« (S. 363)
Der groteske Körper ist nie als fertiger zu denken, sondern immer als werdender, vergehender, offener. Durch die besondere Betonung aller Körperpartien und -teile, die sozusagen über die glatten Grenzen eines geschlossenen Korpus hinausgehen (Nase, Phallus, Bauch, Hintern), wird im Körper selbst die Grenze zwischen zwei Körpern abgebildet, die genannten Teile, besonders Phallus und Nase, werden immer auch als ablösbare vorgestellt, die den Körper verdoppeln[67], und sie bilden die Überwindung der Grenze zwischen Körper und Welt ab, indem herausragende Körperteile sozusagen in die Welt hineinragen (vgl. S. 358).
Eine solche Konzeption ist mit dem offiziellen Körperkanon, wie ihn die europäische Literatur zum Ausdruck bringt, kaum vereinbar. Für diesen gilt vielmehr der »fertige, streng begrenzte, nach außen verschlossene, von außen gezeigte, unvermischte und individuelle ausdrucksvolle Körper«, dessen Auswüchse, Wölbungen verleugnet, dessen in das Körperinnere führende Öffnungen verdeckt werden (vgl. S. 361). Der privatisierte und psychologisierte Körper verliert seine groteske Ambivalenz,

wird damit eindeutig und mit seinem individuellen Tod konfrontiert, während der groteske kollektive Körper, der seine Entgrenzung darstellt, vom Tod nicht betroffen ist.

Kern der offiziellen *Körpersemiotik* ist die Verborgenheit des Körperinneren. Die Karnevalssemiotik läßt das Innere exzentrisch nach außen treten und umgekehrt: läßt das Eindringen des Außen in das Körperinnere zum Spektakel werden. Die Grenze, die Innen und Außen des Körpers markiert, wird durch diese beiden Bewegungen, Hinausstülpen und Eindringen, aufgehoben. Der durch die Zensur zum Verschwinden gebrachte Körper kehrt wieder, und seine Wiederkehr, die sich durch giganteske hypertrophe Formen und in der grotesken Doppelung durch Nase und Phallus vollzieht, bedeutet auch Entblößung als Bloßstellung. Bloßgestellt und verlacht wird die Todesverfallenheit des individuellen Körpers.

Das *Drama*, das den Körper zum Szenarium hat, ist, indem es immer dieselbe Geschichte agiert, geschichtslos. Bachtin denkt es als unendliches Drama der Gattung, dessen Haupt- und Doppelagent der schwangere Tod, die tote Schwangerschaft[68] ist. Die Figur des schwangeren Todes, nicht mehr Allegorie, sondern Syllogismus einer grotesken Argumentation, die sich der rhetorischen Figur des Oxymorons bedient, ist zugleich die szenische Anweisung für die dramatische Körperhandlung von Hinausstülpen – Eindringen – Ausstoßen – Zerstückeln – Entleeren – Verschlingen.

Bachtins *somatische Semiotik* beschreibt nicht nur das Tauschgeschäft zwischen Körper und Welt, sondern auch den Grenzhandel zwischen innen und außen, ich und wir, Identität und Alterität. Es ist die Beschreibung eines Prozesses, der in die Ekstase mündet, eine Ekstase freilich, die nicht das Heraustreten der Seele aus dem Körper (Ende jedes Tausches), sondern das Heraustreten des Körperinneren in die Welt meint, jenes Verschütten in die Welt, wie es in der Wendung »Sich-Ausschütten-vor-Lachen« gesagt ist. Dieselbe Bewegung drückt auch der Begriff der Entblößung aus, von dem Bataille spricht: »Die entscheidende Handlung ist die Entblößung. Nacktheit ist das Gegenteil eines abgeschlossenen Zustandes, das heißt der diskontinuierlichen Existenz. Sie ist ein Zustand der Kommunikation, der die Suche nach einer möglichen Kontinuität des Seins und den Wunsch offenbart, von der Ichbezogenheit loszukommen. Die Körper öffnen sich der Kontinuität durch jene geheimen Kanäle, die uns die Empfindung der Obszönität vermitteln.«[69]

Bachtin hat in anderem als dem karnevalstheoretischen Zusammenhang den Begriff der »Außerhalb-Befindlichkeit« eingeführt, der Ekstase als »Exotopie«[70] als Ich-Exzentrik interpretierbar macht, die die Grenzüberschreitung meint, die das Ich zur Welt, zum Andren vollzieht, um zu sich selbst zu kommen: »ich bin für mich auf dem Hintergrund meines Ich für den Anderen« (Dost. 227). »In der gegenläufigen Bewegung der Usurpation des Anderen und der Welt im Ich wird das Ich bei Bachtin in der ›Außerhalbbefindlichkeit‹ gerade durch den Bezug zum Anderen seiner selbst bewußt.«[71] Das im Karneval wiederholte Körperdrama wiederholt auch die Exotopie, die Ich-Exzentrik.

Bachtins Beschreibung des Tauschgeschäfts ist zentraler Bestandteil seines Karnevalsprojektes, das er aus und in der Analyse des Rabelaisschen Romans entstehen läßt. Die Spannung zwischen weltanschaulicher und kulturtypologischer Gewichtung schlägt sich nieder in der Spannung zwischen dem Utopieentwurf und der Darstellung der durch die Wiederholung geronnenen Verarbeitungsformen, d. h. ihrer Grammatik. *Gargantua und Pantagruel* wird lesbar als *Karnevalsutopie* und als *Karnevalsgrammatik*.

1 Hrsg. L. Jäger, Berlin 1983 (entstanden 1909).

2 Alle Zitate folgen der vorliegenden Ausgabe. Die Bezeichnung Dost. mit folgender Seitenangabe bezieht sich auf Michail Bachtin, *Probleme der Poetik Dostoevskijs*. Übers. A. Schramm. München 1971. Die Bezeichnung Ästh. mit folgender Seitenangabe bezieht sich auf M. B., *Die Ästhetik des Wortes*. Hrsg. r. Grübel. Übers. R. Grübel/S. Reese. Frankfurt/M. 1979.

3 Vgl. R. Grübel, *Michail Bachtin. Biographische Skizze*. In: M. B., *Ästhetik des Wortes*, a.a.O.; T. Todorov, *Biographie* in: T. T., *Mikhail Bakhtine, le principe dialogique*. Paris 1981, sowie K. Clark/M. Holquist, *Mikhail Bakhtin*. Cambridge, Mass./London 1984.

4 Zu den näheren Umständen dieser Verbannung nach Saransk, der

Hauptstadt der nichtrussischen Sowjetrepublik Mordwinien, vgl. N. P. Anciferov, *Tri glavy iz vospominanij*, in: *Pamjat'*, Bd. 4., Paris 1981, S. 55-152, sowie im selben Band eine Notiz auf S. 280.

5 *Mikhail Bakhtin*, a.a.O., S. 297.

6 Die erste Fassung erschien unter dem Titel *Problemy tvorčestva Dostoevskogo (Probleme des Schaffens Dostoevskijs)*, Leningrad 1929, die zweite überarbeitete und erweiterte unter dem Titel *Problemy poėtiki Dostoevskogo (Probleme der Poetik Dostoevskijs)*, Moskau 1963. Dt. Übersetzung v. A. Schramm, München 1971. Die erweiterte Fassung der 1940 fertiggestellten Monographie *Fransua Rable v istorii realizma (François Rabelais in der Geschichte des Realismus)* erschien unter dem Titel *Fransua Rable i narodnaja kul'tura srednevekov'ja i renessansa* (F. R. und die Volkskultur des Mittelalters und der Renaissance), Moskau 1965. Zur Bibliographie Bachtins vgl. Übersicht bei Clark/Holquist, a.a.O., S. 354-356.

7 Vgl. folgende Arbeiten: L. E. Pinskij, *Realizm ėpochi vozroždenija (Der Realismus der Renaissance-Epoche)*, Moskau 1961, (B. bezieht sich hier besonders auf das Kapitel »Smech Rable« (Das Lachen Rabelais'); O. Frejdenberg, *Poėtika sjužeta i žanra (Die Poetik des Sujets und der Gattung)*, Moskau 1936; E. M. Evnina, *Fransua Rable*, Moskau 1948. – Bachtin hebt die Rabelais-Übersetzung von N. M. Ljubimov von 1961 (die erste vollständige russische Übersetzung nach auszugsweisen Übersetzungen im 18. Jahrhundert) hervor. Bachtin hat Leo Spitzers von der akademischen Rabelais-Rezeption signifikant abweichende Studie *Rabelais et les ›rabelaisants‹*, in: *Studi Francesi*, 12 (1960) S. 401-423, die insbesondere das Lachmoment profiliert, offenbar nicht zur Kenntnis genommen.

8 In einer Bearbeitung von W. Ebeling. Leipzig 1888.

9 *Das Groteske. Seine Gestaltung in Malerei und Dichtung*, Oldenburg-Hamburg 1957. B. hat sich auch mit B. Allemanns *Ironie und Dichtung*, Bonn 1956, auseinandergesetzt, hier kritisiert er die Ablösung des Ironiephänomens von der Lachkultur.

10 Vgl. besonders den Bachtin zum 75. Geburtstag gewidmeten Band der Reihe *Trudy po znakovym sistemam (Arbeiten über Zeichensysteme)* 6. Tartu 1973, mit Beiträgen der führenden Semiotiker sowie die Festschrift *Problemy poėtiki i istorii literatury*, die seine Schüler und Wiederentdecker 1973 in Saransk herausgaben, wo Bachtin nach seiner Entfernung aus Leningrad über drei Jahrzehnte gelehrt hatte. Zur Bachtin-Rezeption in der westdeutschen Forschung (im Anschluß an *Literatur und Karneval. Zur Romantheorie und Lachkultur*, hrsg. u. übers. von A. Kaempfe, München 1969 – eine Zusammenstellung von Kapiteln aus dem Rabelais- und dem Dostoevskij-Buch –; die genannte Übersetzung der Dostoevskij-Monographie und die von R. Grübel

herausgegebene Sammlung romantheoretischer und ästhetischer Schriften *Die Ästhetik des Wortes*, a.a.O.) vgl. W. Preisendanz, *Karnevalisierung der Erzählfunktion in Balzacs »Les Parents pauvres«*, in: *Honoré de Balzac.* Hrsg. H.-U. Gumbrecht/K. Stierle/R. Warning, München 1980. S. 391-410; P. Herrmann, *Karnevaleske Strukturen in der Neidhart-Tradition*, Göppingen 1984 sowie den Sammelband *Dialogizität.* Hrsg. R. Lachmann, München 1982.

11 D. S. Lichačev/A. M. Pančenko, *›Smechovoj mir‹ drevnej Rusi*, Leningrad 1976 (*Die Lachwelt des alten Rußland.* Dt. Ausgabe in Vorbereitung).

12 F. Ch. Rang spricht von einem »Erlahmen des Karnevals« bereits im Mittelalter, a.a.O., S. 44. Er läßt dessen Geschichte in Chaldäa beginnen und verfolgt ihre Spuren in den Nachfolgekulturen, die nachantike Phase ist für ihn nicht mehr von Interesse.

13 S. Ėjzenštejns Film »Ivan der Schreckliche« hat den Zusammenhang Ivan-Stalin für die Zeitgenossen entschlüsselbar inszeniert. Den Anteil der Bachtinschen Karnevalskonzeption an der von Ėjzenštejn gewählten Bildsymbolik hat V. V. Ivanov herausgestellt. Vgl. *Značenie idej M. M. Bachtina o znake, vyskazyvanii i dialoge dlja sovremennoj semiotiki (Die Bedeutung der Ideen M. Bachtins über Zeichen, Äußerung und Dialog für die heutige Semiotik)*, in: *Trudy po znakovym sistemam*, 6 (1973), S. 38ff. Zu den schrecklichen Lachhandlungen Ivans des Schrecklichen vgl. die Darstellung bei D. S. Lichačev/A. M. Pančenko, a.a.O.

14 Vgl. hierzu die weitergehende Interpretation von Clark/Holquist, a.a.O., S. 306f.

15 Vgl. ebd., S. 317.

16 F. Ch. Rang formuliert in *Historische Psychologie des Karnevals*, a.a.O., S. 10 ähnlich: »das Karneval-Lachen ist die erste Blasphemie«.

17 Wie in F. Nietzsches *Geburt der Tragödie* gehen hier der weltanschauliche und der kulturbeschreibende Aspekt ineinander über.

18 A. J. (Gurevič) Gurjewitsch hat in *Das Weltbild des mittelalterlichen Menschen*, Dresden 1978 (russ. 1972) die Grundannahme eines Kulturdualismus, dem sich das Konzept der Volkskultur bei Bachtin verdankt, als reduktionistisch kritisiert (S. 353f.).

19 Vgl. dieselbe Gedankenfigur in Nietzsches *Geburt der Tragödie*. Zur Bedeutung Nietzsches für das Denken Bachtins s. R. Grübel, *Vorwort*, a.a.O.

20 Vgl. dagegen E. Wind, *Heidnische Mysterien in der Renaissance*, Frankfurt/M. 1984, worin es nicht um die Lachkultur, wohl aber um die hermetische Kultur der Renaissance geht, in der solche Elemente der Antike amalgamiert wurden, die wie der Dionysoskult oder Reste orphischer Religion in Verbindung mit dem Neuplatonismus in die

Renaissancephilosophie (Ficino, Pico della Mirandola) eingegangen sind oder sich in der Bildsymbolik niedergeschlagen haben. Das Geheime, zu Entschlüsselnde paßt nicht ins Bachtinsche Konzept.

21 A.a.O., S. 19.

22 Ebd., S. 20.

23 Ebd., S. 31.

24 Frankfurt/M. 1983.

25 Ebd., S. 77f.

26 Ebd., S. 47.

27 J. Kristeva hat in *Le texte du roman*, Paris 1970, S. 164f., daraus den Schluß gezogen, daß die »Überschreitung«, die der Karneval vollzieht, Pseudo-Überschreitung sei: »La subversion de la parole carnavalesque transgressive est neutralisée par l'abolition de la Loi: c'est la transgression qui domine le carnaval. Mais il ne s'agit que d'une pseudo-transgression, d'un signifié négatif qui a besoin du spectre constant de son positif, la Loi. La parole carnavalesque manque ainsi son propos.«

28 Diesen Typ der »Versöhnung« könnte man von dem bei Hegel entwikkelten abgrenzen. Bachtins Ambivalenz ist nicht so sehr die höhere Einheit der Gegensätze als vielmehr die Perspektive, aus der die Gegensätzlichkeit der Gegensätze irrelevant wird.

29 Zur Parallele Bachtin/Lévi-Strauss vgl. V. V. Ivanov, a.a.O., S. 36f.

30 Die Ambivalenz hat auch den Aspekt der wechselseitigen Infragestellung der Positionen – Bachtin spricht von wechselseitiger Verfremdung von offizieller und inoffizieller Kultur (Dost. 145), vgl. auch W. Iser, der im Rahmen einer Ästhetik des Komischen die Ambivalenz als Kipp-Phänomen interpretiert, das denselben Mechanismus aufweist (*Das Komische: ein Kipp-Phänomen*, in: *Poetik und Hermeneutik*, VII, München 1976, S. 399-402).

31 Zu Monovalenz und Ambivalenz vgl. die Thesen von R. Grübel, in Vorwort zu M. B., *Die Ästhetik des Wortes*, a.a.O., S. 55ff.

32 Vgl. hierzu H. Blumenberg, *Arbeit am Mythos*, Frankfurt/M. 1979, wo es der »Mythos« ist, der die »Furcht« vertreibt (S. 40f.).

33 *Historische Psychologie*, a.a.O., S. 33.

34 Vgl. auch folgende Zitate: »Denn der Logos trat seinen Siegeszug an als Astrologos; die astrale Religion, die den Karneval erzeugt hat, ist die Vernunft-Religion, die Religion der vernünftigen Ordnung« und »Die Tollheit bellt an wider das Gesetz der Vernunft, aber die Vernunft denkt auch der Tollheit einen Platz im System aus. Die Astrologik gibt dem Karneval einen Platz im Kalender, der Gesetzbruch muß ihr einen Rechenbruch decken; das ist die Logik der Astrologik: Karneval deckt die Schaltzeit«. (Ebd., S. 13).

35 Vgl. J. Kristeva, *Le texte du roman*, a.a.O., S. 165: »Ne pouvant détruire la vérité symbolique (le signifié en tant que signifié transcendental), elle [la parole carnavalesque] détruit son univocité et lui substitue le *double*.«

36 Eine eindrucksvolle Karnevalsgattung, in der die von Bachtin benannten Grundverfahren versammelt sind, stellt die Sottie dar, auf die Bachtin allerdings nicht eingeht. Vgl. dazu B. Goth, *Untersuchungen zur Gattungsgeschichte der Sottie*, München 1967.

37 Mit anderen Worten: jetzt gilt nicht mehr die Frage, wie sich die Ambivalenz zur Wirkung bzw. Wirklichkeit bringt, sondern die Frage, welche Funktion die Ambivalenz für die geltende Kultur und ihre Muster hat.

38 New York 1968, S. 6.

39 Ebd., S. 134.

40 Ebd., S. 135.

41 Ebd.

42 Vgl. Die Interpretation von W. Bolecki, *Język, Polifonia, Karnawał« (Sprache. Polyphonie. Karneval)*, in: *Teksty*, 3 (33), 1977, S. 7-33.

43 Als Pendant zu Bachtins Unterscheidung von Gattungstod und individuellem Tod, kollektivem und privatem Körper läßt sich bei K. Kerényi, sowohl in *Die Mysterien von Eleusis*, Zürich 1962, als auch in *Dionysos, Urbild des unzerstörbaren Lebens*, Wien-München 1976, die Opposition zoe-bios interpretieren. Zoe bedeutet »das Leben der Menschen und aller Lebewesen im allgemeinen«, bios ist »das charakterisierte Leben des Menschen, zu dem als Abschluß der Tod gehört« (*Mysterien*, S. 12). Dionysos wird als »archetypische [im Sinne Jungs] Wirklichkeit der zoe« verstanden (*Dionysos*, S. 110).

44 Man könnte sogar soweit gehen zu behaupten, daß auch die offizielle Kultur der Agelasten (als eine reduzierte, verkümmerte Form) letztlich aus dem Lachprinzip generiert wird.

45 Zum Verständnis dieser semiotischen Theorie gilt es, auch die unter dem Namen seiner Schüler erschienenen Arbeiten Bachtins heranzuziehen. Zum Begriff »Körper-Zeichen« vgl. P. Medvedev, *Die formale Methode in der Literaturwissenschaft* (russ. Leningrad 1928), hrsg. und übers. H. Glück. Stuttgart 1976, S. 36 und V. Vološinov, *Marxismus und Sprachphilosophie* (russ. Leningrad 1929), hrsg. und eingeleitet v. S. Weber. Übers. R. Horlemann, Frankfurt 1975, S. 55 f. (Zu diesem Fall zensurbedingter wissenschaftlicher Autoren-Maskerade vgl. Ivanov, a.a.O., S. 44.)

46 Das Konzept des archaischen Synkretismus hat B. offensichtlich von A. Veselovskij übernommen, vgl. A. V., *Tri glavy iz istoričeskoj poėtiki (Drei Kapitel aus der historischen Poetik), in: A. V., Sobranie sočinenij*, 1913. B. Kazanskij hat sie in *Ideja istoričeskoj poėtiki (Die Idee der historischen Poetik)*, in: *Poėtika*, Leningrad 1926, S. 6-23 weiterentwikkelt. Vgl. zu diesen Zusammenhängen St. Balbus in seinem Vorwort zur polnischen Ausgabe von M. B., *Twórczość Franciszka Rabelais'go a kultura ludowa średniowiecza i renesansa*, übers. A. u. A. Goreniowie, Krakau 1975, S. 23.

47 Das Prinzip des Synkretismus gilt in Nietzsches Konzeption generell

für Sprache, die eine metaphorische, mischende ist. In *Wahrheit und Lüge* wird deutlich, daß er jede Art von Bedeutungshaftigkeit als Mischung von Zeichensystemen versteht.

48 Vgl. auch folgende Sätze: »*Der Fluch ist die älteste Form ambivalenter bildlicher Verneinung*« (S. 457) und: »Überall, wo die Bedeutungen für eine völlig inoffizielle, lebendige Kommunikation gegeben sind, streben die Wörter nach dieser ambivalenten Fülle«, die sowohl zu Goethes Beobachtung der Ambivalenz der Wörter – der obszöne Ausdruck kann als Bewunderung, der Todeswunsch als Neckerei verstanden werden (vgl. in: *Das Römische Karneval* das Kap. »Moccoli«, mit dem ambivalenten Ruf »sia ammazzato«, den Bachtin zitiert) als auch zur Theorie vom »Gegensinn der Urworte«, die Freud 1910 im Anschluß an eine Arbeit des Sprachforschers K. Abel von 1884 entwickelt hat (S. F., *Psychologische Studien,* Studienausgabe Bd. IV.), eine Analogie bilden.

49 Zum Problem der Dialogizität vgl. R. Lachmann, *Dialogizität und poetische Sprache,* in: *Dialogizität,* a.a.O., S. 51-62, sowie einige dem Problem gewidmete Beiträge in dem Sammelband *Roman und Gesellschaft,* Int. Michail-Bachtin-Colloquium, Hrsg. B. Wilhelmi. Jena 1984; T. Todorov, *Mikhail Bakhtine, le principe dialogique,* a.a.O., R. Grübel, Vorwort, a.a.O., S. 42 ff.

50 Vgl. dagegen in der neueren Rabelais-Forschung die Arbeit von F. M. Weinberg, *The Wine and the Will. Rabelais' Bacchic Christianity,* Detroit 1972 (bes. Kap. »Rabelais' Hermetism«).

51 *Sémeiotikè. Recherches pour une sémanalyse,* Paris 1979, S. 167.

52 A.a.O., S. 165.

53 Bachtin betrachtet in *Freudismus* (russ. 1927, unter dem Verfassernamen Vološinov) das Unbewußte Freuds als das »inoffizielle Bewußtsein/conscience non-officielle«. (Vgl. frz. Ausgabe *Le Freudisme,* Übers. G. Verret, Lausanne 1980, S. 182.) Die Dialektik von inoffiziellem und offiziellem Bewußtsein entspricht derjenigen von innerer und äußerer Rede (eine Opposition, die in Vygotskijs Theorie der Sprachgenese, *L. S. Wygotskij, Denken und Sprechen,* Hrsg. J. Helm, eingeleitet v. Th. Luckmann. Frankfurt/M. 1977, bes. Kap. 7, russ. 1934, konstitutiv ist). »Et plus le fossé s'agrandit, plus il se creuse, entre consciences officielle et non-officielle, plus les raisons du langage intérieur ont de difficulté à passer dans le langage extérieur.« – (*Freudisme,* S. 187.)

54 Den genannten dialektisch funktionierenden Oppositionen entspricht die Opposition Ich-Erfahrung/Wir-Erfahrung. Wobei Ich-Erfahrung in letzter Konsequenz zum Vor- und Außersprachlichen tendiert, die Wir-Erfahrung das Verbalisierbare, Kommunizierbare repräsentiert. Vgl. auch Vološinov, *Marxismus und Sprachphilosophie,* a.a.O., S. 148. Zur Gesamtproblematik s. Ivanov, a.a.O., S. 25 ff.

55 J. Kristeva, *Le texte du roman,* a.a.O., S. 165 f. Diese Arbeit stellt die

bislang weitestgehende Interpretation und Transformation der Bachtinschen Theorie dar.

56 Vgl. Kerényi, *Die Mysterien von Eleusis,* a.a.O., S. 12: »Zoe bedeutet nicht nur das Leben des Menschen und aller Lebewesen im allgemeinen, sondern auch das, was man ißt.« Zoe ist Dionysos.

57 Hier zit. nach S. F., *Fragen der Gesellschaft. Ursprünge der Religion,* Studienausgabe Bd. IX, Frankfurt/M. 1974, S. 425.

58 Ebd., S. 423.

59 (Übers. P. Lachmann) München 1975.

60 Ebd., S. 208. Kott knüpft an Thesen von M. Eliade an, bes. *Le mythe de L'éternel retour. Archétypes et répétitions,* Paris 1949, und *Mythes, rêves et mystères,* Paris 1957.

61 Zit. nach der dt. Ausgabe (übers. M. Hölzer) Frankfurt/M.-Berlin-Wien 1974, S. 38.

62 Ebd., S. 51.

63 Ebd., S. 79.

64 Ebd., S. 21.

65 Ebd., S. 54.

66 G. Mattenklott spricht in *Der übersinnliche Leib. Beiträge zur Metaphysik des Körpers,* Reinbek 1982, Nietzsche interpretierend, von dessen »Traumwissen vom kollektiven Leib« (S. 32), von dem gegenüber dem »einsprachigen Subjekt« (das Nietzsche als Vielheit aufzufassen vorschlägt) »mehrsprachigen Leib« (S. 30). Bachtins »doppelleibiger Körper« läßt sich als Pendant zum »zweistimmigen, dialogischen« Wort begreifen.

67 Vgl. bei Gogol' die Verknüpfung der grotesken Körpervorstellung mit dem Doppelgängermotiv in seiner Erzählung *Die Nase.* Bachtin hatte in sein Rabelais-Buch ein Kapitel »Rabelais und Gogol'« eingefügt, das starker Kritik unterworfen und hernach eliminiert wurde. Es erschien im Kontext seiner postum publizierten Arbeiten. Dt. in M. B., *Ästhetik des Wortes,* a.a.O.

68 Vgl. Goethes Beschreibung eines als schwangere Frau verkleideten Mannes, der während des römischen Karnevals eine »unförmliche Gestalt« gebiert. (*Das römische Karneval,* Kap. »Nebenstraßen«, das die Schilderung der grotesken Geburt enthält.)

69 A.a.O., S. 17.

70 Todorov, a.a.O., S. 153 schlägt »Exotopie« als Übersetzung für Bachtins Begriff der »vne-nachodimost'« vor.

71 Grübel, Vorwort, a.a.O., S. 68. Die hermeneutische Dimension von »Außerhalb-Befindlichkeit« hat H.-R. Jauß in *Zum Problem des dialogischen Verstehens,* in: *Dialogizität, a.a.O.,* S. 11-24 herausgestellt.

Rabelais
und seine Welt

Einleitung

Unter allen großen Schriftstellern der Weltliteratur ist Rabelais der bei uns am wenigsten populäre. Man versteht ihn nicht völlig und schätzt ihn geringer als vergleichbare Autoren.

Dabei nimmt er einen festen Platz in der Reihe der Begründer der europäischen Literaturen ein. Belinskij nannte ihn »genial«, den »Voltaire des 16. Jahrhunderts«, und bezeichnete seinen Roman als einen der besten überhaupt. Bei westlichen Literaturwissenschaftlern und Schriftstellern rangiert er gewöhnlich gleich hinter Shakespeare, oder er wird sogar wegen seiner künstlerisch-ideologischen Kraft und auch seiner historischen Bedeutung mit ihm auf eine Stufe gestellt. Die französischen Romantiker, besonders Chateaubriand und Hugo, zählten ihn zu den wenigen »Menschheitsgenies«. Man hielt und hält ihn nicht nur für einen großen Schriftsteller, sondern auch für einen Weisen und Propheten. Wir zitieren hierzu eine typische Äußerung, die von dem Historiker Michelet stammt:

> »Rabelais holt sich seine Weisheit aus dem *Volk – aus den alten Mundarten, Redensarten, Sprichwörtern und Schulfarcen, von den Lippen der Narren und Possenreißer.* In der Brechung durch diese *Possenreißerei* aber zeigt sich sein epochales Genie und seine *prophetische Kraft.* Wo er noch nichts findet, *ahnt* er etwas *voraus*, verspricht es und steuert es an. In diesem Traumwald liegen unter jedem Blatt Früchte verborgen, die die *Zukunft* ernten wird. Das ganze Buch ist ein *›goldener Zweig‹*.«[1] (Hier und in den folgenden Zitaten Kursivierung von M. B.)

Derartige Urteile und Bewertungen sind natürlich relativ. Uns geht es hier nicht darum, ob man Rabelais auf eine Stufe mit Shakespeare stellen kann, ob er größer ist als Cervantes oder weniger bedeutend etc. Sein Rang als einer der Begründer der neuzeitlichen europäischen Literaturen, neben Dante, Boccaccio, Shakespeare und Cervantes, ist unbestritten. Rabelais hatte prägende Wirkung nicht nur für die französische Literatur und Literatursprache, sondern für die gesamte Weltliteratur, und dies wohl in nicht geringerem Maße als Cervantes. Es steht fest, daß er der *demokratischste* unter den Initiatoren der modernen

Literaturen ist. Zentral für uns jedoch ist, daß er stärker und umfassender als andere Autoren an *volkstümliche* Quellen anknüpft, und zwar an ganz spezifische (Michelet zählt sie mehr oder weniger korrekt, wenn auch bei weitem nicht vollständig auf); diese Quellen prägen sein ganzes Motivsystem und seine künstlerische Weltanschauung.

In der besonderen und radikalen Volkstümlichkeit aller Motive Rabelais' liegt der Grund für ihren außerordentlichen Zukunftsgehalt, den Michelet völlig zu recht hervorhebt. Diese Volkstümlichkeit bedingt auch die »Nichtliterarizität« Rabelais', d. h. das Inkommensurable seiner Motive mit sämtlichen vom Ende des 16. Jahrhunderts bis zu unserer Zeit geltenden literarischen Kanons und Normen, wie sehr sich auch deren Inhalt geändert hat. Er entsprach diesen Normen ungleich weniger als Shakespeare oder Cervantes, die nur gegen den relativ engen klassizistischen Kanon verstießen. Rabelais' Motive haben etwas prinzipiell und unausrottbar »Nichtoffizielles«: kein Dogmatismus, nichts Autoritäres, keine engstirnige Seriosität kann sie besetzen; sie widersetzen sich jeder Vollendung und Starrheit, jeder ungetrübten Seriosität und Abgeschlossenheit des Gedankens und der Weltanschauung.

Daher rührt die starke Isolation Rabelais' in den folgenden Jahrhunderten: ihm kann man sich nicht auf einem der breiten und ausgetretenen Wege nähern, denen die künstlerische Produktion und die Weltanschauung des bürgerlichen Europa im Verlauf jener 400 Jahre folgten, die uns von ihm trennen. Wir finden in diesen Jahrhunderten viele begeisterte Rabelaisanhänger, doch stoßen wir nirgends auf ein uneingeschränktes Verstehen. Die Romantiker haben Rabelais, wie Shakespeare und Cervantes, entdeckt, doch sie konnten ihn nicht entschlüsseln und kamen nur bis zu begeistertem Staunen. Rabelais stieß oft ab, denn die große Mehrheit versteht ihn einfach nicht. Im Grunde geben seine Motive bis zum heutigen Tag Rätsel auf.

Lösen kann man diese Rätsel nur durch eine gründliche Beschäftigung mit seinen *volkstümlichen Quellen*. Wenn Rabelais isoliert und keinem der Vertreter der »großen Literatur« der letzten 400 Jahre ähnlich zu sein scheint, so erscheint die Entwicklung der Literatur dieser 400 Jahre vor dem Hintergrund der Folklore ihrerseits als eigenartig und mit nichts zu vergleichen. *Rabelais'*

Motive sind offensichtlich in der jahrtausendealten Volkskultur zu Hause.

Rabelais ist der schwierigste unter allen klassischen Autoren der Weltliteratur. Ihn zu verstehen, erfordert eine grundsätzliche Umorientierung der gesamten künstlerisch-ideologischen Wahrnehmung, die Fähigkeit, sich von vielen tiefverwurzelten Forderungen des literarischen Geschmacks zu trennen, viele Begriffe zu überdenken, vor allem aber, sich mit nur wenig und oberflächlich erforschten Gebieten der volkstümlichen *Lachkultur* vertraut zu machen.

Rabelais ist schwierig, doch dafür wirft sein Werk, wenn man es richtig angeht, ein Licht auf die jahrtausendealte volkstümliche Lachkultur, deren großartigster literarischer Ausdruck es zugleich ist. Rabelais' erhellende Bedeutung ist immens; sein Roman muß als Schlüssel für die kaum erforschten und wenig verstandenen Schätze der volkstümlichen Lachkultur dienen. Doch zunächst muß man sich diesen Schlüssel aneignen.

Ziel dieser Einleitung ist es, die volkstümliche Lachkultur des Mittelalters und der Renaissance vorzustellen und eine vorläufige Beschreibung ihrer Besonderheiten zu versuchen.

Das volkstümliche Lachen und seine verschiedenen Formen sind, wie gesagt, der am wenigsten erforschte Bereich der Volkskultur. Die verkümmernde Vorstellung von Volkstümlichkeit und Folklore, die in der Frühromantik entstand und im wesentlichen von Herder und den Romantikern kanonisiert wurde, hat die spezifische volkstümliche Marktplatzkultur und das Lachen in seinen zahlreichen Variationen nahezu ignoriert. Deshalb wurde das lachende Volk auf dem Marktplatz niemals zum Gegenstand einer gründlichen kulturhistorischen, ethnologischen oder literaturwissenschaftlichen Untersuchung. In der umfangreichen wissenschaftlichen Literatur, die sich mit dem Ritus, dem Mythos, der lyrischen und epischen Volkskunst beschäftigt, wird ihm nur ein äußerst bescheidener Platz eingeräumt. Das größte Manko dieser Literatur jedoch ist ihr unangemessenes Vorverständnis; sie wendet auf das volkstümliche Lachen Vorstellungen und Begriffe vom Lachen an, die sich erst unter den Bedingungen der bürgerlichen Kultur und Ästhetik gebildet haben. Deshalb kann man ohne Übertreibung sagen, daß das Wesen der volkstümlichen Lachkultur bis heute nicht entdeckt ist.

Dabei waren Reichweite und Bedeutung dieser Kultur im Mittelalter und in der Renaissance immens. Ein ganzes Universum von Lach-Formen und Lach-Äußerungen stand der offiziellen und im Ton seriösen Kultur des klerikalen und feudalen Mittelalters gegenüber. Bei aller Vielfalt haben diese Formen und Produktionen (Marktplatzfeste karnevalesker Art, komische Riten und Kulte, Possenreißer und Narren, Riesen, Zwerge und Mißgeburten, wandernde Komödianten und vieles andere) einen Stil gemeinsam und bilden zusammen die volkstümliche Lach- und Karnevalskultur.

Die unterschiedlichen Ausdrucksformen der volkstümlichen Lachkultur lassen sich auf drei Grundformen reduzieren:

1. *Rituell-szenische Formen* (Feste vom Karnevalstyp, unterschiedliche komische Marktplatzszenen u. a.).
2. *Komische* (darunter auch parodistische) Texte, mündliche und schriftliche, lateinische und volkssprachliche.
3. *Verschiedene Formen und Gattungen der familiären Rede des Marktplatzes* (Schimpfworte, Schwüre, Flüche, volkstümliche Scheltgedichte, Blasons, u. a.).

Diese drei Grundformen, die trotz ihrer Unterschiede gemeinsam den Lach-Aspekt der Welt abbilden, sind eng miteinander verbunden und verflechten sich auf vielerlei Arten.

Wir beginnen mit einer vorläufigen Beschreibung jeder der drei Formen.

Feste vom Karnevalstyp und die damit verbundenen komischen Aufführungen und Riten nahmen im Leben des mittelalterlichen Menschen einen bedeutenden Platz ein. Außer den Karnevals im eigentlichen Sinn mit ihren vieltägigen und komplizierten Aufführungen und Prozessionen auf Straßen und Plätzen wurden eigene »Narrentage« *(festa stultorum)* und der »Eselstag« veranstaltet, und es existierte ein besonderes, traditionell zugelassenes freies »Osterlachen« *(risus paschalis)*. Darüber hinaus hatte fast jeder kirchliche Feiertag seine ebenfalls durch die Tradition sanktionierte volkstümlich-komische Marktplatz-Komponente. Zu den sogenannten »Kirchweihen« etwa gab es gewöhnlich Jahrmärkte mit einem reichhaltigen Repertoire an Belustigungen (unter Mitwirkung von Riesen, Zwergen, Mißgeburten, »gelehrten« Tieren etc.). Karnevalsatmosphäre herrschte, wenn

Mysterienspiele und Sotties aufgeführt wurden, oder bei den durch den bäuerlichen Lebensrhythmus bestimmten Festen wie der Weinlese *(vendange)*, die auch in den Städten gefeiert wurden. Lachen begleitete gewöhnlich die profanen und häuslichen Zeremonien und Riten: Possenreißer und Narren waren ständige Teilnehmer, die auf parodistische Art die verschiedenen Momente des seriösen Zeremoniells (z. B. Siegerehrungen auf Turnieren, Zeremonien zur Übergabe der Lehnsrechte, Erhebungen in den Ritterstand u. a.) nachahmten. Häusliche Festessen kamen ebenfalls nicht ohne komische Elemente aus – man wählte z. B. für die Dauer des Festes »Lach«-Könige und -Königinnen *(roi pour rire)*.

Alle erwähnten, durch die Tradition sanktionierten rituell-szenischen Formen waren in sämtlichen Ländern des mittelalterlichen Europa verbreitet; einen besonderen Formenreichtum und eine große Komplexität entfalteten sie in den romanischen Ländern. Im Verlauf unserer Analyse des Rabelaisschen Motivsystems werden wir diese Formen umfassender und detaillierter behandeln.

Die auf dem *Lach*-Prinzip beruhenden rituell-szenischen Formen unterschieden sich außerordentlich schroff und prinzipiell von den *seriösen* – kirchlichen und feudalen – Kultformen und Zeremoniellen. Sie präsentierten einen völlig anderen, betont inoffiziellen, außerkirchlichen und außerstaatlichen Aspekt der Welt, des Menschen und der menschlichen Beziehungen: jenseits alles Offiziellen errichteten sie *eine zweite Welt und ein zweites Leben*, an denen alle Menschen des Mittelalters in größerem oder geringerem Maß Anteil hatten, in denen sie für eine bestimmte Frist *lebten*. Ohne Berücksichtigung dieser Doppelweltlichkeit kann man weder das kulturelle Bewußtsein des Mittelalters noch die Kultur der Renaissance angemessen verstehen. Unkenntnis oder Unterbewertung des volkstümlichen lachenden Mittelalters verzerrt auch die Vorstellung von der späteren historischen Entwicklung der europäischen Kultur.

Eine Doppelheit in der Wahrnehmung der Welt und des menschlichen Lebens bestand bereits in den frühesten Stadien der Kulturentwicklung. In der Folklore der primitiven Völker gab es neben den nach Anlage und Ton seriösen Kulten auch Lachkulte, die die Gottheit auslachten und schmähten (»rituelles Lachen«), neben seriösen Mythen gab es Lach- und Schimpfmythen, neben den Helden deren parodistische Doppelgänger. In letzter Zeit beginnen diese Lachriten und -mythen die Volkskundler zu interessieren.[2]

Doch in dieser Frühzeit, unter den Bedingungen einer noch klassenlosen und vorstaatlichen Gesellschaft, waren seriöse und Lach-Aspekte von Gottheit, Welt und Mensch offensichtlich gleichermaßen sanktioniert, sozusagen gleich »offiziell«. Dies hat sich bei einzelnen Riten manchmal auch in späteren Perioden erhalten. Noch in der römischen Republik z. B. beinhaltete die Siegesfeier fast gleichberechtigt Lob und Spott für den Sieger, und beim Beerdigungsritual rühmte und beweinte man den Verstorbenen und lachte ihn aus. Unter den Bedingungen einer konsolidierten Klassen- und Staatsstruktur ist die Gleichberechtigung der beiden Aspekte nicht mehr möglich, und alle Lachformen gehören – früher oder später – zu einem nichtoffiziellen Bereich. Sie entwickeln einen tieferen und komplexeren Sinn und werden zu Grundausdrucksformen der Welterfahrung und der Kultur des Volkes. Dies gilt für die karnevalsartigen Feste der antiken Welt, besonders für die römischen Saturnalien, und auch für die mittelalterlichen Karnevals. Sie sind natürlich schon sehr weit entfernt vom rituellen Lachen der Urgesellschaft.

Welches sind nun die spezifischen Merkmale der rituell-szenischen Lachformen und, vor allem, was ist ihr Wesen, d. h. ihre Existenzform?

Sie sind natürlich keine religiösen Riten in der Art etwa der christlichen Liturgie, mit der sie gleichwohl weit zurückliegende genetische Gemeinsamkeiten haben. Das den Karnevalsriten zugrundeliegende Lachprinzip löst sie völlig von jedem religiös-kirchlichen Dogmatismus, von Mystik und Andacht; sie haben keinerlei magischen oder Gebets-Charakter mehr (denn sie wollen nichts erzwingen und bitten um nichts). Mehr noch, einige karnevaleske Formen sind geradezu Parodien auf den kirchlichen Kult. Alle karnevalesken Formen sind konsequent außerkirchlich und areligiös. Sie gehören zu einem völlig anderen Lebensbereich.

Von ihrem anschaulichen, konkret-sinnlichen Charakter her und durch ein starkes *spielerisches* Element stehen sie künstlerisch-bildhaften Formen, besonders dem Theater, nahe. Und tatsächlich, die szenischen Bühnengattungen des Mittelalters hatten eine enge Verbindung zur volkstümlichen karnevalesken Marktplatzkultur und waren in gewissem Grade ein Teil von ihr. Der karnevaleske Kern dieser Kultur lag jedoch keineswegs in rein *künstlerischen* szenischen Formen, überhaupt gehört er nicht in den Bereich der Kunst, er ist eher auf der Grenze zwischen Kunst und Leben anzusiedeln. Im Grunde ist er das Leben selbst – in einer eigenen, spielerischen Ausformung.

Der Karneval kennt keine Unterscheidung zwischen Darstellern und Zuschauern. Er kennt keine Rampe, nicht einmal in der rudimentärsten Form. Die Rampe würde den Karneval zerstören (wie umgekehrt die Abschaffung der Rampe das Theater zerstören würde). Den Karneval schaut man sich nicht an, man *lebt* ihn, *alle* leben ihn, denn er ist von der Idee her *dem ganzen Volk gemeinsam.* Solange der Karneval andauert, hat niemand einen anderen Lebensinhalt. Man kann vor ihm nicht weglaufen, denn er kennt keine räumlichen Grenzen. Während des Karnevals kann man nur nach seinen Gesetzen leben, d. h. nach den Gesetzen der Karnevals*freiheit*. Der Karneval hat universalen Charakter, er ist ein Zustand der ganzen Welt, ihre Wiedergeburt und Erneuerung, an der alle teilhaben. Idee und Wesen des Karnevals waren für alle Beteiligten unmittelbar spürbar. Deutlicher und bewußter als irgendwo sonst offenbarten sie sich in den römischen Saturnalien, die als reale und vollständige (jedoch zeitlich begrenzte) Wiederkehr des Goldenen Zeitalters des Saturn auf die Erde galten. Die Saturnalientraditionen wurden nie unterbrochen und waren noch im mittelalterlichen Karneval lebendig, der vollständiger und reiner als andere mittelalterliche Feste die Idee der Erneuerung der ganzen Welt verkörperte. Die anderen mittelalterlichen Feste karnevalesker Art waren begrenzter und realisierten die Idee des Karnevals weniger umfassend und rein; jedoch war sie auch in ihnen präsent und wurde unmittelbar wahrgenommen als zeitlich begrenztes Heraustreten über die Grenzen des gewöhnlichen (offiziellen) Lebens.

Insofern also war der Karneval keine theaterähnliche szenische Kunstform, sondern reale Lebensform auf Zeit, die man nicht inszenierte, sondern (für die Dauer des Karnevals) beinahe wirklich lebte. Man könnte es auch so ausdrücken: Im Karneval spielt das Leben selbst, es inszeniert – ohne Bühne, ohne Rampe, ohne Schauspieler und Zuschauer, d. h. ohne jede Kunst- und Theaterspezifik – eine andere, freie, zwanglose Form seiner Verwirklichung, seine Wiedergeburt und Erneuerung nach besseren Prinzipien. Die reale Form des Lebens ist hier zugleich auch seine erneuerte ideale Form.

Charakteristisch für die Lachkultur des Mittelalters sind solche Figuren wie der Possenreißer und der Narr. Sie waren ständige, ins normale (d. h. nichtkarnevaleske) Leben integrierte Träger des Karnevalsprinzips. Wie z. B. Triboulet unter Franz I. (er tritt auch in Rabelais' Roman auf) waren solche Possenreißer und Narren keineswegs Schauspieler, die auf der Bühne ihre Rollen spielten (wie später die Darsteller von Harlekin, Hanswurst usw.). Sie blieben Narren und Possenreißer, wo immer sie sich zeigten. Als Possenreißer und Narren repräsentierten sie eine besondere, zugleich reale und ideale Lebensform. Sie standen auf der Grenze zwischen Leben und Kunst (in einem Übergangsbereich eigener Art): sie waren weder einfach Sonderlinge oder was man im alltäglichen Sprachgebrauch dumm nennt, noch waren sie komische Darsteller.

So spielt im Karneval das Leben selbst; das Spiel jedoch wird auf Zeit zum eigentlichen Leben. Das ist das Wesen des Karnevals, seine besondere Existenzform.

Der Karneval ist das zweite, auf dem Lachprinzip beruhende Leben des Volkes, er ist sein *festliches Leben.* Das Festliche ist eine Grundkomponente aller rituell-szenischen mittelalterlichen Lachformen.

Diese Lachformen waren äußerlich an kirchliche Feiertage gebunden. Der eigentliche Karneval, der weder mit einem Ereignis aus der Heiligen Schrift noch einem wichtigen Datum aus irgendeinem Heiligenleben zusammenfiel, wurde auf die letzten Tage vor den Großen Fasten gelegt (darum hieß er auch in Frankreich *Mardi gras* oder *carême-prenant* und in Deutschland Fastnacht). Wesentlicher als diese terminliche ist die genetische Verbindung dieser rituell-szenischen Lachformen mit alten heidnischen, bäuerlichen Festen, zu deren Ritual auch ein Lachelement gehörte.

Das Festefeiern ist eine sehr wichtige *primäre Form* menschlicher Kultur. Es ist nicht ableitbar aus praktischen Notwendigkeiten und Zielen gesellschaftlicher Arbeit oder, eine noch vulgärere Erklärungsmöglichkeit, aus dem biologischen (physiologischen) Erfordernis regelmäßiger Erholung. Das Fest hatte immer einen genuin philosophischen Gehalt. Keine Organisations- und Perfektions-»Übung« für den gesellschaftlichen Arbeitsprozeß, keine spielerische »Arbeits«-Simulation, keine Mußestunde oder Atempause während der Arbeit kann *an sich festlich* sein. Dazu muß ein Element aus einer anderen, der geistig-ideologischen Lebenssphäre hinzukommen. Feste benötigen keine Sanktionierung durch die Welt der *Mittel* und der praktischen Notwendigkeiten, sondern durch die *höheren Ziele* der menschlichen Existenz, d.h. durch die Welt der Ideale. Ohne diese Sanktion gibt es keine Festlichkeit und kann es sie nicht geben.

Das Fest steht in einem konstitutiven Zusammenhang mit der Zeit, es basiert immer auf einem bestimmten, konkreten Konzept der kosmischen, biologischen und historischen Zeit. Auf jeder historischen Entwicklungsstufe war es an *Krisen* und Wendepunkte im Leben der Natur, der Gesellschaft und des Menschen gebunden. Immer war das Moment von Tod und Wiedergeburt, von Ablösung und Erneuerung bestimmend für ein festliches Weltgefühl. Eben dieses Moment begründete (in den konkreten Formen der einzelnen Feiertage) die spezifische Festlichkeit des Festes.

Unter den Bedingungen der feudalen Klassengesellschaft des Mittelalters konnte sich diese Festlichkeit, d.h. die Bindung an die höheren Ziele der menschlichen Existenz, an Wiedergeburt und Erneuerung, in unverfälschter Fülle und Reinheit nur im Karneval und auf der volkstümlichen Marktplatzseite der anderen Feiertage verwirklichen. Festlichkeit wurde zur Form des zweiten Lebens des Volkes, das für einige Zeit ins utopische Reich der Universalität, der Freiheit, der Gleichheit und des Überflusses eintrat.

Die offiziellen Feiertage des Mittelalters, sowohl die kirchlichen als auch die profanen feudalstaatlichen, führten nicht heraus aus der herrschenden Weltordnung und schufen kein anderes Leben. Im Gegenteil, sie bestätigten und sanktionierten den Status quo und verstärkten ihn. Der Bezug zur Zeit war ein formaler, Umbrüche und Krisen wurden in die Vergangenheit verlegt. Der offizielle Feiertag verwies im Grunde nur in die Vergangenheit, und diese Vergangenheit legitimierte die gegenwärtige Gesellschaftsordnung. Zuweilen sogar im Widerspruch zur eigenen Idee stärkte der offizielle Feiertag Stabilität, Unveränderlichkeit und Ewigkeit der bestehenden Ordnung, er stärkte die vorhandenen Hierarchien und die geltenden religiösen, politischen und moralischen Werte, Normen und Tabus. Der Feiertag war der Triumph der bestehenden, siegreichen, herrschenden Wahrheit, die sich als ewige, unveränderliche und unanfechtbare ausgab. So konnte auch der Ton des offiziellen Feiertags nur monolithisch *ernst* sein, das Lachprinzip war ihm wesensfremd. Der offizielle Feiertag änderte und verfälschte die eigentliche Natur des Festes. Die echte Festlichkeit jedoch war unausrottbar, und so mußte man sie dulden und teilweise, jenseits der offiziellen Seite des Festtags, sogar sanktionieren und ihr den bevölkerten Marktplatz abtreten.

Im Gegensatz zum offiziellen Feiertag zelebrierte der Karneval die zeitweise Befreiung von der herrschenden Wahrheit und der bestehenden Gesellschaftsordnung, die zeitweise Aufhebung der hierarchischen Verhältnisse, aller Privilegien, Normen und Tabus. Er war ein echtes Fest zu Ehren der Zeit, ein Fest des Werdens, des Umbruchs und der Erneuerung. Jede Verewigung, Vollendung, jedes Abgeschlossene wurde von ihm zurückgewiesen. Er orientierte sich an der unvollendbaren Zukunft.

Besondere Bedeutung hatte die Aufhebung hierarchischer Beziehungen während des Karnevals. An offiziellen Feiertagen traten die hierarchischen Unterschiede besonders deutlich hervor; man erschien mit allen Insignien seines Standes, Ranges und Verdienstes, und jeder nahm den ihm seiner Stellung nach zukommenden Platz ein. Der Feiertag sanktionierte die Ungleichheit. Im Gegensatz dazu galten im Karneval alle als gleichrangig. Hier, auf den Karnevalsstraßen, herrschte eine spezifische Form des zwanglosen familiären Kontakts unter Leuten, die im gewöhnlichen Leben, d. h. außerhalb des Karnevals, durch unüberwindbare Barrieren von Stand, Besitz, Dienststellung, Familienstand und Alter getrennt waren. Auf dem Hintergrund der im Alltag herrschenden strengen Hierarchie der feudalen mittelalterlichen Gesellschaftsordnung und der extremen Zuordnung der Bevölkerung zu Ständen und Korporationen war dieser zwanglose familiäre Kontakt zwischen allen besonders deutlich wahrnehmbar, und er spielte eine konstitutive Rolle für das karnevaleske Weltgefühl. Der Mensch wurde sozusagen wiedergeboren für neue, rein menschliche Beziehungen. Die Entfremdung wurde aufgehoben. Der Mensch kehrte zu sich selbst zurück und fühlte sich als Mensch unter seinesgleichen. Diese echte Menschlichkeit war nicht nur Gegenstand der Phantasie, sondern wirklich, sie wurde im lebendigen materiell-sinnlichen Kontakt erlebt. Das Ideal-Utopische und das Reale fielen zeitweilig in dem einzigartigen Weltgefühl des Karnevals zusammen.

Diese zeitweilige ideal-reale Aufhebung der hierarchischen Beziehungen zwischen den Menschen schuf auf dem Karnevalsplatz eine besondere Art der Kommunikation, die im gewöhnlichen Leben nicht möglich gewesen wäre. Hier bildeten sich offene und zwanglose Formen der Marktplatzrede und -gestik heraus, die keine Distanz zwischen den Kommunizierenden zuließen und die gewöhnlichen (außerkarnevalesken) Normen der Etikette und Schicklichkeit außer Kraft setzten. Es entstand ein bestimmter karnevalesker Marktplatzstil der Rede, für den wir bei Rabelais zahllose Beispiele finden.

Im Entwicklungsprozeß des mittelalterlichen Karnevals, der über Jahrtausende durch die Entwicklung ursprünglicherer Lachriten (einschließlich der antiken Saturnalien) vorbereitet worden war, entstand eine besondere Sprache der Karnevalsformen und -symbole. Diese Sprache war sehr differenziert und konnte die ganzheitliche und komplexe karnevaleske Erfahrung des Volkes artikulieren. Ein Weltgefühl, das sich allem Abgeschlossenen und Vollendeten, allen Ansprüchen auf Unerschütterlichkeit und Ewigkeit widersetzte, benötigte dynamische und (»proteushaft«) wandelbare, spielerische und bewegliche Ausdrucksformen. Das Pathos der Ablösung und Erneuerung, das Bewußtsein der heiteren Relativität der herrschenden Wahrheiten und Mächte prägten die Karnevalsrede. Für sie gilt eine eigene Logik der »Umkehrung« *(à l'envers)*, des »Gegenteils«, des »Auf-den-Kopf-Stellens«, eine Logik der ständigen Vertauschung von Oben und Unten (wie beim »Rad«), von Gesicht und Hintern; ihre charakteristischen Ausdrucksformen sind die verschiedensten Varianten von Parodie und Travestie, Degradierung und Profanierung, närrischer Krönung und Entthronung. Das andere Leben, die andere Welt der Volkskultur formiert sich in gewissem Maße als Parodie auf das gewöhnliche, nichtkarnevaleske Leben, als »verkehrte Welt«. Die karnevaleske Parodie ist allerdings weit entfernt von der bloß reagierenden und formalen Parodie der Neuzeit. Sie läßt in der Verneinung ihren Gegenstand wieder erstehen. Überhaupt ist die pure Verneinung der Volkskultur völlig fremd.

In dieser Einführung haben wir die vielseitige und originelle Sprache der Karnevalsformen und -symbole nur gestreift. Hauptziel unserer Arbeit ist es, diese halbvergessene und für uns schon in vielem dunkle Sprache verstehen zu lernen, denn sie ist auch die Sprache Rabelais'. Ohne ihre Kenntnis ist die Sprache seiner Motive nicht wirklich zu verstehen. Auch andere Autoren haben die Karnevalssprache auf verschiedene Art und mit unterschiedlicher Intensität eingesetzt: Erasmus von Rotterdam, Shakespeare, Cervantes, Lope de Vega, Tirso de Molina, Guevara und Quevedo; ebenso die deutsche »Narrenliteratur«, Hans Sachs, Fischart, Grimmelshausen u.a. Ein umfassendes Verständnis der Literatur der Renaissance und des Barock setzt die Kenntnis dieser Sprache voraus. Und nicht nur die Literatur, auch die Utopien und die Weltanschauung der Renaissance waren zutiefst von der karnevalesken Erfahrung geprägt und bedienten sich oft ihrer Formen und Symbole.

Zunächst einige einleitende Bemerkungen zur komplexen Natur des Karnevalslachens. Es ist vor allem ein *Festtags*lachen und folglich nicht individuelle Reaktion auf die eine oder andere »komische« Erscheinung. Das Karnevalslachen ist zum ersten das Lachen des *ganzen Volks* (wie schon gesagt, gehört die Gemeinsamkeit zum Wesen des Karnevals), es lachen *alle*, es ist ein kollektives Lachen. Zum zweiten ist es *universal*, d.h. auf alles und alle (auch auf die Teilnehmer am Karneval selbst) gerichtet, die ganze Welt erscheint komisch, wird in ihren lächerlichen Aspekten wahrgenommen und begriffen, in all ihrer heiteren Relativität. Drittens schließlich ist dieses Lachen *ambi-*

valent: es ist heiter, jubelnd und zugleich spöttisch, es negiert und bestätigt, beerdigt und erweckt wieder zum Leben.
Heben wir einen wichtigen Punkt noch einmal hervor: Das Lachen richtet sich auch auf die Lachenden selbst, das Volk tritt nicht heraus aus dem stets werdenden Weltganzen. Es ist genauso unvollkommen, wird ebenfalls im Sterben neu geboren und erneuert. Darin liegt einer der wesentlichsten Unterschiede zwischen dem volkstümlichen festlichen Lachen und dem rein satirischen Lachen der Neuzeit. Der Satiriker, der bloß das negierende Lachen kennt, stellt sich außerhalb der belachten Erscheinung, stellt sich ihr gegenüber und zerstört dadurch die Einheit des komischen Aspekts der Welt; das Lächerliche (Negative) wird zum Besonderen. Das ambivalente Lachen der Volkskultur jedoch bezieht sich auf das entstehende Weltganze, an dem auch der Lachende teilhat.
Wir wollen besonders den weltanschaulichen und utopischen Charakter des festlichen Lachens und seine Ausrichtung auf das hierarchisch Höhere herausstellen. Hier ist, in stark umgedeuteter Weise, noch das rituelle Auslachen der Gottheit aus den ältesten Lachritualen lebendig. Das Kultische, Spezifische ist verschwunden, es bleibt das allgemein Menschliche, Universale und Utopische.
Rabelais ist der größte Repräsentant und der Vollender dieses karnevalesken Lachens in der Weltliteratur. Sein Werk gibt uns die Möglichkeit, zum komplexen philosophischen Gehalt dieses Lachens vorzudringen.
Wichtig ist das richtige Herangehen an das Problem. In der Literatur dazu findet bis heute eine sträfliche Modernisierung des volkstümlichen Lachens statt: Unter dem Einfluß der neuzeitlichen Lachliteratur interpretiert man es entweder als nur negierendes, satirisches (Rabelais wird damit zum reinen Satiriker erklärt) oder als nur zerstreuendes, gedankenlos heiteres Lachen, ohne jede weltanschauliche Tiefe und Kraft. Seine Ambivalenz wird gewöhnlich völlig übersehen.

Wenden wir uns der zweiten Form der volkstümlichen Lachkultur des Mittelalters zu, den (lateinischen oder volkssprachlichen) komischen Texten.
Es handelt sich bei diesen Texten nicht mehr um Folklore

(höchstens ein Teil der volkssprachlichen Werke könnte dieser Kategorie zugeordnet werden). Doch war diese ganze Literatur von der karnevalesken Erfahrung durchdrungen, nutzte weithin die Sprache der Karnevalsformen und -motive, entwickelte sich unter dem Schutz der Karnevalsfreiheiten und war – in den meisten Fällen – mit Festen vom Karnevalstyp organisatorisch verbunden, ja, bildete manchmal sogar ihren literarischen Teil.[3] Ihr Lachen war das ambivalente festliche Lachen, sie war die eigentliche Unterhaltungsliteratur des Mittelalters.

Feste vom Karnevalstyp spielten, wie gesagt, auch zeitlich gesehen eine große Rolle im Leben des mittelalterlichen Menschen: die großen Städte führten alles in allem bis zu drei Monate im Jahr ein Karnevalsleben. Die Anschauungen und das Denken der Bevölkerung konnten sich den Auswirkungen der karnevalesken Erfahrung nicht widersetzen: sie bewirkten, daß jeder sich von seinem offiziellen Status (dem eines Mönchs, Klerikers, Gelehrten) löste und die Welt unter dem karnevalesken Lachaspekt wahrnahm. Nicht nur Scholaren und die niedere Geistlichkeit, sondern auch der hohe Klerus und die Theologen fanden hierin die Möglichkeit, sich von der andächtigen Seriosität zu erholen, und befaßten sich mit *Mönchsscherzen (Ioca monachorum)*, wie eines der populärsten Werke des Mittelalters hieß. In ihren Zellen schrieben sie lateinische parodistische oder halbparodistische Traktate und andere komische Texte.

Über ein ganzes Jahrtausend oder sogar weiter reicht die Entwicklung zurück, die zur Lachliteratur des Mittelalters führt; ihre Anfänge lassen sich bis in die christliche Antike zurückverfolgen. Natürlich machte diese Literatur in einem so langen Zeitraum tiefgreifende Veränderungen durch (am wenigsten wandelte sie sich in ihrer lateinischsprachigen Linie). Unterschiedlichste Gattungsformen und stilistische Varianten bildeten sich heraus. Trotz aller historischen und Gattungsveränderungen bleibt diese Literatur – in verschieden starkem Maße – Ausdruck der karnevalesken Erfahrung des Volkes und bedient sich der Sprache der Karnevalsformen und -symbole.

Sehr verbreitet waren halbparodistische und parodistische Texte in lateinischer Sprache. Die Zahl der erhaltenen Handschriften ist beeindruckend. Die ganze offizielle Ideologie der Kirche und die Liturgie werden hier unter dem Vorzeichen des Lachens dargestellt, es durchdringt die höchsten Sphären des religiösen Denkens und des Kults.

Eines der ältesten und populärsten Werke dieser Art ist das *Abendmahl des Hl. Kyprian (Cena Cypriani)*, eine originelle, karnevalesk-bankettartige Travestie der gesamten *Heiligen Schrift*. Sie war gerechtfertigt durch die Tradition des zwanglosen »Osterlachens« *(risus paschalis)* – übrigens lassen sich an ihr auch ferne Anklänge an die römischen Saturnalien vernehmen. Ein weiteres sehr altes Werk der Lachliteratur ist *Der sprachgelehrte Vergilius Maro (Vergilius Maro Grammaticus)*, ein halbparodistischer gelehrter Traktat über die lateinische Grammatik und zugleich eine Parodie auf die Schulweisheit und die wissenschaftlichen Methoden des frühen Mittelalters. Beide Texte sind auf der Schwelle von der Antike zum Mittelalter entstanden und leiten die lateinische Lachliteratur des Mittelalters ein, auf deren Traditionen sie bestimmenden Einfluß nehmen werden. Ihre Popularität hielt sich bis zum Beginn der Renaissance.

In der weiteren Entwicklung der lateinischen Lachliteratur wurden zu fast allen Momenten des kirchlichen Kults parodistische Paralleltexte verfaßt. Es handelt sich dabei um die sogenannte *parodia sacra*, eine der originellsten und bis heute nur unzureichend verstandenen Erscheinungen der mittelalterlichen Literatur. Wir kennen zahlreiche parodistische Liturgien (die *Trinkermesse*, die *Spielermesse* u. a.), Parodien auf Lesungen aus der *Heiligen Schrift*, auf Gebete, selbst die allerheiligsten (*Vaterunser, Ave Maria* u. a.), auf Litaneien, kirchliche Hymnen und Psalme, man schrieb Travestien von Bibelzitaten, parodistische Testamente (das *Schweinetestament*, das *Eselstestament*), Parodien auf Epitaphe, parodistische Konzilsbeschlüsse u. a. Die Literatur ist fast unüberschaubar, sie war aus der Tradition legitimiert und wurde bis zu einem gewissen Grad von der Kirche geduldet. Zum Teil stand sie unter der Ägide des »Osterlachens«, zum anderen Teil (die parodistischen Liturgien und Gebete) hing sie unmittelbar mit dem »Narrentag« zusammen und wurde möglicherweise sogar an diesem Tag zu Gehör gebracht.

Neben den erwähnen Formen der lateinischen Lachliteratur existierten noch weitere, etwa die parodistischen Dispute und

Dialoge, parodierte Chroniken u. a. Diese Literatur setzte bei ihren Autoren eine manchmal recht hohe Bildung voraus, sie war der Nachklang des karnevalesken Marktplatzlachens in den vier Wänden der Klöster, Universitäten und Schulen.
Ihren Abschluß fand die lateinische Lachliteratur auf ihrer höchsten Entwicklungsstufe, in der Renaissance, mit Erasmus von Rotterdams *Lob der Torheit* (einer der bedeutendsten Manifestationen des Karnevalslachens in der ganzen Weltliteratur) und mit den *Dunkelmännerbriefen* Ulrich von Huttens.
Nicht weniger umfänglich und sogar noch variantenreicher war die mittelalterliche Lachliteratur in den Volkssprachen. Auch hier finden wir eine Art *parodia sacra*: parodistische Gebete, Weihnachtslieder und Predigten (in Frankreich die sogenannten *sermons joieux*, d. h. »heitere Predigten«), Parodien auf Heiligenviten u. a. Vorherrschend aber sind weltliche Parodien und Travestien, die den Feudalstaat und feudales Heldentum unter dem Lachaspekt darstellen. So gibt es parodistische Tier-, Possenreißer-, Schelmen- und Narrenepen, bei den Spielleuten Elemente von Parodien auf das Heldenepos, es erscheinen komische Doppelgänger epischer Helden (wie der komische Roland) und schließlich parodistische Ritterromane *(La mule sanz frain, Aucassin et Nicolette)*. Mit der Zeit entwickeln sich verschiedene Gattungen einer »Lachrhetorik«: alle möglichen »Diskussionen« karnevalesker Art, Dispute, Dialoge, komische »Lobreden« (oder »Lobeshymnen«) u. a. Das Karnevalslachen klingt auch aus dem Fabliau und der Lachlyrik der Vaganten.
All diese Gattungen und Werke der Lachliteratur sind eng mit dem Karnevalsmarktplatz verbunden und verwenden natürlich karnevaleske Formen und Symbole weitaus häufiger als die lateinische Lachliteratur. Die unmittelbarste Beziehung zum Karnevalsmarktplatz weist aber das komische Drama des Mittelalters auf. Schon das erste (uns bekannte) Stück von Adam de la Halle, *Le jeu de la feuillée* (*Spiel in der Gartenlaube*), ist ein bewundernswürdiges Beispiel karnevalesken Lebens- und Weltverständnisses; in rudimentärer Form enthält es bereits viele Elemente der Welt Rabelais'. Das Mirakel und die Moralität waren mehr oder weniger karnevalisierte Gattungen. Das Lachen drang auch in die Mysterienspiele ein, die Diablerien

(Bestandteile der Mysterien) tragen ganz offensichtlich karnevalesken Charakter. Völlig karnevalisiert waren die Sotties des späten Mittelalters.

Wir haben bisher nur die bekanntesten Manifestationen der Lachliteratur erwähnt, über die man ohne eingehendere Erläuterungen sprechen kann. Für einen Problemaufriß ist das ausreichend. Im Verlauf der weiteren Analyse von Rabelais' Werk müssen wir länger bei den genannten und anderen, weniger bekannten Gattungen und Werken der Lachliteratur verweilen.

Kommen wir nun zur dritten Form der volkstümlichen Lachkultur, zu einigen spezifischen Gattungen und Charakteristika der familiären Marktplatzrede des Mittelalters und der Renaissance.

Wir haben oben schon ausgeführt, daß auf dem Karnevalsmarktplatz bei zeitweiser Aufhebung aller hierarchischen Unterschiede und Schranken zwischen den Menschen und dem Wegfall bestimmter Normen und Tabus des gewöhnlichen, Nichtkarnevals-Lebens ein besonderer, ideal-realer Kommunikationstyp entsteht, der im Alltagsleben nicht denkbar wäre, ein zwangloser familiärer Kontakt auf der Straße, der keine Distanz zwischen den Leuten kennt.

Ein neuer Kommunikationstyp führt immer auch zu neuen Formen der Rede, neuen mündlichen Gattungen, der Umdeutung oder dem Verschwinden einiger alter Formen. Vergleichbares ist jedem von uns aus dem heutigen mündlichen Umgang bekannt. Wenn z. B. zwei Personen in engen freundschaftlichen Kontakt treten, so verringert sich die Distanz zwischen ihnen, und damit ändert sich auch ihr Umgangston. Das familiäre »du« wird verwendet, man wechselt die Anrede, manchmal wird der Vorname durch einen Spitznamen ersetzt, man gebraucht freundlich gemeinte Schimpfwörter, darf sich gegenseitig auslachen (bei einem nicht freundschaftlichen Verhältnis kann das Objekt des Lachens nur ein Dritter sein), man darf einander auf die Schulter oder sogar auf den *Bauch* klopfen (eine typisch karnevaleske Geste), die üblichen Vorschriften für das Gespräch und die sprachlichen Verbote werden abgeschwächt, man macht obszöne Bemerkungen etc., etc. Dabei ist diese Art von Kontakt im heutigen *Alltag* weit entfernt vom zwanglosen familiären

Kontakt auf dem bevölkerten Karnevalsmarktplatz. Ihm fehlt das Wichtigste: das dem ganzen Volk Gemeinsame, das Festliche, der utopische und weltanschauliche Gehalt. Die karnevalesken Formen, die sich in den neuzeitlichen Alltag eingebürgert haben, haben ihren ursprünglichen Sinn verloren. Nebenbei sei hier erwähnt, daß die alten slavischen Bruderschaftsriten, umgedeutet und mit einem tieferen Sinn, im Karneval erhalten geblieben sind. Von dort haben einige Elemente dieser Riten Eingang in den neuzeitlichen Alltag gefunden, dabei jedoch ihren karnevalesken Sinn vollständig eingebüßt.

Der neue Typ karnevelesk-familiärer Kommunikation auf dem Marktplatz äußert sich in einer ganzen Reihe sprachlicher Phänomene. Betrachten wir einige von ihnen näher.

Charakteristisch für den familiären Ton ist die häufige Verwendung von Schimpfworten und ganzen, oft langen und komplizierten Schimpftiraden. Sie sind gewöhnlich grammatisch und semantisch vom Kontext isoliert und wirken wie abgeschlossene Einheiten, einer Redensart vergleichbar. Daher können das Schimpfwort und die Schimpftirade als ein besonderes Redegenre innerhalb der familiären Marktplatzrede angesehen werden. Ihrer Genese nach unterscheiden sie sich deutlich voneinander, und auch ihre Funktionen in der Urgesellschaft waren verschieden, meist hatten sie magischen oder beschwörenden Charakter. Uns interessieren besonders die Flüche auf die Gottheit, die unverzichtbare Bestandteile der alten Lachkulte waren. Diese Flüche waren degradierend und vernichtend, doch zugleich wiedererweckend und erneuernd. Eben diese ambivalente Schmähung bestimmte den Gattungscharakter der Schimpfworte in der karnevalesken Marktplatzkommunikation. Unter den Bedingungen des Karnevals erfuhren sie einen entscheidenden Bedeutungswandel, sie verloren den magischen und überhaupt jeden praktischen Charakter, wurden zum Selbstzweck und gewannen so Universalität und philosophische Tiefe. In diesem verwandelten Zustand trugen sie zur Schaffung einer ungezwungenen Karnevalsatmosphäre und des Lachaspekts der Welt bei.

Mit den Schimpfworten in vieler Hinsicht vergleichbar sind die Flüche und Verwünschungen *(jurons)*. Auch sie fanden in großem Ausmaß Eingang in die familiäre Rede auf dem Marktplatz.

Der Fluch ist aus den gleichen Gründen wie das Schimpfwort als eigene Redegattung zu betrachten (wegen seiner Isoliertheit, Abgeschlossenheit und wegen seines Selbstzweckcharakters). Zwar waren Flüche und Verwünschungen ursprünglich nicht mit dem Lachen verbunden; sie wurden aus dem Bereich der offiziellen Rede verdrängt, weil sie gegen dessen Normen verstießen, und auf die zwanglose Sphäre der familiären Marktplatzrede übertragen. In dieser Karnevalsatmosphäre wurden sie vom Lachprinzip erfaßt und damit ambivalent.
Ähnlich war das Schicksal anderer Redeformen, z. B. aller Arten von Obszönitäten. Die familiäre Marktplatzrede wurde zum Reservoir, in dem sich die unterschiedlichsten sprachlichen Formen sammelten, die verboten und aus dem offiziellen Sprachgebrauch ausgeschlossen waren. Bei aller Verschiedenartigkeit ihrer Herkunft nahmen sie gleichermaßen karnevaleske Erfahrung auf, änderten ihre ursprünglichen Funktionen in der Rede, nahmen einen gemeinsamen Lachton an und wurden sozusagen zu Funken des großen Karnevalsfeuers, das die Welt erneuert.
Weitere Formen der familiären Marktplatzrede werden wir später besprechen. Betonen wir nur zum Schluß, daß alle Gattungen und Formen dieser Rede größten Einfluß auf den künstlerischen Stil Rabelais' hatten.

Die drei Ausdrucksformen der volkstümlichen Lachkultur des Mittelalters (rituell-szenische Formen, komische Texte, die familiäre Rede des Marktplatzes) sind selbstverständlich den entsprechenden wissenschaftlichen Disziplinen keineswegs unbekannt und von ihnen auch schon behandelt worden. Dies gilt besonders für die volkssprachliche Lachliteratur. Aber man betrachtete jede dieser Formen isoliert und ohne Berücksichtigung ihrer Herkunft aus den rituell-szenischen Karnevalsformen; man analysierte sie ohne ihren Kontext: die Einheit der volkstümlichen Lachkultur des Mittelalters. *Die Frage nach einer solchen Kultur wurde gar nicht gestellt.* Daher bemerkte man nicht, daß die unterschiedlichen Phänomene trotz ihrer Vielfalt und Verschiedenartigkeit nur die Komponenten des einen, originären Lachaspekts der Welt darstellen; und eben deshalb wurde auch ihr Wesen nicht vollständig erkannt.

Man maß sie an den kulturellen, ästhetischen und literarischen Normen der Neuzeit, d.h. mit fremdem Maß. Sie wurden *modernisiert* und dabei falsch interpretiert und bewertet. Unverstanden blieb auch der bei all seiner Vielfalt einheitliche *Typ des komischen Motivs*, das der Volkskultur des Mittelalters eigen war und der Neuzeit (besonders dem 19. Jahrhundert) im großen und ganzen fremd ist. Wir wollen nun eine vorläufige Beschreibung dieses Typs des komischen Motivs versuchen.

In Rabelais' Werk fällt gewöhnlich das Vorherrschen des *materiell-leiblichen Lebensprinzips* auf, der Motive des Körpers, Essens, Trinkens, Ausscheidens und des Sexuallebens, und zwar in exaltierter, hyperbolisierter Form. Rabelais wurde (z. B. von Victor Hugo) zum größten Poeten des »Fleisches« und des »Leibes« erklärt. Andere beschuldigten ihn des »groben Physiologismus«, »Biologismus«, »Naturalismus« etc. Analoge Tendenzen, wenn auch weniger stark ausgeprägt, fand man bei anderen Vertretern der literarischen Renaissance (bei Boccaccio, Shakespeare und Cervantes). Man interpretierte dies als die für die Renaissance charakteristische »Rehabilitierung des Fleisches«, als Reaktion auf das asketische Mittelalter, oder man sah darin ein Anzeichen für den bürgerlichen Charakter der Renaissance, d. h. für das materielle Interesse des homo oeconomicus in seiner privaten, egoistischen Variante.
Diese und ähnliche Erklärungsversuche sind nichts anderes als verschiedene Arten der *Modernisierung* der materiell-leiblichen Motive der Renaissance-Literatur. Sie gehen von der eingeschränkten Bedeutung aus, die »Materialität«, »Leib«, »körperliches Leben« (Essen, Trinken, Ausscheiden u. a.) in den folgenden Jahrhunderten (und besonders im 19. Jahrhundert) angenommen haben.
Dabei sind die Motive des Materiell-Leiblichen bei Rabelais und den anderen Schriftstellern der Renaissance das (allerdings damals schon einigermaßen modifizierte) Erbe der volkstümlichen Lachkultur und deren besonderer Art von Motivik. Im umfassenderen Sinn sind sie das Erbe der speziellen ästhetischen Konzeption des Lebens, die für diese Kultur charakteristisch ist und sich von der ästhetischen Lebenskonzeption der folgenden

Jahrhunderte (vom Klassizismus an) stark unterscheidet. Die ästhetische Konzeption der Renaissance werden wir, zunächst provisorisch, *grotesken Realismus* nennen.

Das materiell-leibliche Prinzip tritt im grotesken Realismus (d. h. im Motivsystem der volkstümlichen Lachkultur) in seinem festlichen, utopischen, das ganze Volk umfassenden Aspekt auf. Das Kosmische, Soziale und Körperliche wird hier in seiner Einheit, als unteilbares, lebendiges und heiteres Ganzes gezeigt.

Im grotesken Realismus ist das materiell-leibliche Element etwas *Positives*, es erscheint keineswegs als privat-egoistisch oder isoliert von den anderen Lebensbereichen. Als *Universales und das ganze Volk Umfassendes* wirkt es vielmehr der *Abgrenzung von den materiell-leiblichen Wurzeln der Welt* entgegen, verhindert *Absonderung und Sich-Verschließen*, abstrakte Idealität und alle *Ansprüche auf eine von Körper und Erde befreite, unabhängige Bedeutsamkeit.* Noch einmal: Körper und körperliches Leben haben hier kosmischen und zugleich das ganze Volk umfassenden Charakter. Dabei ist nicht der Körper oder die Physiologie im engeren, heutigen Sinn gemeint; der Körper ist noch nicht individualisiert und von der restlichen Welt noch nicht getrennt. Träger des materiell-leiblichen Prinzips ist weder eine selbständige biologische Person noch das bürgerliche egoistische Individuum, sondern das *Volk*, ein sich stets entwickelndes und erneuerndes Volk. Daher ist hier alles Körperliche so grandios, hyperbolisiert und maßlos. Die Übertreibung hat *positiven, bestätigenden Charakter.* Leitthema in all diesen Motiven des materiell-leiblichen Lebens ist Fruchtbarkeit, Wachstum, grenzenloser Überfluß. Alle Erscheinungen des körperlichen Lebens und alle Dinge sind, anders gesagt, nicht auf die einzelne biologische Person bezogen und nicht auf den einzelnen egoistischen homo oeconomicus, sondern auf einen kollektiven Volks- oder Gattungskörper (wir werden diese Behauptung noch präzisieren). Überfluß und der Bezug aufs ganze Volk prägen auch den besonderen *heiteren und festlichen*, bewußt nichtalltäglichen Charakter aller Motive des materiell-leiblichen Lebens. Das materiell-leibliche Prinzip hat etwas von einem Fest, Gelage, Triumph, von einem »Gastmahl für die ganze Welt«. Dieses Merkmal bleibt in der Literatur und Kunst der Renaissance *weitgehend* erhalten, und vollständiger als irgendwo sonst bei Rabelais.

Ein Grundzug des grotesken Realismus ist die *Degradierung*, d.h. die Übersetzung alles Hohen, Geistigen, Idealen und Abstrakten auf die materiell-leibliche Ebene, in die Sphäre der untrennbaren Einheit von Körper und Erde. So ist etwa das schon erwähnte *Abendmahl des Hl. Kyprian* und sind auch viele andere lateinische Parodien aus dem Mittelalter kaum etwas anderes als eine Zusammenstellung von materiell-leiblich degradierenden und irdischen Details aus der Bibel und anderen sakralen Texten. In den im Mittelalter sehr populären Dialogen zwischen Salomon und Markolf werden die seriösen Sentenzen des Salomon kontrastiert mit den lustigen und herabsetzenden Aussprüchen des Possenreißers Markolf, die die diskutierte Frage in eine betont grobe, materiell-leibliche Sphäre (die des Essens, Trinkens, der Verdauung und des Sexuallebens) ziehen.[4]

Die Übertragung jeglichen hohen Zeremoniells oder Ritus auf die materiell-leibliche Ebene war ein Hauptelement der Komik der mittelalterlichen Possenreißer, und das war auch die Rolle, die sie auf Turnieren, bei der Zeremonie des Ritterschlags und zu anderen Gelegenheiten zu spielen hatten. In diesen Traditionen des grotesken Realismus steht ein großer Teil der Degradierungen von Ritterideologie und -zeremoniell im *Don Quijote.*

In Scholaren- und Gelehrtenkreisen des Mittelalters war die heitere Grammatik-Parodie sehr verbreitet. Diese Tradition, die auf den oben schon erwähnten *Sprachgelehrten Vergilius Maro* zurückgeht, überdauerte das ganze Mittelalter und die Renaissance und ist noch heute, in mündlicher Form, in den Geistlichen Schulen, Kollegien und Seminaren Westeuropas lebendig. Diese »Grammatik« ist nichts anderes als die Umdeutung aller grammatischen Kategorien (Kasus, Verbformen etc.) auf die körperliche Ebene, besonders unter erotischem Aspekt.

Doch nicht nur die Parodie im engeren Sinn, auch alle übrigen Gattungen des grotesken Realismus degradieren, stellen einen Bezug zur Erde und zum Körper her. Dies ist sein zentrales Merkmal und unterscheidet ihn von allen Formen der hohen Kunst und Literatur des Mittelalters. Das Lachen des Volkes, das alle Formen des grotesken Realismus prägt, war von alters her mit der materiell-leiblichen Basis verbunden.

Was aber kennzeichnet diese *Degradierung*, die alle Formen des grotesken Realismus vornehmen? Wir geben hier nur eine vorläufige Antwort. Rabelais' Werk gibt uns die Möglichkeit, unser Verständnis für diese Formen in den folgenden Kapiteln zu präzisieren.

Die Degradierung oder das Herabsetzen des Hohen haben im grotesken Realismus keineswegs nur formale oder relative Bedeutung. »Oben« und »Unten« müssen hier absolut und streng *topographisch* verstanden werden. »Oben« ist der Himmel und »Unten« die Erde, die Erde ist das Verschlingende (Grab, Leib) und zugleich das Gebärende, Erneuernde (Mutterschoß). Dies ist die Bedeutung von Oben und Unten im kosmischen Sinn. Im rein *körperlichen* Sinn, der allerdings nirgends streng vom kosmischen getrennt ist, sind »Oben« das Gesicht (der Kopf) und »Unten« die Geschlechtsorgane, der Bauch und der Hintern. Mit diesen absoluten topographischen Bedeutungen von Oben und Unten arbeitet der groteske Realismus, und also auch die mittelalterliche Parodie. Degradierung heißt Annäherung an die Erde als dem verschlingenden und *zugleich* lebensspendenden Prinzip: Degradierung ist Beerdigung und zugleich Zeugung, die Vernichtung geht der Neugeburt von mehr und Besserem voraus. Degradierung bedeutet auch Hinwendung zum Leben der Organe des Unterleibs, zum Bauch und den Geschlechtsorganen, folglich auch zu Vorgängen wie Koitus, Zeugung, Schwangerschaft, Geburt, Verschlingen und Ausscheiden. Die Degradierung gräbt ein Körpergrab für eine *neue* Geburt. Daher hat sie nicht nur vernichtende und negierende Bedeutung, sondern auch eine positive und erneuernde, sie ist *ambivalent*, sie negiert und bestätigt in einem. Sie zieht nicht einfach ins Nicht-Sein, in die absolute Vernichtung, sondern holt, im Gegenteil, die Dinge herab an die fruchtbare Basis, dorthin, wo Empfängnis und Geburt stattfinden, wo alles im Überfluß wächst. Nichts anderes bedeutet »Unten« für den grotesken Realismus, als die erneuernde Erde und den Schoß, von unten kommt immer ein neuer *Anfang*.

Insofern hat die mittelalterliche Parodie mit der rein formalen literarischen Parodie der Neuzeit nichts gemeinsam. Auch die neue literarische Parodie degradiert, wie jede Parodie, doch ist die Degradierung hier völlig negativ, ohne erneuernde Ambivalenz. Dies ist mit ein Grund, warum weder die Parodie als Gattung noch andere Formen der Degradierung in der Neuzeit ihre alte, wichtige Rolle weiterspielen konnten.

Parodistische und nichtparodistische Degradierung ist auch für die Literatur der Renaissance charakteristisch, die in dieser Hinsicht (ganz besonders bei Rabelais) die besten Traditionen der volkstümlichen Lachkultur fortführt. Zwar erfährt das materiell-leibliche Prinzip schon eine gewisse Umdeutung und Beschränkung, seine Universalität und Festlichkeit sind nicht mehr vollständig erhalten, doch nimmt dieser Prozeß hier erst seinen Anfang, wie man am Beispiel des *Don Quijote* beobachten kann.

Die grundlegende Tendenz der parodistischen Degradierung bei Cervantes besteht in der Annäherung an die Erde, an die *erneuernde* produktive Kraft der Erde und des Körpers. Damit setzt sie die Tradition der grotesken Linie fort. Zugleich jedoch erfährt das materiell-leibliche Prinzip schon eine gewisse Verarmung, es befindet sich in einer Krise, in einem Prozeß der Spaltung, und die Motive des materiell-leiblichen Lebens beginnen, ein Doppelleben zu führen.

Der dicke Bauch von Sancho (»Pansa«), sein Appetit und sein Durst sind zutiefst karnevalesk, seine Vorliebe für Überfluß und Körperfülle ist nicht privat-egoistisch und entfremdet, sondern zielt auf das kollektive Schlaraffenland. Sancho ist ein direkter Nachfahre der antiken dickbäuchigen Fruchtbarkeitsdämonen, deren Figuren wir etwa auf den berühmten korinthischen Vasen bewundern können. In Cervantes' Motiven des Essens und Trinkens herrscht noch der Geist des großen Gastmahls und des Volksfests. Sanchos Materialismus, sein Wanst, sein Appetit und seine ausgiebige Verdauung ist das absolute Unten des grotesken Realismus, das heitere Körpergrab (Bauch, Leib, Erde), das dem entfremdeten, abstrakten und versteinerten Idealismus Don Quijotes gegraben ist; in diesem Grab, so könnte man sagen, soll der »Ritter von der traurigen Gestalt« sterben, um neu, besser und »größer« wiedergeboren zu werden. Das Grab ist das materiell-leibliche und kollektive Korrektiv zu individuellen und abstrakt-geistigen Ansprüchen; außerdem ist es das volkstümliche Lachkorrektiv zu dem einseitigen Ernst jener geistigen Ansprüche (das absolute Unten lacht immer, es ist der gebärende lachende Tod). Die Rolle des Sancho Pansa gegenüber Don Quijote kann man mit der Rolle der mittelalterlichen Parodien in bezug auf die »hohe« Ideologie und den Kult, mit der Rolle des Possenreißers in einer seriösen Zeremonie, mit der Rolle der »fetten Tage« gegenüber der Fastenzeit vergleichen. Hinter den »erdnahen« Motiven von Windmühlen (Giganten), Schenken (Schlössern), Hammel- und Schafherden (Ritterheeren), Schankwirten (Schloßherren), Prostituierten (Edeldamen) etc. steht noch, wenn auch abgeschwächt, das heitere erneuernde Prinzip. Es ist typischer, grotesker Karneval, wenn die Schlacht als Küche und Gastmahl, Waffen und Helme als Bestecke und Rasierschüsseln und Wein (in der Episode der Schlacht mit den Weinschläuchen) als Blut dargestellt werden. Dies ist die eine, karnevaleske Seite der Motive des Materiell-Leiblichen in Cervantes' Roman. Auf ihr beruht der große Stil seines Realismus, seine Universalität und seine volkstümliche Utopie.

Andererseits jedoch beginnen bei Cervantes Körper und Gegenstände privaten Charakter anzunehmen; später werden sie domestiziert, verflachen, werden zu bewegungslosen Elementen des privaten Alltags, zu Objekten des Besitzes und egoistischer Wünsche. Das Unten ist nicht mehr positiv und erneuernd, sondern dumpfes, starres Hindernis für alle idealen Bestrebungen. In der privaten Lebenssphäre entfremdeter Individuen behalten die Motive des Unterleibs das negierende Moment, doch sie verlieren fast völlig ihre positive, erneuernde Potenz; ihre Verbindung zu Kosmos und Erde wird unterbrochen, und sie degenerieren zu naturalistischen erotischen Sittenschilderungen.

Dieser zweite Aspekt der Motive vom materiell-leiblichen Leben verschränkt sich mit dem ersten zu einer komplexen und widersprüchlichen Einheit. Gerade in der doppelten, komplizierten und widersprüchlichen Existenzweise dieser Motive liegen ihre Kraft und ihr großer historischer Realitätsgehalt. Hierin ist das Drama des materiell-leiblichen Prinzips der Renaissanceliteratur begründet, das Drama der Herauslösung der Körper und Dinge aus der Einheit der fruchtbaren Erde und des kollektiven, wachsenden und sich immerfort erneuernden Volkskörpers, mit der sie in der Volkskultur verbunden waren. Diese Trennung war im künstlerisch-ideologischen Bewußtsein der Renaissance noch keine vollständige. Die materiell-leibliche Basis des grotesken Realismus hat hier noch vereinigende, herabsetzende, entlarvende und zugleich erneuernde Funktion. Wie zersplittert, getrennt und isoliert die einzelnen »privaten« Körper und Dinge auch waren, der Renaissance-Realismus trennt die Nabelschnur nicht, die sie mit dem gebärenden Leib der Erde und des Volkes verbindet. Körper und Ding sind hier nicht einfach mit sich selbst identisch wie im Naturalismus der folgenden Jahrhunderte. Sie repräsentieren das materiell-leiblich Wachsende einer ganzen Welt und gehen folglich über die Grenzen ihrer Partikularität hinaus, das Private und das Universale sind in ihnen noch auf widersprüchliche Art verschmolzen. Grundlage der Renaissanceliteratur ist noch die karnevaleske Erfahrung.

Die Komplexität des Realismus der Renaissance ist bis heute nicht hinreichend geklärt. Seine Konzeption der Welt entsteht aus zwei unterschiedlichen Motivtypen: der eine geht auf die volkstümliche Lachkultur zurück, der andere auf die im engeren Sinn bürgerliche Konzeption einer abgeschlossenen und atomisierten Existenz. Der Renaissance-Realismus schwankt zwischen diesen beiden schwer zu vereinbarenden Auffassungen des Materiell-Leiblichen. Das wachsende, unerschöpfliche, unzerstörbare, überreiche materielle Lebensprinzip, das immer lacht, entlarvt und erneuert, verbindet sich auf widersprüchliche Art mit dem hohlen und erstarrten »materiellen Prinzip« im Leben der Klassengesellschaft.

Wenn man den grotesken Realismus ignoriert, wird das Verständnis nicht nur des Realismus der Renaissance erschwert, sondern auch einer ganzen Reihe von wichtigen Erscheinungen in seiner weiteren Entwicklung. Das ganze Feld der realistischen Literatur der letzten 300 Jahre ist buchstäblich übersät mit Relikten des grotesken Realismus, und diese vermeintlich toten Reste können oft neue Aktualität gewinnen. Meist handelt es sich um Motive, die den positiven Aspekt und die Verbindung zum universalen Ganzen der werdenden Welt teilweise oder ganz verloren hatten. Ihre wahre Bedeutung versteht man nur auf dem Hintergrund des grotesken Realismus.

Das groteske Motiv zeigt ein Phänomen in der Transformation, in der Metamorphose, im Stadium des Sterbens oder der Geburt, des Wachsens und Werdens. Die Beziehung zur *Zeit*, zum *Werden*, ist ein konstitutives Merkmal grotesker Motive. Eine damit zwangsläufig verbundene Eigenschaft ist die *Ambivalenz*: das Motiv stellt auf die eine oder andere Weise *beide Pole der Veränderung, das Alte und das Neue, das Sterbende und das Entstehende, den Beginn und das Ende der Metamorphose* dar.

Die allen grotesken Motiven zugrundeliegende Beziehung zur Zeit, das Gefühl für die Zeit und das Bewußtsein von der Zeit, hat sich natürlich in der Jahrtausende währenden Entwicklung gewandelt. In einem frühen Stadium des grotesken Motivs, in der sogenannten grotesken Archaik, wird die Zeit als einfache Parallelität (im Grunde Gleichzeitigkeit) zweier Entwicklungsphasen dargestellt: Anfangs- und Endphase, Winter und Frühling, Tod und Geburt. Diese primitiven Motive bewegen sich im biokosmischen Kreis zyklischer Phasenwechsel in Natur und menschlicher Tätigkeit. Ihre Komponenten sind die wechselnden Jahreszeiten, Saat, Aufgehen der Saat, Absterben, Gedeihen etc. Der in diesen Motiven implizit enthaltene Zeitbegriff ist der zyklische des biologischen Lebens. Doch die grotesken Motive verbleiben nicht auf dieser Entwicklungsstufe. Der Sinn für die Zeit und ihre Phasenwechsel erweitert und vertieft sich und umgreift nach und nach sozial-historische Phänomene. Das Zyklische wird überwunden, es entsteht ein Gefühl für die historische Zeit. Nun werden groteske Motive mit ihrer Verbindung zu Zeitenwenden und mit ihrer ganzen Ambivalenz zum wichtigsten Mittel, dessen sich die Renaissance als künstlerisch-ideologischer Ausdruck ihrer neuen Aufmerksamkeit für Geschichte und historische Umbrüche bedient.

Auch auf dieser Entwicklungsstufe, und ganz besonders bei Rabelais, bewahren die grotesken Motive ihren besonderen Charakter und stehen in schroffem Gegensatz zu Motiven von einem fertigen, vollendeten Leben. Sie sind ambivalent und widersprüchlich und aus der Perspektive der »klassischen« Ästhetik, d. h. der Ästhetik des *fertigen, vollendeten Lebens*, häßlich und abstoßend. Das *neugewonnene Gefühl für das Historische* verändert ihren Sinn, berührt jedoch nicht ihren Inhalt: Koitus, Schwangerschaft, Geburtsvorgang, körperliches Wachstum, Alter, Zerfall, Zerstückelung des Körpers u. ä. blei-

ben in ihrer ganzen Materialität die Grundelemente der grotesken Motive. Sie stehen in Opposition zu den klassischen Motiven des vollendeten, fertigen, reifen menschlichen Körpers, der von allen Geburts- und Entwicklungsschlacken befreit ist.
Unter den berühmten Terrakotten aus Kerč', die in der Leningrader Ermitage zu sehen sind, gibt es eigenartige Figuren von *schwangeren Alten*, an denen die Häßlichkeit des Alters und die Kennzeichen der Schwangerschaft grotesk hervorgehoben sind. Diese schwangeren Alten *lachen.*[5] In diesen Figuren finden wir eine sehr charakteristische und ausdrucksvolle Groteske. Sie ist ambivalent, zeigt den schwangeren und gebärenden Tod. Der Körper der schwangeren Alten hat nichts Fertiges, Dauerhaft-Ruhiges. Das Groteske vereint den verfallenden, schon deformierten Körper mit dem noch nicht entwickelten, gerade gezeugten, neuen Leben. Hier wird das Leben in seiner ambivalenten, innerlich widersprüchlichen Prozeßhaftigkeit gezeigt, nichts ist fertig, die Unabgeschlossenheit selbst steht vor uns. Genau darin besteht die groteske Körperkonzeption.
Im Gegensatz zu den neuzeitlichen Kanons ist der groteske Körper von der umgebenden Welt nicht abgegrenzt, in sich geschlossen und vollendet, sondern er wächst über sich hinaus und überschreitet seine Grenzen. Er betont diejenigen Körperteile, die entweder für die äußere Welt geöffnet sind, d. h. durch die die Welt in den Körper eindringen oder aus ihm heraustreten kann, oder mit denen er selbst in die Welt vordringt, also die Öffnungen, die Wölbungen, die Verzweigungen und Auswüchse: der aufgesperrte Mund, die Scheide, die Brüste, der Phallus, der dicke Bauch, die Nase. Das Wesen des Körpers als das Prinzip des Wachstums und Über-sich-hinaus-Wachsenden enthüllt sich nur in Momenten wie dem Koitus, der Schwangerschaft, der Geburt, dem Todeskampf, dem Essen, Trinken und Sich-Entleeren. Er ist das ewig Unfertige, ewig Entstehende und Erschaffende, ein Glied in der genetischen Entwicklung, genauer gesagt zwei Glieder an dem Punkt, an dem sie sich vereinen, ineinander übergehen. Dies wird besonders deutlich in der grotesken Archaik.
Eine Haupttendenz der grotesken Körpermotive besteht darin, *zwei Körper in einem zu zeigen,* einen, der gebiert und abstirbt, und einen, der empfangen, ausgetragen und geboren wird. Man

trifft immer auf den dickbäuchigen und gebärenden oder zumindest zu Empfängnis und Zeugung bereiten Körper, an dem Phallus oder Scheide deutlich hervortreten. Aus jedem Körper tritt in der einen oder anderen Weise ein anderer, neuer heraus.
Auch von den verschiedenen Altersphasen des Körpers werden, im Gegensatz zu den neuen Kanons, bevorzugt jene dargestellt, die Tod und Geburt am nächsten stehen, also Kindheit und Greisenalter, mit deutlicher Betonung ihrer Nähe zu Mutterleib und Grab, zum gebärenden und verschlingenden Schoß. Aber tendenziell (sozusagen im Extremfall) vereinigen sich diese beiden Körper zu einem. Individualität wird im Übergangsstadium gezeigt, als schon sterbende oder noch nicht ausgeprägte; dieser Körper steht gleichzeitig an der Schwelle zum Sarg und zur Wiege, er ist nicht mehr nur ein, aber auch noch nicht zwei Körper. In ihm schlagen zwei Pulse, und einer der beiden, der mütterliche, stockt.
Darüber hinaus ist dieser unfertige und geöffnete Körper, der stirbt, gebärt und geboren wird, von der Welt nicht durch feste Grenzen getrennt – er ist von Welt, Tieren und Dingen durchsetzt. Er ist kosmisch und repräsentiert eine körperlich-materiale Welt in all ihren Elementen. Tendenziell nimmt in jedem Körper die ganze materiell-leibliche Welt Gestalt an als absolute Basis, als verschlingendes und gebärendes Prinzip, als Körpergrab und Schoß, als Ackerfurche, die die Saat aufnimmt und aufgehen läßt.
Dies sind, in groben Zügen, die Umrisse dieser eigenartigen Körperkonzeption. Bei Rabelais fand sie ihre geniale Vollendung, in den anderen Werken der literarischen Renaissance tritt sie dagegen abgeschwächter und gemäßigter auf. In der Malerei ist sie bei Hieronymus Bosch und Breughel d. Ä. anzutreffen. Einige ihrer charakteristischen Züge kann man schon früher entdecken, auf Fresken und Basreliefs, die die Kathedralen und sogar einige Dorfkirchen des 12. und 13. Jahrhunderts schmücken.[6]
Einen starken Entwicklungsschub für die groteske Körperkonzeption brachten die volkstümlich-festlichen szenischen Formen des Mittelalters; der Narrentag, das Charivari, der Karneval, die Marktplatzseite des Fronleichnamsfestes, die Diablerien aus den Mysterien, die Sotties und Farcen – alle diese szenischen Spiele

der Volkskultur des Mittelalters kannten ausschließlich den grotesken Körper.

Auch die gesamte mittelalterliche *literarische Parodie* gründete auf der grotesken Körperkonzeption. Das gleiche gilt für die große Zahl von Legenden und anderen literarischen Texten, die von den »Wundern Indiens« handeln oder den westlichen Wundern der Irischen See. Die groteske Körpervorstellung strukturiert ebenfalls die Körpermotive in der umfangreichen Gespensterliteratur und in den Legenden über Riesen; einige Elemente dieser Konzeption finden wir auch im Tierepos, im Fabliau und im Schwank.

Schließlich liegt diese Körperkonzeption auch dem Schimpfwort, der Verwünschung und dem Schwur zugrunde, Redegattungen, deren Bedeutung für das Verständnis der groteskrealistischen Literatur nicht hoch genug veranschlagt werden kann. Sie hatten geradezu konstitutiven Einfluß auf die Anlage der Motive, die gesamte Sprache und den Stil der grotesken Literatur. Der Genese und Funktion nach allen anderen »Degradierungs«- und »zur Erde führenden« Formen verwandt, wirkten sie wie dynamische Formeln der ungeschminkten Wahrheit. In den modernen obszönen Schimpfworten und Verwünschungen haben sich isolierte, negative Reste der grotesken Körperkonzeption gehalten. Flüche wie »geh zum...« setzen den Beleidigten nach der grotesken Methode herab, d. h. sie verweisen ihn auf den, topographisch gesehen, absoluten Unterleib, in die Sphäre der zeugenden und gebärenden Organe, ins Körpergrab (oder in die Körperhölle), und zwar zum Zweck der Vernichtung und Neugeburt. Von diesem ambivalenten, erneuernden Sinn bewahren die heutigen Flüche fast nur die nackte Negation, den reinen Zynismus, das Beleidigende. Im Bedeutungs- und Wertsystem der modernen Sprachen und des modernen Weltbildes sind diese Ausdrücke völlig isoliert, sie sind Bruchstücke einer fremden Sprache, in der man früher etwas sagen konnte und in der man heute nur noch sinnlos beleidigen kann. Allerdings wäre es Heuchelei, zu bestreiten, daß diese Vokabeln zu einem gewissen Grad ihren Reiz bewahrt haben. In ihnen klingt die vage Erinnerung an ehemalige Karnevalsfreiheiten und Karnevalswahrheit an. Dem Problem, warum sie sich so hartnäckig in der Sprache halten, hat sich noch niemand ernsthaft gestellt. Zur Zeit Rabelais' besaßen Schimpfworte und Verwünschungen in jenen Sphären der Volkssprache, aus denen der Roman hervorging, noch ihre umfassende Bedeutung, vor allem war ihre erneuernde, positive Seite präsent. Sie waren allen Formen der Degradierung eng verwandt, die das Erbe des grotesken Realismus ausmachen: den Motiven der Diablerien, den Höllenmotiven aus der Prozessionsliteratur, den Motiven der Sotties und so fort. Deshalb konnten sie eine so wichtige Rolle in seinem Roman spielen.

Besonders hervorzuheben ist die deutliche Ausprägung der grotesken Körperkonzeption in den Jahrmarktsbudenvorstellungen und überhaupt allen komischen szenischen Aufführungen auf den Straßen und Plätzen des Mittelalters und der Renaissance. In diesen Formen ist uns die groteske Körperkonzeption in der Neuzeit authentisch überliefert. Im 17. Jahrhundert war sie noch in den *Paraden* Tabarins, in der Komik Turlupins und anderen analogen Erscheinungen lebendig, und man kann sagen, daß sie heute, wenn auch in abgeschwächter und entstellter Form, in vielen Varianten der Schaubuden- und Zirkuskomik präsent ist.

Natürlich steht diese vorläufig umrissene Körperkonzeption des grotesken Realismus in krassem Widerspruch zu den Kanons der Literatur und der bildenden Kunst der »klassischen«[7] Antike, die Grundlage der Renaissance-Ästhetik waren und auch die weitere Entwicklung der Kunst beeinflußten. Die neuen Kanons sehen den Körper völlig anders, in anderen Aspekten seines Lebens und in völlig anderer Beziehung zur äußeren (außerkörperlichen) Welt. Für sie ist der Körper vor allem streng abgeschlossen und fertig, er ist ein einsamer, einzelner, von anderen abgegrenzter und geschlossener Körper. Daher sind alle Kennzeichen von Unfertigkeit, Wachstum und Vermehrung entfernt: Auswüchse und Verzweigungen verschwinden, Wölbungen (die an Triebe und Knospen erinnern) werden geglättet, alle Öffnungen verstopft. Die ewige Unfertigkeit des Körpers wird quasi verheimlicht, Empfängnis, Schwangerschaft, Geburt und Todeskampf kommen in der Regel nicht vor. Das bevorzugte Alter ist das am weitesten von Mutterleib und Grab, also von den Grenzen individuellen Lebens, entfernte. Der Akzent liegt auf der vollständigen, autonomen Individualität eines Körpers. Nur jene Handlungen werden gezeigt, bei denen die Grenzen zwischen ihm und der Welt starr bleiben; innerkörperliche Vorgänge und die Prozesse des Verschlingens und Ausstoßens dagegen nicht. Der individuelle Körper wird außerhalb seiner Beziehung zum kollektiven Volkskörper präsentiert.

Es ist einsichtig, daß vom Standpunkt dieses neuzeitlichen Kanons der Körper des grotesken Realismus als etwas Formloses und Abstoßendes erscheint. Er fügt sich nicht in den Rahmen der modernen »Ästhetik des Schönen«.

Weder in dieser Einleitung noch in den folgenden Kapiteln, besonders im fünften, ist es unser Ziel, bei der Gegenüberstellung des grotesken und des klassischen Kanons der Körperdarstellung einem von beiden den Vorzug zu geben; wir arbeiten nur die grundsätzlichen Unterschiede zwischen ihnen heraus. Doch steht natürlich die groteske Konzeption in dieser Arbeit im Vordergrund, denn sie bestimmt die Motive der volkstümlichen Lachkultur und Rabelais'; wir wollen versuchen, die eigentümliche Logik und das künstlerische Ziel des grotesken Kanons zu verstehen. Den klassischen Kanon kennen wir in seiner künstlerischen Wirkung, in einem gewissen Grad gilt er noch heute; den grotesken Kanon dagegen verstehen wir schon lange nicht mehr, oder wir interpretieren ihn falsch. Es ist die Aufgabe der historischen und theoretischen Reflexion von Literatur und Kunst, ihn im Originalzustand zu rekonstruieren. Man darf ihn nicht im Geist der Normen der Neuzeit interpretieren, um dann nur seine Abweichungen festzustellen. Der groteske Kanon ist mit seinem eigenen Maß zu messen.

Hierzu sind einige Erklärungen notwendig. Unter »Kanon« verstehen wir nicht eine Menge von bewußt festgelegten Regeln, Normen und Proportionen für die Darstellung des menschlichen Körpers. In diesem Sinne könnte man allenfalls von einem klassischen Kanon, und dies nur in bezug auf einige seiner Entwicklungsstufen, sprechen. Die groteske Körperkonzeption besaß niemals einen solchen Kanon, sie ist von Natur aus nichtkanonisch. Wir gebrauchen das Wort »Kanon« im weiteren Sinn einer bestimmten, jedoch dynamischen und wandelbaren Tendenz bei der Darstellung des Körpers und seiner Aktivitäten. In der bildenden Kunst und der Literatur der Vergangenheit können wir zwei solcher Tendenzen unterscheiden, die wir als grotesken bzw. klassischen Kanon bezeichnen. Wir haben diese beiden Kanons hier in ihrer reinen, extremen Ausbildung dargestellt. In der lebendigen historischen Wirklichkeit waren sie jedoch niemals starr und unveränderlich (auch der klassische nicht), sie befanden sich in einer ständigen Entwicklung, die verschiedene historische Variationen von Klassik und Groteske hervorbrachte. Dabei wirkten beide Kanons in der Regel in unterschiedlichen Formen aufeinander ein: in Kampf, gegenseitiger Beeinflussung, Kreuzung und Fusion. Das gilt in besonderem Maße für die Renaissance (wir haben darauf bereits hingewiesen). Sogar bei Rabelais, der dem grotesken Körperkonzept den konsequentesten Ausdruck verlieh, gibt es Elemente des klassischen Kanons, besonders in der Episode der Erziehung Gargantuas durch Ponokrates und in der Thelem-Episode. Für unsere Arbeit sind jedoch gerade die Unterschiede zwischen den beiden Kanons in ihrer reinsten Ausprägung interessant, und auf sie werden wir unsere Aufmerksamkeit richten.

Den spezifischen Motivtyp, der der volkstümlichen Lachkultur in allen ihren Varianten eigen ist, haben wir hypothetisch *»grotesken Realismus«* genannt. Diese Terminologie müssen wir noch rechtfertigen.

Beginnen wir mit dem Begriff »grotesk«. Zu diesem Zweck skizzieren wir seine Geschichte im Zusammenhang mit der Entwicklung grotesker Kunstformen und ihrer Theorie.

Die groteske Motivik (d. h. die Methode, Motive zu konstruieren) ist uralt; man findet sie in der Mythologie und der archaischen Kunst aller Völker, unter anderem natürlich in der griechischen und römischen vorklassischen Epoche. Auch in der klassischen Periode geht sie nicht unter, sie wird jedoch aus der großen, offiziellen Kunst verdrängt und existiert und entwickelt sich in einigen »niederen«, nicht-kanonischen Bereichen, z. B. in der komischen Plastik, besonders in der Miniatur. Dazu gehören die schon vorgestellten Terrakotten aus Kerč', komische Masken, figürliche Darstellungen von Fruchtbarkeitsdämonen, die sehr populären kleinen Statuen des Monsters Thersites u. a., in der komischen Vasenmalerei z. B. die Darstellung von Doubles (ein komischer Herkules, ein komischer Odysseus), kleine Szenen aus Komödien, die obengenannten Fruchtbarkeitsdämonen etc., und schließlich im weiten Feld der Lachliteratur, die auf die eine oder andere Weise mit karnevalsähnlichen Festen verbunden war, Satyrspiele, die attische Komödie, der Mimus und anderes. In der Spätantike erlebt die groteske Darstellung eine Phase der Blüte und Erneuerung und erfaßt fast alle Bereiche der Kunst und Literatur. Unter dem starken Einfluß der orientalischen Kunst entsteht eine neue Variante der Groteske, doch die Entwicklung des ästhetischen und kunstwissenschaftlichen Denkens der Antike orientierte sich an der klassischen Tradition, und so erhielt der groteske Darstellungstyp weder eine stabile, allgemein anerkannte Definition, noch wurde seine Bedeutung theoretisch reflektiert.

Auf allen drei Entwicklungsstufen der antiken Groteske – in der grotesken Archaik, der Groteske der klassischen Epoche und der Spätantike – bildeten sich die wesentlichen Elemente des Realismus heraus. Keineswegs handelt es sich dabei nur um »groben Naturalismus«, wie manchmal behauptet wurde. Doch die antike Etappe des grotesken Realismus liegt außerhalb unserer Problemstellung.[8] Wir werden sie daher im weiteren nur dort berühren, wo sie Einfluß auf das Schaffen Rabelais' nahm.

Die Blüte des grotesken Realismus beginnt mit dem Motivsystem der volkstümlichen Lachkultur des Mittelalters, und seine künstlerische Vollendung findet er in der Literatur der Renaissance. In der Renaissance erscheint auch zum erstenmal der Begriff *»Groteske«*, zunächst jedoch in einer ganz speziellen Bedeutung. Ende des 15. Jahrhunderts wurde in Rom bei der Ausgrabung der unterirdischen Teile der Thermen des Titus eine bis dahin unbekannte Art römischer Ornamentenmalerei entdeckt. Diesen Ornamentalstil nannte man *la grottesca*, abgeleitet von dem italienischen Wort *grotta* (Grotte). Wenig später wurden gleichartige Ornamente auch in anderen Gebieten Italiens gefunden. Worin besteht nun ihre Eigentümlichkeit?

Das wiederentdeckte römische Ornament setzte seine damaligen Betrachter durch einen ungewohnten, merkwürdigen, spielerischen Umgang mit Pflanzen-, Tier- und menschlichen Formen, die ineinander übergingen und quasi auseinander entstanden, in Erstaunen. Nichts war zu spüren von jenen scharfen und stabilen Grenzen, die im herrschenden Verständnis diese »Reiche der

Natur« voneinander trennten: hier, in der Groteske, wurden sie kühn übertreten. Ebenso vermißte man die gewohnte Statik in der Darstellung der Wirklichkeit: es gibt keine Bewegung einer festen, pflanzlichen oder tierischen Form in einer ebenso festen und dauerhaften Welt; vielmehr wandelt sie sich zur inneren Bewegung des Lebens selbst, die sich ausdrückt im Übergang von einer Form zur anderen, in der ewigen *Unfertigkeit* des Lebens. Die ornamentale Spielerei offenbart eine außerordentliche Freiheit und Leichtigkeit der künstlerischen Phantasie, und diese Freiheit wird als *heitere*, geradezu *lachende Zwanglosigkeit* wahrgenommen. Raffael und seine Schüler haben diesen heiteren Ton des neu(entdeckt)en Ornaments erkannt und ihn auf ihre Grotesken-Nachschöpfungen zur Ausmalung der Vatikanischen Loggien übertragen.[9]

Wir haben nun die Ornamente beschrieben, auf die zum erstenmal der eigens geschaffene Begriff »Groteske« angewandt wurde. Man benutzte ein neues Wort für eine, wie es damals schien, neue Erscheinung. Seine ursprüngliche Bedeutung war sehr eingeschränkt – eine neuentdeckte Variante des römischen Ornaments. Doch war diese Variante nur ein winziges Bruchstück der großen Welt des grotesken Motivs, die zu allen Zeiten, von der Antike über das Mittelalter bis in die Renaissance, existiert hatte. In jenem Bruchstück fanden sich die charakteristischen Züge dieser ganzen Welt. Damit war die Produktivität des neuen Begriffs gesichert, seine allmähliche Anwendung auf die ganze, kaum überschaubare Welt des grotesken Motivs.

Doch ging die Erweiterung des Begriffsumfangs sehr langsam und ohne theoretische Reflexion auf die Eigenart und Einheit der grotesken Welt vor sich. Der erste Versuch einer theoretischen Analyse, genauer gesagt eine einfache Beschreibung und Bewertung der Groteske, stammt von Vasari, der sie, gestützt auf das Urteil des Vitruvius (eines römischen Architekten und Kunstwissenschaftlers unter Augustus), negativ beurteilt. Vitruvius verurteilt die neue »barbarische« Methode, »Wände mit Ungeheuern auszumalen statt mit klaren Darstellungen der gegenständlichen Welt«, d.h., er beurteilt den grotesken Stil vom klassischen Standpunkt aus als groben Verstoß gegen die »natürlichen« Formen und Proportionen. Dies ist auch die Position Vasaris, und sie galt im Grunde noch lange Zeit. Auf ein besseres

Verständnis trifft die Groteske erst in der zweiten Hälfte des 18. Jahrhunderts.
Während der Geltungsdauer des klassizistischen Kanons in allen Bereichen von Kunst und Literatur, im 17. und 18. Jahrhundert, war die mit der volkstümlichen Lachkultur verbundene Groteske aus der sogenannten großen Literatur ausgeschlossen; sie ist abgewandert in die niedere Komik oder naturalistisch degeneriert. In dieser Zeit, besonders von der zweiten Hälfte des 17. Jahrhunderts an, erfahren die rituell-szenischen karnevalesken Formen der Volkskultur eine allmähliche Trivialisierung. Auf der einen Seite werden diese Formen *»verstaatlicht«* und bekommen *Paradecharakter*, auf der anderen Seite werden sie *»domestiziert«*, d. h. ins häusliche, private Leben verbannt. Die ehemaligen Volksfest-Freiheiten werden nach und nach eingeschränkt. Die karnevaleske Welterfahrung mit ihrer Volkstümlichkeit, Zwanglosigkeit, Zukunftszugewandtheit und ihren utopischen Zügen verwandelt sich immer mehr in eine einfache Sonntagslaune. Das Fest hört *beinahe* auf, als ein zweites, dem ganzen Volk gemeinsames Leben und als zeitlich begrenzte Wiedergeburt und Erneuerung zu fungieren. Wir betonen das Wort »beinahe«, weil das volkstümlich-festliche Karnevalsprinzip im Grunde unausrottbar ist. Obwohl eingeschränkt und geschwächt, kann es doch andere, sehr unterschiedliche Lebens- und Kulturbereiche befruchten.
Uns interessiert dabei der folgende Aspekt: Die trivialisierte festliche Volkskultur hat fast keinen unmittelbaren Einfluß mehr auf die Literatur dieser Jahrhunderte. Die karnevaleske Welterfahrung und das groteske Motiv leben und vermitteln sich innerhalb der literarischen Tradition, vor allem als Tradition der Renaissanceliteratur.
Nachdem sie die lebendige Beziehung zur Volkskultur auf dem Marktplatz verloren hatte und zur rein literarischen Tradition geworden war, formierte sich die Groteske neu: die karnevalesken grotesken Motive erlebten eine gewisse *Formalisierung*, die sie verschiedenen Richtungen und Zielen nutzbar machte. Die Formalisierung betraf jedoch nur Äußerlichkeiten, und der Gehalt der karnevalesken Form an sich, ihre künstlerisch-heuristische und verallgemeinernde Kraft, blieb in allen wichtigen grotesken Genres jener Zeit (d. h. im 17. und 18. Jahrhun-

dert) erhalten: in der Commedia dell'arte (sie war noch am stärksten mit dem Karnevals»schoß« verbunden, der sie hervorgebracht hatte), in den Komödien Molières (die mit der Commedia dell'arte verwandt sind), im komischen Roman und der Travestie des 17. Jahrhunderts, in den philosophischen Erzählungen Voltaires und Diderots (*Jacques der Fatalist* und *Die indiskreten Kleinodien*) und schließlich in den Werken Swifts und einiger anderer. Bei aller Verschiedenheit der genannten Phänomene hat die karnevalesk-groteske Form eine ähnliche Funktion: sie sanktioniert die Zwanglosigkeit der Phantasiegebilde, erlaubt, Unterschiedliches zu kombinieren und Entferntes anzunähern, verhilft zur Loslösung vom herrschenden Weltbild, von Konventionen und Binsenweisheiten, überhaupt von allem Alltäglichen, Gewohnten, als wahr Unterstelltem. Sie erlaubt einen anderen Blick auf die Welt, die Erkenntnis der Relativität alles Seienden und der Möglichkeit einer grundsätzlich anderen Weltordnung.

Ein klares *theoretisches* Bewußtsein von der künstlerischen Spezifik und der Einheit aller Phänomene, die mit dem Begriff »Groteske« umschrieben werden, stellte sich jedoch erst sehr langsam ein. Der Begriff selbst wurde synonym verwendet mit »Arabeske« (besonders im Zusammenhang mit dem Ornament) und »Burleske« (im Hinblick auf die Literatur). Unter der Vorherrschaft des klassizistischen Kanons in der Ästhetik war ein theoretisches Begreifen noch nicht möglich.

Zu Beginn des 18. Jahrhunderts setzt eine tiefgreifende Veränderung in der Literatur und im Bereich des ästhetischen Denkens ein. In Deutschland entzündet sich der literarische Streit an der Figur des Harlekin, der bisher unentbehrlicher Bestandteil aller, auch der seriösesten Theateraufführungen gewesen war. Gottsched und andere Vertreter des Klassizismus forderten die Vertreibung des Harlekin von der »seriösen und wohlanständigen Bühne«, und eine Zeitlang hatten sie Erfolg. Fürsprecher des Harlekin war unter anderen Lessing. Hinter der speziellen Harlekin-Frage stand die prinzipiellere nach der Zulässigkeit von Darstellungen in der Kunst, die nicht der Ästhetik des Schönen und Erhabenen entsprachen, also nach der Zulässigkeit des Grotesken. Diesem Problem galt auch die 1761 (o.O. [Hannover]) erschienene kurze Abhandlung von Justus Möser,

Harlekin, oder Vertheidigung des Grotesk-Komischen. Die Verteidigung der Groteske wird hier dem Harlekin selbst in den Mund gelegt. Mösers Arbeit unterstreicht, daß Harlekin Teil jenes besonderen Mikrokosmos ist, zu dem auch Colombina, der Capitano, der Dottore und andere Figuren gehören – er entstammt der Welt der Commedia dell'arte. Diese Welt ist eigenständig, sie hat ihre eigenen ästhetischen Gesetze und ihr eigenes Vollkommenheitskriterium, das sich der klassizistischen Ästhetik des Schönen und Erhabenen nicht fügt. Zugleich jedoch setzt Möser diese Welt von der »niederen« Komik der Jahrmarktsschaubuden ab und engt dadurch den Begriff des Grotesken ein. Im weiteren deckt er einige Besonderheiten der grotesken Welt auf: er nennt sie »chimärenhaft«, denn sie verbindet heterogene Momente, und er stellt Verstöße gegen die natürlichen Proportionen (Hyperbolik) und das Vorhandensein von karikierenden und parodistischen Elementen fest. Schließlich hebt er das Lachprinzip der Groteske hervor, wobei er das Lachen aus dem Bedürfnis der menschlichen Seele nach Freude und Heiterkeit ableitet. Er schrieb damit die erste, noch recht fragmentarische Apologie der Groteske.

Im Jahre 1788 veröffentlicht Karl Friedrich Flögel, Autor einer vierbändigen Geschichte der komischen Literatur und der *Geschichte des Hofnarren* (Liegnitz und Leipzig, 1789), seine *Geschichte des Grotesk-Komischen.*[10] Er definiert den Begriff des Grotesken weder historisch noch systematisch. Für ihn gehört zur Groteske all das, was sich scharf abhebt von den gewohnten ästhetischen Normen und worin deutlich und übertrieben das materiell-leibliche Moment wahrzunehmen ist. Immerhin ist das Buch zum größten Teil den Erscheinungsformen der mittelalterlichen Groteske gewidmet. Flögel untersucht die volkstümlich-festlichen Formen des Mittelalters (den »Narrentag«, den »Eselstag«, die volkstümliche Marktplatzseite des Fronleichnamsfestes, verschiedene Karnevals), die literarischen Narrengesellschaften des späten Mittelalters (»Royaume de Basoche«, »Enfants-sans-soucis« u. a.), Sotties, Farcen, Fastnachtsspiele, einige Formen volkstümlicher Marktplatzkomik u. ä. Insgesamt gesehen erfaßt Flögel mit dem Begriff des »Grotesken« noch relativ wenig Erscheinungen. Rein literarische Manifestationen des grotesken Realismus, z. B. die mittelalterliche lateinische

Parodie, läßt er völlig außer acht. Das Fehlen einer historisch-systematischen Vorgehensweise hat eine gewisse Zufälligkeit in der Materialauswahl zur Folge. Flögels Verständnis für den Sinn der grotesken Phänomene ist nur oberflächlich, im Grunde fehlt es ganz: er sammelt lediglich Kuriosa. Aufgrund seines Materials hat das Buch jedoch bis heute nichts von seiner Bedeutung eingebüßt.

Sowohl Möser als auch Flögel kennen nur die komische Groteske, die auf dem Lachprinzip beruht; dieses Prinzip verstehen sie als ein heiteres und fröhliches. Entsprechend wählen sie auch ihren Untersuchungsgegenstand, Möser die Commedia dell'arte und Flögel die mittelalterliche Groteske.

Gerade als Möser und Flögel ihre Arbeiten im Rückblick auf die vergangenen Stadien der Groteske schrieben, trat diese in eine neue Entwicklungsphase. In der Vor- und Frühromantik erlebt sie eine starke Aktualisierung, verbunden mit einem radikalen Bedeutungswandel. Sie wird nun zu einer Ausdrucksform für subjektives, individuelles Weltempfinden, das der volkstümlich-karnevalesken Welterfahrung früherer Jahrhunderte sehr fernliegt, obwohl gewisse Elemente daraus durchaus erhalten bleiben. Das erste und sehr bedeutsame Beispiel der neuen Groteske ist Laurence Sternes *Tristram Shandy*, eine originelle Übersetzung des Rabelaisschen und Cervantesschen Weltgefühls in die subjektive Sprache der Neuzeit. Ein weiterer Zweig der neuen Groteske ist der Schauerroman. In Deutschland erfuhr die subjektive Groteske die vielleicht stärkste und originellste weitere Entwicklung, und zwar in der Dramatik des Sturm und Drang, in der Frühromantik (bei Lenz, Klinger, dem jungen Tieck), in den Romanen Hippels und Jean Pauls und schließlich im Werk E. T. A. Hoffmanns, das auf die weitere Entfaltung der neuen Groteske in der gesamten Weltliteratur starken Einfluß nahm. Friedrich Schlegel und Jean Paul waren die Theoretiker der neuen Groteske.

Die romantische Groteske ist eine wichtige und folgenreiche Episode in der Weltliteratur. In gewissem Grade war sie eine Reaktion auf jene Tendenzen im Klassizismus und in der Aufklärung, die für deren Beschränktheit und einengende Seriosität verantwortlich waren, auf den kalten Rationalismus, auf das staatlich und formal-logisch Autoritäre, auf den Hang zum

Perfekten, Vollkommenen und Eindeutigen, auf die didaktische Haltung und den Utilitarismus der Aufklärer, auf den naiven oder banalen Optimismus und Ähnliches mehr. In ihrer ablehnenden Haltung gegenüber diesen Tendenzen stützte sich die romantische Groteske auf die Renaissance, besonders auf Shakespeare und Cervantes, die zu jener Zeit neu entdeckt wurden und in deren Geist man auch die mittelalterliche Groteske interpretierte. Prägenden Einfluß auf die romantische Groteske hatte Sterne, den man in gewissem Sinn sogar als ihren Begründer ansehen kann.

Der unmittelbare Einfluß der lebendigen (wenn auch schon stark degenerierten) szenischen volkstümlich-karnevalesken Formen auf die neue Groteske war offensichtlich gering, es dominierte die rein literarische Tradition. Nennenswert jedoch war der Einfluß des Volkstheaters (besonders des Puppentheaters) und einiger Formen der Schaubudenkomik.

Im Unterschied zu der Groteske des Mittelalters und der Renaissance, die unmittelbar mit der Volkskultur verbunden war und zu dem gesamten auf dem Marktplatz versammelten Volk gehörte, war die romantische Groteske eher privat, *kammertonhaft*: ein Karneval, der einsam und mit dem deutlichen Bewußtsein dieser Isolation erlebt wird. Die karnevaleske Welterfahrung wird in die Sprache der subjektiv-idealistischen Philosophie übertragen und ist nun nicht mehr jenes konkrete, geradezu *körperlich* erfahrbare Gefühl der Einheit und Unerschöpflichkeit des Lebens wie in der Groteske des Mittelalters und der Renaissance.

Die tiefgreifendste Umgestaltung in der romantischen Groteske betraf das Lachprinzip. Das Lachen blieb selbstverständlich erhalten – unter der Bedingung absoluten Ernstes ist nicht einmal die bescheidenste Groteske möglich. Aber es wurde reduziert, nahm die Gestalt von Humor, Ironie und Sarkasmus an, war nicht mehr froh und triumphierend. Das positive, *erneuernde* Moment des Lachprinzips war auf ein Minimum eingeschränkt.

Ein charakteristisches Urteil über das Lachen finden wir in einem der erstaunlichsten Werke der romantischen Groteske, in den *Nachtwachen des Bonaventura.*[11] In diesen Berichten und Reflexionen eines Nachtwächters beschreibt der Erzähler an einer Stelle die Bedeutung des Lachens folgendermaßen:

»Wo gibt es überhaupt ein wirksameres Mittel, jedem Hohne der Welt und selbst dem Schicksale Trotz zu bieten, als das Lachen? Vor dieser satirischen Maske erschrickt der gerüstetste Feind, und selbst das Unglück weicht erschrocken von mir, wenn ich es zu verlachen wage! – Was zum Teufel, ist auch diese ganze Erde, nebst ihrem empfindsamen Begleiter, dem Monde, anders wert, als sie auszulachen – [...].« (S. 218)

Hier wird der weltanschauliche und universale Charakter des Lachens zum obligatorischen Merkmal jeder Groteske, und seine *befreiende* Kraft wird gerühmt. Es fehlt jedoch jeder Hinweis auf die *erneuernde* Kraft des Lachens, und so verliert es seinen heiteren und freudigen Ton.

Hierfür gibt der Autor in der Rede seines Erzählers, des Nachtwächters, eine eigenartige Erklärung in Form eines Mythos über die Herkunft des Lachens. Es wurde vom Teufel selbst auf die Erde geschickt, und zwar erschien es den Menschen unter der Maske der Freude. Darum nahmen sie es gerne auf. Dann warf es seine heitere Maske ab und sah mit den Augen bitterer Satire auf die Welt und die Menschen.

Die Degeneration des Lachprinzips, auf dem die Groteske basiert, und der Verlust seiner erneuernden Kraft führen zu einer Reihe anderer wesentlicher Unterschiede zwischen der romantischen Groteske und der des Mittelalters und der Renaissance. Am deutlichsten sind diese Unterschiede in bezug auf das *Schreckliche*. Die Welt der romantischen Groteske ist eine mehr oder weniger furchterregende und dem Menschen *fremde*. Alles Gewohnte, Alltägliche, Vertraute und allgemein Anerkannte wird plötzlich sinnlos, zweifelhaft, fremd und feindlich. Die *eigene* Welt wird zur *fremden*. Im Gewöhnlichen und Ungefährlichen erscheint plötzlich das Schreckliche. Dies ist, in extremer Ausprägung, die Perspektive der romantischen Groteske. Versöhnung mit der Welt findet, wenn überhaupt, auf der subjektiv-lyrischen oder gar mythischen Ebene statt. Die mittelalterliche und die Renaissance-Groteske dagegen, die auf der volkstümlichen Lachkultur basieren, kennen das Schreckliche nur als *lächerlichen Popanz*, als vom Lachen schon Überwundenes. Das Schreckliche verwandelt sich hier immer in Komisches und Heiteres. Die der Volkskultur verbundene Groteske nähert die Welt den Menschen an, sie verleiht ihr eine körperliche Gestalt

und verbindet sie über den Körper und dessen Aktivitäten mit dem Menschen. Im Unterschied hierzu vollzieht sich die romantische Weltaneignung über abstrakte Kategorien und den Verstand. Daher verlieren die Motive des materiell-leiblichen Lebens – Essen, Trinken, Sich-Entleeren, Koitus und Geburt – in der romantischen Groteske ihren erneuernden Sinn fast völlig, hier gehören sie zum »gemeinen Alltagsleben«.
Die Motive der romantischen Groteske sind Ausdruck der Angst vor der Welt und zielen darauf, auch dem Leser diese Angst zu suggerieren (ihn zu »erschrecken«). Die grotesken Motive der Volkskultur kennen keine Angst und lassen alle an dieser Angstlosigkeit teilhaben. Gleiches gilt auch für die größten Werke der Renaissanceliteratur, und der Höhepunkt in dieser Hinsicht ist der Roman Rabelais'. Die Angst ist schon im Keim vernichtet, alles hat sich in Ausgelassenheit verkehrt, sein Buch ist das angstloseste der ganzen Weltliteratur.
In der Schwächung des erneuernden Moments im Lachen haben auch weitere Eigenheiten der romantischen Groteske ihren Grund. Das Motiv des Wahnsinns ist für die Groteske charakteristisch, weil es erlaubt, die Welt mit anderen Augen zu sehen, mit einem von »normalen« Vorstellungen und Bewertungen freien Blick. In der volkstümlichen Groteske aber ist der Wahnsinn eine heitere Parodie auf die offizielle Denkart, auf die einseitige Seriosität der offiziellen »Wahrheit«. Das ist ein *festlicher* Wahnsinn. In der romantischen Groteske trägt er die dunkle, tragische Färbung der individuellen Isolation.
Wichtiger noch ist das Motiv der *Maske*, ein komplexes und vieldeutiges Thema der Volkskultur. Die Maske ist verknüpft mit der Freude an Wechsel und Umgestaltung, mit der heiteren Relativität, auch mit heiterer Verneinung von Konformität, Eindeutigkeit und der stumpfsinnigen Identität mit sich selbst. Die Maske steht für Übergänge, Metamorphosen, Verstöße gegen natürliche Grenzen, für das Verspotten, für den Gebrauch von Spitznamen. Sie verkörpert das spielerische Lebensprinzip, und sie beruht auf jener spezifischen Wechselbeziehung zwischen Realität und Bild, die auch für die ältesten rituell-szenischen Formen gilt. Es ist natürlich nicht möglich, die vielschichtige und vieldeutige Symbolik der Maske erschöpfend darzustellen. Doch können wir sagen, daß die Parodie und die

Karikatur sowie Grimassen, Fratzen und Verrenkungen sich von der Maske herleiten. In der Maske offenbart sich sehr deutlich das Wesen des Grotesken.[12]

Die Maske der romantischen Groteske, die abgelöst ist vom Komplex der volkstümlich-festlichen Welterfahrung, wird einerseits ärmer und gewinnt andererseits eine Reihe von Bedeutungen hinzu, die ihr ursprünglich fernlagen: sie verbirgt etwas, hält etwas geheim, betrügt ... Diese Bedeutungen waren natürlich ausgeschlossen, solange die Maske im organischen Ganzen der Volkskultur funktionierte. In der Romantik verliert die Maske fast völlig ihren erneuernden Impuls und erhält einen düsteren Anstrich. Hinter ihr zeigt sich oft eine schreckenerregende Leere, das »Nichts« (dieses Motiv ist in den *Nachtwachen* stark herausgearbeitet). In der volkstümlichen Groteske verbirgt sich hinter der Maske stets die Unerschöpflichkeit und Vielgestaltigkeit des Lebens.

Auch die romantische groteske Maske bewahrt etwas von ihrem volkstümlich-karnevalesken Charakter (er läßt sich nicht völlig ausmerzen). Selbst heute noch verbreitet die Maske eine besondere Atmosphäre und wird als Teil einer anderen Welt empfunden, sie ist nie ein Gegenstand wie alle anderen.

Ein weiteres wichtiges Motiv der romantischen Groteske ist die Marionette, die Puppe. Sie ist natürlich auch in der volkstümlichen Groteske zu finden. In der Romantik tritt jedoch an diesem Motiv die Vorstellung einer *fremden*, nicht-menschlichen Kraft in den Vordergrund, die die Menschen beherrscht und in Marionetten verwandelt – eine für die volkstümliche Lachkultur völlig abwegige Vorstellung. Auch das eigenartige groteske Motiv der *Puppentragödie* ist allein der Romantik eigen.

Sehr deutlich ist auch der Unterschied zwischen der romantischen und der volkstümlichen Groteske in der Behandlung des Teufels. In den Diablerien der mittelalterlichen Mysterien, in den komischen Gespenstervisionen, in parodistischen Legenden, in den Fabliaux etc. ist der Teufel der heitere, ambivalente Träger inoffizieller Standpunkte, das personifizierte Gegenteil von Heiligkeit, ein Vertreter des materiell-leiblichen, unteren Bereichs. Er hat nichts Schreckliches oder Fremdes (bei Rabelais, in Panurges Vision vom Jenseits, sind die »Teufel [...] umgängliche Gesellen« [S. 493] und gute Saufkumpane). Manchmal sind die Teufel und die Hölle nur »lächerliche Popanze«. In der romantischen Groteske gewinnt der Teufel schreckliche, melancholische und tragische Züge. Das infernalische Lachen wird hämisch.

Die groteske Ambivalenz gerät in der Romantik gewöhnlich zum statischen Kontrast oder zu einer erstarrten Antithese. So hat etwa der Erzähler der *Nachtwachen*, der Nachtwächter, den Teufel zum Vater und eine kanonisierte Heilige zur Mutter; er selbst hat die Angewohnheit, in der Kathedrale zu lachen und im Bordell zu weinen. Das alte rituelle Verspotten der Gottheit durch das ganze Volk und das mittelalterliche Lachen in der Kathedrale am Narrentag wandeln sich an der Schwelle zum 19. Jahrhundert in das exzentrische Lachen eines einsamen Sonderlings in der Kirche.

Eine letzte Eigenart der romantischen Groteske scheint uns erwähnenswert. Sie spielt hauptsächlich in der *Nacht* (die *Nachtwachen des Bonaventura*, die *Nachtstücke* von E. T. A. Hoffmann), Dunkelheit, nicht Licht ist für sie charakteristisch. Die volkstümliche Groteske ist im Gegensatz dazu mit dem Licht verbunden, ihre Zeit ist der Frühling und der Sonnenaufgang.[13]

Friedrich Schlegel erwähnt die Groteske in seinem 1800 erschienenen *Gespräch über die Poesie*, allerdings ohne über eine feste Terminologie zu verfügen (meist nennt er sie »Arabeske«). Er hält die Groteske (Arabeske) für »die älteste und ursprüngliche Form der menschlichen Phantasie« (zitiert nach F. S., *Schriften zur Literatur*, München 1972, S. 305), für »Naturpoesie« (S. 314), und findet sie bei Shakespeare und Cervantes, Sterne und Jean Paul. Ihr Wesen liegt für ihn in der bizarren Mischung disparater Elemente der Wirklichkeit, im Verstoß gegen die gewohnte Weltordnung, in der freien Phantastik der Motive und im »Wechsel von Enthusiasmus und Ironie« (S. 305).

Schärfere Konturen gewinnt die (romantische) Groteske in Jean Pauls *Vorschule der Ästhetik*. Auch er verwendet das Wort »Groteske« nicht, sondern analysiert sie unter der Bezeichnung »vernichtender Humor«. Er gibt der Groteske, respektive dem vernichtenden Humor, eine weitreichende Interpretation, die über die Grenzen von Kunst und Literatur hinausgeht. Auch den Narrentag und den Eselstag (»Eselsfeste in der Kirche«) rechnet er dazu, also die rituell-szenischen Lachformen des Mittelalters.

Aus der Literatur der Renaissance bezieht er sich recht häufig sowohl auf Rabelais als auch auf Shakespeare. Er spricht insbesondere von der »Welt-Verlachung« bei Shakespeare und denkt dabei an die »melancholischen« Narren und an Hamlet.
Jean Paul erkennt sehr genau den universalen Charakter des grotesken Lachens. Sein vernichtender Humor richtet sich nicht gegen einzelne negative Erscheinungen der Wirklichkeit, sondern auf deren Gesamtheit, auf die ganze vergängliche Welt. Alles Endliche als solches wird vom Humor vernichtet. Und dieser Humor ist radikal: er läßt die ganze Welt *fremd*, schrecklich und *durch nichts gerechtfertigt* erscheinen. Wir verlieren den Boden unter den Füßen, ein Schwindelgefühl erfaßt uns, denn wir sehen nichts Beständiges um uns herum. Die gleiche Universalität und Radikalität in der Zerstörung aller moralischen und sozialen Fixpunkte glaubt Jean Paul auch in den rituell-szenischen Lachformen des Mittelalters zu bemerken. Er trennt die Groteske nicht vom Lachen, er sieht, daß sie nicht möglich ist ohne das Lachprinzip. Aber seine theoretische Konzeption kennt nur das reduzierte Lachen, den Humor, der aller erneuernden Kraft beraubt und damit freudlos und düster ist. Er selbst betont den *melancholischen* Charakter des vernichtenden Humors und nennt den Teufel (natürlich im romantischen Verständnis) den größtmöglichen Humoristen.
Obwohl also Jean Paul auch die mittelalterliche und die Renaissance-Groteske (u. a. sogar Rabelais) in seine Darlegungen einbezieht, entwickelt er im Grunde doch nur eine Theorie der romantischen Groteske. Unter diesem Blickwinkel betrachtet er die früheren Stadien und interpretiert sie »romantisierend« (wobei er besonders den Sterneschen Auslegungen von Rabelais und Shakespeare folgt).
Das positive Moment der Groteske, ihr letztes Wort, existiert für Jean Paul (wie auch Friedrich Schlegel) schon jenseits des Lachprinzips, in der Flucht aus der Endlichkeit, die der Humor zerstört hat, in eine rein geistige Sphäre.[14]
Bedeutend später (erst gegen Ende der zwanziger Jahre des 19. Jahrhunderts) gibt es auch in der französischen Romantik eine Renaissance des grotesken Motivs.
Victor Hugo stellte die Frage nach dem Grotesken auf eine interessante und für die französische Romantik charakteristische

Weise, zuerst in der Vorrede zu *Cromwell*, später in seinem Buch über Shakespeare *(William Shakespeare)*.

Er faßt den grotesken Motivtyp sehr weit. Er findet ihn in der vorklassischen Antike (die Hydra, die Harpyen, Zyklopen und andere Figuren der grotesken Archaik) und ordnet ihm die gesamte nachantike Literatur, beginnend mit dem Mittelalter, zu: »Die Groteske ist überall; einerseits schafft sie das Formlose und Furchtbare, andererseits das Komische und Buffoneske« (V. H., *Cromwell*, Paris 1876, S. 18). Ein wesentlicher Aspekt des Grotesken ist für ihn das Abstoßende; die Ästhetik des Grotesken ist im wesentlichen eine Ästhetik des Häßlichen. Zugleich aber schwächt er die eigenständige Bedeutung des Grotesken ab, indem er es zum kontrastiven Moment für das *Erhabene* erklärt. Das Groteske und das Erhabene seien einander komplementär, und erst ihre Einheit (die am vollständigsten bei Shakespeare erreicht sei) ergebe die echte Schönheit, die der puren Klassik unerreichbar sei.

Die interessantesten und konkretesten Analysen des grotesken Motivs und besonders des materiell-leiblichen und des Lachprinzips gibt Hugo in seinem Shakespeare-Buch. Wir kommen später darauf zurück, denn hier entwickelt er auch seine Sicht des Rabelaisschen Werks.

Das Interesse an der Groteske und ihrer Geschichte wurde auch von anderen französischen Romantikern geteilt; man verstand sie in Frankreich als eine nationale Tradition. 1853 erschien eine Art Sammelband von Théophile Gautier mit dem Titel *Les Grotesques*. Gautier stellte hier Vertreter der französischen Groteske vor, wobei er diesen Begriff sehr weit faßte: wir finden hier Villon, die poètes libertins des 17. Jahrhunderts (Théophile de Viau, Saint-Amant), Scarron, Cyrano de Bergerac und selbst Scudéry.

Zum Abschluß unseres Überblicks über die romantische Phase der Groteske und ihrer Theorie sind noch zwei positive Momente hervorzuheben: Die Romantiker suchten nach den volkstümlichen Wurzeln der Groteske, und sie schrieben ihr niemals rein satirische Funktionen zu.

Selbstverständlich ist unsere Analyse der romantischen Groteske nicht erschöpfend. Außerdem ist sie etwas einseitig und trägt fast polemische Züge. Dies hat seinen Grund darin, daß uns hier allein die Differenzen zwischen der romantischen Groteske und der grotesken Motivik der Volkskultur des Mittelalters und der Renaissance interessieren. Doch die Romantik macht eine positive Entdeckung von größter Bedeutung: die des Subjekts in seiner Tiefe, Komplexität und Unerschöpflichkeit.

Der mittelalterlichen und der Renaissance-Groteske war die *innere Unendlichkeit* des Individuums fremd. Die Entdeckung der Romantiker wurde erst durch die Anwendung der grotesken Methode möglich, sie verdankt sich deren von allem Dogmatischen, Vollendeten und Begrenzten befreiender Kraft. In einer geschlossenen, fertigen, starren Welt mit festen, unbeweglichen Grenzen zwischen allen Bereichen und Werten hätte die innere Unendlichkeit des Menschen nicht entdeckt werden können. Davon wird man sich leicht überzeugen, wenn man die rationalisierenden und ermüdenden Analysen inneren Erlebens bei den Klassizisten mit entsprechenden Darstellungen bei Sterne und den Romantikern vergleicht. Hier tritt die künstlerisch-heuristische Kraft der grotesken Methode deutlich zutage. Doch dies führt über die Grenzen unserer Arbeit hinaus.

Wir sollten einige Worte zum Verständnis der Groteske bei Hegel und Vischer sagen.

Wenn Hegel von der Groteske spricht, so meint er im wesentlichen die groteske Archaik, die er als Ausdruck des vorklassischen und vorphilosophischen Bewußtseinszustandes bestimmt. Er stützt sich in der Hauptsache auf die indische Archaik und charakterisiert die Groteske durch drei Züge: Vermischung verschiedener Bereiche der Natur, Maßlosigkeit in der Übertreibung und Vermehrung einzelner Organe (etwa die vielhändigen und vielfüßigen Darstellungen indischer Götter). Die bestimmende Rolle des Lachprinzips in der Groteske kennt er nicht, und er betrachtet die Groteske ohne jede Beziehung zum Komischen.

F. Th. Vischer weicht in dieser Frage von Hegel ab. Das Wesen und die befreiende Kraft der Groteske liegen nach seiner Auffassung im Lachen, im Komischen. Sie ist »jenes Gegenbild des Mythischen in der Handlung, die wesentlich wunderbar komisch [...], also grotesk ist« (zitiert nach F. Th. V., *Ästhetik oder Wissenschaft des Schönen*, Reutlingen und Leipzig 1846 – Stuttgart 1857, Bd. 3, 4, Stuttgart 1857, S. 1438).

Leider muß gesagt werden, daß in der weiteren Entwicklung der philosophischen Ästhetik bis zur Gegenwart die Groteske weder auf ein angemessenes Verständnis noch auf Wertschätzung traf. Sie hatte im ästhetischen System keinen Platz.

Nach der Romantik, in der zweiten Hälfte des 19. Jahrhunderts, nimmt das Interesse an der Groteske deutlich ab, sowohl in der Literatur selbst als auch in der Literaturwissenschaft. Wenn man sich überhaupt an sie erinnert, so zählt man sie zu den Formen der niederen, vulgären Komik oder hält sie für eine Sonderform der Satire, die sich gegen einzelne, negativ zu bewertende Erscheinungen richtet. Bei dieser Betrachtungsweise verschwinden Reichtum und Universalität der grotesken Motive.

1894 erschien das umfangreichste Werk, das sich je mit der Groteske befaßte, das Buch des deutschen Literaturwissenschaftlers Heinrich Schneegans, *Geschichte der grotesken Satyre* (Straßburg 1894). Es ist zum größten Teil dem Werk Rabelais' gewidmet, den Schneegans für den bedeutendsten Vertreter der grotesken Satire hält, doch gibt es auch einen kurzen Überblick über einige Merkmale der mittelalterlichen Groteske. Schneegans ist der konsequenteste Verfechter eines rein satirischen Verständnisses der Groteske. Die Groteske ist für ihn immer und ausschließlich negierende Satire, »Karikatur des Nichtseinsollenden« (S. 28), Abzulehnenden, noch dazu eine so starke Übertreibung, daß sie über die Grenzen des Wahrscheinlichen hinausgehe und phantastisch werde. Eben durch diese grenzenlose Übertreibung des Ungebührlichen werde diesem ein moralischer und sozialer Hieb versetzt.

Das Verständnis für die *positive Hyperbolik* des materiell-leiblichen Prinzips der mittelalterlichen Groteske und bei Rabelais fehlt Schneegans völlig. Er übersieht auch die positiv-erneuernden Kräfte des grotesken Lachens. Für ihn gibt es nur das negative, rein rhetorische, ganz und gar nicht lachende Lachen der Satire des 19. Jahrhunderts, und in ihrem Sinn interpretiert er das Lachen des Mittelalters und der Renaissance. Sein Buch ist ein Beispiel für die extreme Modernisierung des Lachens durch die Literaturwissenschaft.

Auch die Universalität der grotesken Motive versteht Schneegans nicht, und seine Position ist typisch für die gesamte Literaturwissenschaft der zweiten Hälfte des 19. und der ersten

Jahrzehnte des 20. Jahrhunderts. Noch heute ist das rein satirische Verständnis der Groteske und des Rabelaisschen Werks bei weitem nicht überwunden.
Wie schon gesagt, entwickelt Schneegans seine Gedanken hauptsächlich anhand einer Analyse von Rabelais. Deshalb werden wir uns später (im Kapitel 5) näher mit seinem Buch beschäftigen.

Im 20. Jahrhundert erlebt die Groteske eine kräftige »Renaissance«, obwohl dieses Wort zu einigen ihrer neuesten Varianten nicht ganz passen mag.
Ihr gegenwärtiger Zustand ergibt ein komplexes und widersprüchliches Bild. Zwei Entwicklungslinien können unterschieden werden: zum einen die *modernistische* Linie (Alfred Jarry, der Surrealismus, der Expressionismus), die (in unterschiedlichem Maß) mit der Tradition der romantischen Groteske verbunden ist und sich unter dem Einfluß des Existentialismus entwickelt, zum anderen die *realistische* Linie (Thomas Mann, Bertolt Brecht, Pablo Neruda u. a.), die der Tradition des grotesken Realismus und der Volkskultur entstammt und bisweilen (bei Neruda) den direkten Einfluß karnevalesker Formen erkennen läßt.
Die Analyse der zeitgenössischen Groteske ist nicht Gegenstand unserer Arbeit. Wir wollen uns nur mit der neuesten Theorie der Groteske auseinandersetzen, die der modernistischen Linie nahesteht, mit dem Buch des Literaturwissenschaftlers Wolfgang Kayser, *Das Groteske in Malerei und Dichtung* (Oldenburg 1957).[15]
Dies ist im Grunde die erste – und bisher einzige – seriöse Arbeit zur Theorie des Grotesken; sie enthält viele wertvolle Beobachtungen und sorgfältige Analysen. Mit der Gesamtkonzeption Kaysers jedoch können wir uns nicht zufriedengeben. Sein Buch beansprucht, eine allgemeine Theorie des Grotesken zu bieten. Tatsächlich jedoch ist es nur eine Theorie (und kurze Geschichte) der romantischen und modernistischen Groteske, streng genommen sogar nur der letzteren. Die romantische Groteske wird durch das Prisma der modernistischen gesehen, und dies führt zu einem leicht verzerrten Verständnis und Werturteil. Auf die jahrtausendelange Entwicklung der vorromantischen Groteske – auf die groteske Archaik, die antike Groteske (etwa die Satyr-

spiele oder die altattische Komödie), auf die Groteske des Mittelalters und der Renaissance, die mit der Volkskultur in Verbindung stehen – ist Kaysers Theorie nicht anzuwenden. Er diskutiert diese Stadien auch nicht, einige werden beiläufig erwähnt. All seine Schlüsse und Verallgemeinerungen gewinnt Kayser aus der Untersuchung der romantischen und modernistischen Groteske, wobei, wie bereits erwähnt, nur die letztere seine Konzeption eigentlich bestimmt. So bleibt das wahre Wesen der Groteske, die von der Welt der volkstümlichen Lachkultur und der karnevalesken Welterfahrung nicht zu trennen ist, unverstanden. Schon in der romantischen Groteske ist dieser Grundzug nur noch schwach zu spüren und darüber hinaus weitgehend umgedeutet. Doch bewahren die offensichtlich karnevalesken Motive, die alle noch vorhanden sind, eine gewisse Erinnerung an das großartige Ganze, dessen Teile sie einmal waren, und in den besten Werken der romantischen Groteske (besonders stark, aber auf unterschiedliche Weise bei Sterne und E. T. A. Hoffmann) wird diese Erinnerung wieder geweckt. Diese Werke sind stärker, reicher und *froher* als die subjektiv-philosophische Weltanschauung, die in ihnen zum Ausdruck kommt. Kayser aber weiß nichts von diesem Gattungsgedächtnis und sucht es auch nicht. Die modernistische Groteske, die in seiner Theorie den Ton angibt, hat diese Erinnerung fast komplett verloren und das karnevaleske Erbe an grotesken Motiven und Symbolen so weit wie möglich formalisiert.

Welches nun sind nach Kayser die wichtigsten Eigenarten des Grotesken?

An seinen Ausführungen frappiert vor allem der düstere, schreckliche und furchteinflößende Ton, den er an der grotesken Welt als einzigen wahrzunehmen scheint. Tatsächlich ist eine solche Stimmung der Groteske während ihrer langen Entwicklung bis hin zur Romantik völlig fremd. Wir sagten schon, daß die Groteske des Mittelalters und der Renaissance mit ihrer karnevalesken Welterfahrung die Welt gerade von allem Schrecklichen und Bedrohlichen befreit, sie angstlos werden läßt und daher heiter und hell. Alles, was in der normalen Welt furchtbar und bedrohlich war, verkehrt sich in der Welt des Karnevals in einen »lächerlichen Popanz«. Angst ist der extreme

Ausdruck der einseitigen und engstirnigen Seriosität, die vom Lachen besiegt wird (eine herrliche Verarbeitung dieses Motivs findet sich bei Rabelais im »Malbrou[gh]-Thema«). Nur in einer Welt ohne Angst ist die schrankenlose Freiheit des Grotesken möglich.

Für Kayser dagegen ist das Bezeichnendste an der grotesken Welt »das Unheimliche, das Verfremdete und Unmenschliche« (S. 81). Besonders betont er das Moment der Fremdheit: »Das Groteske ist die entfremdete Welt« (S. 136). Er erläutert diese Definition durch eine Gegenüberstellung von Groteske und Märchen. Auch die Welt des Märchens sei, von außen betrachtet, fremd und ungewöhnlich, doch sei sie nicht erst fremd *geworden*. In der Groteske jedoch verwandle sich das, was uns vertraut und nah war, plötzlich in Fremdes und Feindliches, *unsere* Welt werde zur *fremden*.

Diese Kaysersche Definition ist nur auf einige Beispiele der modernistischen Groteske anwendbar, auf die romantische Groteske trifft sie schon nicht mehr ganz zu, und zur Beschreibung früherer Stadien ist sie völlig ungeeignet.

Tatsächlich präsentiert die Groteske, einschließlich ihrer romantischen Ausprägung, die Möglichkeit einer *anderen* Welt, einer anderen Ordnung und Lebensweise. Sie führt aus der vermeintlichen Allgemeingültigkeit, Unanfechtbarkeit und Stabilität der existierenden Welt heraus. Hervorgegangen aus der volkstümlichen Lachkultur, zeigt sie immer, auf die eine oder andere Weise, mit wechselnden Mitteln, die *lebendige Möglichkeit* der Wiederkehr des saturnischen Goldenen Zeitalters auf. Dies gilt auch für die romantische Groteske (sonst wäre sie keine Groteske mehr), jedoch in einer charakteristischen Weise. Die bestehende Welt erscheint plötzlich fremd (um Kaysers Terminologie zu gebrauchen), weil sich die Möglichkeit einer Welt eröffnet, in der man heimisch werden kann, die Welt des Goldenen Zeitalters, der Karnevalswahrheit. Der Mensch findet zu sich selbst zurück, die Welt geht zu Bruch, um sich zu erneuern, und sterbend gebiert sie Neues. In der Groteske erscheint die Relativität alles Seienden immer heiter, von der Freude am Wechsel geprägt, selbst wenn diese Heiterkeit und Freude (wie in der Romantik) auf ein Minimum reduziert sind.

Es soll noch einmal betont werden, daß das utopische Moment

(»das Goldene Zeitalter«) in der vorromantischen Groteske nicht dem abstrakten Denken oder der inneren Erfahrung zugänglich war, sondern nur dem *ganzen* Menschen, über seine Gedanken, seine Gefühle und seinen *Körper*. Diese körperliche Teilhabe an einer möglichen anderen Welt, deren körperliche Plausibilität, ist für die Groteske von immenser Bedeutung.

In Kaysers Konzeption ist jedoch kein Platz für das materiell-leibliche Prinzip und seine Unerschöpflichkeit und ewige Erneuerungskraft. In seiner Theorie gibt es keine Zeit, keine Umbrüche und keine Krisen, d. h. nichts von dem, was mit der Sonne, der Erde, dem Menschen und der Gesellschaft geschieht und wovon die echte Groteske gerade lebt.

Typisch wiederum (nur) für die modernistische Groteske ist die folgende Definition: »Das Groteske ist die Gestaltung des ES« (S. 37).

Kayser versteht das »Es« weniger im Freudschen als im existentialistischen Sinn, es ist eine fremde, nicht-menschliche Macht, die die Welt und die Menschen, ihr Leben und ihre Handlungen bestimmt. Viele zentrale Motive der Groteske führt er auf die Erkenntnis dieser fremden Kraft zurück, so z. B. das Marionettenmotiv. Auch das Motiv des Wahnsinns begründet er in dieser Weise. Im Verrückten fühlen wir seiner Ansicht nach immer etwas Fremdes, als durchdringe seine Seele ein nicht-menschlicher Geist. In der Groteske wird das Motiv des Wahnsinns, wie schon angedeutet, völlig anders verwendet: um der vermeintlichen »Wahrheit dieser Welt« zu entgehen und die Welt mit Augen zu betrachten, die von dieser »Wahrheit« nicht gebannt sind.

Kayser selbst spricht mehrfach von der *Freiheit* der Phantasie als einem für die Groteske typischen Zug. Wie aber ist eine solche Freiheit gegenüber einer Welt möglich, in der die fremde Kraft des »Es« herrscht? Hierin liegt der unüberwindbare Widerspruch in seiner Konzeption.

In Wirklichkeit befreit die Groteske den Menschen von allen inhumanen Zwängen, die die herrschenden Vorstellungen von der Welt bestimmen, sie entlarvt diese Zwänge als relative und nur beschränkt gültige. Zwar ist ihr Anspruch im Weltbild jeder beliebigen Epoche ein monolithisch ernster, bedingungsloser und unanfechtbarer, historisch gesehen aber sind sie durchaus relativ und veränderlich. Das Lachprinzip und die karnevaleske Welterfahrung, die der Groteske zugrundeliegen, zerstören den bornierten Ernst dieser Zwänge und deren Anspruch auf zeitlose Gültigkeit, sie machen das menschliche Bewußtsein, die Gedanken und die Phantasie frei für neue Möglichkeiten. Daher geht großen Umbrüchen, selbst im Bereich der Wissenschaft, immer eine gewisse vorbereitende Karnevalisierung des Bewußtseins voraus.

In der grotesken Welt wird jedes »Es« entlarvt und in einen »lächerlichen Popanz« verwandelt: beim Eintritt in diese Welt, selbst in die Welt der romantischen Groteske, wird uns jedesmal eine besondere, heitere Zwanglosigkeit der Gedanken und der Phantasie übermittelt.

Wir wollen noch auf zwei weitere Momente in Kaysers Theorie eingehen. In seinem Resümee behauptet er, daß es »beim Grotesken nicht um Todesfurcht, sondern um Lebensangst [gehe]« (S. 137).

Diese existentialistisch gefärbte Behauptung enthält vor allem die Gegenüberstellung von Leben und Tod. Damit verfehlt sie vollständig das groteske Motivsystem. Der Tod spielt in diesem System nicht die Rolle der Verneinung des Lebens, das ja das Leben des großen kollektiven Volkskörpers ist. Er ist vielmehr sein unverzichtbarer Bestandteil, die Bedingung seiner ständigen Erneuerung und Verjüngung. Er ist immer auf die Geburt bezogen, das Grab verbindet mit dem gebärenden Schoß der Erde. Geburt und Tod, Tod und Geburt sind konstitutive Elemente des Lebens selbst, wie es in den berühmten Worten des Erdgeists in Goethes *Faust*[16] heißt. Der Tod gehört zum Leben und bestimmt zusammen mit der Geburt seine ewige Bewegung. Sogar den Kampf des Lebens mit dem Tod im Körper des einzelnen versteht die Groteske als Kampf des alten, trotzigen Lebens gegen das neuentstehende, als Krise der Ablösung.

Leonardo da Vinci sagt: Wenn der Mensch mit froher Ungeduld den neuen Tag, den neuen Frühling, das neue Jahr erwartet, so ahnt er dabei nicht, daß er eigentlich den eigenen Tod herbeiwünscht. Obwohl dieser Aphorismus sich nicht der grotesken Ausdrucksweise bedient, liegt ihm das karnevaleske Lebensgefühl zugrunde.

So sind also im grotesken Motiv Tod und Erneuerung im Lebensganzen nicht zu trennen, und dieses Ganze kann keinesfalls Angst erregen.
Wichtig ist, daß die Darstellung des Todes in der Groteske des Mittelalters und der Renaissance (auch in der bildenden Kunst, z. B. in Holbeins *Totentanz* oder bei Dürer) immer ein Moment des Komischen einschließt. Immer ist das Furchteinflößende auch – mehr oder weniger – lächerlich. In den folgenden Jahrhunderten und besonders nach 1800 ging die Fähigkeit, das Lachprinzip hinter solchen Motiven aufzuspüren, fast völlig verloren. Man verstand sie nur als ernste Motive, und das entstellte sie und ließ sie flach erscheinen. Das 19. Jahrhundert schätzte nur das rein satirische Lachen, das im Grunde ein gar nicht lachendes, rhetorisches Lachen war, ein ernstes und didaktisches. Nicht von ungefähr verglich man es mit der Peitsche und der Züchtigung. Daneben war nur noch das zerstreuende Lachen gestattet, das als ungefährlich galt. Alles Seriöse sollte auch seriös bleiben, d. h. gradlinig und trivial im Ausdruck.
Der Tod als Erneuerung, die Verbindung von Tod und Geburt und die Darstellung heiterer Tode spielen im Motivsystem von Rabelais' Roman eine immense Rolle und werden von uns in den folgenden Teilen unserer Arbeit konkret analysiert.
Als letztes wollen wir Kaysers Behandlung des grotesken Lachens betrachten. Er sagt: »Selber schon mit Bitterkeit gemischt, nimmt [das Lachen] beim Übergang ins Groteske Züge des höhnischen, zynischen, schließlich satanischen Gelächters an« (S. 138). Wir sehen, daß Kayser das groteske Lachen ganz im Geist der Äußerungen des Nachtwächters von Bonaventura und der Theorie des »vernichtenden Humors« bei Jean Paul interpretiert, d. h. im Geist der romantischen Groteske. Das heitere, befreiende und erneuernde, also gerade das schöpferische Moment des Lachens fehlt. Übrigens ist sich Kayser im klaren über die Komplexität der Frage des grotesken Lachens und verzichtet daher auf eine eindeutige Lösung (s. S. 139).
Die Groteske wurde, wie gesagt, zur vorherrschenden Form verschiedener Richtungen des Modernismus. Kaysers Konzeption ist im Grunde die theoretische Grundlage der modernistischen Groteske. Unter gewissen Vorbehalten kann sie auch einige Züge der romantischen Groteske erhellen. Sie jedoch auf

andere Entwicklungsstadien des Grotesken zu übertragen, erscheint uns völlig unzulässig.
Angemessen kann das Problem der Groteske und ihres ästhetischen Gehalts nur am Material der Volkskultur des Mittelalters und an der Literatur der Renaissance untersucht werden, wobei die klärende Funktion Rabelais' besonders hoch zu veranschlagen ist. Das wirkliche Bedeutungsspektrum, den Reichtum und die Kraft einzelner grotesker Motive kann man nur im Zusammenhang der Volkskultur und der karnevalesken Welterfahrung beurteilen: für sich genommen sind sie eindeutig und flach.

Die Angemessenheit des Begriffs »grotesk« für den speziellen Typ der motivischen Darstellung in der mittelalterlichen Volkskultur und in der ihr korrespondierenden Literatur der Renaissance wird nicht bezweifelt werden. Inwieweit aber ist unser Terminus »grotesker *Realismus*« begründet?
Diese Frage können wir in dieser Einleitung nur vorläufig beantworten.
Die Eigenschaft, die die Groteske des Mittelalters und der Renaissance so schroff von der romantischen und modernistischen abhebt, also vor allem die ganz elementar materialistische und dialektische Lebensauffassung, ist am treffendsten als *Realismus* zu bezeichnen. Unsere konkreten Analysen grotesker Motive werden diese Behauptung belegen.
Der groteske Darstellungstyp der literarischen Renaissance, die (im Werk Rabelais', Cervantes', Shakespeares) unmittelbar an die volkstümliche Karnevalskultur anknüpfte, hatte bestimmenden Einfluß auf die große realistische Literatur der folgenden Jahrhunderte. Großer Realismus (bei Autoren wie Stendhal, Balzac, Hugo, Dickens) war immer, direkt oder indirekt, mit der Tradition der Renaissance verbunden, und der Bruch mit ihr führte unausweichlich zur Verkümmerung des Realismus und zu seinem Abgleiten in einen naturalistischen Empirismus.
Schon im 17. Jahrhundert wandeln sich einige Formen der Groteske zu statischen »Charakter«darstellungen und purer Gattungs-Traditionspflege. Diese Wandlung erklärt sich durch die spezifischen Zwänge der bürgerlichen Weltanschauung. Die echte Groteske ist alles andere als statisch: sie ist bestrebt, in ihren Motiven das Werden selbst, das Wachstum, die ewige

Unabgeschlossenheit und Unfertigkeit des Lebens einzufangen. Daher stellt sie beide Pole des Werdens zugleich dar – das Vergehende und das Neue, das Sterbende und das unmittelbar vor seiner Geburt Stehende; sie zeigt zwei Körper in einem, die Knospung und die Teilung der lebendigen Zelle des Lebens. Auf dem Höhepunkt des grotesken und folkloristischen Realismus gibt es wie bei einzelligen Lebewesen im Tod keinen Leichnam (beim einzelligen Organismus fällt der Tod mit der Vermehrung zusammen, d. h. mit dem Zerfall in zwei Zellen, zwei Organismen). Hier geht das Alte schwanger, der Tod hat einen dicken Bauch, und alles Begrenzte, Typische, Erstarrte und Fertige wird in den kollektiven Unterleib geworfen zu Einschmelzung und Neugeburt. Im Prozeß des Niedergangs und des Zerfalls des grotesken Realismus verliert sich der positive Pol dieses Geschehens, d. h. das zweite, junge Glied, das des Entstehens. An seine Stelle treten moralische Sentenzen und abstrakte Begriffe, es bleibt ein gewöhnlicher Leichnam, seiner Schwangerschaft beraubt, das reine, mit sich selbst identische, isolierte Alter, abgetrennt von jenem wachsenden Ganzen, mit dem es durch das folgende, junge Glied in der Kette von Entwicklung und Wachstum verbunden war. Das Resultat ist eine verstümmelte Groteske, ein Fruchtbarkeitsdämon mit abgeschnittenem Phallus und plattgedrücktem Bauch; hier entstehen all diese unfruchtbaren »Charaktere«, all diese Berufsklischees von Advokaten, Kaufleuten, Kupplerinnen, Greisen und Greisinnen etc., all diese Masken eines verflachten und entarteten Realismus. Der groteske Realismus kannte diese Typen auch, aber für ihn stellten sie nicht die *ganze* Welt dar, sondern nur den absterbenden Teil des gebärenden Lebens. Die neue Konzeption des Realismus zieht die Grenze zwischen Körpern und Dingen auf andere Art. Sie zerschneidet den doppelleibigen Körper und trennt die im grotesken und folkloristischen Realismus mit ihm verwachsenen Dinge ab, sie ist bestrebt, jedes Individuum ohne Ansehen seiner Verbindung mit jenem *letzten Ganzen* zu zeigen, von dem sie die alte Vorstellung verloren und eine neue noch nicht gefunden hat. Auch der Zeitbegriff hat sich wesentlich gewandelt.

Die Literatur des sogenannten »bürgerlichen Realismus« des 17. Jahrhunderts (Sorel, Scarron, Furetière) hat außer genuin karnevalesken Elementen auch schon einige Züge der stagnierenden Groteske, einer Groteske, die aus der großen Zeit und dem Strom des Werdens fast ausgeschlossen und daher in ihrer Zwiespältigkeit erstarrt und zerbrochen ist. Einige Forscher (z. B. Régnier) neigen dazu, hier den Beginn des Realismus anzusetzen. In Wirklichkeit handelt es sich um abgestorbene und manchmal fast sinnentleerte Fragmente des machtvollen und reichen grotesken Realismus.

Wir bemerkten zu Beginn unserer Einleitung, daß einzelne Phänomene der volkstümlichen Lachkultur des Mittelalters und einige Gattungen des grotesken Realismus schon sehr umfassend und gründlich untersucht worden sind. Dies geschah jedoch mit Hilfe jener Methoden, die in der Literaturwissenschaft und Kulturgeschichte des 19. und der ersten Jahrzehnte des 20. Jahrhunderts zur Verfügung standen. Man beschäftigte sich natürlich nicht nur mit der Literatur, sondern auch mit solchen Erscheinungen wie dem »Narrentag« (F. Bourquelot, G. M. Dreves, H. Villetard u. a.), dem »Osterlachen« (J. Schmidt, S. Reinach u. a.), der »parodia sacra« (F. Novati, E. I. Ilvonen, P. Lehmann) und anderen, im Grunde außerkünstlerischen und außerliterarischen Dingen. Selbstverständlich hat man sich auch mit den antiken Manifestationen der Lachkultur befaßt (A. Dieterich, H. Reich, F. M. Cornford u. a.). Nicht wenig haben die Ethnologen zur Klärung von Genese und Bedeutung einzelner Motive und Symbole aus dem Inventar der volkstümlichen Lachkultur beigetragen. Es sei hier nur auf das monumentale Werk James George Frazers (*The Golden Bough*, London, New York 1890; dt.: *Der goldene Zweig. Eine Studie über Magie und Religion*, 2 Bde., Berlin 1977) hingewiesen. Die wissenschaftliche Literatur zu Problemen der volkstümlichen Lachkultur ist außerordentlich umfangreich[17]; wir werden im Verlauf unserer Untersuchung auf die entsprechenden Veröffentlichungen hinweisen.
Leider fehlt den zahlreichen Arbeiten zum Thema, von wenigen Ausnahmen abgesehen, jedes *theoretische Pathos*. Sie zielen nicht auf prinzipielle theoretische Verallgemeinerungen. So bleibt das fast unübersehbare Material, das so sorgfältig gesammelt und oft sehr gewissenhaft analysiert wurde, heterogen und unbegriffen.

Was wir die ganzheitliche Welt der volkstümlichen Lachkultur nennen, wirkt hier wie ein Sammelsurium von Kuriosa, das den Autoren als in eine »seriöse« Geschichte der europäischen Kultur und Literatur nicht einzuordnen erscheint. Das Durcheinander von Kuriosa und Obszönitäten liegt weit ab von allen »seriösen« Forschungsproblemen, die man sich in Europa stellte. Es ist klar, daß bei einer solchen Vorgehensweise der immense Einfluß der volkstümlichen Lachkultur auf die Literatur und alles »Denken in Bildern« nahezu unentdeckt blieb.

Wir wollen nun kurz auf zwei Untersuchungen zu sprechen kommen, die theoretische Fragen aufwerfen und sich von zwei verschiedenen Seiten dem Problem der volkstümlichen Lachkultur nähern.

1903 erschien die umfangreiche Arbeit von Hermann Reich *Der Mimus. Ein literaturentwicklungsgeschichtlicher Versuch* (siehe Anmerkung 5).

Gegenstand dieser Untersuchung ist im Grunde die Lachkultur der Antike und des Mittelalters. Reich präsentiert eine umfangreiche, interessante Materialsammlung und spricht zutreffend von der Einheit der Lachtradition, die sich durch die Antike und das Mittelalter zieht. Er erfaßt auch die Verbindung zwischen dem Lachen und den Motiven der materiell-leiblichen Basis. All dies macht es ihm möglich, der richtigen und produktiven Fragestellung nach einer volkstümlichen Lachkultur recht nahe zu kommen.

Trotzdem hat er sich das eigentliche Problem nicht gestellt. Zwei Gründe, so scheint es, haben ihn daran gehindert.

Erstens versucht er, die ganze Geschichte der Lachkultur auf die Geschichte des Mimus, d. h. auf nur eine, wenn auch besonders für die Spätantike typische Lachgattung zu reduzieren. Der Mimus ist für Reich das Zentrum und fast der einzige Repräsentant der Lachkultur. Auf den Einfluß des antiken Mimus führt er sowohl alle volkstümlich-festlichen Formen als auch die Lachliteratur des Mittelalters zurück. Auf der Suche nach seinen Wirkungen macht er auch an den Grenzen der europäischen Lachliteratur nicht halt. Das führt unausweichlich zu Übertreibungen und zur Vernachlässigung all dessen, was nicht in das Prokrustesbett des Mimus paßt. Dazu kommt, daß Reich seine eigene Konzeption manchmal nicht durchhalten kann. Das

Material quillt über und zwingt ihn, über den engen Rahmen des Mimus hinauszugehen.

Zweitens modernisiert und vereinfacht Reich in gewisser Weise das Lachen und das mit ihm untrennbar verbundene materiell-leibliche Prinzip. Obwohl er die antike Philosophie des Lachens sehr gut kennt, klingen dessen positive Momente in seiner Konzeption etwas gedämpft. Die befreiende und erneuernde Kraft, die Universalität und der weltanschauliche, utopische Gehalt des volkstümlichen Lachens werden nicht mit der nötigen Aufmerksamkeit registriert. Besonders reduziert erscheint das Materiell-Leibliche. Reich sieht es durch das Prisma des abstrakten und differenzierenden Denkens der Neuzeit und faßt es daher zu eng, beinahe schon im Sinn des Naturalismus. Wir werden uns im weiteren noch mehrmals auf dieses Werk beziehen.

Die zweite Arbeit, auf die wir hier kurz zu sprechen kommen wollen, ist das schmale Bändchen von Konrad Burdach *Reformation, Renaissance, Humanismus* (Berlin 1918). Auch dieses Buch beschäftigt sich mit dem Problem der Volkskultur, doch auf eine völlig andere Weise als Reich. Hier ist vom Lachen und dem Materiell-Leiblichen nicht die Rede. Einziger Gegenstand ist das Motiv »Renaissance« (Wiedergeburt), »Erneuerung« oder »Reformation«.

Burdach zeigt, wie dieses Motiv in verschiedenen Variationen im mythologischen Denken östlicher und antiker Völker auftaucht und das ganze Mittelalter hindurch weiterlebt. Es hält sich auch im kirchlichen Kult (in der Liturgie, im Taufakt u. a.), doch ist es dort bereits dogmatisch geworden. Mit dem Beginn der religiösen Erneuerung im 12. Jahrhundert (Joachim de Fiore, Franz von Assisi, die Spiritualisten) lebt es wieder auf und dringt in breitere Volksschichten ein. Es spricht immer stärker die poetische und künstlerische Einbildungskraft an und wird zum Ausdruck des wachsenden Verlangens nach Wiedergeburt und Erneuerung im irdischen, weltlichen Bereich, d. h. in der Sphäre des politischen und sozialen Lebens und in der Kunst (s. S. 55).

Burdach verfolgt den Prozeß der Säkularisierung des Motivs der »Wiedererweckung« bei Dante, in den Ideen und dem Wirken Rienzos und bei Petrarca, Boccaccio u. a.

Er ist zu Recht der Ansicht, daß ein historisches Phänomen wie die Renaissance nicht als Ergebnis der Erkenntnissuche und intellektueller Anstrengung einzelner entstehen konnte:

> »Humanismus und Renaissance sind nicht Produkte des Wissens. Sie tauchen auf, nicht weil Gelehrtenhirne die untergegangenen Denkmäler antiker Literatur und Kunst hervorziehen und ins Leben zurückrufen wollten. Humanismus und Renaissance entsprangen der glühenden, grenzenlosen Erwartung und Sehnsucht einer alternden Zeit, deren Seele im Innersten erregt nach neuer Jugend lechzte« (zitiert nach der 3., unveränd. Auflage, Darmstadt 1963, S. 138).

Natürlich ist es richtig, die Renaissance nicht aus wissenschaftlichen und schriftlichen Quellen herzuleiten und zu erklären, nicht aus der individuellen Suche oder der »intellektuellen Anstrengung«. Man muß Burdach auch zustimmen, wenn er sagt, daß die Renaissance sich während des ganzen Mittelalters (besonders im 12. Jahrhundert) vorbereitet habe. Das Wort »Renaissance« bezeichnet tatsächlich keineswegs die »Wiedergeburt der antiken Wissenschaften und Künste«, sondern einen ganzen Sinnkomplex, der tief im rituell-szenischen, bildlichen und intellektuellen Denken der Menschheit verwurzelt ist. Was Burdach jedoch nicht sah und verstand, ist die für die Idee und das Motiv der Wiedergeburt wichtigste Sphäre, nämlich jene Sphäre der volkstümlichen Lachkultur des Mittelalters. Das Streben nach Erneuerung und neuer Geburt (das »Verlangen nach neuer Jugend«) prägte das karnevaleske Weltgefühl und fand vielfältige Verkörperungen in den konkret-sinnlichen Formen der Volkskultur, im rituell-szenischen wie im sprachlichen Bereich. Darin bestand das zweite, festliche Leben des Mittelalters.

Viele historische Persönlichkeiten, die nach Burdach die Renaissance vorbereitet haben, standen ihrerseits unter dem Einfluß der volkstümlichen Lachkultur und haben auf ihrem Gebiet den Geist der Renaissance vorweggenommen. Zu ihnen gehören Joachim de Fiore und besonders Franz von Assisi mit der von ihm ins Leben gerufenen Bewegung. Franz von Assisi nannte sich und seine Anhänger nicht umsonst die »Possenreißer Gottes« *(ioculatores Domini).* Seine eigenwillige Weltanschauung mit ihrer »geistigen Heiterkeit« *(laetitia spiritualis),* dem Wohlwollen für das Materiell-Leibliche und den charakteristischen Degradierungen und Profanierungen kann (mit einer gewissen Übertreibung) als *karnevalisierter* Katholizismus bezeichnet werden. Elemente einer karnevalesken Weltanschauung waren auch bei Rienzo wirksam. Alle Phänomene, die nach Burdach die Renaissance vorbereiten halfen, waren von dem befreienden und erneuernden (wenn auch manchmal nur in reduzierter Form vorhandenen) Lachprinzip geprägt. Aber dieses Prinzip würdigt Burdach nicht. Für ihn existieren nur ernste Tonlagen. Mit dem Versuch, das Verhältnis der Renaissance zum Mittelalter besser zu verstehen, hat jedoch auch er dazu beigetragen, die volkstümliche Lachkultur des Mittelalters als Forschungsgegenstand zu etablieren.

Unmittelbarer Gegenstand unserer Arbeit ist nicht die volkstümliche Lachkultur, sondern das Werk François Rabelais'. Die volkstümliche Lachkultur ist von außergewöhnlichem Reichtum und, wie wir gesehen haben, außerordentlich vielgestaltig. Wir stellen uns eine rein theoretische Aufgabe: die Einheit und den Sinn dieser Kultur, ihren ideologischen (weltanschaulichen) und ästhetischen Charakter zu bestimmen. Dies geschieht am besten anhand jenes konkreten Materials, in dem die volkstümliche Lachkultur auf ihrer höchsten Entwicklungsstufe in konzentrierter Form künstlerisch verarbeitet ist – anhand des Werkes von François Rabelais. Er ist ein unersetzlicher Helfer beim Verständnis der volkstümlichen Lachkultur. In seinem Werk erscheint die innere Einheit der verschiedenen Elemente dieser Kultur in einzigartiger Klarheit, es ist eine komplette Enzyklopädie der Volkskultur.

Wenn wir es zur Erforschung der volkstümlichen Lachkultur nutzen, so dient es uns nicht als Mittel zum Erreichen eines ihm äußerlichen Zwecks. Im Gegenteil, wir sind zutiefst überzeugt, nur auf dem Hintergrund der Volkskultur den echten Rabelais zu entdecken. Bisher hat man ihn immer modernisiert. Man las ihn mit den Augen der Neuzeit (besonders mit denen des 19. Jahrhunderts, die die kurzsichtigsten in bezug auf die Volkskultur waren), und man fand bei ihm nur das, was für ihn und seine Zeitgenossen – und auch *objektiv* – gerade nicht das Wesentliche war. Der einzigartige Reiz Rabelais' (und diesen

Zauber spürt jeder) ist bisher nicht erklärt. Dazu muß man vor allem seine Sprache verstehen, die Sprache der volkstümlichen Lachkultur.

Damit wollen wir unsere Einleitung beenden. Auf die Grundthemen und -thesen, die wir hier etwas abstrakt und manchmal thesenhaft vorgestellt haben, kommen wir zurück. Wir werden sie an Rabelais' Werk und anhand jener Erscheinungen des Mittelalters und der Antike konkretisieren, die ihm direkt oder indirekt als Quelle dienten.

Erstes Kapitel
Rabelais und die Geschichte des Lachens

Man müßte die Geschichte des Lachens schreiben.

A. I. Herzen

Aus der nun 400 Jahre andauernden Rabelais-Rezeption und -Interpretation kann man viel lernen. Sie spiegeln 400 Jahre Lachen, seine wechselnden Funktionen und unterschiedlichen Bestimmungen in dieser Zeit.

Rabelais' Zeitgenossen (und fast das gesamte 16. Jahrhundert), die mit den gleichen volkstümlichen, literarischen und allgemein-ideologischen Traditionen und unter den gleichen Bedingungen lebten wie er, verstanden ihn und wußten ihn zu schätzen. Von der großen Beliebtheit Rabelais' zeugen Äußerungen von Zeitgenossen und unmittelbar folgenden Generationen[18] sowie die häufigen Neuauflagen seiner Bücher im 16. und im ersten Drittel des 17. Jahrhunderts. Man schätzte ihn nicht nur in Humanistenkreisen, bei Hof und im städtischen Bürgertum, sondern auch im Volk. Zu diesem Umstand gibt es eine interessante Äußerung eines jüngeren Zeitgenossen Rabelais', des bedeutenden Historikers (und Schriftstellers) Etienne Pasquier; er schreibt an Ronsard: »Es gibt keinen unter uns, der nicht wüßte, in welchem Maß der *gelehrte* Rabelais mit seinem *weisen närrischen Spiel (en folastrant sagement)* im *Gargantua* und im *Pantagruel* die Liebe des Volkes gewann *(»gaigna de grace parmy le peuple«)*.«[19]

Daß er seinen Zeitgenossen nahestand und verständlich war, zeigen am deutlichsten die zahlreichen und tiefen Spuren seines Einflusses auf andere Autoren und eine ganze Reihe von Rabelais-Imitationen. Fast alle Prosa-Schriftsteller des 16. Jahrhunderts, die nach ihm (genauer gesagt nach dem Erscheinen seiner ersten beiden Bücher) kamen – Bonaventure Despériers, Noël du Fail, Guillaume Bouchet, Jacques Tahureau, Nicolas de Cholières etc. –, waren mehr oder weniger Rabelaisianer. Auch die Historiker jener Zeit – Pasquier, Brantôme, Pierre de l'Estoile – und die protestantischen Pamphletisten – Pierre Viret, Henri Estienne u. a. – standen unter seinem Einfluß. Unter seinem Zeichen endete auch die Literatur des 16. Jahrhunderts: im Bereich der politischen Satire mit der bemerkenswerten *Satyre Ménippée de la vertue du Catholicon d'Espagne* ...[20] (1594), die sich gegen die Liga richtet (eine der besten politischen Satiren der Weltliteratur) und in der Belletristik mit dem hervorragenden Werk Béroalde de Vervilles *Le moyen de parvenir, œuvres contenants la raison de ce qui a été, est et sera*[21] (1612). Beide Bücher, die ein Zeitalter beenden, tragen deutlich den Stempel Rabelais'. Ihre Motive haben, bei aller Unterschiedlichkeit, fast rabelaisianisch groteskes Leben.

Neben den genannten großen Schriftstellern des 16. Jahrhunderts, die Rabelais' Einfluß aufnahmen und dabei ihre Eigenständigkeit wahren konnten, finden wir zahlreiche unbedeutende Rabelais-Epigonen, die keine Spur in der Literatur hinterließen. Erfolg und Anerkennung stellten sich für Rabelais sehr schnell ein, schon in den ersten Monaten nach Erscheinen des *Pantagruel*.

Was bedeuten diese schnelle Anerkennung, die begeisterten (aber keineswegs überraschten) Reaktionen der Zeitgenossen, der immense Einfluß auf das wichtige nichtliterarische Schrifttum der Zeit – auf die gelehrten Humanisten, Historiker, politischen und religiösen Pamphletisten – und schließlich auf die unübersehbare Zahl von Epigonen?

Seine Zeitgenossen verstanden Rabelais auf dem Hintergrund einer lebendigen, noch sehr bestimmenden Tradition. Seine künstlerische Kraft, das Gelingen des Romans, konnte sie in Erstaunen versetzen, nicht aber die Eigenart seiner Motive und seines Stils. Die Zeitgenossen sahen die *Einheit* der Rabelaisschen Welt, sie bemerkten die tiefe Verwandtschaft und selbstverständliche Zusammengehörigkeit all jener Elemente, die schon im 17. Jahrhundert äußerst heterogen und im 18. Jahrhundert völlig unvereinbar erscheinen sollten: brisante Themen, philosophische Tischgespräche, Flüche und Obszönitäten, niedere sprachliche Komik, Gelehrsamkeit und Farce. Sie erfaßten die gemeinsame Logik, der diese für uns so unterschiedlichen Erscheinungen gehorchen. Sie hatten auch ein Gespür für die Beziehung zwischen Rabelais' Motiven und den rituell-szenischen Formen, für die Festlichkeit dieser Motive und ihren karnevalesken Gehalt[22]; sie erfaßten die Geschlossenheit der künstlerisch-ideologischen Welt Rabelais' und ihre stilistische Einheit, m. a. W. die Stimmigkeit aller Elemente, die von einer durchgängigen Weltsicht und einem großen Stilprinzip geprägt sind. Darin liegt der wesentliche Unterschied zwischen der Rabelais-Rezeption im 16. und in den folgenden Jahrhunderten. Die Zeitgenossen erkannten einen einheitlichen großen Stil in dem, was man im 17. und 18. Jahrhundert für eine sonderbare Idiosynkrasie Rabelais' hielt oder für ein Kryptogramm, ein System von Anspielungen auf bestimmte zeitgenössische Ereignisse und Personen.

Das Verständnis der Zeitgenossen war naiv und unmittelbar. Was für das 17. und die folgenden Jahrhunderte Anlaß zur Frage wurde, verstand sich für sie noch von selbst. Daher kann ihr Verständnis *unsere* Fragen zu Rabelais nicht beantworten.

Bereits bei den ersten Rabelais-Epigonen beginnt die Auflösung des Rabelaisschen Stils. Bei Despériers z. B. und besonders bei Noël du Fail werden die ehemals Rabelaisschen Motive flacher und nehmen genrehafte und naturalistische Züge an. Ihre Universalität ist deutlich gemindert. Die andere Seite dieses Wandlungsprozesses tritt hervor, wenn dieselben Motive plötzlich satirischen Zwecken dienen sollen. In diesem Fall wird der positive Pol des ambivalenten Motivs geschwächt. Wenn die Groteske in den Dienst einer abstrakten Tendenz gestellt wird, degeneriert sie unausweichlich. Ihr Wesen ist es ja gerade, die widersprüchliche und doppeldeutige Fülle des Lebens darzustellen, das Verneinung und Vernichtung (den Tod des Alten) als *notwendiges* Element in sich trägt und nicht zu trennen ist von der *Bestätigung*, der Geburt des Neuen und Besseren. Gerade das materiell-leibliche Substrat des grotesken Motivs (Nahrung, Wein, Zeugungskraft, Körperorgane) hat durch und durch positiven Charakter. Das Materiell-Leibliche triumphiert, denn am Ende herrschen Überfluß und Zuwachs. Diesen Grundzug des grotesken Motivs muß die abstrakte Tendenz zerstören. Sie verschiebt den Schwerpunkt auf den abstrakten Sinn, auf die »moralische« Komponente des Motivs, schlimmer noch, sie unterwirft das materiale Substrat des Motivs einem negierenden Prinzip. Die Übertreibung wird zur Karikatur. Wir sehen den

Beginn dieses Prozesses schon in der frühen protestantischen Satire, später in der schon genannten *Menippäischen Satire*. Doch hier sind die grotesken Motive, die in den Dienst einer abstrakten Tendenz gestellt werden, noch zu stark. Sie bewahren ihre Eigenart und entwickeln ihre eigene Logik, trotz der und häufig gegen die Tendenz des Autors.

Ein gutes Beispiel hierfür ist Johann Fischarts freie deutsche Übersetzung des *Gargantua* unter dem Titel *Affenteurlich und ungeheurliche Geschichtschrift vom Leben, Rhaten und Thaten der vor langen Weilen vollenwolbeschraiten Helden und Herrn Grandgusier, Gargantoa, und Pantagruel Königen inn Utopien und Ninenreich. Etwan von M. Francisco Rabelais französisch entworfen: Nun aber unbeschrecklich lustig auf den Teutschen Meridian visirt, und ungefärlich obenhin, wie man den Grindigen laust vertirt, durch Huldrich Elloposcleron Reznem* (o. O. 1575).

Fischart ist Protestant und Moralist; sein literarisches Werk steht dem »Grobianismus« nahe. Die Ursprünge des deutschen Grobianismus sind dem Werk Rabelais' verwandt. Auch er übernahm die Motive des materiell-leiblichen Lebens vom grotesken Realismus und war direkt von den volkstümlich-festlichen Karnevalsformen beeinflußt. Von dort stammt die schroffe Hyperbolik der materiell-leiblichen Motive, besonders in der Darstellung von Essen und Trinken. Im grotesken Realismus wie in den volkstümlich-festlichen Formen waren Übertreibungen etwas Positives – man denke etwa an die grandiosen Würste, die im Nürnberger Karneval im 16. und 17. Jahrhundert von Dutzenden von Teilnehmern getragen werden mußten. Erst die moralisch-politische Einstellung der Grobianisten (Dedekind, Scheidt, Fischart) verleiht diesen Motiven den Charakter von etwas Unzulässigem. Im Vorwort zu seinem *Grobianus*[23] beruft sich Dedekind auf die Lakedämonier, die ihren Kindern betrunkene Sklaven zeigten, um sie vom Alkoholgenuß abzuhalten; dem gleichen Ziel, der Erregung von Abneigung, sollten auch der von ihm geschaffene Hl. Grobianus und die Grobianer dienen. Der positive Charakter des Motivs wird hier einer negativen Absicht untergeordnet, dem satirischen Spott und der moralischen Verurteilung. Die Satire nimmt den Standpunkt des Bürgers und Protestanten ein und richtet sich gegen den Feudal-

adel (die Junker), der in Untätigkeit, Völlerei, Trunksucht und Laster versunken ist. Dieser grobianistische Standpunkt lag, beeinflußt durch Scheidt, der *Gargantua*-Übersetzung Fischarts zumindest teilweise zugrunde.
Dieser recht primitiven Tendenz zum Trotz leben die Rabelaisschen Motive in der freien Übertragung ihr eigenes Leben, das zu dieser Ideologie nicht paßt. Im Vergleich zum Original ist die Hyperbolik der materiell-leiblichen Motive, besonders der vom Essen und Trinken, eher noch krasser. Die innere Logik der Übertreibungen ist nach wie vor die des Wachstums, der Fruchtbarkeit und der überschäumenden Fülle. Alle Motive führen in die gleiche verschlingende und gebärende Tiefe. Der *festliche* Charakter des Materiell-Leiblichen bleibt ebenfalls erhalten. Die abstrakte Tendenz erfaßt nicht die Motive und bildet keineswegs das Prinzip ihrer Verknüpfung. Auch das Lachen wird noch nicht zum bloßen Spott. Es hat noch relativ umfassenden Charakter, zielt auf den *gesamten* Lebensprozeß, auf beide Pole, man hört noch den triumphalen Ton von Geburt und Erneuerung. In Fischarts Übersetzung dominiert die Tendenz, Abneigung hervorzurufen über die karnevalesken Motive noch nicht völlig, doch sie ist vorhanden und wird zu einem gewissen Grad zu unterhaltsamem Beiwerk der abstrakt-moralischen Botschaft. Seinen Abschluß fand der Umdeutungsprozeß erst mit der Entstehung einer Gattungshierarchie, die dem Lachen den untersten Rang zuwies.

Ronsard und die Pléiade waren von der Existenz einer *Hierarchie der Gattungen* schon überzeugt, doch wurde dieser vor allem von der Antike übernommene und auf französischem Boden weiterentwickelte Gedanken erst nach und nach akzeptiert. Die Pléiade war in Gattungsfragen noch sehr liberal, sie schätzte Rabelais; besonders Du Bellay und Baïf erkannten seinen literarischen Rang. Die Achtung für das Werk Rabelais' und der starke Einfluß seiner Sprache auf die der Pléiade standen jedoch in krassem Gegensatz zu dem ihm zugewiesenen Platz in der Gattungshierarchie: er war der allerniedrigste, fast schon jenseits der Literatur. Damals war diese Hierarchie noch eine abstrakte, nicht ganz präzise Vorstellung. Es mußten gewisse soziale, politische und ideologische Veränderungen eintreten, der Kreis kompetenter Leser der großen offiziellen Literatur mußte sich erst differenzieren und verkleinern, bevor diese Hierarchie die realen Beziehungen innerhalb dieser Leserschaft widerspiegeln konnte, ehe sie zur regulierenden und bestimmenden Kraft wurde.

Dieser Prozeß vollzog sich bekanntlich im 17. Jahrhundert, doch war er gegen Ende des 16. Jahrhunderts schon zu erkennen. Bereits damals entstand die Auffassung, Rabelais sei ein *rein unterhaltender*, »heiterer« Schriftsteller. Das gleiche Schicksal hatte, wie wir wissen, Cervantes' *Don Quijote*, der lange Zeit in die Kategorie »leichte Unterhaltungsliteratur« eingeordnet wurde. Rabelais sank vom Ende des 16. Jahrhunderts an immer tiefer in der literarischen Hierarchie, bis an die untere Grenze der »großen« Literatur und darunter.

Schon Montaigne, der nur 40 Jahre jünger ist als Rabelais, schreibt ca. 1580 in seinen *Essais:* »Unter den einfach unterhaltenden (simplement plaisants) Büchern finde ich an den Modernen den Decamerone des Boccaccio, den Rabelais und die Küsse des Johannes Secundus *(Jehan Second)*, wenn man sie unter diesem Titel einführen soll, des Verweilens würdig« (zitiert nach Michel de M., *Essais.* Auswahl u. Übersetzung von H. Lüthy, Zürich 1953, S. 388; französische Zitate in Klammern von M. B.).

Das Prädikat »einfach unterhaltend« liegt bei Montaigne noch auf der Grenze zwischen dem alten und dem neuen Verständnis von »amüsant«, »heiter«, »erholsam« und ähnlichen Epitheta für Romane, in deren Titel sie im 16. und 17. Jahrhundert so oft selbst vorkamen.[24] Der Begriff des Unterhaltenden und Heiteren war bei ihm noch nicht allzu eng gefaßt und hatte nicht den Beigeschmack von etwas Niederem und Unwichtigem. An anderer Stelle in den *Essais* bekennt er: »Ich für mein Teil liebe nur Bücher, die entweder reizvoll *(plaisants)* und leicht *(faciles)* sind und mich anregen, oder die mir Trost und Rat spenden, wie ich es mit meinem Leben und Sterben halten soll *(á regler ma vie et ma mort)*.« (op. cit. S. 268)

Aus diesen Worten geht hervor, daß Montaigne die unterhaltenden und leichten Bücher am meisten schätzt, denn unter den Büchern für Trost und Rat versteht er nicht literarische, sondern philosophische und theologische Werke und vor allem wohl solche von der Art der *Essais* selbst (Mark Aurel, Seneca, Plutarchs *Moralia* etc.). Zur Literatur zählt er vor allem das Unterhaltende, Heitere und Erholsame.[25] In dieser Beziehung ist er ein Mensch des 16. Jahrhunderts. Bezeichnend aber ist, daß Fragen der Lebensführung und des Todes schon definitiv aus dem Kompetenzbereich des heiteren Lachens ausgeklammert werden. Rabelais ist, mit Boccaccio und Johannes Secundus, »des Verweilens würdig«, aber er gehört nicht zu den Tröstern und Ratgebern in Fragen des »Lebens und Sterbens«. Genau das war er aber für seine Zeitgenossen. Sie konnten diese Fragen noch auf der *heiteren Ebene*, der Ebene des *Lachens* stellen.

Die Epoche Rabelais', Cervantes' und Shakespeares stellt einen entscheidenden Wendepunkt in der Geschichte des Lachens dar, und in keiner anderen Frage tritt die Grenze, die das 17. und die folgenden Jahrhunderte von der Renaissance trennt, so deutlich hervor wie in der Frage nach der Rolle des Lachens.

In Umrissen und vorläufig könnte man das Verhältnis der Renaissance zum Lachen folgendermaßen beschreiben: das Lachen hat eine tiefe philosophische Bedeutung, es ist eine Form der Wahrheit über die Welt im Ganzen, die Geschichte und den Menschen; es vermittelt eine besondere Sichtweise der Welt, sieht sie anders, aber nicht weniger richtig als der *Ernst*. Deshalb ist das Lachen in der großen Literatur (auch wenn sie universale Probleme anspricht) ebenso gerechtfertigt wie der Ernst; wesentliche Bereiche der Welt sind überhaupt nur dem Lachen zugänglich.

Die Einstellung des 17. und der folgenden Jahrhunderte zum Lachen kann dagegen folgendermaßen beschrieben werden: das Lachen kann keine Form universaler philosophischer Bewertung sein, es kann sich nur auf *individuelle* und *in beschränktem Rahmen typische* Erscheinungen des gesellschaftlichen Lebens beziehen. Wesentliches und Wichtiges, die Geschichte und ihre Protagonisten (Könige, Heerführer, Helden) sind nicht komisch. Der Bereich des Lachens ist eingeschränkt auf private und gesellschaftliche Laster; die eigentliche Wahrheit über die Welt und die Menschen läßt sich in seiner Sprache nicht sagen, ihr entspricht allein der ernste Ton. Daher hat das Lachen in der Literatur nur in den niederen Gattungen Platz, die das Privatleben und das Leben der sozialen Unterschicht zum Gegenstand haben. Es dient entweder der Zerstreuung oder fungiert als gesellschaftlich nützliche Strafe für die Lasterhaften und Gemeinen.

Die Beziehung der Renaissance zum Lachen kommt vor allem in der *Praxis* des literarischen Schaffens und in den literarischen Vorlieben zum Ausdruck. Die *theoretischen* Äußerungen, die das Lachen als universale philosophische Ausdrucksform rechtfertigen, basieren fast ausschließlich auf antiken Quellen. Rabelais entwickelt seine Konzeption im alten und neuen Prolog zum Vierten Buch seines Romans und beruft sich darin vor allem auf Hippokrates. Dieser spielte für die Renaissance als Theoretiker des Lachens eine bedeutende Rolle. Man bezog sich nicht nur auf Bemerkungen in seinen medizinischen Traktaten, die die Bedeutung einer heiteren Stimmung bei Arzt und Patient betonen[26], sondern auch auf den sogenannten *Hippokratischen Roman*. Diese, natürlich apokryphe, Beilage zur *Hippokrates-Sammlung* enthält den Briefwechsel des Hippokrates über den Wahnsinn Demokrits, der sich im *Lachen* ausdrückt. Im *Roman* hat dieses Lachen philosophischen Charakter, es richtet sich auf das ganze menschliche Leben und die vergeblichen Ängste und Hoffnungen, die an die Götter und an ein Leben nach dem Tod geknüpft sind. Demokrit begründet das Lachen als umfassende Weltanschauung, als den Geisteszustand des erwachsen gewordenen, erwachten Menschen, und Hippokrates stimmt ihm schließlich zu.

Die Lehre von der Heilkraft des Lachens und die Lachphilosophie des *Hippokratischen Romans* fanden große Anerkennung und Verbreitung an der medizinischen Fakultät von Montpellier, an der Rabelais zuerst studierte und später lehrte. Der berühmte Arzt Laurent Joubert, ein Mitglied dieser Fakultät, brachte 1560 einen ganzen Traktat über das Lachen unter dem folgenden, bezeichnenden Titel heraus: *Traité du ris, contenant son essence, ses causes et ses mervelheus effeis, curieusement recherchés, raisonnés et observés par M. Laur. Joubert... (Traktat über das Lachen, sein Wesen, seine Gründe und seine wunderbare Wirkung, sorgfältig studiert, begründet und beobachtet von Laurens Joubert...).* 1579 erschien in Paris sein zweiter Traktat, *La cause morale de Ris, de l'excellent et très renommé Democrite, expliquée et témoignée par ce divin Hippocras en ses Epitres (Der moralische Grund des Lachens des hervorragenden und hochgerühmten Demokrit, erläutert und beglaubigt vom göttlichen Hippokrates in seinen Briefen),* der im Grunde die französische Version des letzten Teils des *Hippokratischen Romans* war.

Diese Arbeiten zur Philosophie des Lachens wurden erst nach Rabelais' Tod publiziert, doch sind sie ein später Nachklang der Überlegungen und Dispute, die während seiner Zeit in Montpellier vorherrschten und die auch seine Lehre von der Heilkraft des Lachens und vom »heiteren Arzt« prägten.

Die zweite Quelle der Philosophie des Lachens für die Epoche Rabelais' war die berühmte aristotelische Formel: »Unter allen Lebewesen ist das Lachen allein dem Menschen eigen.«[27] Sie wurde im weitesten Sinn verstanden – das Lachen als geistig-seelisches Privileg des Menschen – und war in aller Munde. Bekanntlich beschließt sie auch die Eingangsverse zum *Gargantua*:

> Mieuex est de ris que de larmes escrire.
> Par ce que rire est le propre de l'homme.[28]

Selbst Ronsard benutzt die aristotelische Formel noch im gleichen, erweiterten Sinn. In seinem Belleau gewidmeten Gedicht finden wir die folgenden Verse:

> Dieu, qui soubz l'homme a le monde soumis,
> A l'homme seul, le seul rire a permis
> Pour s'esgayer et non pas à la beste,
> Qui n'a raison ny esprit en la teste.[29]

Das Lachen als Gabe Gottes, die nur dem Menschen zuteil wird, steht hier in Verbindung mit der Macht des Menschen über die Welt und seinem alleinigen Besitz von Verstand und Vernunft. Nach Aristoteles beginnt das Kind nicht vor seinem 40. Lebenstag zu lächeln, und erst in diesem Moment werde es eigentlich Mensch. Rabelais und seinen Zeitgenossen war auch die Behauptung des Plinius geläufig, daß nur ein einziger Mensch auf der ganzen Welt sofort nach der Geburt gelacht habe, Zarathustra, und dies wurde als Vorzeichen seiner göttlichen Weisheit gedeutet.

Die dritte Quelle für die Philosophie des Lachens in der Renaissance war schließlich Lukian. Sein *Menipp, oder die Reise in das unterirdische Königreich,* besonders der Held, der lachende

Menipp in der Hölle, stieß bei den Lesern auf ein starkes Interesse. Im Werk Rabelais' ist sein Einfluß deutlich zu spüren, vor allem in der Episode des *Pantagruel*, die den Aufenthalt Epistemons in der Hölle behandelt. Auch ein anderes Werk Lukians, die *Dreißig Todtengespräche*, wirkte auf die Literatur der Renaissance. Aus ihm zitiere ich einige charakteristische Passagen, um an dem Motiv des lachenden Menipp *die Verbindung des Lachens mit der Hölle (und dem Tod) und mit Freiheit des Denkens und der Rede* zu demonstrieren:

> »Sag ihm, Diogenes befehle ihm, wenn er die Thorheiten, die auf der Erde vorgehen, genug belacht habe, hierher zu kommen, wo er viel mehr zu lachen finden werde. Denn dort sei er doch öfters unentschlossen, ob er lachen oder weinen wolle, und es falle ihm doch oft ein, wer weiß wie es nach diesem Leben geht? Hier aber werde er mit vollständiger Kenntniß lachen, und gar nicht wieder aufhören können (wie jetzt bei mir der Fall ist) ...« (zitiert nach: L. v. Samosata, *Sämtl. Werke*. Dt. Übers. Hg. von Ch. M. Wieland, Leipzig 1788–89, Nachdruck Darmstadt 1971, 3 Bände. I Diogenes und Pollux, S. 196).

> »Und du, Menippus, wie wär' es wenn auch du deine ungezäumte Freyheit und dein loses Maul, und deine Sorglosigkeit und Zuversichtlichkeit, und das ewige Lachen ablegtest? Denn du bist der einzige von uns allen der noch lacht« (X, Charon, Merkur und verschiedene Todte, op. cit., S. 222).

»Charon: Wo in aller Welt hast du dieses unverschämte Hundegesicht aufgelesen, Merkur. Solange die Überfahrt dauerte, blieb ihm das Maul keinen Augenblick stehen, er belachte und verspottete alle anderen Passagiere, und sang dazu lustige Liedchen, während die übrigen jammerten.

Merkur: Du weißt also nicht, Charon, was für einen großen Mann du übergeführt hast? Er ist ein Freyherr im eigentlichen Verstande, und fragt nach niemand was; mit Einem Wort, es ist Menippus« (XXII Charon, Menippus und Merkur, op. cit., S. 274f.).

Die drei populärsten antiken Quellen der Renaissance-Philosophie des Lachens haben nicht nur Jouberts Traktate geprägt, sie bestimmten die in Humanisten- und Literatenkreisen herrschenden Auffassungen vom Lachen, seiner Bedeutung und seinem Wert.

Alle drei Quellen begreifen das Lachen als eine Weltanschauung, die kuriert und erneuert und deren Wesen unmittelbar mit den letzten philosophischen Fragen, also »wie [man] es mit [seinem] Leben und Sterben halten soll« (Montaigne, op. cit. S. 90), in Zusammenhang steht, die sich schon Montaigne nur noch in ernstem Ton stellen konnte.

Natürlich kannten Rabelais und seine Zeitgenossen die antiken Auffassungen des Lachens auch aus anderen Quellen: von Athenäus, Macrobius, Aulus Gellius und anderen, und natürlich kannten sie Homers berühmte Worte über das unbesiegbare und damit ewige Lachen der Götter (»δσβεστοϱ γέλωϱ«, *Ilias* I, 599 und *Odyssee* VIII, 327). Sie waren auch vertraut mit den römischen Traditionen der Lachfreiheit, mit den Saturnalien und der Rolle des Lachens bei Siegesfeiern und beim Zeremoniell der Beerdigung angesehener Bürger.[30] Bei Rabelais finden sich häufig Anspielungen und Verweise auf die antiken Texte und die korrespondierenden Erscheinungen der römischen Lachpraxis.

Wir möchten noch einmal betonen, daß für die Lachtheorie der Renaissance (wie auch für ihre antiken Quellen, die wir gerade beschrieben haben) die Funktion des Lachens eine positive, erneuernde und *schöpferische* war. Darin unterscheidet sie sich von den späteren Theorien des Lachens, Bergsons nicht ausgenommen, denn diese heben vorwiegend seine negativen Funktionen hervor.[31]

Das antike Lachen war für die *Lachtheorie* der Renaissance von außerordentlicher Bedeutung: indem sie ihm den Weg in das humanistische Denken ebnete, schuf sie die Apologie der literarischen Lachtradition. Die künstlerische Lach*praxis* der Renaissance dagegen war vor allem von den Traditionen der volkstümlichen Lachkultur des Mittelalters geprägt.

Diese Traditionen wurden nun nicht einfach fortgeführt, sie traten vielmehr in ein neues, höheres Entwicklungsstadium. Im Mittelalter existierte die volkstümliche Lachkultur außerhalb der offiziellen Ideologie und Literatur. Durch ihre nichtoffizielle Existenzweise hatte sie eine entschiedene Radikalität und rücksichtslose Nüchternheit gewonnen. Für den Ausschluß aus allen offiziellen Lebens- und Kulturbereichen wurde das Lachen jenseits dieser Bereiche durch exklusive Privilegien, durch Freiheit und Straflosigkeit, entschädigt; ihm gehörten die Marktplätze, die Feiertage und die Unterhaltungsliteratur. Diese Privilegien wußte es weidlich zu nutzen.

In der Renaissance gelang es dem Lachen in seiner radikalsten, universalsten, vielleicht weltumfassendsten und zugleich *heitersten* Form, ein einziges Mal im Lauf der Geschichte für (je nach Land) fünfzig oder sechzig Jahre aus dem Volk heraus und zusammen mit den (»vulgären«) Volkssprachen in die große Literatur und die offizielle Ideologie vorzudringen. Diesem Umstand verdanken der *Decamerone* Boccaccios, die Romane Rabelais' und Cervantes', Shakespeares Komödien und andere Werke der Weltliteratur ihre Entstehung.

Die Grenze zwischen offizieller und nichtoffizieller Literatur mußte in der Renaissance zwangsläufig fallen, zum Teil schon deshalb, weil sie in den wichtigsten Bereichen der Ideologie parallel zu der Sprachgrenze zwischen dem Lateinischen und den Volkssprachen verlaufen war. Das Vordringen der Volkssprache in die Literatur und einige andere Bereiche der Ideologie hob den Unterschied zwischen offizieller und nichtoffizieller Rede für eine gewisse Zeit auf oder milderte ihn zumindest. Auch eine Reihe von Faktoren, die mit dem Zerfall des theokratischen Feudalstaats zusammenhingen, unterstützten diese Grenzbeseitigung und die Vermischung von »offiziell« und »nichtoffiziell«. Die volkstümliche Lachkultur konnte, nachdem sie jahrhundertelang im nichtoffiziellen Leben und in der szenischen und sprachlichen Volkskunst bestanden hatte, in die höchsten Sphären der Literatur und der Ideologie aufsteigen. Dort wirkte sie anregend und befruchtend, um dann, mit der Stabilisierung des Absolutismus und der Herausbildung einer neuen Offizialität, herabzusinken auf die unterste Stufe in der Gattungshierarchie, dort stecken zu bleiben, sich gewissermaßen von der Verwurzelung im Volk zu lösen und zu verflachen.

Ein ganzes Jahrtausend nichtoffiziellen Lachens bahnte sich den Weg in die Literatur der Renaissance. Es machte die Literatur reicher, doch es gewann auch seinerseits dabei. Es verband sich mit der fortschrittlichsten Ideologie der Zeit, dem Humanismus, und mit hoher literarischer Technik. Bei Rabelais finden sich Rede und Maske (d. h. die »Persönlichkeitsstruktur«) des mittelalterlichen Narren, die verschiedensten Formen der volkstümlich-festlichen Karnevalsbelustigung, der travestierende und rundum parodierende Übermut des demokratischen Klerikers sowie Sprache und Gestik des Jahrmarktsgauklers – vereint mit humanistischer Bildung, der Ausbildung und Praxis als Arzt und der politischen Erfahrung eines Vertrauten der Brüder Du Bellay, der von allen Fragen und Geheimnissen der Weltpolitik seiner Epoche intime Kenntnis hatte. In dieser neuen Kombination und auf dieser höchsten Entwicklungsstufe mußte das mittelalterliche Lachen seinen Charakter ändern. Die Volkstümlichkeit, Radikalität und Freiheit, die Nüchternheit und der Materialismus seiner bis dahin fast »natürlichen« Existenz erreichten den Zustand künstlerischer Bewußtheit. Das mittelalterliche Lachen wurde in der Renaissance zum Ausdruck eines neuen, freien und kritischen *Sinns für Geschichte.* Dies war nur möglich, weil in seiner tausendjährigen Entwicklung die Voraussetzungen dieses historischen Bewußtseins sich herausgebildet hatten. Wir fragen uns nun, wie die Formen der mittelalterlichen Lachkultur entstanden und welche Entwicklung sie nahmen.

Wie schon gesagt, war das Lachen im Mittelalter in allen Bereichen der offiziellen Ideologie und in den strengen Umgangsformen des offiziellen Lebens verpönt. Es war ausgeschlossen vom religiösen Kult, dem feudalstaatlichen Zeremoniell, der gesellschaftlichen Etikette und allen wichtigen Bereichen der Ideologie. Den Umgangston des offiziellen Mittelalters bestimmte eine *eisige, versteinerte Seriosität.* Dies hatte seine unmittelbare Ursache im Inhalt der mittelalterlichen Ideologie mit ihren asketischen, düster providentialistischen Zügen, mit Schlüsselbegriffen wie Sünde, Buße, Leiden und im Charakter des in dieser Ideologie gespiegelten Feudalstaats mit seinen Einschüchterungs- und Unterdrückungspraktiken. Seriosität galt als einzig angemessene Form für den Ausdruck der Wahrheit und des Guten und überhaupt alles Wesentlichen, Bedeutsamen und Wichtigen. Angst, Ehrfurcht und Demut bildeten den Grundton und die Schattierungen dieser Seriosität.
Schon das frühe (antike) Christentum verurteilte das Lachen.

Tertullian, Cyprianus und Johannes Chrysostomus predigten gegen die antiken szenischen Genres, besonders gegen den Mimus, sein Lachen und seine Scherze. Chrysostomus behauptete sogar, Lachen und Scherze kämen nicht von Gott, sondern vom Teufel; dem Christen zieme nur *ständiger* Ernst, ständige Reue und Bedrücktheit wegen seiner Sünden.[32] Dem Arianismus machte man zum Vorwurf, Elemente des Mimus in den Gottesdienst eingeführt zu haben: Gesang, Gestikulieren und Lachen.

Gerade die extreme Seriosität der offiziellen kirchlichen Ideologie schuf die Notwendigkeit, außerhalb ihres Geltungsbereichs, d. h. außerhalb des kanonisierten Kults, Rituals oder Zeremoniells, die verdrängte Heiterkeit, das Lachen und den Scherz zu sanktionieren. So entwickelten sich parallel zu den kanonischen Formen der mittelalterlichen Kultur reine Lachformen.

In einigen Formen des kirchlichen Kults, die von der Antike übernommen, mit östlichen Einflüssen durchsetzt oder auch von lokalen heidnischen Riten (besonders Fruchtbarkeitsriten) geprägt waren, gab es Ansätze von Heiterkeit und Lachen. Sie waren in der Liturgie oder in der Beerdigungszeremonie anzutreffen, im Taufakt, in der Trauung und in anderen religiösen Ritualen. Aber sie traten hier sublimiert, unterdrückt und gedämpft auf.[33] Zum Ausgleich dafür mußten sie im Leben rund um die Kirche und im nichtkirchlichen Beiprogramm jedes Festtags zugelassen werden, selbst wenn sie sich zu Lachriten entwickelten, die den religiösen Kultformen bis ins Detail nachgebildet waren.

Solche Lachfeste waren vor allem die »Narrentage« (*festa stultorum, fatuorum, follorum*), die von den Scholaren und dem niederen Klerus am Stephanstag, zu Neujahr, am »Tag der unschuldigen Kinder«, zu Epiphanias (dem Dreikönigstag) und am Johannistag begangen wurden. Zuerst fanden sie noch in den Kirchen statt und hatten völlig legalen Charakter, später wurden sie halblegal und gegen Ende des Mittelalters illegal; doch auf den Straßen und in den Tavernen lebten sie weiter und gingen allmählich in die Butterwochen-Belustigungen ein. Besonders ausgeprägt und langlebig waren die französischen Narrentage *(fête des fous).* Sie bestanden hauptsächlich aus der parodistischen Travestierung des offiziellen Kults und waren mit Verkleidungen, Maskeraden und obszönen Tänzen verbunden. Die zügellosesten Belustigungen waren die des niederen Klerus zu Neujahr und zum Dreikönigstag.

Fast alle Riten des Narrentags bestehen in der grotesken *Degradierung* verschiedener kirchlicher Riten und Symbole mittels ihrer Übertragung auf die materiell-leibliche Ebene: Völlerei und Saufen direkt auf dem Altar, unanständige Körperbewegungen, Entblößungen etc. Einige dieser rituellen Handlungen wollen wir nun analysieren.[34]

Der Narrentag hielt sich in Frankreich, wie gesagt, besonders hartnäckig. Eine interessante Apologie für diesen Tag aus dem 15. Jahrhundert rechtfertigt ihn folgendermaßen: Das Fest sei von den ersten Christen eingeführt worden, die noch besser wußten, was sie taten, als die späteren. Dann wird der unernste, rein *närrische* Charakter des Festes betont. Die feiertägliche Zerstreuung sei unumgänglich, »damit die *Torheit* (Narrheit), die *unsere zweite Natur* ist und *dem Menschen angeboren* scheint, *sich wenigstens einmal im Jahr ausleben* kann. Weinfässer platzen, wenn man nicht von Zeit zu Zeit den Deckel öffnet und Luft hineinläßt. Wir, die Menschen, sind schlecht gefertigte Weinfässer, die vom *Wein der Weisheit* platzen, wenn dieser in ununterbrochener Gärung von Andacht und Gottesfurcht gelassen wird. Deshalb lassen wir an bestimmten Tagen die Torheit (Narrheit) in uns zu, daß wir danach mit um so größerem Eifer zum Gottesdienst zurückkehren.«[35]

In dieser bemerkenswerten Apologie werden Torheit und Narrheit, d.h. das Lachen, ganz offen zur zweiten Natur des Menschen erklärt und der monolithischen Seriosität des christlichen Kults (»ununterbrochene Gärung von Andacht und Gottesfurcht«) gegenübergestellt. Eben die Einseitigkeit dieser Seriosität mache es unumgänglich, ein Ventil für die »zweite Natur des Menschen«, für die Narrheit und das Lachen, zu schaffen. Dieser Abfuhr, »wenigstens einmal im Jahr«, diente der Narrentag, an dem das Lachen und das zu ihm gehörende Materiell-Leibliche des Menschen völlige Freiheit erhielten. Die Apologie des Lachens aus dem 15. Jahrhundert spricht ganz offen die Anerkennung des zweiten, festlichen Lebens des mittelalterlichen Menschen aus.

Natürlich war das Lachen am Narrentag nicht nur ein abstraktes, rein negierendes Lachen über das christliche Ritual und die kirchliche Hierarchie. Das negierende, verspottende Element war fest eingebunden in das triumphierende Lachen der materiell-leiblichen Wiedergeburt und der Erneuerung. Es lachte die »zweite Natur des Menschen« und die materiell-leibliche Basis, die in der offiziellen Weltanschauung und im religiösen Kult keine Ausdrucksmöglichkeiten hatten.

Bereits vor dem 15. Jahrhundert finden wir Verteidigungen des Lachens, die der oben zitierten ähnlich sind. Der Fuldaer Abt Hrabanus Maurus, ein strenger Kirchendiener, schrieb eine gekürzte Fassung des *Abendmahls des Hl. Kyprian (Cena Cypriani)* und widmete sie König Lothar II. »ad jocunditatem«, zur Erheiterung. Im Widmungsschreiben sucht er den heiteren und degradierenden Charakter folgendermaßen zu rechtfertigen: »Wie die Kirche selbst gute und schlechte Menschen in sich vereint, so muß auch das Poem die Reden der letzteren aufnehmen.« Diese, in der Sprache des Klerikers, »schlechten Menschen« entsprechen der »zweiten, närrischen Natur« des Menschen. Eine analoge Formel prägte später Papst Leo III.: »Da die Kirche aus dem göttlichen und dem menschlichen Element besteht, muß auch dieses menschliche in voller Offenheit und Ehrlichkeit gezeigt werden, wie es im *Buch Hiob* heißt: ›Gott braucht unsere Heuchelei nicht‹.«

Im frühen Mittelalter drang das Lachen bis in die mittleren und sogar höchsten Kirchenkreise vor; Hrabanus Maurus war kein Einzelfall. Der Reiz des volkstümlichen Lachens wirkte nachhaltig auf allen Stufen der noch jungen (kirchlichen und weltlichen) Feudalhierarchie. Dafür verantwortlich sind ganz offensichtlich die folgenden Umstände:

1. Die offizielle kirchlich-feudale Kultur war im 7., 8. und sogar 9. Jahrhundert noch schwach und nicht voll entwickelt.
2. Die Volkskultur war äußerst lebendig, so daß es unmöglich war, sie zu übergehen; einzelne Elemente dieser Kultur mußten sogar zu *Propaganda*zwecken übernommen werden.
3. Die Tradition der römischen Saturnalien und anderer Formen des *legalisierten* römischen Volkslachens waren noch sehr präsent.
4. Die Kirche hatte die christlichen Feiertage auf die Termine lokaler heidnischer Feste gelegt, die ihre Lachkulte noch prakti-

zierten (man erhoffte sich von der Terminüberschneidung eine Christianisierung dieser Feste).

5. Der junge Feudalstaat war noch relativ progressiv und damit *relativ* volksnah.

Unter dem Einfluß dieser Faktoren konnte sich ein (natürlich nur *relativ*) tolerantes Verhältnis zwischen der offiziellen Kultur und der volkstümlichen Lachkultur bilden, und diese Tradition hatte Bestand, obwohl sie immer neuen Einschränkungen unterworfen wurde. In den folgenden Jahrhunderten (bis ca. 1300) wurde es zum Topos, sich in der Verteidigung des Lachens auf der Autorität der frühen Kirchenväter und Theologen zu berufen.

Gegen Ende des 16. und zu Beginn des 17. Jahrhunderts dagegen stützten sich Verfasser und Herausgeber von Facetien, Anekdoten und Scherzen gewöhnlich auf die Autorität mittelalterlicher Gelehrter und Theologen, die das Lachen gerechtfertigt hatten. Melander z. B., der Herausgeber einer der materialreichsten Sammlungen der Lachliteratur (*Jocorum et seriorum libri duo*, erste Ausgabe 1600, die letzte 1643), leitet sein Werk mit einem langen, mehrere Dutzend Namen umfassenden Katalog von hervorragenden Gelehrten und Theologen ein, die vor ihm Facetien geschrieben haben (»Catalogus praestantissimorum virorum in omni scientarum facultate, qui ante nos Facetias scripserunt«). Die beste Sammlung deutscher Schwänke stammt von dem zu Lebzeiten sehr berühmten Prediger-Mönch Johannes Pauli. Der Band mit dem Titel *Schimpf und Ernst* erschien zuerst in Straßburg 1522. Im Vorwort, das von der Bedeutung des Buches handelt, stellt Pauli Erwägungen an, die an die oben zitierte Apologie des Narrentags erinnern. Er hat sein Buch zusammengestellt »für die geistlichen Kinder in den geschlossenen Klöstern zur *Erheiterung* des Geistes und zur Erholung«, »*wan man nit alwegen in einer strenckheit bleiben mag*«.

Der Sinn derartiger Äußerungen (man könnte noch viele hinzufügen) besteht darin, die *parodia sacra* (die Parodie auf heilige Texte und Riten) und das Lachen im Umfeld der Kirche zu erläutern und zu rechtfertigen. Natürlich fehlte es nicht an Verurteilungen des Lachens. Mehrfach wurde der Narrentag von Konzilen und weltlichen Gerichten verboten. Das älteste Verbot (auf dem Konzil von Toledo) stammt aus der ersten Hälfte des

7. Jahrhunderts, das letzte gerichtliche Verbot des Narrentags in Frankreich erfolgte durch eine Verordnung des Parlaments von Dijon im Jahre 1552; zwischen beiden Verboten liegen mehr als 900 Jahre. Während dieser neun Jahrhunderte bestand der Feiertag halblegal weiter. Seine späte französische Version stellen jene karnevalsähnlichen Prozessionen dar, die die »Societas cornandorum« in Rouen ausrichtete. Auf einer dieser Prozessionen spielte, wie schon erwähnt, Rabelais' Name eine Rolle, und zum Festmahl las man statt des Evangeliums aus der *Chronik des Gargantua*.[36] Das Rabelaissche Lachen kehrte quasi in den Schoß der alten rituell-szenischen Tradition zurück.
Der Narrentag war eine der augenfälligsten Manifestationen des mittelalterlichen Festtagslachens auf der Kehrseite der kirchlichen Feiertage. Eine weitere Variante dieses Lachens war der »Eselstag«, der zur Erinnerung an die Flucht Marias mit dem Jesuskind auf dem Esel nach Ägypten begangen wurde. Im Zentrum der Festhandlungen standen jedoch weder Maria noch Jesus (obwohl eine junge Frau mit Kind vorkam), sondern der Esel und sein Schrei »Hinham!«. Man las eigene »Eselsmessen«. In einem Officium, das von dem strengen Kirchendiener Pierre de Corbeil stammt, wurde jeder Teil der Messe von dem komischen Eselsschrei »Hinham!« begleitet; statt am Schluß den Segen zu erteilen, schrie der Geistliche dreimal »Hinham!«, und statt mit »Amen« antworteten ihm die Gläubigen mit »Hinham!«. Der Esel ist eines der ältesten degradierenden und erneuernden Symbole für die materiell-leibliche Basis (man denke in diesem Zusammenhang etwa an den *Goldenen Esel* des Apuleius, an die im Altertum verbreiteten Eselsmimen und an das Motiv des Esels als Symbol des Materiell-Leiblichen in den Legenden über Franz von Assisi[37]). Der Eselstag ist eine der Varianten dieses uralten, traditionellen Motivs.
Eselstag und Narrentag sind Feste, bei denen dem Lachen die Hauptrolle zukommt (in dieser Hinsicht ist ihre Verwandtschaft mit dem Karneval und dem Charivari ganz offensichtlich). Doch auch bei allen anderen gewöhnlichen kirchlichen Feiertagen des Mittelalters spielte, wie schon in der Einleitung bemerkt, das Lachen eine Rolle – es war die Grundlage der außerkirchlichen Seite des Festes. Das Lachen (wie auch der Bereich des Materiell-Leiblichen) war im Mittelalter an den Feiertag gebunden, es war

vor allem ein *festliches Lachen.* Dies wird besonders sichtbar am sogenannten *risus paschalis.* Die antike Tradition erlaubte an den Ostertagen Lachen und freizügige Scherze sogar in der Kirche. Der Geistliche konnte von der Kanzel herab scherzen und alles mögliche erzählen, um bei seiner Gemeinde nach der langen Zeit des Fastens und der Schwermut ein heiteres Lachen als frohe Erneuerung hervorzurufen. Die Scherze und heiteren Geschichten hatten karnevalesken Charakter und betrafen hauptsächlich das materiell-leibliche Leben: das Lachen wurde nämlich zusammen mit dem Genuß von Fleisch und der Wiederaufnahme sexueller Beziehungen (beides war während der Fastenzeit verboten) erlaubt. Die Tradition des *risus paschalis* war noch im 16. Jahrhundert, also zu Zeiten Rabelais', lebendig.[38]

Neben dem »Osterlachen« gab es das traditionelle »Weihnachtslachen«. Ausdrucksformen des ersteren waren hauptsächlich Predigten, heitere Erzählungen, Anekdoten und Scherze, des letzteren vorwiegend heitere Lieder. Diese Lieder mit durchaus weltlichem Inhalt wurden in der Kirche gesungen: sakralen Texten wurden weltliche, geradezu Gassenhauermelodien unterlegt (es sind Noten erhalten, die belegen, daß das *Magnificat* zur Melodie eines witzigen Straßenliedes gesungen wurde). Besonders in Frankreich waren solche Weihnachtslieder weit verbreitet. Ihr geistlicher Inhalt mischte sich mit weltlichen Elementen und Momenten materiell-leiblicher Degradierung. Die Themen *Geburt des Neuen, Erneuerung* verbanden sich auf der heiteren, degradierenden Ebene organisch mit dem Thema *Tod des Alten* und dem Motiv der närrischen, karnevalesken *Entlarvung.* Aufgrund der Verbindung dieser Themen konnte das französische Weihnachtslied – *Le noël* – zu einer der populärsten Gattungen des revolutionären Straßenliedes werden.

Auch an anderen Feiertagen spielten das Lachen und das Materiell-Leibliche als degradierendes und erneuerndes Prinzip eine wesentliche Rolle im Bereich außerhalb und in der Nähe der Kirche – besonders dann, wenn es sich um lokale Feiertage handelte. Diese konnten die Elemente jener heidnischen Feste in sich aufnehmen, an deren Stelle sie ursprünglich treten sollten, etwa die Kirchweihen (die erste Messe) oder Feste zu Ehren des Schutzheiligen einer Kirche. Zeitgleich mit solchen Festen wurden gewöhnlich die lokalen Jahrmärkte abgehalten, begleitet von einer ganzen Palette volkstümlicher Marktplatzbelustigungen. Dazu wurde hemmungslos getafelt und gezecht.[39] Auch auf dem Programm der Totengedenktage standen Essen und Trinken an oberster Stelle. Zu Ehren der in der jeweiligen Kirche beerdigten Wohltäter und Stifter veranstaltete die Geistlichkeit Bankette, und man trank dabei auf die Geehrten das sogenannte »poculum charitatis« oder »charitas vini«. In einer Urkunde aus dem Stift von Quedlinburg heißt es geradeheraus: »plenius inde recreantur mortui.« Die spanischen Dominikaner tranken auf die in ihren Kirchen beerdigten Wohltäter mit dem bezeichnenden ambivalenten Trinkspruch »Viva el muerto!«[40] In diesen Beispielen haben die feiertägliche Heiterkeit und das Lachen den Charakter eines festlichen Banketts und stellen dadurch die Beziehung zum Motiv von Tod und Geburt (Erneuerung des Lebens) in der komplexen Einheit der ambivalenten materiell-leiblichen (verschlingenden und gebärenden) Basis her.

Manche Feiertage verdanken ihre charakteristische Färbung der Jahreszeit, in die sie fielen. Die Herbstfeiertage St. Martin und St. Michael hatten bacchantischen Charakter – die beiden Heiligen galten als Schutzpatrone des Weinbaus. Manche Feiertage nahmen die Eigenarten »ihres« Heiligen zum Anlaß für bestimmte Lachformen und materiell-leibliche Degradierungsrituale und -handlungen außerhalb der Kirche. Zu St. Lazarus z. B. wurden in Marseille feierliche Prozessionen mit sämtlichen vorhandenen Pferden, Maultieren, Eseln, Ochsen und Kühen veranstaltet. Die gesamte Bevölkerung verkleidete sich und tanzte auf den Straßen und Plätzen den »großen Tanz« *(magnum tripudium).* Das Ganze läßt sich wohl damit erklären, daß die Figur des Lazarus zu einem Legendenzyklus über Tod, Wiedergeburt und Hölle gehörte, der materiell-leibliche topographische Anspielungen enthielt (die Hölle als das materiell-leibliche Untere[41]). Dank dieser Legenden konnte das St. Lazarusfest Elemente eines früheren lokalen heidnischen Festes in sich aufnehmen. Schließlich wurde das Lachen und das materiell-leibliche Moment des Festtages, des Festessens, der häuslichen und der öffentlichen Belustigungen auf Straßen und Plätzen kanonisiert.

Über die verschiedenen Formen der Butterwoche, d. h. über das im eigentlichen Sinne karnevaleske Lachen, werden wir hier nicht sprechen.[42] Zu gegebener Zeit beschäftigen wir uns gesondert damit. An dieser Stelle müssen wir aber noch einmal die *prinzipielle Beziehung des Festtagslachens zur Zeit und Zeitenwende* betonen. Die inoffizielle, volkstümlich-komische Seite des Fests ließ seinen Platz im Kalender lebendig werden und machte ihn deutlich fühlbar. Die Verbindung des Fests zu den Jahreszeiten, Sonnen- und Mondphasen, Tod und Erneuerung in der Pflanzenwelt und den landwirtschaftlichen Zyklen lebte wieder auf. Am Wechsel wurde das Moment des Neuen, Bevorstehenden, sich Erneuernden positiv akzentuiert, und es erhielt eine weitere, tiefere Bedeutung: es war Ausdruck der Hoffnungen des Volkes auf eine bessere Zukunft, auf ein gerechteres sozio-ökonomisches System, auf eine neue Wahrheit. Der volkstümliche Lachaspekt jedes Feiertags inszenierte diese bessere Zukunft eines allgemeinen materiellen Überflusses, der Gleichheit und Freiheit, ähnlich wie die römischen Saturnalien die Wiederkehr des Goldenen Saturnischen Zeitalters. So ähnelte der mittelalterliche Feiertag dem doppelgesichtigen Janus: das offizielle kirchliche Gesicht war der Vergangenheit zugewandt und diente der Sanktionierung des bestehenden Gesellschaftssystems, das volkstümliche lachende Marktplatzgesicht *blickte in die Zukunft und lachte auf der Beerdigung des Vergangenen und Gegenwärtigen.* Es stellte sich gegen die bewahrende Unbeweglichkeit, »Zeitlosigkeit« und Unabänderlichkeit des etablierten Systems und der entsprechenden Weltanschauung und unterstrich das Moment von *Wechsel und Erneuerung,* auch und gerade auf der sozialen und historischen Ebene.

Die materiell-leibliche Basis und das gesamte System der Degradierung, des Auf-den-Kopf-Stellens und der Travestie traten in eine enge Beziehung zur Zeit und zu sozialen und historischen Ablösungsprozessen. Die *Verkleidung,* d. h. die *Veränderung* der Kleidung und damit der Stellung in der Gesellschaft wurde zum obligatorischen Moment volkstümlich-festlicher Heiterkeit. Daneben wurde die Vertauschung der hierarchischen Positionen von Oben und Unten geübt: man machte den Narren zum König, wählte am Narrentag einen Narrenabt, Narrenbischof oder Narrenerzbischof und in den Kirchen, die direkt dem Papst unterstellt waren, sogar einen Narrenpapst. Diese Narrenautoritäten zelebrierten dann auch feierliche Messen. An vielen Feiertagen wurden Eintagskönige und -königinnen gewählt, so etwa am Dreikönigstag (der Bohnenkönig) und am Valentinstag. Besonders in Frankreich war das Einsetzen von Eintagskönigen (»roi pour rire«) sehr verbreitet, selbst die meisten privaten Festessen hatten ihren König bzw. ihre Königin. Vom Linksherum-Tragen der Kleider und der Ersetzung des Huts durch die Hosen bis zur Wahl von Narrenköniginnen und -päpsten herrscht ein und dieselbe topographische Logik: *das Unterste wird zuoberst gekehrt,* das Hohe und Alte, Fertige und Vollendete in die materiell-leibliche Hölle geworfen – zu Tod und neuem Leben. Auch diese Bräuche traten in eine Beziehung zur Zeit und zum sozialen und historischen Wandel. Das Moment der Relativität und des Werdens bildete ein Gegengewicht zu den Ansprüchen des mittelalterlichen hierarchischen Gesellschaftssystems auf Unerschütterlichkeit und Zeitlosigkeit. Alle topographischen Motive wollten genau das Moment des Übergangs und der Ablösung festhalten, den Punkt, wo sich zwei Mächte und zwei Wahrheiten treffen, die alten und die neuen, die sterbenden und die gerade entstehenden. Das Ritual und die Motive des Festtags imitierten quasi die Zeit selbst, wie sie vernichtet und erschafft, Altes in Neues umschmelzt und keiner Sache erlaubt, ewig zu bestehen. Die Zeit spielt und lacht. Sie ist Heraklits spielender Junge, der die größte Macht besitzt (»dem Kind gebührt die Herrschaft«). Der Akzent liegt immer auf der Zukunft, ihre utopischen Umrisse sind in den Ritualen und Motiven des volkstümlichen Festtagslachens immer gegenwärtig. Aufgrund dieser Tatsache konnten sich schon in den Formen volkstümlich-festlicher Heiterkeit Ansätze dessen entwickeln, was sich später in der Renaissance als Sinn für die historische Dimension äußerte.

Zusammenfassend können wir sagen, daß das Lachen, im Mittelalter aus der offiziellen Kultur und Weltanschauung verdrängt, sich ein inoffizielles, jedoch fast legales Nest unter dem Dach eines jeden Feiertags gebaut hat. Jeder Festtag hatte neben seiner offiziellen – kirchlichen oder staatlichen – noch eine zweite, volkstümlich-karnevaleske Marktplatzseite, die vom Lachprinzip und der materiell-leiblichen Basis geprägt war. Diese Seite des Festes hatte ihre eigene Gestaltung, ihre eigenen Themen und

Motive, ihr spezielles Ritual. Dieses bildete sich aus Elementen von ganz unterschiedlicher Herkunft. Ohne Zweifel führte es das ganze Mittelalter hindurch die Tradition der römischen Saturnalien fort, ebenso die des antiken Mimus. Seine wichtigste Quelle jedoch war die *lokale Folklore*. Sie speiste in entscheidendem Maße Motive und Ritual der volkstümlichen Lachseite der mittelalterlichen Feiertage.

Aktive Teilnehmer an den volkstümlichen Festen auf den Plätzen des Mittelalters waren der untere und mittlere Klerus, Scholaren, Studenten und Angehörige der Zünfte, schließlich jene nichtetablierten, aus dem Ständesystem herausfallenden Elemente, an denen das Mittelalter so reich war. Im Grunde jedoch gehörte die Lachkultur des Mittelalters dem ganzen Volk. Die Wahrheit des Lachens ergriff alle und bezog alle ein, niemand konnte ihr widerstehen.

Auch die umfangreiche parodistische Literatur des Mittelalters ist mehr oder weniger direkt mit den Formen der volkstümlichen Lachkultur verbunden. Möglicherweise waren einige Parodien auf kanonische Texte und Riten direkt zum Vortrag am Narrentag bestimmt, wie verschiedene Autoren (z. B. Novati) meinen. Doch für die Mehrzahl der mittelalterlichen sakralen Parodien kann man dies nicht behaupten. Der unmittelbare Bezug ist auch weniger wichtig als die allgemeinere Verbindung zwischen der mittelalterlichen Parodie einerseits und dem sanktionierten Feiertagslachen und der traditionellen Feiertagsfreiheit andererseits. Die gesamte parodistische Literatur des Mittelalters ist Unterhaltungsliteratur, in den Mußestunden der Festtage entstanden und zur Lektüre an denselben bestimmt. Sie ist geprägt von einer Atmosphäre feiertäglicher Freiheit und Zwanglosigkeit. Heitere Parodien auf das Heilige waren an Feiertagen ebenso erlaubt wie das »Osterlachen«, wie Fleischspeisen und sexuelle Beziehungen. Sie waren vom gleichen volkstümlich-festlichen Sinn für Zeitenwenden und die Erneuerung auf der materiell-leiblichen Ebene geprägt, es herrschte in ihnen die gleiche Logik der materiell-leiblichen Basis.

Immense Bedeutung für die Geschichte der mittelalterlichen Parodie und überhaupt der Literatur des Mittelalters hatten die Schul- und Universitätsferien. Sie fielen gewöhnlich auf Feiertage, und alle Privilegien, die traditionell dem Lachen, dem Scherz und dem materiell-leiblichen Leben zugestanden waren, galten auch für die Ferienzeit. Abgesehen davon, daß man sich vom ganzen System der offiziellen Weltanschauung, von Schulweisheit und -reglement erholte, konnte man sich auch erlauben, sie zum Gegenstand degradierender Spiele und Scherze zu machen. Man befreite sich vor allem von den schweren Fesseln der Andacht und des Ernstes (von »ununterbrochener Gärung von Andacht und Gottesfurcht«) und vom Druck so düsterer Kategorien wie denen des »Ewigen«, »Unumstößlichen«, »Absoluten« und »Unabänderlichen«. Schüler und Studenten stellten diesem den heiteren Lachaspekt der Welt in ihrer Unvollendetheit und Offenheit, ihrer Freude an Wechsel und Erneuerung entgegen. Daher waren die Parodien des Mittelalters keineswegs nur formale und rein negierende Parodien auf sakrale Texte oder Leitsätze der Schulweisheit. Sie transponierten ihre Vorlagen vielmehr ins heitere Lachregister und auf die positive materiell-leibliche Ebene. Sie verkörperlichten und materialisierten alles, was sie berührten, und nahmen ihm damit das Gewicht.

Hier ist nicht der Ort, sich grundsätzlich mit der mittelalterlichen Parodie auseinanderzusetzen; von einigen Beispielen, etwa dem *Abendmahl des Hl. Kyprian*, wird später noch die Rede sein. Zunächst wollen wir nur den spezifischen Platz der parodia sacra in der Gesamtheit der volkstümlichen Lachkultur des Mittelalters bestimmen.[43]

Die Parodie des Mittelalters, besonders in ihrem frühen Stadium bis zum 12. Jahrhundert, zielte nicht eigentlich auf das Negative. Sie richtete sich nicht gegen einzelne Unvollkommenheiten in Kult, kirchlicher Organisation oder Schulwissenschaft, die dem vernichtenden Spott durchaus Stoff geboten hätten. Für die Parodisten des Mittelalters war ausnahmslos alles komisch; das Lachen war ebenso universell wie der Ernst, es war auf das Weltganze gerichtet, auf die Geschichte, auf die ganze Gesellschaft und die ganze Philosophie. Es war die *zweite Wahrheit über die Welt*, deren Kompetenz nichts überschritt, es war der *festliche Aspekt der Welt* in all ihren Momenten, eine zweite Offenbarung in Spiel und Lachen.

Daher treibt die mittelalterliche Parodie mit dem – vom Standpunkt der offiziellen Ideologie – Heiligsten und Wichtigsten ein ungezügeltes, heiteres Spiel. Das *Abendmahl des Hl. Kyprian*, eine sehr alte groteske Parodie (sie stammt aus der Zeit zwischen dem 5. und 7. Jahrhundert) machte die gesamte *Heilige Schrift* von Adam und Eva bis zum *Neuen Testament* zur Grundlage ihrer Darstellung einer wunderlichen, närrischen Welt und nutzte für ihre grotesken Zwecke die wichtigsten Symbole und Ereignisse dieser Geschichte.[44]

Etwas zurückhaltender war ein anderes frühes Werk der Unterhaltungsliteratur, die *Joca monachorum* (sie entstanden im 6./7. Jahrhundert in Byzanz und waren vom Beginn des 8. Jahrhunderts an in Frankreich sehr verbreitet; ihre Geschichte auf russischem Boden haben A. N. Veselovskij und I. N. Ždanov untersucht). Die *Joca* sind eine Art heiterer Katechismus, eine Reihe von Scherzfragen zu biblischen Themen, ein etwas dezenteres, aber ebenso heiteres Spiel mit der Bibel wie das *Abendmahl*.

In den folgenden Jahrhunderten (besonders seit dem 11. Jahrhundert) bezieht das parodistische Werk alle Momente der offiziellen Religion und *überhaupt alle Formen eines ernsthaften Weltverständnisses* in sein komisches Spiel mit ein. Es gab zahlreiche Parodien auf die wichtigsten Gebete, auf das Vaterunser, das *Ave Maria*, das *Glaubensbekenntnis (Credo)*[45] und auch auf Hymnen (z. B. den *Laetabundus*) und Litaneien. Selbst vor der Liturgie machten die Parodisten nicht halt. Sie hinterließen die *Trinkermesse*, die *Spielermesse*, die *Liturgie vom Geld* und eine Reihe von »Evangelien«: das *Geldevangelium einer Silbermark*, das *Geldevangelium des Pariser Studenten*, das *Spielerevangelium* und das *Säuferevangelium*. Es gab darüber hinaus Parodien auf das Klosterreglement, auf kirchliche Dekrete und Konzilsbeschlüsse, auf päpstliche Bullen und Sendschreiben und auf Predigten. Sehr früh, schon im 7. und 8. Jahrhundert, finden wir auch parodistische Testamente (z. B. das *Schweinetestament* und das *Eselstestament*) und Epitaphe.[46] Wir erwähnten bereits die Parodien auf die Grammatik, die im Mittelalter sehr verbreitet waren.[47] Schließlich gab es auch noch Parodien auf juristische und Gesetzestexte.

Abgesehen von der im strengen Sinn literarischen Parodie wimmelte auch der mündliche Jargon der Kleriker, Mönche, Scholaren und Richter von allen möglichen Travestierungen religiöser Texte, Gebete, Denksprüche, gängiger Spruchweisheiten und von Verdrehungen von Heiligen- und Märtyrernamen. Sie übergingen nicht einen einzigen Text oder Ausspruch aus dem *Alten* oder *Neuen Testament*, dem man irgendeine Anspielung oder Zweideutigkeit unterlegen, den man irgendwie »maskieren«, travestieren, in die Sprache der materiell-leiblichen Basis übersetzen konnte.

Rabelais' Bruder Jan ist die Verkörperung der mächtigen travestierenden und erneuernden Kraft des demokratischen niederen Klerus.[48] Er ist eine Kapazität »in Breviermaterie« (hier und im folgenden zitiert nach: François Rabelais, *Gargantua und Pantagruel*, 2 Bde, München 1968; S. 145) (»en matière de Brevière«), das bedeutet, er kann jeden beliebigen sakralen Text auf der Ebene des Essens, Trinkens und der Erotik umdeuten, kann ihn aus der mageren Fastenzeitinterpretation in fleischliche »Speck«-Interpretation überführen. Im ganzen Roman finden wir zahlreiche Beispiele »maskierter« sakraler Texte und Sprüche. Die letzten Worte Christi am Kreuz etwa, »Sitio« (»Mich dürstet« [Joh. 19.28]) und »Consumatum est« (»Es ist vollbracht!« [Joh. 19.30]) sind auf das Essen und Trinken hin umgedeutet[49], oder es heißt »Venite apotemus«, d. h. »potemus« (»Laßt uns trinken«) statt »Venite adoremus« (»Kommt, laßt uns anbeten« [Psalm 95.6]). Ein anderer für die mittelalterliche Groteske charakteristischer Satz Bruder Jans lautet: »Ad formam nasi cognoscitur ›ad te levavi‹« (S. 217), übersetzt: »An der Form der Nase ist zu erkennen, (wie) *ich zu Dir erhob* ...«. Der erste Teil dieses Satzes ist eine Anspielung auf das damals sogar unter Ärzten herrschende Vorurteil, man könne von der Größe der Nase auf die Größe des Phallus und die Zeugungskraft des Mannes schließen. Der zweite Teil ist der Anfang eines Psalms (121), der damit eine obszöne Interpretation erhält. Das degradierende Moment ist dadurch verstärkt, daß die letzte Silbe des Psalmzitats, »vi«, aufgrund der phonetischen Gleichheit mit einem entsprechenden französischen Wort als Bezeichnung für den Phallus aufgefaßt werden kann. In der mittelalterlichen und antiken Groteske stand die Nase gewöhnlich für den Phallus. Es gab in Frankreich eine ganze parodistische Litanei aus Bibelzitaten und Gebeten, die alle mit dem Wort »ne« (lat. »nicht«)

begannen, z.B. »ne advertas« (»wende Dich nicht ab«), »ne revoces« (»rufe nicht zurück«) etc. etc., die Auswahl war natürlich groß. Die Litanei heißt *Noms de tous les nez (Namen aller Nasen),* das lateinische »ne« ist in parodistischer Absicht durch das gleichlautende französische Wort für Nase (und damit Phallus) »nez« ersetzt. Sie beginnt mit den Worten »Ne reminiscaris delicta nostra«, d.h. »Mögest Du nicht an unsere Verfehlungen denken«. Diese Formel wurde zu Beginn und am Schluß der sieben Bußpsalme gesprochen, die zentrale Bedeutung für die christliche Glaubenslehre und den Kult hatten. Rabelais spielt auf diese Litanei an: über Leute mit ungeheuer großen Nasen sagt er »desquels est escript: Ne reminiscaris«, d.h. »von denen geschrieben steht: Ne reminiscaris.« (S. 312)
Die zitierten sind typische Beispiele dafür, wie selbst die oberflächlichsten Analogien und Allusionen gesucht wurden, um das Ernste zu travestieren und auf die Lachebene zu zwingen. Im Sinn, im Schriftbild und im Klang heiliger Worte suchte und fand man die Achillesferse, irgendeinen kleinen Zug, mittels dessen sich eine Verbindung zur materiell-leiblichen Basis herstellen ließ. Viele Heilige hatten ihre inoffizielle Legende, die einfach auf der Travestierung ihrer Namen gründete. St. Veit (»Vitus«) etwa wurde dem Klang seines Namens nach mit dem Unterleib in Beziehung gesetzt; es gab eine stehende Redewendung »die Muttergottes ehren«, was bedeutete, zu seiner Geliebten zu gehen.
Alles inoffizielle Sprechen des mittelalterlichen Klerus (überhaupt der Intelligenz) und auch des einfachen Volkes war mit Elementen der materiell-leiblichen Basis durchsetzt. Es wimmelte von Obszönitäten und Flüchen, Schwüren und Verwünschungen, travestierten und auf den Kopf gestellten geläufigen religiösen Texten und Sprüchen. Alles, was im inoffiziellen Sprechen thematisiert wurde, mußte sich der degradierenden und erneuernden Kraft der mächtigen ambivalenten unteren Sphäre fügen. Dies gilt auch noch für die familiäre Rede der Epoche Rabelais'; ihre typischsten Vertreter im Roman sind Bruder Jan und Panurge.[50]
In allen hier aufgezählten Manifestationen tritt der universelle Charakter des Lachens zutage. Das mittelalterliche Lachen dreht sich um dieselben Gegenstände wie der mittelalterliche Ernst.

Auch vor diesem Höchsten macht es nicht halt. Im übrigen gilt es weder Einzelheiten noch Teilen, sondern dem Ganzen und Allgemeinen – schlechthin allem. Es schafft sich seine eigene Welt, seine eigene Kirche und seinen eigenen Staat in Opposition zur offiziellen Welt und zur offiziellen Kirche. Das Lachen zelebriert Messen, bekennt sich zu seinem Glauben, es hält Trauungen und Beerdigungszeremonien ab, schreibt Epitaphe und wählt Könige und Bischöfe. Bezeichnenderweise ist auch die kürzeste mittelalterliche Parodie immer so angelegt, als sei sie ein Bruchstück einer vollständigen und geschlossenen komischen Welt.

Am schärfsten und konsequentesten zeigt sich diese Universalität des Lachens in den rituell-szenischen karnevalesken Formen und den dazu zu zählenden Parodien. Aber sie ist auch in allen anderen Äußerungsformen der Lachkultur des Mittelalters spürbar: in den komischen Elementen des geistlichen Dramas, in den komischen »dits« (Sprüchen) und »debatts« (Streitgesprächen), im Tierepos, im Fabliau und im Schwank.[51] Das Lachen und seine Verbindung zur materiell-leiblichen Basis bleiben überall dieselben.

Man könnte sagen, die Lachkultur des Mittelalters sei, quasi in Entsprechung und Gegenüberstellung zur »tragischen Trilogie« des offiziellen kirchlichen Kults und der offiziellen Theologie, sein »viertes« Drama, sein Satyrspiel. Wie das antike Satyrspiel inszenierte auch sie in entscheidendem Maße das *Drama des körperlichen Lebens* (Koitus, Geburt, Wachstum, Essen, Trinken, Sich-Entleeren). Doch ist der Körper hier nicht ein individueller und privater. Er ist der *große kollektive Volkskörper*, für den Geburt und Tod nicht Anfang und Ende im absoluten Sinne, sondern bloß Momente des permanenten Wachsens und der Erneuerung sind. Der große Körper des mittelalterlichen Satyrspiels ist von der Welt nicht zu trennen, er ist von kosmischen Elementen durchdrungen und bildet ein gemeinsames Ganzes mit der verschlingenden und gebärenden Erde.

Neben seiner Universalität ist am mittelalterlichen Lachen eine weitere frappierende Eigenschaft erkennbar: seine unlösbare Bindung an die *Freiheit.*

Wir wissen, daß das Lachen des Mittelalters ganz und gar nicht

offiziell, aber dennoch sanktioniert war. Die Rechte der Narrenkappe waren im Mittelalter so heilig wie die des »pilleus« (lat. Narrenkappe) während der römischen Saturnalien.
Selbstverständlich war die Freiheit, wie jede Freiheit, relativ; die Rechte waren mal größer, mal kleiner, wurden jedoch nie ganz aufgehoben. Sie war, wie wir sahen, an die Feiertage gebunden und in gewissem Grade auch auf deren zeitliche Grenzen beschränkt. Die Lachfreiheit verband sich mit der Feiertagsatmosphäre und der Zulassung von Fleisch, Speck und sexuellen Beziehungen. Die *festliche Befreiung des Lachens und des Körpers* stand in schroffem Kontrast zu den vorhergehenden oder bevorstehenden Fastentagen.
Feiertage waren so etwas wie ein zeitliches Außerkraftsetzen des offiziellen Systems von Verboten und hierarchischen Barrieren. Das Leben sprang für kurze Zeit aus seinem gewohnten, sanktionierten Gleis und trat in die Sphäre utopischer Freiheit ein. Das Ephemerische dieser Freiheit verstärkte bloß die phantastische und utopische Radikalität der unter seiner Ägide entstehenden Schöpfungen.
Die Atmosphäre kurzlebiger Freiheit war sowohl auf dem Marktplatz als auch beim häuslichen Festmahl anzutreffen. Die antike Tradition freizügiger, oft obszöner und zugleich philosophischer Tischgespräche, die sich in der Renaissance wiederbelebte, traf auf eine lokale Bankett-Tradition, die aus ähnlichen Wurzeln gewachsen war.[52] Die Tischgespräche hielten sich auch in den folgenden Jahrhunderten noch. Eine vergleichbare Tradition bilden die bacchantischen Tischlieder; auch sie verbinden Universalität (Fragen von Leben und Tod) mit einem materiell-leiblichen Moment (Wein, Speisen, körperliche Liebe), einem elementaren Zeitgefühl (Jugend, Alter, Vergänglichkeit des Lebens, Wechselhaftigkeit des Schicksals) und einem gewissen Utopismus (Verbrüderung der Zechkumpane und der ganzen Menschheit, Triumph des Überflusses, Sieg der Vernunft etc.).
Einen gewissen Grad an Legalität genossen die Rituale zum Narrentag, zum Eselstag etc., sowie einzelne komische Prozessionen und Zeremonielle an anderen Feiertagen. Diablerien waren zugelassen, wobei den »Teufeln« manchmal das besondere Recht erteilt wurde, schon einige Tage vor der Aufführung in

den Straßen und der Umgebung der Stadt »frei herumzulaufen« und eine diabolische und ausgelassene Atmosphäre zu verbreiten. Sanktioniert waren die Jahrmarktsbelustigungen und der Karneval. Natürlich war diese Duldung erkämpft und nicht vollständig, sie war ständig von Verbot bedroht. Während des ganzen Mittelalters waren Staat und Kirche gezwungen, den Straßen und Marktplätzen große oder kleine Zugeständnisse zu machen. In den Jahresablauf waren kleine, von den starren Feiertagsdaten begrenzte Zeitinselchen eingebaut, auf denen es der Welt, wenn auch nur in der Schutzform des Lachens, erlaubt war, aus dem offiziellen Trott auszubrechen. Dem Lachen waren fast keine Grenzen gesetzt; vorausgesetzt, es blieb beim Lachen.

Noch ein drittes wichtiges Moment verband sich mit der Universalität und der Freiheit des mittelalterlichen Lachens: die *inoffizielle Wahrheit des Volkes.*

In der Klassengesellschaft ist Seriosität immer offiziell, autoritär, mit Zwang, Verboten und Einschränkungen verbunden. *In solcher Seriosität steckt immer auch ein Moment von Angst und Einschüchterung*, und im Mittelalter war dieses Moment das dominierende. Das Lachen legt im Gegensatz dazu nahe, daß Angst überwindbar ist. Es erfindet keine Einschränkungen, und Verbote, Macht, Zwang und Autorität sprechen niemals seine Sprache.

Es war der *Sieg über die Angst*, den der Mensch des Mittelalters am Lachen besonders deutlich fühlte, Sieg nicht nur über die mystische Angst (Gottes-Furcht) und die Angst vor den Naturkräften, sondern vor allem Sieg über die moralische Angst, die das Bewußtsein fesselt, unterdrückt und verdunkelt. Die Angst vor allem Heiligen und Verbotenen (»Mana« und »Tabu«), vor göttlicher und menschlicher Macht, vor Geboten und Verboten, vor dem Tod und der Sühne nach dem Tod, vor der Hölle, vor allem, was *furchterregender ist als die Erde*, schien im Lachen besiegbar. Dadurch klärte das Lachen das menschliche Bewußtsein und entdeckte ihm die Welt auf neue Art. Der Sieg war zwar nur flüchtig, den Festtagen vorbehalten, ihm folgte aufs Neue der Alltag der Angst und Unterdrückung, doch entstand aus den festtäglichen Lichtblicken des menschlichen Bewußtseins eine andere, inoffizielle Wahrheit über die Welt und den Menschen, die das neue Selbstbewußtsein der Renaissance vorbereiten half.

Die deutliche Empfindung des Siegs über die Angst ist ein wesentlicher Faktor des mittelalterlichen Lachens. Sie findet ihren Ausdruck in einer Reihe von typischen Merkmalen der mittelalterlichen komischen Motive. Sie alle zeigen die besiegte Angst in Form des Scheußlich-Lächerlichen, in auf den Kopf gestellten Symbolen für Macht und Zwang, in komischen Toden und heiterer Anatomie. Alles Drohende wird lächerlich. Wie schon gesagt, gab es ein obligatorisches Karnevalsaccessoire, eine groteske Konstruktion, die sich »Hölle« nannte und am Kulminationspunkt des Festes feierlich angezündet wurde. Man versteht das groteske Motiv nicht, wenn man das Moment der besiegten Angst nicht sieht: man spielt mit dem Schrecklichen und lacht es aus, macht es zum »heiteren Popanz«. Man versteht das Motiv jedoch ebensowenig, wenn man dieses Moment zu simpel auffaßt und das ganze Motiv im Geist abstrakter Rationalisierung interpretiert. Es ist unmöglich zu sagen, wo die besiegte Angst endet und die frohe Heiterkeit beginnt. Die Karnevalshölle ist zugleich die verschlingende und gebärende Erde, sie verwandelt sich oft in ein Füllhorn; der Popanz, der Tod ist auf einmal schwanger, alle möglichen Mißbildungen, vorstehende Bäuche, riesige Nasen und Buckel etc. sind auf einmal Zeichen von Schwangerschaft und Zeugungskraft. Der Sieg über die Angst ist nicht deren abstrakte Beseitigung, sondern ihre Entlarvung und Erneuerung, der Übergang zu Heiterkeit: die »Hölle« platzt, und wie ein Füllhorn verstreut sie ihre Gaben.

Noch einmal: das mittelalterliche Lachen besiegte die Angst vor dem, was furchterregender ist als die Erde, und alles überirdisch Schreckliche verwandelte sich so in die Erde, in die Mutter, die verschlingt, um aufs Neue, mehr und besser zu gebären. Es kann an der Erde nichts Schreckliches sein, so wenig wie am Mutterleib mit der nährenden Brust, dem gebärenden Schoß und dem warmen Blut. Das irdisch Schreckliche ist der Unterleib, das Körpergrab, doch das Grab bringt Genuß und neue Geburt.

Das mittelalterliche Lachen ist weder subjektiv-individuelle noch kreatürliche Antwort auf die Erfahrung der Einheit allen Lebens. Es ist sozial und dem ganzen Volk gemeinsam. Der Einzelne empfindet auf dem Festplatz, in der Karnevalsmenge, wenn er mit fremden Körpern aller Altersstufen und sozialen Schichten in Berührung kommt, die Kontinuität des Lebens. Dort fühlt er sich als Teil des ewig wachsenden und sich erneuernden Volkes. Daher besiegt das volkstümlich-festliche Lachen nicht nur die überirdischen Schrecken, die Angst vor dem Heiligen und dem Tod, sondern auch die Angst vor jeder Macht überhaupt, vor irdischen Herrschern, vor den Spitzen der sozialen Hierarchie und vor allem, was unterdrückt und begrenzt.[53]

Das mittelalterliche Lachen besiegte die Angst vor dem Geheimnis der Welt und der Macht und zeigte furchtlos die Wahrheit über beide. Es behauptete sich gegen Lüge, Schmeichelei und Heuchelei. Die lachende Wahrheit ging mit Flüchen und Schimpfworten gegen die Macht an; einer ihrer Repräsentanten war der Narr.

In seinem Aufsatz über Rabelais beschreibt A. N. Veselovskij die gesellschaftliche Funktion des Narren folgendermaßen:

> »Im Mittelalter ist der Narr der rechtlose Träger einer objektiv abstrakten Wahrheit. Zu einer Zeit, wo das ganze Leben unter den Bedingungen einer Gesellschaft ablief, die in Stände gegliedert war, in Hierarchien und Privilegien dachte und scholastische Wissenschaft trieb, fiel auch die Wahrheit relativ feudal, scholastisch etc. aus. Sie war das Resultat des Lebensbereichs, aus dem sie gewonnen wurde. Die feudale Wahrheit war das Recht, den Bürger zu unterdrücken, seine Sklavenarbeit zu verachten, in den Krieg zu ziehen, auf den Feldern der Bauern zu jagen etc. Die scholastische Wahrheit war das Privileg auf ein Wissen, ohne das nirgends Gewinn gemacht werden konnte, und die Abschottung dieses Wissens gegen alles, was es trüben könnte. Jede Wahrheit, die nicht auf eine bestimmte Schicht oder einen bestimmten Berufsstand zugeschnitten war, d. h. auf einen bestehenden Anspruch, wurde ignoriert. Mit ihr fand keine Auseinandersetzung statt, sie war verdächtig, man zog sie schnell auf den Scheiterhaufen und ließ sie nur dann zu, wenn sie Lachen hervorrief und keine wesentliche Rolle im Leben zu spielen beanspruchte, d. h. in der Person des Narren.«[54]

Veselovskijs Beschreibung der feudalen Wahrheit ist zutreffend. Der Narr war tatsächlich Repräsentant einer anderen, nichtfeudalen, nicht-offiziellen Wahrheit. Diese ist jedoch mit »objektiv abstrakt« kaum angemessen benannt. Außerdem übersieht Veselovskij die Verbindung zwischen dem Narren und der übrigen weitverzweigten Lachkultur des Mittelalters und begreift das Lachen daher bloß als *äußere* Verteidigungsform für die »objektiv abstrakte Wahrheit«. Hätte es also keine äußeren Repressionen und keinen Scheiterhaufen gegeben, hätte die Wahrheit die Narrenkleider abgeworfen und begonnen, in ernstem Ton zu sprechen. Diese Konzeption des mittelalterlichen Lachens scheint uns falsch.

Das Lachen war zweifellos auch eine Form der Verteidigung nach außen. Es war sanktioniert, besaß seine Privilegien und schützte (natürlich nur bis zu einem gewissen Grad) vor äußerer Zensur, vor Repressionen und dem Scheiterhaufen. Das darf man nicht übersehen. Seine Bedeutung darauf zu reduzieren ist jedoch völlig unannehmbar. Das Lachen ist nicht äußere, sondern *innere Form.* Es läßt sich nicht einfach gegen Seriosität eintauschen, ohne daß sein Inhalt, die von ihm entdeckte Wahrheit, entstellt und vernichtet würde. Das Lachen befreit nicht nur von der äußeren, sondern vor allem von der *inneren Zensur,* d. h. der in vielen Jahrhunderten im Menschen erzeugten Angst vor dem Heiligen, dem Verbot, der Vergangenheit und der Macht. Es entdeckte das materiell-leibliche Prinzip in seiner eigentlichen Bedeutung. Es öffnete die Augen für das Neue und die Zukunft. Es ermöglichte nicht nur das Aussprechen der antifeudalen Wahrheit des Volkes, sondern unterstützte überhaupt erst ihre Entdeckung und Entwicklung. Diese Wahrheit ist in Jahrtausenden entstanden und hat sich im Schoß des Lachens und der volkstümlich-festlichen Lachformen gefestigt. Das Lachen entdeckte die Welt noch einmal, und zwar unter ihrem heitersten und *nüchternsten* Aspekt. Seine äußeren Privilegien sind untrennbar an seine inneren Kräfte gekoppelt, sie sind quasi Anerkennung seiner inneren Rechte. Das Lachen konnte nie zum Werkzeug der Unterdrückung und Bewußtseinsmanipulation werden, von offizieller Seite nie ganz vereinnahmt werden. Es blieb immer ein frei verfügbares Werkzeug in der Hand des Volkes.

Ganz im Gegensatz dazu war der mittelalterliche Ernst immer mit Elementen von Angst, Schwäche, Demut, Resignation,

Lüge und Heuchelei versetzt oder, auf der anderen Seite, mit Zwang, Einschüchterung, Drohung und Verboten verbunden. Im Munde der Macht war die Seriosität einschüchternd, fordernd und verbietend, auf der Seite der Untergebenen zitterte sie, fügte sich, lobte und pries. So rief sie im Volk Mißtrauen hervor. Seriosität bedeutete offizielle Töne, und man verhielt sich dazu wie zu allem Offiziellen. Sie unterdrückte, schreckte und fesselte, sie log und heuchelte, sie war karg und langweilig. Auf dem Festplatz, am festlich gedeckten Tisch fiel der seriöse Ton wie eine Maske. Eine andere Wahrheit äußerte sich im Lachen, in närrischen Verstößen gegen den »Benimm«, in Obszönitäten, Flüchen, Parodien, Travestien etc. Ängste und Lügen verflogen vor dem Triumph des Materiell-Leiblichen und des Festes.

Es wäre aber falsch zu glauben, die mittelalterliche Seriosität habe dem Volk nicht im geringsten imponiert. Da es Grund zur Angst gab, da der mittelalterliche Mensch sich noch als sehr schwach gegenüber der Natur und den gesellschaftlichen Kräften empfand, konnte die *Seriosität der Angst und des Leidens* nicht ohne einschüchternde Wirkung bleiben. Freiheitsbewußtsein war nur als partielles oder utopisches möglich. Deshalb wäre es auch irrig anzunehmen, der Zweifel des Volks an der Seriosität und seine Liebe zum Lachen als einer anderen Wahrheit hätten immer bewußten, kritischen und deutlich oppositionellen Charakter gehabt. Wir wissen, daß dieselben Leute, die hemmungslos Parodien auf geistliche Texte und den kirchlichen Kult verfaßten, überzeugte Teilnehmer an diesem Kult waren. Es gibt Äußerungen, die der Parodie didaktische und erbauliche Zwecke zuschreiben, so etwa die Aussage eines Mönchs aus dem Kloster von St. Gallen, der behauptet, die Säufer- und Spielermessen seien in der Absicht eingeführt worden, vom Alkohol und vom Spiel abzuhalten, und hätten tatsächlich viele Studenten auf den Weg der Reue und Besserung geführt.[55] Der Mensch des Mittelalters konnte andächtige Teilnahme an der offiziellen Messe mit der heiteren Parodie auf diesen Kult auf dem Marktplatz vereinbaren. Das Vertrauen in die Wahrheit des Narren und der »verkehrten« Welt stand nicht in Widerspruch zu aufrichtiger Loyalität. Die in der Renaissance explizit ausgesprochene heitere Wahrheit über die Welt, die auf dem Vertrauen zur Materie und den materiellen und geistigen Kräften des Menschen gründete, äußerte sich schon im Mittelalter spontan in den materiell-leiblichen und utopischen Motiven der Lachkultur. Das Bewußtsein des Einzelnen jedoch konnte sich nicht immer von der Seriosität der Angst und der Schwäche befreien. Die vom Lachen eröffnete Freiheit war für viele nur ein Feiertagsluxus.

Der Zweifel am seriösen Ton und der Glaube an die Wahrheit des Lachens waren naiv. Man begriff, daß hinter dem Lachen kein Zwang steht, daß das Lachen keinen Scheiterhaufen errichtet und daß Heuchelei und Betrug nicht lachen, sondern sich hinter einer ernsten Maske verstecken. Man wußte, daß das Lachen keine Dogmen einsetzt und nicht autoritär sein kann, daß es nicht Angst bedeutet, sondern das Bewußtsein von der eigenen Kraft. Man sah es im Zusammenhang mit der Zeugung, der Geburt, Erneuerung, Fruchtbarkeit, mit dem Überfluß, dem Essen und Trinken, mit der irdischen Unsterblichkeit des Volkes und schließlich mit der Zukunft, der es den Weg bereitet. Man hatte ein intuitives Mißtrauen gegen den Ernst und glaubte dem festlichen Lachen.

Die Menschen des Mittelalters lebten mit gleicher Intensität zwei Leben, ein offizielles und ein Karnevalsleben, ein andächtig ernstes und ein lachendes. Beide Aspekte existierten in ihrem Bewußtsein nebeneinander. Besonders anschaulich ist diese Koexistenz auf den Blättern illuminierter Handschriften aus dem 13. und 14. Jahrhundert, etwa in den Legendaren, den handschriftlichen Sammlungen von Heiligenviten. Hier finden wir auf ein und derselben Seite andächtig-strenge Illustrationen zum Vitentext und daneben freie, d. h. vom Text völlig unabhängige Darstellungen von Chimären (wunderliche Verbindungen von menschlichen, tierischen und pflanzlichen Formen), komischen Teufeln, Jongleuren mit ihren Akrobatentricks, schließlich maskierte Figuren und kleine parodistische Szenen, rein karnevaleske groteske Motive also. Auf einer einzigen Buchseite wie auch im Bewußtsein des mittelalterlichen Menschen hatten beide Aspekte des Lebens und der Welt Platz.[56] Doch nicht nur in der Buchillustration, auch (wie schon erwähnt) in den Fresken und Skulpturen der mittelalterlichen Kirchen beobachten wir ein Nebeneinander von andächtig Seriösem und karnevalesk Groteskem. Eine zentrale Rolle spielt die Chimäre, diese Quintessenz der Groteske, die buchstäblich überall hervorschaut. Doch trotz aller Nähe der beiden Aspekte des Lebens respektiert die bildende Kunst des Mittelalters eine scharfe innere Grenze zwischen ihnen; sie treten zusammen auf, doch sie gehen nicht ineinander über und mischen sich nicht.

Die volkstümliche Lachkultur des Mittelalters war also im wesentlichen auf die kleinen »Inseln« der Feiertage und Schulferien begrenzt. Daneben stand die offizielle seriöse Kultur, die streng von der Lachkultur des Marktplatzes geschieden war. In der Lachkultur bildeten sich zwar überall Ansätze zu einer neuen Weltanschauung, doch, eingeschlossen in spezifische Äußerungsformen, über die isolierten utopischen Freiräume der volkstümlich-festlichen Ferien- und Tischgesprächsheiterkeit hinaus oder im utopischen Milieu der mündlichen familiären Rede verstreut, konnten sich diese Ansätze nicht entfalten. Dazu mußten sie erst in die hohe Literatur vordringen.

Schon Ende des Mittelalters verblaßt die Grenze zwischen der Lachkultur und der hohen Literatur. Niedere Formen dringen immer weiter in die hohe Literatur vor, das volkstümliche Lachen drängt ins Epos und ins Mysterienspiel, Gattungen wie die Moralität, die Sottie und die Farce blühen auf. Im 14. und 15. Jahrhundert entstehen die sogenannten Narrengesellschaften wie das »Royaume de Basoche«, die »Enfants-sans-soucis«[57] etc. Die Lachkultur überschreitet die Grenzen des Feiertags und verschafft sich Eingang in den Bereich der Ideologie.

Dieser Prozeß ist mit der Renaissance abgeschlossen. Bei Rabelais findet das mittelalterliche Lachen seinen höchsten Ausdruck, hier wird es zur Form für ein neues, freies und kritisches *Geschichts*bewußtsein.

Die antike Tradition war für die Renaissance vor allem Verständnishilfe und Vorbild für die *theoretische* Analyse des mittelalterlichen Lacherbes. Die französische Renaissance des 16. Jahrhunderts betonte jedoch nicht die »klassische« Antike (Epos, Tragödie und ernste lyrische Gattungen), die für den Klassizismus des 17. Jahrhunderts bestimmend werden sollte, sondern orientierte sich an Lukian, Athenaios, Aulus Gellius, Plutarch, Macrobius und anderen spätantiken Eruditen, Rhetoren und

Satirikern.[58] Will man Reichs Terminologie benutzen, so standen im 16. Jahrhundert die »mimische« Tradition der Antike, das »biologische« und »ethologische« Motiv, der Dialog, das Tischgespräch, die kleine Szene oder Anekdote im Vordergrund. All diese Formen sind der mittelalterlichen Lachtradition verwandt[59], sie sind in unserer Terminologie karnevalisierte Antike. Die aus antiken Quellen entwickelte Lachphilosophie der Renaissance entsprach nicht in allem der tatsächlichen Lachpraxis. Deren wichtigsten Zug reflektierte sie nicht: die historische Ausrichtung dieses Lachens.

Die Literatur und andere Dokumente der Epoche zeugen von einem wachen Sinn für den großen historischen Einschnitt. Im Frankreich der zwanziger und beginnenden dreißiger Jahre des 16. Jahrhunderts war diese Sensibilität besonders entwickelt und äußerte sich nicht selten in Form expliziter Deklarationen, man verabschiedete »die Finsternis des gotischen Zeitalters« und begrüßte die Sonne der Neuzeit; Beispiele sind das Sendschreiben Rabelais' an André Tiraqueau und der berühmte Brief Gargantuas an Pantagruel.

Die Lachkultur des Mittelalters stellte Formen zum Ausdruck des neuen historischen Sinns bereit, sie hatte selbst eine Beziehung zu Zeit, Zeitenwende und Zukunft. Sie entlarvte die herrschende Macht und die offizielle Wahrheit, feierte die Rückkehr besserer Zeiten und verhieß Gerechtigkeit und Überfluß für das ganze Volk. Da das neue historische Bewußtsein in den Formen dieser Lachkultur gewachsen war, fand es auch im Lachen seinen radikalsten Ausdruck.

Treffend äußert sich hierzu B. A. Krževskij in einem Aufsatz über Cervantes:

> »Der Donner ohrenbetäubenden Lachens, der das fortschrittliche Europa erschütterte, nachdem er die uralten Stützpfeiler des Feudalismus ins Grab bugsiert hatte, war der heitere und anschauliche Beweis seines sensiblen Sinns für die Veränderung der historischen Luft. Das dumpfe Grollen des historisch gefärbten Lachens ging nicht nur durch Italien, Deutschland und Frankreich (hier denke ich vor allem an Rabelais' *Gargantua und Pantagruel*), sondern fand auch jenseits der Pyrenäen ein geniales Echo ...«[60]

Alle volkstümlich-festlichen Motive – von einfachen Travestien und Mystifikationen, die in der Renaissance-Literatur, etwa bei Cervantes, eine immense Rolle spielen, bis zu den komplexeren karnevalesken Formen – wurden in den Dienst des neuen historischen Bewußtseins gestellt. Sämtliche über Jahrhunderte hinweg herausgebildeten heiteren Riten zur Austreibung des Winters, der Fastenzeit, des alten Jahres und des Todes, alle Begrüßungsriten für den Frühling, die fetten Tage, die Rinderschlachtung, die Hochzeit, das neue Jahr etc., alle ererbten Bilder für Ablösung und Erneuerung, Wachstum und Überfluß wurden mobilisiert, und all diese Motive, ohnehin voll von Zeit und utopischer Zukunft, von den Hoffnungen und Zielen des Volkes, wurden in der Renaissance zum Ausdruck einer heiteren, vom ganzen Volk begangenen Austreibung der sterbenden Epoche, der alten Macht und der alten Wahrheit.

Lachformen breiteten sich nicht nur in der Literatur aus. Um ihre Pamphlete und sogar die religiösen Traktate populär zu machen, griffen prominente Protestanten zu diesen Formen. Auch sie verwandten nun die französische Volkssprache. Henri Estienne publizierte ein protestantisches satirisches Pamphlet *Apologie pour Hérodote* (1566), was ihm bald den Namen »Genfer Pantagruel« eintrug und Calvin die Bemerkung entlockte, Estienne habe die Religion »in Rabelaissche Fasson gebracht« (»tournoit à la rabelaiserie«). Das Pamphlet ist tatsächlich im Stil Rabelais' geschrieben und voller volkstümlicher Komik. Eine interessante und aufschlußreiche Rechtfertigung für das komische Element in theologischer Literatur gibt Pierre Viret in seinen *Disputations chrestiennes* (1544):

> »Wenn es [den seriösen Theologen] so scheint, als dürfe man derartige Themen nur mit äußerster Seriosität und Bescheidenheit behandeln, so will ich nicht bestreiten, daß mit Gottes Wort andächtig umzugehen ist. Jedoch muß man auch verstehen, daß Gottes Wort nicht so streng und ernst ist, als daß sich seine Bedeutung und Größe nicht mit Elementen von Ironie, Farce, schicklichem Spiel, scharfsinnigem Scherz oder witzigen Redensarten verbinden ließe.«

Ähnlich äußert sich auch der unbekannte Verfasser der *Satires chrestiennes de la Cuisine Papale* (1560), an seine Leser gewandt:

> »Mir fiel Horaz ein: ›Was könnte den Lachenden hindern, die Wahrheit zu sagen?‹ Und tatsächlich, die Wahrheit muß auf

verschiedene Weise dargetan werden können, man nimmt sie nicht ausschließlich über Demonstrationen gewichtiger Autoritäten an, sondern ebensogut in der Fassung heiterer Geschichten (»quelques facities«).«

Selbst die erste Bibelübersetzung ins Französische, sie stammt von Olivétan, weist sprachlich und stilistisch den Einfluß Rabelais' auf (dessen Werke standen auch in Olivétans Bibliothek). Über diese Übersetzung urteilt der Calvin-Forscher Doumergue:

»Die Bibel von 1535 zeigt den naiven Volkshumor, durch den Olivétan zu einem der Begründer der französischen Sprache wurde. Er ist zwischen Rabelais und Calvin zu stellen, stilistisch dem ersten, gedanklich dem zweiten näher« (übersetzt nach E. Doumergue, *Jean Calvin*, Lausanne 1899, S. 121).

Das 16. Jahrhundert war das Jahrhundert des Lachens, und dieses erlebt seinen größten Triumph in Rabelais' Roman. Danach, schon mit der Pléiade, geht es mit ihm bergab. Die Einstellung des 17. Jahrhunderts zum Lachen haben wir schon referiert: das Lachen verliert seinen Bezug zu Weltanschauung und Geschichte, verbindet sich mit dogmatischer Ablehnung und wird auf den privaten Bereich beschränkt. Seine Bindung an Materiell-Leibliches bleibt zwar erhalten, doch wird dieser Bereich ins Privat-Alltägliche verdrängt.

Wie ging dieser Verfallsprozeß vonstatten?

Im 17. Jahrhundert *stabilisierte* sich die absolute Monarchie; es entstand eine relativ progressive »universelle historische Form«, die ihren ideologischen Ausdruck in der rationalistischen Philosophie Descartes' und in der Ästhetik des Klassizismus fand. Im Rationalismus und im Klassizismus erkennt man deutlich die Grundzüge einer neuen offiziellen Kultur. Diese unterschied sich zwar von der kirchlich-feudalen, war jedoch ebenfalls von einer autoritären, wenn auch nicht ganz so dogmatischen Seriosität geprägt. Es entstanden neue Leitideen, und diese wurden, wie es immer geschieht, von der herrschenden Klasse als ewige Wahrheiten ausgegeben.[61]

In der neuen offiziellen Kultur setzen sich Tendenzen zu Abgeschlossenheit und Stabilität des Lebens und zu eindeutiger, einsinniger Seriosität durch. Die Ambivalenz des Grotesken wird unannehmbar, und die hohen Gattungen des Klassizismus befreien sich völlig von Resten der grotesken Lachtradition. Doch geht diese Tradition nicht ganz zugrunde. In den niederen kanonischen Gattungen (Komödie, Satire, Fabel) und besonders in den nichtkanonischen (im Roman, in einer speziellen Form des Dialogs, in den burlesken Gattungen) kämpft sie erfolgreich ums Überleben. Auch auf der Volksbühne bleibt sie bestehen (bei den Tabarins, Turlupins etc.). Die genannten Gattungen hatten *mehr* oder *weniger oppositionellen* Charakter, weshalb die groteske Lachtradition in sie eindringen konnte. Doch waren sie trotz allem der offiziellen Kultur zuzurechnen, und so mußten das Lachen und das Groteske in ihnen verfallen.

Diese *bürgerliche Entwicklungslinie* der Rabelaisschen komischen Groteske werden wir später betrachten. Zunächst kommen wir zu einer anderen Entwicklungslinie karnevalesker und Rabelaisscher Motivik, die sich im 17. Jahrhundert entfaltete und offensichtlich mit der Haltung des oppositionellen Adels zu tun hatte. Sie war jedoch auch für andere Kreise von Bedeutung.

Im 17. Jahrhundert werden Rabelais' Helden zu Protagonisten auf höfischen Festen, Maskeraden und Balletts. 1622 wird in Blois eine »Maskerade« mit dem Titel *Naissance de Pantagruel* getanzt, wo neben dem Riesensäugling und seiner Amme Panurge, Bruder Jan und die Sybille von Panzoust figurieren. 1628 gibt es im Louvre ein Ballett *Les anduilles* (*Die Würste*, zum Thema des Wurstkriegs), und kurz darauf ein weiteres, *Die Pantagruelisten*. 1638 wird die *Rabelaissche Buffonade* (nach dem Stoff des Dritten Buchs) aufgeführt; ähnliche Vorstellungen wurden fortgesetzt.[62]

Dies beweist, daß die Eignung Rabelaisscher Motive für die szenische Aufführung noch gesehen wurde. Die volkstümlich-festliche Karnevalsheimat der Rabelaisschen Phantastik war noch nicht vergessen[63], doch ihre Motive wanderten vom bevölkerten Marktplatz in die höfische Maskerade, und damit änderte sich ihr Stil und ihre Bedeutung.

Die höfische Linie der volkstümlich-festlichen Tradition ist eine Erscheinung der Neuzeit. Man veranstaltete Feste bei Hof mit Maskeraden, Prozessionen, Allegorien und Feuerwerken; Organisatoren dieser Feste waren (vor allem in Italien) die Hofpoeten, die die alten Formen kannten und deren weltanschaulichen und utopischen Gehalt oft durchaus bemerkten. Goethe z. B. war Poet am Weimarer Hof, und die Organisation von Festen gehörte zu seinen Aufgaben. Er beschäftigte sich intensiv mit den Lach-Traditionen und ging der Bedeutung einzelner Masken und Symbole nach.[64] Im eigenen Werk gelang es ihm, die volkstümlich-festlichen Motive auf den historischen Prozeß anzuwenden, d. h. die in ihnen enthaltene »Philosophie der Geschichte« aufzudecken. Der starke Einfluß der volkstümlich-festlichen Tradition auf Goethes Werk ist bis heute nur unzureichend erkannt und wurde noch nie eingehend analysiert.

Repräsentativ für die andere, bürgerliche Entwicklungslinie des volkstümlich-festlichen Erbes ist der »komische Roman« des 17. Jahrhunderts (Sorel, Scarron u. a.). Sorel z. B. unterlag schon in vielem bürgerlichen Beschränkungen; dies zeigen deutlich seine Äußerungen zur Literaturtheorie. Er kritisiert künstlerische Phantasie und phantastische Elemente, plädiert für den gesunden Menschenverstand und nüchterne bürgerliche Praxisorientierung. Im *Don Quijote* sieht er nur die literarische Parodie auf die Ritterromane, auf Phantastik, Träumerei und Idealismus, eine Parodie, die vom Standpunkt des gesunden Menschenverstandes und praktischer Orientierung ausgehe. Seine eigenen Romane schreibt er, um dem Publikum das Lesen nutzloser Romane abzugewöhnen.

Sorels literarisches Werk entspricht durchaus nicht immer seinen theoretischen Auffassungen; es ist komplex und widersprüchlich und enthält zahlreiche traditionelle Motive, die in einem offenen Übergangs- und Entwicklungsprozeß stehen.

Der *Extravagante Schäfer (Le berger extravagant)* entspricht seinen theoretischen Auffassungen am ehesten. Dieser Roman ist eine Art pastoraler *Don Quijote,* eine simple literarische Parodie auf das damals populäre Schäferthema. Der oberflächlich-rationalen Grundidee zum Trotz enthält das Werk eine Reihe von traditionellen Motiven, deren Bedeutung weit über die Intentionen des Autors hinausgeht. Dies gilt besonders für das Motiv des Wahnsinns bzw. der Dummheit des Helden Lysis. Wie im *Don Quijote* bietet der »Wahnsinn des Helden« die

Möglichkeit, um ihn herum eine ganze Serie von karnevalesken Krönungen und Entthronungen, Travestien und Mystifikationen zu inszenieren. Dieses Thema läßt auch die restliche Welt aus ihrem offiziellen Gleis springen und in den Karnevalswahnsinn des Helden eingehen. Wie reduziert diese Motive bei Sorel auch erscheinen, es glimmen in ihnen noch Funken von volkstümlich-festlichem Lachen und seiner materiell-leiblichen Basis. Nehmen wir etwa die Szene in dem Dörfchen bei Saint-Cloud. In Erwartung von Weltenbrand und Sintflut wird ein grandioses Trinkgelage veranstaltet. Hier gibt es viele Berührungspunkte mit Rabelais' berühmtem »Götterbankett« im Dritten Buch des Romans.

An zentraler Stelle und produktiver eingesetzt sind die traditionellen Motive in Sorels bestem Roman, der *Vraie histoire comique de Francion.*

Dieser Roman stützt sich stark auf die Schul-Facetien (vgl. die große Bedeutung der Schulferien für die Geschichte der Literatur des Mittelalters); Darstellungen der Scholarenbohème, ihrer Mystifikationen, Travestien und parodistischen Übungen nehmen viel Raum in ihm ein. Zentrale Bedeutung hat auch die Mystifizierung Raymonds: die erstaunliche Darstellung der Orgie auf seinem Schloß ist eine der besten Episoden des Romans. Auch die Episode mit dem pedantischen Scholaren Hortensius und dessen Wahl zum König von Polen verdient erwähnt zu werden, sie ist durch und durch karnevalesk-saturnisches Spiel, seine Arena ist Rom. Das Gefühl für die Geschichte ist in diesen Motiven noch vorhanden, doch schon sehr schwach.

Reduzierter noch zeigen sich die Traditionen des grotesken Realismus in der Gesprächsliteratur des 17. Jahrhunderts. Hier sind vor allem die *Caquets de l'accouchée (Gespräche am Kindbett)* zu nennen, ein kleines Buch, das in einzelnen Lieferungen im Laufe des Jahres 1622 erschien; 1623 kam es komplett heraus. Es stammt offensichtlich von mehreren Autoren und stellt eine Versammlung von Frauen am Bett der *genesenden Wöchnerin* dar. Diese Treffen haben eine lange Tradition.[65] Ihr Zweck war ein *gutes Essen* und ein *offenes Gespräch;* hier traten viele Konventionen des täglichen Umgangs außer Kraft. Durch die Geburt und das Essen waren materiell-leibliche Themen für die

Gespräche vorgegeben. Soviel zur Tradition. In unserem Werk belauscht der Autor das Gespräch der Frauen hinter einem Vorhang, und die Themen des Unterleibs (vergleiche z. B. in Rabelais' Arschwischszene) sind auf die private Ebene verlegt. Das ganze Gespräch der Frauen besteht aus Klatsch und Tratsch. Von der Offenheit des *Marktplatzes* mit seinen grotesk-ambivalenten, materiell-leiblichen Bildern bleibt hier nur ein heimliches Belauschen von *Privatem* und Intimem hinter dem Vorhang.

Solche *Caquets* waren eine regelrechte Mode. Ebenfalls auf dem Frauengespräch basieren die *Caquets des poissonières* (*Gespräche der Fischverkäuferinnen*, 1621–1622) und die *Caquets des femmes du faubourg Montmarte* (*Gespräche der Frauen vom Montmartre*, 1622). In vieler Hinsicht exemplarisch ist das Werk *Amours, intrigues et cabales des domestiques des grandes maisons de ce temps* (*Liebesränke, Intrigen und Listen der Bediensteten großer Häuser in unserer Zeit*, 1625). Es geht darin um den Klatsch der Diener und Dienerinnen eines herrschaftlichen Hauses, einen Klatsch, der sich nicht einmal auf die Herrschaft bezieht, sondern auf die ranghöheren Diener. Alles basiert auf dem Belauschen und buchstäblichen Ausspionieren sexueller Intimitäten durchs Schlüsselloch sowie der offenherzigen Erörterung des Gesehenen. Im Vergleich mit der Gesprächsliteratur des 16. Jahrhunderts ist hier der Verfall der *Marktplatz*offenheit augenfällig: sie gerät zum privaten Schmutzige-Wäsche-Waschen. Die Gesprächsliteratur des 17. Jahrhunderts bereitete den »Alkoven-Realismus« vor, den Realismus des privaten Alltags, einen Realismus des Belauschens und des Voyeurismus, der seine deutlichste Ausprägung im 19. Jahrhundert erreichte. Das 17. Jahrhundert dokumentiert die Verwandlung der grotesken Aufrichtigkeit des Marktplatzes und des karnevalesken Festtagsdialogs in den privat-gewöhnlichen Dialog des Milieuromans der Neuzeit. Hier glühte bestenfalls noch ein Karnevalsfunken.

Etwas anders entwickelten sich die volkstümlich-festlichen Motive bei den Libertins – Saint Amant, Théophile de Viau und d'Assoucy. Bei ihnen bleibt der weltanschauliche Sinn der Motive erhalten, doch nehmen sie eine epikureisch-individualistische Färbung an. Die Libertins standen unter dem unmittelbaren Einfluß Rabelais'. Ihre epikureisch-individualistische

Interpretation seiner materiell-leiblichen Motive sind für die folgenden Jahrhunderte typisch.

Andere Seiten der volkstümlich-festlichen Motive leben bei Scarron in seinem *Komödiantenroman* (1651–1657) wieder auf. Die Wanderschauspieler leben nicht wie andere Berufsgruppen in einer kleinen spezialisierten Sonderwelt. Die Schauspielertruppe steht der ganzen restlichen, ordentlichen und gefestigten Welt als halbreale, halbutopische Welt gegenüber. Sie ist von den allgemeinen Konventionen und Befangenheiten etwas ausgenommen, darf bis zu einem gewissen Grad Karnevalsfreiheiten beanspruchen und besitzt zum Teil auch die Privilegien des Volksfestes. Der Theaterwagen der herumziehenden Schauspieler verbreitet eine festliche Karnevalsatmosphäre, die auch im Alltag der Schauspieler herrscht. So wird das Theater auch in Goethes *Wilhelm Meister* verstanden. Den karnevalesk-utopischen Zauber der Theaterwelt empfinden wir noch heute.

Nicht nur der *Komödiantenroman*, auch andere Werke Scarrons greifen Aspekte aus dem Komplex der volkstümlich-festlichen, grotesken und parodistischen Riten und Motive auf – hier wären die burlesken Poeme, grotesken Komödien und besonders der *Virgile travesti* (*Verkehrter Vergil*, 1648–1652) zu nennen. Dieser beschreibt in Versform den Jahrmarkt und den Karneval von St. Germain.[66] In den berühmten *Boutades du capitaine Matamore (Grillen des Kapitäns Matamore)* finden wir fast Rabelaissche groteske Motive. So verkündet Matamore in einer der Grillen, die Hölle sei sein Weinkeller, der Himmel seine Speisekammer, das Himmelsgewölbe sein Bett, die Pole Kopf- und Fußende und die Abgründe der Meere sein Nachttopf (»et mon pot à pisser les abîmes de l'onde«). Die parodistischen Travestien Scarrons sind jedoch schon weit von den positiven, auf die ganze Welt zielenden Parodien der Volkskultur entfernt, sie stehen eher den spezialisierten, rein literarischen Parodien der Neuzeit nahe.

Alle bisher genannten Beispiele stammen aus der vorklassischen Periode des 17. Jahrhunderts, d. h. aus der Zeit vor Ludwig XIV. Rabelais' Einfluß verbindet sich noch mit praktizierten Traditionen der volkstümlichen Lachkultur. Deshalb fand niemand sein Buch ungewöhnlich oder unvergleichlich. Später ging dieser volkstümliche Kontext fast völlig verloren, und Rabelais wird zu einem einsamen, exotischen Schriftsteller, der spezieller Deutungen und Kommentare bedarf. Dies wird an einer vielzitierten Äußerung La Bruyères in *Les Caractères, ou les Mœurs de ce siècle (Charaktere oder die Sitten jener Zeit*, 1688) deutlich:

> »Marot et Rabelais sont inexcusables d'avoir semé l'ordure dans leurs écrits: tous deux avaient assez de génie et de naturel pour peuvoir s'en passer, même à l'égard de ceux qui cherchent moins à admirer qu'à rire dans un auteur. Rabelais surtout est incompréhensible: son livre est une énigme, quoiqu'on veuille dire, inexplicable; c'est une chimère, c'est le visage d'une belle femme avec les pieds et une queue de serpent ou de quelque autre bête plus difforme: c'est un monstrueux assemblage d'une morale fine et ingénieuse et d'une sale corruption. Où il est mauvais, il passe bien loin au delà du pire, c'est le charme de la canaille: où il est bon, il va jusques à l'exquis et à l'excellent, il peut être le mets des plus délicats.«[67]

Diese Textpassage erscheint erstmals in der 5. Auflage und stammt somit aus dem Jahre 1690. Hier ist in völliger Klarheit das »Problem Rabelais« formuliert, wie es sich dem späten Klassizismus stellte. Dieser vertrat nicht eine rationalisierte Ästhetik strenger Kanons und literarischer Manifeste, sondern verließ sich, Kennzeichen einer stabilen Epoche, auf eine allgemeinere, organische ästhetische Wahrnehmung.

Für La Bruyère ist Rabelais' Werk vor allem zweideutig, doppelgesichtig. Den Schlüssel zur Vereinigung der beiden heterogenen Seiten kennt er nicht mehr, ihre Kombination nennt er unvorstellbar, rätselhaft, unerklärlich. Die eine Seite ist für ihn Schmutz, Verdorbenheit, Freude des Pöbels, in diese Richtung gehe Rabelais weit über das Schlimmste hinaus. Die andere, *positive* Seite beschreibt er als Genialität und Originalität, als Natur, feine Moral, als Ausgesuchtheit und Vollendung und als äußerst delikate Speise.

Was ihm an Rabelais mißfällt, sind vor allem die sexuellen und skatologischen Anspielungen, die Flüche und Verwünschungen, die sprachlichen Zweideutigkeiten und die niedere sprachliche Komik. Es ist genau das, was aus der Tradition der Volkskultur stammt: *das Lachen und das Materiell-Leibliche, der Unterleib*. Positiv ist für La Bruyère die rein literarische und humoristische Seite des Raibelaisschen Werks. Die groteske mündliche Marktplatzkomponente und die schriftlich-literarische Komponente haben sich auseinanderentwickelt und lassen sich schon nicht mehr als Einheit begreifen. Alles, was sich auf das Groteske und den festlichen Marktplatz bezieht, sind Freuden des Pöbels. Das Obszöne, das für Rabelais so wichtig ist, hat für La Bruyère und für seine Zeitgenossen einen ganz anderen Stellenwert als zur Zeit seiner Entstehung. Seine Verbindung zu den wesentlichen Fragen des Lebens und der Weltanschauung ist abgerissen. Es wird nicht mehr im Zusammenhang mit dem ganzen System volkstümlich-festlicher Karnevalsmotive, sondern als isolierte, private Zote rezipiert. Im neuen offiziellen Weltbild und im neuen Motivkanon hat es keinen Platz. Das gleiche Schicksal traf auch alle übrigen Elemente der volkstümlichen Marktplatzkomik. Sie lösten sich vom tragenden Ganzen – der ambivalenten materiell-leiblichen Basis – und verloren so ihren ursprünglichen Sinn. Zur Zeit La Bruyères gehörte ein weises Wort, eine feine Beobachtung, eine große sozialpolitische Idee schon in einen völlig anderen Bereich. Sie klangen literarisch, zu ihnen paßten solche Epitheta wie »Erlesenheit« oder »Leckerbissen«. Die Kombination dieser (vom neuen Standpunkt her betrachtet) heterogenen Elemente im Werk Rabelais' wirkte wie eine abstruse Mischung. Zu ihrer Beschreibung fällt La Bruyère das Wort »Chimäre« ein. Das ist bezeichnend. In der Ästhetik des Klassizismus war für solche Dinge tatsächlich kein Platz. Die Chimäre ist das Groteske. Die Mischung von menschlichen und tierischen Formen war La Bruyère als typischem Klassizisten fremd. Er war gewohnt, sich das Leben als fertiges, stabiles vorzustellen und zwischen Körpern und Dingen feste Grenzen zu ziehen. Deshalb erscheint ihm schon ein so gemäßigtes Motiv wie das der Melusine aus den Volkslegenden als ungeheuerliche Mischung.

Aber La Bruyère schätzt Rabelais' »feine Moral«. Darunter versteht er vor allem die »Sitten«, die Charakterdarstellung, verallgemeinernde und typisierende Betrachtungen über die menschliche Natur und das Leben. Im Grunde ist es etwas den antiken »moraliae« Vergleichbares, was er bei Rabelais zu finden glaubt und schätzt. Doch hat er auch von dieser Gattung eine eingeschränkte Vorstellung. Er ignoriert ihre Beziehung zum Feiertag, zum Festessen, zum Lachen bei Tisch, obwohl diese bei seinem Vorbild Theophrast noch deutlich zu spüren ist.

Ebenso zwiespältig wie bei La Bruyère fallen auch die Urteile der folgenden Zeit über Rabelais aus. So ist es eigentlich bis heute. Man verwirft das Lachen des Volkes, das Thema des Materiell-Leiblichen, die extremen grotesken Übertreibungen, das Närrische und die Elemente der volkstümlichen Komik als »Erbe des ungehobelten 16. Jahrhunderts«. Was übrig bleibt, ist die »Psychologie«, die »Typen«, die hervorragende Technik des Dialogs und die soziale Satire. Den ersten Versuch, das Werk Rabelais' als einheitliches und in all seinen Momenten notwendiges künstlerisch-ideologisches Ganzes zu sehen, machte erst Paul Stapfers Rabelais-Monographie aus der zweiten Hälfte des 19. Jahrhunderts.

Das 17. Jahrhundert entwickelt die historisch-allegorische Methode der Rabelais-Interpretation.

Rabelais' Roman ist sehr vielschichtig. Er enthält eine Vielzahl von Anspielungen, die nur den unmittelbaren Zeitgenossen verständlich sein können und manchmal bloß einem kleinen Kreis von Eingeweihten. Das Werk hat zudem geradezu enzyklopädischen Charakter, es greift auf Terminologien verschiedenster Wissensbereiche zurück und verwendet viele neue und ungewöhnliche Wörter zum ersten Mal. Die Notwendigkeit von Rabelais-Kommentaren und -Interpretationen leuchtet unmittelbar ein. Rabelais selbst legte den Grundstein dazu, als er dem Vierten Buch eine *Kurze Erklärung* beigab.[68]

Dieser Selbstkommentar bildete den Anfang der philologischen Kommentierung des Werks, doch brauchbare Ergebnisse ließen noch lange auf sich warten. Erst 1711 erschien der berühmte Kommentar von Le Duchat, der bis heute nichts an Bedeutung verloren hat. Doch steht dieser Versuch allein. Vor und nach ihm, fast bis in die Gegenwart, verlief das Kommentieren und Erklären Rabelais' in völlig anderen, weder philologischen noch streng historischen Bahnen.

Im Prolog zum Ersten Buch des Romans *(Gargantua)* weist Rabelais auf eine verborgene Bedeutung seines Werks hin:

> »...ihr sollt darin einen völlig andern Geschmack und eine verborgenere Lehre finden, als welche euch tiefbedeutsame Geheimnisse und schaudervolle Mysterien offenbaren wird,

> sowohl betreffs unserer Religion als auch des Standes unserer Politik und Wirtschaft.« (S. 11/12)

Wir kommen noch auf diese Stelle zurück. Man darf sie wohl kaum als konventionellen Kunstgriff betrachten, um die Leser neugierig zu machen (obwohl Stilmittel dieser Art in der Literatur des 15. und 16. Jahrhunderts üblich waren; man vergleiche z. B. Francesco Bernis burleskes Werk *Roland Amoureux [Der verliebte Roland]*. Uns geht es zunächst um die Versuche, die »tiefbedeutsamen Geheimnisse und schaudervollen Mysterien« zu entziffern, die sich im 17. Jahrhundert als historisch-allegorische Methode etablierten und dann in der Rabelaisistik fast drei Jahrhunderte lang beherrschend waren.

Die erste Idee zu einer historisch-allegorischen Deutung Rabelais' stammt noch aus dem 16. Jahrhundert. In der zweiten Hälfte des Jahrhunderts urteilt der berühmte Historiker Jacques Auguste de Thou in seinem Buch *Les Mémoires de la vie de M. de Thou* (Amsterdam 1713) *(Lebenserinnerungen des Herrn de Thou):*

> »Er hat ein erstaunliches Buch geschrieben, in dem er mit wahrhaft demokritischer Freiheit, oft *närrischem* und ätzendem Spott und mit erdachten Namen, *wie auf dem Theater, alle Umstände menschlicher und staatlicher Existenz vorführt und sie dem Lachen des ganzen Volkes preisgibt.*« (S. 123)

Diese Äußerung trifft mehrere Punkte: den universellen volkstümlich-festlichen Charakter des Lachens »über alle Umstände menschlicher und staatlicher Existenz«, die demokritische Freiheit dieses Lachens, den theaterartig szenischen Charakter der Motive Rabelais' und schließlich die realen historischen Personen hinter den fiktiven Namen. Doch es sind Beobachtungen eines Mannes der zweiten Jahrhunderthälfte, für den Rabelais' Lachen oft schon zu verrückt klingt, der hinter Phantasienamen ganz *bestimmte* Personen sucht und so beginnt, das allegorische Moment bei Rabelais überzubewerten.

Schon im 16. Jahrhundert also wurde es zur Gewohnheit, für Personen und Episoden aus Rabelais' Roman ganz bestimmte historische Persönlichkeiten, bestimmte Ereignisse des politischen Lebens und des Geschehens bei Hof einzusetzen. Diese Tradition wurde an das 17. Jahrhundert weitergegeben und von der historisch-allegorischen Methode übernommen.

Im 17. Jahrhundert erscheinen sogenannte »Schlüssel« zu Rabelais, explizite Dechiffrierungen der Namen und Ereignisse des Romans. Zum erstenmal lag ein solcher Schlüssel der Amsterdamer Werkausgabe von 1659 bei. Er wurde dann in den folgenden Ausgaben modifiziert, bis hin zur Ausgabe von A. Sardou (1874–1876), die ein Resümee aller dieser Dechiffrierungen gibt. Die Amsterdamer Ausgabe von 1663 enthielt mehrere Schlüssel. Wir finden hier u. a. eine für die historisch-allegorische Methode sehr bezeichnende Interpretation der Episode um Gargantuas riesige Stute. In der Absicht, die sie plagenden Pferdebremsen loszuwerden, holzt sie mit ihrem Schwanz den ganzen Wald von Beauce ab. »Es ist allgemein bekannt, daß es sich bei dieser Stute um Madame d'Estampes handelt, die Geliebte des Königs, die ja auch den Wald von Beauce fällen ließ...«

Als der eigentliche Begründer der historisch-allegorischen Methode ist Pierre Antoine Le Motteux anzusehen. Er gab 1693 in England, wohin er nach dem Edikt von Nantes emigriert war, die englische Rabelaisübersetzung von Urquhart heraus und ergänzte sie durch eine Biographie, Kommentare und ein Vorwort. Dort analysiert er die verschiedenen Schlüssel, die bis dahin für Rabelais' Roman erarbeitet worden waren, und trägt seine eigene Deutung vor. Dieser Kommentar wurde zum wichtigsten Anstoß für die weitere Entwicklung der historisch-allegorischen Methode.

Einer ihrer bedeutenden Vertreter im 18. Jahrhundert war der Abt de Marsy, der in Amsterdam den *Rabelais Moderne* (*Der modernisierte Rabelais,* 1752)[69] mit Kommentaren herausgab. Die bedeutendste Hinterlassenschaft der historisch-allegorischen Methode ist die Rabelais-Werkausgabe *Variorum* in neun Bänden. Ihre Herausgeber Eloi Johanneau und Esmangar zogen die Arbeiten aller früheren Kommentatoren heran und schufen ein ganzes System historisch-allegorischer Deutungen.

Soviel zur äußeren Geschichte dieser Methode. Worin bestand sie nun eigentlich? Einfach in der Annahme, daß hinter jedem Motiv bei Rabelais, ob es um Personen oder Ereignisse ging, eine ganz bestimmte historische Persönlichkeit, ein ganz konkretes historisches Ereignis oder eine Episode des Lebens bei Hof stehe. Der ganze Roman wird als ein System von Anspielungen

behandelt. Die Dechiffrierungsmethode stützt sich einerseits auf die Tradition des 16. Jahrhunderts, andererseits auf die Gegenüberstellung von Rabelais' Motiven mit den historischen Ereignissen seiner Zeit sowie auf allerlei Mutmaßungen und Vergleiche. Da die Zeitgenossen Rabelais' wenig Verläßliches zur Dechiffrierung hinterließen und Mutmaßungen immer willkürlich sind, versteht sich von selbst, daß ein und dasselbe Motiv von verschiedenen Adepten der Methode unterschiedlich entschlüsselt wird. Dazu einige Beispiele: Hinter Gargantua vermutet man gewöhnlich Franz I., Le Motteux sieht in ihm Henri d'Albert. In Panurge sehen einige den Kardinal d'Amboise, andere den Kardinal Charles de Lorraine, wieder andere Jean de Montluc und manche schließlich Rabelais selbst; Pikrocholos ist für einige Louis Sforza oder Ferdinand von Aragon, Voltaire sieht in ihm Karl V. Die berühmte Arschwischepisode aus dem Ersten Buch wird nicht nur als Ganze interpretiert, sondern auch in bezug auf die einzelnen benutzten Gegenstände (diese sind sehr zahlreich). Einmal z. B. wischt sich Gargantua mit einem Märzkätzchen den Hintern; die Kommentatoren sehen darin eine Anspielung auf ein konkretes Ereignis im Leben Franz I.: 1512, mit 18 Jahren, holte er sich bei seiner Geliebten aus der Gascogne den Tripper. Gargantua ist von den Kratzern erst kuriert, als er sich mit den Handschuhen seiner Mutter abwischt – darin sieht man die Fürsorge der Mutter von Franz I. während dessen Krankheit. Heute wird die historisch-allegorische Methode von der seriösen Rabelaisforschung durchweg abgelehnt.[70]
Zweifellos gibt es in Rabelais' Werk viele Anspielungen auf historische Persönlichkeiten und Ereignisse, doch auf keinen Fall darf man von der Existenz eines strengen und über den ganzen Roman durchgehaltenen Systems *konkreter* Anspielungen ausgehen. Man sollte nicht den *allein gültigen* Schlüssel zu jedem Motiv finden wollen. Selbst da, wo man eine konkrete Anspielung vermuten darf, kann die historisch-allegorische Methode fast nie eine sichere Entschlüsselung bieten. Die Lösungstraditionen sind widersprüchlich, und Kombinationen und Mutmaßungen willkürlich. Schließlich, und dies ist das entscheidende Argument, trägt auch eine nachweisbare Anspielung nichts Wesentliches zum künstlerisch-ideologischen Verständnis eines Motivs bei. Das Motiv ist immer komplexer als seine Entschlüs-

selung, es steht in einer Tradition, es hat seine von Allusionen unabhängige künstlerische Logik. Selbst wenn die angeführte Interpretation der Arschwischepisode zutrifft, ist ihr Ertrag für das Verständnis des Motivs und seiner künstlerischen Logik gleich Null. Das Arschwischmotiv ist eines der verbreitetsten Motive der skatologischen Literatur (d. h. im Bereich der skatologischen Anekdote, der familiären Redegattungen, der Metaphern im Marktplatzstil und der anzüglichen Vergleiche). Auch in der Belletristik tritt es mit Rabelais nicht zum erstenmal auf; später finden wir es in den oben besprochenen *Gesprächen am Kindbett* wieder, in Epigrammen auf Schriftsteller und ihr Werk ist der Arschwisch eines der häufigsten Motive. Die entschlüsselte Anspielung auf ein einzelnes Faktum (falls sie in der in Rede stehenden Episode bei Rabelais überhaupt vorhanden ist) verhilft uns weder zum Verständnis der traditionellen Bedeutung dieses Motivs noch zur Bestimmung seiner künstlerischen Funktionen im Roman.[71]

Wie ist es zu erklären, daß die historisch-allegorische Methode drei Jahrhunderte lang fast unangefochten herrschte, daß so scharfsinnige Denker wie Voltaire im 18. und Michelet im 19. Jahrhundert ihr ihren Tribut zollten? Was führte überhaupt zur Entstehung der Tradition, auf der die historisch-allegorische Methode beruht?

Die lebendige volkstümliche Lachkultur, die im 16. Jahrhundert Rabelais' Werk verstehen half, beginnt in den folgenden Jahrhunderten zu schwinden; sie hört auf, als anschaulicher und allgemein verständlicher Kommentar zu seinen Motiven zu fungieren. Der natürliche Schlüssel zum künstlerisch-ideologischen Gehalt der Rabelaisschen Motive ging verloren, man beginnt nach den falschen Schlüsseln zu suchen.

Die historisch-allegorische Methode illustriert den Zerfallsprozeß des Lachens im 17. Jahrhundert. Das Lachen verliert seine Universalität, seine Zuständigkeit wird immer stärker eingeschränkt. Einerseits richtet es sich nun auf das Typische, Durchschnittliche und Alltägliche, andererseits wird es zur persönlichen Invektive. Gegenstand des karnevalesken Lachens ist nicht länger die historische universale Individualität, seine Allgemeinheit wird nicht mehr verstanden. Wo man nichts offensichtlich Typisches findet, da beginnt die Suche nach dem Einzelnen, nach einer konkreten Person, gegen die sich das Lachen richten kann.

Natürlich sind auch im volkstümlichen Lachen Anspielungen auf einzelne Personen möglich, doch hier bilden sie nur den Oberton der komischen Motive, während die historisch-allegorische Methode sie zum Grundton macht. Ein echtes komisches Motiv verliert nichts an Kraft und Bedeutung, wenn konkrete Anspielungen vergessen oder durch andere ersetzt sind.

Im 17. Jahrhundert geschieht in allen Bereichen der Ideologie etwas Entscheidendes – plötzlich gibt es eine starke Tendenz zur Verallgemeinerung, zu empirischer Abstraktion und Typisierung. Dieser Prozeß dauert bis ins 18. Jahrhundert und hinterläßt ein völlig umstrukturiertes Weltmodell. Neben dem Allgemeinen bleibt das Einzelne zwar bestehen, seine Bedeutung jedoch erhält es nur als ein Exemplar eben des Allgemeinen, d. h. nur insofern, als es etwas Typisches, Verallgemeinerbares, »Durchschnittliches« ist. Auf der anderen Seite gewinnt das Einzelne die Bedeutung des Unbezweifelbaren, des unbestreitbaren Faktums. Hier wurzelt die Neigung zum primitiven Dokumentarismus. Das einzelne, dokumentarisch nachgewiesene Faktum und daneben das Allgemeine und Typische werden zu den wichtigsten Kategorien der Weltanschauung. Dieser Umstand tritt in aller Deutlichkeit auch in der Kunst zutage (besonders im 18. Jahrhundert) und ist für die spezifische Begrenztheit des aufklärerischen Realismus verantwortlich.

Wenn der eigentlich »dokumentarische Roman« dem 18. Jahrhundert zugehört, so entstehen das ganze 17. Jahrhundert über »Schlüsselromane«. Ein solcher war das von dem Engländer John Barclay verfaßte lateinische *Euphormionis Satiricon* (London 1603), das in der ersten Jahrhunderthälfte ein gewaltiger Erfolg war und eine ganze Reihe von Neuauflagen, u. a. in französischer Sprache, erlebte. Obwohl in der Antike angesiedelt, handelt es sich um einen autobiographischen Schlüsselroman. Der Schlüssel zur Dechiffrierung der Personen lag dem Buch bei, es war schlicht eine Maskerade berühmter Zeitgenossen, und eben dies verschaffte ihm ein besonderes Interesse.

Soviel zur Entwicklung des Lachens und der Rabelaisrezeption im 17. Jahrhundert. Molière wollen wir hier aussparen; er verdiente ein eigenes Kapitel.

Kommen wir zum 18. Jahrhundert. Zu keiner Zeit wurde Rabelais weniger verstanden und geschätzt. An der Bewertung unseres Autors zeigte die Aufklärung ihre schwachen Seiten. Mit ihrer Ahistorizität, ihrem abstrakten und rationalen Utopismus, ihrer mechanischen Auffassung von der Materie und ihrer Tendenz zu Verallgemeinerung und Typisierung einerseits und mit ihrem Dokumentarismus andererseits hatte sie die allerschlechtesten Voraussetzungen, Rabelais adäquat zu lesen. Für sie war er ein typischer Vertreter des »wilden und barbarischen 16. Jahrhunderts«. Besonders deutlich wird dies in einer Äußerung Voltaires:

> »Rabelais entwickelt in seinem extravaganten und unverständlichen Buch eine extreme Heiterkeit und außerordentliche Vulgarität; er verschüttet mit vollen Händen Belesenheit, Schmutz und Langeweile, eine gut erzählte Passage von zwei Seiten muß mit einem ganzen Band voller Unsinn bezahlt werden. Einige Leute mit einem absonderlichen Geschmack bestehen darauf, das ganze Buch in all seinen Seiten zu verstehen und zu schätzen, während der Rest der Nation über Rabelais' Witze lacht und dem Buch skeptisch gegenübersteht. Man lobt Rabelais als den besten Narren und bedauert, daß ein so kluger Mensch seinen Verstand so unwürdig einsetzt. Rabelais ist ein besoffener Philosoph, der nur im Rausch schreibt.« (übersetzt nach: *Lettres Philosophiques*, 1734, S. 135)

Die Äußerung ist in mehrfacher Hinsicht typisch. Für Voltaire ist Rabelais' Roman extravagant und unverständlich. Seine Diagnose einer Mischung aus Bildung, Schmutz und Langeweile zeigt, daß der Roman in seinen Augen noch deutlicher in heterogene, unvereinbare Elemente zerfällt als schon für La Bruyère. Voltaire ist der Ansicht, daß nur wenige Leute mit schrulligem Geschmack Rabelais im ganzen verstehen können. Er beschreibt sehr interessant die Einstellung der »ganzen Nation« (bis auf die wenigen mit dem extravaganten Geschmack): wie früher lacht man über den Roman, hält ihn aber

zugleich für nicht besonders wertvoll. Das Verhältnis zum Lachen hat sich grundlegend geändert. Auch im 16. Jahrhundert lachte jeder über Rabelais, doch niemand kam auf die Idee, ihn deswegen zu verachten. Im 18. Jahrhundert drückt Lachen Verachtung aus, ebenso der Titel des »obersten Narren«. Rabelais' Erklärung aus den Prologen, er schreibe nur bei Tisch und beim Wein, nimmt Voltaire wörtlich. Die traditionelle Verbindung zwischen dem weisen und freien Wort und dem Essen und dem Wein, die spezifische »Wahrheit« des Tischgesprächs sind ihm schon nicht mehr zugänglich, obwohl die Tradition der Tischgespräche durchaus noch bestand. Das für Rabelais so wichtige öffentliche Festessen verliert für das 18. Jahrhundert mit seinem abstrakten Utopismus jede Bedeutung.[72]
Voltaire sieht in Rabelais' Roman nur die blanke und zielgerichtete Satire, alles andere ist für ihn Ballast. Im *Temple de goût* (*Tempel des Geschmacks*, 1732) konzipiert er eine »Göttliche Bibliothek«, in der »fast alle Bücher von der Hand der Musen korrigiert und gekürzt sind«. Auch Rabelais' Werk soll in dieser imaginären Bibliothek stehen, »auf ein Achtel gekürzt«. Eine solche (Ver-)Kürzung älterer Autoren ist für die Aufklärer charakteristisch.
Im 18. Jahrhundert wurden tatsächlich Versuche unternommen, Rabelais zu kürzen und zu reinigen (»expurger«): Der Abt de Marsy modernisiert in seinem *Rabelais Moderne* nicht nur die Sprache, reinigt sie nicht nur von Dialektausdrücken und Archaismen, sondern mildert auch Rabelais' Obszönitäten. Noch weiter geht der Abt Pérau, der im selben Jahr 1752 in Genf die *Œuvres choisies* herausgab. Hier ist alles irgendwie Obszöne und Grobe beseitigt. 1776 schließlich erscheint in der berühmten »Bibliothèque universelle des romans« (1775–1778)[73] eine gereinigte Rabelaisfassung speziell »für die Damen«.
Die Reinigungsversuche sind kennzeichnend für das 18. Jahrhundert und seine Beziehung zu Rabelais. Die Aufklärer haben ihn nicht verstanden, zumindest nicht auf der theoretischen Ebene. Begreiflicherweise, denn die Aufklärung legte, nach Engels' Worten, »den denkenden Verstand [...] als alleinigen Maßstab an alles an«.[74] Der abstrakte Rationalismus, der Antihistorismus, die Tendenz zu Verallgemeinerung und das Undialektische ihres Denkens (die Trennung von Negation und Affirma-

tion) machten es den Aufklärern unmöglich, die ambivalente volkstümliche Lachkultur zu verstehen und *theoretisch* zu begreifen.
Das Motiv des widersprüchlich werdenden und ewig unfertigen Lebens ließ sich auf keine Weise auf das Maß des Aufklärungsverstandes zurechtstutzen. In der literarischen *Praxis* jedoch lagen Voltaire (in seinen philosophischen Erzählungen und in der *Jungfrau von Orléans*) und auch Diderot (in *Jacques der Fatalist* und besonders in den *Bijoux indiscrets*) Rabelaissche Motive gar nicht so fern, wenn sie auch bei ihnen reduziert und etwas rationalisiert wirken.
Der Einfluß karnevalesker Formen, Motive und Symbole auf die Literatur des 18. Jahrhunderts ist ziemlich groß, doch wurden sie instrumentalisiert, sie dienten (vor allem im Bereich der Komposition und des Sujets) als Mittel zur Verwirklichung ihnen äußerlicher künstlerischer Ziele. Bei Voltaire ist dies die Satire. Diese hat zwar noch universellen und weltanschaulichen Charakter, doch ihr Lachen ist auf ein Minimum, auf den bloßen Spott, reduziert. Seine Kraft und Tiefe liegt in der Schärfe und Radikalität der Verneinung, das erneuernde Element fehlt ihm ganz. Alles Positive liegt außerhalb des Lachens, im Bereich der Idee.
Anderen künstlerischen Zielen dienen die karnevalesken Motive in der Literatur des Rokoko. Hier bleibt der positive, heitere Ton des Lachens erhalten, allerdings in Zimmerlautstärke, niedlich und leicht. Die Offenheit des Marktplatzes reduziert sich auf Intimität, der obszöne Bezug zum Materiell-Leiblichen auf erotische Frivolität und die heitere Relativität auf Skeptizismus und Gedankenlosigkeit. Trotzdem brennen in der intimen und hedonistisch gefärbten Heiterkeit noch ein paar lebendige Funken jenes Karnevalsfeuers, das die Hölle verbrennt. Vor dem Hintergrund der düsteren Seriosität der moralisch-didaktischen Literatur, die im 18. Jahrhundert so verbreitet war, führte das Rokoko, wenn auch einseitig und sehr reduziert, die Tradition karnevalesker Heiterkeit fort.
Unter den Anhängern der Französischen Revolution genießt Rabelais große Autorität; sie machen ihn sogar zum Propheten der Revolution, seine Geburtsstadt Chinon nennt sich von nun an Chinon-Rabelais. Man erkennt in ihm das Revolutionäre,

doch eine neue, adäquate Interpretation des Romans wird nicht geleistet. Der wichtigste Beitrag zur Rabelaisforschung aus dieser Zeit ist das 1791 erschienene Buch von Ginguené *De l'autorité de Rabelais dans la Révolution présente et dans la Constitution civile du clergé (Über den Einfluß Rabelais' auf die gegenwärtige Revolution und auf das Dekret über die Geistlichkeit).* Ginguené, im Grunde ein Vertreter der historisch-allegorischen Methode, setzt diese reflektiert ein und bemüht sich um eine Klärung des politischen und sozialen Denkens Rabelais'. Doch sein Antihistorismus stellt ihm eine Falle, Ginguené ist ein Kind des 18. Jahrhunderts und macht aus Rabelais einen konsequenten Gegner der königlichen Macht. Tatsächlich war er dies keineswegs, im Gegenteil, er sah die für die damalige Zeit[75] progressive Bedeutung der Könige. Völlig verfehlt ist auch sein Verständnis der grotesken Übertreibungen bei Rabelais: er hält sie für negierend-satirisch und glaubt z. B. die groteske Übertreibung der Mengen an Essen, Getränken und Kleidung, die Gargantua benötigt, solle zeigen, wie teuer die Könige ihrem Volk zu stehen kamen. Es gehört schon viel Naivität dazu, den Rabelaisschen Überfluß im Sinne überzogener Etatausgaben zu interpretieren!
Im 18. Jahrhundert war der Verfallsprozeß des volkstümlich-festlichen Lachens, das in der Renaissance in die hohe Literatur und Kultur vorgedrungen war, im Grunde abgeschlossen. Die neuen satirischen und unterhaltenden Gattungen der Lachkultur, die im 19. Jahrhundert dominieren sollten, waren schon begründet. Dies gilt auch für die Formen des reduzierten Lachens (Humor, Ironie, Sarkasmus etc.), die später zu stilistischen Komponenten seriöser Gattungen, vor allem des Romans, wurden. Doch damit verlassen wir unser Thema.[76] Wir wollten nur die Tradition der volkstümlichen Lachkultur, die Rabelais' Werk (und die gesamte Renaissance) vorbereitet, sowie ihren allmählichen Niedergang in den folgenden 200 Jahren nachzeichnen.

Diese Analyse hat vor allem literaturhistorischen Charakter, allerdings streift sie manchmal Fragen der historischen Poetik. Fragen der allgemeinen Ästhetik oder der Ästhetik des Lachens sparen wir aus. Wir beschränken uns auf das Lachen der

Volkskultur des Mittelalters und der Renaissance, und auch dieses wollen wir nicht allgemein betrachten, sondern nur im Rahmen einer Analyse von Rabelais' Werk. In diesem Sinn können wir nur einiges *Material* für eine Philosophie und Ästhetik des Lachens beisteuern, nicht mehr.

Die Lachkultur des Mittelalters, die wir hier betrachten, stand der Seriosität nicht prinzipiell feindlich gegenüber, sie wehrte sich nur gegen die zeitgenössische dogmatische Seriosität. Die Kultur- und Literaturgeschichte kennt auch andere Formen, z. B. die *tragische Seriosität* der antiken Kultur, die ihren stärksten Ausdruck in der altgriechischen Tragödie fand. Die tragische Seriosität hat universellen Charakter (man kann auch von einer »tragischen Weltanschauung« sprechen) und ist vom Gedanken des *schöpferischen Untergangs* bestimmt. Sie hat nichts Dogmatisches. Eine dogmatische Tragödie ist so unmöglich wie ein dogmatisches Lachen (die besten Beispiele der klassizistischen Tragödie überwinden das Dogma). Dogmatismus zerstört die echte Tragödie und das echte ambivalente Lachen. In der antiken Kultur schloß tragische Seriosität den komischen Aspekt der Welt nicht aus, beide existierten nebeneinander. Der Aufführung der tragischen Trilogie folgte das Satyrspiel, das sie auf der Lachebene ergänzte. Die antike Seriosität fürchtete das Lachen und die Parodie nicht, sie bedurfte geradezu eines Korrektivs und einer Ergänzung, wie sie das Lachen bot.[77] So entstand in der Antike zwischen der offiziellen und der Volkskultur niemals eine solche Kluft, wie es später im Mittelalter geschah.

Eine weitere Form antiker Seriosität ist zu nennen, die ebenso frei war von Dogmatismus und der Bewährungsprobe des Lachens durchaus standhielt: die kritische Philosophie. Ihr Begründer Sokrates schätzte die antiken Karnevalsformen, sie beleben seine Dialoge und bewahren ihn vor einseitiger *rhetorischer* Seriosität.

In der Kultur der Neuzeit entwickelt sich eine besondere Form der Seriosität, die *wissenschaftliche Korrektheit*. Ihrer Idee nach ist sie frei von Dogmatismus, denn sie ist *problemorientiert*, selbstkritisch und nicht perfektionierbar. Seit der Renaissance wirkt diese Art Seriosität auch stark auf die Literatur, in der sie selbstverständlich einige Transformationen erlebt.

Auch in der Literatur gab es zu allen Zeiten und in allen

Gattungen Formen einer puren, dabei aber *offenen* Seriosität, die zu Tod und Erneuerung bereit war. *Offene Seriosität* fürchtet weder Parodie noch Ironie oder andere Formen des reduzierten Lachens, denn sie fühlt sich als Teil des unvollendbaren Weltganzen.[78]

Wir kennen literarische Texte, in denen beide Aspekte der Welt, der ernste und der Lachaspekt, nebeneinander stehen und sich gegenseitig reflektieren. Wir sprechen von zwei Aspekten im *umfassenden* Sinn, nicht von einzelnen ernsten oder komischen Motiven, wie sie im neuzeitlichen Drama gewöhnlich vorkommen. Ein hervorragendes Beispiel für diese Art Drama ist die *Alkestis* von Euripides, die Tragödie und Satyrspiel vereint. Die bedeutendsten Dramen dieses Typs sind zweifellos Shakespeares Tragödien.

Das echte, ambivalente und universale Lachen lehnt den Ernst nicht ab, sondern reinigt und ergänzt ihn. Es befreit ihn von Dogmatismus, Einseitigkeit und Verknöcherung, Fanatismus und allzu großer Kategorizität, von Elementen der Angst und der Einschüchterung, von Naivität und Illusionen, von Beschränktheit, Eindeutigkeit und dummer Penetranz. Das Lachen läßt nicht zu, daß der Ernst erstarrt und sich vom unvollendbaren Ganzen des Lebens losreißt. Es stellt die ambivalente Ganzheit wieder her – dies ist seine Funktion in der Geschichte der Kultur und der Literatur.

Unsere letzten Bemerkungen zu den Typen von Seriosität und ihren jeweiligen Beziehungen zum Lachen gehen schon über den Rahmen dieser Arbeit hinaus. Unser auf eine Epoche beschränktes Material läßt keine breiten theoretischen Verallgemeinerungen zu, unsere Äußerungen haben eher den Charakter vorläufiger Thesen.

Im vorliegenden Kapitel bleiben noch zwei Probleme zu behandeln: die Bewertung Rabelais' in der französischen Romantik und der heutige Stand der Rabelaisforschung.

In der Einleitung sprachen wir allgemein von der Beziehung der französischen Romantiker und besonders Victor Hugos zum Grotesken. Jetzt kommen wir zu ihrem Verhältnis zum Werk Rabelais', in dem sie, neben Shakespeare, einen der wichtigsten Vertreter der grotesken Literatur sahen.

Zunächst zu Chateaubriand. Er prägt das für die Romantik typische Schlagwort von den »génies-mères«, den Ur-Genies, die alle späteren großen Schriftsteller eines Volkes gebären und nähren. Insgesamt erkennt er nur fünf oder sechs solcher Ur-Genies in der ganzen Weltliteratur an, neben Homer, Shakespeare und Dante auch Rabelais, den Begründer der französischen Literatur. Größeres Ansehen konnte Rabelais nicht mehr gewinnen. Was für ein Kontrast zu den Urteilen früherer Jahrhunderte, etwa zu Voltaire, für den er der größte Buffo war, von der ganzen Nation verachtet!

Das Konzept von den »génies-mères«, das fast alle Romantiker teilten, war durchaus fruchtbar. Es regte dazu an, im Vergangenen die Keime des Zukünftigen zu sehen, Vergangenes aus der Perspektive der aus ihm hervorgegangenen Zukunft zu beurteilen. Eine damit verwandte Vorstellung war jene vom Genie als Leitstern (»esprit phare de l'humanité«), der sein Licht weit vorauswirft. Beiden romantischen Konzepten verdanken wir produktive Entdeckungen bei Shakespeare, Cervantes und Rabelais.

An den Interpretationszugängen und ihren Früchten zeigen sich deutlich die Unterschiede zwischen Romantikern und Aufklärern. Die Aufklärer sahen in der Literatur weniger als sie tatsächlich ist. Von einem fiktiven Standpunkt außerhistorischer Vernunft erschien ihnen allzu vieles überflüssig, unnötig und unverständlich. Sie wollten bereinigen und kürzen. Diese Haltung illustriert sehr schön Voltaires Plan zu einer »Göttlichen Bibliothek«, für die alle Bücher gründlich verbessert und gekürzt werden müßten. Die Aufklärer neigten dazu, die Welt zu reduzieren: es gebe weniger Reales, als es den Anschein habe, die Realität sei aufgebläht von Relikten der Vergangenheit, Vorurteilen, Illusionen, phantastischen Vorstellungen und Träumen. Dieser beschränkte und völlig statische Realitätsbegriff bestimmte die gesamte Wahrnehmung und damit auch die literarische Wertung der Aufklärer und führte sie zu ihren Bereinigungs- und Kürzungsversuchen.

Im Gegensatz dazu schufen die Romantiker einen erweiterten Begriff von Realität, an dem die *Zeit* und das *historische Werden* wesentlichen Anteil haben. Auf seiner Grundlage suchten sie auch am literarischen Text so viel wie möglich zu entdecken. Sie forschten in der Literatur nach Ansätzen der Zukunft, nach Entdeckungen und Prophezeiungen. Wir erinnern in diesem Zusammenhang an die ganz zu Beginn unserer Arbeit zitierte Äußerung des Historikers Michelet.

Das erweiterte Realitätskonzept der Romantiker hat Vorzüge und Nachteile. Positiv ist das Geschichtsbewußtsein, das Verhältnis zur Zeit und zum Prozeß des Entstehens. Die Realität verliert hier alles Statische, Naturalistische und Heterogene, sie füllt sich mit realer Zukunft in Gestalt von Tendenzen, Möglichkeiten und Vorwegnahmen. Der romantische Realitätsbegriff verbindet sich mit dem Begriff Freiheit, deterministische und mechanistische Geschichtsauffassungen sind überwunden. In der Kunst werden Abweichungen von der Wirklichkeit, der Statik des Jetzt, von Dokumentarismus und oberflächlicher Typisierung möglich, auch das Groteske und Phantastische werden als Formen künstlerischer Zeit- und Zukunftswahrnehmung anerkannt. Dies ist ein unbestreitbares Verdienst der romantischen Realitätserweiterung.

Negativ ist der Idealismus der Romantiker und ihr falsches Verständnis von der Rolle und den Grenzen des subjektiven Bewußtseins; die Romantiker dichteten der Wirklichkeit an, was sie nicht ist. So verkam Phantastik zu Mystik, löste sich die menschliche Freiheit von der Notwendigkeit und wurde zu einer quasi übermateriellen Kraft.[79]

Das Verhältnis der Romantik zu Rabelais ist am besten an Victor Hugos Werk abzulesen. Er hat Rabelais keine Einzeluntersuchung gewidmet. Äußerungen über ihn verteilen sich über das ganze Werk und finden sich vor allem im *Shakespeare*.

Hugo geht von der Vorstellung von Menschheits-Genies aus, die den »génies-mères« bei Chateaubriand vergleichbar sind. Jedes dieser Genies ist als ganz und gar originell gedacht und soll eine bestimmte Seite des Lebens verkörpern, seine eigene Erfindung oder Entdeckung machen. Hugo zählt 14 Genies, sie bilden eine recht eigenartige Gesellschaft: Homer, Hiob, Aischylos, der Prophet Jesaia, der Prophet Hesekiel, Lukrez, Juvenal, Tacitus, der Apostel Paulus, der Apostel Johannes, Dante, Rabelais, Cervantes und Shakespeare. Rabelais steht also (chronologisch korrekt) hinter Dante und vor Cervantes und Shakespeare. Hugo porträtiert nun diese Genies der Reihe nach.

Dem Rabelais-Porträt geht es nicht um literaturhistorische Einordnung. Es besteht aus einer Reihe romantischer Variationen zum Thema des Materiell-Leiblichen und der Topographie des Körpers. Rabelais, so Hugo, macht den Unterleib zum Zentrum seiner Topographie. Darin besteht seine künstlerische Entdekkung. Die wichtigsten Funktionen des Unterleibs sind *Zeugung* und *Schwangerschaft.* Im Zusammenhang mit dem vernichtenden und gebärenden Leib gebraucht Hugo das groteske Bild von der Schlange im Menschen, »das sind die Därme«. Im großen Ganzen ist seine Einschätzung des Materiell-Leiblichen als dem Angelpunkt des gesamten Rabelaisschen Motivsystems richtig. Störend ist seine moralische Haltung: der menschliche Unterleib, schreibt er, »verführt, verrät und straft«. Eine so »philosophische«, moralisierende Sprache für die vernichtende Kraft des Leiblichen!

Andere Variationen Hugos zum Thema »Leib« sind von moralisch-philosophischem Pathos bestimmt. Anhand von Beispielen sucht er zu beweisen, daß der Unterleib tragisch oder heroisch sein könne, daß er die Quelle des moralischen Verfalls und der Entartung sei. Der Leib frißt den Menschen (»Le ventre mange l'homme«). Alcibiades wird zu Trimalchio, die Orgie wird zur puren Völlerei, von Diogenes bleibt nur das Faß. In Hugos Variationen zerfällt die Ambivalenz des Materiell-Leiblichen in moralisch zu bewertende Thesen und Antithesen.

Hugo erfaßt die Verbindung des Rabelaisschen Lachens mit dem Kampf zwischen Leben und Tod, und dies auch in der historischen Dimension. Er hat einen Blick für den Zusammenhang zwischen *Essen und Verschlingen, Lachen* und *Tod,* der Danteschen Hölle und der Völlerei bei Rabelais: »Jene Welt, die Dante in die Hölle verlegt hat, steckt bei Rabelais im Faß.« Die sieben Höllenkreise sind quasi die Reifen dieses Fasses. Hätte Hugo statt des Fasses den aufgesperrten Rachen oder den verschlingenden Unterleib assoziiert, wäre der Vergleich noch treffender.

Hugo hat die Verbindung zwischen dem Lachen und dem Tod der alten Welt erkannt, doch seine Interpretation geht in die falsche Richtung. Er urteilt moralisch, er hat keinen Sinn für die erneuernde Kraft der materiell-leiblichen Basis, und das schmälert den Wert seiner Betrachtungen.

Im Zusammenhang seiner Ausführungen zu Shakespeare und

Rabelais findet Hugo eine interessante Definition des Genies und des genialen Werks. Dieser Definition zufolge ist der groteske Charakter eines Werks unverzichtbares Kennzeichen für dessen Genialität; geniale Schriftsteller, so auch Rabelais und Shakespeare, unterschieden sich von großen durch *schroffe Übertreibungen, Maßlosigkeit, Dunkelheit* (»obscurité«) und *Monstrosität*.

Diese Äußerung Hugos macht die Vor- und Nachteile seiner Konzeption deutlich. Was er für ein Zeichen von Genialität hält, wäre zutreffender allen Werken und ihren Autoren zuzuschreiben, die wahrheitsgetreu und eingehend eine weltgeschichtliche Umbruchperiode darstellen, denn diese Autoren haben es mit einer unfertigen, in Umwälzung begriffenen Welt zu tun. Ihre Werke haben eine gewisse positive und sozusagen *objektive* Unfertigkeit, sie sind angefüllt mit einer objektiv offenen Zukunft, und dieser müssen sie Schlupflöcher lassen. Das bedingt ihre Vieldeutigkeit und scheinbare Dunkelheit, die wechselvolle postume Geschichte dieser Werke, schließlich auch die scheinbare Monstrosität, die Verstöße gegen die Kanons und Normen aller geschlossenen, autoritären, dogmatischen Epochen.[80]

Hugo spürt die Eigenart der Literatur weltgeschichtlicher Umbruchsepochen, aber er gibt seinem Gefühl einen unangemessenen theoretischen Ausdruck. Seine Formulierungen sind recht metaphysisch. Er überträgt die objektiven Züge, die zum historischen Prozeß in Umbruchsmomenten gehören, auf eine spezielle Anlage genialer Naturen (obwohl er die Genialität nicht von der Epoche trennt, er sieht das Genie durchaus in seinem historischen Moment). In seiner Beschreibung des Genies folgt er einer kontrastierenden Methode: er isoliert die »genialen« Züge, um einen schroffen Kontrast zu anderen großen Schriftstellern herzustellen.

In Hugos poetischem Werk stoßen wir gleichfalls oft auf das Thema Rabelais, auch hier betont er die Universalität Rabelaisscher Motive und den philosophischen Gehalt seines Lachens. In der späten Dichtung Hugos ändert sich sein Verhältnis zu diesem Lachen. Dessen Universalität ist ihm unheimlich, er vermißt eine Perspektive; Rabelais ist für ihn »nicht Berg und nicht Tal«, d.h. in einer Position, auf der man nicht stehenbleiben kann, ein typisches Übergangsphänomen. Hier zeigt sich wieder Hugos mangelnder Sinn für den *Optimismus* des Rabelaisschen Lachens. Von Anfang an war das Lachen für ihn vor allem ein negierendes, vernichtendes. Er nennt Rabelais mit Nodiers den »Homère buffon«, den »Homère du rire« oder »la moquerie epique«, doch gerade das Epische an Rabelais' Lachen hat er nicht verstanden.

Vergleichen wir noch einmal die späten Äußerungen Hugos über Rabelais mit einem Distichon eines Zeitgenossen Rabelais', des Historikers Estienne Pasquier:

> Sic homines, sic et coelestia numina lusit,
> Vix homines, vix ut numina laesa putes,

d. h. »er spielte so mit den Menschen und den himmlischen Göttern, daß weder die einen noch die anderen durch dieses Spiel beleidigt scheinen.«

Das Urteil des Zeitgenossen trifft, Pasquier erkennt den Optimismus, das Volkstümlich-Festliche, den epischen, keineswegs lyrischen Charakter des Lachens.

Von der zweiten Hälfte des 19. Jahrhunderts an gibt es ein wissenschaftliches Interesse an Rabelais' Werk und Biographie. Es erscheinen eine Reihe von Monographien und erste seriöse Versuche einer historischen und philologischen Textanalyse. Eine intensivere Rabelaisforschung setzt erst in den ersten Jahren des 20. Jahrhunderts ein.

Wir werden nicht die Geschichte der Rabelaisforschung referieren, sondern beschränken uns auf eine kurze Beschreibung ihres gegenwärtigen Standes.

Anfang 1903 wurde die »Société des Études rabelaisiennes« (Gesellschaft für Rabelaisforschung) gegründet. Dies ist ein wichtiges Datum in der Geschichte der Rabelaisistik. Die Gesellschaft entstand aus Schülern und Freunden des Rabelaisforschers Abel Lefranc und wurde zum Zentrum nicht nur der französischen, sondern auch der britischen und amerikanischen Rabelaisistik. Ab 1903 erschien die Vierteljahreszeitschrift *Revue des études rabelaisiennes*, von 1913 bis 1933 die *Revue du seizième siècle*, eine Nachfolgezeitschrift mit breiterem Programm, an deren Stelle 1934 der noch allgemeiner konzipierte *Humanisme et Renaissance* trat.

Um die »Gesellschaft« und ihre Zeitschrift konzentrierte sich die gesamte sprachanalytische und quellenkritische Arbeit an Rabelais' Werk. In diesem Kreis wurden die Vorarbeiten zu einer wissenschaftlich fundierten Biographie und einer historisch getreuen Werkinterpretation geleistet. Ergebnis der gemeinsamen Arbeit war die ab 1912 erscheinende Werkausgabe. Herausgeber war Abel Lefranc, der Vorsitzende der Gesellschaft. Bis 1932 erschienen 5 Bände, die die ersten drei Bücher des Romans enthalten.[81] Dabei blieb es zunächst. Der Textteil dieser Ausgabe, die Varianten und die ausführlichen und soliden Kommentare sind für die Rabelaisforschung von unschätzbarem Wert.
Von den Einzelpublikationen der Mitglieder der Gesellschaft sollen hier nur wenige, den zentralen Fragen der Rabelaisforschung gewidmete, genannt sein. Da ist zunächst die grundlegende Arbeit zur Sprache Rabelais' von Lazare Sainéan, dem Vizepräsidenten der Gesellschaft (*La langue de Rabelais*, 1922–1923).
Zur Quellenlage und zur Rekonstruktion des Bildungsgangs Rabelais' leistet Jean Plattard mit seinem Buch *L'œuvre de Rabelais (sources, invention et composition)* (1910) Pionierarbeit. Ihm ist auch der erste Versuch zu einer wissenschaftlichen synthetischen Rabelaisbiographie zu verdanken (*Vie de Rabelais*, 1928).[82] Eine wichtige textkritische Arbeit stammt von Jacques Boulenger, dem Sekretär der Gesellschaft; Henry Clouzot beschäftigte sich mit topographischen Fragen des Romans. Schließlich müssen die wegen des umfangreichen Materials besonders verdienstvollen Arbeiten Abel Lefrancs genannt sein, besonders die Einleitungen zu den drei unter seiner Redaktion erschienenen Büchern des Romans. Schließlich sei noch auf die recht ausführliche Rabelaismonographie von Georges Lote hingewiesen. (*La vie et l'œuvre de François Rabelais*, Paris 1938). Wir kommen auf die genannten und eine Reihe weiterer Arbeiten zu Rabelais im Verlauf unserer Untersuchung zurück.
Die Arbeiten der Gesellschaft und anderer Rabelaisforscher jener Zeit erleichtern das Rabelaisverständnis und das *philologische* Studium seiner Texte; wir verfügen über umfangreiches Material zur besseren Einsicht in die historische Bedeutung des Romans und zur Rekonstruktion seiner Beziehungen zu seiner Zeit und seinen Quellen. Doch wartet das in mühsamer Arbeit

gesammelte Material noch auf seine Synthese. Die heutigen Rabelaisforscher sind im allgemeinen sehr vorsichtig und vermeiden weitreichende Schlüsse und Verallgemeinerungen. Die einzigen Arbeiten, die den Anspruch auf eine – vorsichtige – Synthese überhaupt erheben, sind das genannte Buch von J. Plattard und z. T. die Monographie von G. Lote. Doch beide Bücher befriedigen nicht, trotz des wertvollen Materials und einiger feiner Beobachtungen, die sie (besonders Plattard) bieten. Sie tun dies in noch geringerem Maß als der erste synthetisierende Versuch Stapfers (1889) oder die Arbeiten von Heinrich Schneegans (1894).

Die heutige Rabelaisforschung vertritt positivistische Positionen und beschränkt sich im Grunde auf das Sammeln von Material. Dies ist ein notwendiger und nützlicher Schritt, doch das Fehlen eines umfassenderen Erkenntnisinteresses und damit einer Methode macht sich schon auf dieser Stufe bemerkbar. Die Perspektive ist begrenzt, die Materialsuche konzentriert sich auf den engen Kreis von biographischen Fakten, weniger bedeutenden Ereignissen der Epoche und die literarischen (in der Hauptsache schriftlichen) Quellen. Folkloristische Quellen werden nur sehr oberflächlich und mit den üblichen beschränkten Vorstellungen von diesen Gattungen angegangen, Vorstellungen, die die *komische Folklore* in ihrer Eigenart und Vielfalt fast völlig aussparen. Die mühselige Materialsammlung bleibt in den Grenzen der *offiziellen Kultur*, während Rabelais sich innerhalb dieser Grenzen gerade nicht unterbringen läßt. Das Lachen wird von den Rabelaisforschern aus der Schule Lefrancs als etwas Zweitrangiges angesehen, das die ernste Problematik des Romans nicht berühre; es ist ein Mittel, um in der Masse an Popularität zu gewinnen, oder einfach eine Tarnkappe. Die zentrale Frage nach der volkstümlichen Lachkultur ist bisher auch in der Rabelaisistik noch nicht gestellt.

Ein wichtiges Ereignis für die Rabelaisforschung war das Erscheinen eines Buches, das sich vor allem gegen Abel Lefranc und seine Schule richtet, die Arbeit von Lucien Febvre, *Le problème de l'incroyance au XVIe siècle. La religion de Rabelais* (Paris 1942).[83] Febvre befaßt sich weder mit künstlerischen Aspekten des Romans noch mit dessen autobiographischen Quellen, ein Bereich, in dem Lefrancs Schule besonders produktiv war. Ihn interessiert die Weltanschauung Rabelais', insbesondere sein Verhältnis zur Religion, genauer zum Katholizismus.

Febvre setzt sich zum Ziel, Rabelais in seinem kulturellen und intellektuellen Umfeld und in den Grenzen der Möglichkeiten zu betrachten, die ihm seine Epoche bot. Man versteht das 16. Jahrhundert nicht, sagt Febvre, wenn man seine Menschen vom »moralischen Klima« und der intellektuellen Atmosphäre der Zeit isoliert. Hauptaufgabe des Historikers sei es, zu rekonstruieren, wie die Leute im Jahre 1532 (dem Erscheinungsjahr des *Pantagruel*) Rabelais hören und verstehen konnten, und wie sie, *sie* und nicht etwa *wir*, ihn *nicht* verstehen konnten. Man muß den Text mit den Augen der Zeitgenossen Rabelais' lesen und nicht aus der Perspektive des 20. Jahrhunderts. Die größte Sünde des Historikers, so Febvre, ist der *Anachronismus*.

Ausgehend von diesen berechtigten methodologischen Forderungen kritisiert Febvre die Behauptung Lefrancs, Rabelais propagiere in seinem Werk einen konsequenten rationalistischen Atheismus. Anhand von umfangreichem und aussagekräftigem Material aus der Kultur- und Philosophiegeschichte des 16. Jahrhunderts sucht Febvre zu beweisen, daß für einen konsequenten rationalistischen Atheismus weder im Weltgefühl noch in der (philosophischen und wissenschaftlichen) Weltanschauung des 16. Jahrhunderts Nährboden vorhanden war. Es gab nichts, worauf er sich hätte stützen können. Jede Ablehnung muß begründet sein, um soziales Gewicht und geschichtliche Bedeutung zu erlangen. Die subjektive, kapriziöse Ablehnung ohne Begründung und stützende Argumente (das schlichte »ich verneine«) hat keine historische Bedeutung. Im 16. Jahrhundert gaben weder die Philosophie noch die (im Grunde noch gar nicht existente) Wissenschaft irgendeinen Anhaltspunkt zur Ablehnung der Religion. Ein konsequenter rationalistischer Atheismus war undenkbar (vgl. op. cit. S. 380–381).

Dem Nachweis dieser Behauptung ist das gesamte Buch Febvres gewidmet. Sein breites Material besitzt auch unabhängig von seiner These unbestreitbaren Wert, auf seinem Hintergrund müssen viele gängige Ansichten zur Kultur des 16. Jahrhunderts revidiert werden. Zum Verständnis einzelner Aspekte dieser Kultur leistet Febvres Buch sehr viel. Zum Verständnis des

Romans als *Kunstwerk*, zum Verständnis der *künstlerischen Weltanschauung* Rabelais' taugt es wenig und im übrigen höchstens indirekt. Das künstlerische Denken Rabelais' geht so wenig im rationalistischen Atheismus auf wie in einem religiösen Bekenntnis, ob katholisch, protestantisch oder im Geiste von Erasmus' *Philosophie Christi*. Rabelais' Denken ist viel breiter und radikaler, Dogmatismus ist ihm fremd. Seine künstlerische Weltanschauung kennt weder die abstrakte Negation noch die einseitige Affirmation. Sowohl Lefrancs These als auch die entgegengesetzte von Febvre führen vom Verständnis der künstlerischen Weltanschauung Rabelais' weg, und ebenso vom Verständnis der Kultur des 16. Jahrhunderts im ganzen.

Das Problem besteht darin, daß Febvre, wie auch Lefranc, die volkstümliche Lachkultur des Mittelalters und der Renaissance ignoriert. Für ihn gibt es nur das *seriöse* Denken und die *seriöse* Kultur. In seinen glänzenden Analysen zum 16. Jahrhundert macht er an den Grenzen der offiziellen Kultur halt. Deshalb sieht und beurteilt er an Rabelais' Roman nur das, was auf der Ebene der offiziellen Kultur verstanden und interpretiert werden kann, und folglich bleibt der wirkliche Rabelais außerhalb seines Horizonts.

Febvre hält, wie schon gesagt, den Anachronismus, die Modernisierung für die größte Sünde des Historikers, und gerade diese wirft er, zu Recht, Abel Lefranc und anderen Rabelaisforschern vor. Doch leider unterläuft ihm, was das Lachen angeht, derselbe Fehler. Er hört das Rabelaissche Lachen mit den Ohren eines Menschen des 20. Jahrhunderts und nicht so, wie man es 1532 empfand. Somit ist seine Lektüre des *Pantagruel* im wesentlichsten Punkt mißlungen.

Er sucht Weltanschauung nur dort, wo Rabelais nicht lacht, wo er, Febvre, das Lachen nicht hört. Wo Rabelais lacht, scheint er für Febvre nur zu scherzen, und diese Scherze sind unschuldig und sagen (wie alle Scherze) nichts über die Weltanschauung aus. Febvre überträgt eine für die Neuzeit und besonders das 19. Jahrhundert typische Vorstellung vom Lachen und seiner Funktion in Kultur und Weltanschauung ins 16. Jahrhundert und erlaubt sich damit ganz offensichtlich eine Modernisierung des Lachens.

Febvre berichtet, wie sehr ihn die Analyse des Prologs zum

Pantagruel, die Abel Lefranc in seinem Vorwort zum Roman gibt, erstaunt habe. Besonders verblüffte ihn Lefrancs Behauptung, Rabelais sei bewußter Propagandist eines konsequenten Atheismus gewesen. Um dies zu prüfen, griff er »mit einiger Unruhe zu seiner Rabelaisausgabe. Doch man schlägt den *Pantagruel* auf, und *lacht*. Man denkt nicht mehr an ein Umsichgreifen der Gottlosigkeit, von der Lefranc sprach.« Febvre findet »nichts Verborgenes, nichts Schreckliches, keine Lästerung«. Er findet nur die »alten Klerikerscherze«, die Rabelais nicht erfunden hat (vgl. op. cit., S. 160–161).

Febvres Verhältnis zu Rabelais' Scherzen wird hier deutlich – sie rufen nur Lachen hervor, »on rit«. Doch gerade dieses Lachen bedarf der Analyse. Lachen wir heute so, wie Rabelais und seine Zeitgenossen gelacht haben? Und was ist der Kern der »alten Klerikerscherze«? Wenn hinter ihnen nicht eine ernsthafte, atheistische Überzeugung steht, die Lefranc dort vermutete, so vielleicht etwas anderes, viel Bedeutsameres, künstlerisch Konkretes (d. h. der Lachaspekt der Welt)? Doch diese Fragen stellt Febvre nicht. Er ist ganz offensichtlich der Ansicht, daß das Lachen in allen Epochen gleich ist und daß ein Scherz immer nur ein Scherz war. Daher richtet er seine scharfsinnige historische Analyse auf die vermeintlich seriösen Teile des Romans und läßt das Lachen als geschichtslos beiseite.

Febvre ignoriert den Lachaspekt der Welt, der sich über einige Jahrtausende in den Formen der volkstümlichen Lachkultur (und vor allem in den rituell-szenischen Lachformen) herausgebildet hat. In seinen Analysen einzelner Klerikerscherze wie des »sitio« (»Mich dürstet«), des »Consummatum est« (»Es ist vollbracht«) u. a. (deren Kühnheit Lefranc verblüffte) beschränkt er sich auf den Hinweis auf ihren traditionellen Charakter und ihre Harmlosigkeit. Er weiß nicht, daß sie Bestandteile eines großen und komplexen Ganzen sind, Teile der volkstümlichen karnevalesken Welterfahrung. Um dies zu bemerken, wäre die geschichtliche Bedeutung solcher jahrhundertealten Phänomene wie der parodia sacra, des Osterlachens, der umfangreichen Lachliteratur des Mittelalters und vor allem schließlich der Sinn der rituell-szenischen Karnevalsformen zu klären. Doch dies tut Febvre nicht. Wenn er sich mit Erasmus von Rotterdam und seinem Einfluß auf Rabelais beschäftigt, übergeht er das *Lob der Torheit*, gerade jenes Werk, das der Rabelaisschen Welt am nächsten steht. Ihn interessiert allein der seriöse Erasmus. Den traditionellen Klerikerscherzen widmet er nur einen kleinen Abschnitt seines Buchs mit der Überschrift »Einige Scherze der Kirchendiener« (S. 161–165), ganze 5 von 500 Seiten! Auf das Lachen im 16. Jahrhundert kommt er kurz zu sprechen, als es um die Prediger Menauld und Maillard geht, die in ihren Predigten Rabelaissche Facetien verwandten (S. 179–182), sowie an mehreren anderen Stellen im Buch. Die Tatsache spricht Bände, daß in einem Buch, das dem karnevaleskesten Autor der Welt gewidmet ist, das Wort »Karneval« nur ein einziges Mal (bei der Analyse der Erfahrungen Epistemons im Jenseits) vorkommt.

Ein einziges Mal scheint Febvre geneigt, die Geschichtlichkeit des Lachens einzuräumen, in der Bemerkung »die Ironie ist ein Kind ihrer Zeit« (S. 172). Doch wird dieser Ansatz nirgendwo aufgenommen, er dient nur zur Eingrenzung des Lachelements bei Rabelais. Febvres Ansicht ist, daß Rabelais' Roman erheblich mehr unmittelbar ernst Gemeintes enthalte, als man gewöhnlich denkt, und daß oft Ironie vermutet werde, wo sie gar nicht ist.

Das Gegenteil ist richtig. In Rabelais' Welt ist nur ein *relativer* Ernst möglich. Sogar Stellen, die, in einem anderen Kontext oder für sich genommen, durchaus für ernst gehalten werden könnten (Thelem, der Brief Gargantuas an Pantagruel, das Kapitel über den Tod der Helden u. a.), erhalten im Zusammenhang des Romans einen komischen Aspekt. Der Lachaspekt breitet sich über alles. Febvre kennt Wahrheit nur als Proklamation, die Ambivalenz des Lachens ist ihm nicht zugänglich.

Auch auf einen größeren historischen Zeitraum bezogen deutet Febvre in die falsche Richtung. Es gibt und gab in allen Kulturen mehr Lachen und Ironie (eine der reduzierten Formen des Lachens), als unser Ohr zu hören vermag. Die Literatur und die rhetorischen Texte einiger Epochen (Hellenismus, Mittelalter) sind buchstäblich überschwemmt von Varianten des reduzierten Lachens, und einige von ihnen nehmen wir schon gar nicht mehr wahr. Besonders schnell verlieren wir das Gefühl für die Parodie. Wir müssen große Teile der Weltliteratur neu lesen, sie auf einem anderen Register hören. Um das zu können, müssen wir die

volkstümliche Lachkultur verstehen – ihren weltanschaulichen Gehalt, ihre Universalität und Ambivalenz, ihre Beziehung zur Zeit etc. –, das, was das neuzeitliche Lachen verloren hat.
Die Renaissanceliteratur, besonders die französische, zeichnet sich dadurch aus, daß sie die volkstümliche Lachkultur in ihren besten Beispielen in sich aufgenommen hat. Dies muß man berücksichtigen, wenn man die Literatur und Kultur des 16. Jahrhunderts beurteilt. Natürlich ist die reiche, komplexe und widersprüchliche Substanz dieser Epoche nicht auf dies eine Moment zu reduzieren. Doch ist bis heute gerade dieses zentrale Element nicht entdeckt, und das hat verhängnisvolle Folgen für die Rabelaisforschung.
Abschließend müssen wir Pierre Daix zustimmen, der in seiner Geschichte des Romans Febvre kritisiert: »Febvres Buch ist der scharfsinnigste Versuch, das Werk Rabelais' vom Volk zu lösen, der in den 400 Jahren nach seinem Erscheinen gemacht wurde.«[84]
Wir kommen kurz zum Stand der Rabelaisforschung in der Sowjetunion.
Die vorrevolutionäre russische Literaturwissenschaft hat sich mit Rabelais fast nicht befaßt, die Rabelais-Literatur jener Zeit beschränkt sich auf einen längeren Aufsatz von A. N. Veselovskij *(Rabelais und sein Roman*[85]*)* und eine kleine, wissenschaftlich völlig wertlose Broschüre von Ju. Focht.[86]
Veselovskijs Aufsatz hatte für seine Zeit (1878) zweifellos wissenschaftliche Bedeutung, denn er erschien lange vor der Etablierung der Rabelaisistik in Frankreich und ein Vierteljahrhundert vor der Gründung der »Gesellschaft für Rabelaisforschung«. Er enthält viele wertvolle und für die damalige Zeit neue Gedanken zu Rabelais' Zeit und zu seinem Roman; einige davon gehören heute zu den gesicherten Erkenntnissen der Rabelaisistik. Von unserem Standpunkt aus betrachtet gibt es in Veselovskijs Rabelaisverständnis einige Unrichtigkeiten.
Zur Interpretation des Romans, zur Erläuterung seiner Genese und seiner Entwicklung führt Veselovskij vor allem tagespolitische Ereignisse bei Hof und die Beziehungen zwischen den verschiedenen Gruppierungen der herrschenden Klassen (dem Feudaladel, den höchsten Staatsbeamten, den Spitzen des Bürgertums) an. Vom Volk und seiner besonderen Rolle ist nicht die

Rede. Den Optimismus Rabelais' in der ersten Periode (bis Oktober 1534) erklärt Veselovskij mit dessen naivem Glauben an den Sieg des Humanismus, einen Glauben, der auf der Unterstützung durch den Königshof und Rabelais' Freundschaft mit Vertretern der Reformation beruhen soll. Die Veränderungen in Rabelais' Weltanschauung und im Ton der folgenden Bücher des Romans resultieren nach Veselovskij aus der Niederlage des Humanismus als Folge der veränderten Politik bei Hof und aus Rabelais' gleichzeitigem Bruch mit den Reformatoren. Doch solche emotionalen Reaktionen wie naiver Glaube und Enttäuschung sind der elementaren Kraft des Rabelaisschen Lachens fremd. Politische Veränderungen bei Hof oder im Verhältnis verschiedener Gruppierungen der herrschenden Klassen untereinander sind für dieses Lachen, das die Weisheit von einigen Jahrtausenden Umbruch und Erneuerung in sich aufgenommen hat, entscheidend wie ein Sturm im Wasserglas, wie die Krönung und Absetzung des Narren in den römischen Saturnalien oder im europäischen Karneval. Rabelais' Optimismus ist der *Optimismus des Volkes,* und alle Hoffnungen und Enttäuschungen, die mit den begrenzten Möglichkeiten der Epoche zusammenhängen, bilden nur die Obertöne in seinem Roman. Veselovskij macht sie zum Grundton.
Ebenso entgeht ihm die revolutionäre Natur des volkstümlichen Lachens bei Rabelais. Er ignoriert das lachende Mittelalter völlig und unterschätzt die jahrtausendealte Tradition der volkstümlichen Lachkultur. Das Lachen Rabelais' nimmt er als Ausdruck der primitiven, elementaren, beinahe kreatürlichen Lebensfreude eines »losgelassenen Dorfjungen«.[87]
Veselovskij kennt, wie die meisten westlichen Rabelaisforscher, nur den *offiziellen Rabelais.* Er analysiert am Roman nur jene *peripheren* Elemente, die Strömungen wie den humanistischen Zirkel der Margarete von Navarra, die frühe Reformatorenbewegung etc. reflektieren. Rabelais' Werk aber drückt vor allem die radikalsten Interessen, Hoffnungen und Gedanken des Volkes aus, das sich nie völlig mit einer der *relativ* progressiven Strömungen im Adel oder Bürgertum der Renaissance solidarisierte.
In Übereinstimmung mit der westlichen Rabelaisistik des 19. Jahrhunderts hebt Veselovskij die *Thelem-Episode* besonders

hervor und macht aus ihr eine Art Schlüssel zu Rabelais' Weltanschauung und zum ganzen Roman. Diese Episode ist weder für die Weltanschauung noch für das Motivsystem, noch für den Stil Rabelais' irgendwie charakteristisch. Obwohl auch sie ein volkstümlich-utopisches Element enthält, ist Thelem im Grunde doch mit den Bestrebungen des Adels in der Renaissance verknüpft. Es verkörpert eine humanistische Utopie, die nicht *volkstümlich-*, sondern *höfisch-*festliche Züge hat. Die Episode hat mehr von der Atmosphäre des Zirkels um die Prinzessin Marguerite als vom Karneval. Thelem fällt als Motiv und auch stilistisch aus dem Roman heraus.

A. N. Veselovskijs Ansatz war lange Zeit prägend für die Behandlung Rabelais' in den Seminaren unserer Universitäten und für die sowjetischen Untersuchungen zur Literatur der Renaissance. Bis zum Zweiten Weltkrieg änderte sich daran nichts Entscheidendes. Rabelais wurde weiterhin beinahe ignoriert. Es gab einen kurzen informativen Artikel von A. A. Smirnov in der *Literaturnaja Ėnciklopedija*, einen ähnlichen von B. A. Krževskij als Beilage zur 2. Auflage einer Teilübersetzung des Romans, schließlich ein Kapitel von A. K. Dživelegov in der *Geschichte der französischen Literatur* der Akademie der Wissenschaften der UdSSR, das ebenfalls keine wissenschaftlichen Ziele verfolgte. Darüber hinaus erschienen zwei Einzelpublikationen, V. F. Šišmarev, *Die Erzählung des ruhmreichen Gargantua*[88] und I. E. Vercman, *Rabelais und der Humanismus*[89] – und damit erschöpft sich die Literatur zu Rabelais. Es gab keine einzige Monographie, keinen ernsthaften Versuch, das Erbe Rabelais' von den Positionen und Fragestellungen der sowjetischen Literaturwissenschaft her und besonders im Zusammenhang mit Fragen der Theorie und Geschichte des Realismus und der Folklore zu verarbeiten.

Dies ändert sich erst nach dem Zweiten Weltkrieg. 1948 erscheint die erste sowjetische Rabelais-Monographie von E. M. Evnina, *François Rabelais* (Moskau 1948). Sie hat unbestreitbare Qualitäten. Hier treffen wir nicht auf die bei westlichen Wissenschaftlern übliche Geringschätzung für das Lachprinzip in Rabelais' Roman. Für Evnina ist Rabelais vor allem ein komischer Schriftsteller. Zwar bezeichnet sie ihn als einen Satiriker, doch hat sie im Unterschied zu Schneegans und anderen einen sehr weiten Begriff vom satirischen Lachen, der auch positive Elemente durchaus einschließt: Freude, Heiterkeit, Jubel. Rabelais' Lachen ist für Evnina *vielgesichtig* und *ambivalent* (auch wenn sie letzteren Terminus nicht verwendet). Ihre Auffassung von Rabelais' Lachen bietet die Voraussetzungen zu einer interessanten und ausführlichen Analyse seiner Verfahren zur Herstellung von Komik. Evninas Buch ist ein wertvoller Beitrag zur neueren sowjetischen Rabelaisforschung.

In der Nachkriegszeit erschien eine Reihe populärwissenschaftlicher Arbeiten über Rabelais: zum 400. Todestag 1953 der Artikel von I. I. Anisimov *François Rabelais* (in: *Znamja* 1953, Buch 5), E. M. Gordeevs Artikel *Der große Humanist Rabelais* (im Sammelband der Akademie der Wissenschaften der UdSSR: *Das Mittelalter* VII, Moskau 1955), S. D. Artamonovs Vorwort zu *Gargantua und Pantagruel* (in der Übersetzung von N. M. Ljubimov, Moskau 1961) und sein Buch *François Rabelais* (Moskau 1964). 1960 erschien ein interessanter und in seiner Konzeption origineller schmaler Band von S. T. Vajman, *Die künstlerische Methode Rabelais'*.

Das bedeutendste Ereignis in der sowjetischen Rabelaisforschung war die Publikation von L. E. Pinskijs Essay, *Das Lachen Rabelais'* (in seinem Buch *Der Realismus in der Renaissance*, Moskau 1961, S. 87–223).[90]

Im Gegensatz zu den meisten Rabelaisforschern sieht Pinskij im Lachen das organisierende Prinzip, die innere Form der Rabelaisschen Weltsicht und des Romans. Aus diesem Blickwinkel schreibt er einen kritischen Abriß der Rabelaisrezeption und -wertung durch die Jahrhunderte. Sein Fazit:

> »Schon aus dieser flüchtigen Beschreibung der Entwicklung der Rabelaisdeutung in den verschiedenen Jahrhunderten ist zu ersehen, daß jeweils nur solche Interpretationen fruchtbar waren, die die Bedeutung des Lachens nicht zu schmälern versuchten, die das komische Prinzip nicht von den befreienden und progressiven Ideen, vom Inhalt des Romans lösten. Nur diese Interpretationen eröffnen den Blick auf zentrale Aspekte seiner Entstehung. Für die interessierten Leser aller Jahrhunderte war Rabelais vor allem ein genialer Komiker.« (op. cit. S. 118)

Völlig folgerichtig bestreitet Pinskij den satirischen Charakter von Rabelais' Lachen. Einige zweitrangige Personen und Episoden in den letzten Büchern des Romans mögen satirisch sein, in bezug auf die zentralen Motive des Romans ist Rabelais' Lachen positiv. Pinskij schreibt:

»Im ganzen gesehen ist Rabelais' Roman keine Satire im exakten Wortsinn, wir finden hier nicht Entrüstung über das Laster oder Empörung über das Böse im sozialen oder kulturellen Leben. Pantagruels Gefährten, vor allem Bruder Jan und Panurge, sind ganz und gar nicht satirisch gezeichnet, sie sind vielmehr die Träger des Komischen. Die Komik eines ungezwungenen Auslebens der Sinnlichkeit – die Verfressenheit Bruder Jans, die Lüsternheit Panurges und die Obszönitäten des jungen Gargantua – ist nicht geeignet, beim Leser Entrüstung hervorzurufen. Die Sprache und die ganze Gestalt des Erzählers und Mitgliedes der Gesellschaft der Pantagruelisten, Alcofrybas Nasier, schließt eindeutig jeden satirischen Ton in bezug auf Panurge aus. Der ist eher ein guter Freund, das alter ego des Erzählers wie auch des Hauptheldes des Romans. Panurge soll das Publikum zerstreuen, zum Lachen bringen, in Erstaunen versetzen und auf seine Art sogar belehren, aber nicht entrüsten.« (op. cit., S. 188)

Pinskij weist den heuristischen Charakter des Rabelaisschen Lachens nach und zeigt seine Verbindung mit der Wahrheit. Das Lachen reinigt das Bewußtsein von falscher Seriosität, von Dogmatismus und allen trübenden Affekten. Wir zitieren Pinskijs Kommentar zum einleitenden Gedicht des *Pantagruel:*

»Das Lachen im ›Pantagruel‹ ist zugleich Thema und Argument. Der Leser soll eine Fähigkeit zurückgewinnen, die der Kummer ihm genommen hat – die Fähigkeit zu lachen. Er soll zum Normalzustand der menschlichen Natur zurückkehren, damit sich ihm die Wahrheit eröffnet. Für Spinoza wird der Weg zur Wahrheit 100 Jahre später über die Befreiung von den Affekten Trauer und Freude führen. Seine Devise lautet: nicht weinen, nicht lachen, sondern erkennen. Für Rabelais, den Denker der Renaissance, bedeutet gerade das Lachen Befreiung von den Affekten, die der Erkenntnis im Weg stehen. Lachen zeugt von klarem geistigem Blick und erzeugt ihn auch. Der Verstand und der Sinn für das Komische sind die beiden Attribute, die den Menschen auszeichnen. In einer ruhigen, freudigen, dem Komischen zugeneigten Stimmung offenbart sich die Wahrheit lächelnd von selbst.« (op. cit., S. 174)

Sehr wichtig ist uns Pinskijs Bestätigung der Ambivalenz des Rabelaisschen Lachens. Hierzu heißt es bei ihm: »Einer der erstaunlichsten Züge an Rabelais' Lachen ist seine Vieldeutigkeit, seine komplexe Beziehung zum Gegenstand des Komischen. Entlarvung und Entzücken, Ironie und Dithyramben, offener Spott und Apologie sind hier verbunden.« (op. cit., S. 181) Und an anderer Stelle: »Rabelais' Lachen ist negierend und affirmativ zugleich, genauer gesagt, es ist wie die Gesellschaft der ›leidenschaftlichen‹ Pantagruelisten, es sucht und findet. Grenzenloser Enthusiasmus für das Wissen und vorsichtige Ironie gehen ineinander über. Der Ton des Lachens zeigt, daß zwei entgegengesetzte Prinzipien auch formal durchaus vereinbar sind.« (op. cit., S. 183)

Pinskij findet auch die Hauptquellen des Rabelaisschen Lachens. Ihn interessieren nicht die äußeren, formalen Kunstgriffe zur Erzeugung des Komischen, sondern sozusagen die Komik des Lebens selbst. Die Hauptquelle des Lachens ist für ihn »die Bewegung des Lebens«, d.h. das Werden, der Wechsel, die heitere Relativität: »Dem unterhaltenden Effekt Rabelais' liegt ein Gefühl für die allgemeine Relativität zugrunde, die das Große und Kleine, Hohe und Nichtige, Märchenhafte und Reale, Physische und Geistige und das Gefühl für Entstehung, Wachstum, Wuchern, Verfall und Verschwinden, für die Formmetamorphosen der ewig lebendigen Natur umfaßt.« Eine weitere, mit der ersten untrennbar verbundene Quelle des Komischen ist für Pinskij die unzerstörbare Lebensfreude des Menschen. Wir zitieren:

»Im Prolog zum ›Vierten Buch‹ wird der ›Pantagruelismus‹ als ›eine gewisse Heiterkeit des Geistes sowie auch Verachtung aller zufälligen Dinge‹ (S. 811) definiert. Quelle des Komischen in Rabelais' Werk ist nicht nur die Kraftlosigkeit des Vorübergehenden, das unfähig ist, die Bewegung des Lebens aufzuhalten (denn ›Ein jedes Ding erstrebt sein Ziel‹ [S. 1307], wie die Aufschrift auf dem Tempel der Göttlichen Flasche sagt), nicht nur der Lauf der Zeit und die gesellschaftliche Entwicklung im Lauf der Geschichte, das Gesetz der ›Ablösungen‹ von Kaisern und Imperien. Eine nicht weniger wichtige Quelle des Komischen ist die ›gewisse Heiterkeit des Geistes‹, die sich über das Vergängliche erheben kann, eben indem sie es als Vergängliches und Vorübergehendes begreift.« (op. cit., S. 147)

Pinskijs Formulierungen machen deutlich, daß er die ursächliche Beziehung zwischen dem Lachen und der Zeit, dem Umbruch begreift. Er betont diese Verbindung auch an anderen Stellen seiner Arbeit.

Pinskij zieht seine Schlüsse aus der tiefschürfenden und präzisen Analyse der wichtigsten Episoden des Romans und seiner Protagonisten (Gargantua, Pantagruel, Bruder Jan und Panurge). Besonders interessant ist die Studie über Panurge. Die immense Bedeutung dieser (der Rolle Falstaffs bei Shakespeare vergleichbaren) Figur für ein Verständnis der Weltanschauung der Renaissance wird sehr deutlich.

Was Pinskij außer acht läßt, ist die Geschichte des Lachens und der volkstümlichen Lachkultur des Mittelalters und die Funktion der mittelalterlichen Quellen Rabelais'. Methodisch ist er nahezu rein synchron orientiert, doch er erwähnt (vgl. op. cit., S. 205) den karnevalesken Charakter des Rabelaisschen Lachens.

Soviel zum Stand der sowjetischen Rabelaisforschung. Aus unserer Skizze ist deutlich geworden, daß sowjetische Forscher, im Unterschied zur zeitgenössischen westlichen Rabelaisistik, Rabelais' künstlerische Weltanschauung nicht vom Lachen trennen und vor allem auch versuchen, den Charakter dieses Lachens zu bestimmen.

Zweites Kapitel
Die Sprache des Marktplatzes

Ich möchte dich verstehen, deine dunkle Sprache lernen.[91]

Wir wollen uns nun mit dem Aspekt des Romans befassen, der vom 17. Jahrhundert an zum Stein des Anstoßes wurde. La Bruyère nennt ihn die »Freuden des Pöbels« und »schmutzige Verdorbenheit«, Voltaire »Frechheit« und »Schmutz«. Wir wollen, vorläufig und metaphorisch, von der Marktplatzkomponente in Rabelais' Roman sprechen. Im 18. Jahrhundert versuchten die Äbte de Marsy und Pérau, den Roman von ihr zu reinigen, im 19. Jahrhundert folgte ihnen George Sand. Die Marktplatzkomponente ist es auch, die noch heute die szenische Aufführung Rabelais' verhindert, obwohl es dafür kaum einen geeigneteren Autor gäbe.

Noch heute erschwert sie die Lektüre des Romans, und dies durchaus nicht nur für den normalen Leser. Es ist nicht leicht, den Marktplatz in das künstlerische Gewebe des Werks einzubinden. Die reduzierende Interpretation, die seine Sprache in der Neuzeit erhielt, führt zu einer entstellenden Wahrnehmung ihres ehemals universellen und von der heutigen Pornographie weit entfernten Sinns. Rabelaiskenner und -forscher haben eine Art herablassende Einstellung zu dem unvermeidlichen Erbe des »naiven und groben 16. Jahrhunderts« entwickelt. Sie betonen den naiv-unschuldigen Charakter der alten Obszönität, was sie vorteilhaft von der modernen verdorbenen Pornographie unterscheide.

Im 18. Jahrhundert brachte Abbé Galiani diese herablassende Haltung auf die knappe Formel: »Die Obszönität Rabelais' ist naiv. Sie gleicht dem Hintern des armen Mannes.«

Diese Arroganz gegenüber Rabelais' »Zynismus« teilt auch A. N. Veselovskij, nur benutzt er ein weniger Rabelaissches Bild: »Wenn Sie so wollen, ist Rabelais *zynisch*, doch dann gleicht er einem *gesunden Bauernjungen*, den man aus der verrauchten Holzhütte direkt in den Frühling hinausschickt, der Hals über Kopf durch die Pfützen springt, alle *Vorbeigehenden mit Dreck bespritzt* und fröhlich kichert, wenn Dreckklumpen ihm an Beinen und Gesicht kleben, das von *kreatürlicher Frühlingsfreude* gerötet ist.« (op. cit., S. 241).

Nehmen wir einmal alle Elemente dieses Bildes einen Moment lang ernst und stellen sie dem Rabelaisschen Zynismus gegenüber. Schon daß Veselovskijs Wahl ausgerechnet auf einen *Dorf*jungen fällt, ist ausgesprochen unpassend. Rabelais' Zynismus ist an den städtischen Marktplatz, die Jahrmärkte und das Karnevalstreiben auf den Straßen und Plätzen des späten Mittelalters und der Renaissance gebunden. Des weiteren entspricht er nicht der individuellen Heiterkeit des aus der rauchigen Hütte freigelassenen Jungen, sondern der kollektiven Heiterkeit der Volksmenge. Der Vergleich mit dem Frühling ist tatsächlich angebracht, wir kennen das Frühlings-, Butterwochen- oder Osterlachen. Doch ist dies nicht die naive Ausgelassenheit eines »Hals über Kopf durch die Pfützen« springenden Jungen, sondern die volkstümlich-festliche Ausgelassenheit, deren Formen sich in vielen Jahrhunderten gebildet haben und deren Frühlings- und Butterwochenzynismus sich auf einen historischen Frühling übertragen hat. Er begrüßt eine neue Epoche (diese Ansicht teilt auch Veselovskij). Nun zum Bild des Jungen selbst, d. h. der Jugend, des Unreif-Unvollendeten. Das Bild ist nur auf *einer* Ebene gerechtfertigt, denn es geht um die »alte Jugend«, um den »spielenden Jungen« Heraklits. Historisch gesehen gehört der »Zynismus« Rabelais' zu den ältesten Schichten des Romans.

Nehmen wir Veselovskijs Vergleich noch ein wenig weiter auseinander. Sein Dorfjunge bespritzt die Vorübergehenden mit *Dreck*. Das ist eine viel zu milde, modernisierte Metapher für Rabelais' Zynismus. Mit Dreck bespritzen heißt *degradieren*. Die groteske Degradierung betraf immer buchstäblich den Unterleib, den Bereich der Geschlechtsorgane. Man spritzt also nicht mit Dreck, sondern mit Kot und Urin, das ist die alte degradierende Geste, die auch der modernisierten, zahmen Metapher »mit Dreck bespritzen« zugrunde liegt.

Wir wissen, daß die Exkremente im Ritual des *Narrentags* eine große Rolle spielten. Beim prunkvollen Gottesdienst, den der gewählte Narrenbischof in der Kathedrale zelebrierte, schwenkte er statt Weihrauch Kot. Nach dem Gottesdienst nahm der

Klerus auf einem Fuhrwerk, das mit Exkrementen beladen war, Platz, die Geistlichen fuhren durch die Stadt und bewarfen die mitlaufende Menge mit Kot.
Das Kotwerfen gehörte auch zum Charivari-Ritual. Einer Charivaribeschreibung aus dem 14. Jahrhundert im *Roman du Fauvel* können wir entnehmen, daß das Werfen mit Kot auf Vorübergehende mit einer anderen Geste kombiniert war, dem Salz-in-den-Brunnen-Streuen.[92] Auch im Karneval spielen (vor allem verbale) skatologische Anspielungen eine bedeutende Rolle.[93]
Bei Rabelais finden wir öfter das Begießen und Überschwemmen mit Urin. Wir erinnern an die berühmte Episode im Ersten Buch des Romans (Kapitel 17), in der Gargantua die um ihn gescharten neugierigen Pariser mit seinem Urin wegschwemmt, oder, im selben Buch, an die Episode mit seiner Stute, die an der Furt von Vède eine ganze Einheit von Pikrocholos' Heer in ihrem Urin ertränkt, schließlich an die Episode mit den Pilgern, die in den Urinstrahl Gargantuas geraten; im Zweiten Buch gibt es die von Gargantua angerichtete Urinüberschwemmung im Lager des Königs Anarchos. Wir kommen noch auf diese Episoden zu sprechen.
Exkremente als Wurfgeschosse sind auch aus der antiken Literatur bekannt. Man kann aus den Fragmenten von Aischylos' Satyrspiel *Der Knochensammler* schließen, daß es darin eine Episode gab, in der Odysseus ein »übelriechendes Gefäß«, d. h. ein Nachttopf, an den Kopf geworfen wurde. Das gleiche Ereignis ist auch in Sophokles' nicht erhaltenem Drama *Das Festmahl der Achäer* dargestellt. Analoge Episoden sind mit der Figur des *komischen Herkules* verbunden, wovon eine Reihe von Darstellungen auf antiken Vasen zeugt: einmal liegt er betrunken vor der Tür einer Hetäre, und eine alte Kupplerin schüttet den Nachttopf über ihn aus, ein andermal jagt er selbst mit dem Nachttopf in der Hand hinter irgend jemandem her. Schließlich gibt es ein Fragment aus den *Fabulae Atellanae* von Pomponius: »Du, Diomedes, hast mich mit Urin begossen« (offensichtlich eine Überarbeitung der Episode aus dem *Festmahl der Achäer*).
Die Beispiele belegen, daß das Kotwerfen und Mit-Urin-Überschütten eine lange Tradition haben. Die erniedrigende Bedeutung dieser Gesten war unmittelbar verständlich. Wahrscheinlich gibt es in jeder Sprache einen Ausdruck wie »auf etwas

scheißen«, parallel zu »auf etwas spucken«. Zur Zeit Rabelais' war der übliche Ausdruck: »bren pour luy« (er benutzt ihn im Prolog zum Ersten Buch). Grundlage der Geste und der entsprechenden verbalen Ausdrücke ist die buchstäbliche topographische Erniedrigung, d. h. der Verweis auf den Unterleib, auf die Geschlechtsorgane. Dies bedeutet Vernichtung, das Grab für den Degradierten. Doch alle degradierenden Gesten und Ausdrücke dieser Art sind *ambivalent*, denn das Grab, das sie graben, ist das *Körpergrab*, und der Unterleib, der Bereich der Geschlechtsorgane, ist der Ort der *Befruchtung und der Geburt*. Daher bleibt in den Motiven Urin und Kot die Verbindung mit der *Fruchtbarkeit*, der *Erneuerung* und dem *Glück* erhalten. Dieses positive Element wurde zu Rabelais' Zeit noch klar empfunden.

In der bekannten Episode mit Panurge und der Hammelherde im Vierten Buch des Romans sagt der Händler, als er seine Hammel loben will, daß ihr Urin die wunderbare Kraft besitze, die Fruchtbarkeit der Erde zu erhöhen, ähnlich wie der göttliche Urin. In der *Kurzen Erklärung (Briève déclaration)*, die dem Vierten Buch beilag, gibt Rabelais selbst (oder zumindest ein Autor aus dem gleichen kulturellen Milieu) folgende Erklärung zu dieser Stelle: »›Als hätte Gott gepinkelt‹ (›Si Dieu y eust pissé‹). Dies ist eine volkstümliche Redensart unter einfachen Leuten in Paris und ganz Frankreich. Sie halten all die Stellen für besonders gesegnet, wo unser Herr uriniert oder andere natürliche Sekrete, zum Beispiel Speichel, hinterlassen hat (so heißt es in Johannes 9.6: ›Lutum fecit ex sputo‹, ›er machte einen Kot aus dem Speichel‹).«[94]

Diese Stelle ist sehr aufschlußreich. Sie zeugt davon, daß in der Legende und in der gesprochenen Sprache die Exkremente von der Fruchtbarkeit nicht getrennt waren, daß Rabelais diese Verbindung kannte und sie ganz bewußt einsetzte. Weiter sehen wir, daß Rabelais keine Bedenken hatte, Vorstellungen von »unserem Herrn« und dem »Segen des Herrn« mit der Vorstellung von Exkrementen zu verbinden (sie waren ja schon verbunden in der von ihm zitierten Redensart). Er hielt das nicht für eine Lästerung und sah keine stilistische Kluft zwischen den beiden Vorstellungsebenen: die tat sich erst im 17. Jahrhundert auf.

Um die Marktplatzgesten wie das Kotwerfen und Urinvergießen zu verstehen, muß man den Zusammenhang kennen, aus dem sie stammen. Dieser ist der Karneval mit seiner eigenen Logik, das komische Drama vom Absterben der alten und der Geburt der neuen Welt. Jedes Motiv, auch wenn es einzeln auftritt, ordnet sich diesem Gesamtsinn unter und spiegelt die Gesamtheit der aus Widersprüchen entstehenden Welt. Durch seinen Anteil am Ganzen ist jedes Motiv *ambivalent*, es steht mit dem ganzen Komplex von Leben, Tod und Geburt in Verbindung. Daher fehlen ihm jeder Zynismus und alles Vulgäre in unserem Sinn. Werden jedoch dieselben Motive (Kotwerfen und Urinvergießen) im System einer anderen Weltanschauung wahrgenommen, in der der positive und der negative Pol des Entstehens auseinandergerissen sind und sich gegenüberstehen, so werden sie tatsächlich zu Zynismen, verlieren ihre *direkte* Beziehung zu Leben, Tod und Geburt und damit auch ihre Ambivalenz. Sie konservieren nur das negative Moment, und die von ihnen bezeichneten Dinge (»Kot« und »Urin« in unserem heutigen Verständnis) haben einen unzweideutigen, alltäglichen Sinn. In dieser veränderten Bedeutung leben diese Motive oder eigentlich nur die entsprechenden Wörter in der Umgangssprache aller Völker weiter, und in diesem Zustand bewahren sie immerhin einen ganz entfernten Nachklang ihres alten, weltanschaulichen Sinns, den schwachen Ausdruck der öffentlichen Freizügigkeit – nur so erklärt sich ihre hartnäckige Lebensfähigkeit und weite Verbreitung.

Die Rabelaisforscher begreifen und bewerten die Marktplatzelemente bei Rabelais gewöhnlich im *Geist ihrer eigenen Gegenwart*, losgelöst vom tragenden Ganzen des karnevalesken Marktplatzgeschehens. So bekommen sie die Motive in ihrer Ambivalenz nicht zu fassen.

Wir führen noch einige Beispiele an, die bestätigen, daß zu Rabelais' Zeit in den Kot- und Urinmotiven das Moment von Erneuerung, Fruchtbarkeit und Glück noch ganz lebendig war. Im *Baldus* von Teofilo Folengo (dieses makkaronische Werk hatte bekanntlich einen gewissen Einfluß auf Rabelais) gibt es eine Episode in der *Hölle*, wo Cingar einen Jungen wiedererweckt, indem er ihn mit *Urin* übergießt.

Die *Erstaunliche Chronik*[95] enthält eine Episode, wo Gargantua

3 Monate, 7 Tage, 13¾ Stunden und 2 Minuten am Stück pißt und damit die Rhone samt 700 Schiffen erschafft.
Das Zweite Buch des Romans (*Pantagruel*) berichtet, daß alle warmen *Heil*quellen Frankreichs und Italiens aus dem heißen Urin des kranken Pantagruel entstanden.
Im Dritten Buch (Kapitel 17) spielt Rabelais auf den antiken Mythos an, nach dem Jupiter, Neptun und Merkur Orion (von griech. οὐϱοεῖγ – pinkeln) aus ihrem Urin *geschaffen* haben (Rabelais' Quelle sind hier Ovids *Fasti*). Er bringt diese Anspielung auf die folgende, raffinierte Weise unter: Jupiter, Neptun und Merkur »... officialement ... forgerent Orion«. »Official« ist ein Offizier bei der bischöflichen Gerichtsbehörde, doch im degradierenden Sprachgebrauch der Umgangssprache titulierte man so den Nachttopf (dieser Wortgebrauch ist schon für das 15. Jahrhundert belegt). In Rußland nennt man den Nachttopf manchmal den »General«. Rabelais gelang in seiner sprachschöpferischen Fähigkeit die Form »officialement«, was bedeuten sollte, »aus Urin gemacht« und mit »nach Generalsart« oder »exzellent« zu übersetzen wäre. Hier ist die degradierende und die produktive Kraft des Urins auf äußerst originelle Weise vereint.
Schließlich sei noch das berühmte »Manneken-Pis« auf einem der Springbrunnen Brüssels erwähnt. Es ist eine alte Skulptur, die einen ganz ungeniert pinkelnden Jungen darstellt. Die Brüsseler halten ihn für ihren ältesten Bürger und verbinden mit seiner Existenz scherzhaft das Wohlergehen ihrer Stadt.
Man könnte noch viel aufzählen, wir kommen noch einmal anhand von Beispielen aus dem Roman auf dieses Thema zurück. Die Motive Kot und Urin sind ambivalent, wie alle Motive der materiell-leiblichen Basis, sie erniedrigen und töten, erwecken und erneuern, sie sind heilig und degradierend; Tod und Geburt, das Gebären und die Agonie sind untrennbar in ihnen verflochten.[96] Zugleich sind all diese Motive immer mit dem *Lachen* verbunden. Geburt und Tod sind in Kot und Urin in ihrem heiteren Lachaspekt verkörpert. Daher begleiten Exkrementen-Motive in dieser oder jener Form fast immer jene heiteren Popanze, die sich das Lachen als Ersatz für das besiegte Schreckliche schafft, und deshalb verschmelzen sie mit dem Motiv der Hölle. Exkremente bedeuten Materie und Leiblichkeit, und dies

vor allem in ihrem *Lach*aspekt. Sie sind die geeignetste Materie zur degradierenden Verkörperlichung alles Hohen. Daher ist ihre Rolle in der komischen Folklore, im grotesken Realismus und in Rabelais' Roman so groß, und auch in den gebräuchlichen degradierenden Ausdrücken der Umgangssprache. Wenn Hugo im Zusammenhang mit Rabelais' Welt sagt, »totus homo fit excrementum«, so ignoriert er das wiedergebärende und erneuernde Element des Exkrement-Motivs, das damals dem literarischen Europa schon verlorengegangen war.
Aber kommen wir zurück auf Veselovskijs Beispiel mit dem Jungen. Wir haben gesehen, daß die Metapher »mit Dreck bespritzen« in bezug auf Rabelais' Zynismus fehl am Platz ist. Sie ist abstrakt und moralisierend; Rabelais' Zynismus aber gleicht einer fröhlichen Beerdigung.
Veselovskijs Vergleich ist insgesamt sehr unbefriedigend. Was er als einen frei herumlaufenden Dorfjungen darstellt, dem er herablassend die Dreckspritzer nachsieht, ist die jahrtausendealte Lachkultur, welche einmalige und gewiß nicht naive Sinnkapazität birgt. Die Lachkultur und der lachende Zynismus haben unsere Nachsicht nicht nötig.[97]

Bisher sprachen wir vom »Zynismus«, den »Obszönitäten« und der »Marktplatzkomponente« in Rabelais' Roman, doch all diese Begriffe sind konventionell und dem, was sie bezeichnen sollen, nicht adäquat. Zunächst sind die Elemente, die uns hier interessieren, im Roman nicht isoliert, sondern organischer Teil des Motivsystems. Als etwas Isoliertes, Spezielles erscheinen sie erst dem neuzeitlichen literarischen Bewußtsein. Im System des grotesken Realismus und der Lachkultur waren sie Komponenten sämtlicher Vorstellungen des Materiell-Leiblichen: nicht-offizielle Komponenten zwar, doch nicht-offiziell war die ganze volkstümlich-festliche Literatur des Mittelalters und auch sein Lachen. Daher grenzen wir die »Marktplatzkomponente« nur bedingt aus. Wir meinen damit all das, was *unmittelbar* mit dem Leben auf dem Marktplatz verbunden ist, was den Stempel der öffentlichen *»Inoffizialität«* und *Freiheit* trägt und was zugleich den Formen der volkstümlich-festlichen *Literatur* im strengen Wortsinn zugerechnet werden kann.
Das sind vor allem einige Erscheinungen der Umgangssprache,

Flüche, Schwüre und Verwünschungen, die Redegattungen des Marktplatzes, die »Schreie von Paris«, die Reklamesprüche der Scharlatane und Arzneiverkäufer etc. All diese Phänomene sind nicht durch eine chinesische Mauer von den volkstümlich-festlichen literarischen und szenischen Genres getrennt, sie gehören dazu und sind stilistisches Vorbild. Wir treffen den Reklamegeist in den »dits« und »debâts«, in den Diablerien, Sotties und Farcen. Alltags- und Kunstgattungen des Marktplatzes sind so eng miteinander verflochten, daß es mitunter schwer wird, eine Grenze zu ziehen. Die Arzneiverkäufer und Reklameschreier waren zugleich Jahrmarktsschauspieler, die *Schreie von Paris* wurden in Versform und nach ganz bestimmten Melodien vorgetragen. Der Stil der (verbalen) Einladung in die Schaubuden unterschied sich in nichts vom Stil der Reklame der Volksbücherverkäufer (und die langen reklameartigen Titel dieser Bücher haben gewöhnlich den Ton marktschreierischer Einladungen). Der städtische Platz war im späten Mittelalter und in der Renaissance eine Welt für sich, in der alle »Auftritte«, vom lauten, öffentlich ausgetragenen Streit bis zum inszenierten festlichen Schauspiel, etwas gemeinsam hatten, die Atmosphäre von Freiheit, Offenheit, Familiarität. Auch solche Elemente familiärer Rede wie Flüche und Schwüre waren auf dem Marktplatz vollkommen zulässig und fanden leicht Zugang zu allen festlichen Marktplatzgattungen, selbst zum sakralen Drama. Der Marktplatz war das Zentrum alles Nichtoffiziellen, er besaß quasi »exterritoriale« Rechte in der offiziellen Welt und der offiziellen Ideologie, und er gehörte immer dem Volk. Natürlich wurde dies besonders an *Feiertagen* offenbar. Besondere Bedeutung hatten die Jahrmärkte, die um die Feiertage herum lagen und sich gewöhnlich recht lange hinzogen. Der berühmte Jahrmarkt von Lyon zum Beispiel fand viermal im Jahr statt und dauerte jedesmal 15 Tage. So lebte die Stadt volle 2 Monate pro Jahr ein Jahrmarktsleben, d.h. ein weitgehend *karnevaleskes* Leben. Auf den Jahrmärkten herrschte immer Karnevalsatmosphäre, selbst wenn gerade kein Karneval im eigentlichen Sinn stattfand.

So ist die nichtoffizielle Volkskultur im Mittelalter und in der Renaissance eine Welt für sich, eine Gegenwelt. In Schlössern, Kirchen, Ämtern und Privathäusern war der Umgang nach hierarchischen Prinzipien geregelt, es ging nach der Etikette und den Regeln des Anstandes zu. Auf den Plätzen hörte man eine andere, die Umgangssprache, fast eine eigene Sprache, die anderenorts unmöglich war und sich schroff von der der Kirche, des Hofs, der Gerichte und anderer Institutionen unterschied, ebenso von der Sprache der offiziellen Literatur und der der herrschenden Klassen (der Aristokratie, des Adels, der höheren und mittleren Geistlichkeit, der Spitzen des städtischen Bürgertums). Dennoch drang das kräftige Element der Marktplatzrede unter gewissen Bedingungen auch in die offizielle Kultur vor. An Feiertagen, besonders zur Karnevalszeit, griff der Marktplatz auf alle Bereiche über, am Narren- und am Eselstag selbst auf die Kirche.

Es gibt wahrscheinlich in der Weltliteratur kein anderes Werk, das in solcher Fülle und Authentizität alle Seiten des volkstümlichen Lebens auf dem Marktplatz wiedergibt wie Rabelais' Roman. Ehe wir uns aber hineinhören, wollen wir die äußere Geschichte von Rabelais' Berührung mit den Marktplätzen skizzieren, soweit das die dürftigen Daten seiner Biographie zulassen.

In Fontenay-le-Comte, wo Rabelais als Zögling des Franziskanerklosters seine Jugend verbrachte und in der humanistischen Kultur und der griechischen Sprache unterwiesen wurde, machte er sich auch mit der anderen Kultur und Sprache des Jahrmarkts vertraut. In Fontenay-le-Comte gab es damals dreimal im Jahr einen in ganz Frankreich berühmten Jahrmarkt. Dazu reiste eine große Zahl von Händlern und Käufern, nicht nur aus Frankreich, sondern auch aus anderen Staaten an. Nach der Versicherung G. Bouchets drängten sich dort viele Ausländer, besonders Deutsche. Es versammelten sich wandernde Händler, Zigeuner und jene Deklassierten von obskurer Herkunft, an denen die Epoche so reich war. Fontenay-le-Comte war, wie eine Quelle aus dem 16. Jahrhundert belegt, die Heimat eines eigenen *Argot*. Rabelais hatte hier gute Gelegenheit, das Jahrmarktsleben zu beobachten und zu belauschen.

Auch in der folgenden Lebensperiode hatte er dazu genügend Anlaß. Er bereiste mit dem Bischof Geoffroy d'Estissac die Provinz Poitou und sah dabei besonders die Jahrmärkte von

Saint-Maixent und Niort, den Betrieb auf dem letzteren beschreibt er in seinem Roman. Die Provinz Poitou zeichnete sich damals durch ein üppiges Jahrmarkts- und Straßentheaterleben aus.

Auch mit dem Straßentheater machte sich Rabelais vertraut. Offensichtlich erwarb er in Poitou die Theaterkenntnis, die er später im Roman offenbart. Die Bühnen wurden direkt auf den Plätzen aufgebaut, und vor ihnen drängte sich das Volk. In der Menge konnte Rabelais an Aufführungen von Mysterien, Moralitäten und Farcen teilnehmen. Einige Städte des Bezirks Poitou (Montmorillon, Saint-Maixent, Poitou selbst und andere) waren gerade damals berühmt für diese Aufführungen.[98] Nicht zufällig wählt Rabelais als Rahmen für Villons Facetie im Vierten Buch die Städte Saint-Maixent und Niort. Die französische Theaterkultur war damals noch ganz an den bevölkerten Marktplatz gebunden.

In der nächsten, nicht dokumentierten Lebensperiode (1528–1530) ist Rabelais offensichtlich zwischen den Universitäten Bordeaux, Toulouse, Bourges, Orléans und Paris unterwegs. Hier macht er mit dem Leben der studentischen Bohème Bekanntschaft, die sich auf der folgenden Station, seinem Medizinstudium in Montpellier, festigt.

Auf die große Bedeutung der schulfreien Tage und der Ferien für die mittelalterliche Kultur und Literatur haben wir schon hingewiesen. Etwa zu Rabelais' Zeit stiegen die Schuldramen in die hohe Literatur auf und begannen in ihr eine wesentliche Rolle zu spielen. Auch sie kamen vom Marktplatz. Schulparodien, -travestien und -facetien in lateinischer und besonders in den Volkssprachen lassen deutlich die Gemeinsamkeit der Herkunft und gemeinsame Züge mit den anderen Kunstformen des Marktplatzes erkennen, und eine ganze Reihe von heiteren szenischen Darbietungen fand auch direkt auf dem Marktplatz statt. Die Studenten von Montpellier beispielsweise veranstalteten am Dreikönigstag karnevaleske Prozessionen und organisierten Tanzfeste auf den Plätzen. Oft führte die Universität Moralitäten und Farcen außerhalb der eigenen Mauern auf.[99]

Rabelais nahm wohl auch aktiv an den studentischen Vergnügungen seiner Zeit teil. Jean Plattard nimmt an, daß er während des Studiums, besonders in Montpellier, eine Reihe von Anekdoten, Facetien, heiteren Disputen und komischen Skizzen schrieb und sich in den verschiedenen Formen der Ferien- und Unterhaltungsliteratur jene Erfahrung erwarb, die uns das außerordentliche Tempo der Entstehung des *Pantagruel* erklären könnte.

In der folgenden Lyoner Periode wurde Rabelais' Kontakt zum volkstümlichen Jahrmarktplatz noch enger. Wir erwähnten die berühmten Lyoner Märkte, die insgesamt 2 volle Monate pro Jahr dauerten. Das Leben auf den Straßen und Plätzen von Lyon, dieser südlichen Stadt mit ihrer großen italienischen Kolonie, war überhaupt sehr lebhaft. Rabelais erzählt im Vierten Buch vom *Lyoner Karneval*, zu dem man die scheußliche Darstellung des *Freßsacks und Schluckspechts* »Maschecroûte« (Manducus oder Krustenkracher), dieses typischen *heiteren Popanzes*, herumtrug. Zeitgenossen berichten auch von anderen Lyoner Massenfesten, etwa vom Maifeiertag der Drucker oder der Wahl des »Handwerkerprinzen« u. a.

Auf andere Weise war Rabelais dem Lyoner Jahrmarkt noch enger verbunden. Dieser gehörte zu den weltweit führenden Märkten im Buch- und Verlagswesen, übertroffen nur noch von der berühmten Frankfurter Buchmesse. Beide Buchmärkte spielten eine entscheidende Rolle für den Vertrieb von Büchern. Neuerscheinungen kamen »zum Jahrmarkt« heraus, zum Frühjahr, Herbst oder Winter[100], und folglich richteten sich auch die Autoren im Einreichen ihrer Manuskripte nach diesen Zeiten. A. Lefranc macht sich die Daten der Lyoner Jahrmärkte mit Erfolg für die Aufstellung einer Chronologie der Werke Rabelais' zunutze. Die Lyoner Marktzeiten regulierten die gesamte Buchproduktion, selbst die wissenschaftliche, besonders jedoch bestimmten sie natürlich das Erscheinen populärer Ausgaben von Volksbüchern und Unterhaltungsliteratur.

Rabelais begann nach drei wissenschaftlichen Publikationen solche populäre Literatur zu schreiben und trat damit in engeren Kontakt zum Marktplatz. Er hatte sich nun nicht nur nach den Terminen des Jahrmarkts zu richten, sondern auch nach dessen Bedürfnissen und Geschmacksvorstellungen.

Rabelais veröffentlicht beinahe auf einen Schlag den *Pantagruel*, der unmittelbar auf die *Große Chronik des Gargantua* folgte, *Pantagruels Prognostik* und den *Almanach auf das Jahr* 1533.

Pantagruels Prognostik ist eine heitere Travestie auf die populären *Neujahrsprognosen*, sie umfaßt nur wenige Seiten und wurde in den folgenden Jahren mehrmals wiederaufgelegt. Der *Almanach* ist ein volkstümlicher Kalender; ähnliche gab Rabelais auch in den folgenden Jahren heraus. Erhalten sind Materialien und Fragmente dieser Kalender für die Jahre 1535, 1541, 1546 und 1550. Man kann mit L. Moland annehmen, daß sich die Serie damit nicht erschöpft, sondern daß Rabelais von 1533 an jedes Jahr einen Kalender schrieb, und daß er quasi der offizielle Kalenderschreiber, der »französische Mathias Lansberg« war.
Beide Gattungen, die »Prognostik« und der Kalender, hatten eine enge Beziehung zur *Zeit*, dem *Neuen Jahr* und dem *Jahrmarkt.*[101] Zweifellos hat Rabelais weiterhin ein lebendiges Interesse und unmittelbare Beziehungen zum Marktplatz bewahrt, wenn auch die dürftigen Daten seiner Biographie in dieser Beziehung nichts sagen.[102] Erst aus der Zeit seiner letzten italienischen Reise haben wir wieder ein interessantes Dokument. Am 14. 3. 1549 wurde Heinrich II. ein Sohn geboren, und aus diesem Anlaß richtete der Kardinal Jean Du Bellay in Rom ein Volksfest aus. Rabelais nahm daran teil und verfaßte eine genaue Festbeschreibung, zu der er seine eigenen Briefe an den Kardinal de Guise heranzog. Die Beschreibung erschien in Paris und Lyon unter dem Titel *La Sciomachie et festins faits à Rome au Palais de Mon Seigneur reverendissime cardinal Du Bellay.*
Zur Eröffnung des Festes wurde eine Schlacht mit Show-Effekten aufgeführt, mit Feuerwerk und sogar mit Leichen, die sich aber später als *Strohbälge* erweisen. Das Fest hatte, wie damals üblich, recht *karnevalesken* Charakter. Natürlich gab es eine Karnevals-Hölle in Form einer feuerspeienden Kugel, man bezeichnete sie als »Höllenrachen« oder »Holofernes-Kopf« (vgl. die einbändige Ausgabe Molands, S. 599). Zum Abschluß des Festes wurde ein grandioses Essen mit einer unwahrscheinlichen, geradezu pantagruelinischen Menge von Würsten und Wein gegeben.
Solche Feste waren für die Renaissance typisch. Schon Burckhardt zeigt, wie groß ihr Einfluß auf die Kunst und das ganze geistige Klima der Renaissance war, wir können dies nur unterstreichen.[103] Rabelais interessierte an den Festen weniger der offiziell-parabelhafte Teil als vielmehr das Volkstümliche am

Marktplatz – sie hatte auch bestimmenden Einfluß auf sein Werk. Auf den Plätzen studierte er die verschiedenen Formen der volkstümlichen Komik, an denen seine Zeit so reich war. Im Ersten Buch des Romans, wo die Beschäftigungen des jungen Gargantua unter der Führung des Ponokrates beschrieben sind, heißt es:

> »Und statt zu botanisieren, besuchten sie die Kaufläden der Gewürzkrämer, Kräuterhändler und Apotheker und betrachteten mit Fleiß und achtsam die Früchte, Wurzeln, Blätter, Gummiharze, Samen, fremdländischen Salben, desgleichen wie man sie verfälschte.
>
> Auch sah er sich die Gaukler an, die Taschenspieler und Seiltänzer, die Marktschreier und Theriakhändler und beobachtete ihre Possen, Kniffe, Bocksprünge und ihr geschliffenes Mundwerk, insbesondere derer von Chaunys in der Pikardie, denn die sind die geborenen Schwatzbrüder und ausbündige Schindludertreiber, wenn es gilt, einem einen Bären aufzubinden.« (S.133/134)

Diesen Bericht von der Bekanntschaft des jungen Gargantua mit dem Leben auf dem Marktplatz kann man sicherlich als autobiographische Mitteilung interpretieren. Rabelais selbst hat alle Seiten des Marktplatzlebens studiert, er kennt die für die Renaissance charakteristische *Nachbarschaft von volkstümlichen szenischen Gattungen und der Volksmedizin*, er kennt die Kräutersammler und Apotheker, die Verkäufer aller möglichen wunderwirkenden Salben und die Scharlatane. *Zwischen der Volksmedizin und der Volkskunst gibt es eine uralte Verbindung*. Sie erklärt die Figur des Schauspielers und Medizinverkäufers in einer Person. In Rabelais' Roman ist *der Arzt* organisch mit dem gesamten traditionellen Motivsystem verbunden. In unserem letzten Zitat ist die unmittelbare Nachbarschaft von Medizin und Schaubude im Marktplatzleben der Renaissance deutlich. Soviel zur äußeren Geschichte von Rabelais' Kontakten zum Marktplatz; wie aber spiegelt er sich im Roman?

Wir stehen damit vor der Frage nach der besonderen Atmosphäre des *Marktplatzes* und nach dem *Wesen seiner Sprache*. Gleich an der Schwelle zu Rabelais' Roman, in den berühmten »Prologen«, sind wir mit dieser Frage konfrontiert. Von der ersten Zeile

des Buches an tauchen wir in die eigenartige sprachliche Atmosphäre des Marktplatzes ein, deshalb beginnen wir auch unsere Arbeit mit dem Kapitel über den Marktplatz.
Wie ist der Prolog zum *Pantagruel*, dem zuerst niedergeschriebenen und veröffentlichten Buch des Romans, angelegt? Wir zitieren den Anfang:

> »Sehr erlauchte und mannhafte Kämpen adeligen Geblütes und andere, die ihr euch mit Fleiß aller hochgemuten und ehrenhaften Kurzweil ergebt, ihr habt jüngsthin die *Großen und unschätzbaren Chroniken des gewaltigen Riesen Gargantua vor Augen gehabt und euch daran gelabt, und wie echte Gläubige* habt ihr alles geglaubt in guten Treuen und habt euch damit manches Mal mit den ehrenwerten Damen und edlen Frauen die Zeit vertrieben, ihnen auch schöne lange Geschichten daraus erzählt, wenn euch gerade nichts Besseres einfiel. Dafür verdient ihr hohes Lob und immerwährendes Gedenken.« (S. 305)

Wir wir sehen, verbindet sich das Lob auf die *Chroniken des Gargantua* mit dem auf die Leser, die sich für die Chroniken begeistern. Das Lob und die Komplimente sind im marktschreierischen Stil der werbenden Schausteller und der Volksbuchverkäufer auf den Jahrmärkten gehalten; diese priesen nicht nur die versprochenen Wunder und die angebotenen Bücher, sondern auch das »hochverehrte Publikum«. Wir haben in Ton und Stil ein typisches Beispiel der Marktplatzreklame vor uns.
Natürlich sind diese Werberufe von naiver und platter »richtiger« Reklame meilenweit entfernt. Sie sind voll von volkstümlich-festlichem *Lachen*. Sie *spielen* mit allem, was sie anpreisen, und ziehen alles »Heilige« und »Hohe«, das sich irgendwie anbietet, in das Wort-Spiel hinein. In unserem Beispiel werden die Verehrer der *Chroniken* mit »echten Gläubigen« verglichen, die an die Chronik wie an die Bibel glauben; der Autor hält sie nicht nur für würdig, »hohes Lob«, sondern auch »immerwährendes Gedenken« zu genießen. So entsteht diese besondere Marktplatzatmosphäre zwanglosen und heiteren Spiels, in der das Hohe und das Niedere, das Heilige und das Profane gleiche Rechte genießen und einen freundschaftlichen sprachlichen Reigen bilden. Und so war die Sprache der Marktplatzlockrufe

immer. Die Forderungen sprachlicher Konvention (zum Beispiel die Normen des offiziellen sprachlichen Umgangs) berührten sie nicht, sie besaß das Privileg des Marktplatzlachens. Übrigens war die *volkstümliche Reklame* immer *ironisch*, sie *lachte* immer auch *über sich selbst* (dies gilt auch für die Reklame der russischen Hausierer), auf dem Marktplatz gewannen selbst Eigennutz und Betrug ironischen und halb offenherzigen Charakter. Im mittelalterlichen Straßen- oder Marktplatz»schrei« (»cri«) klang immer das Lachen mit.

Im oben zitierten Prologtext wird viel gelobt, es gibt kein einziges neutrales, objektives Wort: »très illustres«, »très chevalereux«, »gentillesses«, »honnestetés«, »grandes«, »inestimables« etc. Eigentlich wird überhaupt nur im Superlativ gesprochen, Superlativ allerdings nicht im rhetorischen Sinn. Es ist vielmehr der ironische, verräterisch übertriebene und aufgeblasene Superlativ des grotesken Realismus, die Kehrseite (oder vielleicht besser die Vorderseite) des Fluchs. In den folgenden Passagen des Prologs hören wir den »Schrei« des Arztes, Scharlatans, Arzneiverkäufers. Er preist die *Chroniken* als hervorragendes Mittel gegen den Zahnschmerz: Man wickle sie in ein angewärmtes Tuch und lege sie auf die schmerzende Stelle auf. Solche parodistischen Rezepte sind eine der verbreitetsten Gattungen des grotesken Realismus.[104]

Kurz darauf werden die *Chroniken* zur Linderung von *Syphilis* und *Gicht* empfohlen. Gichtkranke und Syphilitiker treten in Rabelais' Roman und überhaupt in der Lachliteratur des 15. und 16. Jahrhunderts sehr häufig auf; Gicht und Syphilis sind die »heiteren Krankheiten«, die durch den übermäßigen Genuß von *Speisen* und *Alkohol* und *durch sexuelle Ausschweifungen* entstehen, die also mit dem materiell-leiblichen Bereich verbunden sind. Die Syphilis war damals gerade zur Modekrankheit geworden[105], das Thema »Gicht« hatte im grotesken Realismus schon Tradition, wir finden es auch bei Lukian.[106]

Die zitierte Passage aus dem Prolog führt uns die traditionelle Verknüpfung von Medizin und Kunst vor Augen. Es geht dabei nicht um die bloße Vereinigung von Schauspieler und Arzneiverkäufer in einer Person, sondern direkt um die Heilwirkung eines zerstreuenden und Lachen hervorrufenden literarischen Werks, eben der *Chroniken*. Dies wird in der Diktion des Jahrmarktsscharlatans und Schaubudenschreiers verkündet; im Prolog zum Vierten Buch greift Rabelais das Thema wieder auf und begründet die *Heilkraft des Lachens* anhand der Lehren Hippokrates', Galens, Platons und anderer Autoritäten.

Und nachdem er so die Vorzüge der *Chroniken* aufgezählt hat:

> »Ist das etwa nichts? Findet mir ein Buch, in welcher Sprache, Fakultät oder Wissenschaft es auch sei, das solche Kräfte, Eigenschaften und Vorzüge hat, und ich will euch ein Schöppchen Kutteln zahlen. Nein, ihr Herren, nein! Es ist ohnegleichen, unvergleichlich und sonder Beispiel. Das halt ich aufrecht bis zum Scheiterhaufen *exclusive*, und die das Gegenteil behaupten, heiß ich ungescheut Betrüger, Ketzer, Bauernfänger, Gaudiebe und Wölfe im Schafspelz.« (S. 307)

Neben der für das Lob des Marktplatzes typischen Überladung mit Superlativen wird ein weiterer charakteristischer Kniff zum komischen Beweis der eigenen Wahrheitstreue benutzt, die komische Wette und der Schwur: wer nämlich ein besseres Buch als die *Chroniken* vorweisen kann, dem will der Autor cin »Schöppchen Kutteln« (d. h. Innereien, Därme) bezahlen, und daß es kein besseres Buch gibt, darauf will er bis zum Scheiterhaufen *»exklusive«* bestehen.

Sehen wir uns einmal besonders das »Schöppchen Kutteln« an, den Einsatz des Autors bei der Wette. Die Kutteln (tripes) trifft man oft bei Rabelais und überhaupt in der ganzen Literatur des grotesken Realismus (in deren lateinischem Teil heißen sie »viscera«). In unserem Kontext geht es natürlich um Kutteln als *Speise*. Die Rindermägen und -därme wurden sorgfältig gewaschen, gesalzen und geschmort, auf Vorrat konnte man sie nicht zubereiten, also überfraß man sich am Schlachttag und schätzte die Speise ziemlich gering. Man war der Ansicht, daß selbst bei sorgfältigster Reinigung mindestens zehn Prozent Exkrementenanteil, der folglich mitgegessen wurde, in den Kutteln blieb. Das Motiv wird uns noch in einer der wunderlichsten Episoden des *Gargantua* begegnen.

Warum ist das Motiv »Innereien« im grotesken Realismus so zentral? Die Innereien bzw. Eingeweide sind der *Leib*, das *Innere*, das *Leben* des Menschen, und zugleich der schluckende, verschlingende Bauch. Mit dieser Doppelbedeutung, mit der *»hohen«* und *»niederen«* Bedeutung des Inneren spielt der groteske Realismus. Wir zitierten schon Henri Estienne mit der Beschreibung einer Sitte aus Rabelais' Zeit: man stellte ein Weinglas auf den Kopf und sprach dabei folgende Worte aus dem Bußpsalm: »Schaffe in mir, Gott, ein reines Herz und gib mir einen neuen, gewissen Geist / in visceribus meis, d. h. in meinem Inneren /« (Psalm 51.12). Der Wein wusch und umspülte ja die Därme (viscera). Doch das Motiv ist noch komplexer. Die Eingeweide sind mit dem Entleerungsvorgang und dem Kot verbunden. Weiter verschlingt der Leib nicht nur, er wird auch selbst *verzehrt* (als Kutteln). In den »Muntern Reden der Bezechten« (im Ersten Buch des Romans) sagt ein Gast zum anderen:

> »Der [Wein] wird mir die Kutteln putzen. Wollt ihr etwas an den Fluß bestellen?« (S. 30)

(man wusch die Kutteln gewöhnlich im Fluß), wobei der Sprecher sowohl die soeben verzehrten Kutteln meinte als auch die eigenen Eingeweide. Schließlich assoziiert man mit den Innereien Tod, Schlachtung und Mord (von dem man auf russisch als »die Därme herausholen« spricht) sowie die Geburt und den gebärenden Leib.

Damit sind im Motiv der Kutteln *Leben, Tod, Geburt, Ausscheidungen* und *Essen* zu einem unlösbaren Knoten verknüpft, sie bilden das *Zentrum der Körpertopographie, sie sind der Ort, wo oben und unten ineinander übergehen.* Daher war dieses Motiv im grotesken Realismus äußerst beliebt. Die »Schaukel«, das Spiel mit oben und unten, schwingt in diesem Bild sehr eindrucksvoll, oben und unten, Himmel und Erde fließen zusammen. Wir werden noch sehen, was für eine grandiose Lachsinfonie Rabelais aus dem Spiel mit den verschiedenen ambivalenten Bedeutungen der »Eingeweide« in den ersten Kapiteln des *Gargantua* (»Wie Gargamelle, als sie mit Gargantua schwanger ging, eine Unmenge Kutteln aß«, »Die muntern Reden der Bezechten«, »Wie Gargantua auf höchst seltsame Art zur Welt kam«) macht.

In unserem Beispiel ist das »Schöppchen Kutteln«, der Wetteinsatz des Prologschreibers, nicht nur etwas relativ Wertloses (das billigste Gericht), »Scheiße«, sondern zugleich das Leben und das Innerste. Das Motiv ist auch hier voller Doppelsinn.

Kennzeichnend ist auch die Art, wie unser Fragment endet. Vom

Lob geht der Ton unmittelbar zum *Fluchen* über (zur Kehrseite des Marktplatzlobs): wer anderer Ansicht über die *Chroniken* ist, wird als »Bauernfänger, Gaudieb und Wolf im Schafspelz« abgestempelt. Diese drei Bezeichnungen verwandte man für Leute, die als Anhänger von Irrlehren angeklagt waren und auf den Scheiterhaufen kamen. Das Spiel mit ernsten und gefährlichen Dingen setzt sich fort, nicht umsonst wurden die *Chroniken* mit der Bibel verglichen. Jetzt beschuldigt der Autor alle in der Frage der *Chroniken* Andersdenkenden, einer Irrlehre anzuhängen, genau wie es die Kirche mit Zweifelnden tut und mit allen daraus entstehenden Folgen. Die kühne Anspielung auf die Kirche und ihre Politik hat einen aktuellen Anlaß. Das signalisiert das erste Schimpfwort »Ketzer«, es verweist auf die Protestanten und ihr Bekenntnis zur »Prädestinationslehre«.
So ist die maßlose Huldigung an die *Chroniken* als bestes und einziges Buch der Welt, das Lob derer, die sie lesen und an sie glauben, die Bereitschaft, für die Überzeugung von der einzig rettenden Kraft der »Chroniken« sein Leben (in der ironisch ambivalenten Form des »Schöppchens Kutteln«) zu lassen, diese Überzeugung bis zum Scheiterhaufen bzw. bis kurz vor den Scheiterhaufen zu verteidigen und schließlich der Vorwurf der Irrlehre an die Adresse aller Andersdenkenden – von vorn bis hinten Parodie auf die Kirche als der einzigen Hüterin und Interpretin des Gottesworts. Doch diese gewagte Parodie präsentiert sich in der Form des Lachens und des heiteren Marktplatzschreies, deren Sprache und Stil perfekt durchgehalten sind. Nur deshalb konnte sie ungestraft durchgehen. »Marktschreier« wurden eines Irrglaubens wegen nicht angeklagt, ganz gleichgültig, was sie redeten, wenn nur der heitere, närrische Ton beibehalten wurde. Rabelais hielt ihn durch. Der Lachaspekt der Welt war sanktioniert, und so hatte Rabelais etwas später auch keine Bedenken zu verkünden, von den *Chroniken* sei in den beiden letzten Monaten mehr verkauft worden als von der Bibel in den letzten neun Jahren.
Kommen wir zum Ende des Prologs. Er schließt mit einem *Hagel von Marktplatzverwünschungen und Flüchen* teils an die Adresse des Autors, falls er in seinem Buch auch nur mit einem Wort lügen sollte, teils an die Adresse solcher Leser, die dem Autor keinen Glauben schenken:

»Doch kommen wir zum Ende dieses Vorspruchs: Gleichwie ich mich mit Leib und Seele, Kutteln und Därmen hunderttausend Körben voller ausgewachsner Teufel überantworten will, wenn ich in der ganzen Geschichte auch nur mit einem Worte lüge, desgleichen brenn euch das Sankt-Antons-Feuer, schmeiß euch das fallende Weh zu Boden, fahr euch der Donnerkeil in Arsch, freß euch der Krebsschaden ans Hinkebein, pack euch der Blutschiß,

der Rotlauf und die Kränke soll euch plagen,
so hageldicht wie auf dem Kuhfell steht das Haar,
Quecksilber noch darein, damit es schärfer wirke,
das alles mög euch die Gedärm zerfressen,

und gleich Sodom und Gomorrha sollt ihr in Schwefel und Feuer umkommen und von der Erde verschlungen werden, wenn ihr nicht fest und unerschütterlich alles glaubt, was ich euch in dieser Chronik erzählen werde.« (S. 308)

Diese abschließende Reihe von Verwünschungen ist charakteristisch, charakteristisch vor allem der Übergang von maßlosem Lob zu ebenso maßlosen, vernichtenden Verwünschungen. Ein solcher Übergang entspricht den Gesetzen des Marktplatzes, Lob und Verwünschung sind zwei Seiten einer Medaille, das Marktplatzwort ist ein zweigesichtiger Januskopf. Lob ist, wir haben es gerade gesehen, ambivalent und ironisch, es bildet die Schwelle zur Beschimpfung, ist sozusagen schwanger mit Schimpfworten. Das Umgekehrte gilt für die Beschimpfung auf dem Marktplatz. Wenn Lob und Beschimpfung in der Umgangssprache streng zu trennen sind, in der Sprache des Marktplatzes sind sie gemeinsam auf einen einzigen, sozusagen zweileibigen Körper zu beziehen, den das Lob beschimpft und die Verwünschung lobt. Daher der Gebrauch von Schimpfwörtern (besonders obszönen) im zärtlichen und lobenden Sinn; zahlreiche Beispiele dafür werden wir bei Rabelais finden und analysieren. Letztendlich war die groteske Marktplatzrede (besonders in ihren ältesten Schichten) auf die Welt und jede ihrer Erscheinungen im Stadium der Metamorphose gerichtet, im Übergangszustand von Nacht zu Tag, Winter zu Frühling, vom Alten zum Neuen, vom Tod zur Geburt. Deshalb ist diese Rede voll von Lob *und* Beschimpfung, die sich nicht auf nur eine einzige Erscheinung beziehen, genausowenig aber auf zwei getrennte.

Dies ist in unserem Beispiel vielleicht nicht ganz deutlich geworden, doch ist ein ambivalenter Zug auch hier nicht zu leugnen. Die Ambivalenz und eine gewisse Unbestimmtheit, »Unfertigkeit« des Adressaten garantiert den organischen und unmittelbaren Übergang vom Lob zur Beschimpfung und umgekehrt.[107]

Auf dieses Zusammenfließen von Lob und Beschimpfung kommen wir im vierten Kapitel unserer Arbeit zurück. Die Kenntnis dieses Phänomens ist die Voraussetzung für ein Verständnis ganzer Etappen der historischen Entwicklung des bildlichen Denkens, doch sind bis heute die Vorarbeiten nicht geleistet. Wir merken hier nur etwas vereinfachend an, daß die Grundlage der Vereinigung von Lob und Beschimpfung die Vorstellung von der Welt als einer ewig unfertigen, zugleich sterbenden und geborenwerdenden, zweileibigen Welt ist. Das Doppelmotiv, das Lob und Verwünschung vereint, zielt darauf ab, genau den Moment des Wechsels, des Übergangs vom Alten zum Neuen, vom Tod zur Geburt zu treffen. Das beschimpfende Lob entlarvt und krönt zugleich.

In der Klassengesellschaft kann die Erfahrung des Übergangs ihren Ausdruck nur in der inoffiziellen Kultur finden, in der Kultur der herrschenden Klassen hat sie keinen Platz; dort sind Lob und Tadel streng geschieden, der offiziellen Kultur liegt das Prinzip einer unbeweglichen und unveränderlichen Hierarchie zugrunde, in der das Hohe und das Niedere niemals zusammenfallen. Deshalb ist ein Zusammenfließen von Lob und Tadel dem Ton der offiziellen Kultur absolut fremd: Entfernte Anklänge an den doppelten Ton nehmen wir heute nur noch in der Umgangssprache wahr. Da die historische Volkskultur noch wenig erforscht ist, blieb auch das Phänomen des Zusammenfalls von Lob und Verwünschung unbemerkt. Doch kehren wir zurück zum Prolog.

Der Inhalt der Marktplatzverwünschungen spricht für sich. Fast alle Ausdrücke betreffen den menschlichen Körper. Der erste, auf den Autor selbst bezogene, hat anatomisierenden, »zerstükkelnden« Charakter, der Autor liefert sich selbst dem Teufel aus, mit Leib und Seele, Eingeweiden und Gekröse. Wir treffen hier wieder die »tripes« und »boyaulx«, die für das Leben und das Körperinnere stehen.

Die sieben an den skeptischen Leser gerichteten Verwünschungen schicken ihm fünf Krankheiten an den Hals: das Antonsfeuer (die Wundrose), die Epilepsie (»mau de terre vous vire«), Geschwüre an den Beinen und einen hinkenden Gang (»le maulubec vous trousque«), blutigen Durchfall (»caquesangue vous vire«) und Hämorrhoiden (»le mau fin feu... vous puisse entrer aufondemant«).
Diese und ähnliche Verwünschungen schaffen einen grotesken Körper: sie versengen ihn und werfen ihn zu Boden (»mau de terre«), verkrüppeln die Beine, forcieren Ausscheidungen und verletzen den Hintern, mit anderen Worten, sie krempeln den ganzen Körper um und stülpen den Unterleib vor. Allen Verwünschungen ist die *Ausrichtung nach unten* gemeinsam.
Dies gilt auch für die beiden letzten der sieben Verwünschungen: »fahr euch der Donnerkeil (d.i. der Blitz) in Arsch« und »sollt ihr in Schwefel und Feuer umkommen und von der Erde verschlungen werden«, mit anderen Worten, »daß ihr in der Hölle versinken mögt«.
Alle zitierten Verwünschungen sind in traditionelle, redensartliche Formeln gekleidet. Eine stammt aus der Gascogne (und findet sich bei Rabelais öfter: »le maulubec vous trousque«), eine andere ist, nach dem Refrain und den Assonanzen im Original zu schließen, Teil eines populären Straßenliedes. In vielen Flüchen verbindet sich die Topographie des Körpers mit der kosmischen Topographie (Blitz, Erde, Schwefel, Feuer, Ozean).
Die Verwünschungsreihe am Ende des Prologs bildet einen sehr dynamischen Schluß. Es ist eine starke, schroffe degradierende Geste, die groteske Schaukel schwingt vor dem Anhalten bis auf die Erde hinunter. So schließt Rabelais seine Kapitel mit Flüchen oder mit der Einladung zum Essen und Trinken.
Soviel zum Aufbau des Prologs. Vom Anfang bis zum Schluß hält er sich an Ton und Stil des Marktplatzes. Wir hören die werbenden »Schreie« des Schaubudenbesitzers, des Quacksalbers und Scharlatans, des Arznei- und Wunderheilmittelverkäufers und des Volksbücherverkäufers, wir hören die Marktplatzverwünschungen, die das ironisch werbende Lob und die zweideutige Huldigung ablösen. Ton und Stil des Prologs beruhen auf gebräuchlichen Reklametypen des Marktplatzes

und der Sprache des familiären öffentlichen Umgangs. Das Material dieses Prologs ist der »Schrei« (»cri«), das laute Wort der Straße, aus der Menge und an die Menge gerichtet. Der Sprechende ist mit der Menge auf dem Marktplatz solidarisch. Er trennt sich nicht von ihr, belehrt sie nicht, entlarvt sie nicht und macht ihr keine Angst, er *lacht* mit ihr zusammen. In seine Rede dringt nicht der schwächste Anklang an düsteren Ernst, an Angst, Andacht und Demut. Sie ist die heitere, furchtlose, ungehemmte und offene Rede des Marktplatzes, die nicht von sprachlichen Tabus und Konventionen beschnitten ist.

Der Prolog als ganzer ist eine parodistische Travestie auf kirchliche Überzeugungsstrategien. Hinter den *Chroniken* steht das Evangelium, hinter den Lobestiraden auf die *Chroniken* als alleinseligmachendes Buch steht die Exklusivität der kirchlichen Wahrheit, und hinter den Schimpfworten und Verwünschungen des Marktplatzes stehen die Intoleranz und die Einschüchterungsversuche der Kirche und ihre Scheiterhaufen. Der Prolog übersetzt die Politik der Kirche in die Sprache der heiteren und ironischen Marktplatzreklame. Doch er zielt auf Grundsätzlicheres als die meisten Parodien. Er travestiert die Grundlagen des gesamten mittelalterlichen Denkens, die Methoden zur Schaffung von »Wahrheiten« und die Politik der Überredung, an sie zu glauben, die alle untrennbar mit Angst und Zwang, düsterer einseitiger Seriosität und Intoleranz verbunden sind. Der Prolog schafft die diametral entgegengesetzte Atmosphäre einer angstfreien und heiteren Wahrheit.

Der Prolog zum *Gargantua,* dem chronologisch zweiten Buch des Romans, ist in seiner Anlage komplizierter. Die Sprache des Marktplatzes verbindet sich hier mit Elementen humanistischer Bildung und mit der Paraphrasierung einer Passage aus Platons *Gastmahl.* Auch in diesem Prolog dominiert der Marktplatz, die Intonation von Lob und Beschimpfung. Doch ist er stilistisch feiner, stärker nuanciert und behandelt ein komplexeres Thema. Er beginnt mit der charakteristischen Anrede: »Erlauchte Zecher und ihr, meine vielgeliebten Lustseuchlinge« (S. 9). Damit ist sofort der familiäre Ton des ganzen folgenden Gesprächs mit dem Leser (besser gesagt, mit dem Hörer, denn die Sprache der Prologe ist die der mündlichen Rede) angeschlagen.

In den Anreden mischen sich Beschimpfung und Lob. Der

positive Superlativ verbindet sich mit dem schmähenden »Zecher« und »Lustseuchling«. Dies ist wieder das verwünschende Lob oder das lobende Verfluchen, das die familiäre Rede des Marktplatzes kennzeichnet.

Der Prolog ist aufgebaut wie ein Gespräch des Schaubudenreklameschreiers mit dem sich um die Bühne drängenden Publikum. Wir stoßen ständig auf Anreden wie »ihr hättet keinen Zwiebelschnitz um ihn gegeben«, »doch hättet ihr diese Büchse aufgemacht, so hättet ihr darinnen [...] gefunden«, »ihr, meine wackern Jünger, und etliche andre müßige Narren« (S. 10), »habt ihr jemals einer Flasche den Hals gebrochen?« (S. 11) etc. Der Marktplatzton all dieser Wendungen an die Zuhörer ist ganz offensichtlich.

Über den ganzen Prolog verstreut sind auch direkte Beschimpfungen an die Adresse Dritter: »ein Bruder Dilldapp«, »ein tölpischer Schmierfink«, »so ein Lumpenkerl« (S. 12), »ein Nörgler« (S. 12/13).

Familiär-zärtliche Schimpfworte und direkte Beschimpfungen bestimmen die Rededynamik des Prologs und seinen Stil. Zu Beginn wird die Figur des Sokrates angesprochen, wie ihn Alkibiades in Platons *Gastmahl* darstellt. Der Vergleich zwischen Sokrates und den Silenen, den Alkibiades hier anstellt, war zu Rabelais' Zeiten unter den Humanisten sehr populär. Guillaume Budé bedient sich seiner, Erasmus von Rotterdam zieht ihn in seinem Werk dreimal, wobei eine Stelle (in den *Silenen des Alkibiades*) ganz offensichtlich unmittelbare Quelle für Rabelais war, der natürlich auch Platons *Gastmahl* selbst kannte. Rabelais nimmt den Vergleich auf, doch ordnet er ihn dem Stil seines Prologs unter, er hebt die darin vorhandene Verbindung von Lob und Beschimpfung deutlich heraus:

> »So sei, sagte [Alkibiades], Sokrates gewesen, weil ihr, da ihr ihn nur hättet von außen sehen und nach der äußeren Erscheinung einschätzen können, keinen Zwiebelschnitz um ihn gegeben hättet, so häßlich war er von Gestalt und lächerlich in seinem Auftreten: mit seiner spitzen Nase, dem Blick eines Stiers, dem Antlitz eines Narren, einfältig in seinem Benehmen, bäuerisch in seiner Gewandung, arm an Vermögen, ohne Glück bei den Frauen, untauglich zu jedem Staatsamt, immerzu lachend, immerfort einem jeden zutrinkend, jeder-

zeit zum Spotten aufgelegt und stets sein göttliches Wissen verbergend. Doch hättet ihr diese Büchse aufgemacht, so hättet ihr darinnen eine himmlische und unschätzbare Spezerei gefunden: übermenschlichen Verstand, wunderbare Tugend, unbezwinglichen Mut, unvergleichlich nüchternen Sinn, sicheres Genügen, unbeirrbare Ruhe und schier unglaubliche Nichtachtung all dessen, wofür die Menschenkinder so sehr die Nächte durchwachen, laufen, sich abmühen, zu Schiff die Meere befahren und sich bekämpfen.« (S. 9/10)

Starke inhaltliche Abweichungen von den Prototypen (d. h. von Platon und Erasmus) gibt es nicht, allein der Ton dieser Gegenüberstellung von Sokrates' äußerem und innerem Gesicht ist familiärer geworden. Die bloße Häufung der Charakteristika und der für die Beschreibung des Äußeren gewählten Ausdrücke nähern sie der üblichen Rabelaisschen Schimpftirade an; hinter dem Wortschwall spüren wir die Dynamik von Lob und Beschimpfung. Die Beschreibung der inneren Qualitäten des Sokrates ist ebenfalls, auf die Lobeshymne hin, stilisiert, hinter der Häufung von Superlativen steht die Dynamik des Marktplatzlobs. Dennoch haben die Lobesbeschimpfungen deutlich rhetorische Züge.

Ein Detail möchten wir kurz ansprechen. Nach Platons *Gastmahl* werden die Silenen in Bildhauerwerkstätten verkauft, und wenn man sie öffnet, erscheint immer ein Bildnis Gottes. Rabelais verlegt den Silenenverkauf in Apothekerläden, und in den Figürchen finden sich allerlei Arzneien, darunter auch ein damals sehr populäres Mittel, ein Pulver aus dem Staub von heilkräftigen Edelsteinen. Die Aufzählung der Arzneien (wir zitieren sie hier nicht) hat den Charakter der gesprochenen Reklame der Apotheker und Scharlatane, wie sie auf den Plätzen zu Rabelais' Zeiten üblich war.

Auch alle anderen Motive des Prologs vermitteln Marktplatzatmosphäre. Überall spürt man die treibende Kraft des schimpfenden Marktplatzlobs, es bestimmt die ganze Rede, den Ton, den Stil und die Dynamik. Es gibt im Prolog kein neutrales, objektives Wort, das zwischen Lob und Beschimpfung in der Mitte stünde. Überall stoßen wir auf Komparative und Superlative, zum Beispiel »Der Duft des Weins, o wieviel beglückender, erquickender, entzückender ist er doch, wie soviel göttlicher und köstlicher als der Geruch des Öls!« (S. 12) oder »diese schönen Bücher voll köstlichen Gehaltes« (S. 11). Im ersten Fall hören wir die rhythmische Reklame der Markthändler, im zweiten erinnert das Epitheton »köstlich« an eine ebensolche Reklame für die damit ausgezeichneten Wild- und Fleischsorten. Überall »kreischt« jener Marktplatz, den der junge Gargantua unter der Führung des weisen Ponokrates kennengelernt hat, der Platz mit seinen »Kaufläden der Gewürzkrämer, Kräuterhändler und Apotheker«, mit seinen »fremdländischen Salben«, mit den »Kniffen, Bocksprüngen« und dem »geschliffenen Mundwerk, insbesondere derer von Chaunys« (S. 133), den »ausbündigen Schindludertreibern, wenn es gilt, einem einen Bären aufzubinden« (S. 134). Alle Motive der neuen humanistischen Kultur, die in diesem Prolog so zahlreich sind, sind in diese Marktplatzatmosphäre getaucht.

Zitieren wir noch das Ende des Prologs:

> »So macht euch nun eine rechte Kurzweil, meine viellieben Schätzchen, und lest frohgemut, was noch kommt, zum Wohlsein eures Leibes und zu Nutz und Frommen eurer Lenden! Doch merkt wohl, ihr Eselsfochteln (der Krebsschaden freß euch ans Hinkebein!), und denkt daran: trinkt auf mein Wohl, stoßt mit mir an, und ich will euch im Handumdrehn Bescheid tun.« (S. 13)

Dieser Schluß klingt etwas anders als der Prolog zum *Pantagruel* – anstelle einer Tirade von Verwünschungen im Marktplatzstil steht die Einladung, uns lesend zu amüsieren und dabei ordentlich zu trinken. Auch hier gibt es Flüche und Verwünschungen, nur werden sie in ihrer schmeichelnden Bedeutung verwandt. An ein und dieselben Personen ist die Anrede »mes amours«, »meine viellieben Schätzchen« und der Fluch »vietz d'azes« (eigentlich »Eselsphallus«) gerichtet, und auch das uns schon bekannte »le maulubec vous trousque« aus der Gascogne. In den Endzielen des Prologs haben wir den ganzen Rabelais in seinem elementaren Ausdruck vor uns – ein heiteres Wort, ein obszöner Fluch und ein Bankett, der einfachste festliche Ausdruck des ambivalenten Materiell-Leiblichen, Lachen, Essen, Zeugungskraft, Lob und Beschimpfung.

Die zentralen Motive des Prologs kreisen um das *Festmahl.* Der Autor lobt den Wein, der in jeder Beziehung besser sei als Öl –

Öl als Symbol für fromme Weisheit und Andacht, Wein dagegen für die freie und heitere Wahrheit. Die meisten Epitheta und Vergleiche, die in bezug auf »geistige« Dinge verwendet werden, haben »eßbaren« Charakter. Rabelais verkündet auch frei heraus, daß er nur während der Mahlzeiten und bei einem Glas Wein schreibe, und fährt fort: »Auch ist das die rechte Stunde, solch hochfliegende Materien und tiefsinnige Weisheiten aufzuschreiben, wie Homer, das Ur- und Vorbild aller Schriftgelehrten, desgleichen Ennius, aller lateinischen Poeten Vater, trefflich zu tun verstanden ...« (S. 12). Auch der Kern des Prologs schließlich, der Vorschlag an den Leser, nach dem verborgenen Sinn der Bücher zu suchen, wird mittels eines Bildes aus dem Bereich des Essens, Kauens und Verschlingens präsentiert. Der Autor vergleicht diesen verborgenen Sinn mit dem Knochenmark und den Leser mit einem Hund, der den Knochen benagt und das darin versteckte Mark findet. Das Motiv vom *Verschlingen des verborgenen Sinns* ist charakteristisch für Rabelais und das gesamte volkstümlich-festliche Motivsystem. (Dem Motiv des Festmahls werden wir ein eigenes Kapitel widmen.)

Die Sprache des Marktplatzes spielt auch im Prolog zum Dritten Buch eine zentrale Rolle. Dieser Prolog ist der bewundernswürdigste und reichste.

Er beginnt mit der Anrede »Gute Leute, erlauchte Zecher und ihr, liebwerteste Gichtlinge, saht ihr jemals Diogenes, den zynischen Philosophen?« (S. 525). Dann entfaltet er sich wie ein familiäres Marktplatzgespräch mit dem Publikum, er steckt voller Vergleiche mit dem Festmahl, voller volkstümlicher Komik, Wortspiele, Redensarten und sprachlicher Travestien. Er imitiert das Einladungsgeplauder zur Schaubudenvorstellung. Jean Plattard beschreibt den Ton dieses Prologanfangs sehr zutreffend: »Es ist der Ton des Marktschreiers, und er rechtfertigt selbst die gröbsten Scherze.« (S. den Kommentar zur wissenschaftlichen Rabelaisausgabe unter der Red. von A. Lefranc.)

Den Schluß dieses dritten Prologs bildet eine hinreißend dynamische Schimpftirade. Der Autor lädt die Leser ein, in vollen Zügen aus seinem unerschöpflichen Faß zu trinken, doch bittet er nur die guten Leute, die den Wein und die Heiterkeit schätzen und auch zu trinken verstehen. Die anderen, Parasiten und

Pedanten, Intriganten und Nörgler, aufgeblasene und hochnäsige Heuchler, jagt er weg von seinem Faß:

»Hebt euch von hinnen, ihr Köter! Aus dem Weg, geht mir aus der Sonne, Mönchsbrut, schert euch zum Teufel! Kommt ihr arschwackelnd hier angepirscht, bemäkelt meinen Wein und bepißt mir mein Faß? Seht hier den Stecken, den Diogenes in seinem Letzten Willen nach seinem Tod neben sich zu legen befahl, um damit diese Leichenlarven und Höllenhunde zu verjagen und kreuzlahm zu bleuen. Platz da, Muckergezüchte! Jagt die Schafe, Köter! Packt euch, Wölfe im Schafspelz, in drei Teufels Namen! Seid ihr immer noch da? Meinen Teil an Papimanien geb ich dran, wenn ich euch schnappe. Ksss! Ksss! Ksssss! Vorwärts! Los! Trollen sie sich bald? Daß ihr doch nie scheißen könntet, als wenn man euch das Leder blutig gerbt, nie brunzen als auf der Wippe, nie warm kriegen, als wenn man euch durchwalkt.« (S. 535)

Hier sind die Adressaten der Beschimpfungen und Schläge konkreter zu fassen als im Prolog zum *Pantagruel* – gemeint sind die Vertreter der alten, düsteren Wahrheit, der mittelalterlichen Weltanschauung, der »gotischen Finsternis«, »diese Leichenlarven und Höllenhunde«, die den anderen in der Sonne stehen, die Feinde der neuen, zwanglosen, heiteren Wahrheit, die hier als das in ein Weinfaß verwandelte Faß des Diogenes auftritt. Die alten Heuchler nehmen sich heraus, den Wein der freien Wahrheit zu kritisieren und in das Faß zu pissen; dies ist eine Anspielung auf die Denunziationen, den Klatsch und die Jagd der Agelasten auf die heitere Wahrheit. Deren Beschimpfung geschieht in einer interessanten Form: die Feinde sind gekommen, um »culletans articuler mon vin...«. Das Wort »articuler« bedeutet »kritisieren, anklagen«, doch Rabelais hört darin »cul« (Hintern) und verleiht ihm so einen degradierenden Akzent. Um das Wort »articuler« in eine Grobheit zu verwandeln, stimmt er schon vorher auf das »cul« ein, er stellt ein »culletans« (mit dem Hintern wackeln) voran. Im Schlußkapitel des *Pantagruel* verwendet er eine ähnliche Technik der Beschimpfung auf eine ausschweifendere Art. Er spricht dort von den heuchlerischen Mönchen, die ihre Zeit über den »pantagruelinischen Büchern« verbringen, aber nicht zu ihrer Unterhaltung, sondern um Denunziationen und Klatsch über sie zu verbreiten, und erläutert: »scavoir est arti*cul*ant, monarti*cul*ant, troti*cul*ant, *culle*tant, *couille*tant et diabli*cul*ant, c'est à dire columniant.«[108] So wird die geistliche Zensur (womit die Zensur durch die Sorbonne gemeint ist), diese Verleumdung der heiteren Wahrheit, in den Unterleib befördert, zum Hintern (»cul«) und den Geschlechtsorganen (»couilles«). In den darauffolgenden Zeilen baut Rabelais die groteske Degradierung noch aus und vergleicht die geistlichen Zensoren mit Vagabunden, die in der Kirschenzeit im Kot der Dorfkinder graben, um sich die Kerne zum Verkauf herauszupicken.

Kommen wir noch einmal zum Ende des dritten Prologs. Seine Dynamik wird noch erhöht durch die Einführung des traditionellen Rufs der Schäfer, mit dem sie ihre Hunde aufhetzen (schriftlich wiedergegeben als Ksss! Ksss! Ksssss!). Die letzten Zeilen des Prologs sind eine schroffe, schmähende Degradierung. Um die absolute Unbegabtheit und Unproduktivität der düsteren Verleumder des Weins der heiteren Wahrheit zu beschreiben, verkündet Rabelais, daß sie ohne eine vorherige Tracht Prügel nicht einmal in der Lage sind, sich ihrer Exkremente zu entledigen oder in sinnliche Erregung zu geraten. Mit anderen Worten, nur Angst und Leiden (»sanglades d'estrivières« und »à l'estrapade«, Termini aus dem Bereich der Folter und der öffentlichen Auspeitschung) können sie produktiv machen. Der Masochismus der düsteren Verleumder degradiert auf groteske Weise die *Angst* und das *Leiden*, diese beiden zentralen Kategorien der mittelalterlichen Weltanschauung. Das Motiv »vor Angst in die Hose machen« ist die traditionelle Degradierung nicht nur des Feiglings, sondern überhaupt der Angst. Es ist eine der wichtigsten Varianten des Malbrou[gh]-Themas, ein Thema, das Rabelais ausführlich in der letzten selbst niedergeschriebenen Episode des Romans am Ende des Vierten Buchs behandelt. Panurge, der in den letzten beiden Büchern, besonders im Vierten, fromm und feige geworden und von mystischen Phantasien eingeschüchtert ist, hält im dunklen Schiffsbauch einen Kater für den Teufel und kackt sich vor Angst von oben bis unten voll. So wird die durch die Angst hervorgerufene mystische Vision in eine gut funktionierende Verdauung verwandelt. Rabelais gibt sofort auch eine medizinische Analyse des Phänomens:

»Die aufhaltende Kraft des Nervs, welcher den Muskel mit Namen Sphincter (sprich Arschloch) zurrt, war infolge der übermäßiger Furcht, die er bei seinen phantastischen Wahnvorstellungen ausgestanden hatte, erschlafft; hinzu hatte sich noch der Kanonendonner gesellt, der drunten in den Luken fürchterlicher dröhnt als oben auf Deck. Denn es ist ein Symptom und eine Begleiterscheinung der Furcht, daß sich durch sie gemeinhin das Schließpförtchen auftut, hinter dem sich gerade die fäkalische Materie staut.« (S. 1117)

Dann erzählt er die Geschichte des Sieners Pandolfo de la Cassino, der an Verstopfung litt und einen Bauern bat, ihn mit der Mistgabel zu erschrecken, wonach er sich hervorragend Erleichterung verschaffen konnte. Es folgt die Anekdote, wie Villon den englischen König Edward dafür lobt, daß er in seinem Klosett das französische Wappen aufgehängt habe, das ihm Furcht einflößt. Der König gedachte so, Frankreich zu erniedrigen, doch in Wirklichkeit half ihm der furchterregende Anblick beim Scheißen (dies ist eine alte Geschichte, die seit dem 13. Jahrhundert in mehreren Varianten und auf wechselnde historische Persönlichkeiten bezogen erzählt wird).

Diese Herabsetzungen spielen eine wesentliche Rolle im System der Degradierungen, die sich gegen die angst- und leidensbetonte mittelalterliche Seriosität richten. Der Degradierung dieser düsteren Seriosität sind im Grunde alle Prologe Rabelais' gewidmet. Der Prolog zum *Pantagruel* travestiert in der heiteren Sprache der Marktplatzreklame die mittelalterliche alleinseligmachende Wahrheit. Der Prolog zum *Gargantua* degradiert den verborgenen Sinn, das »Geheimnis« und die »in Furcht versetzenden Mysterien« der Religion, Politik und Ökonomie mittels ihrer Übertragung auf die Ebene des Essens und Trinkens. Das Lachen soll die heitere Wahrheit über die Welt von den verdunkelnden Lügenhüllen, die von der Seriosität der Angst, des Lebens und der Gewalt gesponnen sind, befreien.

Dies ist auch das Thema des Prologs zum Dritten Buch; er ist die Verteidigung der heiteren Wahrheit und des Rechts auf Lachen, die Degradierung der düsteren und verleumderischen mittelalterlichen Seriosität. Die Schlußszene, Beschimpfung und Verjagung der Reaktionäre, die vor Diogenes' Weinfaß (dem Symbol der heiteren und freien Wahrheit) spielt, setzt all diesen Degradierungen einen dynamischen Schluß.

Es wäre grundfalsch, die Degradierung der Angst und des Leidens durch die Verbindung mit den Exkrementen für einen Zynismus zu halten. Das Exkrement-Motiv ist ambivalent wie alle Bilder des Materiell-Leiblichen, in ihm enthalten ist der Gedanke an Fruchtbarkeit, Geburt und Erneuerung. Nachweise dafür haben wir schon erbracht, und wir können noch weitere hinzufügen. Wo Rabelais über den »Masochismus« der griesgrämigen Verleumder spricht, geht es neben den Ausscheidungsfunktionen auch um die sexuelle Erregung, d. h. die Fähigkeit zum Zeugungsakt.

Am Ende des Vierten Buchs, als sich Panurge unter Einwirkung mystischer Ängste vollscheißt und dafür von seinen Kumpanen ausgelacht wird, als er sich schließlich von der Angst befreit und lustiger wird, gibt er folgenden Ausspruch von sich:

> »Ha ha ha! Hu ha! Was zum Teufel ist das hier? Nennt Ihr es ruhig Driete, Kot, Kacke, Scheiße, Dreckmist, Ausscheidung, fäkalischen Stoff, Exkrement, Senf, Losung, Jauche, Gewöll, Köttel, Hartwurst und Rosinen. Ich glaub, es ist hibernischer Saffran. Ho ho hi! Hibernischer Saffran ist's. Sela. Auf, getrunken!« (S. 1120)

Dies sind die letzten Worte des Vierten Buchs und damit des ganzen Romans, zumindest, soweit ihn Rabelais selbst niedergeschrieben hat. Es kommen 15 Ausdrücke für Kot vor, von den vulgärsten bis zu den wissenschaftlichen. Am Schluß wird der Kot für »hibernischen Saffran« erklärt, d. h. für etwas sehr Wertvolles und Angenehmes. Die Tirade endet mit der Aufforderung zum Trinken, was in der Sprache der Rabelaisschen Motive bedeutet, an der Wahrheit teilzuhaben.

Hier wird die Ambivalenz des Kotmotivs offenbar, seine Verbindung zu Wiedergeburt und Erneuerung und seine besondere Rolle bei der Überwindung der Angst. Scheiße ist die *heitere Materie.* In den ältesten skatologischen Motiven ist sie, wie schon erwähnt, mit Zeugungskraft und Fruchtbarkeit verbunden. Andererseits ist sie die *Mitte* (Mittlerin) *zwischen Erde und Körper,* etwas, das beide einander annähert. Sie ist ein Mittelding zwischen dem lebendigen Körper und dem toten Körper, der sich zersetzt und zu Erde, zu *Dünger* wird. Der Körper gibt der

Erde, solange er lebt, Kot, der *Kot macht die Erde fruchtbar, ebenso wie der Körper eines Toten.* All diese Bedeutungsnuancen hat Rabelais schon gespürt und gekannt, und sie treffen sich, wie wir noch sehen werden, auch mit seinen medizinischen Auffassungen. Für Rabelais als Künstler und Erben des grotesken Realismus war der *Kot* sowieso die *heitere Materie, erniedrigend und freundlich zugleich, Grab und Geburt in ihrer leichtesten, furchtlosesten und komischsten Form.*

Daher sind seine skatologischen Motive (wie auch die anderen Motive des grotesken Realismus) nicht grob oder zynisch, dies wäre ganz undenkbar. Wenn die alte sterbende Welt mit Kot beworfen, mit Urin begossen und mit einem Hagel von skatologischen Flüchen überschüttet wird, so ist das ihre *fröhliche Beerdigung*, die auf der Lachebene dem Aufschütten des Grabs mit Erde entspricht oder der Aussaat in die Ackerfurche (in den *Schoß* der Erde). Für die düstere und körperlose Wahrheit des Mittelalters bedeutet dies heitere Verkörperlichung und lachendes Zurückholen auf die Erde.

Dies ist der Kontext, in den die Analyse von Rabelais' zahlreichen skatologischen Motiven zu stellen ist.

Kehren wir zum Prolog des Dritten Buchs zurück. Bisher haben wir nur seinen Anfang und den Schluß besprochen. Er beginnt mit dem Marktplatz»schrei« des Schaubudenausrufers und endet mit einer marktplatzüblichen Beschimpfung, doch in diesen uns schon bekannten Formen erschöpft er sich nicht. Der öffentliche Platz zeigt sich noch von einer neuen und sehr wichtigen Seite. Wir hören die Stimme des Herolds, der Mobilisierung verkündet, Belagerung, Krieg oder Frieden, und der sich mit seinem Aufruf an alle Schichten und Zünfte wendet. Wir sehen das historische Gesicht des Marktplatzes.

Das zentrale Motiv des Dritten Prologs ist die Geschichte des Diogenes und seines Verhaltens während der Belagerung Korinths. Rabelais übernimmt sie offensichtlich direkt aus Lukians Traktat *Wie man Geschichte schreiben soll,* doch vertraut war sie ihm auch in der lateinischen Übersetzung durch Budé, die dieser in seiner Widmung zu den *Annotationen zu den Pandekten* vorlegte. Rabelais gestaltet die Episode völlig um. Er füllt sie mit Anspielungen auf aktuelle Ereignisse im Kampf zwischen Frankreich und Karl V. und auf Verteidigungsmaßnahmen, die die

Bürger von Paris ergriffen. Diese Maßnahmen sind in der berühmten Aufzählung der Verteidigungsarbeiten und Bewaffnungsarten bis ins kleinste Detail ausgemalt, es ist die längste Aufzählung von militärischen Objekten und Waffen in der ganzen Weltliteratur. Allein für den Degen kommen 13 Fachausdrücke vor, 8 für den Speer etc. etc.

Die Aufzählung der verschiedenen Waffenarten und Verteidigungsmaßnahmen hat den Charakter einer *lauten öffentlichen Verlesung*. Beispiele für solche Nominationen treffen wir in der Literatur des späten Mittelalters öfter. Insbesondere in den Mysterien finden wir lange Aufzählungen der verschiedensten Bewaffnungsarten. So nennen die Offiziere des Nebukadnezar im *Mysterium des Alten Testaments* (aus dem 15. Jahrhundert) während der Heerschau beim Inventarisieren der Waffen allein 43 Bewaffnungstypen.

In einem anderen Mysterienspiel, dem *Märtyrium des Hl. Quentin* vom Ende des 15. Jahrhunderts, das überhaupt reich an Aufzählungen aller möglichen Objekte ist, nennt der römische Heerführer 45 Waffenarten.

Diese Aufzählungen sind auf den volkstümlichen Marktplatz zugeschnitten. Sie sind Paraden, Präsentationen der Waffen, die dem Volk imponieren sollen. Solche Aufrufe der verschiedenen Waffentypen und Flaggen (je nach Regiment) durch den Herold gab es auch bei Rekruteneinziehungen, Mobilmachungen und beim Marschaufbruch (vgl. die Einziehung Pikrocholos' bei Rabelais). Ähnlichen Charakter hatte auch das öffentliche Verlesen der Namen von Ausgezeichneten, Gefallenen etc. All dies sind laute, feierliche, monumentale Nominationen, die schon allein durch ihre Länge imponieren. So auch hier bei Rabelais.

Reihungen von Namen und Dingen und die Häufung von Verben und Epitheta über mehrere Seiten hinweg waren in der Literatur des 15. und 16. Jahrhunderts nichts Ungewöhnliches. Auch bei Rabelais sind sie sehr häufig; im dritten Prolog etwa gibt es 64 Verben, die alle die Handlungen und Manipulationen bezeichnen, die Diogenes an seinem Faß vornimmt. Sie sollen als Parallele zu den militärischen Aktionen der Bürger dienen. Im selben Dritten Buch gibt es 303 Epitheta, die das männliche Geschlechtsorgan im guten und schlechten Zustand charakterisieren und 208 Epitheta zur Bestimmung der Torheit des Narren

Triboulet; im *Pantagruel* werden 144 Bücher aufgezählt, die sich in der Bibliothek von Saint-Victor befinden; im selben Buch werden in der Schilderung der Hölle 79 Personen genannt; im Vierten Buch werden 154 Namen von Köchen aufgezählt, die in der Episode des Kriegs mit den Geschwollenen sich in der Sau verstecken; im selben Buch werden 212 Vergleiche zur Beschreibung der Fastenspeise bemüht und 138 Gerichte aufgezählt, die die Bauchanbeter ihrem Gott vorsetzen. Diese Nominationen sind hyperbolische *Verherrlichungen* bzw. *Beschimpfungen.* Auf ihre künstlerische und stilistische Bedeutung kommen wir im letzten Kapitel zu sprechen, zunächst wollen wir nur eine Variante, die *monumentale* Nomination auf dem Marktplatz, betrachten.

Die Aufzählung gibt dem Prolog einen völlig neuen Ton. Natürlich führt Rabelais keinen Herold ein, derselbe Erzähler trägt die Aufzählung vor, der auch den sprachlichen Gestus des Schaubudenbesitzers imitierte, der im Reklameton des Straßenhändlers warb und seine Feinde mit Marktplatzverwünschungen überschüttete. Nun spricht er im feierlich monumentalen Ton, der deutlich den patriotischen Schwung jener Tage, als der Prolog entstand, das Bewußtsein von der historischen Bedeutung des Moments enthält:

> »... so hielt ich's doch für keine geringe Schmach, als müßiger Gaffer unter so vielen tapfern, beredten und heldenmütigen Männern herumzustehen, die vor den Augen und im Anblick von ganz Europa diese rühmliche Fabel und tragische Komödie spielen, ...« (S. 530)

Das *Theatralische* dieser Formulierung sei hier am Rande bemerkt.

Doch selbst dieser feierliche Ton verbindet sich im Prolog mit anderen Stimmen des Marktplatzmilieus, etwa mit dem obszönen Scherz über die Frauen von Korinth, die der Verteidigung der Stadt auf ihre Art dienten; oder mit den bekannten Stimmen der familiären Rede und der öffentlichen Beschimpfung, Verwünschung und Beschwörung. Das Marktplatzlachen verstummt auch hier nicht. Das historische Bewußtsein Rabelais' und seiner Zeitgenossen hat von diesem Lachen nichts zu fürchten – was es fürchtet, ist die *einseitige und erstarrte Seriosität.*

Rabelais' Diogenes (aus dem dritten Prolog) nimmt an den

militärischen Aktivitäten seiner Mitbürger nicht teil. Um jedoch in diesem historischen Moment nicht untätig zu sein, rollt er sein Faß hinaus zu den Festungsanlagen und führt an ihm alle möglichen, durchweg ziellosen und praktisch sinnlosen Manipulationen durch. Wie schon gesagt, bietet Rabelais zu ihrer Beschreibung 64 Verben auf, die er aus dem Bereich der Technik und verschiedener Handwerke nimmt. Die sinnlose Geschäftigkeit rund um das Faß travestiert parodistisch die praktischen Maßnahmen der Bürger. Doch drückt sich darin nicht pure und einseitige Ablehnung von deren Tätigkeit aus, der Akzent liegt vielmehr darauf, daß auch die heitere Travestie des Diogenes nützlich und unentbehrlich ist, daß auch er auf seine Art der Verteidigung Korinths nützt. Man soll nicht müßiggehen, doch das Lachen ist keine müßige Beschäftigung. Das Recht auf Lachen und die heitere Parodie auf *jede beliebige* ernsthafte Sache hat sich nicht den heroischen Korinthern gegenüber zu behaupten, sondern gegenüber den düsteren Verleumdern und Heuchlern, den Feinden der freien und heiteren Wahrheit. Deshalb verwandelt der Erzähler des Prologs, als er seine Rolle mit der des Diogenes während der Belagerung von Korinth gleichsetzt, dessen Faß in ein volles Weinfaß (Rabelais' bevorzugtes Motiv für die heitere und zwanglose Wahrheit). Wir haben die Szene, wo die Vertreibung der Verleumder und Agelasten vor eben diesem Faß vollführt wird, schon vorgestellt.

So dient auch der Prolog zum Dritten Buch der Entlarvung einseitiger Seriosität und der Verteidigung der *Rechte des Lachens,* die selbst unter den härtesten Bedingungen des historischen Kampfes erhalten bleiben.

Um dasselbe Thema geht es auch in den beiden Prologen zum Vierten Buch (d.h. im sogenannten Ersten Prolog und im Widmungsschreiben an den Kardinal Odet). Hier entwickelt Rabelais, wie schon erwähnt, seine *Lehre vom heiteren Arzt und der Heilkraft des Lachens,* wobei er sich auf Hippokrates und andere Autoritäten stützt. In den Prologen, besonders im Ersten Prolog, gibt es zahlreiche Marktplatzelemente. Wir gehen hier nur auf das Motiv des heiteren Arztes ein, dessen Heiterkeit sich auf seine Kranken überträgt und aus dessen Perspektive der Prolog geschrieben ist.

Es fällt sofort ins Auge, daß dieser Arzt dem Marktplatz entstammt. Er ist weit entfernt von der in den folgenden Jahrhunderten zum literarischen Klischee geronnenen Karikatur auf den Arzt. Rabelais' Arztfigur ist komplex, universell und ambivalent, sie setzt sich auf widersprüchliche Weise aus dem »gottgleichen Arzt« des Hippokrates und, als unterster Grenze, dem Arzt und Skatophagen (Kotesser) der antiken Komödie, der Mimen und mittelalterlichen Fazetien zusammen. Der Arzt hat Teil am Kampf zwischen Leben und Tod im menschlichen Körper, er ist Begleiter bei Geburt und Agonie, er hat es nicht mit dem fertigen, abgeschlossenen Körper zu tun, sondern mit dem gerade geborenwerdenden, dem werdenden, schwangeren, gebärenden, sich entleerenden, kranken, sterbenden und sich zersetzenden Körper, mit demselben, den wir in Flüchen, Schwüren und Verwünschungen, überhaupt in grotesken Motiven, die mit dem materiell-leiblichen Bereich zu tun haben, antreffen. Als Zeuge des Kampfs zwischen Leben und Tod im Körper des Kranken hat er ein besonderes Verhältnis zu den Exkrementen, insbesondere zum Urin. Dieser spielte in der alten Medizin eine wichtige Rolle. Auf alten Stichen ist der Arzt gewöhnlich mit einem Uringlas abgebildet, das er in Augenhöhe in der Hand hält.[109] Im Urin liest er die Zukunft des Kranken, der Urin entscheidet über Leben und Tod. Im Widmungsschreiben an den Kardinal Odet, wo er Beispiele strenger Ärzte anführt, gibt Rabelais die typische Frage eines Kranken an den Arzt (aus dem *Maitre Pathelin*) wieder:

»Und mein Urin?
Sagt er Euch nicht, daß es mit mir zu Ende geht?« (S. 798)

Vom Standpunkt der alten Medizin her haben der Urin und andere Ausscheidungen (Kot, Schleim, Schweiß) neben der oben angesprochenen Verbindung zum Mutterleib und der Erde eine weitere, ergänzende Beziehung zu Leben und Tod.

Damit sind die heterogenen Elemente noch nicht vollzählig benannt, die zusammen die komplexe und widersprüchliche Figur des Arztes bilden. Der Kitt, der jene – von Hippokrates bis zum Marktplatz – zusammenhält, ist das Lachen in seiner universellen und ambivalenten Potenz. Im Schreiben an den Kardinal Odet gibt Rabelais die folgende Definition der medizinischen Praxis:

»In Wahrheit vergleicht Hippokrates recht eigentlich das Ausüben der Heilkunst mit einem Kampf oder einer *Posse*, die mit drei Personen gespielt wird: dem Kranken, dem Arzt und der Krankheit.« (S. 796)

Das farcenhafte Verständnis vom Arzt und dem – mit skatologischen Accessoires und universeller Bedeutsamkeit versehenen – Kampf zwischen Leben und Tod war für Rabelais' Epoche charakteristisch. Wir finden es bei verschiedenen Schriftstellern des 16. Jahrhunderts und in der anonymen Fazetien-, Sottie- und Farcenliteratur. Da treten etwa in einer Sottie die sorglosen und heiteren »Kinder der Dummheit« in den Dienst der »Welt«. Doch ist die »Welt« nicht zufriedenzustellen, sie nörgelt herum, offensichtlich ist sie krank. Man bittet einen Arzt. Der untersucht ihren »Urin« und findet eine Krankheit des Hirns; es stellt sich heraus, daß die »Welt« besessen ist von der Angst vor einer kosmischen Katastrophe, vor dem Tod durch Sintflut und Feuer. In der Schlußszene der *Kinder der Dummheit* gelingt es, die »Welt« in heitere Stimmung und Sorglosigkeit zurückzuversetzen.

Im Vergleich zu Rabelais geht es hier ziemlich primitiv zu; der traditionelle Motivvorrat allerdings (inklusive Sintflut und Feuer in ihren karnevalesken Aspekten) ist dem Rabelaisschen sehr nah. Die Sottie arbeitet den universalen und kosmischen Charakter der Motive deutlich heraus, beides aber bleibt recht abstrakt und rückt sie in die Nähe der Allegorie.

Wir haben uns die Rolle des Marktplatzes und seiner »Stimmen« in Rabelais' Prologen angeschaut. Nun wollen wir die einzelnen Redegattungen des Marktplatzes und vor allem die »Schreie« (cris), die Marktplatzausrufungen, separat untersuchen. Wir hatten behauptet, daß diese Alltagsgenres in die hohe Literatur der Epoche eindringen und dort stilistisch oft eine zentrale Rolle spielen. Das hat sich in der Analyse der Prologe bestätigt.

Beginnen wir mit dem einfachsten, aber für Rabelais recht wichtigen Marktplatzgenre, den »cris de Paris«.

So nennt sich die laut ausgerufene Reklame der Pariser Händler.[110] Die »Schreie« hatten Rhythmus und Versform, ein Vierzeiler übernahm jeweils das Anbieten und Loben einer bestimmten Ware. Guillaume de Villeneuve hat einen ganzen Band

solcher »Schreie« aus dem 13. Jahrhundert gesammelt, die neueste vorliegende Sammlung von Clément Jannequin stützt sich auf Material aus der Mitte des 16. Jahrhunderts (also die »Schreie« der Rabelais-Zeit). Auch aus der Zwischenzeit liegen uns Sammlungen vor, besonders zahlreich aus der ersten Hälfte des 16. Jahrhunderts. So kann man die Geschichte der berühmten »Schreie« über einen Zeitraum von fast 400 Jahren verfolgen.[111]
Die »cris de Paris« waren außerordentlich populär. Im 16. Jahrhundert gab es sogar eine *Farce der Schreie von Paris*, vergleichbar der späteren *Komödie der Sprichwörter* oder der *Komödie der Lieder* aus dem 17. Jahrhundert. Von Abraham Boss, einem bekannten Maler des 17. Jahrhunderts, kennen wir ein Bild mit dem Titel *cris de Paris*, das die kleinen Straßenhändler von Paris darstellt.
Die »cris de Paris« sind wichtige Quellen nicht nur für den Kultur- und Sprachhistoriker, sondern auch für den Literaturwissenschaftler. Sie sind nicht so ausschließlich zweckorientiert wie die Reklame der Neuzeit, und die Literatur wiederum verschloß sich damals selbst in den hohen Genres vor keiner Form des Wortes, welch praktischen und »niederen« Charakter es auch hatte. Die französische Volkssprache wurde damals erstmals zur Sprache der hohen Literatur, der Wissenschaft und der Ideologie. Bis dahin war sie die Sprache der Folklore, des Marktplatzes, der Straßen und Basare, der Kleinhändler und der »cris de Paris« gewesen. Der Beitrag der »Schreie« zur Literatur ist somit nicht gering.
Ihr Stellenwert im Leben der Straßen und Plätze der Stadt war enorm. Buchstäblich an jeder Ecke waren die verschiedenen Ausrufungen zu hören. Für jede Ware – Lebensmittel, Wein, Dinge des täglichen Gebrauchs – gab es spezielle Werbemuster, jede Warengruppe hatte ihre sprachlichen Mittel und ihre Melodien. Wie groß deren Vielfalt war, kann man sich anhand der Sammlung von Truquet aus dem Jahr 1545, *107 cris, die täglich in Paris ausgerufen werden*, vor Augen führen. Doch mit diesen 107 gedruckten Beispielen war die Auswahl noch nicht erschöpft; schon im Lauf eines einzigen Tages konnte man erheblich mehr »Schreie« sammeln. Damals wurde jede öffentliche Mitteilung ausgerufen, alle Bekanntmachungen, Verordnungen, Erlasse, Gesetze etc. wurden dem Volk mündlich und laut

kundgetan. Das gesprochene Wort spielte im Alltag wie im kulturellen Leben eine ungleich wichtigere Rolle als heute, das 19. Jahrhundert ist, verglichen mit Rabelais' Zeit, ein beinahe stummes Jahrhundert. Die sprachliche Kultur des 16. Jahrhunderts war in entscheidendem Maße eine Kultur des lauten Worts unter freiem Himmel, und in ihr hatten die »cris de Paris« einen zentralen Platz.

Welche Bedeutung haben sie für Rabelais' Schaffen? Im Roman gibt es direkte Anspielungen auf die »Schreie«. Als König Anarchos geschlagen und gestürzt ist, beschließt Panurge, aus ihm einen Verkäufer für grüne Sauce zu machen. Er bringt ihm bei, die Sauce »auszurufen«, eine Rolle, die der arme, unbegabte König keineswegs auf Anhieb bewältigt. Rabelais führt den Text des »Schreis« nicht an, doch in der erwähnten Sammlung von Truquet gibt es unter den 107 Reklametexten auch einen für grüne Sauce.

Es geht uns aber nicht so sehr um direkte oder indirekte Anspielungen. Die Frage nach dem Einfluß und, parallel, nach der Bedeutung der »Schreie von Paris« muß auf einer grundsätzlicheren Ebene gestellt werden.

Zunächst ist auf den immensen Stellenwert der anpreisenden Diktion und der reklameähnlichen Nominationen im Roman hinzuweisen. Zwar ist die Grenze zwischen der Diktion der Verkaufsreklame und dem ebenfalls reklamehaften Ton der Schaubudenbesitzer, Medizinverkäufer, Schauspieler, Scharlatane und Horoskopverkäufer etc. nicht immer eindeutig zu ziehen, doch zweifellos haben die »cris de Paris« für alle prägende Bedeutung.

Auch auf Rabelais' Epitheta hatten sie einen gewissen Einfluß. Diese haben oft »kulinarischen« Charakter und entstammen dem Wortschatz, in dem die »cris« gewöhnlich ihre Speisen und Weine anpriesen.

In Rabelais' Roman hat schon die bloße Nennung einzelner Gerichte, Wildsorten, Gemüse, Weine oder auch häuslicher Gebrauchsgegenstände – Kleidung, Küchengerät – eine ästhetische Funktion. Oft sind die Aufzählungen Selbstzweck, Dinge werden allein um ihrer Namen willen genannt. Dieses verbale Schlaraffenland des Romans entspricht exakt der Welt der Speisen und Dinge, die täglich in aller Vielfalt und allem

Reichtum durch die »cris« auf Straßen und Plätzen proklamiert wird. Wir finden sie auch auf den Gemälden der flämischen Maler und in den ausführlichen Gastmahlbeschreibungen der Literatur des 16. Jahrhunderts. Die Aufzählung und Beschreibung all dessen, was mit Tisch und Küche zusammenhängt, entsprach dem Geschmack der Epoche. Die »cris de Paris« sind eine akustische Küche und ein üppiges akustisches Bankett, in dem jede Speise ihren eigenen Rhythmus und ihre eigene Melodie hat. Die »Schreie« inszenieren eine immerwährende Straßensinfonie von Küche und Festmahl.

Die Festmahls- und Küchenmotive in der Literatur waren nicht einfach Details aus dem Alltagsleben, ihre Bedeutung reicht weiter. Eine der besten protestantischen Satiren aus der zweiten Hälfte des 16. Jahrhunderts trägt den Titel *Les Satires chrestiennes de la Cuisine Papale (Die christlichen Satiren der Papstküche)*, wir erwähnten sie schon. Hier wird die katholische Kirche in acht Satiren als riesige Küche dargestellt, die sich über die ganze Welt erstreckt. Die Kirchtürme sind die Kamine, die Glocken die Töpfe, die Altäre die Mittagstische, die verschiedenen Riten und Gebete werden konsequenterweise als verschiedene Gerichte aufgefaßt, wobei eine überaus reiche kulinarische Terminologie vorgeführt wird. Diese protestantische Satire ist die Erbin des grotesken Realismus. Sie degradiert die katholische Kirche und ihre Rituale, indem sie sie in den Bereich des Materiell-Leiblichen transponiert.

Noch offensichtlicher ist die Verbindung zum materiell-leiblichen Bereich in den universalisierten, d. h. symbolisch erweiterten Küchenszenen der makkaronischen Dichtung. Ebenso deutlich ist sie in den Moralitäten, Farcen, Sotties und anderen Genres, in denen Küchen- und Festmahlmotive eine zentrale Rolle spielen. Die Bedeutung des Essens und der Küchengeräte in volkstümlichen Festformen wie dem Karneval, dem Charivari und den Diablerien haben wir schon angesprochen; die Festteilnehmer bewaffneten sich mit Ofengabeln, Feuerhaken, Nachttöpfen und Küchengeschirr. Bekannt sind jene Würste und Brote von grandiosen Ausmaßen, die extra zum Karneval hergestellt und in feierlichen Prozessionen herumgetragen wurden.[112] Die enorme Maßstabsvergrößerung bei Eßwaren ist eine der ältesten Varianten der Hyperbolik und der hyperbolischen Groteske. In der übertriebenen Größe eines *wertvollen Gegenstandes* zeigte sich zuallererst die positive und absolute Bedeutung von Größe und Zahl im künstlerischen Motiv. Die Hyperbolisierung im Bereich der Speisen ist eine Parallelerscheinung zu den alten vergrößernden Darstellungen von Bauch, Mund und Phallus.

Einen späten Nachklang hat diese positive Hyperbolisierung in der symbolisch erweiterten Funktion von Garküchen, Herden und Märkten in der gesamten Weltliteratur. Sogar in den Marktszenen bei Zola (in *Ventre de Paris, Bauch von Paris*) finden wir sie noch in einer Art Mythologisierung des Motivs Markt. Bei Victor Hugo, der überhaupt häufig auf Rabelais anspielt, gibt es in der Beschreibung der Rheinreise *(Le Rhin)* eine Stelle, wo er beim Anblick einer Garküche mit rotglühendem Herd ausruft: »Si j'étois Homère ou Rabelais, je dirois: cette cuisine est un monde dont cette cheminée est le soleil« (»Wäre ich Homer oder Rabelais, so würde ich sagen, diese Küche ist eine ganze Welt und dieser Herd da ist ihre Sonne.« Übersetzt nach: *Le Rhin*, 1, S. 45).

Das trifft genau die universell-kosmische Bedeutung der Küche und des Herdes im Rabelaisschen Motivsystem.

Aus dem Gesagten geht die besondere Relevanz der »cris de Paris« für das Verständnis der Zeit Rabelais' klar hervor. Die »Schreie« berührten eine der wichtigsten Linien des bildlichen Denkens jener Zeit. Man verstand sie im Licht des Herdes und der Küche, und dieses Licht war der Reflex der Sonne. Die »Schreie« gehörten zur großen Bankettutopie der Epoche. In diesem umfassenden Zusammenhang ist ihre direkte Einwirkung auf das Werk Rabelais' und auch ihr hoher Vergleichswert für eine Analyse dieses Werks und überhaupt der Literatur der Epoche zu beurteilen.[113]

Für Rabelais und seine Zeitgenossen waren die »cris de Paris« keineswegs nur Dokumente des Alltagslebens im modernen Wortsinn. Was in der späteren Literatur zum »Alltag« gerann, hatte zu Rabelais' Zeit noch weltanschauliche Bedeutung und wurde von den großen »Ereignissen« der Geschichte nicht getrennt. Die »cris« gehörten zum volkstümlich-festlich-utopischen Milieu des Marktplatzes. Rabelais hörte in ihnen den utopischen Ton des »Gastmahls für die ganze Welt«, und er hörte auch, daß diese utopischen Klänge tief eingebettet waren in das Gewühl des lebendigen, konkreten, sinnlich wahrnehmbaren, praktisch sinnhaften, aromatischen und lauten Marktplatzlebens – dies entspricht dem spezifischen Charakter aller Rabelaisschen Motive: sie vereinen universale und utopische Züge mit großer Konkretheit, Anschaulichkeit, Lebendigkeit, strenger Gebundenheit an lokale Besonderheiten und technischer Exaktheit.

Nah verwandt mit den »cris de Paris« sind die Ausrufungen der Medizinverkäufer. Ihre Reklameschreie gehören zu den ältesten Bestandteilen des Marktplatzlebens, und die Figur des Arztes, der seine Medikamente anpreist, ist eines der ältesten Motive der Weltliteratur. Lange vor Rabelais schon entstand die berühmte *Diz del' herberie (Erzählung von den Heilkräutern)* von Rutebeuf aus dem 13. Jahrhundert, eine typische Marktplatzarzneireklame aus dem Munde des Arztes und Scharlatans. Rutebeuf stellt sie in grotesk-satirischer Brechung dar. Neben anderen Arzneien bietet der Arzt ein besonderes Kraut zur Steigerung der Zeugungskraft an. Die Beziehung des Arztes zur sexuellen Potenz, zur Erneuerung und Wiedergeburt des Lebens (wie auch zum Tod) ist traditionell. Rutebeuf stellt diese Beziehung etwas dezenter dar, bei Rabelais tritt sie in aller Stärke und Offenheit hervor.

In mehr oder weniger verdeckter Form sind Elemente der Marktplatzreklame für Arzneimittel über den ganzen Roman verstreut. Wir haben schon auf die Empfehlung der *Chroniken* als Mittel gegen Zahnschmerz und zur Erleichterung bei Gicht und Syphilis hingewiesen. Auch im dritten Prolog finden wir das Lob auf die Medizin. Ein etwas schwächeres Echo findet die medizinische Reklame in Bruder Jans Lob auf die Mönchskutte als Mittel zur Erhöhung der Potenz und auf das Gebetbuch gegen die Schlaflosigkeit.

Ein interessantes Beispiel für eine komplexere »Medizinreklame« ist das berühmte Lob auf das »Pantagruelion«, mit dem das Dritte Buch schließt. Die Idee zu diesem Lob auf Hanf und Asbest (denn daraus besteht »Pantagruelion«) bezieht Rabelais aus dem Lob auf das Leinen aus Plinius' *Naturgeschichte*. Doch wie alles, was er von anderen übernimmt, trägt auch diese Anleihe die typisch Rabelaissche Handschrift. Bei Plinius hat die Reklame rein rhetorischen Charakter. Ihrer Herkunft nach ist natürlich auch die Rhetorik dem Marktplatz verbunden, doch bei Plinius ist davon nichts zu spüren, sein Lob ist das Produkt einer verfeinerten »schriftlichen« Kultur. In Rabelais' Reklame dagegen erkennt man deutlich die Tonart des Marktplatzes, wie sie in der *Erzählung von den Heilkräutern* und in der Reklame der Kräutersammler und Wundsalbenverkäufer zu hören ist. Hier finden wir auch Spuren von lokalen Legenden über magische Kräuter wie etwa unser russisches »razryv-travy«. Dank des Marktplatzes und der Folklore gewinnt das Lob auf das »Pantagruelion« eine utopische Radikalität, die dem Pessimisten Plinius völlig abgeht.

Selbstverständlich jedoch sind die äußeren Formen der »cris« im Lob auf »Pantagruelion« deutlich gemildert und abgeschwächt.

Ein nachrabelaissches Beispiel für den glänzenden Einsatz der marktplatzüblichen Medizinreklame ist die *Mennipäische Satire*, die wir schon erwähnten. Im Einleitungsteil der Satire (der dem »cri« in Moralität und Sottie entspricht) wird ein spanischer Scharlatan dargestellt; während im Louvre die Vorbereitungen zur Sitzung der Liga-Anhänger getroffen werden, handelt dieser Scharlatan auf dem Hof mit dem wundertätigen Universalheilmittel, dem »Spanischen Katholikon«. Er »ruft« das Mittel aus, lobt es auf allerlei Arten, und durch dieses maßlose Lob im Marktplatzstil entlarvt er auf bissige und zugleich heitere Art die spanische »katholische Politik« und Propaganda. Der »cri« des Scharlatans gleich zu Beginn bereitet jene Atmosphäre zynischer Offenheit vor, in der die Protagonisten der Liga in den folgenden Teilen der Satire sich selbst und ihre Pläne entlarven. Seiner ganzen Anlage und der parodistischen Zielrichtung nach ähnelt der »cri« des spanischen Scharlatans Rabelais' Prologen.

Sowohl die »cris de Paris« als auch das Reklamegeschrei der Wundermittelverkäufer und Jahrmarktsärzte gehören zum Lob-Genre des Marktplatzes. Natürlich sind auch sie ambivalent, auch in ihnen klingen Lachen und Ironie mit. Sie sind zu jedem Moment bereit, ihre Kehrseite zu zeigen, d. h., sich in Verwünschungen und Beschimpfungen zu verwandeln. Auch sie haben degradierende Funktion, materialisieren und verkörperlichen die Welt. Sie sind von ihrem ganzen Wissen her mit dem Bereich des Materiell-Leiblichen verbunden. Dominierend jedoch ist in ihnen der positive Pol dieser Sphäre: Essen, Trinken, Heilung, Wiedergeburt, Zeugungskraft und Überfluß.

Die Kehrseite des Lobs im Marktplatzstil sind Fluch, Verwünschung und Schwur. Auch sie sind ambivalent, doch in ihnen dominiert der negative Pol: Tod, Krankheit, Verwesung und Zerfall, Zerstückelung und Verschlungenwerden des Körpers.

Bei der Untersuchung der Prologe haben wir schon eine Reihe von Schimpfworten und Verwünschungen analysiert. Wir wollen nun eine andere Variante des Marktplatzwortes betrachten, die diesen in Herkunft und künstlerisch-ideologischer Funktion im Roman Rabelais' verwandt ist – den Fluch.

Schimpfworte, Grobheiten, Flüche und Obszönitäten sind nicht-offizielle Elemente der Rede. Sie werden immer als wissentlicher Verstoß gegen die sprachlichen Normen bewertet, als eine bewußte Weigerung, die Redekonventionen einzuhalten, sich an Etikette, Höflichkeit, Respekt, Anstand und Rangordnungen zu orientieren. Wenn solche Elemente gezielt und in genügender Zahl eingesetzt werden, haben sie bestimmenden Einfluß auf den gesamten Kontext, die gesamte Äußerung. Sie transponieren sie auf eine andere Ebene, die jenseits aller sprachlichen Konvention liegt. So verwandelt sich eine von der Normenherrschaft, der Hierarchie und den Tabus der Normalsprache befreite Rede im Verhältnis zur offiziellen quasi in eine besondere Sprache, eine Art Argot. Dadurch begründet sie ein eigenes Kollektiv, die Gesellschaft der in diese Redeart Eingeweihten, der offen und zwanglos Sprechenden. Die *Menge auf dem Marktplatz*, besonders zu Fest-, Jahrmarkts- oder Karnevalszeiten, bildete ein solches Kollektiv.

Die Zusammensetzung und der Charakter der Elemente, die die Kraft haben, die ganze Rede zu verwandeln, ändern sich je nach Epoche. Viele Ausdrücke, die im 17. Jahrhundert den Charakter des Obszönen und Lästerlichen gewannen, wurden zu Rabelais' Zeit noch gar nicht als solche empfunden und überschritten nicht die Grenze des in der offiziellen Rede Möglichen. Ebenso relativ ist der Grad der Wirkung, den inoffizielle, nicht »zensurkonforme« Wörter und Ausdrücke auf ihren Kontext haben. Jede Epoche hat ihre eigenen Normen von sprachlicher Offizialität, von Anstand und Korrektheit.[114] In jeder Epoche aber gibt es

Wörter und Ausdrücke, die als Signal verstanden werden, frei zu sprechen, die Dinge ohne Auslassungen und Euphemismen bei ihren Namen zu nennen. Der Gebrauch solcher Wörter und Ausdrucksweisen schafft eine Atmosphäre marktplatzartiger Offenheit, er führt zu einer bestimmten Thematik und zur Inoffizialität der ganzen Weltanschauung. Natürlich erschließen sich die karnevalesken Möglichkeiten solcher Redeelemente *vollständig* nur auf dem *Fest*platz, unter Wegfall aller hierarchischen Schranken unter den Menschen, im realen vertrauten Kontakt. Hier werden diese Ausdrücke zu Sinnpartikeln des umfassenden Lachaspekts der Welt.

Solchen Charakter hatten zu Rabelais' Zeit neben anderen nichtoffiziellen Elementen auch die sogenannten »jurons«, die Flüche. Man fluchte hauptsächlich beim Namen verschiedener heiliger Dinge, beim »Körper des Herrn«, beim »Blut des Herrn«, angesichts von Feiertagen, Heiligen, ihren Reliquien etc. Meist waren die »jurons« Überbleibsel alter sakraler Schwurformeln. Die familiäre Rede war stark von ihnen durchsetzt. Einzelne soziale Gruppen, selbst einzelne Personen hatten ihr eigenes Repertoire an Flüchen oder einen Lieblingsfluch, den sie ständig im Munde führten. Unter Rabelais' Helden ist es vor allem Bruder Jan, der seine Rede mit Flüchen schmückt: er kann keinen einzigen Schritt tun, ohne zu fluchen. Als Ponokrates ihn fragt, warum er flucht, antwortet er: »Das tu ich bloß zu Schmuck und Würze meiner Redeweise, [...] Das ist halt so ciceronischer rhetorischer Redeschmuck.« (S. 213) Auch Panurge geizt nicht mit Flüchen.

Die Flüche waren ein nichtoffizielles Element der Rede, sie wurden sogar buchstäblich bekämpft, und zwar von zwei Seiten: von Kirche und Staat einerseits und den stubengelehrten Humanisten andererseits. Die letzteren sahen in den Flüchen unnötige, parasitäre Teile der Rede, die nur deren Klarheit trübten, und hielten sie für ein Überbleibsel des barbarischen Mittelalters. Diesen Standpunkt nimmt auch Ponokrates im gerade zitierten Ausschnitt ein. Staat und Kirche sahen in den Flüchen den profanisierenden und lästerlichen Gebrauch heiliger Namen, der sich nicht mit einer frommen Haltung vereinbaren ließe. Unter dem Einfluß der Kirche wurden staatlicherseits mehrmals Ordonnanzen gegen die Flüche erlassen, unter Karl VII., Ludwig XI.

(am 12. 5. 1478) und schließlich Franz I. (im März 1525). Diese Verurteilungen und Verbote verstärkten nur den nichtoffiziellen Charakter der Flüche und verschärften das sie begleitende Gefühl der Verletzung sprachlicher Normen. Dies wiederum verstärkte die spezifische Färbung einer mit Flüchen durchsetzten Rede und machte sie familiärer, marktplatzartiger, zwangloser. Man begann das Fluchen als einen Angriff auf die offizielle Weltanschauung, als einen gewissen sprachlichen Protest gegen dieses System zu betrachten.

Verbotene Früchte sind süß. Selbst die Könige, die die Ordonnanzen erlassen hatten, hatten ihre Lieblingsflüche, die sich im Volk als eine Art inoffizieller Spitzname dieser Könige einbürgerten. Ludwig XI. fluchte »Pasque Dieu« (Passah des Herrn), Karl VIII. »le bonjour Dieu« (Guter Tag des Herrn), Ludwig XII. »le diable m'emport« (Hol mich der Teufel) und Franz I. »foy de gentilhomme« (Ehrenwort des Ehrenmannes). Rabelais' Zeitgenosse Roger de Collerye schrieb zu diesem Thema das *Epitheton des quatres Roys:*

Quand la »Pasque Dieu« deceda,
Le »Bon Jour Dieu« lui succeda
Au »Bon Jour Dieu« deffunt et mort,
Succéda le »Diable m'emport«,
Luy decedé, nous voyons comme
Nous duist la »Foy de Gentil Homme«.[115]

So wie die ständig im Mund geführten Flüche zu Spitznamen ihrer Benutzer werden, werden sie auch zu Charakteristika bestimmter sozialer und Berufsgruppen.

Wenn Flüche Profanisierungen des Heiligen sind, so sind sie es im eben zitierten Gedicht auf doppelte Art: erst stirbt »Passah des Herrn«, dann stirbt der »gute Tag des Herrn« (d. h. Weihnachten) und wird ersetzt durch »Hol mich der Teufel«. Hier sind die Zwanglosigkeit und der Marktplatzton der Flüche ganz offenbar. Sie schaffen die Atmosphäre, in der das freie und heitere Spiel mit dem Sakralen möglich wird.

Rabelais gibt allein mit Hilfe von Flüchen eine sehr dynamische Darstellung des zeitgenössischen Lebens auf dem Platz mit seinem sozial bunt gemischten Publikum. Als der junge, nach Paris gereiste Gargantua der zudringlichen Neugier der Pariser Massen überdrüssig war, begann er sie mit seinem

Urin zu überschwemmen. Die Menge selbst beschreibt Rabelais nicht, doch hält er alle Flüche und Verwünschungen fest, die sie von sich gibt, und wir *hören* ihre soziale Zusammensetzung:

»›Ich glaube, diese Lümmel wollen, daß ich ihnen hier meinen Willkomm biete und mein Proficiat zahle. Das gehört sich auch. Ich will ihnen den Wein spendieren, aber die Maulaffen sollen meinen Riesling kosten!‹

Damit knöpfte er lächelnd seinen prächtigen Hosenlatz auf, zog seinen Pimpel hervor und bebrunzte sie so scharf, daß ihrer zweihundertundsechzigtausendvierhundertachtzehn ersoffen. Weiber und kleine Kinder nicht mitgerechnet.

Doch entrann ihrer ein Häuflein dank ihrer hurtigen Füßen dieser Brunzsintflut, und als sie auf der Höhe bei der Universität angelangt waren, schwitzend, hustend, spuckend und außer Atem, da hoben sie an zu fluchen und zu lästern, die einen im Zorn, die andern unter Lachen. [Bei allen höllischen Übeln, wahrhaftiges Horn, vertrockne, wenn du willst, ich schwöre bei den Krebsen, po cab de bious, das dich gots leiden shend, pote de Christo, beim Bauch des Hl. Quenet, ei ei ei, beim Hl. Fiaker von Brie, beim Hl. Treignant, der Hl. Thibaud sei mein Zeuge, Passah des Herrn, der gute Tag des Herrn, hol mich der Teufel, Ehrenwort des Ehrenmannes, bei der Hl. Wurst, beim Hl. Godergrain, der mit Bratäpfeln gequält wurde, beim Hl. Apostel Foutin, bei St. Veit (Vit), bei der heiligen Muttergottes – fehlt in der dt. Übers., G. L.] Wir sind ja tropfnaß! 's ist lächer*bar, Ries*'!‹ Deshalb ward seither die Stadt *Paris* genannt, ...« (S. 85/86).

Dies ist ein lebendiges, akustisches Bild der bunten Pariser Menge des 16. Jahrhunderts. Ihre soziale Zusammensetzung: ein Gascogner (»po cab de bious« – beim Kopf des Herrn), ein Italiener (»pote de Christo« – beim Kopf Christi), ein deutscher Landsknecht (»das dich gots leiden shend«), ein Gemüseverkäufer (der Hl. Fiaker von Brie war der Patron der Gärtner und Gemüseanbauer), ein Stiefelmacher (ihr Patron war der Hl. Thibaud), ein Säufer (St. Godergrain war ihr Schutzheiliger). Alle übrigen Flüche (es sind insgesamt 21) haben ebenfalls spezifische Färbung, rufen eine bestimmte Assoziation hervor.

So hören wir in chronologischer Ordnung die uns schon bekannten Flüche der letzten vier französischen Könige, was die Popularität dieser eigenartigen Spitznamen bestätigt. Möglicherweise entgehen uns heute schon viele Nuancen und Anspielungen, die Rabelais' Zeitgenossen automatisch registrierten.
Das Besondere an dem akustischen Bild der Menge ist, daß es allein aus Flüchen besteht, allein aus Elementen, die jenseits der offiziellen Redenormen angesiedelt sind. Das vereint die sprachliche Reaktion der Massen mit der Marktplatzgeste Gargantuas, beide repräsentieren denselben inoffiziellen Aspekt der Welt. Sowohl die Geste (mit Urin überschwemmen) als auch die Worte (»jurons«) schaffen die Atmosphäre für die folgende zwanglose Travestie von Namen und Funktionen verschiedener Heiliger. So ruft es aus der Menge nach der »Hl. Wurst«, die hier die Bedeutung des Phallus hat, andere brüllen »Saint Godergrain«, d. h. »Godet grand«, großer Pokal; so hieß auch eine populäre Spelunke an der Place de Grève (Villon erwähnt sie in seinem *Testament*).[116] Andere rufen nach Saint Foutin, eine parodistische Travestie auf den Namen Saint Photin, wieder andere nach »Sainct Vit«, ebenfalls in der Bedeutung »Phallus«. Schließlich rufen sie auch nach der »heiligen Muttergottes«, deren Namen zum Appellativum für die Geliebte geworden ist.
Noch eine weitere Anspielung steckt, karnevalesk verpackt, in dem zitierten Ausschnitt. Rabelais konstatiert, daß Gargantua mit seinem Urin 260418 Mann ertränkte, »Weiber und kleine Kinder nicht mitgerechnet«. Diese Formel, er benutzt sie häufig, ist direkt dem biblischen Wunder der »Speisung der Zehntausend« entnommen[117], und sie ist nicht Rabelais' einzige Travestie biblischer Wunder.
Bevor Gargantua seine karnevaleske Tat (das Überschwemmen der Menge mit seinem Urin) beginnt, verkündet er, er tue dies allein »um des Lachens willen« (»par rys«); die Menge beendet ihre Flüche und Verwünschungen mit der Feststellung »Wir sind ja tropfnaß! 's ist lächerbar, Ries'!« (»nous sommes baignés par rys«). Seitdem, so behauptet der Erzähler, nennt sich die Stadt »Paris« (»Dont fut depuis la ville nommée Paris«). So ist die Episode im ganzen eine heitere, karnevaleske Travestie des Namens »Paris«, und zugleich ist sie Parodie auf lokale Legenden über die Entstehung von Namen (in Frankreich waren

poetische Bearbeitungen solcher durchaus ernstgenommener Legenden populär, unter anderen beschäftigten sich auch Jean Lemaire und andere Dichter aus der »Rhetoriker«-Schule damit).

Schließlich ereignet sich diese ganze Episode »nur um des Lachens willen«, sie ist von vorn bis hinten *Lachhandlung im Marktplatzstil, karnevaleskes Spiel der Volksmenge* mit dem Namen der Stadt Paris, den Namen von Heiligen und Märtyrern und dem biblischen Wunder. Es ist ein Spiel mit »hohen« und »heiligen« Dingen, die sich mit Motiven des Materiell-Leiblichen (Urin, erotische und Bankett-Travestien) verknüpfen. Die Flüche als nichtoffizielle Elemente der Rede und als Profanisierung des Heiligen gehen in ihrer Bedeutung und im Ton organisch in dieses Spiel ein.

Was ist das Thema der Flüche? Ihr vorherrschender Inhalt ist die *Zerstückelung des menschlichen Körpers.* Man fluchte mit Vorliebe bei Gliedern und Organen Gottes: bei seinem Leib, Kopf, Blut, bei seinen Wunden; weiter bei in Kirchen aufbewahrten Heiligen- und Märtyrerreliquien, Beinen, Armen, Fingern etc. Als die sündhaftesten Flüche galten solche beim Körper Gottes oder einzelnen Teilen seines Körpers, und gerade sie waren auch die verbreitetsten. Der Prediger Ménauld (ein älterer Zeitgenosse Rabelais') klagte einmal in einer Predigt: »Einer packt Gott beim Bart, der nächste an der Kehle, der Dritte greift sich den Kopf ... Es gibt Leute, die über die Menschlichkeit Christi, unseres Retters, mit geringerem Respekt sprechen als ein Metzger über sein Schlachtvieh.«

Der Moralist Eloy d'Amerval verurteilt in seiner *Diablerie* (1507) das Fluchen und beschreibt dabei sehr genau das karnevaleske Zerstückeln des Körpers, das den meisten Flüchen zugrundeliegt:

> Ils jurent Dieu, ses dens, sa teste,
> Son corps, son ventre, barbe et yeulx,
> Et le prennent par tant de lieux,
> Qu'il est haché de tous costez
> Comme chair à petits pastez.[118]

Er selbst ahnte gar nicht, wie zutreffend seine kulturhistorische Analyse der Flüche war. Als Mensch des frühen 16. Jahrhunderts kannte er die Rolle des Metzgers und Kochs, des Küchenmessers, des zerstückelten Körpers, des Hackfleisches als Wurst- und Piroggenfüllung nicht nur im Alltagskontext, sondern auch im System der volkstümlich-festlichen Karnevalsmotive. Da war der Weg zur Gegenüberstellung dieser Motive mit dem zerstückelten göttlichen Leib in Schwüren und Flüchen nicht weit.

Motive des zerstückelten Körpers und Anatomisierungen jeder Art spielen in Rabelais' Roman eine große Rolle, die Flüche fügen sich von ihrer Thematik organisch in das gesamte Motivsystem ein. Bezeichnenderweise trägt Bruder Jan, der gern und oft flucht, den Spitznamen »d'Entommeure« (Hackepeter oder Frikadelle, Resteessen). Sainéan sieht hierin eine doppelte Anspielung: auf den Kampfgeist des Bruder Jan und auf seinen besonderen Hang zur Küche.[119] *»Kampfgeist«, Krieg und Schlacht einerseits* und die *Küche andererseits* treffen sich in einem bestimmten Punkt, im *zerstückelten Körper*, beim *»Hackfleisch«*. Dies erklärt die Häufigkeit von Küchenmotiven in den Kampfbeschreibungen des 15. und 16. Jahrhunderts. Wir finden sie überall dort, wo die Literatur der volkstümlichen Lachtradition nahestand. Schon Pulci charakterisiert das Schlachtfeld bei Roncevaux als einen »Kessel mit Blut-Ragout, voller Köpfe, Beine und anderer Glieder.«[120] Ähnliches gibt es im Epos der Spielleute.

Bruder Jan ist tatsächlich »d'entommeure« im doppelten Sinn, und die Verbindung zwischen den beiden scheinbar heterogenen Sinnbereichen tritt mit äußerster Deutlichkeit zutage. In der Episode vom Krieg mit den Geschwollenen (Wurstkrieg) entwickelt er den Gedanken der militärischen Bedeutung der Küche, wobei er sich auf historisches Material stützt (Koch und Heerführer in der einen Person Nabuzardan u. a.). Er stellt sich an die Spitze von 154 Köchen, alle mit Küchenutensilien (Bratspießen, Ofengabeln, Bratpfannen etc.) bewaffnet, und führt sie in die »Sau«, die in diesem Krieg die Rolle des trojanischen Pferdes spielt. In der Schlacht erweist er sich dann als leidenschaftlicher *»Anatomisator«*, der menschliche Körper in »Hackfleisch« verwandelt.[121] Ebenso »anatomisierenden« Charakter hat die Darstellung seines Kampfes im Klosterweinberg (wo er übrigens mit dem Querholz des Kreuzes als Waffe agiert), die eine lange, fachkundige Aufzählung der verletzten Glieder und

Organe, gebrochenen Knochen und Gelenke einschließt. Hier ein Ausschnitt aus dieser Karnevalsanatomie:

»Den einen zerspellte er das Hirn, andern schlug er Arm und Bein zu Stücken, andern zersplìß er die Halswirbel, manchen verrenkte er das Kreuz, hieb ihnen die Nase ab, bläute Augen, daß sie schwollen, spaltete Kinnbacken, zerschrotete Zähne in den Mäulern, walkte Schulterblätter zu Hackfleisch, drosch Schienbeine, bis sie schwarz anliefen, kugelte Steißbein um Steißbein aus, zerbröselte manch einem Arme und Beine.« (S. 150)

Das ist eine für Rabelais typische Karnevals- und Küchenanatomisierung, ihre Grundlage ist das *groteske Motiv* des zerstückelten Körpers, das wir bei der Analyse der Verwünschungen, Flüche und Schwüre kennengelernt haben.

Die Flüche mit ihrer profanisierenden, in den Bereich der Küche führenden *Zerstückelung des Heiligenkörpers* haben uns zur *Küchenthematik* der »cris de Paris« und zur *grotesk-leiblichen Thematik* der *Marktplatzverwünschungen und -flüche* zurückgeführt. Alle Marktplatzelemente, die wir in diesem Kapitel analysiert haben, sind einander thematisch und formal verwandt. Unabhängig von ihren alltäglich-praktischen Funktionen repräsentieren sie einen *inoffiziellen Aspekt der Welt,* inoffiziell sowohl vom Ton (Lachen) als auch vom Inhalt (Materiell-Leibliches) her. Sie sind alle mit der *heiteren Materie der Welt,* verbunden, mit dem, was *geboren wird, stirbt* und *selbst gebiert,* was *verschlungen wird* und *verschlingt,* am Ende doch immer *wächst* und *sich vermehrt,* sich immer mehr in *Überfluß* verwandelt. Diese heitere Materie ist ambivalent, sie ist *Grab* und *gebärender Schoß, vergehende Vergangenheit* und *angehende Zukunft,* sie ist das *Werden* selbst.

Die analysierten Marktplatzelemente sind, bei all ihrer Vielgestaltigkeit, von der inneren Einheit der mittelalterlichen Volkskultur geprägt. In Rabelais' Roman verbindet sich diese Einheit organisch mit den neuen Prinzipien der Renaissance. In dieser Beziehung sind besonders die Prologe interessant: alle fünf (das Vierte Buch hat zwei Prologe) sind hervorragende Beispiele für die *Publizistik der Renaissance* in ihrer marktplatznahen und volkstümlichen Variante. In den Prologen werden, wie wir gesehen haben, die Grundlagen der vergehenden mittelalterlichen Weltanschauung entlarvt. Zugleich stecken sie voller Anspielungen und Reaktionen auf ideologisch und politisch aktuelle Themen.

Die Gattungen der Marktplatzrede, die wir uns angeschaut haben, sind relativ primitiv (einige sind sogar archaisch), doch besitzen sie große travestierende, degradierende, materialisierende und verkörperlichende Kraft. Sie schaffen die Atmosphäre von Marktplatzfreiheit und familiärer Offenheit. Die verschiedenen Marktplatz»schreie«, Beschimpfungen, Verwünschungen und Flüche haben stilbildende Funktion. Wir sahen, welche Rolle sie in den Prologen spielen. Sie erzeugen die *absolut* heitere, *angstfreie, zwanglose* und *offene Rede,* die Rabelais für sein Unternehmen, den Sturm auf die »gotische Finsternis«, braucht. Die alltäglichen Marktplatzgattungen bereiten die Atmosphäre für die eigentlich *volkstümlich-festlichen Formen und Motive,* in deren Sprache Rabelais seine neue *heitere Wahrheit* über die Welt eröffnet. Mit diesen volkstümlich-festlichen Formen und Motiven wollen wir uns im folgenden Kapitel beschäftigen.

Drittes Kapitel

Volkstümlich-festliche Formen und Motive

> Die Zeit ist ein spielendes Kind, das seine Klötze verschiebt. Dem Kind gebührt die Herrschaft.
>
> *Heraklit*

Ende des letzten Kapitels kamen wir auf die »anatomisierende« Darstellung von Schlachten und Prügeleien, auf eine Art Küchen- und Karnevalsanatomie zu sprechen. Prügelszenen sind bei Rabelais nichts Ungewöhnliches, doch sind sie keineswegs aus dem Alltag gegriffen.

Im Vierten Buch geraten die Reisenden, Pantagruel und seine Gefährten, nach Prokuratien, dessen Bewohner, die Schinnöser, ihren Lebensunterhalt damit verdienen, daß sie sich gegen Bezahlung verprügeln lassen. Bruder Jan wählt einen »rotfratzigen« (»rouge muzeau«) Schinnosen und prügelt ihn für 20 Écus:

»Bruder Jan verprügelte den Rotfratz so wacker und weidlich mit Stockhieben auf Rücken und Bauch, Arme und Beine, Kopf und alles übrige, daß mich dünkte, er habe ihn *totgeschlagen*« (S. 890). Auch hier die obligatorische anatomisierende Parade von Körperteilen, und das Ende: »dann überreichte er ihm die zwanzig Taler; und siehe da, schon ist mein Kerl *auf den Füßen, strahlend* wie *ein König oder zwei*« (S. 890) (»Et mon villain *debout, aise* comme *un roy* ou *deux.*)

Der unmittelbare Anlaß, das Motiv des »Königs« oder der »zwei Könige« einzuführen, ist die Markierung der höchsten Glücksstufe des »belohnten« Schinnosen. Darüber hinaus ist das *Motiv »König«* mit den *heiteren Schlägen* und der Beschimpfung verbunden, mit der *roten Fresse* des Schinnosen, schließlich mit seinem *vermeintlichen Tod* und unerwarteten *Aufleben* und *Aufspringen* wie ein *Clown*, der Prügel bekommen hat.

Auf einer gewissen Ebene haben Schläge und Beschimpfungen nicht habituellen Charakter, sondern sind als symbolische, aufs *»Höhere«*, auf den *»König«* gerichtete Handlungen aufzufassen. Das gilt für die volkstümlich-festlichen Motive, die am augenscheinlichsten, aber nicht ausschließlich vom Karneval repräsentiert werden. In ihnen treffen und überschneiden sich, wie schon gesagt, *Küche* und *Krieg* im Motivkomplex des *»zerstückelten Körpers«*. Die volkstümlich-festlichen Motive wurden zu Rabelais' Zeit noch von jedermann verstanden, sowohl in den verschiedenen Belustigungen auf dem Marktplatz als auch in der Literatur.

In diesem Motivsystem *ist der König der Narr*. Er wird zuerst vom ganzen Volk gewählt und dann, wenn die Zeit seiner Herrschaft abgelaufen ist, *vom ganzen Volk ausgelacht*, beschimpft und geschlagen; heute noch werden in der Butterwoche die Strohpuppe (der »heitere Popanz«) des »abtretenden Winters« oder zu Neujahr das »alte Jahr« ausgelacht, geschlagen, zerrissen, angesteckt oder ertränkt. Wurde der Narr zuerst als König *ausstaffiert*, so *zieht* man ihn nach Ablauf der Herrschaftszeit erneut *um*, *»travestiert«* ihn in ein Narrenkleid. Beschimpfungen und Schläge entsprechen dieser Umkleidung oder Metamorphose, sie zeigen uns das andere, das wahre Gesicht des Beschimpften, reißen ihm den Schmuck und die Maske herunter, *entthronen* den König.

Beschimpfung heißt Tod, zu Alter gewordene Jugend, lebendiger Leib, der zur Leiche wurde. Die Beschimpfung ist der »Spiegel der Komödie«, vor das Gesicht des vergehenden Lebens gehalten, vor das Gesicht dessen, was einen historischen Tod sterben muß. Doch im volkstümlich-festlichen Motivsystem folgt auf den Tod die Wiedergeburt, das neue Jahr, eine neue Jugend und ein neuer Frühling. Daher ist die Antwort auf die Beschimpfung Lob. Deshalb sind *Beschimpfung und Lob zwei Aspekte ein und derselben zweileibigen Welt.*

Beschimpfung und Entthronung als die *Wahrheit über die alte Macht*, über die *absterbende Welt*, fügen sich organisch in Rabelais' Motivsystem ein. Sie verbinden sich mit karnevalesken Schlägen und mit *Verkleidungen und Travestien*. Rabelais schöpft diese Motive aus den lebendigen Traditionen seiner Zeit, doch kannte er auch die schriftlich überlieferten Verkleidungs-, Entthronungs- und Prügelriten sehr genau. Er hatte dieselben Quellen zur Verfügung wie wir, vor allem die *Saturnalien* des Macrobius. Im Zusammenhang mit dem Narren Triboullet führt er auch Seneca an (ohne ihn zu nennen und offensichtlich nach

Erasmus zitierend), der behauptet, daß König und Narr dasselbe Horoskop haben (Buch 3, Kap. 37).[122] Es versteht sich von selbst, daß er die Bibel, die närrische Krönung und Entthronung, das Verprügeln und Auslachen des »Königs von Judäa« kannte.

Im Roman werden zwei Könige buchstäblich entthront, Pikrocholos im Ersten Buch (*Gargantua*) und Anarchos im Zweiten *(Pantagruel)*. Die Beschreibung ist rein karnevalesk, doch der Einfluß der antiken und biblischen Tradition ist spürbar.

König Pikrocholos erleidet eine Niederlage und flieht. Sein Pferd rutscht aus und stürzt. Um weiterzukommen, stiehlt er einen *Esel* aus der nächstgelegenen *Mühle*, doch die Müller *verprügeln* ihn, *ziehen ihm die Königskleider vom Leib und kleiden ihn in einen unansehnlichen Kittel.* Von da an arbeitet er in Lyon als *einfacher Tagelöhner.*

Hier haben wir alle Momente des traditionellen Motivsystems (Entthronung, Wechseln der Kleider und Schläge) beisammen. Auch saturnalische Reminiszenzen sind da: der entthronte König wird zum Sklaven (Tagelöhner), er kommt an eine Mühle (in der Antike war die *Mühle* der Ort, wohin man Sklaven zur Bestrafung schickte, wo man sie schlug und zwang, den Mühlstein zu drehen). Schließlich ist der *Esel* ein neutestamentliches Symbol für Erniedrigung und Demut (zugleich auch für die Wiedergeburt).[123]

Im selben Karnevalsgeist wird auch die Entthronung des Königs Anarchos dargestellt. Pantagruel besiegt ihn und übergibt ihn der Verfügung Panurges. Dieser *kleidet* ihn zuerst in ein sonderbares Narrenkleid und macht ihn dann zum Verkäufer für grüne Sauce, dem niedrigsten Posten in der sozialen Hierarchie. Auch die Schläge werden Anarchos nicht erlassen. Zwar verhaut ihn Panurge nicht selbst, aber dafür verheiratet er ihn mit einer alten, zänkischen Frau, die ihn *beschimpft* und *schlägt*. So ist auch hier das traditionelle karnevaleske Entthronungsmotiv erfüllt.[124]

Rabelais' eigene, legendäre Lebensgeschichte enthält ebenfalls karnevaleske Züge. Viele seiner Verkleidungs- und Mystifikationsspiele sind überliefert, so etwa die Maskerade, die er vor seinem Tod mit sich veranstalten ließ; auf dem Sterbebett soll er verlangt haben, daß man ihn in ein *Domino*kostüm steckt, denn in der *Bibel* heißt es: »Beati qui in *Domino* moriuntur« (Selig sind, die in dem Herrn sterben«, Offenbarung 14.13). Der karnevaleske Charakter dieser Legende liegt auf der Hand, interessant ist, daß eine reale Umkleidung (Travestie) über die sprachlich-semantische Travestie eines sakralen Textes begründet wird.

Doch kehren wir zurück zu dem rotfratzigen Schinnosen, der mit Schlägen traktiert und dadurch beglückt wird »wie zwei Könige«. Der Schinnose ist ja an sich kein Karnevalskönig, doch das Motiv der »Schläge« mit der anatomisierenden Nennung von Körperteilen hat unweigerlich andere *Karnevals*accessoires im Schlepptau, z. B. den Vergleich mit dem König bzw. den zwei Königen, dem alten, toten und dem neuen, auferstandenen; alle denken, der Schinnose (der alte König) sei tot, er (der neue König) aber springt lebendig und heiter wieder auf. Sein *Gesicht* ist *rot*, denn es ist die *rotgeschminkte Fratze des Clowns.*

Derart karnevalesken Charakter haben alle Prügeleien und Schlägereien bei Rabelais.[125] Der gerade besprochenen Episode gehen vier andere voraus, die von ähnlicher Prügel für die Schinnöser im Hause de Basché und von der *Tragischen Farce* handeln, die François Villon in Saint-Maixent aufführte. Der vornehme Herr von Basché hatte eine raffinierte Methode gefunden, den Schinnösern, die ihn in seinem Schloß aufsuchten und Gerichtsvorladungen überbrachten, eine Tracht Prügel zu verabreichen. In der Touraine, wo die Erzählung spielt, und auch in Poitou und anderen französischen Provinzen gab es die sogenannten »nopces à mitaines« (d. h. Hochzeiten mit Handschuhen); während der Hochzeitsfeier bedachte man sich gegenseitig mit scherzhaft gemeinten *Faustschlägen.* Die Empfänger dieser leichten Hochzeitspüffe konnten keinen Einspruch erheben, denn die Schläge gehörten zur Zeremonie. So inszenierte man auf dem Schloß de Basché, wann immer ein Schinnose sich näherte, schnell eine *fiktive Hochzeit*, und der Schinnose fand sich unversehends mitten unter den Hochzeitsgästen.

Als erster kam ein *alter, beleibter* und *rotgesichtiger* Bote (un viel, gros et rouge chiquanous). Während des Hochzeitsessens begann man, wie es Brauch war, sich gegenseitig mit den Fäusten zu traktieren. »Doch als die Reihe an den Schinnos kam, bedachten sie ihn mit so saftigen Hieben mit ihren Fäustlingen, daß er das Feuer im Elsaß sah und grün und blau geschlagen wurde, daß ihm ein Auge braun und violett zuschwoll, sieben Rippen in die Brüche gingen, das Brustbein eingedrückt ward, die Schulterblätter in vier Stücke zerbarsten, der Unterkiefer in drei Teile zerspellte, und all dies unter Lachen« (S. 874/875) (»...et le tout en riant«).

Der karnevaleske Charakter dieser Schläge ist offensichtlich, sie bilden sogar eine Art »Karneval im Karneval«, allerdings mit realen Folgen für den verprügelten Schinnosen. Der Brauch der Hochzeitsschläge ist ein karnevaleskes Ritual (es steht in Beziehung zu Fruchtbarkeit, Zeugungskraft und Zeit). *Dieses Ritual gibt das Recht auf eine gewisse Zwanglosigkeit und Familiarität* und auf Verstöße gegen die üblichen Normen des Zusammenlebens. In unserer Episode ist jedoch schon die Hochzeit selbst *fiktiv:* sie ist inszeniert wie eine Farce zur Butterwoche oder eine Karnevalsmystifikation. In dieser doppelten Karnevalsatmosphäre bedient man den Schinnosen mit ganz realen Schlägen, sogar in »Boxhandschuhen«. Wir finden auch hier die Kombination von *Karneval, Küche und Medizin* (Anatomie).

Noch deutlicher ist das karnevaleske Moment in der Beschreibung der Schläge für den zweiten Schinnosen, der vier Tage nach dem ersten anreist. Er ist im Gegensatz zu diesem *jung, hochgewachsen* und *mager* (»un autre jeune, hault et maigre chiquanous«). Die beiden Schinnöser bilden (wenn sie auch nicht zusammen auftreten) das typisch karnevaleske *Paar*, dessen komische Wirkung auf Kontrasten basiert: dick und dünn, alt und jung, groß und klein.[126] Das ungleiche Paar ist bis heute in der Schaubuden- und Zirkuskomik lebendig; auch Don Quijote und Sancho Pansa sind, wenn sie auch sehr viel komplexer angelegt sind, zu diesen Paaren zu zählen.[127] Für den zweiten Schinnosen wird wieder eine fiktive Hochzeit inszeniert, die Hochzeitsgäste werden ganz offen als »handelnde Personen der Farce« bezeichnet. Als der Schinnose (der Protagonist der anatomisierenden Lachhandlung) eintritt, beginnen alle Anwesenden (der Chor) zu lachen, und er selbst lacht zur Gesellschaft mit. So wird die *Lachhandlung* eingeleitet. Auf ein verabredetes Zeichen hin beginnt das Hochzeitsritual, und *als der Wein und die Vorspeisen serviert werden,* hagelt es *Hochzeitsschläge:*

»Und [Oudart] drischt und trommelt auf den Schinnos ein,

und Hiebe der jungen Fäustlinge prasselten von allen Seiten auf den Schinnos herab.

›Fröhliche Hochzeit‹, sagten sie, ›Hochzeit, Hochzeit! Euch zur Erinnerung.‹

So weidlich wurde er durchgewalkt, daß ihm das Blut aus Mund, Nase, Ohren und Augen schoß; außerdem zerdroschen, zerbleut und zermalmt, Kopf, Nacken, Rückgrat, Brust, Arme und alles. Glaubt mir: nie haben in Avignon die Burschen zur Fastnachtszeit melodiöser auf dem Hackbrett gespielt, als dem Schinnos mitgespielt wurde. Schließlich fällt er zu Boden. Man schüttet ihm kannenweis Wein ins Gesicht, heftet ihm an den Wamsärmel den schönen grünen und gelben Bänderstrauß der Hochzeiter und hißt ihn auf sein rotziges Roß.» (S. 882)

Wieder die anatomisierende, Karneval, Küche und Chirurgie vereinende Zerstückelung des Körpers; Mund, Nase, Ohren, Augen, Kopf, Hals, Rücken, Brust und Arme sind genannt, der Protagonist des komischen Spiels wird auf karnevaleske Weise zerlegt. Keineswegs zufällig erwähnt Rabelais hier den *Karneval von Avignon*; die Schläge der Baccalaureaten der Universität, die während der Karnevalsferien auf dem Hackbrett spielten, klingen nicht melodiöser als die Prügel für den Schinnosen.

Die Szene endet besonders eindrucksvoll, man verkleidet den verprügelten Schinnosen als Narrenkönig, gießt ihm Wein ins Gesicht (Rotwein natürlich, damit er »rotfratzig« wird wie Bruder Jans Schinnose) und schmückt ihn mit bunten Bändern wie ein Karnevalsopfer.[128]

Die berühmte Aufzählung der 216 Spiele, die der kleine Gargantua spielt (Buch 1, Kap. 20), enthält eins mit dem Namen »au bœuf viollé«. In einigen französischen Städten war es bis vor nicht allzu langer Zeit üblich, zum Karneval, d. h. während der fetten Tage, wo *Rinder geschlachtet werden durften* und Fleischspeisen (übrigens auch *Beischlaf* und *Hochzeit*) zugelassen waren, einen *fetten Ochsen* über die Straßen und Plätze der Stadt zu führen. Ihn geleitete eine feierliche Prozession mit *Viola*begleitung, weswegen er »bœuf viollé« genannt wurde. Sein Kopf war *mit bunten Bändern geschmückt*. Leider ist nicht bekannt, worin eigentlich das Spiel mit dem Karnevalsochsen bestand. Doch ging es wahrscheinlich nicht ohne Faustschläge ab, denn der

»bœuf violle« war ja zur Schlachtung bestimmt, er war ein *Karnevalsopfer*. Er war *König, Erzeuger* (die Verkörperung der fruchtbaren Jahreszeit, des Frühlings), zugleich aber *»Opfer«*, das für Würste und Pasteten zerhackt (»haché«), *»anatomisiert«* wird.

In diesem Zusammenhang ist wohl zu sehen, daß man den verprügelten Schinnosen mit Bändern schmückt. *Die Schläge sind ebenso ambivalent wie die Beschimpfungen, die in Lob übergehen.* Im System der volkstümlich-*festlichen Motive* gibt es keine pure Verneinung, diese Motive erfassen immer *beide Pole des Werdens* in ihrer ursprünglichen Einheit. Der Verprügelte oder Getötete wird geschmückt, die Prügelszene selbst ist *heiter*, sie beginnt und endet mit Lachen.

Am ausführlichsten und auch interessantesten ist die Schilderung der Prügel für den dritten und letzten Schinnosen, der im Hause de Basché erscheint.

Er kommt mit zwei Gehilfen oder Zeugen. Wieder wird eine fiktive Hochzeit inszeniert. Während des Festessens schlägt der Schinnose selbst vor, dem guten alten Brauch der »nopces à mitaines« zu entsprechen und fängt an, Hochzeitshiebe zu verteilen. Dann bekommen die Schinnöser ihre Schläge:

> »Im Nu taten die Fäustlinge ihr Werk, so daß dem Schinnos der Kopf an neun Stellen klaffte, dem einen Gerichtsbüttel der rechte Arm ausgekugelt, dem andern die obere Kinnlade ausgehängt wurde, daß sie halb übers Kinn herunterhing, nebst Entblößung des Zäpfchens und beträchtlichem Ausfall von Backen-, Kau- und Schneidezähnen.
>
> Bei veränderter Tonart der Pauken wurden die Fäustlinge weggesteckt, als wären sie nie dagewesen, und aufs neue mannigfache Backwaren aufgetischt, zu neuer Lustbarkeit. Indessen die guten Gesellen einander und allen übrigen zuprosteten, auch dem Schinnos und seinen Wächtern, schalt und lästerte Oudart über die Hochzeit, weil, wie er sagte, der eine Büttel ihm die ganze linke Schulter desartikuliert habe, trank ihm aber desungeachtet fröhlich zu. Der Gerichtsbüttel mit der ausgehängten Kinnlade faltete die Hände und bat ihn stumm um Vergebung, denn sprechen konnt er nicht. Loyre beklagte sich darüber, daß ihm der Gerichtsbüttel mit dem verstauchten Arm einen so heftigen Fausthieb auf den linken

> Ellenbogen versetzt habe, daß er von dem Rempler ganz schepperdormelig sei.« (S. 884/885)

Die Verletzungen, die dem Schinnosen und seinen Gefährten zugefügt werden, sind wie immer in anatomisierender Aufzählung der betroffenen Organe und Körperteile geschildert. Die Prügelszene hat ausgesprochen *triumphalen, feierlichen Charakter.* Sie findet während des Festessens statt, *zum Klang der Hochzeitstrommel;* diese ändert plötzlich den *Ton*, die Schläge sind beendet und ein neuer Höhepunkt der Festmahlsheiterkeit, eine neue Phase der Lachhandlung kündigt sich an, das *Verspotten des geschlagenen Opfers.* Nun müssen die Gastgeber die Geprügelten spielen, sich als Krüppel ausgeben und den Schinnösern die Schuld daran zuschreiben. Die Atmosphäre dieser Inszenierung wird noch dadurch intensiviert, daß jeder Teilnehmer den Grad seiner Verstümmelung in hemmungslos übertreibender Weise darstellen und dabei ein Wort von maßloser Länge gebrauchen muß. Dieses soll den Charakter der verursachten Körperverletzung lautmalerisch wiedergeben und durch seine Länge und die Zahl und Verschiedenartigkeit seiner Silben (die eine bestimmte semantische Färbung haben) die Zahl, Qualität und Schwere der eingesteckten Schläge vermitteln; das Aussprechen dieses Worts verstümmelt quasi die Artikulationsorgane (man »bricht sich die Zunge«). Seine Länge und damit die Ausspracheprobleme nehmen mit jedem Spielteilnehmer zu, Oudarts Wort hat acht Silben, bei Loyre sind es schon nicht weniger als dreizehn, und so überträgt sich die karnevaleske Zügellosigkeit auch auf die Sprache.

Wir zitieren eine weitere Passage:

> »›Aber‹, sagte Trudon, sein linkes Auge mit dem Schnupftuch bedeckend und seine Trommel vorweisend, die auf der einen Seite eingedrückt war, ›was hab ich euch eigentlich Schlimmes getan? Nicht genug, daß sie mir mein armes linkes Auge verkasematuckelt haben, sie mußten mir auch noch meine Trommel einschlagen. Zwar werden Trommeln bei der Hochzeit gemeinhin geklopft, aber hochwohllöbliche Trommler nie. Jetzt mag sich der Teufel das Ding aufsetzen‹.« (S. 885)

Das »Spiel der geprügelten Schinnöser« kulminiert – ein Taschentuch auf das angeblich blau geschlagene Auge, eine zerschlagene Trommel –, und das Wort, das die Schwere der erlittenen Verletzungen beschreibt, wächst, es hat schon zwanzig immer wunderlichere Silben.

Das zentrale Motiv ist die *zerschlagene Trommel.* Die »Hochzeitstrommel« hatte im allgemeinen Verständnis der Zeit *erotische Bedeutung,* der Trommler (»tabourineur« oder »taboureur«) war der Liebhaber. Rabelais spricht (Buch 1, Kap. 3) von den »Trommlern« (»taboureurs«) der Tochter des Imperators Octavian und meint ihre Liebhaber, auch an anderen Stellen (Buch 2, Kap. 25; Buch 3, Kap. 28) gebraucht er das Wort im erotischen Sinn, und ähnlich ist es mit den Wörtern »schlagen« und »Stock« (baston). Der Phallus war der »baston de mariage« (Buch 3, Kap. 9) oder der »baston à un bout« (Buch 3, Kap. 18).[129] Die *»Hochzeitshiebe«* bedeuteten den Liebesakt, und diese Bedeutung übertrug sich auch auf die Schläge für die Schinnöser.

So ist klar, daß es sich in dieser Episode nicht um eine gewöhnliche Schlägerei handelt. Die Schläge haben *symbolische, ambivalente Bedeutung,* sie *vernichten* (im Extremfall) und *geben neues Leben,* beenden das *Alte* und säen das *Neue.* Dies gibt der ganzen Episode ihre karnevalesk zügellose und bacchantische Atmosphäre.

Neben der erotischen Bedeutung haben die Schläge für die Schinnöser auch eine ganz reale, sowohl was ihre Heftigkeit als auch was ihr Ziel angeht: man schlägt die Schinnöser, damit sie das Haus de Basché nie wieder denunzieren, und dies gelingt vollkommen. Sie sind Vertreter des alten Rechts, der alten Wahrheit, der alten Welt, untrennbar mit allem Alten, Vergehenden und Absterbenden verbunden, *genauso untrennbar allerdings auch mit dem Neuen, das aus dem Alten geboren wird. Sie haben teil an der ambivalenten Welt, die zugleich stirbt und wiedergeboren wird,* doch neigen sie eher dem negativen, dem *Todespol* zu. Wenn sie verprügelt werden, so ist das ein Fest des Todes und der Wiedergeburt. Deshalb übersät man sie mit *ambivalenten, schöpferischen Hochzeitsschlägen* zum Klang der Trommel und zum Klirren der Pokale. *Man schlägt sie wie Könige.*

So sind alle Prügelszenen bei Rabelais. All die Feudalherrscher (Pikrocholos und Anarchos), die alten Magister von der Sorbonne (Janotus de Bragmardo), die Klostersakristane (Bruder

Estienne Klopfschwanz), all die heuchlerischen Mönche, verzagten Verleumder und düsteren Agelasten, die er umbringt, zerreißt, schlägt, verjagt, beschimpft und auslacht, sind Repräsentanten der alten Welt und der *ganzen* Welt, der zweileibigen Welt, die *im Sterben gebiert.* Beim Abschneiden und Wegwerfen des alten und absterbenden Körpers wird zugleich die Nabelschnur des neuen, jungen Körpers durchtrennt. Rabelais fixiert genau *den Moment des Übergangs,* der beide Pole in sich enthält. Jeder Schlag auf die alte Welt fördert die Geburt der neuen, macht eine Art Kaiserschnitt, der die Mutter vernichtet und das Kind befreit. Man schlägt und beschimpft die Vertreter der *alten,* aber *gebärenden* Welt. Deshalb werden Beschimpfung und Schläge zu einer festlichen Lachhandlung.

Wir zitieren eine (etwas gekürzte) Passage vom Ende der Episode:

> »Die junge Frau wußte nicht, ob sie lachen oder weinen, weinen oder lachen sollte, weil der Schinnos, nicht genug damit, daß er sie ohne Wahl und Ansehn der Glieder verdroschen, ihr Haar überdies übel zerrauft und hinterhältigerweise ihre Schamteile ratzeputzmampelpusiert hatte ...
>
> Der Haushofmeister trug seinen Arm, der ganz schlackermatschig war, in der Schlinge.
>
> ›Der Teufel‹, sagte er, ›hat mich zu dieser Hochzeit gebeten. Meine Arme sind davon, Gott steh mir bei, ganz gallimahollamassiert. Nennt ihr das Freite? Ich nenn's Scheiße. Das ist, bei Gott, das Festmahl der Lapithen, wie's der samosatische Philosoph beschreibt.‹« (S. 886)

Die Ambivalenz dieser Motive präsentiert sich in der typisch Rabelaisschen Form des Oxymorons: die Braut lacht weinend und weint im Lachen. Bezeichnenderweise hat sie (wenn auch nur fiktive) Schläge auf »unaussprechliche Stellen« bekommen (die »Hochzeitshiebe«). Die Worte des Haushofmeisters, mit denen unser Zitat endet, zeigen ebenfalls Spuren des ambivalenten Lachens: im französischen Originaltext macht ein für den grotesken Realismus typisches degradierendes Wortspiel aus der Verlobung (»fiansailles«) eine Defäkation (»fiantailles«); dann gibt es einen Hinweis auf Lukians *Gastmahl.* Dieses steht den Festmählern Rabelais', besonders dem zuletzt erwähnten, näher als jede andere antike Variante des Symposiums. Es endet ebenfalls mit einer Schlägerei. Dennoch trennen es Welten von Rabelais' Banketts: die Festmahlsschlägerei bei Lukian gewinnt ihre symbolische Bedeutung nur aufgrund des traditionellen Motivvorrats, auf den es zurückgreift, und keineswegs weil der Autor es so gewollt hätte. Seine Einstellung ist eher rationalistisch oder sogar nihilistisch. Die traditionellen Motive wirken gegen seinen Willen und sind unvergleichlich ergiebiger als seine Konzeption, er arbeitet mit Motiven, deren Wert und Gewicht er fast schon vergessen hat.

Fassen wir die Analyse der Prügelszenen im Hause de Basché zusammen. Das dargestellte Ereignis hat den Charakter einer volkstümlich-festlichen Lachhandlung. Es ist ein heiteres, zwangloses Spiel mit tiefer Bedeutung. Sein eigentlicher Held ist *die Zeit selbst.* Sie entlarvt und verspottet die alte Welt (die alte Macht, die alte Wahrheit), vernichtet sie und gebiert zur gleichen Zeit eine neue. Teilnehmer an diesem Spiel sind der Protagonist und der lachende Chor. Der Protagonist ist der Repräsentant der alten, aber *schwangeren* und *gebärenden Welt.* Man schlägt ihn und lacht ihn aus, doch die Schläge sind schöpferisch, denn sie helfen dem Neuen, auf die Welt zu kommen. Deshalb sind sie heiter, melodisch und festlich. Ebenso schöpferisch und heiter ist auch die Beschimpfung. Der Protagonist wird geschmückt wie ein Lachopfer. Hier spielt das Motiv des zerstückelten Körpers hinein. Die Schläge für einen Schinnosen werden jedesmal von einem ausführlichen anatomisierenden Kommentar begleitet. Besonders viel »Hackfleisch« gibt es in der Szene mit dem dritten Schinnosen und seinen Gefährten – neben den Verstümmelungen, die ihnen tatsächlich zugefügt werden, findet sich eine lange Aufzählung von Pseudoverletzungen: ausgerenkte Schultergelenke, blaugeschlagene Augen, Hinkebeine, verstümmelte Hände, beschädigte Geschlechtsteile. Es ist eine Art Körperaussaat oder eher noch Körperernte. Es könnte ein Fragment aus Empedokles sein. Es ist die Verbindung von Krieg und Küche bzw. Metzgerladen, und dies ist, wie wir schon wissen, die Thematik der Marktplatzverwünschungen. Vorläufig weisen wir auf das Motiv des grotesken Körpers nur hin; seiner Genese und Bedeutung ist ein eigenes Kapitel gewidmet.

Die ganze Episode ist im Geist der volkstümlich-festlichen

Lachformen *stilisiert*, diese traditionellen Formen aber besitzen hier eine neuartige historische Funktion, sie sind von starkem Geschichtsbewußtsein durchdrungen und ermöglichen ein tieferes Eindringen in die Wirklichkeit.

Alle Prügelszenen sind der exemplarisch besprochenen im wesentlichen gleich. Sie sind durch und durch heiter und ambivalent, in ihnen geschieht alles unter Lachen und um des Lachens willen: »Et le tout en riant.«

Betrachten wir noch zwei weitere Szenen. In der einen verwandelt sich Blut zu Wein, in der anderen eine Schlacht in ein grandioses Festessen.

Die erste ist die berühmte Szene, wo Bruder Jan im Klostergarten 13 622 Mann verprügelt. Es ist ein harter Kampf, eine wahre Körperernte:

> »... Er also fiel sie so scharf und ungestüm an, ja rief nicht einmal ›Kopf weg!‹ oder auch nur ›Obacht!‹, daß er sie wie Säue überrannte und, wo er grade hintraf, auf sie losdrosch und sie nach der Väter Fechtart zusammenmetzelte.
>
> Den einen zerspellte er das Hirn, andern schlug er Arm und Bein zu Stücken, andern zerspliß er die Halswirbel, manchen verrenkte er das Kreuz, hieb ihnen die Nase ab, bläute Augen, daß sie schwollen, spaltete Kinnbacken, zerschrotete Zähne in den Mäulern, walkte Schulterblätter zu Hackfleisch, drosch Schienbeine, bis sie schwarz anliefen, kugelte Steißbein um Steißbein aus, zerbröselte manch einem Arme und Beine.
>
> Wollte sich etwa einer zwischen den dichtesten Rebstöcken verstecken, so knickte er ihm das Rückgrat und brach ihm das Kreuz wie einem Hund.
>
> Wenn einer sich durch die Flucht retten wollte, dem spaltete er den Schädel an der lambdoiden Kommissur.
>
> Wenn einer auf einen Baum kletterte und meinte, er sei dort in Sicherheit, so spießte er ihn von unten mit seinem Stock ... War aber einer gar so vermessen und tollkühn, daß er ihm im offenen Kampf entgegentreten wollte, erwies er die Kraft seiner Muskeln, denn er durchbohrte ihm die Brust durch Herz und Zwerchfell. Andern gab er eins unterhalb der Rippen und stülpte ihnen den Magen um, so daß sie eines jähen Todes starben. Andere traf er so gewaltig auf den Nabel, daß ihnen die Kutteln hervorquollen ... Glaubt mir nur, es

> war die scheußlichste Metzelei, die je gesehen ward.« (S. 150/153) (An einigen Stellen gekürzt.)

Als die Novizen Bruder Jan zu Hilfe eilen, befiehlt er ihnen, die Verwundeten »abzumurksen«: »So hängten sie ihre Kutten nahebei über eine Reblaube und machten sich daran, die von ihm bereits todwund Geschlagenen vollends abzukehlen und hinzumachen. Wißt ihr auch, mit was für Eisengerät? Mit niedlichen Knickern: das sind kleine krumme Messer, mit denen hierzuland die Kinder die Nüsse entschälen.« (S. 154)

Diese harte und blutige Schlacht kämpft Bruder Jan, um die bevorstehende Weinernte zu retten. Die ganze Episode ist nicht nur in heiterem, sondern in geradezu triumphalem Ton erzählt. Es geht um den »Weinberg des Dionysos«, um den »vendange«, das Weinlesefest. Die Kindermesserchen der jungen Novizen lassen uns bei dem blutigen Mischmasch zerstückelter menschlicher Körper an jene Bottiche des »purée septembrale« (Septemberpüree) denken, das Rabelais so häufig erwähnt; Blut wird zu Wein.[130]

Kommen wir zu der zweiten Episode. Im Buch 2, Kap. 25 wird erzählt, wie Pantagruel mit vier Gefährten über die 660 Ritter des Königs Anarchos siegt. Durch besonders raffinierte Verwendung von Schießpulver verbrennen sie sie alle. Gleich darauf gehen sie an ein heiteres Festessen. Carpalim hat eine Menge Wild gejagt.

> »Unverweilt schnitzte Epistemon im Namen der neun Musen neun schöne hölzerne Bratspieße nach der Alten Weise. Eusthenes half beim Abhäuten, und Panurge stellte zwei Waffensättel so auf, daß sie als Feuerböcke dienten. Ihr Gefangener mußte die Bratspieße drehen, und am selben Feuer, in dem die Ritter schmorten, brieten sie ihr Wildbret. Und hernach ging's hoch her, und an Essig ward nicht gespart. Zum Teufel mit jedem, der nicht wacker einhieb! Es war eine Lust, ihnen zuzuschauen, wie sie sich den Wanst stopften.« (S. 463)

So wird der Scheiterhaufen, auf dem eben noch Menschen brannten, zum heiteren Küchenherd, auf dem eine riesige Menge Wild schmort. Der karnevaleske Charakter des Scheiterhaufens und der Ritterverbrennung (so verbrennt man die Strohpuppe des Winters, den Tod, das alte Jahr) mit dem anschließenden

»Gastmahl für die ganze Welt« wird im weiteren Verlauf der Episode besonders deutlich. Pantagruel und seine Gefährten beschließen, auf dem Schlacht- und Eßplatz eine Triumphsäule zu errichten. Pantagruel stellt sie auf und behängt sie mit den archaischen Attributen der verbrannten Ritter, mit Harnischen, Sporen, einem Panzerhemd, einem Stahlhandschuh und einem Kanonenstiefel. In der in Versen verfaßten Inschrift zu der Trophäensäule rühmt er den Sieg des gesunden Menschenverstandes über die schweren Harnische (denn die Ritter verbrannten dank der scharfsinnigen Verwendung des Schießpulvers). Panurge errichtet eine zweite Säule, an der er Festmahltrophäen aufhängt: Hörner, Fell und Beine eines Rehs, Hasenohren, Trappenflügel etc., außerdem ein Fläschchen mit Essig, ein Horn voll Salz, einen Bratspieß, einen Kessel, eine Saucenterrine, ein Salzgefäß und ein Glas. Seine Inschrift lobt das Festessen und notiert ein Rezept.[131]

Die beiden Triumphsäulen illustrieren die Ambivalenz des volkstümlich-festlichen Motivsystems. Der historische *Sieg des Schießpulvers über Ritterharnische und Schloßmauern* (Thema auch von Puškins *Szenen aus der Ritterzeit*), der Sieg des erfinderischen Geistes über die grobe, primitive Kraft erfährt hier eine *karnevaleske Bearbeitung*. Deshalb trägt die zweite Säule die karnevalesken Küchenrequisiten: Bratspieße, Spicknadeln, Tontöpfe etc. Der Tod der alten und die Festmahlsheiterkeit der neuen Welt fallen zusammen. Der Scheiterhaufen verbrennt das Alte und verwandelt sich in den Herd für das Festmahl. Der Phönix des Neuen ersteht aus der Asche des Alten.

In diesem Zusammenhang sei auch auf Panurges Abenteuer in der Türkei verwiesen. Nachdem er in türkische Gefangenschaft geraten ist, stirbt er um seines Glaubens willen beinahe den Märtyrertod auf dem Scheiterhaufen. Doch er kann sich auf wunderbare Weise retten. Die Episode ist eine parodistische Travestie auf Märtyrertum und Wunder. Man umwickelt Panurge, der nicht fett genug ist, mit Speck und brät ihn schon am Spieß. Der Scheiterhaufen ist durch den Herd ersetzt. Es gelingt Panurge, sich zu retten, indem er den Spieß umdreht und seinen Peiniger selbst anbrät. Alles endet mit einem Lob auf den Spießbraten.

Blut also verwandelt sich bei Rabelais in Wein, ein harter Kampf und ein qualvoller Tod in ein heiteres Festessen, der Scheiterhaufen in einen Herd. *Blutige Schlachten, Zerstückelungen, Verbrennungen und Tode, Züchtigungen und Schläge, Verwünschungen und Beschimpfungen* gehören in den Bereich der *»heiteren Zeit«*, die *im Vernichten gebiert*, die *nicht zuläßt, daß das Alte ewig fortdauert, die nie aufhört, Neues und Junges zu gebären.* Diese Vorstellung von der Zeit ist bei Rabelais nicht abstrakt. Sie ist die Grundlage des überkommenen und von ihm zu höchster Blüte gebrachten volkstümlich-festlichen Motivsystems.

Doch vielleicht sind all diese Motive tote, fortschrittshemmende Tradition? Vielleicht sind die Bänder, die man den verprügelten Schinnösern um die Arme schlingt, diese ewigen Schläge und Flüche, dieser zerstückelte Körper und die Küchenutensilien nur sinnlos gewordene Überreste veralteter Weltanschauungen, die zu toten Formen geronnen sind, zu unnötigem Ballast, der nur daran hindert, die reale Gegenwart so zu sehen und darzustellen, wie sie tatsächlich ist?

Es gibt nichts Dümmeres und Unsinnigeres als diesen Verdacht. Das System der volkstümlich-festlichen Motive entwickelte sich im Verlauf von Jahrtausenden. In diesem langen Entwicklungsprozeß gab es auch *Schlacken,* die sich im Alltag, im religiösen Glauben und in Vorurteilen absetzten. Doch in seiner Hauptlinie wuchs das System, bereicherte sich mit *neuem Sinn,* nahm neue *Wünsche und Gedanken* des Volkes in sich auf und gestaltete sich im Schmelztiegel seiner Erfahrungen um. Die Sprache der Motive verfeinerte sich und gewann immer neue Nuancen.

Dies macht die volkstümlich-festlichen Motive zu einem geschmeidigen Werkzeug in der künstlerischen Bewältigung der Wirklichkeit, zum Garanten eines fundierten Realismus. Diese Motive vermitteln nicht die Beherrschung einer naturalistischen, flüchtigen, leeren, sinnlosen und zersplitterten Vorstellung von der Wirklichkeit, sondern sie helfen, den Prozeß der Entstehung dieser Wirklichkeit, den Sinn und die Richtung dieses Prozesses zu erfassen. Das macht ihre Universalität und ihren nüchternen Optimismus aus.

Bei Rabelais sind diese Motive auf eine intensive, aktuelle und ganz bewußte Weise lebendig, sie sind *überall präsent*, selbst im kleinsten Detail, von den bunten Bändern an den Ärmeln der Verprügelten über die rote Visage des anderen Schinnosen bis zum Kreuzbalken mit den blassen Lilien, mit dem Bruder Jan kämpft, bis zu seinem Spitznamen »Zähnezerschroter«. Wir finden hier nicht ein einziges totes, sinnlos gewordenes Relikt, alles dient einem aktuellen Interesse; in jedem Detail spüren wir Rabelais' klares und verantwortliches (aber natürlich nicht streng rationales) *künstlerisches* Bewußtsein. Das heißt nicht, daß jedes Detail mittels einer eigenen Überlegung gefunden, überdacht und abgewägt wurde. Rabelais beherrschte einfach seinen Stil, den großen Stil der volkstümlich-festlichen Formen, und die Logik dieses karnevalesken Stils suggerierte ihm die rote Visage des Schinnosen, seine heitere Auferstehung nach den Schlägen und den Vergleich mit dem König und den zwei Königen. Überlegung allein hätte wohl kaum all diese Details aussuchen und gewichten können. Rabelais, wie auch seine Zeitgenossen, lebte noch in der Welt dieser Überlieferung, er atmete ihre Luft, beherrschte ihre Sprache sicher und kam ohne die ständige Kontrolle des Bewußtseins aus.

Wir haben eine Beziehung zwischen Schlägen und Beschimpfungen einerseits und Entlarvung andererseits festgestellt. Beschimpfungen haben bei Rabelais nie den Charakter persönlicher Angriffe, sie sind universell und im Grunde immer nach »oben« gerichtet. Hinter jedem Verprügelten und Beschimpften sieht Rabelais sozusagen den König, den ehemaligen König oder einen Prätendenten auf dem Königsthron. Dabei sind die Entthronten ganz real und lebensecht. Alle Schinnöser und Denunzianten, düsteren Heuchler und Klatschsüchtigen sind ganz und gar real, sie werden ausgelacht, beschimpft und geschlagen als individuelle Verkörperungen der alten Macht und Wahrheit, des herrschenden Denkens und Glaubens, des geltenden Rechts und der verordneten Tugend.

Die alte Macht und Wahrheit erhebt Anspruch auf absolute, zeitlose Gültigkeit. Daher sind all ihre Vertreter Agelasten, mürrisch und ernst, sie können und wollen nicht lachen. Ihr Auftreten ist majestätisch, in ihren Gegnern sehen sie die Feinde der ewigen Wahrheit und drohen ihnen mit dem vollständigen Untergang. Die herrschende Macht und die herrschende Wahrheit schauen nicht in den Spiegel der Zeit. Daher kennen sie weder ihren Ursprung, ihre Grenzen und ihr Ende, noch sehen sie ihr altes, lächerliches Gesicht, das komische ihres Anspruchs auf Ewigkeit und Unaufhebbarkeit. Sie spielen ihre Rolle mit Ernst und in seriösem Ton, während die Zuschauer schon lange lachen. Sie reden wie Könige und Verkünder ewiger Wahrheiten und nehmen nicht wahr, daß die Zeit diesen Ton auf ihren Lippen schon längst lächerlich gemacht hat, daß sie die alte Macht und das alte Recht schon lange in einen Karnevalsbalg verwandelt hat, in ein heiteres Monster, das vom lachenden Volk auf dem Marktplatz in Stücke gerissen wird.[132]

Mit diesen Strohbälgern allerdings verfährt Rabelais rücksichtslos hart und *heiter*, im Grunde ist es die *heitere Zeit* selbst, die durch ihn mit ihnen abrechnet. Lebendige Leute zerreißt er nicht, sollen sie sich davonmachen, aber nicht, ohne ihre Königskleidung oder ihren maskeradenhaft üppigen Sorbonner Magistermantel abgelegt zu haben, in dem sie göttliche Wahrheiten verkündeten. Dann ist Rabelais sogar bereit, sie mit einer kleinen Hütte im Hinterhof und einem Mörser zu entschädigen, damit sie, wie König Anarchos, Schnittlauch für grüne Sauce zerreiben können, oder, wie Magister Janotus de Bragmardo, mit Stoff für ein Paar neue Hosen, einem großen Eßgeschirr, einer Wurst und einigem Brennholz.

Die Episode mit dem Magister Janotus soll uns nun beschäftigen. Sie gehört in den Zusammenhang des Glockenraubs des jungen Gargantua aus der Pariser Kathedrale Notre Dame.

Das Motiv des Glockenraubs übernimmt Rabelais aus der *Großen Chronik.* Gargantua entführt die altehrwürdigen Glokken von Notre Dame, um sie als Schellen für seine gigantische Stute zu benutzen, die er, mit Käse und Fisch beladen, zu seinem Vater schicken will. Die *Degradierung der Kirchenglocken zu Pferdeschellen* ist eine typisch karnevaleske Geste, sie verbindet Entthronung und Vernichtung mit Erneuerung und Wiedergeburt auf einer neuen, materiell-leiblichen Ebene.

Glocken oder Schellen (meist geht es dabei um Kuhglocken) sind schon in den ältesten Beschreibungen karnevalesker Handlungen ein unentbehrliches Accessoire. Glöckchen sind auch feste Attribute solcher mythischen Motive wie des »wilden Heeres«, der »wilden Jagd« oder »Harlekins Meute«, die schon im

Altertum mit den Karnevalsprozessionen verschmolzen. Kuhglocken spielen auch für das Charivari im *Roman du Fauvel* Anfang des 14. Jahrhunderts eine Rolle. Allgemein geläufig ist die Bedeutung der Narrenglöckchen an der Kleidung, an der Kappe, am Stock oder am Narrenzepter. Auch Glocken am Geschirr des Butterwochen- oder Hochzeitswagens kennen wir noch.

Bei Rabelais finden wir Schellen und Glöckchen in der Beschreibung der von François Villon veranstalteten »Diablerie«. Alle Diablerieteilnehmer waren »gegürtet ... mit derben Riemen, an denen Rasseln, Kuhglocken und Maultierschellen hingen, die einen entsetzlichen Lärm vollführten« (S. 877). Das Motiv der Degradierung von Glocken kommt in Rabelais' Roman mehrfach vor.

In der schon erwähnten Episode, wo 660 Ritter verbrennen und der Scheiterhaufen anschließend in einen Küchenherd umfunktioniert wird, verkündet Pantagruel auf dem Höhepunkt des Mahls, als alle ihre Kiefer kräftig arbeiten lassen: »›Wollte Gott, jeder von euch hätte am Kinn zwei Paar Falkenbimmeln und ich an meinem die großen Turmglocken von Rennes, Poitiers, Tours und Cambray. Das gäb ein lustig Geläute, wenn wir alle miteinander die Kinnladen regen täten!‹« (S. 463)

Kirchenglocken und Glöckchen erscheinen hier nicht am Hals von Kühen und Maultieren, sondern am Kinn der fröhlich Tafelnden; der Klang der Glocken gibt die Bewegung der kauenden Kiefer wieder. Man findet wohl kaum ein deutlicheres, anschaulicheres Beispiel, das, wenn auch auf grobe Art, die Logik des Rabelaisschen Spiels mit der Degradierung zeigt – die Logik der beschimpfenden Entthronung und Vernichtung mit abschließender Erneuerung und Wiedergeburt. Die auf der hohen Ebene entthronten Glocken von den Kirchtürmen von Poitiers, Rennes, Tours und Cambray leben unerwartet auf der Ebene des Essens wieder auf und erneuern ihren Klang in der Wiedergabe der Kaubewegungen. Gerade das Unerwartete an ihrer neuen Bestimmung ist das Erfrischende. Die *Wiedergeburt* vollzieht sich im *Materiell-Leiblichen,* hier in der Variante des Festmahls. Entscheidend ist die Degradierung, sie ist buchstäblich räumlich: die Glocken werden von der *Höhe* des Kirchturms nach *unten*, an die kauenden Kiefer versetzt.

Das Festmahl, das die Glocken neu belebt, ist natürlich himmelweit von kreatürlichem Fressen oder einem gewöhnlichen häuslichen Sonntagsessen entfernt. Es ist das »Gastmahl für die ganze Welt«, das der volkstümliche Riese mit seinen Gefährten hält, an dem geschichtsträchtigen Herd, der die alte Welt der feudalen Ritterkultur verbrannt hat.

Kehren wir zu unserer Ausgangsepisode, dem Glockenraub, zurück. Nun ist klar, warum Gargantua die Glocken von Notre Dame zu Schellen für seine Stute machen will. Auch im weiteren Verlauf der Episode haben die Glocken und Schellen immer einen Bezug zum karnevalesken Festmahl. Der Prior des St. Antons-Ordens hätte nichts dagegen, die Glocken zu entführen, um mit ihrem Klang sein Kommen anzukündigen und den Schweinespeck in der Speisekammer (ihm stand eine »Speckration« von der Bevölkerung zu) zum Zittern zu bringen. Das wichtigste Motiv für die Rückforderung der Glocken, das Janotus de Bragmardo in seiner Rede herausstellt, ist der Einfluß des Glockenklangs auf die Fruchtbarkeit der um Paris gelegenen Weinberge. Ein weiteres entscheidendes Motiv ist, daß Janotus im Fall der Rückgabe Würste und ein Paar Hosen versprochen worden sind. So klingen die Glocken durch die ganze Episode in einer karnevalistisch-festlichen Atmosphäre.

Wer ist eigentlich Janotus de Bragmardo? Nach Rabelais' Absicht ist er ein altgedientes Mitglied der Sorbonne. Die Sorbonne war die Hüterin des rechten Glaubens und der unanfechtbaren göttlichen Wahrheit, die Zensorin des religiösen Denkens und Schrifttums. Sie verurteilte und verbot bekanntlich sämtliche Bücher von Rabelais' Roman jeweils bei ihrem Erscheinen, doch war sie zu dieser Zeit glücklicherweise schon nicht mehr allmächtig. Janotus de Bragmardo ist ein Repräsentant dieser hochangesehenen Fakultät. Rabelais entfernte allerdings aus Vorsicht (damals war mit der Sorbonne noch nicht zu spaßen) alle äußeren Kennzeichen seiner Zugehörigkeit zu ihr.[133] Janotus hat den Auftrag, Gargantua mit weisen und wohlgesetzten Worten zur Rückgabe der entführten Glocken zu überreden. Dafür sind ihm, wie wir gesehen haben, als anständige »karnevaleske« Belohnung eine Hose, einige Würste und eine gewisse Menge Wein zugesagt.

Als Janotus mit komischer Wichtigtuerei im langen Magisterumhang der Sorbonne und begleitet von seinen Assistenten in Gargantuas Wohnung eintrifft, hält dieser die sonderbare Gesellschaft zunächst für einen Maskeradenzug. Hier die Stelle:

> »Magister Janotus, nach Cäsars Vorbild geschoren, mit seinem Lyripipion nach antiker Mode bekleidet und den Magen mit Backofen-Quittenbrot und Kellerweihwasser wohl antidotiert, verfügte sich in Gargantuas Behausung. Vor sich her trieb er drei rotbenaste Amtsdiener, und hinter ihm drein humpelten fünf oder sechs erzgeleerte Magister, über und über schmutzig und verdreckt.
>
> An der Tür begegnete ihnen Ponokrates, und der Schreck fuhr ihm durch alle Glieder, als er sie derart vermummt sah, denn er meinte, sie seien verkleidete Narrenhäusler. Dann erkundigte er sich bei einem der grundgeleerten Magistri in der Rotte, was denn dieser Mummenschanz bedeuten solle. Sie kämen, um zu verlangen, daß ihnen ihre Glocken wieder herausgegeben würden, war die Antwort.« (S. 94)

An dem Sorbonnisten und seinem Gefolge (bis hin zu dem uns bekannten »rouge muzeau«) fallen besonders die *Karnevalsrequisiten* ins Auge. Die ganze Gruppe hat sich in *Karnevalsnarren* verwandelt, zu einer heiteren Lachprozession. »Kellerweihwasser« ist die geläufige travestierende Bezeichnung für den Wein. Als Gargantua und seine Gefährten gehört haben, worum es Janotus geht, beschließen sie, mit ihm eine heitere Farce (Mystifikation) zu inszenieren. Zuerst lassen sie ihn »auf gut theologisch«[134] zechen, und geben derweil die Glocken an einen herbeigerufenen Vertreter der Stadt Paris zurück. So hält Janotus seine Rede nur noch zur Belustigung der versammelten Zuhörer. Er bringt sie in aller Wichtigkeit und mit allem Ernst vor, besteht auf der Rückgabe der Glocken und ahnt nicht, daß die Sache schon ohne ihn beigelegt ist und er bloß noch den Karnevalsnarren spielt.

Janotus' Rede ist eine köstliche Paraphrase der Rhetorik der Sorbonnisten, ihrer Argumentationsweise und ihres Lateins. Als Parodie ist sie fast neben die *Dunkelmännerbriefe* zu stellen. Doch darüber hinaus demonstriert sie mit großer Kunst die Probleme *des Alters*. Das »Stenogramm« der Rede prägen lautmalende Elemente, die alle Arten und Stufen des Hustens und Keuchens, des Auswurfs, der Atemnot und des Schnaufens wiedergeben. Die Rede ist voller Versprecher und Lapsus, Gedankensprünge und Pausen, d.h. Kämpfen mit dem schwindenden Sinn und quälende Suche nach dem passenden Wort. Janotus klagt offen über sein Alter. Das Motiv des biologischen Alters, des gebrechlichen Menschen ist mit dem Motiv der sozial und ideologisch veralteten Sprache des Sorbonnisten kunstvoll verknüpft. Das alte Jahr, der alte Winter, der alte König wird zum Narren. Janotus ist Zielscheibe des heiteren Spotts, und zum Schluß lacht er mit. Das Lachen gilt der Mumie des Sorbonnisten. Dem alten Mann gibt man, was er braucht, und das ist, wie er selbst zugibt, nicht viel: »den Rücken am Feuer, den Bauch am Tisch und eine volle Schüssel« (S. 97). Das bleibt als einzig Reales von den Ansprüchen des Sorbonnisten übrig; und Gargantua beschenkt ihn großzügig.

Alle bisher untersuchten Episoden, alle Schlacht- und Prügelszenen, das Verspotten und Entthronen von Personen (Vertretern der alten Macht und der alten Wahrheit) und Sachen (z.B. Kirchenglocken) sind vom volkstümlich-festlichen karnevalesken Geist geprägt. Daher ist ihr Sinn immer ambivalent: Vernichtung und Entthronung verbinden sich mit Wiedergeburt und Erneuerung, der Tod des Alten mit der Geburt des Neuen, alle Motive beziehen sich auf die widersprüchliche Einheit der sterbenden und entstehenden Welt. Und nicht nur die analysierten Episoden, der ganze Roman ist von Anfang bis Ende mit dieser karnevalesken Atmosphäre getränkt, mehr noch, eine ganze Reihe wichtiger Episoden sind direkt an einen Festtag gebunden und haben eine festgelegte festliche Thematik.
Wir gebrauchen das Wort »karnevalesk« im weiten Sinn. Der Karneval als ein bestimmtes Fest hat bis heute überlebt, während andere Bestandteile des volkstümlich-festlichen Lebens, die ihm in Charakter und Stil (und auch von der Genese her) ähnlich sind, schon lange ausgestorben oder bis zur Unkenntlichkeit degeneriert sind. Der Karneval ist überall bekannt. Im Verlauf einiger Jahrhunderte ist er oft beschrieben worden. Selbst in seinem Spätstadium, dem 18. und 19. Jahrhundert, hat er ziemlich klar, wenn auch in etwas reduzierter Form, einige grundlegende Besonderheiten des volkstümlich-festlichen Milieus bewahrt. Als relativ gut erhaltenes Fragment dieser großen, reichen

Welt repräsentiert er für uns das ganze volkstümlich-festliche Milieu. Daher gebrauchen wir das Epitheton »karnevalesk« großzügig und bezeichnen damit nicht nur die festlichen Karnevalsformen im genauen und engeren Sinn. Wir benutzen es in bezug auf das ganze reiche und vielfältige volkstümlich-festliche Leben des Mittelalters und der Renaissance.
Doch schon der Karneval im eigentlichen Wortsinn ist ein keineswegs einfaches und eindeutiges Phänomen. Das Wort subsumiert eine Reihe von lokalen Feiertagen verschiedenen Ursprungs, die auch auf verschiedene Daten fielen, unter einen Begriff. Diese Vereinheitlichung und Zusammenfassung lokaler Phänomene zum »Karneval« entsprach einem realen Prozeß: verschiedene absterbende und degenerierende volkstümlich-festliche Formen übertrugen einen Teil ihres Programms – Riten, Accessoires, Motive, Masken – auf den Karneval. Der Karneval wurde so zum Sammelbecken, in das die volkstümlich-festlichen Formen, die ihre selbständige Existenz verloren, eingingen.
Dieser Prozeß der Vereinigung aller volkstümlich-festlichen Formen verlief natürlich, je nach Epoche, Land oder sogar Stadt, verschieden. Auf die klarste, sozusagen klassische Weise verlief er in Italien, hier besonders in Rom, und in Frankreich in Paris. Mehr oder weniger klassisch, jedoch später, ging dieser Prozeß auch in Nürnberg und Köln vonstatten. In Rußland blieb er aus; die verschiedenen Formen volkstümlich-festlicher Belustigung, die weit verbreiteten und die lokalen (Butterwoche, Heiligengedenktage, Ostern, Jahrmarkt etc.) blieben selbständig bestehen. Es bildete sich nie ein favorisierter Feiertag heraus, der dem westlichen Karneval vergleichbar wäre. Peter der Große hat bekanntlich versucht, in Rußland eine Form der späten europäischen Tradition des »Narrentags« einzuführen (die Wahl eines »Narrenpapstes« etc.), karnevaleske Scherze zum 1. April und anderes mehr, doch hielten sich diese Feste nicht und konnten die örtlichen Traditionen nicht auf sich konzentrieren.
Auch dort, wo der Vereinheitlichungsprozeß mehr oder weniger klassisch verlief, in Rom, Paris, Nürnberg und Köln, lagen ihm unterschiedliche lokale Feste zugrunde, und auch später erweiterte sich sein Repertoire auf Kosten von Ort zu Ort verschiedener absterbender Feste.

Viele volkstümlich-festliche Formen bestanden, nachdem sie dem Karneval einen Teil ihrer Spezifik (meist das Wesentlichste) abgetreten hatten, auf eine traurige und reduzierte Art neben ihm fort. So war es in Frankreich zum Beispiel mit dem Charivari: der größte Teil des Rituals ging auf den Karneval über, doch hält es sich bis heute als relativ primitive Form der Verspottung von Ehepaaren (wenn die Ehe aus irgendeinem Grund als nicht normal gilt), als Katzenkonzert vor dem Schlafzimmerfenster. Auch jene volkstümlich-festlichen Belustigungen, die die inoffizielle Marktplatzkehrseite jedes kirchlichen oder profanen Feiertags bildeten, bestanden neben dem Karneval fort; sie waren von ihm unabhängig, hatten aber einiges mit ihm gemeinsam, etwa die Wahl ephemerischer Könige und Königinnen (zum Dreikönigstag [den »Bohnenkönig«], zum Valentinstag etc.); ähnliches gilt für private Feste wie Hochzeiten, Taufen, Trauerfeiern oder verschiedene landwirtschaftlich motivierte Feste, wie die Weinlese, die Rinderschlachttage (diese Feste sind bei Rabelais beschrieben), etc. Wir haben zum Beispiel den deutlich karnevalesken Charakter der »nopces à mitaines«, der sonderbaren Hochzeitszeremonie, festgestellt. Der gemeinsame Nenner all dieser Feiertagsriten ist ihre Beziehung zur *heiteren Zeit.* Wo immer die volkstümlich-festliche Seite eines Feiertags erhalten bleibt, ist auch diese Beziehung zur Zeit gewahrt, und folglich ein karnevaleskes Element.[135]

Wo, wie gesagt, der Karneval im engeren Sinn einen Aufschwung erlebte und zum Auffangbecken und Zentrum aller volkstümlich festlichen Belustigungsformen wurde, schwächte er in gewissem Maße alle anderen Feste und nahm ihnen fast alle zwanglosen und volkstümlich-utopischen Momente. Die anderen Feste verblaßten neben ihm, ihre Bedeutung für das Volk wurde geringer, nun trat ihre unmittelbare Verbindung mit dem kirchlichen und staatlichen Zeremoniell deutlich zutage. Der Karneval wurde zum Symbol und zur Inkarnation des eigentlichen volkstümlichen Festes, von Kirche und Staat völlig unabhängig, doch von ihnen geduldet. So war der römische Karneval, als (1788) Goethes berühmte Beschreibung entstand, so war er auch noch 1895, als Dieterich unter seinem Eindruck seine *Pulcinella* entwarf und sie seinen römischen Freunden zum Karneval 1897 widmete. Damals war der Karneval schon die fast

einzige lebendige und frische Repräsentanz des reichen volkstümlich-festlichen Lebens früherer Jahrhunderte.
Zu Rabelais' Zeit war die volkstümlich-festliche Belustigung noch in keiner einzigen französischen Stadt voll auf den Karneval konzentriert. Der Karneval wurde am »Mardi gras« (d.h. am »fetten Dienstag«, in der letzten Woche vor der Fastenzeit) begangen und war nur eines der Volksfeste, wenn auch schon damals das wichtigste. Ebenfalls hohen Stellenwert im Festtagsleben auf dem Platz hatten die Jahrmärkte, je nach Stadt fanden sie jährlich zwei- bis viermal statt. Die Jahrmarktsbelustigungen hatten karnevalesken Charakter, erinnern wir uns an die oben geschilderten zahlreichen Lyoner Volksfeste. Zu Rabelais' Lebzeiten waren auch noch späte Formen des Narrentags lebendig. Dazu zählen etwa die Feste der »societas Cornardorum« in Rouen und Évreux, wo ein eigener Narrenabt (der »Abbas cornardorum« oder »Abbé des Cornards«) gewählt wurde und Karnevalsprozessionen stattfanden.
Natürlich kannte Rabelais das reiche Festtagsleben seiner Zeit in seinen städtischen und ländlichen Varianten ausgezeichnet. Welche Feiertage nun spiegeln sich in seinem Roman?
Ganz zu Beginn des Buches *Gargantua*, in den Kapiteln 4, 5 und 6, wird das Rinderschlachtfest samt heiterem Festmahl beschrieben, in dessen Verlauf die wunderbare Geburt des Helden, Gargantua, erfolgt. Diese Episode gehört zu den bemerkenswertesten und für Rabelais' Stil typischsten des ganzen Romans.
Hier der Anfang der Episode:

> »Anlaß und Art, wie Gargamelle ins Kindbett kam, sollt ihr im folgenden erfahren, und wenn ihr's nicht glaubt, so geh euch der Hintern durch!
> So geschah ihr eines Nachmittags am dritten Tag des Hornung, weil sie zuviel Kutteln geschlungen hatte. Kutteln sind fette Kaldaunen von Mastochsen. Mastochsen sind solche, die an der Krippe und auf Grummetmatten gemästet worden sind. Grummetmatten aber sind Wiesen, die zweimal im Jahr Gras tragen. Von solchen fetten Ochsen hatten sie dreihundertsiebenundsechzigtausendundvierzehn schlachten lassen, damit sie auf die Fastnachtszeit eingesalzen werden konnten, denn sie wollten zum Frühjahr zur gelegenen Zeit im Über-

fluß Pökelfleisch haben, um eingangs der Mahlzeiten mit Gesalzenem anzufangen und so einen rechtschaffenen Durst auf einen guten Trunk zu schaffen.« (S. 24)

Das zentrale Motiv in diesem Ausschnitt ist der Überfluß im Materiell-Leiblichen, die Fülle, das Gebärende und Wachsende. Alle Einzelheiten sind diesem Hauptmotiv untergeordnet. Das ganze Ereignis ist von Beginn an mit Gargamelles *Entbindung* verknüpft, es dient dem Geburtsvorgang als Rahmen und Hintergrund. Schon im ersten Satz bricht eine Beschimpfung über alle Leser herein, die dem Autor nicht glauben wollen, eine Beschimpfung, die den Redefluß unterbricht und das Folgende vorbereitet, uns sofort in den materiell-leiblichen Bereich versetzt: »... und wenn ihr's nicht glaubt, so geh euch der Hintern durch!« Die Entbindung beginnt damit, daß der Dickdarm infolge des übermäßigen Genusses von Kutteln austritt, d. h. wegen der Innereien, der Därme des Ochsen. *Innereien und Därme* mit ihrem ganzen Bedeutungs- und Beziehungsspektrum sind die *Grundmotive der Episode.* In unserem Zitat werden sie als Speise eingeführt, es sind die »gaudebillaux«, was dasselbe bedeutet wie »grasses tripes«, die fetten Innereien des Ochsen. Doch die Entbindung und der Austritt des Dickdarms *verbinden* sofort den *gegessenen Leib mit dem essenden.* Die Grenze zwischen dem eßbaren Tierleib und dem essenden Menschenleib ist gelockert und fast aufgehoben. Die Körper verflechten sich miteinander und fließen zum *umfassenden grotesken Motiv der eßbaren und essenden Welt zusammen.* Es entsteht eine konzentrierte Körperatmosphäre, ein *riesiger Leib.* Um ihn herum gruppieren sich die zentralen Ereignisse der Episode: Essen, Austritt des Darms, Entbindung.

Das Motiv der Produktivität und des Wachstums, das gleich zu Beginn durch Gargamelles Entbindung eingeführt wird, setzt sich fort in Motiven des materiellen Überflusses und der Fülle. Es geht um das fette Gedärm von Ochsen, die auf Spezialweiden mit zwei Ernten pro Jahr geweidet werden und von denen man zum Fest gleich 367014 schlachtet. Das Wort »fett« und seine Ableitungen werden in drei Zeilen viermal verwandt: grosses, engressez, gras, gras. Die Rinderschlachtung geschieht vorsorglich, um im Frühjahr Fleisch *»im Überfluß«* (»à tas«) zur Verfügung zu haben.

Das Motiv des Überflusses an materiellen Gütern steht in direkter Verbindung mit dem »fetten Dienstag«, dem Karnevalstag, an dem man das Schlachtfleisch in Salz einlegte. Karnevaleske Butterwochenatmosphäre bestimmt die ganze Episode, sie verknüpft Schlachtung, Zerstückelung und Ausweidung des Rindes, körperliches Leben, Fett, Überfluß und Festmahl, heitere Zwanglosigkeit und schließlich die Entbindung zu einem grotesken Knoten.

Die Episode endet mit der »commemoration de saleurs«. »Commemoration«, ein Terminus aus der Liturgie, bezeichnet eigentlich ein kurzes Gebet an einen Heiligen, der an einem anderen Tag gefeiert wird, ein zusätzliches Gebet außer der Reihe. Hier aber sind die salzigen Vorspeisen, eine delikate Bereicherung des Essens, gemeint – eine typische groteske Degradierung!

Noch eine Stileigentümlichkeit der zitierten Passage scheint erwähnenswert: die erste Hälfte ist nach dem Kettenprinzip gebaut, ein Glied greift ins andere. Der Effekt wird dadurch erreicht, daß ein und dasselbe Wort den einen Satz abschließt und den nächsten beginnt. Diese Komposition verstärkt den Eindruck von Konzentration und Kompaktheit, von der unauflösbaren Einheit dieser Welt aus fettem Überfluß, Fleisch, Leib, Wachstum und Entbindung.

Schauen wir uns an, wie sich die Episode weiterentwickelt. Weil man die Rinderinnereien nicht lange aufbewahren kann, lädt Grandgousier die Bewohner aller umliegenden Ortschaften zum Festschmaus ein:

> »Hierzu luden sie alle die Städter von Cinais, von Seuilly, La Roche-Clermault, Vaugaudry, vergaßen auch nicht die von Coudray-Montpensier, von Gué de Vède und andern umliegenden Dörfern, allesamt wackere Zecher, gute Gesellen und treffliche Kegelschieber.« (S. 24/27)

Es ist ein großes Essen (fast das ganze Volk nimmt daran teil, nicht umsonst hat man schließlich gleich 367014 Ochsen geschlachtet), ein »Gastmahl für die ganze Welt«. »Der Idee nach« gilt dies für jedes karnevaleske Bankett. Interessant ist die heitere Charakterisierung der Bewohner der Umgebung, die Grandgousier hier versammelt. Der letzte Beitrag dazu lautet wie folgt: »beaux joueurs de quille«, d. h. »treffliche Kegelschieber«. Doch wir wissen, daß das Wort »quille« zu Rabelais' Zeit darüber hinaus erotische Bedeutung hatte, die hier hereinspielt. So liegt auch die Beschreibung der zum Festmahl Geladenen auf der gleichen materiell-leiblichen Ebene wie die gesamte Episode.

Grandgousier warnt seine Frau, nicht zu maßlos beim Kuttelnessen zu sein: »›Muß einer schon große Lust zum Dreckkauen haben‹, sagte er, ›wenn er auch noch den Sack mitverspeist.‹ Doch all diesen Warnungen zum Trotz aß sie davon sechzehn Mud, zwei Tonnen und sechs Töpfe voll. O was für fäkalische Materie, die ihr da im Bauch bullern mußte!« (S. 27)

Hier wird das Kot-Motiv eingeführt, das, wie schon festgestellt, mit allen Körpermotiven eng verbunden ist und mit den Ochseninnereien ganz besonders, da ein gewisser Rest an Kot selbst bei sorgfältigster Reinigung in ihnen zurückbleibt. Wieder verschwimmt die Grenze zwischen dem eßbaren und dem essenden Körper: der in den Kutteln enthaltene Kot dient der Kotproduktion im menschlichen Darm. Tier- und Menschendarm sind wieder unlösbar verflochten. Kennzeichnend für die Atmosphäre der ganzen Episode ist der Schlußsatz des Autors, »O was für fäkalische Materie« (O belle matière fecale) – die Scheiße war im grotesken Realismus vor allem die *heitere Materie.*

Unmittelbar auf das Zitierte geht es folgendermaßen weiter:

> »Nach dem Mittagsmahl gingen sie alle miteinander bunt gemischt ins Weidicht hinaus, und dort tanzten sie auf dem dichten Gras zum Klang der lustigen Schalmeien und süßen Sackpfeifen so vergnügt, daß es eine wahre Himmelslust war, ihnen bei ihrer Kurzweil zuzusehen.« (S. 27)

Das festliche Karnevalsvergnügen auf der grünen Wiese verknüpft sich organisch mit allen übrigen Motiven dieser Episode. Auch in der Atmosphäre des »fetten Dienstags« vertragen sich Vergnügen, Tanz und Musik hervorragend mit Schlachtung, Zerstückelung des Fleisches, Bauch, Scheiße und anderen materiell-leiblichen Motiven.

Um den Roman im ganzen und die zuletzt analysierte Episode im besonderen zu verstehen, muß man sich von den reduzierenden ästhetischen Schablonen der Neuzeit freimachen, die den großen Entwicklungslinien der Weltliteratur und Kunst ganz und gar nicht angemessen sind. Besonders irrig wäre der Versuch, Rabelais' Motive zu modernisieren, der Versuch, sie unter die differenzierten, spezialisierten und eindimensionalen Begriffe zu subsumieren, die das neuzeitliche Denken beherrschen. Im grotesken Realismus und bei Rabelais hat z. B. das Motiv Scheiße weder den trivialen noch den rein physiologischen Sinn, den man ihm heute gibt. Der Kot galt einfach als ein wesentliches Element im Leben des Körpers und der Erde, im Kampf zwischen Leben und Tod, er war ein Mittel zur lebendigen Wahrnehmung der eigenen Materialität und Körperlichkeit, die mit der Erde verbinden.

Daher handelt es sich bei Rabelais nicht um »groben Naturalismus«, »Physiologismus« oder Pornographie. Man muß ihn mit den Augen seiner Zeitgenossen und auf dem Hintergrund der jahrtausendealten Traditionen lesen, in denen er stand. Dann erscheint auch die Szene von Gargamelles Entbindung als erhabenes und zugleich heiteres Drama von Körper und Erde.

Das fünfte Kapitel ist den »muntern Reden der Bezechten« gewidmet, es ist ein karnevaleskes Symposium. Es besitzt weder äußere logische Folgerichtigkeit noch eine übergreifende abstrakte Idee wie die klassischen Symposien, seine Geschlossenheit gewinnt es durch das konsequente und bis ins kleinste Detail durchgehaltene groteske Spiel mit Degradierungen. Fast jede Replik enthält irgendeine Formel aus dem Bereich der Kirche, der Liturgie, der Philosophie, des Rechts oder der *Heiligen Schrift*, die hier aufs Saufen und Essen übertragen wird. Im Grunde ist nur von zwei Dingen die Rede: vom Verspeisen der Kutteln und vom Wein, der sie herunterspülen und zugleich die eigenen Eingeweide begießen soll. Doch diese materiell-leibliche Thematik tritt in der Verkleidung «hoher« Motive aus dem sakralen Bereich auf.

Nehmen wir uns exemplarisch das Spiel mit dem Motiv *Bauch* vor. Einer der Gesprächsteilnehmer sagt: »Je laverois volontiers les tripes de ce veau que j'ay ce matin habillé.« Das Wort »habiller« bedeutet anziehen, doch hatte es auch die Spezialbedeutung »den ausgeweideten Tierkadaver herrichten« (ein Terminus aus dem Metzgerhandwerk und aus dem Kochbuch). So bezieht sich im Ausspruch des Trinkkumpans das »Kalb, das ich heut morgen ausgeweidet habe« (S. 30) das Wort »Kalb« (veau) vor allem auf ihn selbst, der sich morgens angekleidet hat, und erst in zweiter Linie auch auf das Kalb, das man morgens zerschnitten und zubereitet und das er verspeist hat. Ebenso meint »Kutteln« (les tripes) sowohl seinen eigenen Leib, den er mit Wein spülen will, als auch den von ihm gegessenen Kalbsbauch, den er nun mit Wein begießt.

Die folgende Replik ist ähnlich gebaut: »Voulez vous rien mandez à la rivière? Cestuy cy [ein Glas Wein] vas laver les tripes.« Wieder hat der Ausdruck »les tripes« doppelte Bedeutung, er meint erstens den eigenen *verdauenden* Leib und zweitens den *gegessenen* Ochsenleib. So werden auch hier ständig die Grenzen zwischen dem essenden Menschenkörper und dem gegessenen Tierkörper verwischt.

Held des folgenden, sechsten Kapitels, ist der *gebärende Leib* Gargamelles. So beginnt die Geburt:

> »Über eine kleine Weile hob sie an zu seufzen, zu wehklagen und zu schreien. Alsogleich kamen haufenweise Wehmütter von allen Seiten herbeigelaufen, und als sie ihren Unterleib befühlten, fanden sie etliche gar übelriechende Hautfetzen und meinten, es sei das Kind. Es war aber nur der After, der ihr ausgetreten war, infolge der Erschlaffung des rectum oder graden Darmes (den ihr Mastdarm nennt), weil sie zuviel Kutteln gegessen hatte, wie wir zuvor berichtet haben.« (S. 36)

Hier wird buchstäblich die Anatomie des Unterleibs vorgeführt. Der groteske Leibes-Knoten wird hier noch fester geknüpft: der *ausgetretene Dickdarm, die verspeisten Ochseninnereien und der gebärende Leib* (man hält den ausgetretenen Dickdarm zuerst für das Neugeborene) sind in diesem Abschnitt untrennbar verbunden.

Die herbeigerufene Hebamme hat zu starke adstringierende Maßnahmen ergriffen:

> »Zufolge dieses mißlichen Umstandes wurden oberhalb die Kotyledonen der Gebärmutter gelockert, durch welche das Kind aufwärts hüpfte und in die Hohlader eindrang, dann durch das Zwerchfell bis über die Achseln hinaufschlüpfte (wo die genannte Ader sich zweiteilt), hierauf links hinüberschwenkte und zuletzt durch das linke Ohr herauskam.
>
> Kaum war es geboren, schrie es nicht wie andere Kinder: ›Mäh! Mi! Mäh!‹, sondern rief mit lauter Stimme: ›Zu trinken! Zu trinken! Zu trinken!‹ gleich als wollte es männiglich zum

Trinken auffordern, so daß es weithin im ganzen Land von Beuxes und Vivarais zu hören war.« (S. 37/38)

Die anatomische Studie endet mit der unerwarteten Geburt des Kindes durch das linke Ohr. Das Kind kommt nicht *untenherum*, sondern *obenherum*, eine typisch karnevaleske Umkehrung (»Kopf«stand). Ebenso karnevalesk und schon am Festessen orientiert ist sein erster Schrei, mit dem es zum Trinken einlädt.

Ziehen wir Bilanz aus der Analyse dieser Episode.

Sämtliche Motive entwickeln das Thema *dieses speziellen Festtags:* die Schlachtung, die Vorbereitung und die Zerlegung des Tieres. Die Motive entfalten sich auf der Ebene des Festessens – der zerlegte Körper wird verspeist – und gehen fast unmerklich zur anatomischen Analyse des gebärenden Leibes über. Der Effekt ist die außerordentlich konzentrierte Atmosphäre durchgängiger und kompakter Körperlichkeit, in der sorgfältig alle Grenzen zwischen den einzelnen Tier- und Menschenkörpern, zwischen dem eßbaren und dem essenden Leib verwischt werden. Darüber hinaus ist der *essende und eßbare Leib mit dem gebärenden Leib verbunden.* Es entsteht der *genuin groteske Komplex eines gemeinsamen, überindividuellen körperlichen Lebens, ein großer Bauch, der verschlingt und verschlungen wird, gebiert und geboren wird.* Dabei geht es natürlich nicht um »tierisches« oder »biologisches« überindividuelles körperliches Leben. Durch Gargamelles verschlingenden und gebärenden Leib schimmert vielmehr der gebärende Schoß der Erde, der ewig gebärende Körper des ganzen Volkes durch, geboren wird schließlich der Volksheld Gargantua, der französische Herkules.

Hier, wie immer bei Rabelais, ist die heitere, im Überfluß schwimmende, alles besiegende Körperlichkeit dem mittelalterlichen Ernst der Angst und Unterdrückung mit seinen Methoden des *einschüchternden und eingeschüchterten* Denkens entgegengestellt. Die Episode endet, ähnlich wie der Prolog zu *Pantagruel*, mit einer heiteren, zwanglosen Travestie der typisch mittelalterlichen Strategien des Glaubens und des Überzeugens:

»Ich fürchte nur, ihr werdet mir diese wundersame Geburt nicht recht glauben. Je nun, glaubt ihr mir's nicht, so ficht es mich nicht an. Aber ein Ehrenmann, ein verständiger Mann, glaubt allezeit, was man ihm sagt und was er geschrieben findet. (Der Autor stützt sich hier auf Salomon und den Apostel Paulus. – M. B.) [Warum solltet ihr sie nicht glauben? Weil, wie ihr sagen werdet, hier auch nur der Anschein von Wahrheit fehlt? Ich aber sage euch, daß ihr mir gerade deshalb glauben müßt, blind glauben, denn die Sorbonnisten behaupten geradezu, daß der Glaube im Falle der unsichtbaren Dinge Argument ist. – fehlt in der dt. Übers., G. L.] Verstößt es etwa gegen unser Gesetz, unsern Glauben, gegen die Vernunft oder gegen die Heilige Schrift? Ich für mein Teil finde in den heiligen Schriften nichts, was dawider spräche. Wenn aber Gott es so hätte fügen wollen, möchtet ihr dann behaupten, daß er es nicht hätte tun können? Ach, ich bitt euch, umnebelt eueren Geist niemals mit solch eitlen Gedanken, denn ich sage euch, bei Gott ist nichts unmöglich, und wäre es sein Wille, die Weiber würden von Stund an ihre Kinder durchs Ohr gebären.« (S. 38)

Anschließend waren einige seltsame Geburtsfälle aus der Mythologie und mittelalterlichen Legenden angeführt. Die ganze Stelle ist eine köstliche parodistische Travestie auf die mittelalterliche Glaubenslehre und die Methoden ihrer Verteidigung und Propagierung, die sie durch Verweise auf die Autoritäten, Einschüchterung, Provokation, Drohung, Beschuldigung als Ketzer etc. betreibt. Die konzentrierte Atmosphäre heiterer Körperlichkeit in dieser Episode bereitet die karnevaleske Entlarvung der Glaubenslehre als »Argument im Falle der unsichtbaren Dinge« vor.

Kommen wir zu einem anderen Fest. Ein zentrales Ereignis des *Gargantua*, der pikrocholinische Krieg, trägt sich während der Weinlese zu.

Dieses Fest spielte im Leben Frankreichs eine große Rolle, wenn es im Gang war, schlossen die öffentlichen Ämter und die Gerichte, denn jedermann war im Weinberg.

Anlaß zum pikrocholinischen Krieg ist der Zusammenstoß zwischen Bauern aus Seuillé, die die reifenden Trauben bewachen, und Bäckern aus Lerné, die ihre Fladen zum Verkauf tragen. Die Bauern haben Lust auf Trauben mit Fladen zum Frühstück, die Bäcker weigern sich, ihnen Fladen zu verkaufen, und beleidigen die Bauern. So kommt es zwischen ihnen zu einer Schlägerei. »Fladen und Trauben« (eine Kombination, die den Magen reinigt und Durchfall hervorruft) – also der liturgische Komplex »Brot und Wein« wird hier degradierend travestiert.

Schon die erste größere Episode des Kriegs, die Verteidigung des Weinbergs durch Bruder Jan, enthält eine travestierende Anspielung auf das Abendmahl. Wir sprachen schon von der Verwandlung von Blut zu Wein. Hinter dem brutalen Krieg erscheint die »vendange«, in der französischen Folklore ist sie mit dem Motiv der »Bon-Temps«, der »guten Zeiten«, verbunden (und Bon-Temps ist der Mann der Mère Folle). Die Figur des Bon-Temps bedeutet das *Ende schlechter Zeiten und den Beginn eines allgemeinen Friedens*. Rabelais entwickelt somit in der vendange-Atmosphäre das volkstümlich-festliche Thema vom Sieg der friedlichen Arbeit und des Überflusses über Krieg und Vernichtung. Dies ist das Hauptthema der Episode und des pikrocholinischen Krieges.[136]

So prägt die vendange-Atmosphäre den ganzen zweiten Teil des *Gargantua* und organisiert den Zusammenhang seiner Motive, ähnlich wie für den ersten Teil (die Geburt Gargantuas) die Atmosphäre des karnevalesken Schlachtfestes.[137]

Auch im Zweiten Buch des Romans, im *Pantagruel*, gibt es Episoden, die unmittelbar mit einer Feiertagsthematik zusammenhängen. Das Jahr 1532, das Entstehungsjahr des *Pantagruel*, wurde vom Papst in Frankreich zum außerordentlichen Jubiläumsjahr erklärt. In solchen Jahren durften bestimmte Kirchen an jedermann päpstliche Indulgenzen, d.h. Ablaßbriefe, verkaufen. Eine Episode des Romans spielt auf dieses Jubiläumsjahr an. Panurge, der seine Geldangelegenheiten in Ordnung bringen will, geht von einer Kirche zur anderen, kauft Ablaßbriefe und nimmt sich als Wechselgeld das Zigfache dessen, was ihm zustünde, aus dem Teller. Denn so interpretiert er das biblische »das Hundertfache bekommen« (S. 414) und handelt danach.

Im selben Buch gibt es eine Episode, die erzählt, wie Panurge hartnäckig einer bekannten Pariser Dame nachstellt. Sie weist ihn ab, und er rächt sich auf eigenartige Weise. Das zentrale Ereignis der Episode spielt sich am Fronleichnamstag ab, und dieser Anlaß wird auf ungeheuerliche Art travestiert. Panurge

hat das Kleid der Dame mit den zerriebenen Genitalien einer Hündin beschmiert, und so folgt ihr eine Prozession von 600014 Hunden, die sämtlich an ihr das Bein heben.
Doch diese Travestie auf das »Fronleichnamsfest« ist nur auf den ersten Blick so lästerlich und unerwartet. Die Geschichte dieses Feiertags in Frankreich und anderswo (besonders in Spanien) zeigt, daß die zwanglosen grotesken Körpermotive durchaus üblich und traditionell sanktioniert waren. Das Motiv des grotesken Körpers dominierte auf der volkstümlichen Marktplatzseite des Festes und gab ihm seine besondere Atmosphäre. An den Prozessionen nahmen gewöhnlich die traditionellen Vertreter grotesker Körperlichkeit teil: ein Ungeheuer (mit einer Mischung aus kosmischen, tierischen und menschlichen Zügen), auf dem eine »babylonische Hure« ritt[138], Riesen (die in der volkstümlichen Tradition die groteske Verkörperung der Vorstellung vom großen Körper waren), Mauren und Neger (groteske Abweichungen von der Norm) und eine Menge Jugendlicher, die sehr sinnliche Volkstänze tanzten (in Spanien etwa die fast obszöne Sarabande). Erst nach diesen Darstellungen des grotesken Körpers folgte die Geistlichkeit mit der Hostie (d. h. dem Abendmahl), und am Ende der Prozession fuhren Kutschen mit kostümierten Schauspielern (daher hieß der Fronleichnamszug in Spanien auch »fiesta de los carros«).
Die traditionelle Fronleichnamsprozession hatte also deutlich karnevalesken Charakter bei offensichtlicher Dominanz des körperlichen Moments. In Spanien gehörten noch spezielle dramatische Aufführungen, die »Autos sacramentales«, dazu. Wir können uns ihren Charakter anhand der zu diesem Anlaß verfaßten Lieder Lope de Vegas ausmalen. Das Grotesk-Komische dringt auch in ihre ernsten Passagen ein. Sie sind parodistisch travestierend, und nicht nur antike, sondern auch christliche Motive, darunter eine Fronleichnamsprozession, werden aufs Korn genommen.
Halten wir also fest, daß die volkstümliche Marktplatzseite des Fronleichnamsfestes gewissermaßen ein Satyrspiel war, das das Abendmahl travestiert.[139] Auf dem Hintergrund dieser Tatsache wirkt Rabelais' Travestie schon nicht mehr so verblüffend und ungeheuerlich. Er entwickelt nur die Elemente des Satyrspiels weiter, die schon vorher in den Traditionen der Prozession

vorhanden waren: das Ungeheuer, auf dem die Hure reitet, den Riesen und den Schwarzen, die obszönen Körperbewegungen beim Tanz etc. Allerdings entwickelt er sie ganz bewußt und mit großer Kühnheit. In der Atmosphäre des Satyrspiels dürfen uns pissende Hunde und selbst die Details über die Hündin nicht wundern. Wir erinnern noch einmal an den ambivalenten Charakter des »Mit-Urin-Überschwemmens«, an das darin enthaltene Moment von Fruchtbarkeit und Zeugungskraft. Nicht umsonst bildet sich in unserer Episode, wie Rabelais versichert, aus dem Hundeurin ein Wasserlauf, der an St. Victoire vorbeifließt (und Rabelais fügt hinzu, Gobelin nutzte diesen Bach zum Färben von Stoffen).

Die bisher untersuchten Episoden waren jeweils mit einem ganz bestimmten Feiertag verbunden, dessen Thematik bestimmenden Einfluß auf die Organisation sämtlicher Motive hatte. Doch mit der direkten, unmittelbaren Wiedergabe bestimmter Feiertage auf der Ebene der Handlung ist das Thema nicht erschöpft. Über den ganzen Roman verteilen sich zahlreiche Anspielungen auf verschiedene Feiertage, auf den Valentinstag, den Jahrmarkt von Niort, für den Villon eine Diablerie schreibt, auf den Karneval von Avignon, wo die Baccalaureaten auf dem Hackbrett spielen, auf den Lyoner Karneval mit seinem heiteren Monstrum Maschecroûte (Krustenkracher) etc. Im *Pantagruel*, wo Rabelais die Reise seines Protagonisten durch die französischen Universitäten beschreibt, gilt sein besonderes Interesse der Unterhaltung und den Spielen der Studenten und Baccalaureaten.

Die volkstümliche Marktplatzseite der Feiertage bestand zum großen Teil aus allen nur möglichen Spielen, vom Kartenspiel über den Sport bis zu Wahrsagungen und Wunschspielen. Diese Spiele sind mit der Marktplatzatmosphäre unlöslich verbunden und nehmen in Rabelais' Roman viel Raum ein. Das ganze Dritte Buch etwa ist als eine Reihe von Wahrsagungen über die Zukunft Panurges angelegt, sie betreffen, wie wir noch sehen werden, die ihm »Bestimmte«, seine zukünftige Frau.

Das 20. Kapitel des *Gargantua* enthält u. a. die berühmte Aufzählung sämtlicher Spiele, die der junge Protagonist nach dem Mittagessen treibt. In der kanonischen Werkausgabe von 1542 umfaßt diese Liste 277 Namen von Spielen: eine lange Reihe von Kartenspielen, eine Reihe von Tisch- und Zimmerspielen und viele Spiele an der frischen Luft.

Diese berühmte Spieleaufzählung fand große Resonanz. Der erste deutsche Rabelaisübersetzer, Fischart, vervollständigte die ohnehin lange Liste durch 372 deutsche Bezeichnungen für Kartenspiele und Tänze. Der englische Rabelaisübersetzer, Thomas Urquhart, erweitert die Liste um englische Spiele. Auch die niederländische Version des *Gargantua* von 1682 verleiht der Aufzählung durch die Einfügung von 63 original niederländischen Spielen nationale Färbung. So hat Rabelais' Aufzählung in einigen Ländern das Interesse an den eigenen Spielen geweckt. Die niederländische Liste diente als Ausgangspunkt für das weltweit umfassendste völkerkundliche Forschungsvorhaben über Kinderspiele, für das achtbändige Werk von Kokke und Teyerlink *Kinderspiele und -belustigungen in den Niederlanden* (1902-1908).

Rabelais' Interesse an den Spielen ist keineswegs zufällig, er teilt es mit seiner ganzen Epoche. Das Spiel war nicht nur äußerlich, sondern *wesentlich mit der volkstümlichen Marktplatzseite jedes Festes verbunden.*

Abgesehen von dieser Aufzählung von Spielen nutzt Rabelais den reichen Spielwortschatz auch weidlich als Quelle für Metaphern und Vergleiche. Er schöpft daraus viele erotische Metaphern (vgl. den uns schon bekannten Ausdruck »joueurs de quille«), eine Reihe von expressiven Bildern zur Beschreibung von Erfolg und Mißerfolg (z. B. »c'est bien rentré de picques!«, »das war ein schlechter Zug«) und viele andere Ausdrücke. In der Volkssprache war das relative Gewicht dieser den Spielen entlehnten Ausdrücke sehr groß.

Zwei wichtige Romanepisoden sind auf Spielmotiven aufgebaut. Die erste, die »Rätsel-Prophezeiung«, schließt das Erste Buch des Romans ab. Das darin enthaltene Gedicht ist (wahrscheinlich ohne jede Änderung) von Mellin de Saint-Gelais übernommen, doch ist es Rabelais' eigenem Motivrepertoire sehr verwandt. Die Analyse des Gedichts wirft ein Licht auf eine Reihe weiterer, wesentlicher Aspekte dieses Motivsystems.

Zwei Momente sind in der »Rätsel-Prophezeiung« eng verknüpft: die *parodistisch-prophetische Darstellung der Zukunft in historischem Maßstab* und das *Ballspiel.* An dieser Verknüpfung zeigt sich die für die Epoche typische *spielerische* Wahrnehmung des *historischen Prozesses.*

Derselbe Mellin de Saint-Gelais hat ein kleines Gedicht geschrieben, in dem er den Kampf um Italien, ausgetragen zwischen Franz I., dem Papst Clemens VII, und Karl V., als Partie eines damals sehr populären Kartenspiels darstellt, als jeu de prime. Die politischen Kräfteverhältnisse und die schwachen Punkte der einzelnen Machthaber sind konsequent und treffend in der Terminologie dieses Spiels ausgedrückt.

Die *Sammlung französischer Poesie* von Jean Longy und Vincent Certain enthält ein kleines Poem, das in hohem philosophischen Ton von der Unbeständigkeit der Geschichte, vom Bösen und dem Elend, das auf der Erde herrscht, handelt. In Wirklichkeit aber herrschen Unbeständigkeit und Katastrophen nicht im irdischen Leben und der Geschichte, sondern bloß im Spiel. Das Poem beschreibt eine Kegelpartie. Im Unterschied zu Mellin de Saint-Gelais wird also nicht historische Wirklichkeit in der Terminologie des Spiels, sondern umgekehrt, das Spiel in erhabenen Motiven vom irdischen Leben im ganzen, seiner Unbeständigkeit und seinen Nöten dargestellt. Diese eigenwillige Systemvermischung, das Spiel im Spiel, macht die Lösung, den Schlußteil des Poems, unerwartet *heiter und erleichternd.* Analog ist, wie wir sehen werden, die »Rätsel-Prophezeiung« bei Rabelais konstruiert.

Auch bei Despériers finden wir ein ähnliches Poem (Band I, S. 80), es heißt *Was dem Lyoner Guynet Thibault prophezeit wurde* und handelt in prophetischem Ton vom Schicksal »dreier Gefährten«, die sich am Schluß einfach als drei Spielsteine entpuppen.

Solche prophetischen Rätsel waren zu Rabelais' Zeit so populär, daß ihnen Thomas Sebillet in seiner Poetik[140] einen ganzen Abschnitt widmete. Die Rätsel waren für die Stimmungslage jener Zeit außerordentlich charakteristisch. Schweres und Furchtbares, Ernstes und Wichtiges werden ins fröhliche, leichte Register übersetzt, von Moll nach Dur transponiert. Alles löst sich auf heitere Weise, und das wird natürlich nicht in Form philosophischer Thesen postuliert, es ist einfach die Richtung des künstlerisch-ideologischen Denkens der Zeit, die die Welt auf eine neue Art wahrnehmen, sich ihr nicht wie einem düsteren Mysterium, sondern wie einem heiteren Satyrspiel nähern will.

Eine weitere, ebenfalls sehr verbreitete Variante der Gattung ist die parodistische Prophezeiung. Natürlich bediente man sich damals auch der ernstgemeinten Vorhersage. Der Konflikt zwischen Karl v. und Franz I. ließ eine große Zahl von politischen Prophezeiungen aus dem Boden schießen, von denen viele die religiösen Strömungen und den Krieg betrafen. Meist waren diese Prognosen düster und eschatologisch. Es gab natürlich auch das gewöhnliche Horoskop. Periodisch erschienen populäre »Prognostiken« in Kalenderform, die Wettervorhersagen und Ernteprognosen brachten.[141] Neben dieser »seriösen« Literatur gab es äußerst populäre parodistisch-travestierende Werke ähnlicher Art. Die bekannteren unter ihnen waren: die *Allgemeine Prognostik*[142], die *Prognostik des Bruder Thibault*[143], die *Neue Prognostik.*[144]

Es handelt sich dabei um typische Beispiele der volkstümlich-festlichen Unterhaltungsliteratur. Die Prognostiken richten sich nicht so sehr gegen Leichtgläubigkeit und naives Vertrauen in seriöse Vorhersagen und Prophezeiungen aller Art, sondern eher gegen deren Ton und Manier, Leben, Welt und Geschichte zu sehen und zu interpretieren. Dem Ernsten und Düsteren werden Scherz und Heiterkeit entgegengestellt, dem Unerwarteten und Sonderbaren das Alltägliche und Gewöhnliche, dem Abstrakt-Überhöhten das Materiell-Leibliche. Hauptaufgabe der anonymen Autoren, die die Prognostiken zusammenstellten, war, die Zeit und die Zukunft umzufärben und den Akzent auf die materiell-leiblichen Aspekte des Lebens zu verlegen. Sie nutzten oft volkstümlich-festliche Motive für das Porträt der Zeit und der historischen Veränderungen.

In diesem karnevalesken Geist ist auch Rabelais' eigene *Pantagruelinische Prognostik* gehalten. Hier finden sich einerseits materiell-leibliche (»Zur Fastenzeit weicht der Speck den Erbsen aus«, »der Bauch geht vorneweg«, »der Po postiert sich zuerst«) und volkstümlich-festliche Motive (»Am Dreikönigstag kann man die Bohnen im Kuchen nicht finden«), andererseits Spiel-Motive (»Die Kugel [auf dem Rechenbrett – G. L.] wird unseren Wünschen nicht entsprechen« und »Oft werden nicht so viele Augen fallen, wie wir brauchen«). Wo Rabelais die astrologischen Vorhersagen parodiert, im fünften Kapitel der *Prognostik*, geht es ihm vor allem um Demokratisierung. Er hält es für einen Irrtum zu glauben, daß die Sterne am Himmel nur für Könige, Päpste und Aristokraten da seien und für die großen Ereignisse der offiziellen Welt. Nach seinem Willen sollen Leben und Schicksal der kleinen Leute zum Gegenstand der Sterndeuterei werden, er entthront die Sterne und nimmt ihnen die königlichen Schicksalsgewänder.

In der *Pantagruelinischen Prognostik* gibt es auch eine charakteristische, »karnevaleske« Beschreibung des Karnevals:

> »Die eine Hälfte der Leute verkleidet sich, um die andere Hälfte zu betrügen, und alle laufen durch die Straßen wie Narren und Verrückte; niemals hat man eine ähnliche Unordnung in der Natur gesehen.«

Damit haben wir die »Rätsel-Prophezeiung« aus dem *Gargantua* in verkleinertem Maßstab vor uns. In Gestalt soziohistorischer und Naturkatastrophen wird ein gewöhnlicher Karneval mit seinen Verkleidungen und dem Treiben auf den Straßen dargestellt.

Die parodistischen Vorhersagen sind eine durch und durch karnevaleske Gattung. Sie stehen in enger Beziehung zur Zeit, zum Jahresbeginn, zum Aufgeben und Lösen von Rätseln, zu Ehe, Geburt und Zeugungskraft. Daher spielen auch Essen und Trinken, das materiell-leibliche Leben und das Spiel für sie eine so große Rolle.

Auch das Spiel hängt sehr eng mit der Zeit und der Zukunft zusammen. Nicht zufällig sind die wichtigsten Spielutensilien, Karten und Spielsteine, auch die wichtigsten Utensilien beim Raten und In-die-Zukunft-Schauen. Es ist nicht nötig, hier nach den fernen genetischen Wurzeln der Spiel- und Festmotive zu suchen, denn nicht ihre gemeinsame Herkunft ist wichtig, sondern ihre *Sinnverwandtschaft*, die den Menschen der Zeit Rabelais' bewußt war. Man hatte einen lebendigen Eindruck von der Universalität der Spiele, man fühlte die weltanschauliche Kapazität in den Schachfiguren, den Farben der Spielkarten und den Würfeln. Festtagskönige und -königinnen wurden oft durch Würfeln bestimmt. Daher hieß der günstigste Wurf auch »basilicus«, d.h. Königswurf. Man sah in den Spielen quasi eine konzentrierte Formel für das Leben und den historischen Prozeß, für Glück und Unglück, Gewinn und Verlust, Inthronisierung und Entthronung. Im Spiel wurde das Leben en miniature durchexerziert (in die Sprache konventioneller Symbole übersetzt), und zwar ohne Rampe. Gleichzeitig führte das Spiel aus dem gewohnten Lebenstrott heraus, befreite von dessen Regeln und Gesetzen und stellte andere, konzentriertere, heiterere und zwanglosere Konventionen an deren Stelle. Das gilt nicht nur für das Karten-, Würfel- und Schachspiel, sondern auch für den Sport (Kegeln, Ballspiele) und die Kinderspiele. Zwischen den verschiedenen Spielen gab es noch nicht jene schroffen Grenzen, die sich später einbürgerten. Wir haben gesehen, daß bestimmte Motive im Kartenspiel die weltpolitischen Ereignisse im Kampf um Italien darstellten (bei Saint-Gelais), daß bestimmte Kegel-Konfigurationen (in der Sammlung von Longy und Certain), die Würfel (bei Despériers) und das Ballspiel (in der *Rätsel-Prophezeiung*) analoge Funktionen erfüllten. In seinem Buch *Songe de Poliphile* beschreibt Francesco Colonna ein Schachspiel, dessen Figuren von entsprechend kostümierten lebendigen Personen dargestellt werden. Hier wird das Schachspiel einerseits zur Maskerade und andererseits zum karnevalisierten Abbild militärisch-politischer Ereignisse. So erscheint es auch im Fünften Buch von Rabelais' Roman, möglicherweise noch nach seiner eigenen Skizze ausgeführt, denn er kannte den *Songe de Poliphile* (eine Anspielung darauf findet sich im *Gargantua*).

Wir müssen diese Art der Auffassung von Spiel in der Zeit Rabelais' sehr ernst nehmen. Das Spiel war noch nicht einfach Bestandteil des Alltags, zu dessen negativem Ausdruck es später zum Teil sogar wurde. Es hatte philosophische Bedeutung. Rabelais kannte, wie alle Humanisten, die antike Auffassung des Spiels sehr genau, und diese ließ ihn das Spiel erheblich höher stellen als den gewöhnlichen alltäglichen Müßiggang. Daher schließt auch Ponokrates Spiele keineswegs aus dem Beschäftigungsprogramm des jungen Gargantua aus. An Regentagen »übten sie sich in der Malkunst und Bildhauerei oder brachten das altehrwürdige Knöchelchenspiel wieder in Schwang, von dem Leonicus[145] geschrieben hat und welches unser guter Freund Lascaris zu spielen pflegt. Unterm Spielen aber wärmten sie die Stellen in den alten Schriftstellern wieder auf, in denen

dieses Spiels Erwähnung getan oder ein Gleichnis daraus entnommen wird.« (S. 131/132)
Das Würfelspiel steht hier neben Malerei und Bildhauerei, und es wird ergänzt durch die Lektüre antiker Autoren. Hier zeigt sich die andere, humanistische Seite der philosophischen Interpretation des Spiels in Rabelais' Epoche.
Man darf also bei der Einschätzung der Spielmotive bei Rabelais nicht von den neueren Auffassungen vom Spiel ausgehen, die sich erst in den folgenden Jahrhunderten gebildet haben. Das Schicksal der Spielmotive gleicht zum Teil dem der Beschimpfungen und Obszönitäten. Sobald sie in den privaten Alltag eingingen, verloren sie ihre universalen Bezüge und degenerierten. Die Romantiker wollten das Spiel (wie auch die karnevalesken Motive) in der Literatur wiederbeleben, doch verstanden sie es subjektiv, auf der Ebene des individuellen Schicksals[146]; daher ist auch der Ton der Spiele bei ihnen ein völlig anderer, sie erklingen gewöhnlich in Moll.
Das Gesagte macht deutlich, wie sich die Motive »Spiel«, »(parodistische) Vorhersage«, »Rätsel« und volkstümlich-festliche Motive zu einer Sinneinheit, zu einem organischen Ganzen formieren können. Ihr gemeinsamer Nenner ist die *heitere Zeit.* Sie alle verkehren die düstere Eschatologie des Mittelalters in einen »heiteren Popanz«. Sie machen den historischen Prozeß menschlicher und bereiten seine nüchterne und furchtlose Wahrnehmung vor.
In der *Rätsel-Prophezeiung* werden historische Ereignisse mittels Spiel, Prophezeiung und Rätsel unter karnevalesken Aspekten dargestellt. Wir wollen uns etwas näher mit diesem »Rätsel«-Kapitel beschäftigen.
Wenn es möglich ist, so verkündet der Autor der *Rätsel-Prophezeiung*, nach den Sternen und göttlicher Eingebung Vorhersagen zu machen, dann verpflichtet er sich, vorherzusagen, was am selben Ort im nächsten Winter geschehen wird: »... hervorgehn wird ein neuer Menschenschlag, / des Nichtstuns müde und der Muße feind« (S. 296) (»las du repoz et fachez du sejour«). Und diese Leute werden Zwietracht zwischen Freunde und Verwandte tragen, die Menschen in Parteien teilen, die Kinder gegen die Väter bewaffnen. Jegliche Ordnung wird aufgehoben sein, soziale Gegensätze verschwinden, die Niedri-

gen verlieren jede Achtung vor dem Hohen. »...kein Geschichtsbuch, drin verzeichnet sind / die wundersamen Taten alter Zeit, / solch unerhörte Dinge je berichtet hat.« (S. 297)
An dieser Schilderung kommenden Unheils ist der vollständige Untergang der bestehenden Hierarchie sozial, politisch, in der Familienstruktur, besonders wichtig. Es wird der Eindruck einer Katastrophe der sozialen, politischen und moralischen Weltordnung erweckt.
Die historische Katastrophe wird durch eine kosmische vertieft. Es kommen eine Sintflut, die die Menschen überrollt, und ein furchtbares Erdbeben. Dann erscheint eine grandiose Flamme, und es treten Ruhe und Heiterkeit ein. Hier wird, allerdings etwas vage, das Bild einer kosmischen Wende gezeichnet, eines Feuers, das die alte Welt verbrennt, und die Freude über die erneuerte Welt. »Bessere Zeiten« werden anbrechen nach der Katastrophe und Welterneuerung. Das Motiv hat Ähnlichkeit mit der schon bekannten Verwandlung des Scheiterhaufens der alten Welt in den Herd für das Festessen.
Gargantua und Bruder Jan diskutieren den Sinn der *Rätsel-Prophezeiung*. Gargantua nimmt sie ernst und bezieht sie auf seine historische Gegenwart; er erwartet gramvoll eine Jagd auf die Protestanten. Bruder Jan lehnt es ab, in der Prophezeiung einen solchen Sinn zu sehen: »›Beim heiligen Goderan‹, sprach da der Mönch, ›so leg ich es aber nicht aus. Wenn das nicht der Stil Merlins, des Propheten, ist! (Gemeint ist Mellin de Saint-Gelais. – M. B.) Legt Ihr Allegorien und tieferen Sinn hinein, soviel Ihr wollt, und zerbrecht Euch meinetwegen darüber den Kopf, Ihr und alle andern Spintisierer, wie's Euch beliebt. Ich für mein Teil halte dafür, daß kein anderer Sinn darin steckt, als eine Beschreibung des Ballspiels in verblümten Worten.‹« (S. 299)
Dann gibt er zu den einzelnen Motiven entsprechende Erklärungen ab: der soziale Verfall und die Unruhen sind die beiden Mannschaften der Ballspieler, die Überflutung ist der Schweiß, der von den Spielern strömt, der Weltenbrand ist das Feuer, an dem sie sich nach dem Spiel ausruhen, und zum Schluß gibt es ein Festessen und Belustigungen für alle Spieler, besonders für die Gewinner. Mit den Worten »Und wacker drauflosgeschlemmt und -gezecht!« (S. 300) (»et grand cher!«) endet Bruder Jans Interpretation und auch das Erste Buch.

Die zweite große auf Spielmotiven basierende Episode in Rabelais' Roman ist die mit dem alten Richter Zäumegans, der alle schwierigen Fälle durch Würfeln entscheidet. Er nimmt die juristische Formel »alea iudicorum« (d. h. die Willkür des Gerichtsurteils) wörtlich, denn das Wort »alea« bedeutet »Spielwürfel«. Er stützt sich auf diese realisierte Metapher und ist vollkommen überzeugt, daß er beim Problemelösen mittels der Würfel in strenger Übereinstimmung mit der bestehenden juristischen Ordnung handelt. Ebenso wörtlich versteht er auch den Satz »in obscuris minimum est sequendum«, d. h. in unklaren Angelegenheiten habe man minimale (d. h. sehr vorsichtige) Entscheidungen zu treffen. Zäumegans befolgt diese Regel, indem er zur Entscheidung unklarer Angelegenheiten winzige, »minimale« Würfelchen benutzt. Auf solcher Realisierung von Metaphern beruht seine eigenwillige Prozeßordnung. Die Bedingung, die Forderungen der Parteien einander gegenüberzustellen, erfüllt er derart, daß er auf den Tisch neben die Mappe mit den Aussagen des Klägers die mit den Aussagen des Beklagten legt und dann würfelt. So gerät unter seinen Händen das ganze Geschäft des Richtens zu einer heiteren parodistischen Travestie, in deren Zentrum der Würfel steht.[147]

Soviel zu einigen der Episoden, die mit Prophezeiungen und Spiel zu tun haben. Künstlerisches Hauptziel der parodistisch-travestierenden Vorhersagen, Prophezeiungen und Wahrsagungen ist es, die düstere eschatologische *Zeit* der mittelalterlichen Weltvorstellung zu entlarven, die Zeit auf der materiell-leiblichen Ebene zu erneuern, sie zu verkörperlichen und irdisch zu machen, sie in die *gute und heitere Zeit* zu verwandeln. Dasselbe Ziel verfolgen die meisten Spielmotive. In der Episode mit Zäumegans haben sie noch die zusätzliche Funktion, die gerichtlichen Methoden der Wahrheitsfindung zu travestieren, ähnlich wie die Prologe und eine Reihe von Episoden im Roman Travestien auf kirchliche und scholastische Methoden der religiösen Wahrheitsfindung und Propaganda sind.

Betrachten wir nun die Wahrsagungen im Dritten Buch von Rabelais' Roman.

Das Dritte Buch ist die temperamentvolle Reaktion auf einen Streit, der die Geister Frankreichs eine ganze Weile, besonders aber zwischen 1542 und 1550, erregte. Es geht um die sogenannte »Querelle des femmes«, die Probleme des Wesens der Frau und der Ehe betraf. Die Schriftsteller und Philosophen Frankreichs nahmen zumeist wärmsten Anteil an diesem Streit; auch bei Hof und in breiten Leserkreisen fand er ein Echo. Der Streit war nicht neu, er bewegte schon das 15. Jahrhundert, im Grunde beschäftigte er das gesamte Mittelalter. Das Problem, um das es geht, ist ziemlich kompliziert und jedenfalls komplexer, als damit befaßte Wissenschaftler gewöhnlich annehmen.

Gewöhnlich unterscheidet man im Streit über das Wesen der Frau und der Ehe zwei Parteien, die sich im ganzen Mittelalter und in der Renaissance antreffen lassen.

Die erste ist die sogenannte »gallische Tradition« (»tradition gauloise«). Sie ist der Frau gegenüber im großen und ganzen negativ eingestellt. Die zweite Tradition, für die Abel Lefranc die Bezeichnung »idealisierende Tradition«[148] vorschlägt, verherrlicht die Frau eher; zur Zeit Rabelais' neigen dieser Richtung die »platonisierenden Poeten« zu, die sich zum Teil auf die höfische Tradition des Mittelalters stützen.

Rabelais selbst steht der »gallischen Tradition« nahe, die damals gerade von einer Reihe von Autoren belebt wurde, besonders von Gratien de Pont, der 1534 mit einem Poem in drei Büchern *Les controverses des sexes masculin et féminin* an die Öffentlichkeit trat. Rabelais scheint nicht auf der Seite der Frauen zu stehen. Wie läßt sich seine Position erklären?

Die »gallische Tradition« ist komplex und in sich widersprüchlich. Im Grunde handelt es sich um die Kombination zweier verschiedener Positionen, der eigentlich volkstümlichen Lachtradition und der asketischen Tendenz des christlichen Mittelalters. Die letztere sah in der Frau die Inkarnation der Sünde, der Verführung des Fleisches und benutzte oft Motive der volkstümlichen Lachtradition. Daher neigen viele Forscher dazu, beide Traditionen in einen Topf zu werfen. Auch im mittelalterlichen Schrifttum, das der frauen- und ehefeindlichen Richtung zuzurechnen ist, besonders in Enzyklopädien, werden beide Tendenzen oft einfach zusammengeworfen.

Tatsächlich aber sind die volkstümliche Lachtradition und die asketische Tendenz einander völlig fremd. Die volkstümliche Lachtradition verhält sich der Frau gegenüber keineswegs feindlich und sieht sie nicht negativ – diese Kategorien sind hier nicht angemessen. Die Frau ist in dieser Tradition eng mit dem materiell-leiblichen Bereich verbunden, sie ist dessen zugleich degradierende und erneuernde Verkörperung. Sie wird ebenso ambivalent gesehen wie dieser Bereich, genau wie dieser degradiert sie, zieht zur Erde, verkörperlicht und vernichtet; vor allem aber ist sie das *gebärende Prinzip*. Sie ist der *Mutterleib*. Soweit die ambivalente Grundlage des Frauenbildes in der volkstümlichen Lachtradition.

Wo aber diese ambivalente Grundlage im *praktischen Sinn* interpretiert wird (in den Fabliaux, Facetien, frühen Novellen und Farcen), gerät die Ambivalenz der Frau zur Zwiespältigkeit ihrer Natur, zu Wechselhaftigkeit, Sündhaftigkeit, Lüsternheit, Verlogenheit, materieller Orientierung und Niederträchtigkeit. Man darf die Ambivalenz nicht in eine abstrakte moralische Bewertung verwandeln; die ambivalenten Bestimmungen der Frau lassen sich nicht aus dem Geflecht jener Motive lösen, in denen sie die Funktion der Materialisierung, Degradierung und zugleich *Erneuerung des Lebens* haben und wo sie der *Begrenztheit* des Partners (des Ehemanns, Liebhabers, Verehrers) gegenübergestellt sind, seinem Geiz, seiner Eifersucht und Einfalt, seiner heuchlerischen Güte, seiner Scheinheiligkeit, seinem unfruchtbaren Alter, seinem geschraubten Heroismus, seiner abstrakten Idealität etc. Die Frau der »gallischen Tradition« ist das Körpergrab für den Mann (Ehemann, Liebhaber, Verehrer). Sie ist eine Art verkörperlichte, personifizierte obszöne Beschimpfung an die Adresse aller abstrakten Ansprüche, aller starren Perfektion, Vollkommenheit und Abgeschlossenheit. Sie ist das unerschöpfliche Reservoir der Empfängnis, das alles Alte und Fertige zum Tod verurteilt. Die Frau der »gallischen Tradition« hebt, wie die Sybille von Panzoust bei Rabelais, die Röcke und zeigt, wohin alles geht (in die Hölle, ins Grab) und woher alles kommt (aus dem gebärenden Schoß).

Auf dieser Ebene behandelt die »gallische Tradition« auch das *Thema des gehörnten Ehemanns*. Sie zeigt die Vertreibung des alten Ehemanns und den Akt einer neuen Empfängnis mit einem Jungen; der *gehörnte Gatte* übernimmt in diesem Motivsystem die Rolle des *entthronten Königs*, des alten Jahres, des *scheidenden Winters*: man nimmt ihm sein Gewand, schlägt ihn und lacht ihn aus.

In der »gallischen Tradition« ist das Motiv Frau, wie alle anderen Motive auch, auf der Ebene des ambivalenten Lachens angesiedelt, das zugleich spöttisch vernichtet und froh bekräftigt. Kann man also davon sprechen, daß diese Tradition eine feindliche und negative Einschätzung der Frau beinhaltet? Ich denke nicht; das Motiv Frau ist, wie alle anderen Motive dieser Tradition, ambivalent und entzieht sich der Wertung.
In der Sicht asketischer Tendenzen des Christentums oder des abstrakt-moralischen Denkens der Satiriker und Moralisten der Neuzeit aber verliert das ambivalente Motiv seinen positiven Pol, es bleibt nur Negatives. Allgemein ist die Anmerkung notwendig, daß sich ambivalente Motive nicht ohne Entstellungen von der Lachebene lösen lassen. Dies ist mit ein Grund, warum in fast allen enzyklopädischen Werken des Mittelalters und der Renaissance, die eine Zusammenfassung der gotischen Anschuldigungen an die Adresse der Frau versuchen, die Motive der »gallischen Tradition« verzerrt und simplifiziert sind. Dies gilt in gewissem Maße auch für den zweiten Teil des *Rosenromans*, obwohl hier manchmal die ursprüngliche Ambivalenz der grotesken Motive Frau und Liebe erhalten ist.
Auf eine andere Art entstellt wird das Frauenbild der »gallischen Tradition« in jener Literatur, in der es als *empirisches* mißverstanden wird. Dort wird es entweder völlig negativ, oder die Ambivalenz gerät zur sinnlosen Mischung positiver und negativer Züge (besonders im 18. Jahrhundert, wo solche *statischen* Mischungen von positiven und negativen *moralischen* Zügen des Helden als realistisch, als das Wahrscheinliche, als »Lebensechtheit« ausgegeben wurden).
Kehren wir zurück zum Streit über die Frau im 16. Jahrhundert und zu Rabelais' Beteiligung daran. Der Streit wurde vornehmlich in der neuen Begrifflichkeit abstrakten Moralisierens und der humanistischen philosophischen Literatur geführt. Die »gallische Tradition« in reiner Ausprägung ist allein bei Rabelais vertreten. Er solidarisierte sich nicht mit den Frauenfeinden, weder mit den Moralisten noch mit den Epikureern, den Anhängern Castigliones, und auch nicht mit den platonisierenden Idealisten. Diese platonisierenden Fürsprecher der Frauen und der Liebe standen ihm aber näher als die Moralisten. Im hohen »Ideal« der Frau bei den Platonikern hatte sich ein gewisser Grad

an Ambivalenz erhalten, und die erneuernde Bestimmung der Frau und der Liebe standen im Vordergrund. Trotzdem war für Rabelais weder das abstrakt-ideale noch das pathetisch-ernste Frauenbild der platonisierenden Dichter akzeptabel. Er verstand durchaus das *Neue* dieser Seriosität und Überhöhung, das die Platoniker in Literatur und Philosophie einführten, er sah den Unterschied zwischen dieser neuen Seriosität und der düsteren Seriosität des gotischen Zeitalters. Doch bezweifelte er die Eignung auch der neuen Seriosität, die Feuerprobe des Lachens zu bestehen, ohne völlig darin zu verbrennen. Daher steht Rabelais in dem berühmten Epochenstreit im Grunde ganz isoliert da: er spricht mit der Stimme der volkstümlichen Marktplatzfeste, des Karnevals, der Fabliaux, Facetien und anonymen Marktplatzanekdoten, der Sotties und der Farcen. Doch diese Stimme erklingt hier auf dem höchsten Niveau künstlerischer Form und philosophischen Denkens.

Nun können wir an Panurges Wahrsagerei gehen, die den größten Teil des Dritten Buchs ausmacht. Was ist sein Problem?

Er will heiraten und hat doch Angst vor der Ehe, er fürchtet, zum gehörnten Ehemann zu werden. Daher sammelt er Vorhersagen. Jedesmal bekommt er dieselbe schicksalhafte Antwort: die Zukünftige wird ihm Hörner aufsetzen, ihn prügeln und verdammen. Mit anderen Worten, ihn erwartet das Schicksal des Karnevalskönigs und des alten Jahres, und dies ist unabwendbar. Sämtliche Ratschläge der Freunde, alle Novellen über die Frauen, die ihm zitiert werden, und des gelehrten Arztes Rondibilis Analyse der Natur der Frau führen zum selben Ergebnis. Der Schoß der Frau ist unerschöpflich und unersättlich, die Frau als Hervorbringerin des *Neuen* ist allem *Alten* organisch feind; deshalb wird Panurge zwangsläufig entthront, verprügelt (vielleicht sogar totgeschlagen) und ausgelacht werden. Doch er ist trotzig, er glaubt, man könne diesem Schicksal irgendwie ausweichen, anders gesagt, er will ewig König sein, ein nie endendes Jahr, die ewige Jugend. Die Frau jedoch sträubt sich in ihrem ganzen Wesen gegen die Ewigkeit und stellt sie als anmaßendes Alter bloß. Hörner, Schläge und Spott sind unvermeidlich. Ganz umsonst beruft sich Panurge im Gespräch mit Bruder Jan (Kap. 27 und 28) auf die außergewöhnliche, wunderbare Kraft

seines Phallus. Bruder Jan gibt ihm eine kluge Antwort. »›Ich versteh dich wohl‹, sagte Bruder Jan, ›aber die Zeit überwindet alles: kein Marmor und kein Porphyr, der nicht alt wird und zerbröckelt. Wenn du auch zur Stunde noch nicht so weit bist, wirst du mir doch in wenigen Jahren gestehen, daß manch einem die Schellen statt eines Säckels herabhängen.‹« (S. 667)
Am Schluß erzählt er ihm die berühmte Novelle über den edelsteinbesetzten Ring von Hans Carvel. Sie stammt, wie fast alle in den Roman eingefügten Novellen, nicht von Rabelais selbst, doch ist sie der Einheit seines Motivsystems und seines Stils vollkommen angepaßt. Der Ring, das Symbol der *Unendlichkeit*, bezeichnet nach einer in der Folklore weitverbreiteten Konvention das weibliche Genitale. Er symbolisiert den *endlosen* Strom von Zeugung und Erneuerung. Panurges Hoffnungen auf Abwendung seines Schicksals, das eines Entthronten, Ausgelachten und Getöteten, sind ebenso müßig wie Hans Carvels vom Teufel eingegebener Versuch, diesen unerschöpflichen Fluß von Erneuerung und Verjüngung mit dem Finger zu verstopfen.
Panurges Angst vor den unvermeidlichen Hörnern und dem Ausgelachtwerden korrespondiert dem geläufigen mythischen Motiv der *Angst vor dem Sohn* als dem zum *Mörder und Dieb* Prädestinierten. Im Mythos von Kronos gebiert der *weibliche Schoß* (der Schoß der Rea, Kronos' Frau, der »Mutter der Götter«) nicht nur den Zeus, sondern versteckt ihn auch nach der Geburt vor Kronos und dient damit dem Umbruch und der Erneuerung der Welt. Ein anderes bekanntes Beispiel für das Motiv der Angst vor dem Sohn als dem Mörder und Dieb (und Eroberer des Throns) ist der Mythos von Ödipus. Auch hier spielt der Schoß der Jokaste eine doppelte Rolle, er gebiert den Ödipus und wird von ihm befruchtet. Ein weiteres Beispiel für das gleiche Motiv ist Calderons *Das Leben – ein Traum.*
Wenn auf der Ebene des Mythos im Motiv der Angst vor dem Sohn der Sohn derjenige ist, der tötet und beraubt, so spielt auf der Lachebene der »gallischen Tradition« in gewissem Grad die Frau diese Rolle. Sie ist es, die dem alten Ehemann Hörner aufsetzt, ihn prügelt und verjagt. Die Figur des Panurge im Dritten Buch ist die Verkörperung des trotzigen (wenn auch gerade erst beginnenden) Alters, das Wechsel und Erneuerung

nicht akzeptieren will. Die Angst vor Ablösung und Erneuerung tritt hier auf als Angst vor den Hörnern, vor der Braut und vor dem Schicksal, das diese, die das Alte vernichtet und Neues und Junges gebärt, verkörpert.
So ist auch das zentrale Motiv des Dritten Buchs unmittelbar und sehr intensiv mit der Zeit und der volkstümlichen Lachkultur verbunden, mit Entthronung (Hörnern), Schlägen und Spott. Die Prognosen über die Braut und die Ehe verarbeiten das Motiv des individuellen Todes, der Ablösung und Erneuerung, auch sie haben die Funktion, die Zeit zu verkörperlichen und zu vermenschlichen und das Motiv der heiteren Zeit einzuführen. Die Prophezeiung über die Hörner ist eine groteske Degradierung der von Königen und Usurpatoren (z. B. Macbeth) verfolgten Prophezeiungen über das Schicksal der Krone (deren Äquivalent auf der Lachebene die Hörner sind).
Wir haben jetzt aus dem Dritten Buch nur das Motiv der parodistisch-komischen Wahrsagungen zu Panurges Schicksal herausgegriffen. Um dieses Motiv wird eine große karnevaleske Revision des Denkens und der Weltanschauung des störrischen Alten und des noch lächerlichen Neuen veranstaltet. Vor uns ziehen Vertreter der Theologie, der Philosophie, der Medizin und des Rechts, der Naturmagie etc. vorbei. Insofern erinnert das ganze Dritte Buch an die Prologe, es ist ein großartiges Stück Renaissance-Publizistik im Stil des volkstümlich-karnevalesken Marktplatzes.

Wir haben den bestimmenden Einfluß der volkstümlich-festlichen Formen auf eine Reihe wesentlicher Züge des Romans betrachtet: auf die Schlacht-, Prügel- und Entthronungsszenen, auf eine Reihe von Episoden, die thematisch direkt an einen bestimmten Feiertag gebunden sind und auf die Spiel- und Wahrsagemotive. Damit ist aber der Einfluß der volkstümlich-festlichen Karnevalsformen noch lange nicht erschöpfend behandelt. Auf seine Spuren kommen wir in den folgenden Kapiteln noch zu sprechen. Zunächst sollten wir die folgenden beiden Fragen behandeln: den philosophischen Sinn der volkstümlich-festlichen Karnevalsformen und ihre Funktion in Rabelais' Roman.
Welchen allgemeinen philosophischen Sinn haben die volkstüm-

lich-festlichen, im weiten Sinn karnevalesken Formen? Als Ausgangspunkt zur Lösung dieses Problems soll uns Goethes bemerkenswerte Beschreibung des römischen Karnevals dienen. Es ist ihm darin gelungen, in großer Einfachheit und Schärfe fast alle wesentlichen Momente zu sehen und zu formulieren. Daß es sich um den Karneval von 1788 handelt, eine ziemlich späte Phase also, spielt keine Rolle, der philosophische Kern des karnevalesken Motivsystems war noch wesentlich länger aufzuspüren.

Goethe war zu dieser Karnevalsbeschreibung prädestiniert. Sein Leben lang hatte er großes Interesse und eine starke Vorliebe für die volkstümlich-festlichen Formen und ihre spezifische *realistische Symbolik*. Bezeichnenderweise war eine seiner stärksten Erinnerungen aus der frühen Kindheit der Tag der Wahl und Krönung des Kaisers des Heiligen Römischen Reichs Deutscher Nation, die er in Frankfurt sah. Er beschrieb diese Zeremonie erst sehr spät, doch die Art, wie er dies tat, und eine ganze Reihe weiterer Überlegungen lassen deutlich werden, daß dies für ihn einer jener prägenden Eindrücke war, die in gewisser Weise die Sehweise des ganzen späteren Lebens bestimmen. Es war ein halbreales, halbsymbolisches Spiel mit Symbolen der Macht, der Wahl, der Krönung und des Triumphs; die realen historischen Kräfte inszenierten die symbolische Komödie ihrer hierarchischen Ordnung. Es war ein Staatsschauspiel ohne Rampe, zwischen Realität und Symbol war keine scharfe Grenze zu ziehen. Es ging natürlich nicht um eine Entthronung durch das ganze Volk, sondern um eine Krönung. Doch genetische, formale und künstlerische Gemeinsamkeiten von Wahl, Krönung, Triumph auf der einen und Entthronung und Verspottung auf der anderen Seite können nicht bezweifelt werden; anfänglich waren alle diese Zeremonien und ihre einzelnen Motive ambivalent (neben der Krönung des Neuen fand immer die Entthronung des Alten statt, Triumph war immer mit Spott verbunden).

Wir kennen Goethes Vorliebe für die allereinfachsten, elementaren Phänomene der volkstümlich-festlichen Formen, für alle Arten von Verkleidung und Mystifikation, die er von Kindheit an durchspielte und wovon er in *Dichtung und Wahrheit* erzählt. Wir wissen auch, daß er als Erwachsener gern das Weimarer

Herzogtum bereiste und incognito an diesen Spielen teilnahm. Dabei ging es ihm nicht einfach um Unterhaltung, er spürte den tieferen, philosophischen Sinn der Travestien, der Veränderungen in der Kleidung und im sozialen Status.
Goethe hatte auch eine Phase der Begeisterung für die Karnevalskomik eines Hans Sachs.[149] Schließlich war er in seiner Weimarer Zeit für die Organisation von Festen und Maskeraden bei Hof zuständig und kannte so die späte, typisch höfische karnevaleske Fest- und Maskentradition.
Dies sind die wichtigsten, aber bei weitem nicht die einzigen Voraussetzungen, die Goethe für das Verständnis des römischen Karnevals mitbrachte.
Schauen wir uns seine Karnevalsbeschreibung in der *Italienischen Reise* an, soweit sie auf unsere Fragestellung zugeschnitten ist. Goethe hebt vor allem den volkstümlichen Charakter des Festes hervor und die Initiative, die das Volk dabei zeigt: »Der römische Karneval ist ein Fest, das dem Volk eigentlich nicht gegeben wird, sondern das sich das Volk selbst gibt.« (Hamburger Ausgabe Bd. 11, 6. Aufl., 1964, S. 484)[150]
Das Volk hat hier nicht das Gefühl, etwas zu erhalten, das es mit Ehrfurcht und Dankbarkeit entgegennehmen müßte. Überhaupt bekommt es nichts geschenkt, es wird einfach sich selbst überlassen. Dieses Fest hat *keinen Gegenstand*, dem gegenüber *Staunen, Andacht, pietätvolle Achtung* angebracht wären, d.h., gerade das an offiziellen Feiertagen Übliche fehlte: »... hier ist keine glänzende Prozession, bei deren Annäherung das Volk beten und staunen soll; hier wird vielmehr nur ein Zeichen gegeben, daß jeder so töricht und toll sein dürfe, als er wolle, und daß außer Schlägen und Messerstichen fast alles erlaubt sei.« (a.a.O.)
Es ist sehr wichtig für die ganze Atmosphäre des Karnevals, daß er weder in andächtigem, noch in befehlendem Ton angesagt wird, weder auf Anweisung noch auf Erlaubnis beginnt – Heiterkeit und Narretei setzen mit einem einfachen Signal ein.
Weiter beobachtet Goethe das Außerkrafttreten aller hierarchischen Schranken und Rangunterschiede, die Familiarität aller Karnevalsbelustigungen: »Der Unterschied zwischen Hohen und Niedern scheint einen Augenblick aufgehoben: alles nähert

sich einander, jeder nimmt, was ihm begegnet, leicht auf, und die wechselseitige Frechheit und Freiheit wird durch allgemeine gute Laune im Gleichgewicht erhalten.« (op. cit., Bd. 11, S. 485)

»In diesen Tagen freuet sich der Römer noch zu unseren Zeiten, daß die Geburt Christi das Fest der Saturnalien und seine Privilegien wohl um einige Wochen verschieben, aber nicht aufheben konnte.« (a.a.O.)

Es ertönt das Signal zum Beginn der Karnevalsfeierlichkeiten: »In diesem Augenblick legt der ernsthafte Römer, der sich das ganze Jahr sorgfältig vor jedem Fehltritt hütet, seinen Ernst und seine Bedächtigkeit auf einmal ab.« (op. cit., Bd. 11, S. 489)

Hier möchten wir die *völlige Befreiung vom »Ernst des Lebens«* besonders hervorheben.

In der Atmosphäre von Karnevalsfreiheit und Familiarität gibt es nichts Anstößiges, Pulcinella erlaubt sich manchmal im Beisein von Frauen eine obszöne Geste: »Durch eine geringe Bewegung, indem er sich mit den Weibern unterhält, weiß er die Gestalt des alten Gottes der Gärten in dem heiligen Rom kecklich nachzuahmen, und seine Leichtfertigkeit erregt mehr Lust als Unwillen.« (op. cit., Bd. 11, S. 491)

Auch das Thema der historischen Entthronung fällt Goethe in der Karnevalsatmosphäre auf. In der Enge und dem Gedränge der Karnevalstage »fuhr der Herzog von Albanien täglich zu großer Unbequemlichkeit der Menge gleichfalls diesen Weg und erinnerte zur Zeit der allgemeinen Mummerei die alte Beherrscherin der Könige an das Fastnachtsspiel seiner königlichen Prätensionen.« (op. cit., Bd. 11, S. 499)

Dann beschreibt er *Konfettischlachten*, die manchmal fast in Ernst umschlagen, und *Karnevalsdispute*, Wortgefechte, wie sie zwischen den verschiedenen Masken, etwa dem Kapitän und Pulcinella, ausgetragen werden. Wir hören von der *Wahl des Narrenkönigs durch die Pulcinelli*: sie drücken ihm ein Narrenzepter in die Hand und fahren ihn auf einem geschmückten Wagen, unter Musik und lauten Schreien über den Corso. Schließlich schildert er eine für den Karneval typische Szene in einer der Seitenstraßen. Es erscheint eine Gruppe kostümierter Männer, ein Teil von ihnen als Bauern verkleidet, der andere Teil als Frauen, und eine von ihnen zeigt alle Anzeichen von *Schwan-*

gerschaft. Plötzlich entsteht unter den Männern Streit, sie ziehen ihre Messer (aus Silberpapier). Die Frauen versuchen, die Kampfhähne zu trennen, und bei der Schwangeren beginnt vor Angst die *Geburt* mitten auf der Straße. Sie stöhnt und krümmt sich, die anderen Frauen umringen sie, setzen sie auf einen Stuhl, und sie *gebiert* dort sofort vor aller Augen irgendein formloses Wesen. Damit endet die Szene.

Diese Kombination von *Blutbad und Geburtsakt* braucht nach all unseren Ausführungen keine besondere Erklärung; wie wir sahen, bilden Schlachtung, Zerstückelung des Tierkörpers und Geburt in untrennbarer Einheit die erste Episode des *Gargantua.* Die Kombination von Mord und Entbindung ist charakteristisch für die groteske Konzeption des Körpers und des körperlichen Lebens, die ganze Szene in der Nebenstraße ist ein kleines groteskes Körperdrama.

Den Abschluß des römischen Karnevals bildet ein Feuerfest, »Moccoli« (d. h. ital. Kerzenstummel), ein großartiger Fackelzug rund um den Corso und in den umliegenden Straßen. Jeder muß eine brennende Kerze tragen. »Sia ammazzato chi non porte moccolo!«, d. h. »Tod dem, der keine Kerze trägt«. Mit diesem blutrünstigen Schrei muß jeder versuchen, das Feuer des anderen zu löschen. Das *Feuer bedeutet die Todesdrohung*, doch diese, der Schrei »Sia ammazzato!« verliert, je lauter er wird, immer mehr seine direkte, eindeutige Bedeutung. Der *zutiefst ambivalente Sinn der Todesdrohung* tritt zutage. Goethe beschreibt den Prozeß der Sinnänderung dieser Losung und fügt, völlig berechtigt, verallgemeinernd hinzu: »Die Bedeutung des Ausdrucks verliert sich nach und nach gänzlich. Und wie wir in anderen Sprachen oft Flüche und unanständige Wörter zum Zeichen der Bewunderung und Freude hören, so wird »Sia ammazzato« diesen Abend zum Losungswort, zum Freudengeschrei, zum Refrain aller Scherze, Neckereien und Komplimente.« (op. cit., Bd. 11, S. 513)

Hier ist die Ambivalenz der Schimpfworte erfaßt und beschrieben, kaum allerdings ist die Beobachtung zutreffend, daß »die Bedeutung sich nach und nach gänzlich verliert«. In allen Zusammenhängen, wo die *Todesdrohung zum Ausdruck der Freude, des gutmütigen Spotts, der Schmeichelei oder des Kompliments* (Lobs) wird, behält sie doch auch ihre ursprüngliche

Bedeutung; daher beziehen diese zu jeder anderen Zeit undenkbaren Anreden und die ganze Sprache des Karnevals ja ihren Reiz! *Die Wirkung liegt eben in der ambivalenten Verbindung von Lob und Beschimpfung, Todesdrohung und dem Wunsch, dem anderen solle es gut gehen, in der Atmosphäre des Feuerfestes, der Verbrennung und Wiedergeburt.*
Hinter dem formalen Kontrast zwischen Bedeutung und Ton dieses Aufrufs, hinter dem Spiel mit den Gegensätzen steht die *objektive* Ambivalenz des Lebens, das objektive Zusammenfallen von Gegensätzen, das, wenn auch nicht klar gedacht, so doch in gewissem Grade von den Karnevalsteilnehmern gespürt wird. Die Verbindung von »Sia ammazzato« mit freudiger Intonation, mit einer zärtlich-freundschaftlichen Begrüßung, mit Lob und Kompliment, ist der *Verbindung von Messerstecherei und Mord mit dem Geburtsakt* in der Szene in der Seitenstraße *vollkommen analog.* Es ist im Grunde ein und dasselbe *Drama des schwangeren und gebärenden Todes*, das in der Straßenszene und in der Schlußzeremonie (den »Moccoli«) inszeniert wird. In den »Moccoli« lebt die alte Ambivalenz der Todesdrohung auf, die Drohung klingt wie der Wunsch nach Erneuerung und neuer Geburt, *stirb und werde!*
Diese objektive Ambivalenz des Lebens formuliert Goethe mit voller künstlerischer und philosophischer Bewußtheit in seinem berühmten Gedicht *Heilige Sehnsucht*:

Und solang du das nicht hast,
Dieses *stirb und werde*,
Bist du nur ein *trüber Gast*
Auf der *dunklen* Erde.

(Artemisausgabe Bd. 3, 1977, S. 299)

Das ist doch der Karnevalsruf »Sia ammazzato!«, der sich in der Atmosphäre des Feuers mit Freude, Begrüßung und Lob verbindet. Im Karneval klingt die Todesdrohung »stirb« zugleich auch wie »werde«, und seine Teilnehmer sind keine »trüben Gäste«. Zum einen sind sie alles andere als Gäste. Goethe hat zu recht betont, daß der Karneval das einzige Fest ist, das *das Volk sich selbst gibt*; es bekommt ihn nicht geschenkt, es schaut zu niemandem auf, es *fühlt sich als sein eigener Herr und als sein eigener Gastgeber.* Zum anderen sind die Karnevalsteilnehmer alles andere als traurig; mit dem Signal, das den Karneval einleitet, haben sie alle, selbst die ernstesten unter ihnen, ihre Seriosität abgelegt (auch das hebt Goethe selbst hervor). Schließlich kann man während der »Moccoli«, dem Feuerfest, wo der ganze Corso in Licht getaucht ist von all dem kreisenden Feuer, den Kerzen und Fackeln, wirklich nicht von Dunkelheit sprechen.

Die Parallele ist hier komplett: *die Karnevalsteilnehmer, das Volk, sind die absolut heiteren Herren der in Licht getauchten Welt, denn sie kennen den Tod nur schwanger mit neuem Leben, sie kennen das heitere Motiv des Werdens und der Zeit, sie beherrschen das »stirb und werde«.* Es geht nicht um den Grad an subjektiver Bewußtheit all dessen, sondern um den *objektiven Anteil des einzelnen am Gefühl für die kollektive Ewigkeit, die irdische, historische Unsterblichkeit und das Wachsen als Volk.*

Die ersten beiden Verse des Gedichts jedoch,

Sagt es niemand, nur den Weisen,
Weil die Menge gleich verhöhnet ...

(a.a.O.)

hat ein anderer Goethe, nicht der Teilnehmer am römischen Karneval, sondern eher der Großmeister der Freimaurerloge geschrieben. Ausgerechnet das will er in esoterische Weisheit verwandeln, was in seiner ganzen Fülle und Konkretheit nur den Volksmassen zugänglich war. In Wirklichkeit ist es gerade »die Menge« mit ihrer Sprache, ihrer Poesie und ihren Karnevals-, Butterwochen- und vielen anderen Motiven, die ihre Wahrheit dem Weisen Goethe hat zukommen lassen, der weise genug war, sie nicht zu verspotten.

Dies zeigt auch die folgende Passage:

In den *Gesprächen mit Eckermann* (Gespräch vom 17. 2. 1827) zitiert Goethe aus Anlaß des Johannistages ein eigenes Gedicht und kommentiert es:

Johannisfeuer sei unverwehrt,
Die Freude nie verloren!
Besen werden immer stumpf gekehrt
Und Jungens immer geboren.

»Ich brauche nur zum Fenster hinauszusehen, um in straßenkehrenden *Besen* und *herumlaufenden Kindern die Symbole der sich ewig abnutzenden und immer sich verjüngenden Welt beständig vor Augen zu haben.«* (*Goethes Gespräche mit Eckermann*, Berlin 1955, S. 261)

Goethe verstand die Sprache der volkstümlich-festlichen Motive, und sein Stilgefühl rebellierte nicht angesichts der *ganz und gar karnevalesken Motivkombination* vom Besen, der die Straße fegt, und den Kindern als dem universalen Symbol für das ewig sterbende und sich erneuernde Leben. Doch kommen wir zurück zu seiner Beschreibung des römischen Karnevals und der ambivalenten bestätigenden Verwünschung »Sia ammazzato!«.

In der Karnevalswelt ist jede Hierarchie außer Kraft gesetzt. Alle Schichten und Altersstufen sind gleich. Da löscht ein Junge die Kerze seines Vaters und schreit »Sia ammazzato il signore Padre!« (»Stirb, Herr Vater!«). Dieser köstliche Karnevalsruf des Jungen, der seinem Vater mit dem Tod droht, bedarf nach allem Gesagten keines Kommentars.

So endet der Karneval. Gegen Mitternacht gibt es in allen Häusern ein *Festessen*, zu dem man reichlich *Fleisch* serviert, denn bald wird es verboten sein. Auf den letzten Karnevalstag folgt der Aschermittwoch, und Goethe beendet seine Karnevalsbeschreibung mit der »Aschermittwochsbetrachtung«, einer Art »Philosophie des Karnevals«. Er versucht, den *ernsten Sinn der Karnevalsnarretei* zu ergründen; wir zitieren dazu eine zentrale Passage:

> »Wenn uns während des Laufs dieser Torheiten der rohe Pulcinell ungebührlich an die Freuden der Liebe erinnert, denen wir unser Dasein zu danken haben, wenn ein Baubo auf öffentlichem Platze die Geheimnisse der Gebärerin entweiht, wenn so viele nächtlich angezündete Kerzen uns an die letzte Feierlichkeit erinnern, so werden wir mitten unter dem Unsinne auf die wichtigsten Szenen unseres Lebens aufmerksam gemacht.« (Hamburger Ausgabe, Bd. 11, S. 515)

Dieses Fazit ist etwas enttäuschend; manches (z. B. die Wahl des Narrenkönigs, Karnevalskriege, Mordmotive etc.) fehlt, der Sinn des Karnevals bleibt auf das individuelle Leben und Sterben beschränkt. Das wichtigste, das historisch-kollektive Moment ist ausgespart, der »Weltenbrand« des erneuernden Karnevalsfeuers nahezu auf die Beerdigungskerzen einer individuellen Beerdigungszeremonie reduziert. Die Obszönität Pulcinellas die Darstellung des Geburtsakts auf offener Straße, das vom Feuer symbolisierte Todesmotiv sind in ihrem Zusammenhang richtig als Teile eines universal gültigen Schauspiels erfaßt, doch nur auf der begrenzten Ebene des individuellen Lebens und Sterbens.

Die »Aschermittwochsbetrachtung« überführt die zuvor so gut beschriebenen Karnevalsmotive fast vollständig in die Sphäre individuell-subjektiver Erfahrung. So werden sie auch die Romantiker interpretieren. Man wird in ihnen Symbole des individuellen Schicksals sehen, während sie doch gerade das Schicksal des ganzen Volkes offenbaren, ein Schicksal, das untrennbar mit der Erde verbunden und von einem kosmischen Prinzip geprägt ist. In seinem künstlerischen Werk hat Goethe den Weg der Individualisierung der Karnevalsmotive nicht beschritten, doch in der »Aschermittwochsbetrachtung« schlägt er ihn ein.[151]

Das Verdienst der Goetheschen Karnevalsbeschreibung und sogar der abschließenden »Aschermittwochsbetrachtung« ist dennoch groß: Goethe sah und zeigte die Einheit und den philosophischen Sinn des Karnevals. Er spürte hinter den scheinbar einzelnen, untereinander unverbundenen närrischen Karnevalshandlungen, den Obszönitäten und der plumpen Familiarität, überhaupt hinter dem ganzen Unernst die *einheitliche Weltsicht und den einheitlichen Stil*, wenn er dem auch in seiner abschließenden Betrachtung nicht den richtigen und exakten *theoretischen* Ausdruck gab.

Zum Problem der realistischen Symbolik der volkstümlich-festlichen Formen aus Goethes Sicht zitiere ich zwei Äußerungen aus den *Gesprächen mit Eckermann*; die erste zu Corregios Bild *Entwöhnung von der Brust*: »›Ja‹, sagte Goethe, ›das ist ein Bildchen! da ist Geist, Naivität, Sinnlichkeit, alles beieinander. Und der heilige Gegenstand ist allgemein menschlich geworden und gilt als Symbol für eine Lebensstufe, die wir alle durchmachen. Ein solches Bild ist ewig, weil es in die frühesten Zeiten der Menschheit zurück- und in die künftigsten vorwärtsgreift.‹« (13. 12 1826) (*Goethes Gespräche mit Eckermann*, Berlin 1955, S. 240/241) Das folgende zu Myrons *Kuh*: »›Hier‹, sagte er, ›haben wir einen Gegenstand der höchsten Art; das, die Welt erhaltende, durch die ganze Natur gehende, ernährende Princip ist uns hier in einem schönen Gleichniß vor Augen; dieses und ähnliche Bilder nenne ich die wahren Symbole der Allgegenwart Gottes.‹« (29. 5. 1831). (Johann Peter Eckermann, *Gespräche mit Goethe in den letzten Jahren seines Lebens*, Wiesbaden [24]1949, S. 399)

Beiden Äußerungen können wir entnehmen, daß Goethe die *symbolisch erweiterte Bedeutung der Ernährung* (im ersten Bild das Stillen, im zweiten das Säugen des Kalbes) sehr wohl vertraut war.

Wir zitieren noch zwei weitere Stellen aus den *Gesprächen mit Eckermann*, die von Goethes nahezu karnevalesker Auffassung von Tod und Erneuerung sowohl des einzelnen als auch der ganzen Menschheit zeugen:

»›Überhaupt‹, fuhr Goethe fort, ›werden Sie finden, daß im mittleren Leben eines Menschen häufig eine Wendung eintritt, und daß, wie ihn in seiner Jugend alles begünstigte und alles ihm glückte, nun mit einemmal alles ganz anders wird, und ein Unfall und ein Mißgeschick sich auf das andere häuft. Wissen Sie aber, wie ich es mir denke? – Der Mensch muß wieder ruiniert werden! Jeder außerordentliche Mensch hat eine gewisse Sendung, die er zu vollführen berufen ist. Hat er sie vollbracht, so ist er auf Erden in dieser Gestalt nicht weiter vonnöten, und die Vorsehung verwendet ihn wieder zu etwas anderem.‹« (11. 3. 1828) (*Goethes Gespräche mit Eckermann*, Berlin 1955, S. 393)

Und:

»Ich sehe die Zeit kommen, wo Gott keine Freude mehr an ihr [der Menschheit] hat und er abermals alles zusammenschlagen muß, zu einer verjüngten Schöpfung. Ich bin gewiß, es ist alles danach angelegt und es steht in einer fernen Zukunft schon Zeit und Stunde fest, wann diese Verjüngungsepoche eintritt. Aber bis dahin hat es sicher noch gute Weile, und wir können noch Jahrtausende und aber Jahrtausende auf dieser lieben alten Fläche, wie sie ist, allerlei Spaß haben.« (23. 10. 1828) (op. cit., S. 429)

Goethes Verständnis der *Natur* als etwas *Ganzem, alles Umfassendem*, das auch den Menschen einschließt, hat Züge karnevalesker Erfahrung. Dies zeigt sein um 1782 entstandenes, von Spinosa inspiriertes Prosagedicht *Die Natur*.

»Natur! Wir sind von ihr umgeben und umschlungen –

unvermögend aus ihr herauszutreten, und unvermögend tiefer in sie hineinzukommen. Ungebeten und ungewarnt nimmt sie uns in den Kreislauf ihres Tanzes auf und treibt sich mit uns fort, bis wir ermüdet sind und ihrem Arme entfallen.« (Hamburger Ausgabe, Bd. 13, 4. Auflage, 1962, S. 45)

»Sie hat keine Sprache noch Rede, aber sie schafft Zungen und Herzen, durch die sie fühlt und spricht.« (op. cit., S. 47)

»Sie ist alles. Sie belohnt sich selbst und bestraft sich selbst, erfreut und quält sich selbst. Sie ist rauh und gelinde, lieblich und schröcklich, kraftlos und allgewaltig.« (a.a.O.)

»Die Menschen sind all in ihr und sie in allen. Mit allen treibt sie ein freundliches Spiel, und freut sich, je mehr man ihr abgewinnt. Sie treibts mit vielen so im Verborgenen, daß sies zu Ende spielt, ehe sies merken.« (op. cit., S. 46)

»Ihr Schauspiel ist immer neu, weil sie immer neue Zuschauer schafft. Leben ist ihre schönste Erfindung, und der Tod ist ihr Kunstgriff viel Leben zu haben.« (a.a.O.)

»Sie ist ganz und doch immer unvollendet. So wie sies treibt, kann sies immer treiben.« (op. cit., S. 47)

Wir sehen schon an diesen wenigen Zitaten, daß die *Natur* vom karnevalesken Geist geprägt ist.

Gegen Ende seines Lebens (1828) fügte Goethe ihr eine »Erklärung« bei, die die folgende interessante Passage enthält:

»Man sieht die Neigung zu einer Art von Pantheismus, indem den Welterscheinungen ein unerforschliches, unbedingtes, humoristisches, sich selbst widersprechendes Wesen zum Grunde gedacht ist, und mag als Spiel, dem es bitterer Ernst ist, gar wohl gelten.« (op. cit., S. 48)

Goethe wußte, daß einseitiger Ernst und Angst *Empfindungen der »Unvollständigen«* sind, die sich vom Ganzen getrennt haben. Das Ganze nämlich in seiner »ewigen Unfertigkeit« hat »humoristischen«, heiteren Charakter, es ist dem Lachaspekt zugänglich.

Doch kehren wir zurück zu Rabelais. Goethes Karnevalsbeschreibung kann in gewissem Grad auch zur Beschreibung der Rabelaisschen Welt und des Rabelaisschen Motivsystems herangezogen werden. *Festlichkeit ohne Andacht, die völlige Befreiung von Ernst, die Atmosphäre von Gleichheit, Zwanglosigkeit und Familiarität, den philosophischen Charakter der Obszönitä-*

ten, närrischen Krönungen und Entthronungen, die heiteren Karnevalskriege, Raufereien und parodistischen Dispute, die Verbindung zwischen Messerstecherei und Geburtsakt, bestätigende Verwünschungen etc. – all dies finden wir auch in Rabelais' Roman. Worin aber besteht der philosophische Sinn all dessen?

Die Volksmenge auf den Straßen und Plätzen im Karneval ist nicht einfach bloß Menge. Sie ist das jenseits aller sozioökonomischen und politischen Zwänge ganz eigenwillig organisierte gesamte Volk.

Die festliche Selbstorganisation des Volkes vollzieht sich vor allem im Bereich des Konkreten und Sinnlichen. Selbst das Gedränge, der *physische Kontakt*, erhält eine eigene Bedeutung. Das Individuum fühlt sich als unabtrennbarer Teil des Kollektivs, als Glied des Massen- und Volkskörpers. In diesem Ganzen hört der individuelle Körper beinahe auf, er selbst zu sein, es wird sozusagen möglich, *die Körper zu tauschen, zu erneuern* (zu verkleiden und zu maskieren). Das *Volk* fühlt dabei *seine konkrete, sinnliche, leibliche Einheit.*

Während seiner italienischen Reise besucht Goethe das damals schon leerstehende antike Amphitheater in Verona und formuliert einen sehr *interessanten Eindruck zum Selbstgefühl des Volkes*, das mit diesem Theater *eine konkrete, sichtbare Form seiner Masse und seiner Einheit erhalten hat*:

> »Wenn es [das Volk] sich so beisammen sah, mußte es über sich selbst erstaunen; denn da es sonst nur gewohnt, sich durcheinanderlaufen zu sehen, sich in einem Gewühle ohne Ordnung und sonderliche Zucht zu finden, so sieht das vielköpfige, vielsinnige, schwankende, hin und her irrende Tier sich zu einem edlen Körper vereinigt, zu einer Einheit bestimmt, in eine Masse verbunden und befestigt, als *eine Gestalt*, von *einem* belebt.« (Hamburger Ausgabe, Bd. 11, S. 40)

Ein ähnliches Gefühl der Einheit vermitteln im Mittelalter sämtliche Formen und Motive des volkstümlich-festlichen Lebens. Doch findet diese Einheit nicht immer einen so einfachen geometrisch-statischen Ausdruck. Sie ist komplex, differenziert und, was das Wichtigste ist, *historisch*. Der Volkskörper auf dem Karnevalsplatz fühlt *seine Einheit* vor allem in der *Zeit*, fühlt in ihr seine eigene *ununterbrochene Existenz*, seine *relative historische Unsterblichkeit*. Das Volk hat folglich nicht ein statisches Bild seiner Einheit (»eine Gestalt«), sondern die dynamische Vorstellung von *Einheit und Ununterbrochenheit im Wachsen und Werden*. Deshalb *halten alle volkstümlich-festlichen Motive eben das Moment des Werdens fest, das Moment der unvollendeten Metamorphose, der Erneuerung im Tod*. All diese Motive sind (latent) *zweileibig*: überall ist das *Gattungsmoment* unterstrichen, *Schwangerschaft, Entbindung, Zeugungskraft* (der doppelte Buckel Pulcinellas, hervorstehende Bäuche usw.). Wir sprachen schon davon und werden an anderer Stelle darauf zurückkommen. *Der Karneval inszeniert in all seinen Motiven und Szenen, den Obszönitäten und bestätigenden Verwünschungen diese Unsterblichkeit und Unzerstörbarkeit*, und in ihm verbindet sich das Gefühl für die Unsterblichkeit des Volkes mit dem Gefühl für die *Relativität der realen Machtverhältnisse und der herrschenden Wahrheit*.

Die volkstümlich-festlichen Formen schauen in die *Zukunft* und inszenieren den *Sieg dieser Zukunft*, den *Sieg des »Goldenen Zeitalters« über die Vergangenheit*: den Sieg des Überflusses an materiellen Gütern für alle, den Sieg von Freiheit, Gleichheit und Brüderlichkeit. Der Sieg der Zukunft ist durch die Unsterblichkeit des Volkes gesichert. Die Geburt des Neueren, Größeren, Besseren ist ebenso notwendig und unausweichlich wie der Tod des Alten, eins geht ins andere über, das Bessere macht das Schlechtere lächerlich und tötet es. Im Welt- und Volks*ganzen ist kein Platz für die Angst*; die Angst kann nur *Teile* befallen, *die vom Ganzen isoliert*, nur *absterbende Glieder*, die vom *Geborenwerdenden* getrennt sind. *Das Volks- und Weltganze ist triumphal heiter und ohne Angst.*

Zu dem karnevalesken Gefühl für das Ganze (das »ewig Unvollendete«) möchte ich abschließend noch einmal aus Goethes *Natur* zitieren:

> »Sie hat keine Sprache noch Rede, aber sie schafft *Zungen* und *Herzen*, durch die sie fühlt und spricht.« (Hamburger Ausgabe, Bd. 13, 1962, S. 47)
>
> »Ihre Krone ist die *Liebe*. Nur durch sie kommt man ihr nahe. Sie macht *Klüfte zwischen den Wesen* und *alles will sich verschlingen. Sie hat alles isoliert, um alles zusammenzuzie-*

hen. Durch ein paar Züge aus dem Becher der Liebe hält sie sich für ein Leben voll Mühe schadlos.« (a.a.O.)

Es muß noch betont werden, daß in der karnevalesken Erfahrung die Unsterblichkeit des Volkes in untrennbarer Einheit mit der Unsterblichkeit des werdenden Lebens wahrgenommen wird, sie fallen zusammen. Der Mensch fühlt mit seinem *Körper* und mit seinem Leben die Erde, die anderen Elemente, die Sonne, den Sternenhimmel. Über diesen kosmischen Zug des grotesken Körpers werden wir im 5. Kapitel sprechen.

Kommen wir nun, ausgehend von einer kurzen Analyse eines altfranzösischen komischen Dramas, zur Frage nach der Funktion der volkstümlich-festlichen Formen in Rabelais' Roman.

Das *Spiel in der Gartenlaube (Jeu de la Feuillée)* von Adam de la Halle, einem Troubadour aus Arras, ist im Jahr 1262, drei Jahrhunderte vor Rabelais' Roman, entstanden. Dieses erste komische Drama Frankreichs beschreibt einen karnevalsähnlichen Festtag und nutzt auf noch sehr schlichte, aber anschauliche Weise die Thematik des Festes und die mit ihm verbundenen Rechte, aus dem Alltagstrott auszuscheren.

Das *Spiel in der Gartenlaube* wurde in Arras, der Heimatstadt des Autors, zur Aufführung gebracht, und dort spielt auch seine Handlung. Es treten auf der Autor selbst, ein junger Troubadour, sein Vater (»maître Henri«) und andere Bürger von Arras, die auch unter ihren tatsächlichen Namen geführt werden (Rikece Auri, Haneli Merciers, Gilot u. a.). Es geht um den Plan Adams, Heimatstadt und Frau zu verlassen, um in Paris zu studieren. Dieser Plan bestand tatsächlich, das Sujet ist durch keine »Rampe« von der Wirklichkeit getrennt. Das Drama verknüpft einfach ein phantastisches Element mit dem Realen. Es wurde am *1. Mai, Jahrmarkts- und Volksfesttag in Arras*, aufgeführt, und die Handlung selbst spielt auch am 1. Mai.

Das Drama besteht aus drei Teilen, die man jeweils als karnevalesk-autobiographisch, karnevalesk-phantastisch und schließlich karnevalesk-bankettartig charakterisieren kann.

Der erste Teil enthält eine offene, im Geist karnevalesker Zwanglosigkeit und Familiarität verfaßte Darstellung der persönlichen und familiären Angelegenheiten des Autors (Adam), gefolgt von der ebenso offenen Porträtierung anderer Bürger von

Arras, wobei auch ihre Privat- und Bettgeheimnisse nicht ausgespart werden.
Der erste Teil beginnt mit dem Auftritt Adams im Gewand eines Geistlichen (eine Verkleidung, denn noch ist er kein Geistlicher). Er erklärt, er wolle sich von seiner Frau Maria trennen, um nach Paris zu gehen und seine Ausbildung zu vervollständigen, Maria solle bei seinem Vater bleiben. Dann spricht Adam davon, wie sehr er vor der Ehe von den Reizen Marias hingerissen war, und wir erhalten eine ausführliche Darstellung dieser Reize. Dann tritt maître Henri, Adams Vater, auf. Die Frage, ob er dem Sohn Geld geben wird oder nicht, beantwortet er mit der Klage, er sei alt und *krank*. Der anwesende *Arzt* (»li fisiscens«) stellt die Diagnose, bei dieser Krankheit handle es sich um *Geiz*. Er nennt weitere Bewohner von Arras, die an derselben Krankheit leiden. Anschließend konsultiert ihn eine Dame des horizontalen Gewerbes (»dame douce«). Dies ist der Anlaß, uns einen Überblick über die Bettgeschichten von Arras und eine Aufzählung aller Damen von zweifelhaftem Ruf zu geben. In der ganzen ärztlichen Konsultation figuriert der *Urin* als wichtigster Ausdruck von Charakter und Schicksal eines Menschen.
Die Motive »Arzt« und »lasterhafte Krankheiten« sind in karnevalesk-groteskem Geist gestaltet. Nun taucht ein Mönch auf und sammelt Spenden für den Hl. Acarius, der vor Wahnsinn und Dummheit schützt. Es finden sich Leute ein, die sich von diesem Heiligen heilen lassen wollen. Dann tritt ein Verrückter in Begleitung seines Vaters auf. Die Themen »Wahnsinn« und »Dummheit« haben im Stück relativ großes Gewicht. Aus dem Mund des Verrückten hören wir eine freimütige Kritik an einem Dekret Papst Alexanders IV., das vorsieht, die Privilegien des Klerus (u. a. auch des maître Henri) zu beschneiden. Damit schließt der erste Teil des Stücks. Die Freizügigkeiten und Obszönitäten, die es sich leistet, erklären Literaturwissenschaftler gewöhnlich mit der »Grobheit jener Zeiten«. Aber diese »Grobheit« hat System und Stil, es ist der uns schon bekannte Lachaspekt der Welt. Die Grenzen zwischen Spiel und Leben sind hier mit Absicht verwischt, es spielt das Leben selbst.
Der zweite, karnevalesk-phantastische Teil beginnt, nachdem der Mönch, der Reliquien mit sich trägt (und damit in gewissem Grad Repräsentant der Kirche, folglich der offiziellen Welt und

der offiziellen Wahrheit ist), hinter der mitten auf der Bühne aufgestellten Gartenlaube eingeschlafen ist. In dieser Gartenlaube ist der Tisch für drei Feen gedeckt, die nur in der Nacht zum 1. Mai erscheinen können und zudem nur dann, wenn alle Vertreter der Kirche (d. h. der offiziellen Welt) sich entfernt haben. Vor ihrem Erscheinen zieht das »Heer des Harlekin« mit Schellengeläut vorbei. Dann tritt ein Gesandter des Harlekinkönigs auf, eine Art komischer Teufel, schließlich die Feen selbst. Wir erhalten eine Beschreibung ihres Abendessens in der Laube, ihrer Gespräche untereinander und mit dem Gesandten, der übrigens »Crocquesot«, »Narrenfresser« heißt. Die Feen prophezeien Gutes wie Schlechtes (u. a. dem Autor, Adam). Es kommt auch ein »Glücksrad« vor, das sich für Wahrsagungen dreht. Gegen Ende des Abendessens tritt eine Vertreterin des horizontalen Gewerbes auf. Die Feen sind die Gönnerinnen dieser Damen, und beiden Vertreterinnen der inoffiziellen Welt ist in der Mainacht Zwanglosigkeit und Straffreiheit garantiert.
Die letzte, dritte Szene, die karnevaleske Beschreibung eines Festschmauses, spielt schon kurz vor dem Morgengrauen in einer Schenke. Dort haben sich die Teilnehmer des Maifeiertags und des Stücks, unter ihnen der Mönch mit den Reliquien, zum Essen eingefunden. Alle trinken, lachen, singen Lieder und würfeln. Man spielt für den Mönch mit, denn er ist wieder eingeschlafen. Der Wirt nutzt diesen Schlaf, nimmt das Kästchen mit den Reliquien und parodiert unter allgemeinem Gelächter den narrenheilenden Mönch. Am Ende der Szene stolpert noch der Wahnsinnige in die Schenke. Doch da zieht die Morgenröte auf, und in den Kirchen beginnen die Glocken zu läuten. Die Nacht zum 1. Mai mit ihren Freiheiten ist zuende. Unter Glockengeläut und auf Aufforderung des Mönchs begeben sich die Festteilnehmer in die Kirche.
Soweit die inhaltlichen Grundzüge dieses ältesten komischen Dramas aus Frankreich. Erstaunlicherweise ist in ihm fast die ganze Rabelaissche Welt im Keim vorhanden. Vor allem ist die enge Bindung des Stücks an den 1. Mai hervorzuheben. Es ist bis ins kleinste Detail aus der Atmosphäre und der Thematik dieses Tages hervorgegangen, sie bestimmen Form und Charakter der Aufführung sowie ihren Inhalt. Für die Dauer des Feiertags ist

die Macht der offiziellen Welt (der Kirche und des Staats) mit ihren Normen und ihrem Wertsystem gebrochen, die Welt darf aus ihrem gewohnten Gleis herausspringen. Die Grenzen der Feiertagsfreiheit sind im Stück allerdings exakt markiert: mit dem Glockenläuten ist sie beendet (und sobald sich der Mönch entfernt, beginnen die Karnevalsschellen der vorbeigehenden Harlekins zu läuten). In der Thematik dieses Maifeiertags spielt das Festessen eine große Rolle, das Essen der Feen und das Festmahl in der Schänke. Wichtig ist darüber hinaus auch das *Thema des Würfelspiels.* Das Spiel fungiert nicht nur als ein naturalistisches Moment des festtäglichen Zeitvertreibs, es ist mit dem Feiern verwandt, es ist inoffiziell und hat seine eigenen Gesetze, die denen des Alltagslebens diametral entgegengesetzt sind.

Die zeitweise Aufhebung der exklusiven Macht der offiziellen Kirche bringt auch die zeitweilige Wiederkehr der *entthronten heidnischen Götter*: das Vorüberziehen der Harlekins, den Auftritt der Feen, die Wahl des Harlekinkönigs und ein *Straßenfest der Prostituierten* unter der Leitung der Feen. Die inoffizielle Welt der Prostituierten erhält in der Nacht zum 1. Mai Rechte und sogar Macht; im Stück geht die »dame douce« daran, mit ihren Feinden abzurechnen. Schließlich haben das *Glücksrad der Fortuna und die Wahrsagungen und Verwünschungen der Feen* besondere Bedeutung: das Fest richtet seinen Blick auf die *Zukunft*, und diese nimmt nicht nur utopische Formen an, sondern auch die eher primitiv-archaischen Formen der Wahrsagung, der Verwünschung und des Segens (primär auf die nächste Ernte, die Rinderaufzucht etc. bezogen). Charakteristisch ist gleichfalls das *Reliquienthema*, das mit Vorstellungen vom zerstückelten Körper in Zusammenhang steht. Wesentliche Funktionen haben der Arzt und sein ständiges Attribut, der Urin. Wichtig ist weiter das Thema »Dummheit« und »Wahnsinn«. Es gibt eine Art an die Narren gerichteten Marktplatz-»cri«, und er bestimmt, mit dem Fest zusammen, in entscheidendem Maße die Atmosphäre des ganzen Stücks. Das Fest gewährt das Recht auf Dummheit.

Die Dummheit ist natürlich durch und durch ambivalent, sie vereint in sich das negative Moment von Degradierung und Vernichtung (das im heutigen Schimpfwort »Dummkopf« als einziges übriggeblieben ist) und das positive Moment von Erneuerung und Wahrheit; Dummheit ist auf den Kopf gestellte Weisheit, sie ist die Kehrseite der offiziellen, herrschenden Wahrheit und zeigt sich vor allem in der Unfähigkeit, die Gesetze und Konventionen der offiziellen Welt zu begreifen, und im Verstoß gegen dieselben.

Wir erinnern hier noch einmal an die im ersten Kapitel zitierte Apologie des Narrentags aus dem 15. Jahrhundert. Die Fürsprecher dieses Tages verstanden ihn als heiteres und freies Ausleben der Dummheit, »unserer zweiten Natur«. Sie stellten die heitere Dummheit der »Andacht und Gottesfurcht« gegenüber und sahen im Narrentag nicht nur Befreiung vom Alltagstrott, sondern auch die Befreiung von der religiösen Weltsicht, von Andacht und Gottesfurcht für »einen Tag pro Jahr«. Man durfte mit »dummen« Augen auf die Welt schauen, und dieses Recht galt für die volkstümliche Marktplatzseite eines jeden Feiertags. Darum hat das Thema *»Dummheit«* und das Motiv des *unheilbaren Narren* in der Festatmosphäre des *Spiels in der Gartenlaube* eine solche Bedeutung; das Stück endet auch mit dem Auftritt des Narren knapp vor dem Morgenläuten.

Goethe betonte in seiner Karnevalsbeschreibung mehrmals, daß jeder Karnevalsteilnehmer, wie ernst er auch das ganze Jahr über sein mag, sich nun, einmal im Jahr, jegliche Narrheit und dummen Streiche erlaubt. Rabelais legt, wo es um den Narren Triboulet geht, seinem Pantagruel folgendes Raisonnement über Weisheit und Dummheit in den Mund:

> »Ihr werdet diesem Argument zustimmen; denn wie jeder, der genau auf seine eigenen häuslichen Geschäfte achtet, der aufmerksam über sein Hauswesen wacht, dessen Geist nicht abirrt, der keine Gelegenheit versäumt, Geld und Gut und Reichtümer zu erwerben und anzuhäufen, der mit Bedacht den Unannehmlichkeiten der Armut vorzubeugen weiß, in den Augen der Welt als Weiser gilt, wenngleich er im Urteil der himmlischen Geister nur ein töriger Tropf ist, ebenso muß einer, um vor ihnen als weise zu bestehen, ich meine: weise und weissagend kraft göttlicher Eingebung und geeignet die Gabe der Weissagung zu empfangen, sich selbst vergessen, aus sich herausgehen, seine Sinne von jeglicher irdischen Neigung ausräumen, seinen Geist von allen menschlichen Trieben

läutern und alles laufen lassen, wie's grade läuft. Was man eben gemeinhin der Narrheit zur Last legt.

So ward vom unwissenden Pöbel der große Weissager Faunus, Sohn des Picus, des Königs der Latiner, Fatuel benamst.

So sehen wir, daß bei den fahrenden Leuten, wenn sie ihre Rollen verteilen, die Person des Narren und Hanswursts immer vom gewiegtesten und besten Schauspieler der Truppe dargestellt wird.

So sagen die Astrologen, bei der Nativität der Könige und der Narren ergebe sich ein und dasselbe Horoskop.« (S. 713/714)

Dieses Urteil ist im Stil der Schriftsprache formuliert, es entspricht in Wort- und Begriffswahl den Normen der *offiziellen Pietät*, daher verwendet er zur Beschreibung der Dummheit des Narren Begriffe wie »göttliche Eingebung« und »Gabe der Weissagung«. Im ersten Teil der zitierten Passage stellt Rabelais den Narren und Possenreißer als Heiligen dar – ein für die Zeit nicht ungewöhnlicher Vergleich, zumal für den Franziskanermönch Rabelais. Die dem Narren unterstellte »Abkehr von dieser Welt« enthält einen fast traditionell christlichen Gedanken. Tatsächlich jedoch sieht Rabelais die Lossagung des Possenreißers und Narren von der Welt als Absage an die offizielle Philosophie und das offizielle Wertsystem. Dem entspricht die Konzeption der Figur des Triboulet. Auch für Rabelais selbst bedeutete *Narrenweisheit Freiheit von privaten materiellen Bedürfnissen* und der *unwürdigen Fähigkeit*, seine häuslichen und privaten Angelegenheiten zum eigenen Vorteil zu organisieren. Die Sprache des Narren aber war natürlich ausgesprochen *irdisch* und *materiell* orientiert; das materielle Prinzip hat bei ihm jedoch nicht privat-egoistischen Charakter, sondern bezieht sich auf das *ganze Volk*. Wenn wir im oben zitierten Abschnitt von den offiziellen Begriffen – Merkmalen des hohen Stils und der Schriftsprache – absehen, so erhalten wir eine echt Rabelaissche Apologie der Dummheit als einer Form *inoffizieller Wahrheit*, als spezielle Weltsicht, die frei ist von allen eigennützigen Interessen und von den Normen und Werten »jener Welt« (den Normen der offiziellen Welt, denen zu entsprechen im allgemeinen sehr lohnend ist). Das Ende des Zitats weist direkt auf die Possenreißer und Narren der festtäglichen Theaterszene hin. Kommen wir zurück zu Adam de la Halles komischem Drama auf den 1. Mai. Welche Funktion haben Feiertag und Feiertagsdummheit darin? *Sie geben dem Autor das Recht, eine nichtoffizielle Thematik zu behandeln,* mehr noch, eine *inoffizielle Haltung zur Welt einzunehmen.* Das Stück spiegelt, bei all seiner Schlichtheit und Bescheidenheit, einen *Aspekt der Welt*, der der mittelalterlichen Weltanschauung und dem offiziellen Lebensstil völlig fremd und im Grunde entgegengesetzt ist. Dieser Aspekt ist vor allem *heiter* und leicht, er ist verkörpert im Festmahl, in der Zeugungskraft, im Spiel, in der parodistischen Travestie des Mönchs mit den Reliquien und in den entthronten heidnischen Göttern (Feen, Harlekins). Die Welt sieht bei aller Phantastik *körperlicher, menschlicher und heiterer* aus. Es geht um *ihren festlichen Aspekt*, und dieser ist zugelassen. *In der Nacht zum 1. Mai ist es erlaubt, ohne Angst und Andacht auf die Welt zu schauen.*

Das Stück will keine ernste Problematik behandeln, doch ist es in seiner Substanz universal. Es hat nicht die geringste Tendenz zu abstraktem Moralisieren, es hat keine Charakter- oder Situationskomik, überhaupt kaum eine Komik, die auf private, einzelne Aspekte der Welt und der Gesellschaft zielt. Auch die abstrakte Negation fehlt. Die ganze Welt wird unter ihrem *heiteren* und *zwanglosen Aspekt* präsentiert. Dieser ist zwar begrenzt, doch nicht durch dieses oder jenes Phänomen, diese oder jene Seite der Welt, sondern allein durch die zeitlichen Eckpfeiler des Festtags, den Zeitraum der Nacht zum 1. Mai. Das morgendliche Läuten führt zu Angst und Andacht zurück.

Rabelais' Roman entstand fast dreihundert Jahre nach dem *Spiel in der Gartenlaube*, die Funktion der volkstümlich-festlichen Formen jedoch ist bei ihm – wenn auch komplexer, bewußter und radikaler eingesetzt – die gleiche.

Im Vierten Buch des Romans wird, abgesehen von der Geschichte der Schläge für die Schinnöser im Hause de Basché, auch die Geschichte einer von François Villon inszenierten *Tragischen Farce* erzählt.

Dabei geht es um das Folgende: der hochbetagte Villon entscheidet sich während seines Aufenthalts in Saint-Maixent, für den Jahrmarkt von Niort das *Mysterium der Leiden des Herrn* aufzuführen, das auch eine »große Diablerie« enthält. Alles ist zur Aufführung bereit, es fehlt nur ein Kostüm für Gott-Vater. Der Sakristan des Ortes, Klopfschwanz, weigert sich kategorisch, irgendeines der kirchlichen Gewänder zur Verfügung zu stellen, denn er hält deren Verwendung für Theaterzwecke für eine Profanisierung. Man kann ihn nicht überreden. So entschließt sich Villon zur Rache. Er weiß, wann dieser Klopfschwanz seine Pfarrei auf seiner Stute abreitet, und setzt genau zu diesem Zeitpunkt die Generalprobe für die Diablerie an. Rabelais beschreibt die Teufel, ihre Kostümierung und »Bewaffnung« (mit Küchengerät), die wir teils schon geschildert haben. Die Probe findet im *Stadtzentrum* und auf dem *Basar* statt. Danach führt Villon die Teufel zum *Festschmaus* in eine *Schenke genau an dem Weg*, den Klopfschwanz entlanggeritten kommen muß. Als er schließlich auftaucht, umzingeln ihn die Teufel mit schrecklichem Geschrei und Getöse, bewerfen ihn mit brennendem, schrecklich räucherndem Harz und erschrecken seine Stute:

»Die Fohlin, ganz schreckverstört, fiel in Trab, furzte und bockte, fiel darauf in Galopp mit Ausfeuern, Scharwerken, Platteln und Knallen ihrer vier Hufe, bis daß sie Klopfschwanz abschmiß, wiewohl er sich aus Leibeskräften am Sattelbug festhielt. Seine Bügelriemen bestanden aus Stricken; auf der beim Aufsitzen dem Reiter zugekehrten Seite war sein Latschen so fest eingeschnürt, daß er ihn gar nicht herauswinden konnte. So wurde er ärschlings von der Fohlin geschleift, die immerzu gegen ihn ausfeuerte und vor Angst durch die Hecken, Sträucher und Gräben fegte, dergestalt, daß sie ihm den ganzen Kopf zerschund, so daß beim Osanière-Kreuz das Hirn herausfiel, die Arme stückweis in die Brüche gingen, der eine hierhin, der andere dahin, die Beine desgleichen, die Eingeweide sodann langhin am Boden nachschleiften, so daß die Fohlin, als sie im Kloster eintraf, von ihm nur noch den rechten Fuß im eingeschnürten Schuh bei sich hatte.« (S. 878/879)

Soweit die von Villon inszenierte »tragische Farce«. Sie endet mit dem *öffentlichen Zerreißen des Herrn Klopfschwanz, mit dem Zerstückeln seines Körpers auf dem Marktplatz, bei der Schenke, während des Essens, in der volkstümlich-festlichen Karnevalsatmosphäre der Diablerie.*

Diese ganze Geschichte nun wird de Basché in den Mund gelegt, der sie mit den Schlägen für die Schinnöser in seinem Haus in Verbindung bringt und sie erzählt, um die Hausgenossen gegen die Gäste aufzuhetzen. »›So auch‹, sagte de Basché, ›sehe ich voraus, meine lieben Freunde, daß ihr diese tragische Posse inskünftig gut spielen werdet, ...‹« (S. 879)
Inwiefern korrespondieren Villons Streich und der Schinnosenprügel im Hause de Basché?
Hier wie dort werden, um der *Rache* für die ausgeteilten Schläge zu *entgehen* (aber, wie wir noch erfahren werden, nicht nur aus diesem Grund), *Karnevalsrechte und -freiheiten* genutzt: einmal in der *Hochzeitszeremonie*, das andere Mal in der *Diablerie*. Der Brauch der »nopces à mitaines« gestattet eine Zwanglosigkeit im Umgang, die im gewöhnlichen Leben nicht zu rechtfertigen ist. Man kann ungestraft alle Anwesenden mit den Fäusten bearbeiten, ungeachtet ihres Ranges und ihrer Position. Die Konventionen des Alltags und vor allem die soziale Hierarchie sind für die kurze Frist des Hochzeitsschmauses aufgehoben. Die Distanz zwischen den Menschen schmilzt, und dies drückt sich symbolisch in der Möglichkeit aus, seinen angesehenen, ansonsten mit Respekt zu behandelnden Nachbarn familiär mit den Fäusten zu traktieren. *Das sozial-utopische Moment dieser Zeremonie liegt auf der Hand. Für die begrenzte Frist des Hochzeitsschmauses treten die Teilnehmer quasi in das utopische Reich absoluter Gleichheit und Freiheit ein.*[152] Das *utopische Moment* erhält hier, wie in allen volkstümlich-festlichen Utopien, betont *materiell-leiblichen Ausdruck*: Freiheit und Gleichheit verwirklichen sich in Faustschlägen, d. h. in *grobem körperlichem Kontakt*. Schläge sind, wie wir gesehen haben, ein Äquivalent der obszönen Beschimpfung. In unserem Fall geht es um eine Hochzeitszeremonie, in der Hochzeitsnacht kommt es zum physischen Kontakt zwischen Bräutigam und Braut, zum *Zeugungsakt*, zum Triumph der Zeugungskraft. Die Atmosphäre dieses für das ganze Fest zentralen Geschehens breitet sich mittels der *Faustschläge* auf alle und alles aus. Weiter hat das utopische Moment hier, wie in allen volkstümlich-festlichen Utopien, absolut heiteren Charakter (die Faustschläge sind ja nur leicht und scherzhaft). Schließlich, und das ist zentral, realisiert sich die Utopie, obwohl sie bloß inszenierte Utopie ist, *ohne jede Rampe*, im

Leben selbst. Sie ist zwar zeitlich streng begrenzt, auf die Frist des Hochzeitsschmauses, doch innerhalb dieses Rahmens gibt es keine Aufteilung in Teilnehmer (Spieler) und Zuschauer, alle spielen mit. Während die neue utopische Ordnung an die Stelle der üblichen Weltordnung getreten ist, herrscht sie souverän und gilt für alle. Deshalb müssen auch die Schinnöser, die nur zufällig in den Hochzeitsschmaus geraten sind, sich den Gesetzen des utopischen Reichs fügen. Sie können sich über die Schläge nicht beklagen. Zwischen Schauspiel und Leben besteht keine Grenze, eins geht ins andere über. Eben deshalb kann de Basché die spielerische Form des Hochzeitsessens verwenden, um einen ernsten und realen Konflikt mit den verleumderischen Schinnösern auszutragen.

In der *Tragischen Farce* von Villon finden wir dieselben Elemente wie in de Baschés »nopces à mitaines«. Die Diablerie war der volkstümlich-festliche Marktplatzteil der Mysterienspiele. Das Mysterium hatte selbstverständlich eine Rampe, die Diablerie als integraler Bestandteil des Mysteriums ebenso. Doch war es gewöhnlich vor den Mysterienspielen, oft mehrere Tage lang, den »Teufeln« aus der Diablerie gestattet, kostümiert durch die Stadt und die umliegenden Dörfer zu ziehen. Davon berichten eine Reihe von Dokumenten.

Im Jahre 1500 zum Beispiel reichten in der Stadt Amiens einige Geistliche und andere Bürger das Gesuch ein, das *Mysterium der Leiden des Herrn* aufführen zu dürfen, wobei sie besonders darum baten, »faire courir les personnages des diables«. Eine der berühmtesten und populärsten Diablerien des 16. Jahrhunderts, ein Teil des *Mysteriums des Hl. Johannes,* stammt aus Chaumont (im Département Obere Marne).[153] In den Ankündigungen des Chaumonter Mysteriums wurde immer ausdrücklich darauf hingewiesen, daß die Teufel und Teufelchen, die darin mitspielten, schon einige Tage zuvor durch die Stadt und die Dörfer ringsum ziehen durften. Die kostümierten Teufel fühlten sich zu einem gewissen Grad *von den allgemeinen Tabus ausgenommen*, und ihre Ausnahmestimmung wirkte ansteckend auf jeden, der ihnen über den Weg lief, sie schufen um sich herum eine *Atmosphäre unbändiger Karnevalsfreiheit.* Die Teufel waren meist arme Leute (daher der Ausdruck »pauvre diable«, »armer Teufel«), und da sie sich im gesetzlosen Raum wähnten, verstießen sie häufig gegen das Eigentumsrecht und bestahlen die Bauern; sie nutzten ihre Rolle, um ihre materielle Lage zu verbessern. Sie provozierten auch andere Tumulte. Daher erging oft das spezielle Verbot, ihnen außerhalb ihrer Rolle irgendwelche Freiheiten zu gewähren.

Doch behielten die Teufel ihren *inoffiziellen Charakter*, auch wenn sie sich auf die im Mysterium vorgesehene Rolle beschränkten. Zu dieser gehörten Beschimpfungen und Obszönitäten. Die Teufel handelten und redeten im Gegensatz zur offiziellen christlichen Weltanschauung, dazu waren sie schließlich Teufel. Auf der Bühne machten sie einen unwahrscheinlichen Lärm und viel Geschrei, besonders, wenn es sich um eine »große Diablerie« (mit vier oder mehr Teufeln) handelte. Daher stammt der französische Ausdruck »faire le diable à quatre«; überhaupt kommt der größte Teil der Verwünschungen und Flüche, in denen das Wort »Teufel« auftaucht, aus dem Bereich der Mysterienspiele. Bei Rabelais gibt es viele Verwünschungen und andere Ausdrücke, denen diese Herkunft anzumerken ist: »La grande diablerie à quatre personnages« (Buch 1, Kap. 4), »Faire d'un diable deux« (Buch 3, Kap. 1), »Crioit comme tous les diables« (Buch 1, Kap. 23), »Crient et urlent comme diables« (Buch 3, Kap. 23), vgl. auch solche verbreiteten Redensarten wie »faire diables«, »en diable«, »pauvre diable«. Die Verbindung der Flüche und Verwünschungen mit den Diablerien ist nicht erstaunlich: sie gehören ein und demselben Motiv- und Formensystem an.

Der *Teufel aus dem Mysterium* ist nicht nur eine inoffizielle, sondern auch eine *ambivalente Figur*, ähnlich wie der *Narr und Possenreißer*. Er ist ein Repräsentant der *zerstörenden und erneuernden Kraft des Materiell-Leiblichen*. In den Diablerien ist der Teufel meist karnevalesk gestaltet. Bei Rabelais zum Beispiel sehen wir, daß in der Diablerie Villons der Teufel mit Küchengerät bewaffnet ist (das bezeugen auch andere Quellen). Otto Driesen versucht in seinem Buch *Der Ursprung des Harlekin* einen detaillierten Vergleich zwischen Diablerie und Charivari (nach dem *Roman du Fauvel*), und er entdeckt große Ähnlichkeit zwischen allen Motiven beider Gattungen. Der Charivari ist auch mit dem Karneval verwandt.[154]

Alle Eigenschaften der Teufel (und ganz besonders ihre Ambivalenz und die Bindung an den Bereich des Materiell-Leiblichen) scheinen sie zu Figuren der volkstümlichen Komik zu prädestinieren. So verwandelt sich etwa der Teufel Erlekin (den wir allerdings nicht in den Mysterien antreffen) in die komische Figur des Harlekin. Auch Pantagruel war ursprünglich ein Mysterienteufel.

Die Diablerie ist also, obwohl Teil des Mysterienspiels, dem Karneval verwandt, sie überschreitet die Rampe, mischt sich ins Leben auf dem Platz und erwirbt damit die entsprechenden Karnevalsrechte auf Zwanglosigkeit und Freiheit.

Die auf den Platz herausgetragene Diablerie gibt Villon die Möglichkeit, sich ungestraft mit dem Sakristan Klopfschwanz auseinanderzusetzen. Hier, genau wie im Hause de Basché, erlaubt die rampenlos inszenierte *utopische Freiheit*, im Ernst mit dem *Gegner dieser Freiheit* abzurechnen.

Womit hat Klopfschwanz eine so harte Abrechnung verdient? Er hat sich gegen das dionysische Spiel gewandt (denn er hat sich *prinzipiell* geweigert, ein Kostüm für die Theateraufführung herauszugeben) und verfällt damit vom Standpunkt des Dionysos-Kultes dem Tod des Pentheus, er wird den Bacchantinnen zum Zerreißen überlassen.[155] Doch auch aus Rabelais' Sicht ist Klopfschwanz einer der meistgehaßten Typen – ein *Agelast, ein Mensch, der nicht lachen kann und dem Lachen feindlich gegenübersteht.* An der Furcht, ein heiliges Gewand zum Gegenstand von Theater und Spiel zu machen, zeigt sich für Rabelais eine unleidlich *dumme und bösartige pietätvolle Seriosität.* Klopfschwanz weigert sich prinzipiell, zur *volkstümlichen Belustigung* beizutragen und ihr zu dienen, aufgrund der alten kirchlichen Feindschaft gegenüber dem Theater, dem Mimus und dem Lachen. Schlimmer noch, er verweigert das Kleid ausgerechnet für die Verkleidung, die Maskerade, d. h. eigentlich für Erneuerung und Wiedergeburt. Er ist ein Feind der Erneuerung und des neuen Lebens. Er ist das Rabelais verhaßte unfruchtbare und *trotzige Alter*, das nicht *gebären und sterben* will. Klopfschwanz ist Feind eben jener *heiteren Marktplatzwahrheit von Ablösung und Erneuerung*, die auch die von Villon erfundenen Diablerie-Motive prägen. Deshalb muß ihn diese für eine gewisse Frist zur realen Kraft gewordene Wahrheit töten. Er stirbt den echt karnevalesken Tod durch Zerreißen.

Die Figur des Klopfschwanz, die hier durch ihr Verhalten in einem einzigen Fall von symbolischer Bedeutung umrissen ist, verkörpert für Rabelais den Geist des gotischen Zeitalters in seiner auf Angst und Zwang gründenden *einseitigen Seriosität*, in seiner Tendenz, alles »sub specie aeternitatis«, außerhalb der realen Zeit zu sehen. Doch zu Rabelais' Zeit sind von dieser Epoche bloß die kirchlichen Gewänder geblieben, die sich zu heiteren Karnevalsmaskeraden anbieten. Diese Gewänder werden von dem dummen, düster-seriösen Sakristan Klopfschwanz gehütet; mit ihm rechnet Rabelais ab, und die Gewänder bestimmt er zur erneuernden Karnevalsbelustigung.

In und mit seinem Roman handelt Rabelais genau wie Villon und de Basché. Er bedient sich ihrer Methoden, er nutzt das volkstümlich-festliche Motivsystem mit seinen anerkannten Rechten auf Freiheit und Zwanglosigkeit, um im Ernst mit seinem Feind, dem gotischen Zeitalter, abzurechnen. Es ist nur ein heiteres Spiel und daher unantastbar, doch es ist ein Spiel ohne Rampe. In seiner zwanglosen Atmosphäre fällt Rabelais über die zentralen Dogmen, Sakramente und das Allerheiligste der mittelalterlichen Weltanschauung her.

Man muß sagen, daß ihm der »Villon-Streich« geglückt ist. Trotz der Offenheit seiner Äußerungen entkam er nicht nur dem Scheiterhaufen, sondern war im Grunde keinerlei ernsthaften Verfolgungen oder auch nur Unannehmlichkeiten ausgesetzt. Er mußte zwar mitunter Vorsichtsmaßnahmen treffen, ab und zu für einige Zeit verschwinden, sogar Frankreich verlassen. Doch im allgemeinen endete alles glimpflich und kostete offensichtlich weder besondere Mühe noch Aufregungen. Rabelais' ehemaliger Freund Étienne Dolet dagegen starb auf dem Scheiterhaufen wegen einer ziemlich harmlosen, aber ohne Lachen vorgebrachten Äußerung; er beherrschte nicht die Methode de Baschés und Villons.

Rabelais wurde von Agelasten angegriffen, von Leuten, die dem Lachen keinerlei Sonderrechte zubilligten. Alle seine Bücher wurden von der Sorbonne scharf mißbilligt (was ihrer Verbreitung und wiederholten Neuauflage keinen Abbruch tat); an seinem Lebensende hatte er sich der harten Anschuldigungen des Mönches Gabriel de Puy-Herbault zu erwehren und von protestantischer Seite der Anfeindungen Calvins. Doch die Stimmen all dieser Agelasten fanden kaum ein Echo, die Karnevalsrechte des Lachens erwiesen sich als stärker.[156]

Man sollte den Rückgriff auf das System der volkstümlich-festlichen Formen nicht als bloßen Trick zur Umgehung der Zensur ansehen, als wohl oder übel zu verwendende »aesopische« Sprache. Das Volk hat jahrtausendelang die Rechte und Freiheiten der festlichen Lachmotive genutzt, um seine grundsätzliche Kritik, seinen Unglauben gegenüber der offiziellen Wahrheit und seine besten Sehnsüchte und Bestrebungen in ihnen auszudrücken. Man kann daher sagen, *daß die Freiheit nicht so sehr ein äußerliches Recht als vielmehr der eigentliche Inhalt jener Motive war.* Die Freiheit war Bestandteil jener in Jahrtausenden geprägten Sprache der *»angstfreien Rede«*, eines Sprechens über die Welt und die Macht ohne Hintertürchen und Verschweigen. Es überrascht nicht, daß diese angstlose und freie Sprache der Motive auch das *reichste positive Material* für eine neue Weltanschauung bereithielt.

De Basché nutzte die traditionelle Form der »nopces à mitaines« nicht einfach dazu, die Schinnöser ungestraft zu verprügeln. Wir haben gesehen, daß die Prügel als *festlicher Akt* vollzogen wurden, als eine in allen Details konsequente und sinnvolle Lachhandlung. Die Schläge, die auf die Schinnöser prasselten, waren schöpferische Hochzeitsschläge; sie galten der alten Welt (deren Vertreter die Schinnöser waren) und halfen gleichzeitig bei der Zeugung und Geburt der neuen Welt. Die äußere Freiheit und Straflosigkeit ist vom inneren positiven Sinn jener Formen und ihrer philosophischen Bedeutung nicht zu trennen.

Das gilt auch für die karnevaleske Zerlegung des Klopfschwanz. Auch sie geschieht feierlich und ist bis ins letzte Detail konsequent und sinnvoll. Klopfschwanz war der Vertreter der alten Welt, und seine Zerstückelung war rechtmäßig. Freiheit und Straflosigkeit sind auch hier vom positiven Inhalt aller Formen und Motive der Episode nicht zu lösen.

Die karnevaleske Aufmachung der Abrechnung mit der alten Welt braucht uns nicht zu erstaunen. Selbst die großen ökonomischen und sozio-politischen Umbrüche der damaligen Zeit unterlagen einer gewissen *Karnevalisierung* und karnevalesken

Interpretation. Ich nenne nur zwei allgemein bekannte Beispiele aus der russischen Geschichte, Ivan den Schrecklichen und Peter den Großen. Ivan der Schreckliche, der sich mit der feudalen Zersplitterung, der Bojarenanarchie, der alten feudalen Wahrheit und den feudalen Idealen herumschlug, der die alten politischen, sozialen und – in gewissem Maß – auch die moralischen Eckpfeiler einriß, mußte zwangsläufig unter den Einfluß der volkstümlich-festlichen Marktplatzformen geraten, denn diese Formen mit ihrem System von Travestien, hierarchischen Verkehrungen (Maskeraden), Entthronungen und Degradierungen verspotten die alte Wahrheit und die alte Macht.

Ohne mit den Kirchenglocken zu brechen, konnte Ivan der Schreckliche dennoch nicht auf den Klang der Narrenschellen verzichten. Selbst in der äußeren Organisation der Opričnina (einem Teil des Staates und des Verwaltungsapparats – G. L.) gab es karnevaleske Elemente (bis hin zu solchen Karnevalsattributen wie einem *Besen*), der Lebensstil der Opričniki (Spezialtruppen der Opričnina – G. L.) und ihre Festmähler in der Alexander-Sloboda hatten deutlich karnevalesken, marktplatzartig exterritorialen Charakter. Später, in der Periode der Stabilisierung, wurde die Opričnina liquidiert und desavouiert, ihrem Geist, der jeder Stabilisierung feind war, der Kampf angesagt.

Ähnlich war es zur Zeit Peters I.; soweit es nach ihm ging, überstimmte der Klang der Narrenschellen den Glockenton fast völlig. Man weiß von seinen Bemühungen, späte Formen des Narrentags zu kultivieren (eine solche Legalisierung und staatliche Anerkennung hatte dieser Tag während seines tausendjährigen Bestehens nie und nirgends erfahren); die Entthronungen und närrischen Krönungen dieses Feiertags hielten Einzug in das Staatsleben bis hin zur Übereinstimmung der Narrentitel mit denen der realen Staatsmacht (z. B. im Fall des [Bojaren] Romodanovskij [er wurde zum »Narrenpapst« gewählt – G. L.]). Neues wurde zuerst in *»drolligem«* Gewand eingeführt; im Laufe der Reformen verflocht sich eine Reihe ihrer Momente mit Elementen einer fast närrischen Entthronung und Travestierung (Entfernen des Bartes, europäische Kleidung, ausgesuchte Umgangsformen). Doch hatten die karnevalesken Formen der petrinischen Epoche eher Importcharakter, bei Ivan dem Schrecklichen waren sie volkstümlicher, lebendiger, komplexer und auch widersprüchlicher.

So war die äußere Freiheit der volkstümlich-festlichen Formen nicht zu trennen von ihrer inneren Freiheit und ihrem positiven philosophischen Gehalt. Sie boten einen *neuen positiven Aspekt der Welt* und gaben gleichzeitig das *Recht auf dessen ungestraften Ausdruck*.

Die Funktion der volkstümlich-festlichen Formen klärt sich noch weiter auf dem Hintergrund eines Problems, das sich der gesamten Literatur der Renaissance stellte. Die Epoche suchte nach Konventionen und Formen, die eine *extreme Freiheit und Offenheit in Gedanken und Wort* ermöglichten und rechtfertigten, wobei das *äußere* (die Zensur betreffende) und das *innere Recht* auf diese Freiheit und Offenheit nicht getrennt wurden. Offenheit verstand man natürlich nicht nur im subjektiven Sinn, als »Aufrichtigkeit«, »Wahrhaftigkeit«, »Intimität« etc., es ging um die objektive, das ganze Volk betreffende, laute Offenheit auf dem Marktplatz. Es ging darum, dem Gedanken und dem Wort die Bedingungen zu schaffen, damit sie die Welt von ihrer anderen Seite erreichen könnten, von einer Seite, die bisher verdeckt war, über die man überhaupt nicht oder nicht wirklich sprach und die in den Worten und Formen der herrschenden Weltanschauung keinen Platz gefunden hatte. Auch im Bereich von Gedanke und Wort suchte man Amerika, wollte man die Antipoden entdecken, die westliche Hälfte des Erdballs anschauen, man fragte sich: »Was ist unter unseren Füßen?«. Gedanke und Wort suchten hinter dem sichtbaren Horizont der herrschenden Weltanschauung eine neue Realität. Man stellte Worte und Gedanken mit Absicht auf den Kopf, um zu erfahren, was sich hinter ihnen verbirgt, wie ihre Rückseite aussieht. Man suchte eine Position, von der aus man die Kehrseite der herrschenden Denkformen und der herrschenden Werte sehen konnte und von der aus man die eigene Situation in der Welt auf neue Art wahrnehmen könnte.

Einer der ersten, der sich dieses Problem in voller Bewußtheit stellte, war Boccaccio. Die Pest, die den Rahmen des *Decamerone* bildet, bot die gesuchten Bedingungen für Offenheit und Inoffizialität im Reden. Am Ende des Romans unterstreicht Boccaccio, daß die Gespräche, die die Grundlage seines Buches bilden, »nicht in der Kirche, von deren Angelegenheiten man mit den reinsten Gedanken und Worten zu sprechen hat – obwohl in ihren Annalen noch ganz andere Geschichten verzeichnet sind als die von mir niedergeschriebenen –, auch nicht in den Schulen der Philosophie, wo Ehrbarkeit nicht weniger als sonstwo anders verlangt wird, vorgetragen wurden, noch sonstwo unter Geistlichen und Philosophen, sondern draußen in den Gärten und unter Leuten, die zwar noch jung, doch immerhin so reif sind, daß Geschichten sie nicht mehr zu beirren vermögen, und zu einer Zeit, da es für die ehrbarsten Männer nicht als unzüchtig galt, zur Rettung ihres Lebens mit den Hosen auf dem Kopfe herumzulaufen.« (Giovanni Boccaccio, *Das Dekameron*, Berlin/Weimar 1980, Bd. 2, S. 351)

An früherer Stelle (am Ende des sechsten Tages) fragt einer der Gesprächsteilnehmer, Dioneo: »Wißt ihr etwa nicht, daß infolge des Grauens, das die Gegenwart regiert, die Richter ihre Richtstätten verlassen haben? Daß menschliche und göttliche Gesetze verstummt sind und einem jeden zur Rettung seines Lebens weitläufigste Freiheit anheimgegeben ist? Wenn nun beim Erzählen die engen Grenzen der Ehrbarkeit ein wenig gelockert werden, so soll das mitnichten unziemlichen Taten den Weg bahnen. Vielmehr sollen diese Geschichten lediglich euch und uns zur Erheiterung dienen.« (op. cit., Bd. 2, S. 39)

Das Ende dieser Ausführungen bringt die bei Boccaccio unvermeidlichen Erläuterungen und Abmilderungen, doch der Anfang zeigt deutlich die Rolle der Pest für seine Konzeption: sie gibt das Recht auf ein anderes Wort, auf einen anderen Zugang zum Leben und zur Welt. Nicht nur alle Konventionen entfallen, auch »menschliche und göttliche Gesetze [sind] verstummt«. Das Leben ist aus seinem Trott geraten, das Spinnennetz der Konvention ist gerissen, alle offiziellen und hierarchischen Schranken sind aufgehoben, es ist eine spezifische Atmosphäre entstanden, die das äußere und innere Recht auf Freiheit und Offenheit gibt. Selbst der Angesehenste »trägt die Hosen auf dem Kopf«. Deshalb wird das Problem des Lebens auch »nicht in der Kirche, auch nicht in den Schulen der Philosophie« erörtert, sondern »auf Plätzen der Erholung«.

Wir sprechen über die besonderen Funktionen des Motivs der Pest im *Decamerone*. Neben den Freiheiten, die sie gestattet und motiviert, ist sie als konzentriertes Todesmotiv unentbehrlicher Bestandteil des gesamten Motivsystems des Romans, in dem der erneuernde Bereich des Materiell-Leiblichen die führende Rolle spielt. Das *Decamerone* ist die italienische Vollendung des – allerdings bei Boccaccio relativ gemäßigten – grotesken Realismus.

Eine andere Lösung der angesprochenen Problematik der Renaissance-Literatur lag im Thema des Wahnsinns oder der Dummheit des Protagonisten. Man suchte äußere und innere Freiheit von allen Formen und Dogmen der absterbenden, aber durchaus noch tonangebenden Weltanschauung, um mit anderen Augen auf die Welt zu schauen und sie anders zu sehen. Wahnsinn oder Dummheit des Helden (natürlich in der ambivalenten Bedeutung dieser Begriffe) gaben dazu das Recht.

Rabelais' Lösung des Problems war der direkte Zugriff auf die volkstümlich-festlichen Formen. Sie gaben Gedanken und Wort die radikalste, positive und inhaltlich schon gefüllte innere und äußere Freiheit.

Der Karneval (im weitesten Sinn des Wortes) hatte zu allen Zeiten großen Einfluß auf die Literatur, doch war dieser Einfluß meistens versteckt, indirekt, schwer zu fassen. In der Renaissance aber war er nicht nur ungewöhnlich stark, sondern auch sehr direkt, unmittelbar und bis in die äußere Form deutlich sichtbar. Die Renaissance ist quasi die offene Karnevalisierung des Bewußtseins, der Weltanschauung und der Literatur.

Die offizielle Kultur des Mittelalters entstand über mehrere Jahrhunderte, auch sie hatte ihre heroische, schöpferische Zeit. Sie umspannte die ganze Welt und jeden Bewußtseinswinkel des Menschen und wurde von einer so einzigartigen Organisation wie der katholischen Kirche unterstützt. Mit der Renaissance ging der Feudalismus allmählich zuende, doch seine Ideologie war noch außerordentlich mächtig.

Worauf konnte sich die Ideologie der Renaissance in ihrem Kampf gegen die offizielle Kultur des Mittelalters stützen? Dieser schwere Kampf wurde ja schließlich gewonnen. Die antiken Quellen allein boten natürlich keine ausreichende Stütze. Auch die Antike konnte durch das Prisma der mittelalterlichen Weltanschauung gesehen werden. Um die humanistische

Antike zu entdecken, mußte man sich erst von den versteinerten Kategorien des mittelalterlichen Denkens befreien, eine Position jenseits der offiziellen Kultur schon gefunden, den Sprung aus dem Gleis der ideologischen Entwicklung bereits geschafft haben.

Die nötige Unterstützung bei diesem Schritt konnte nur die mächtige volkstümliche Lachkultur bieten. Die progressiven Geister der Renaissance hatten unmittelbar teil an dieser Kultur, vor allem an ihrer volkstümlich-festlichen Karnevalsseite, der dieses Kapitel gewidmet ist. Der Karneval (ich wiederhole, im weitesten Sinne des Wortes) befreite von der Macht der offiziellen Weltanschauung, erlaubte, die Welt auf seine Art zu sehen: ohne Angst und Andacht, sehr kritisch, aber positiv und ohne Nihilismus, denn er erschloß das reiche materielle Prinzip der Welt, das Werden und den Wechsel, die Unüberwindlichkeit und den ewigen Triumph des Neuen, die Unsterblichkeit des Volkes. Dies war eine mächtige Stütze im Sturm auf das gotische Zeitalter und bei der Vorbereitung der Grundlagen für eine neue Weltanschauung. Wenn wir von der »Karnevalisierung des Bewußtseins« sprachen, so meinten wir diese völlige Befreiung von gotischer Seriosität als Voraussetzung, den Weg zu einem neuen, freien und nüchternen Ernst zu bahnen.

Dobroljubov hat in einer Rezension einen bemerkenswerten Gedanken geäußert: »Man muß in seiner Seele die feste Überzeugung von der Unvermeidlichkeit und Möglichkeit einer vollständigen Abkehr von der gegenwärtigen Lebensordnung entwickeln, um die Kraft zu sammeln, sie poetisch zu beschreiben.«[157]

Grundlage der progressiven Renaissance-Literatur war eben eine solche »feste Überzeugung von der Unvermeidlichkeit und Möglichkeit einer vollständigen Abkehr von der gegenwärtigen Lebensordnung«. Nur dank dieser Überzeugung von der Unvermeidlichkeit und Möglichkeit einer radikalen *Erneuerung alles Existierenden* konnten die führenden Köpfe der Renaissance die Welt so sehen, wie sie es taten. Genau diese Überzeugung prägt die gesamte volkstümliche Lachkultur, und zwar nicht nur auf der abstrakten, gedanklichen Ebene, sondern als eine lebendige Erfahrung, die alle Formen und Motive dieser Kultur beherrscht. Die offizielle Kultur des Mittelalters suggerierte mit ihrem abstrakten, schematischen Denken die genau entgegengesetzte Überzeugung von der Starrheit und Unabänderlichkeit der herrschenden Weltordnung und Wahrheit, überhaupt von der Ewigkeit und Unveränderlichkeit alles Existierenden. Diese Suggestion hatte in der Renaissance noch eine sehr starke Wirkung. Auf dem Weg individueller gedanklicher Suche oder der Schreibtisch-Beschäftigung mit antiken Quellen, ohne »karnevaleskes Bewußtsein« also, war sie nicht zu überwinden. Eine echte Hilfe konnte nur die Volkskultur bieten.

Das ist der Grund, weshalb wir in allen großen Werken der Renaissance deutlich die Karnevalsatmosphäre wahrnehmen, den frischen Wind des volkstümlich-festlichen Marktplatzes. In der ganzen Anlage der Werke und in der eigenwilligen Logik ihrer Motive können wir die karnevaleske Grundlage aufdecken, auch dort, wo sie nicht mit solcher Anschaulichkeit und Exaktheit präsentiert ist wie bei Rabelais.

Eine vergleichbare Analyse, wie wir sie in diesem Kapitel an Rabelais versucht haben, könnte auch in Shakespeares Dramen ein entscheidendes karnevaleskes Moment zutage fördern. Es geht hier nicht nur um die zweite, närrische Ebene seiner Dramen; die Karnevalslogik von Inthronisierung und Sturz, in direkter und in verdeckter Form, bestimmt auch die seriöse Ebene. Doch das Wichtigste ist die »Überzeugung von der Möglichkeit einer vollständigen Abkehr von der gegenwärtigen Lebensordnung«, die Shakespeares Dramen durchzieht und seinen furchtlosen, extrem nüchternen (aber niemals in Zynismus umschlagenden) Realismus und seinen absoluten Adogmatismus bedingt. Das Karnevalspathos radikaler Umbrüche und Erneuerungen ist Grundlage der Shakespeareschen Erfahrung. Dies erlaubte ihm, die reale Epochenwende zu sehen und zugleich deren Grenzen zu erkennen.

Es gibt auch bei Shakespeare nicht wenige äußere Kennzeichen des Karnevalsmilieus: Motive aus dem Bereich des Materiell-Leiblichen, ambivalente Obszönitäten, volkstümliche Festmahlmotive u. a. (wir sprachen davon in der Einleitung).

Die karnevaleske Grundlage des *Don Quijote* und der Novellen Cervantes' unterliegt ebenfalls keinem Zweifel. Der Roman ist eine komplexe Karnevalshandlung mit allen zugehörigen Accessoires. Die Konsequenz des Cervantesschen Realismus ist die

des originär karnevalesken Pathos von Umbruch und Erneuerung.
Untersuchungen zur Literatur der Renaissance auf dem Hintergrund der so *verstandenen* volkstümlich-festlichen Karnevalsformen stehen noch aus.

Rabelais' Roman ist das festfreudigste Werk der gesamten Weltliteratur. Er verkörpert das Wesen der volkstümlich-festlichen Lachkultur, und dies hebt ihn deutlich von der ernst-alltäglichen und offiziell-triumphalen Literatur der folgenden, besonders des 19. Jahrhunderts ab. Daher ist es unmöglich, Rabelais von dem in diesem Jahrhundert herrschenden durch und durch *unfestlichen* Weltbild her zu verstehen.
Das Fest wird unter den Bedingungen der bürgerlichen Kultur zwar reduziert und entstellt, aber es stirbt nicht. Das Fest ist eine primäre und unzerstörbare Kategorie der menschlichen Kultur. Es kann verblassen und degenerieren, aber nicht völlig verschwinden. Der private, häusliche Feiertag der bürgerlichen Epoche bewahrt, wenn auch in verminderter Form, das ursprüngliche Wesen des Festes; die Türen des Hauses sind für Gäste geöffnet (tendenziell für alle, für die ganze Welt), alles ist in Überfluß vorhanden (Festessen, Kleidung, Zimmerschmuck), natürlich gibt es Festtagsglückwünsche (allerdings unter fast völligem Verlust der Ambivalenz), Trinksprüche, Spiel und Verkleidungen, *heiteres* Festtagslachen, Scherze, Tanz etc. Der Feiertag hat keinerlei praktischen Sinn (wie etwa Erholung, Entspannung), er befreit vielmehr von der Fixierung auf Praktisches; er ist ein zeitlich begrenzter Ausflug in eine utopische Welt. Man kann den Feiertag auch nicht auf einen bestimmten, begrenzten Inhalt (z. B. auf die Jubiläumsfeier für ein historisches Ereignis) festlegen – er geht über jeden abgegrenzten Inhalt hinaus. Man kann ein Fest nicht vom Leben des Körpers, der Erde, der Natur oder des Kosmos trennen. Am Feiertag »scheint die Sonne«, wir kennen den Ausdruck »Sonntagswetter«.[158]
Bezeichnenderweise werden in der westlichen Philosophie der letzten Jahre, besonders in der philosophischen Anthropologie, Versuche gemacht, eine besondere festliche Erfahrung, einen speziellen Festaspekt der Welt zu entdecken und ihn zur Über-

windung des pessimistischen Programms des Existentialismus zu nutzen. Doch kann die philosophische Anthropologie mit ihrer phänomenologischen Methode, der jegliche historischen und sozialen Kategorien fehlen, diese Aufgabe nicht lösen; darüber hinaus orientiert sie sich an der reduzierten Festlichkeit der bürgerlichen Epoche.[159]

Viertes Kapitel
Festmahlmotive

> Hier [...] haben wir einen Gegenstand der *höchsten Art*, das, die Welt erhaltende, durch die ganze Natur gehende, *ernährende Princip* ist uns hier in einem schönen Gleichniß vor Augen.
>
> Johann Peter Eckermann, *Gespräche mit Goethe in den letzten Jahren seines Lebens,* Wiesbaden [24]1949, S. 399

Die Festmahlmotive in Rabelais' Roman, d. h. Motive vom Essen, Trinken und Verschlingen, stehen in unmittelbarer Verbindung zu den volkstümlich-festlichen Formen, die wir im vorigen Kapitel analysiert haben. Es geht in ihnen nicht um das alltägliche, häusliche, individuelle Essen, sondern um das *volkstümlich-festliche Mahl,* tendenziell um ein *»Gastmahl für die ganze Welt«*. Eine Tendenz zum *Überfluß* und zur Teilhabe des ganzen Volkes zeigt sich in allen Rabelaisschen Motiven vom Essen und Trinken, sie ist quasi die Hefe, auf der die Motive wachsen, sich zu Überfluß und Übermaß blähen. Alle Eßmotive bei Rabelais ähneln jenen grandiosen Würsten und Broten, die man auf Karnevalsprozessionen feierlich herumtrug.

Ohne Festessen kommt keine richtige Lachhandlung aus. Die Schinnöser werden im Hause de Basché während des Hochzeitsessens verprügelt, die Zerstückelung des Klopfschwanz findet zu einer Zeit statt, in der die Schauspieler der Diablerie sich in der Schänke zum Imbiß treffen – das ist natürlich kein Zufall.

In Rabelais' Roman gibt es fast keine Seite, auf der kein Festmahlmotiv vorkommt, und sei es in Form einer Metapher oder eines Epithetons.

Die Festmahlmotive sind sehr eng mit den Motiven des grotesken Körpers verflochten, manchmal ist es schwer, zwischen ihnen überhaupt eine Grenze zu ziehen, so etwa in der besprochenen Episode der Rinderschlachtung (Vermischung von verschlingendem und verschlungenem Körper). Im (chronologisch) ersten Buch des Romans, dem *Pantagruel*, finden wir ein weiteres Beispiel für die enge Zusammengehörigkeit dieser Motive. Es wird erzählt, wie die Erde nach dem Mord an Abel dessen Blut *aufnahm* und davon außerordentlich fruchtbar wurde. An anderer Stelle essen die Leute Mispeln, und *ihre Körper bekommen gewaltige Ausmaße.* Das *Motiv des aufgesperrten Mundes,* im *Pantagruel* zentral, und das damit zusammenhängende *des Schluckens* liegen auf der Grenze zwischen Körpermotiv und Eß- und Trinkmotiv. Aus dem *weitgeöffneten Schoß* der Mutter Pantagruels fährt während seiner Geburt ein ganzer Troß von *salzigen Vorspeisen* heraus. An diesem Beispiel sehen wir, wie eng die Motive vom Essen und vom Körper mit den Motiven der Zeugungskraft (Fruchtbarkeit, Wachstum, Geburt) verknüpft sind.

Verfolgen wir die Rolle der Festmahlmotive durch den ganzen Roman.

Die frühen, noch in der Wiege vollbrachten *Heldentaten* Pantagruels betreffen sämtlich das *Essen.* Das Braten am Spieß ist zentral in der türkischen Episode Panurges. Mit einem Festmahl enden die Streitepisode zwischen Leckarsch und Schluckefist und die Episode mit Thaumast. Wir haben gesehen, welche Rolle das Festessen in der Ritterverbrennungsepisode spielt. Die Episode vom Krieg gegen König Anarchos ist von Festmahlmotiven, die vor allem das Trinken betreffen, durchsetzt, das Zechen ist quasi das wichtigste Mittel der Kriegführung selbst. Festmahlmotive finden wir in der Episode vom Besuch Epistemons im Jenseits, die Episode vom Krieg gegen Anarchos endet mit einem saturnalischen Festessen in der Hauptstadt der Amauroten.

Nicht geringer ist die Rolle der Festmahlmotive im (chronologisch) zweiten Buch des Romans. Die Handlung wird eröffnet mit einem Essen zum Rinderschlachtfest. Eine wesentliche Rolle spielen Essensmotive in der Episode über die Erziehung des jungen Gargantua. Als Gargantua zu Beginn des pikrocholinischen Kriegs heimkehrt, organisiert Grandgousier ein Festessen, dessen zahlreiche Gänge und Fleischgerichte sämtlich beim Namen genannt sind. Die Rolle von Brot und Wein als Anlaß zum pikrocholinischen Krieg und in der Schlacht im Klosterweinberg kennen wir. Metaphern und Vergleiche aus dem Bereich des Essens und Trinkens finden sich gehäuft im *Gargantua,* er endet mit den Worten: »Et grand cher!« (»allezeit schlemmen und demmen.« S. 519)[160]

Im Dritten Buch des Romans gibt es weniger Festmahlmotive, obwohl sie auch hier durchaus vorkommen und über verschiedene Episoden verteilt sind. Z. B. konsultiert Panurge den Theologen, den Arzt und den Philosophen zur Mittagessenszeit; die Thematik der ganzen Episode, eine zwanglose Erörterung der Natur der Frau und des Wesens der Ehe, ist typisch für das »Tischgespräch«.

Im Vierten Buch ist die Rolle der Festmahlmotive wieder wesentlich größer. In der Episode über den Wurstkrieg (mit den Geschwollenen) stehen sie im Vordergrund. Im selben Buch haben wir, in der Episode mit den Schinnösern, die längste Aufzählung von Speisen und Getränken in der gesamten Weltliteratur. Hier findet sich auch das berühmte Lob auf Messer Bauch und seine Erfindungen. Schlucken und Essen spielen eine wesentliche Rolle in der Episode mit dem Riesen Blähnüsterich und in der Episode mit der Insel Hauch, auf der man sich allein von Winden ernährt. Ein Kapitel ist der Frage gewidmet: »Warum die Mönche gern in der Küche sind.« Schließlich endet das Buch mit einem kleinen Festessen auf jenem Schiff, mit dem Pantagruel und seine Gefährten das Wetter »heben«. Die letzten Worte des Buchs, die eine lange skatologische Tirade Panurges abschließen, lauten: »Auf, getrunken!« Dies sind auch die letzten Worte des Romans, soweit Rabelais selbst ihn niedergeschrieben hat.

Welche Bedeutung haben nun all diese Festmahlmotive im Roman?

Sie stehen, wie gesagt, in enger Beziehung zu Festtagen, Lachhandlungen und grotesken Körpermotiven; außerdem sind sie ganz wesentlich mit dem *Wort*, dem *weisen Gespräch*, der *heiteren Wahrheit* verbunden. Wir haben schließlich ihre Tendenz zu Überfluß und Beteiligung des ganzen Volkes erwähnt. Womit läßt sich eine solch exklusive und universale Rolle der Festmahlmotive erklären?

Essen und Trinken gehören zu den wichtigsten Lebensäußerungen des grotesken Körpers. Das Besondere dieses Körpers ist seine Geöffnetheit, Unvollendetheit und seine Beziehung zur Welt. Im *Akt des Essens* zeigt es sich mit großer Anschaulichkeit und Konkretheit: der Körper geht hier über seine Grenzen hinaus, er schluckt, verschlingt, zerteilt die Welt, nimmt sie in sich auf, bereichert sich und wächst auf ihre Kosten. Das im geöffneten, zubeißenden, kauenden Mund vollzogene *Treffen von Welt und Mensch* ist eines der ältesten und wichtigsten Sujets des menschlichen Denkens, eines der ältesten Motive überhaupt. Hier erfährt der Mensch die Welt, spürt ihren Geschmack, führt sie in seinen Körper ein und macht sie zum Teil seiner selbst. Das erwachende Bewußtsein konzentrierte sich zwangsläufig auf dieses Moment und entwickelte eine Reihe von Motiven, die das Verhältnis zwischen Mensch und Welt definieren. *Das Aufeinandertreffen mit der Welt im Akt des Essens war froh und triumphal.* Hier war *der Mensch Sieger über die Welt, er verschlang sie,* nicht umgekehrt, die Grenze zwischen Mensch und Welt war im für den Menschen positiven Sinn aufgehoben.

Das Essen ist in frühen Vorstellungen untrennbar mit der Arbeit verbunden, es beendet Arbeit und Kampf, es ist deren Krönung und Sieg. *Die Arbeit triumphiert im Essen.* Der Kontakt mit der Welt in der Arbeit, der Arbeitskampf des Menschen endet mit dem Essen, dem Verschlingen des erbeuteten Teils der Welt. Als *letzte siegreiche Etappe der Arbeit* vertritt das Essen den Arbeitsprozeß als ganzen. In den ältesten Motivsystemen konnte es gar keinen Unterschied zwischen Essen und Arbeit geben, sie waren zwei Seiten ein und desselben Vorgangs, des Kampfs mit der Welt, der mit dem Sieg des Menschen endete. Es ist wichtig, daß beides, Essen und Arbeiten, im Kollektiv stattfand. Die ganze Gesellschaft nahm gleichberechtigt daran teil. Das kollektive Essen als Abschluß des ebenfalls kollektiven Arbeitsprozesses war kein kreatürlicher Akt, sondern ein soziales Ereignis. Wollte man das Essen von der Arbeit trennen, dessen Vollendung es war, und es als private, häusliche Angelegenheit betrachten, so bliebe von den Motiven des Kontakts zwischen Mensch und Welt, der Erfahrung der Welt, des geöffneten Mundes und von der wesentlichen Beziehung zwischen dem Essen, dem Wort und der heiteren Wahrheit nichts übrig als ein paar überstrapazierte und sinnlos gewordene Metaphern. Doch in der Darstellung des *arbeitenden Volks*, das sein Leben und seine Nahrung erkämpft, das den *eroberten, übermannten* Teil der Welt verschlingt, behielten die Festmahlmotive ihre zentrale Bedeutung, ihre

Universalität, ihre Beziehung zu Leben, Tod, Sieg, Triumph und Wiedergeburt. Deshalb lebten diese Motive auch in allen Bereichen der Volkskunst fort. Sie entwickelten sich dort weiter, erneuerten sich, bereicherten sich mit neuen Bedeutungsnuancen und knüpften Verbindungen zu historisch neuen Erscheinungen. Sie wuchsen und erneuerten sich zusammen mit dem Volk, das sie geschaffen hat.
Folglich waren die Festmahlmotive keineswegs Relikte vergangener Epochen, wie dies einige Ethnologen behaupten, Relikte etwa der Zeit der Jäger und Sammler, als während der kollektiven Jagd das erbeutete Wild gemeinsam zerlegt und verschlungen wurde. Solche vereinfachenden Vorstellungen von der primitiven Jagd geben den Erklärungen zur Herkunft einer ganzen Reihe von Motiven, die vom Zerlegen und Verschlingen handeln, große Anschaulichkeit und vermeintliche Klarheit. Doch schon die ältesten überlieferten Festmahlmotive (wie auch die Motive des grotesken Körpers) sind erheblich komplexer als diese primitiven Vorstellungen vom Primitiven. Die ältesten Motive haben einen philosophischen Sinn, sie sind reich an Nuancen und lebendigen Verbindungen zum gesamten Kontext, sie sehen ganz und gar nicht aus wie Relikte vergessener Erfahrungen. Völlig anderen Charakter hat das Fortleben der Festmahlmotive in Kult und Riten der offiziellen religiösen Systeme. Hier ist tatsächlich ein frühes Entwicklungsstadium fixiert und sublimiert. Doch im volkstümlich-festlichen System profitieren die Motive von ihrer jahrtausendelangen Entwicklung und Erneuerung. Zu Rabelais' Zeit und in den folgenden Jahrhunderten sind sie noch immer bedeutungsvoll und künstlerisch produktiv.

Ein besonders üppiges Leben führten die Festmahlmotive im grotesken Realismus, in dem die Hauptquellen der Rabelaisschen Festmahlmotive zu suchen sind. Der Einfluß des antiken Symposiums ist nur von zweitrangiger Bedeutung.
Im Akt des Essens ist die Grenze zwischen Körper und Welt im für den Körper positiven Sinn überwunden; der Körper triumphiert über die Welt, über den Feind, und wächst auf seine Kosten. Es kann kein trauriges Essen geben, Traurigkeit und Essen sind unvereinbar (doch Tod und Essen vertragen sich hervorragend). *Das Festmahl feiert immer einen Sieg*, es ist der

Triumph des Lebens über den Tod und in dieser Beziehung ein Äquivalent für *Empfängnis* und *Geburt*. Der siegreiche Körper nimmt die besiegte Welt in sich auf und *erneuert sich*.

Wegen seines triumphalen und erneuernden Charakters hat das Festmahl in der Volkskunst sehr oft die *Funktion des Abschlusses und der Vollendung*. In dieser Hinsicht ist es der *Hochzeit* (dem Zeugungsakt) gleichwertig. Oft fallen die beiden möglichen Endfeiern in einem *»Hochzeitsschmaus«* zusammen, mit dem dann auch das Werk schließt. »Festmahl«, »Hochzeit« und »Hochzeitsessen« setzen keinen abstrakten, willkürlichen Schlußpunkt, sondern sie markieren eine *Vollendung, die schon schwanger geht mit einem neuen Anfang*. Bezeichnenderweise enden Werke der Volkskunst niemals mit dem Tod. Wird er gegen Ende des Buches beschrieben, so folgt der obligatorische *Leichenschmaus* (d.h. ein Festessen nach der Beerdigung; so endet z.B. die *Ilias*). Er ist ein angemessener Schluß. Der Grund dafür liegt in der Ambivalenz aller Motive der Volkskunst – das Ende muß einen neuen Anfang in sich tragen wie der Tod eine neue Geburt.

Der triumphale Charakter des Festmahls macht es nicht nur zum willkommenen Abschluß, sondern auch zum idealen Rahmen für bedeutende Ereignisse. Deshalb wird bei Rabelais fast jede wichtige Episode (z.B. die Rache an den Schinnösern) von einem Festessen umrahmt oder mit ihm beendet.

Das Festessen ist auch *unverzichtbarer Rahmen für das weise Wort und die heitere Wahrheit*. Zwischen dem Wort und dem Festmahl besteht seit jeher eine Verbindung; in ihrer klarsten, klassischen Form ist sie im antiken Symposium gegeben, doch auch der mittelalterliche groteske Realismus hatte seine eigenständige Symposientradition.

Man ist vielleicht versucht, den Ursprung der Verbindung zwischen dem Essen und dem Wort an der Wiege des menschlichen Wortes überhaupt zu suchen. Selbst wenn diese Genese jedoch mit einem gewissen Grad an Wahrscheinlichkeit rekonstruierbar wäre, könnte sie uns nur wenig für das Verständnis des Weiterbestehens dieser Verbindung und ihrer Bedeutung bieten. Die antiken Symposienautoren, Platon, Xenophon, Plutarch, Athenaios, Macrobius, Lukian und andere empfanden die Beziehung zwischen Wort und Festmahl durchaus als aktuell. Lebendig und sinnerfüllt ist sie auch im grotesken Symposium und bei seinem Erben und Vollender Rabelais.[161]

Im Prolog zum *Gargantua* spricht Rabelais sie direkt an:

> »Denn auf die Niederschrift dieses meisterhaften Buches habe ich niemals andere, noch längere Zeit vertan und verwendet als die Spanne, die ich für meine leibliche Atzung, nämlich Essen und Trinken, eingesetzt hatte. Auch ist das die rechte Stunde, solch hochfliegende Materien und tiefsinnige Weisheiten aufzuschreiben, wie Homer, das Ur- und Vorbild aller Schriftgelehrten, desgleichen Ennius, aller lateinischen Poeten Vater, trefflich zu tun verstanden (wie Horaz bezeugt), wenngleich ein tölpischer Schmierfink behauptet hat, seine Carmina röchen eher nach Wein als nach Öl.
>
> Dergleichen bemäkelt so ein Lumpenkerl auch an meinen Büchern. Aber ich acht' ihn einen Dreck. Der Duft des Weins, o wieviel beglückender, erquickender, entzückender ist er doch, wie soviel göttlicher und köstlicher als der Geruch des Öls! Und sagt man mir dereinst nach, ich hätte mehr Geld für Wein ausgegeben denn für Öl, will ich mir's ebenso zum Ruhm anrechnen wie Demosthenes, als es von ihm hieß, er wende mehr für Öl auf und knickere am Wein. Mir bedeutet es eitel Ruhm und Ehre, als guter Saufkumpan und Zechgenosse beschrien zu sein, und unter diesen Namen bin ich überall, wo gute Pantagruelisten beisammen sind, willkommen.« (S. 12/13)

Zu Beginn setzt der Erzähler das eigene Werk scheinbar herab: er schreibe nur während des Essens, nebenbei, nehme folglich das Schreiben nicht allzu ernst. Man könnte also die Formulierung »hochfliegende Materien und tiefsinnige Weisheiten« ironisch verstehen. Doch die Herabsetzung wird sofort aufgehoben durch die Berufung auf Homer und Ennius, die ganz genauso verfuhren.

Das Tischgespräch ist immer scherzhaft und zwanglos; es besaß immer das volkstümlich-festliche Recht auf Freiheit und Offenheit. Wenn Rabelais seinem Werk die Narrenkappe aufsetzt, so tut er dies einerseits zu seinem Schutz, andererseits aber kommt ihm die Form des Tischgesprächs entgegen. Er zieht den Wein tatsächlich dem Öl vor, denn das *Öl ist das Symbol der andächtigen Seriosität der Fastenzeit.*

Rabelais war überzeugt davon, daß man die freie und offene Wahrheit nur im Ton des Tischgesprächs aussprechen könne, ganz abgesehen von der Notwendigkeit von Vorsichtsmaßnahmen. Allein die Festmahlatmosphäre und ihr spezieller Ton entsprechen der *innerlich freien, heiteren Wahrheit.* Hinter dem Öl-Ernst aller hohen, offiziellen Genres sah Rabelais die schwindende Macht und die schwindende Wahrheit der Vergangenheit, eines Pikrocholos, Anarchos, Janotus oder Klopfschwanz, Macht und Wahrheit der Schinnöser, Verleumder, Henker und Agelasten, Kannibalen (die bellen, statt zu lachen), Misanthropen, Heuchler, Scheinheiligen etc. Für ihn war Seriosität entweder die Tonlage der vergehenden Wahrheit und dem Untergang geweihter Kräfte oder der Ton des schwachen, von allen möglichen Ängsten gepeinigten Menschen. Das groteske Symposium dagegen, die volkstümlich-festlichen karnevalesken Festmahlmotive und zum Teil das antike »Tischgespräch« boten ihm das Lachen, den Ton, den Wortschatz und das ganze Motivsystem, worin er sein neues Verständnis der Wahrheit ausdrücken konnte. Das Festessen und die Festmahlmotive schufen die günstigste Atmosphäre für die absolut furchtlose, heitere Wahrheit. *Brot und Wein* (in Arbeit und Kampf besiegte Welt) *verjagen die Angst und befreien das Wort.* Das heitere, triumphale Zusammentreffen des siegreichen Menschen mit der Welt (im Akt des Essens und Trinkens), der Mensch als Verschlingender und nicht als Verschlungener, dies war der Rabelaisschen Weltanschauung im Kern verwandt. Der Sieg über die Welt im Akt des Essens war konkret, sinnlich erfahrbar, man kostete geradezu den Geschmack der besiegten Welt. Die Welt ernährt den Menschen und wird dies weiter tun. Im Motiv des Siegs über die Welt ist kein Gran Mystik und keine Spur von Sublimierung.

Ein Motiv wie der Sieg über die Welt materialisiert die Wahrheit und läßt nicht zu, daß sie sich von der Erde löst, doch es bewahrt ihre Universalität und ihren kosmischen Charakter. Themen und Motive der »Tischgespräche« sind fast immer »hochfliegende Materien und tiefsinnige Weisheiten«, doch werden sie alle in der einen oder anderen Form entlarvt und erneuern sich auf der materiell-leiblichen Ebene. Die »Tischgespräche« sind von der Beachtung des hierarchischen Abstands zwischen Dingen und Werten suspendiert, sie mischen kühn Profanes mit Heiligem,

Hohes mit Niederem, Geistiges mit Materiellem. Für sie gibt es keine Mesalliancen.

Im Zitat werden Wein und Öl einander gegenübergestellt. Das Öl ist, wie gesagt, das Symbol der offiziellen, pietätvollen Seriosität, »Andacht und Gottesfurcht«, der Wein befreit von Angst und Andacht. »In vino veritas«, »im Wein liegt die Wahrheit«, eine freie und furchtlose Wahrheit.

Noch ein wesentliches Moment ist nachzutragen, die Beziehung des Tischgesprächs zur *Zukunft* und zu *Lob und Spott.* Sie ist noch heute in Tischreden und Trinksprüchen lebendig. Während des Essens hat sozusagen die tötende und lebenspendende Zeit selbst das Wort, und dieses ist zweideutig. Selbst in der strengsten und geschliffensten Form des Symposiums, bei Platon und Xenophon, behält das Lob seine Ambivalenz. Es enthält sogar Beschimpfungen (wenn auch in abgeschwächter Form). Man darf in einer Lobrede auf Sokrates von seinem abstoßenden Äußeren sprechen, und Sokrates selbst darf sich (bei Xenophon) als Kuppler rühmen. Alter und Jugend, Schönheit und Häßlichkeit, Tod und Geburt vereinen sich hier oft zu einem doppelgesichtigen Motiv. Doch *mit Vorliebe spricht die Festtagsstimme der Zeit von der Zukunft.* Die triumphale Festmahlsstimmung mündet notwendigerweise in das Lob auf eine bessere Zukunft. Dies gibt dem Tischgespräch seine besondere Atmosphäre, es ist frei von den Fesseln der Vergangenheit und der Gegenwart. In der *Hippokratischen Schriften-Sammlung* gibt es einen Traktat, *Die Winde,* den Rabelais ausgezeichnet kannte. Dort findet sich folgende Definition des Rausches beim Festessen: »In der Trunkenheit hinwiederum ist es ebenso. Wenn sich das Blut plötzlich vermehrt, artet das Gemüt und die dem Gemüt innewohnende Vernunft aus. Man vergißt seine augenblicklichen Übel und hofft auf ein zukünftiges Glück.« (*Die Werke des Hippokrates. Die Hippokratische Schriftensammlung* in einer neuen dt. Übers., Hrsg. R. Kapferer, 5 Bde., Stuttgart/Leipzig 1933-40, Bd. 1, V/27.)

Doch die Tischgesprächsutopie, die noch heute in Tischreden und Trinksprüchen anklingt, löst sich nicht von der Erde. Der künftige Triumph des Menschen wird durch materiell-leibliche Motive von Überfluß und Erneuerung dargestellt.

Bedeutung und Funktionen der Festmahlmotive in Rabelais' Roman erschließen sich über die groteske Symposientradition. Sie wird eröffnet durch die berühmten *Cena Cypriani*, das *Abendmahl des Hl. Kyprian*. Die Entstehungsgeschichte dieses eigenartigen Werkes gibt noch immer Rätsel auf. Mit dem Hl. Cyprian, dem Bischof von Karthago (†258), in dessen Werkverzeichnis das *Abendmahl* gewöhnlich geführt wurde, hat es ganz offensichtlich nichts zu tun. Seine Entstehungszeit zu bestimmen scheint unmöglich, sie muß irgendwann zwischen dem 5. und 8. Jahrhundert liegen. Unklar ist auch das unmittelbare Ziel, das sich der Autor gesetzt haben mag. Einige Autoren (z. B. H. Brewer) sind der Ansicht, das Werk verfolge ein didaktisches, schlicht mnemotechnisches Ziel: den Schülern und Gläubigen Namen und Ereignisse aus der *Heiligen Schrift* einzuprägen. Andere (z. B. Lapôtre) sahen in den *Cena* eine Parodie auf das *Symposium* Julians des Abtrünnigen zu Ehren der Göttin Ceres. Wieder andere schließlich (P. Lehmann u. a.) halten sie für eine Parodie auf eine bestimmte Predigt des Bischofs Zeno von Verona.

Zeno hatte diese Predigt in der Absicht verfaßt, die lebhaften und nicht ganz christlichen Festmähler zu sanktionieren, denen sich seine Gemeinde an den Osterfeiertagen hingab. Dazu stellte er ein Exzerpt aus der Bibel zusammen, worin er alle jene Stellen aufnahm, wo es um Essen und Trinken geht, mit anderen Worten die Festmahlmotive aus der *Heiligen Schrift*. Es ergab sich eine Art Erneuerung der Heiligen auf der materiell-leiblichen Ebene. Die Predigt hat Züge des »risus paschalis«, jenes Lachens und der zwanglosen Scherze, die nach einer alten Tradition in der Osterpredigt erlaubt waren.

Das *Abendmahl des Hl. Kyprian* weist tatsächlich inhaltliche Übereinstimmungen mit Zenos Predigt auf, doch geht es viel weiter. Der Autor des *Abendmahls* präsentiert eine umfangreiche Sammlung nicht nur der Festmahlmotive, sondern überhaupt aller *Festmotive* aus der ganzen Bibel. Er vereinigt sie zu einem bewegten und lebendigen Festmahlpanorama von extrem karnevalesker oder, besser gesagt, saturnischer Freiheit (die Beziehung zwischen dem *Abendmahl* und den Saturnalien bestätigen fast alle Forscher). Grundlage der *Cena* ist das Gleichnis vom König, der die Hochzeit seines Sohnes feiert (Matthäus 22,

1-14). An dem großartigen Festmahl nehmen alle Personen des Alten und Neuen Testaments, von Adam und Eva bis zu Christus, teil. Sie bekommen ihre Plätze gemäß einer eigenwilligen Interpretation der *Heiligen Schrift* zugewiesen: Adam setzt sich in die Mitte, Eva auf ein Feigenblatt, Kain auf einen Pflug, Abel auf einen Krug mit Milch, Noah auf die Arche, Absalom auf einige Zweige, Judas auf ein Geldkästchen etc. Speisen und Getränke, die den Teilnehmern gereicht werden, sind nach einem ähnlichen Prinzip ausgewählt: Christus bekommt Rosinenwein, denn dieser heißt »passus« (von lat. passio, »Leiden«). Nach dem gleichen grotesken Prinzip ist das ganze Festmahl gestaltet. Nach dem eigentlichen Essen (dem ersten Teil des antiken Symposiums) bringt Pilatus Wasser zum Händewaschen, Martha bedient, David spielt Harfe, Salomé tanzt, Judas verteilt Küsse, Noah ist völlig betrunken, Petrus wird von einem Hahn am Einschlafen gehindert, etc. Am folgenden Tag bringt jeder Gast dem Gastgeber ein Geschenk: Abraham einen Hammel, Moses zwei Gesetzestafeln, Christus ein junges Lamm. Dann wird das Motiv des Diebstahls eingeführt: es stellt sich heraus, daß während des Festmahls vieles verschwunden ist, und man beginnt mit der Suche nach den gestohlenen Gegenständen, wobei alle Gäste wie Diebe behandelt werden. Zum Schluß wird zur Sühne der allgemeinen Schuld Hagar getötet und feierlich beerdigt.

Dieses *Abendmahl* ist ein absolut freies Spiel mit den heiligen Personen, Objekten und Symbolen der Bibel. Dem Autor »ist nichts heilig«, die Leiden Christi geben ihm über eine reine Wortähnlichkeit die Idee ein, ihn Rosinenwein trinken zu lassen, alle Heiligen macht er zu Dieben etc. Die bizarren Nachbarschaften und überraschenden Kombinationen biblischer Motive wirken tatsächlich verblüffend – mit solchen Mesalliancen kann nur Rabelais konkurrieren. Die ganze *Heilige Schrift* bricht sich in einem närrischen Reigen. Die Leiden des Herrn, Noahs Arche, Evas Feigenblatt, Judas' Küsse verwandeln sich in heitere Details des saturnischen Festmahls. Das Recht zu dieser extremen Zwanglosigkeit verschafft sich der Autor des *Abendmahls* durch die Darstellung eines Festmahls. Dessen materiell-leiblicher Charakter erlaubt es, fast den gesamten Inhalt der *Heiligen Schrift* in das Spiel hineinzuziehen, zu entthronen und zugleich

zu erneuern (und in dieser Präsentation prägen sich die biblischen Motive wirklich hervorragend ein).
Noch etwas ist besonders interessant: am gedeckten Tisch dieses »Abendmahls« treffen sich Figuren aus den verschiedensten Epochen der biblischen Geschichte, es findet sozusagen eine Versammlung der ganzen Geschichte in Gestalt ihrer Protagonisten statt. Auch das Thema »Diebstahl« und die parodistische Sühne (das Opfer Hagars) mit anschließender parodistischer Beerdigung verknüpft sich eng mit den Festmahlmotiven und kommt in den grotesken Symposien der folgenden Jahrhunderte immer wieder vor.
Das *Abendmahl* wurde im 9. Jahrhundert wiederentdeckt. Es wurde gleich sehr populär und war, sowohl in der Originalfassung als auch in verschiedenen Bearbeitungen, weit verbreitet. Drei Bearbeitungen sind erhalten: die des Fuldaer Abts Hrabanus Maurus (855), die des Diakons Johannes (877) und schließlich die von Asselin de Reims (Anfang des 11. Jahrhunderts).
Hrabanus Maurus war ein strenger und orthodoxer Kirchenmann; trotzdem sah er im *Abendmahl* nichts Lästerliches, er schrieb eine verkürzte Fassung und widmete sie Lothar II. In seinem Widmungsschreiben äußerte er den Wunsch, das *Abendmahl* möge ihm zu »anregender« Lektüre, »ad jocunditatem«, dienen. Der römische Diakon Johannes brachte den Text des *Abendmahls* in Versform (das Original ist in Prosa verfaßt) und fügte Prolog und Epilog bei. Aus dem Prolog wird deutlich, daß das Werk zur Aufführung auf *Schulfesten* während der *Osterferien* gedacht war, und der Epilog teilt mit, daß das *Abendmahl* am Festmahlstisch von König Karl dem Kahlen einen großen Erfolg verbuchen konnte. Das zeugt davon, wie sehr im 9. Jahrhundert Rechte und Freiheiten *der Ferien und des Tischgesprächs* respektiert wurden. Das Festmahl rechtfertigte für Hrabanus Maurus und seine Zeitgenossen ein Spiel mit heiligen Themen, das unter anderen Bedingungen als schreckliche Lästerung angesehen worden wäre.
Es sind zahlreiche Handschriften des *Abendmahls* aus den nächsten Jahrhunderten erhalten, was für seinen großen Einfluß spricht. Bezeichnenderweise finden wir die historische Universalität der *Cena* und einige andere ihrer Züge auch in

parodistischen Festmahlbeschreibungen des 16. Jahrhunderts, etwa im *Mittel zum Erfolg im Leben* und auch im *Traum Pantagruels.*[162] Dieser Traum zeigt deutlich den Einfluß Rabelais' und prägte seinerseits den zentralen Motivkomplex des Dritten Buchs.

Ein anderes Werk aus der mittelalterlichen Festmahltradition, das wir uns anschauen wollen, stammt aus dem 10. Jahrhundert. Die sogenannte *Cambridger Liederhandschrift* ist in Versen verfaßt und erzählt, wie ein Schelm beim Mainzer Erzbischof Göeringer auftaucht und ihm schwört, er sei in der Hölle und im Himmel gewesen.[163] Nach seiner Schilderung sitzt Christus im Himmel an einer gedeckten Tafel, sein *Koch* ist der Apostel Petrus, sein *Mundschenk* Johannes der Täufer. Dem Schelm gelingt es, vom Festmahlstisch ein Stück Lunge zu entwenden und zu verspeisen, Erzbischof Göeringer verhängt wegen dieses himmlischen Diebstahls eine Strafe über ihn. Das kleine Werk ist ein typisches Beispiel für das mittelalterliche Symposium. Es travestiert ein geheimes Abendmahl, und das Festmahlmotiv erlaubt, es auf die materiell-leibliche Ebene zu verlagern, reale Küchengegenstände einzuführen, den Apostel Petrus zum Koch zu machen etc.

In den folgenden beiden Jahrhunderten kompliziert sich die Festmahltradition durch ein zusätzliches satirisches Moment. Es läßt sich an einem Werk aus dem 11. Jahrhundert mit dem Titel *Traktat des Garcia von Toledo* veranschaulichen. Die römische Kurie, der Papst und seine Kardinäle, sitzen bei einem nicht enden wollenden Festessen. Den Papst quält ein unstillbarer Durst, er trinkt aus einem großen goldenen Pokal auf alle und alles: für die Rettung der Seelen, für die Kranken, für eine gute Ernte, für die Reisenden zu Land und zu Wasser etc. (parodistische Anklänge an das Responsorium sind nicht zu überhören). Die Kardinäle stehen ihm nicht nach. Die Beschreibung dieses Dauerbanketts, des Durstes und der Gier des Papstes und der Kardinäle ist voller Übertreibungen und superlanger lobendbeschimpfender (d. h. ambivalenter) Aufzählungen. Was die groteske Satire angeht, so wird das Werk gewöhnlich neben Rabelais' Roman gestellt. Der maßlose Appetit des Papstes hat wahrhaft kosmische Züge.

Die Satire im *Traktat des Garcia* richtet sich ganz offen gegen die

Käuflichkeit, die Habgier und den moralischen Verfall der römischen Kurie. Die Übertreibungen, die nahezu kosmischen Maßstäbe der Festmahlmotive könnten leicht rein negativ interpretiert werden, doch es ist komplizierter. Hier sind die Festmahlmotive tatsächlich in den Dienst einer begrenzt-satirischen, folglich negativen Stoßrichtung gestellt; doch selbst wenn sie solchen Zwecken dienen, behalten sie ihre Ambivalenz. Diese ist es, die die Übertreibungen hervorbringt, die satirische Nutzung des Hyperbolischen ist erst der nächste Schritt. Die Negierung betrifft nicht die Materie der Festmahlmotive, den Wein, das Essen, den Überfluß. Diese Materie ist positiv gesehen, der Traktat hat keineswegs konsequent asketische Tendenz. Wo eine solche vorhanden ist (sehr oft z. B. in der protestantischen Satire der zweiten Hälfte des 16. Jahrhunderts), werden die Motive des Materiell-Leiblichen unweigerlich schal, und die Übertreibungen haben papierenen Charakter. In unserem Werk kann davon keine Rede sein. Die zu satirischen Zwecken genutzten Motive leben ihr Festmahlsleben weiter. Die Tendenz, der sie hier dienen, schöpft sie nicht aus. Das wiederum schadet keineswegs der Satire, der Autor entlarvt die Kurie sehr effektvoll und erliegt dabei der positiven Kraft der Festmahlmotive.

Das Phänomen der Gespaltenheit eines traditionellen (meist volkstümlich-festlichen) Motivs ist in der ganzen Weltliteratur zu beobachten. Ein Motiv entsteht aus der grotesken Körperkonzeption, der Konzeption eines *kollektiven, vom ganzen Volk gebildeten Körpers* und wird auf das *privat-alltägliche körperliche Leben* des Menschen in der Klassengesellschaft übertragen. In der Folklore *halten das Volk und seine Repräsentanten* (Recken, Riesen) *ein Festmahl*, hier dagegen speisen schon Päpste und Kardinäle. Sie essen wie die Recken, doch sie sind keine. Sie speisen nicht im Namen des Volkes, sondern auf seine Kosten und zu seinem Schaden. Wo ein Motiv direkt oder indirekt aus der Folklore übernommen und zur Darstellung einer Situation in der Klassengesellschaft verwandt wird, zeigt sich eine gewisse innere Widersprüchlichkeit. Natürlich vereinfacht diese allgemeine Formel das Phänomen; das dem Volk gestohlene Brot bleibt trotzdem Brot, und Wein ist immer ein besonderer Saft, selbst wenn ihn der Papst trinkt. *Wein und Brot* haben ihre eigene Logik und ihre eigene *Wahrheit*, sie haben eine *innere Neigung zum Überfluß* und eine *unausrottbare Festlichkeit und Heiterkeit.*

Auf der einen Seite stößt sich diese volkstümlich-festliche *Tendenz* an *individueller Habsucht, Klasseninteressen und Eigennutz jeder Art,* auf der anderen verbindet sie sich auf widersprüchliche Weise mit ihnen. Hier und dort gibt es »viel« und »mehr«, der wesentliche Unterschied liegt im weltanschaulichen Sinn und im Wertakzent. Die Festmahlmotive der Literatur der Klassengesellschaft sind widersprüchlich; ihre volkstümliche Seele, die sie von der Folklore geerbt haben, kann sich im privaten, begrenzten, eigensüchtigen Körper nicht einleben. Dasselbe gilt für die den Festmahlmotiven verwandten Motive des dicken Bauchs, des aufgesperrten Munds, des großen Phallus und des volkstümlich-positiven »satten Menschen«. Der dicke Bauch des Fruchtbarkeitsdämonen und der volkstümlichen Rekken und Vielfraße (z. B. des Gargantua der Volkslegende) wird zum fetten Wanst des unersättlichen simonischen Mönches. Zwischen diesen Extremen fristet das Motiv seine gespaltene Existenz.

Einer der populärsten Vertreter und Meister der volkstümlichen Komik des 17. Jahrhunderts war *Gros Guillaume* (der »dicke Wilhelm«), einer der drei Turlupins. Er war ungewöhnlich dick. Es heißt: »Er mußte viele Schritte machen, um an den eigenen Nabel zu kommen.« Er trug zwei Gürtel, um die Brust und um den Leib, und sah aus wie ein *Weinfaß*. Sein Gesicht war dick mit Mehl gepudert, das nach allen Seiten stob, sobald er sich bewegte oder gestikulierte. So war er die *Verkörperung von Brot und Wein.* Dieser auf zwei Beinen stehende Überfluß an irdischem Wohlstand erfreute sich beim Volk großer Beliebtheit. Gros Guillaume war die verkörperlichte heitere Utopie des volkstümlichen Festmahls, das auf die Erde zurückgekehrte »Saturnische Zeitalter«. Die Integrität dieses mächtigen Bauchs unterlag keinem Zweifel. Das dicke Bäuchlein des Mister Pickwick dagegen hatte zwar viel von Gros Guillaume bzw. dessen englischen Verwandten, den volkstümlichen Clowns, das englische Volk applaudierte ihm und wird das immer tun, doch dieses Bäuchlein ist erheblich problematischer als das »Weinfaß« des Gros Guillaume.

Einige vergleichbare Werke aus derselben Periode der mittelal-

terlichen satirischen Symposienliteratur sollen noch erwähnt werden. In den *Walter Mapes zugeschriebenen Lateinischen Poemen*[164] gibt es einen Text *Magister Golias de quodam abbate (Magister Golias über einen gewissen Abt).* Hier wird ein ganz normaler Tag im Leben eines Abts dargestellt. Dieser Tag besteht ausschließlich aus Ereignissen im materiell-leiblichen Bereich, vor allem aus maßlosem Essen und Trinken. Die Beschreibung der den Körper betreffenden Ereignisse (andere kennt der Abt gar nicht) trägt deutlich grotesken Charakter: alles ist ins Maßlose gesteigert, endlos werden die Speisen aufgezählt, die der Abt nacheinander zu sich nimmt. Gleich zu Beginn wird geschildert, mit Hilfe welcher Methoden der Abt sich entleert (damit beginnt sein Tag). Die materiell-leiblichen Motive führen auch hier ein kompliziertes Doppelleben. Zwar schlägt in ihnen noch der Puls des großen kollektiven Körpers, in dessen Schoß sie entstanden sind[165], doch dieser Riesenpuls geht nur schwach und mit Unterbrechungen, denn die Motive sind von dem isoliert, was ihr Wachstum und ihr Übermaß rechtfertigt und was sie mit dem Überfluß für das ganze Volk verbindet. Die Festmahlsfeierlichkeit des »gewissen Abts« ist ein gestohlener Triumph, denn sie vollendet nichts. Das Motiv des »Gastmahls für die ganze Welt« und das Motiv der parasitären Völlerei sind zu einem innerlich widersprüchlichen Gebilde verwachsen.
Ganz ähnlich ist ein anderes Werk aus derselben Sammlung von *Lateinischen Poemen*, die *Apokalypse des Golias*. Hier trinkt der Abt den guten Wein und läßt seinen Mönchen nur den schlechten übrig. Uns klingt die protestierende Stimme Bruder Jans in den Ohren, wie er seinen Abt beschuldigt, zwar gern den guten Wein zu trinken, den Kampf um den Klosterweinberg jedoch zu scheuen.
In der lateinischen Unterhaltungsliteratur des 12. und 13. Jahrhunderts sind die Festmahlmotive und die Motive, die mit der Zeugungskraft zu tun haben, gewöhnlich um die Figur des Mönchs zentriert, der als Säufer, Vielfraß und Lüstling dargestellt wird. Die Figur des Mönchs ist ziemlich komplex und vielschichtig. Einerseits zeigt er sich dem Materiell-Leiblichen übermäßig zugeneigt und widerspricht damit schroff dem asketischen Ideal, dem er dienen sollte; zudem ist seine Völlerei das Parasitentum eines Müßiggängers. Doch trotzdem ist der Mönch

für die damaligen Autoren Träger des positiven Prinzips der fetten Tage, er besteht aus Essen und Trinken, Zeugungskraft und Heiterkeit. Es ist nicht auszumachen, wo das Lob endet und die Rüge beginnt. Das Ideal dieser Literatur ist ganz und gar nicht die Askese. Fast immer wird das »Fette«, zur Fastenzeit Verbotene betont. Wir hören die Stimme des demokratischen Geistlichen, der versucht, materiell-leibliche Werte zu rühmen, ohne jedoch den Rahmen der kirchlichen Weltanschauung zu überschreiten. Die Mönchsgeschichten waren natürlich mit den Ferien verbunden, mit Festtagsheiterkeit, mit den fetten Tagen und ihren besonderen Rechten.

Schauen wir uns eine damals sehr populäre Geschichte an. Ihr Inhalt ist ziemlich schlicht: ein Mönch verbringt einige Nächte mit einer verheirateten Frau, bis ihn einmal der Gatte jener Frau antrifft und kastriert. Das Mitgefühl der Autoren dieser Geschichte gilt eher dem Mönch als dem Ehemann. Bei der (ironischen) Beschreibung der »Keuschheit« der Heldin wird gewöhnlich eine Zahl von Liebhabern genannt, die alles Wahrscheinliche bei weitem überschreitet. Im Kern ist die Geschichte nichts anderes als eine »tragische Farce über den Tod des Mönchsphallus«. Ihre Popularität ist durch die große Anzahl erhaltener Handschriften (die erste stammt aus dem 13. Jahrhundert) belegt. Oft wird sie als »heitere Predigt« bezeichnet, im 15. Jahrhundert gab man ihr sogar die Form einer »Passion«. Im Pariser Kodex heißt sie »passio cuiusdem monachi«, hier ist sie wie eine Episode der Bibel gestaltet und beginnt mit den Worten »Es begab sich ...«

Eines der verbreitetsten Themen der lateinischen Unterhaltungsliteratur des 12. und 13. Jahrhunderts war das der erotischen Vorzüge der Mönche gegenüber den Rittern. In der zweiten Hälfte des 12. Jahrhunderts entstand das *Liebeskonzil von Remiremont*, die Beschreibung eines Frauenkonzils, dessen Teilnehmerinnen eben dieses Thema erörtern. Eine vergleichbare Thematik haben zahlreiche Werke aus dem 13. Jahrhundert, sie beschreiben Konzile und Synoden zur Verteidigung des Rechts der Geistlichen, Frauen und Konkubinen zu besitzen, ein Recht, das durch eine Reihe von parodistischen Verweisen auf das Neue Testament und andere sakrale Texte begründet wird.[166]

In all diesen Werken ist der Geistliche oder der Mönch der

widersprüchliche Träger der Zeugungsfähigkeit und des materiell-leiblichen Überflusses. Die Figur des Bruder Jan und zum Teil auch die Panurges bereiten sich in diesen Werken vor. Doch wir haben uns von den eigentlichen Festmahlmotiven entfernt.

Im selben Zeitraum entwickelt sich die mittelalterliche Festmahltradition noch in zwei weiteren Linien: den parodistischen Trinkermessen und der lateinischen Vagantenlyrik. Diese Gattungen sind allgemein bekannt und brauchen hier nicht ausführlich besprochen zu werden. Neben den parodistischen Trinkermessen (*Missa de potatoribus* oder *Potatorum missa*) gab es auch Spielermessen (*Officium lusorum*), und manchmal vereinten sich beide Momente, Wein und Spiel, in einer einzigen Messe. Diese Messen halten sich oft streng an den Text tatsächlicher Messen. Die Motive »Wein« und »Trinken« sind hier fast ohne Ambivalenz. Ihrem Charakter nach nähern sich diese Werke den oberflächlich-formalen parodistischen Travestien der Neuzeit. In der Vagantenlyrik wird die Verwandtschaft von Wein, Essen, Liebe und Spiel mit den volkstümlich-festlichen Formen offenbar. Hier finden wir auch den Einfluß der antiken Tradition der Tischlieder. Doch im allgemeinen leiten die Festmahlmotive in der Vagantenlyrik schon zur neuen Linie der individuell-lyrischen Entwicklung über.

Soweit zur Festmahltradition in der lateinischen Unterhaltungsliteratur des Mittelalters. Ihr Einfluß auf Rabelais ist natürlich unbestritten; daneben hat diese Tradition als verwandte und parallel bestehende große, erhellende Bedeutung für Rabelais' Roman.

Welches waren nun die Funktionen der Festmahlmotive in der beschriebenen mittelalterlichen Tradition?

Überall – vom *Abendmahl des Hl. Kyprian* und Zenos Predigten bis zu den späten Satiren und Parodien des 15. und 16. Jahrhunderts – *befreien* die Festmahlmotive das *Wort* und geben dem Text einen furchtlosen und zwanglosen Ton. Im mittelalterlichen Symposium gibt es, im Unterschied zum antiken, in der Regel keine philosophischen Reden und Dispute, doch sind sie in ihrer sprachlichen Form vom Festmahlsgeist geprägt. Das *freie Spiel mit dem Sakralen* ist die Hauptintention des mittelalterlichen Symposiums. Darin äußert sich allerdings nicht Nihilismus oder die primitive Freude an der Degradierung. Wir mißverstehen das groteske Symposium, wenn wir das durch und durch positive Moment der *Siegesfeier* übersehen, das in jedem folkloristischen Festmahl vorhanden ist. Das Bewußtsein der eigenen *Kraft* prägt das groteske Symposium. *Der Mensch fürchtet sich nicht vor der Welt, er hat sie besiegt, und nun ißt er sie auf.* In der Atmosphäre dieses Siegesschmauses sieht die Welt wieder neu aus, wie eine reiche Ernte, wie ein ganzes Nest voller Junge. Alle mystischen Ängste werden zerstreut (Gespenster jeder Art erscheinen auf dem Fest nur als Usurpatoren oder Vertreter der alten, sterbenden Welt). Das Festmahlswort ist zugleich universell und materialistisch, und deshalb travestiert und degradiert es jeden rein idealen, mystischen oder asketischen Sieg, den Sieg des abstrakten Verstandes über die Welt. Das mittelalterliche groteske Symposium, auch das satirische, enthält fast immer eine parodistische Travestie des geheimen Abendmahls.

Wie groß die Fähigkeit des Festmahls war, das Wort zu befreien, zeigt uns die beeindruckende Zahl von in den Wortschatz der Geistlichen eingegangenen, »umgangssprachlichen« parodistischen Travestien auf sakrale Texte, die vom Essen und Trinken handeln. Solche umgangssprachlichen Travestien des heiligen Wortes gab es bei jedem privaten Festessen. Auf den Kopf gestellte und degradierte sakrale Texte, Liturgieteile und Gebetsfragmente etc. begleiteten buchstäblich jeden Schluck und jeden Bissen. Bei Rabelais zeigen uns die Sprache Bruder Jans und besonders die »muntern Reden der Bezechten« ganz deutlich, wie das aussah. Eine entsprechende Äußerung Henri Estiennes haben wir schon zitiert. All die Travestien am häuslichen Tisch (man kennt sie noch heute) sind das Erbe des Mittelalters, sie sind Spuren des grotesken Symposiums.

Einige Zeitgenossen Rabelais' – Calvin, Charles de Sainte-Marthe, Voultée u. a. – verbinden atheistische und materialistische Strömungen und Stimmen ihrer Zeit direkt mit der Atmosphäre am gedeckten Tisch; sie bezeichneten diese Strömungen als Tischreden-*»Libertinismus«*.

Dieser »Libertinismus« hatte im Mittelalter und zu Rabelais' Zeit demokratischen Charakter. Dies trifft weitgehend auch auf seine englische literarische Variante in der Shakespearezeit zu, auf den Tischredenlibertinismus bei Nash und Greene, in Frank-

reich bei den Libertins Saint-Amant, Théophile de Viau und d'Assoucy. Später entwickelt sich in der Tischgesprächstradition eine Art aristokratischer Atheismus und Materialismus, deren deutlichste Ausprägung im Frankreich des 17. Jahrhunderts die Freßorgien des Vendôme-Zirkels bildeten.
Die Rolle des von Furcht und Andacht befreienden Festmahlwortes ist sowohl für die Geschichte der Literatur als auch für die Geschichte des materialistischen Denkens nicht gering.
Wir haben nun die lateinische Linie des mittelalterlichen Symposiums verfolgt. Doch spielten die Festmahlmotive auch in der mittelalterlichen volkssprachlichen Literatur sowie in der volkstümlichen mündlichen Tradition eine große Rolle. Zentrale Stellung haben sie in den Riesen-Legenden (z. B. in der mündlichen Tradition der Gargantua-Legende und im Volksbuch über Gargantua, das Rabelais als unmittelbare Quelle diente). Es gab einen populären Legendenzyklus, der von einem utopischen Land der Völlerei und des Nichtstuns handelte (dazu gehört z. B. das Fabliau *Pay de cocagne*).[167] Das Echo dieser Legenden finden wir in einer Reihe literarischer Werke des Mittelalters. In dem Roman *Aucassin et Nicolette* wird das Land »Torlore« beschrieben. Dort steht die Welt auf dem Kopf; der König bekommt die Kinder, und die Königin führt Krieg. Einen rein karnevalesken Krieg: man prügelt sich mit Käse, Bratäpfeln und Pilzen (der gebärende König und der Naturalienkrieg sind typische volkstümlich-festliche Motive). Im Roman *Guillaume de Bordeaux* wird ein Land beschrieben, in dem Getreide im Überfluß wächst, das niemandem gehört. In einem Buch mit dem Titel *Die Reise des Panurge, Schüler des Pantagruel, zu Land und zu Wasser, zu unbekannten und wunderbaren Inseln*[168] (1537) wird ein utopisches Land geschildert, in dem die Berge aus Butter und Mehl, die Flüsse aus Milch bestehen und warme Piroggen wie Pilze aus der Erde schießen.
Rabelais verarbeitet diesen Legendenzyklus in den Episoden, wo sich Alcofribas in Pantagruels Mund aufhält (das Motiv des Lohns der Rettung) und in der Wurstkriegepisode (dem Krieg mit den Geschwollenen).[169]
Festmahlmotive spielen auch in den im Mittelalter sehr populären *Streitgesprächen zwischen Fastenzeit und Butterwoche* (La Dispute des Gras et des Maigres) eine wichtige Rolle. Das Thema

war sehr beliebt und wurde auf verschiedenste Art und Weise gestaltet.[170] Rabelais bearbeitet es in der Aufzählung von »Fastenspeisen« und »fetten«, während der Fastenzeit verbotenen Speisen, die die Bauchanbeter ihrem Gott servieren, und in der Wurstkriegepisode. Seine unmittelbare Quelle ist hier ein Poem vom Ende des 13. Jahrhunderts *Die Schlacht zwischen der Fastenzeit und der fetten Zeit* (Ende des 15. Jahrhunderts wurde dieses Poem schon von Molinet in seiner *Debatte zwischen Fisch und Fleisch* aufgegriffen). In dem Poem aus dem 13. Jahrhundert wird der Kampf zweier großer Machthaber geschildert; der eine verkörpert Zurückhaltung im Essen, der andere das Gegenteil. Es gibt eine Armee der »Fleischfresser«, durch verschiedene Würste dargestellt, als Kampfteilnehmer erscheinen frischer Käse, Butter, Sahne etc.

Zum Schluß ist noch der wesentliche Anteil von Festmahlmotiven an Sotties, Farcen und anderen Formen volkstümlicher Marktplatzkomik zu erwähnen. Bekanntlich leiten einige närrische Nationalhelden sogar ihre Namen von Nationalspeisen her (Hanswurst, Pickelhering u. a.).

Im 16. Jahrhundert wurde am Hof Karls IX. eine Farce mit dem Titel *Die lebendigen Leichen* aufgeführt. Ihr Inhalt ist folgender: ein Advokat ist seelisch zerrüttet und hält sich für tot; er hört auf zu essen und zu trinken und liegt bewegungslos auf seinem Bett. Ein Verwandter will ihn kurieren und befiehlt, ihn selbst im Zimmer des Advokaten auf dem Tisch wie einen Leichnam herzurichten. Alle weinen um den toten Verwandten, doch dieser zieht solche lustigen Grimassen, daß alle *lachen* müssen und mit ihnen auch der Verstorbene. Der Advokat äußert sein Erstaunen, doch man überzeugt ihn davon, *daß Tote lachen;* so zwingt auch er sich zum Lachen, und das ist der erste Schritt zur Genesung. Dann beginnt der tote Verwandte auf dem Tisch zu *essen* und zu *trinken.* Man überzeugt den Advokaten, daß *Tote essen und trinken;* er beginnt ebenfalls damit und wird völlig gesund.

Der gesamte Vorgang hat Anklänge an die Novelle *Die sittsame Matrone von Ephesos* aus dem *Satyricon* des Petronius.[171] Lachen, Essen und Trinken besiegen den Tod.

In der volkssprachlichen schriftlichen und mündlichen Literatur des Mittelalters sind die Festmahlmotive derart eng mit der

grotesken Körperkonzeption verbunden, daß wir viele einschlägige Werke erst im folgenden, der grotesken Körperkonzeption gewidmeten Kapitel behandeln wollen.
Zuvor noch einige Worte über die italienische Festmahltradition. In den Poemen Pulcis, Bernis und Ariosts, besonders bei den ersten beiden, spielen Festmahlmotive eine große Rolle. Noch entscheidender sind sie bei Folengo, sowohl im italienischsprachigen Werk als auch besonders im makkaronischen. Festmahlmotive und alle möglichen »Eß«-Metaphern haben bei ihm geradezu aufdringlichen Charakter. Der »Olymp« der makkaronischen Poesie ist ein fettes Land mit Käsebergen und Milchmeeren, in denen Klößchen und Pasteten schwimmen, die Musen sind Köchinnen. Die Küche der Götter wird detailliert in 180 Verszeilen beschrieben, der Nektar ist eine fette gewürzte Schweinsbrühe, etc. Die entlarvende und erneuernde Rolle dieser Motive ist offensichtlich, doch ebenso ihr reduzierter Charakter. Das Element rein literarischer Parodie ist vorherrschend, die triumphale Festmahlsheiterkeit degeneriert, es gibt keine echte Universalität mehr und auch sonst kein volkstümlich-utopisches Element. Ein gewisser Einfluß Folengos auf Rabelais läßt sich nicht leugnen, doch betrifft er eher Oberflächliches und ist im ganzen gesehen nicht wesentlich.
Soviel zur Tradition der Festmahlmotive im Mittelalter und in der Renaissance. Rabelais war ihr Erbe und Vollender. In seinem Werk dominiert das positive, triumphale und befreiende Moment dieser Motive, ihre Tendenz zum Überfluß und zur Beteiligung des ganzen Volkes erscheint hier in voller Stärke.
Doch Rabelais kennt auch das Motiv des faulenzenden, gefräßigen Mönchs; auf diesen Aspekt der Festmahlmotive verweist er im Vierten Buch, in dem Kapitel »Warum die Mönche gern in der Küche sind« (S. 866). Er zeigt, womit Gargantua während seiner Erziehung im scholastischen Geist seine Zeit verbringt, und beschreibt satirisch die Völlerei seines Helden (der Tagesablauf des jungen Gargantua erinnert sehr an den »eines gewissen Abts«). Doch dieser rein satirische Aspekt hat im Roman nur untergeordnete Bedeutung.
Komplizierter ist das Lob auf Messer Bauch. Hier, wie schon in den vorhergehenden Kapiteln über die Bauchanbeter und ihre

maßlosen Festgaben an ihren Gott, kämpfen widersprüchliche Tendenzen gegeneinander. Der Festmahlsüberfluß trifft auf die sinnlose Völlerei der Bauchanbeter, die den Bauch zum Gott erhoben haben. Messer Bauch selbst »verwies [...] diese Schlikkenfänger auf seinen Nachtstuhl, um allda zu ratschlagen, zu spekulieren und Betrachtungen darüber anzustellen, was in seiner Fäkalmaterie Göttliches zu finden sei« (S. 1091). Vor dem Hintergrund der reinen Verfressenheit (die Kritik bezieht sich allerdings nicht auf die Speisen und Weine selbst, die die Bauchanbeter auftragen) erhebt sich die mächtige Figur des Messer Bauch, des *Erfinders und Schöpfers aller technischen Kultur.*

In der Rabelaisforschung wurde die These aufgestellt, im Lob des Messer Bauch liege schon der Keim des historischen Materialismus. Das ist richtig und falsch zugleich. Auf dem historischen Entwicklungsstand der Zeit Rabelais' kann von Keimen des historischen Materialismus im strengen Sinn nicht die Rede sein. Doch darf man im Lob auf Messer Bauch auch keineswegs bloß einen primitiven »Materialismus des Magens« sehen. Bauch, der den Ackerbau erfindet, die Kornspeicherung, Waffen zur Verteidigung der Ernte und Transportmöglichkeiten für das Korn, der den Bau von Städten und Festungsanlagen studiert und in diesem Zusammenhang auch verschiedene Wissenschaften (Mathematik, Astronomie, Medizin u. a.), dieser Messer Bauch ist nicht bloß der individuelle Leib, sondern die Verkörperung der materiellen Bedürfnisse des ganzen Kollektivs. Dieser Bauch *studiert die Welt*, um sie zu besiegen und sich untertan zu machen. Daher klingen im Lob auf Messer Bauch *triumphale Festmahlstöne* an, die am Ende in die technische Phantastik der zukünftigen Errungenschaften und Erfindungen Bauchs übergehen. Aber in die triumphalen Festmahlstöne mischt sich auch Negation, denn Bauch ist eigennützig, gierig und ungerecht, er hat nicht nur den Städtebau erfunden, sondern gleichfalls die Möglichkeiten der Stadtzerstörung, d. h. den Krieg. Dadurch kompliziert sich der Charakter dieser Figur, sie hat eine innere Widersprüchlichkeit, die Rabelais nicht auflösen konnte. Er hat es auch nicht versucht: er läßt die Komplexität des Lebens auf sich beruhen, überzeugt, daß die *Zeit* eine Lösung findet.

Rabelais' triumphale Festmahlmotive haben immer eine historische Färbung. Besonders deutlich wird dies in der Episode, wo aus dem Scheiterhaufen, auf dem die Ritter verbrannten, der Herd für das Festessen wird. Auch das karnevaleske Festmahl fand immer quasi in einer utopischen Zukunft statt, im wiedergekehrten Saturnischen Zeitalter. Die heitere, triumphale Zeit spricht die Sprache der Festmahlmotive.

Es gibt noch einen grundlegenden Aspekt der Festmahlmotive, den wir bisher nicht berührt haben: die *besondere Beziehung des Essens zum Tod und zur Hölle.* Das Wort »sterben« hatte neben seinen übrigen Bedeutungen auch den Sinn von »verschlungen werden«, »gegessen werden«. Das Motiv der Hölle ist bei Rabelais untrennbar mit den Motiven von Essen und Trinken verschränkt. Zugleich hat die *Hölle* die Bedeutung des *Unterleibs.* Die Hölle ist einer der wichtigsten Knotenpunkte in Rabelais' Roman und (beginnend bei Dante) in der gesamten Literatur der Renaissance. Wir werden uns in einem eigenen Kapitel mit dem Bereich des Materiell-Leiblichen und der Hölle beschäftigen; dort kommen wir auch auf jene Aspekte der Festmahlmotive zu sprechen, die sie mit der Hölle und dem Tod verbinden.

Zum Abschluß dieses Kapitels wollen wir noch einmal betonen, daß die Festmahlmotive in der volkstümlich-festlichen Tradition (und bei Rabelais) sich schroff unterscheiden von Darstellungen des privaten häuslichen Essens, der häuslichen Völlerei und Trunksucht der frühbürgerlichen Literatur. Letztere sind Ausdruck der Zufriedenheit und Sattheit des egoistischen Individuums, Ausdruck des individuellen *Genusses* und nicht des gemeinsamen *Triumphs* des ganzen Volks. Sie sind vom Arbeitsprozeß und vom Kampf getrennt, vom Marktplatz und vom Volk entfernt und in den Rahmen von Haus und Zimmer eingesperrt. Es gibt kein »Gastmahl für die ganze Welt« mehr, sondern nur noch ein privates Festessen, bei dem die hungrigen Bettler vor der Tür bleiben. Wenn diese Motive überhaupt noch hyperbolisch sind, so verdanken sie diese Qualität der Gier, nicht dem Gefühl für soziale Gerechtigkeit. Sie beschreiben den konventionellen, privaten *Alltag*, der keine symbolische Erweiterung oder universale Bedeutung mehr trägt, ganz gleich, ob er satirisch oder affirmativ (als Zufriedenheit) dargestellt ist.

Im Unterschied dazu haben die volkstümlich-festlichen Motive mit dem unbeweglichen Alltagsleben und dem bloßen materiellen Wohlstand des Privatmenschen nichts gemeinsam. Diese Motive sind durch und durch *aktiv* und *triumphal*, denn sie schließen den Arbeitsprozeß und den Kampf des sozial eingebundenen Menschen mit der Welt ab. Sie sind Ausdruck der Einheit des Volkes, denn ihre Grundlage ist der unerschöpfliche Überfluß des Materiellen. Sie sind universal und verbinden sich organisch mit Vorstellungen von Leben, Tod, Wiedergeburt und Erneuerung wie mit der Vorstellung einer freien und nüchternen *Wahrheit*, der Angst und Andacht fremd sind, auch mit dem weisen Wort. Schließlich sind sie von der heiteren Zeit geprägt, die in eine bessere Zukunft führt und auf dem Weg dorthin alles verändert und erneuert.

Dieser charakteristische Zug der volkstümlich-festlichen Motive wird bis zum heutigen Tag verkannt, und deshalb interpretierte man sie im Sinne eines »vulgären Realismus«. Deshalb fand man weder eine Erklärung für ihren erstaunlichen Reiz noch für die gewaltige Rolle, die diese Motive in der Literatur, Kunst und Philosophie spielten. Ebenso unerforscht blieb auch das widersprüchliche Leben der volkstümlich-festlichen Motive in den Systemen der Klassenideologie. Hier wurden sie zur Darstellung des Alltags umgedeutet, dies jedoch in unterschiedlichem Maß je nach dem Entwicklungsstand der jeweiligen Klasse. In der flämischen Schule z. B. bewahren die Festmahlmotive trotz ihrer Übertragung in den bürgerlichen Alltag noch einen Nachgeschmack ihres volkstümlich-festlichen Wesens; das erklärt die Kraft und den Reiz dieser Motive in der flämischen Malerei. Auch in diesem Bereich böte eine gründliche Analyse der Volkskultur die Möglichkeit, eine Reihe wichtiger Fragen zu stellen und zu lösen.

Fünftes Kapitel

Die groteske Körperkonzeption und ihre Quellen

Innerhalb der Festmahlmotive haben wir deutlich akzentuierte hyperbolische Züge gefunden. Ähnlich schroffe Übertreibungen gibt es auch in Rabelais' Motiven vom Körper und vom körperlichen Leben und anderen Motiven des Romans. Am ausgeprägtesten jedoch sind sie in den Körper- und Essensmotiven. Hier ist die Quelle und das schöpferische Prinzip aller anderen Übertreibungen und Hyperbeln der Rabelaisschen Welt zu suchen, die Quelle allen Übermaßes und Überflusses.

Übertreibung, Hyperbolik, Übermaß und Überfluß sind nach allgemeiner Auffassung eines der wichtigsten Merkmale des *grotesken Stils.*

Es sind viele Versuche unternommen worden, eine Geschichte und teilweise auch eine Theorie des Grotesken zu schreiben. Die gründlichste und systematischste dieser Arbeiten stammt von dem deutschen Literaturwissenschaftler H. Schneegans. In seiner *Geschichte der grotesken Satyre* (1894) räumt er Rabelais viel Platz ein (ungefähr die Hälfte des Buches), so daß man sagen kann, daß seine Geschichte und Theorie der grotesken Satire an Rabelais orientiert sind. Das Konzept des Grotesken ist klar und folgerichtig dargelegt, doch scheint uns, daß es im Kern falsch ist. Die Fehler, die Schneegans unterlaufen, sind allerdings charakteristisch und werden von der überwiegenden Mehrheit der Arbeiten über die groteske Satire, sowohl vor ihm als auch besonders nach ihm, ebenfalls begangen. Schneegans ignoriert die grundlegende *Ambivalenz* des Grotesken und sieht im Überfluß nur die negierende Übertreibung zu rein satirischen Zwecken. Da dieser Zugang zum Grotesken so typisch ist, beginnen wir dieses Kapitel mit einer Kritik dieser Auffassung.

Schneegans besteht auf der strengen Unterscheidung dreier Typen oder Kategorien des Komischen: dem *Possenhaften,* dem *Burlesken* und dem *Grotesken.* Um diese Unterscheidung plausibel zu machen, analysiert er drei Beispiele.

Als Beispiel für die Posse führt er eine Szene aus der italienischen »Commedia dell'arte« an (sie wurde bereits von Flögel und Vischer benutzt). Dem Stotterer will es in einem Gespräch mit dem Harlekin einfach nicht gelingen, ein schwieriges Wort auszusprechen; er macht ungewöhnliche Anstrengungen, *erstickt fast* an diesem Wort, der *Schweiß tritt ihm aus allen Poren*, das *Gesicht bläst sich auf*, die *Augen treten aus den Höhlen*, »es scheint bis zu Krämpfen und Geburtswehen zu kommen« (op. cit., S. 16). Schließlich kommt der Harlekin, der es leid ist, auf das Wort zu warten, dem Stotterer auf unerwartete Art zu Hilfe: er nimmt Anlauf, stößt ihm den Kopf in den *Bauch*, und das schwierige Wort *wird* endlich *geboren*.
Als Beispiel für die Burleske führt Schneegans Scarrons Vergil-Travestie an. Scarron stellt, um die *Aeneis* herabzuziehen, ständig alltägliche und materiell-leibliche Momente in den Vordergrund: Hekuba wäscht Windeln, Dido hat, wie alle Afrikanerinnen, eine platte Nase, Aeneas gefällt ihr wegen seines frischen Aussehens und seiner Gesundheit etc.
Die Beispiele für das Groteske werden aus Rabelais zitiert: Bruder Jans Behauptung, daß »allein schon der Schatten eines Klosterkirchturms [...] fruchtbar [wirke]« (S. 236), dann seine Überzeugung, daß die Mönchskutte dem Rüden die verlorene Zeugungskraft zurückgeben könne, schließlich der Plan Panurges, eine Stadtmauer für Paris allein aus menschlichen Genitalien zu errichten.
Schneegans führt den Nachweis über den unterschiedlichen Charakter des Lachens in jedem der drei Typen von Komik. Im ersten Fall (das Possenhafte) sei das Lachen unmittelbar, naiv und harmlos (sogar der Stotterer selbst könne lachen). Im zweiten Fall (das Burleske) mische sich, so Schneegans, wegen der Degradierung des Hohen Schadenfreude in das Lachen, zudem fehle hier das Unmittelbare, denn man muß die *Aeneis* kennen, um die Travestie genießen zu können. Im dritten Fall (das Groteske) werde über bestimmte, ins Extrem gesteigerte soziale Erscheinungen gelacht (die Unzucht der Mönche, die Käuflichkeit der Pariserinnen); hier gebe es ebenfalls keine Unmittelbarkeit, denn es ist unabdingbar, die dem Spott preisgegebenen sozialen Phänomene zu kennen.
Den Unterschied zwischen den drei Typen des Lachens und des

Komischen begründet Schneegans mit den Grundsätzen einer formal-psychologischen Ästhetik. Alle Typen des Komischen beruhen für ihn auf dem Kontrast zwischen den Gefühlen »Befriedigung« und »Unzufriedenheit«, ihre Unterschiedlichkeit resultiert aus den verschiedenen Quellen für Zufriedenheit und Unzufriedenheit und aus den unterschiedlichen Kombinationen der beiden Gefühle.

Im ersten Fall (das Possenhafte) wird Unzufriedenheit durch den unerwarteten und ungewöhnlichen Charakter der Heilung des Stotterers ausgelöst; das Gefühl der Zufriedenheit entsteht durch den Erfolg der Maßnahmen des Harlekin.

Im zweiten Fall (das Burleske) entsteht die Befriedigung direkt durch die Erniedrigung des Erhabenen. Alles Erhabene erschöpft zwangsläufig. Man wird müde, nach oben zu schauen, und will die Augen senken. Je stärker und dauerhafter die Herrschaft des Erhabenen war, desto stärker ist die Befriedigung über seine Entthronung und Degradierung. Daher der große Erfolg von Parodien und Travestien, wenn sie den richtigen Moment wählen, d.h., sobald das Erhabene ermüdet. Die Travestien Scarrons gegen die literarische Vorherrschaft Malherbes und des Klassizismus kamen genau zur richtigen Zeit.

Im dritten Fall (das Groteske) ergibt sich die Unzufriedenheit durch eine Unmöglichkeit oder Unwahrscheinlichkeit: man kann sich nicht vorstellen, daß eine Frau vom Schatten des Glockenturms schwanger wird, etc. Diese Unmöglichkeit und Unvorstellbarkeit erzeugt eine starke Unzufriedenheit, doch dieses Gefühl wird durch eine doppelte Befriedigung aufgehoben. Erstens erkennen wir in der Übertreibung die tatsächliche Dekadenz und Sittenlosigkeit des Klosters wieder, d.h., wir finden für das übertreibende Motiv einen Platz in der Wirklichkeit, und zweitens fühlen wir moralische Befriedigung, denn dieser Sittenlosigkeit und Dekadenz wird durch die scharfe Karikatur ein Schlag versetzt.

Im ersten Beispiel (der Posse) wird niemand ausgelacht, weder der Stotterer noch der Harlekin. Im zweiten Fall ist der Gegenstand des Spottes der hohe Stil der *Aeneis* und allgemein des Klassizismus, doch es gibt keinen moralischen Grund zum Lachen, es geht um einen einfachen frivolen Scherz. Im dritten Fall (beim Grotesken) allerdings wird eine konkrete Erscheinung, etwas »Nichtseinsollendes« (op. cit., S. 28), verspottet. Hierin sieht Schneegans die wichtigste Eigenart des Grotesken: es übertreibt das Negative, das Nichtseinsollende, mit den Mitteln der Karikatur. Das unterscheidet das Groteske von Posse und Burleske. In Posse und Burleske kann es ebenfalls Übertreibungen geben, doch haben sie dort keinerlei satirische Stoßrichtung. Außerdem hat die Übertreibung in der Groteske extremen, phantastischen, ja ungeheuerlichen Charakter.

In den darstellenden Künsten ist das Groteske nach Schneegans vor allem Karikatur, allerdings bis zum Phantastischen getriebene Karikatur. Zur Illustration wählt er eine Reihe von Karikaturen auf Napoleon III., die auf Überzeichnung der großen Nase des Imperators beruhen. Grotesk sind die unter ihnen, die die Maße der Nase ins Unmögliche vergrößern, die sie zum Schweinsrüssel oder zum Rabenschnabel machen.

Die Übertreibung des *Negativen* (des Nichtseinsollenden) bis hin zum Unmöglichen und Ungeheuerlichen – das ist, nach Schneegans, die wichtigste Eigenart des Grotesken. Deshalb ist das Groteske immer auch Satire. Wo keine satirische Tendenz ist, gibt es auch keine Groteske. Aus dieser Definition des Grotesken leitet Schneegans alle Charakteristika der Rabelaisschen Motive und ihres sprachlichen Stils her: Übermaß und Fülle, den Versuch, in allem Grenzen zu überschreiten, maßlos lange Aufzählungen, die Häufung von Synonymen etc.

Diese Konzeption des Grotesken ist, wie schon bemerkt, sehr verbreitet. Rabelais steht bekanntlich in dem Ruf, Satiriker zu sein, obwohl er dies in nicht stärkerem Maß ist als Shakespeare und in viel geringerem Maß als etwa Cervantes. Das Problem liegt darin, daß Schneegans einen im Geist der Neuzeit entwikkelten Satirebegriff auf Rabelais anwendet. Für ihn ist Satire die Kritik an einzelnen *privaten* Charakterzügen und nicht Kritik an der *gesamten Lebensordnung* (inklusive der herrschenden Wahrheit), nicht Kritik, die untrennbar mit der *Bestätigung des geborenwerdenden Neuen* verbunden ist.

Schneegans' Konzeption ist im Kern falsch. Sie ignoriert eine Reihe von wesentlichen Aspekten des Grotesken, vor allem seine Ambivalenz. Außerdem ist bei ihm nirgends die Rede von den folkloristischen Quellen des Grotesken.

Er gibt selbst zu, daß er auch bei größter Strapazierung des

Begriffs nicht in allen Übertreibungen Rabelais' die satirische Stoßrichtung offenlegen kann. Er erklärt das mit dem Wesen der Übertreibung, die immer alle Grenzen überschreiten wolle. Der groteske Autor vergesse manchmal bei der Übertreibung, in seinem Hyperbolisierungs-»Rausch«, das eigentliche Ziel der Übertreibung, er verliere die Satire aus den Augen.

Als Beispiel einer solchen Übertreibung, bei der das ursprüngliche satirische Ziel vergessen werde, nennt Schneegans die Darstellung des phantastischen Wuchses einzelner Körperteile im ersten Buch des *Pantagruel.*

Das Moment der Übertreibung ist tatsächlich ein wesentliches Merkmal des Grotesken und auch des Rabelaisschen Motivsystems; doch es ist nicht das Allerwichtigste. Darum ist es unzulässig, das Wesen des Grotesken darauf zurückzuführen. Doch auch die Gründe der Übertreibung und das ihr eigene Pathos interpretiert Schneegans unzutreffend.

Man könnte fragen: woher kommt dieses Pathos, dieser Übertreibungsrausch, wenn etwas »Nichtseinsollendes« übertrieben wird? Auf diese Frage gibt uns Schneegans keine Antwort. Auch die Qualität der Übertreibungen kann er nicht erklären.

Wenn das Wesen der grotesken Satire in der Übersteigerung von etwas *Negativem, Nichtseinsollendem* liegt, bleibt ungeklärt, woher das *Frohe* in den Übertreibungen stammt, von dem Schneegans selbst spricht. Woher kommen der Reichtum und die Vielfalt, die verschiedenartigen und oft unerwarteten Verbindungen zu scheinbar entfernten und andersartigen Erscheinungen? Die rein satirische Übertreibung des Negativen könnte bestenfalls das quantitative Moment der Übertreibung erklären, doch nicht die qualitative Vielfalt. Die groteske Welt, in der bloß das Nichtseinsollende übertrieben würde, wäre quantitativ groß, dabei aber qualitativ arm, traurig, jeglicher Farbe beraubt und ganz und gar nicht heiter (so sieht die Welt manchmal bei Swift aus). Was hätte eine solche Welt gemeinsam mit der heiteren Welt Rabelais'? Durch die nackte satirische Stoßrichtung läßt sich das positive Pathos der quantitativen Übertreibung nicht erklären, ganz zu schweigen vom Pathos qualitativen Reichtums.

Schneegans stützt sich auf die idealistische Ästhetik der zweiten Hälfte des vorigen Jahrhunderts und die beschränkenden künstlerisch-ideologischen Normen seiner Zeit. So kann er den richtigen Zugang zum Grotesken nicht finden, kann die Möglichkeit nicht sehen, in einem Motiv zugleich den positiven und den negativen Pol zu verkörpern. Noch weniger vermag er zu verstehen, daß ein Gegenstand nicht nur seine quantitativen Grenzen übersteigen kann, sondern auch die qualitativen, daß er über sich selbst hinauswachsen und sich mit anderen Gegenständen vereinigen kann. Die dickbauchigen, zweileibigen grotesken Figuren sind ihm unbegreiflich. Er sieht nicht, daß in der grotesken, werdenden Welt andere Grenzen zwischen Dingen und Erscheinungen bestehen als in der statischen Welt der Kunst und Literatur seiner Zeit.

Kehren wir zum Ausgangspunkt unserer Schneegans-Analyse zurück, zu den angeführten Beispielen für Posse, Burleske und Groteske. Schneegans versucht, den formal-psychologischen Mechanismus ihrer Wahrnehmung aufzudecken, ohne sich auf den objektiven Inhalt der Motive einzulassen. Geht man jedoch von diesem objektiven Inhalt aus, so wird die wesentliche Ähnlichkeit und Verwandtschaft zwischen den Motiven offenbar, und die konstruierten Unterschiede erweisen sich als künstlich und beliebig.

Worin besteht der objektive Inhalt des ersten Beispiels? Schneegans selbst beschreibt es so, daß kein Zweifel bleibt: *der Stotterer inszeniert den Geburtsakt.* Er ist *schwanger* mit einem Wort und kann es einfach nicht gebären: »es scheint bis zu Krämpfen und Geburtswehen zu kommen« (op. cit., S. 16). Der aufgerissene Mund, die hervortretenden Augen, Schweiß, Zittern, Atemnot, ein aufgeblasenes Gesicht etc. sind typische Erscheinungen und Merkmale des grotesken Körperlebens; in unserem Fall erhalten sie ihren Sinn durch den gespielten Geburtsakt. Völlig verständlich ist auch die Geste des Harlekin: er *hilft bei der Entbindung*, sein Eingriff zielt folgerichtig auf den *Bauch*, und tatsächlich wird das Wort geboren. Wir betonen, daß es gerade ein Wort ist, ein geistiger Akt, der degradiert und entlarvt wird durch die Übertragung auf die materiell-leibliche Ebene des realistisch gespielten Geburtsakts. Dank dieser Entthronung erneuert sich das Wort, es wird quasi neu geboren (der Zusammenhang mit der Geburt ist auf dieser metaphorischen Ebene ständig präsent). Weiter gibt es in der Szene offensichtlich das wichtige topographische Moment einer auf den Kopf gestellten körperlichen Hierarchie. Das Untere nimmt den Platz des Oberen ein; das Wort hat seinen Platz *auf den Lippen und in den Gedanken (im Kopf),* hier aber ist es in den *Bauch* verlagert, von wo es Harlekin mit dem Stoß seines Kopfes herausbefördert. Diese traditionelle Geste, der *Stoß mit dem Kopf in den Bauch* (oder in den *Hintern*), ist topographisch zu interpretieren: hier herrscht dieselbe Logik der Umkehrung, der Berührung von Oben und Unten. Auch Übertreibung spielt eine Rolle. Die körperlichen Phänomene, die die Komplikationen bei der Artikulation des Stotterers begleiten (stierer Blick, Schweißausbrüche u. ä.) sind derart übertrieben, daß sie an eine Geburt erinnern; damit verlagert sich das Ereignis des ausgesprochenen Wortes vom Artikulationsapparat in den Bauch. An dieser kleinen Szene also kann die objektive Analyse die wesentlichen Züge des Grotesken aufzeigen. Die Szene erweist sich als sehr ergiebig und bis ins letzte Detail bedeutungsträchtig. Sie ist zudem universal, ein kleines *Satyrspiel des Wortes,* das Drama seiner materiellen Geburt oder das Drama des Körpers, der ein Wort gebiert. Die kleine Szene zeigt den ungewöhnlichen Realismus, den Reichtum, den Sinn jedes Details und die tiefe Universalität der echten volkstümlichen Komik.

Eine objektive Analyse der Travestie Scarrons würde die gleichen Motive zutage fördern. Doch sind sie hier vereinfacht, oberflächlich, vieles an ihnen ist beliebig konstruiert. Schneegans sieht in ihnen nur die Degradierung des Hohen, das den Leser zuvor ermüdet hat. Er erklärt diese Degradierung mit formal-psychologischen Erwägungen; man wolle die Augen senken, um vom Aufschauen auszuruhen. Tatsächlich aber geht es um eine Entthronung der Motive der *Aeneis,* und zwar mittels ihrer Verlagerung in den *materiell-leiblichen Bereich,* in die Sphäre des Essens, Trinkens, der Sexualität und damit verbundener körperlicher Phänomene. Diese Sphäre hat *positive Bedeutung.* Sie ist der *gebärende Grund.* Insofern werden die Motive der *Aeneis* nicht nur entthront, sondern auch erneuert.

Kommen wir zu Schneegans' drittem Beispiel, den Rabelaisschen Motiven, und betrachten wir das erste von ihnen. Bruder Jan behauptet, daß sogar der Schatten des Klosterglockenturms fruchtbar sei. Dieses Motiv führt uns sofort in die groteske Logik ein. Was es leistet, ist keineswegs nur eine einfache groteske Übertreibung des »lasterhaften« Klosterlebens. In diesem Motiv überschreitet der Gegenstand seine qualitativen Grenzen, er hört auf, er selbst zu sein. Die Grenzen zwischen Körper und Welt sind aufgehoben, es kommt zu einer Vermischung von Körper und Außenwelt. Der Glockenturm ist ein gebräuchliches groteskes Bild für den Phallus.[172] Der ganze Kontext, in dem das Motiv auftaucht, schafft eine Atmosphäre, die die groteske Verwandlung rechtfertigt. Hier müssen wir Rabelais im Original zitieren:

> »C'est (dist le moyne) *bien rentré de picques!* Elle pourroit estre aussi layd que *Proserpine*, elle aura, par Dieu, *la saccade* puisqu'il y a moynes autour, car un bon ouvrier mect indifferentement toutes pieces en œuvre. Que j'aye la verolle en cas que ne les trouviez, engroissées à vostre retour, *car seulement l'ombre* du clochier d'une abbaye est feconde.«[173]

Die Rede Bruder Jans ist voller inoffizieller und degradierender Elemente, die die Atmosphäre für unser groteskes Motiv bereiten. Dies betrifft vor allem den Ausdruck aus dem Kartenspiel »rentré de picques«, ein »unglücklicher Zug«, dann das Motiv der Proserpina, der abstoßenden Göttin der Unterwelt, hier natürlich nicht als antike Reminiszenz zu verstehen, sondern als eine Anspielung auf die »Teufelsmutter« in den mittelalterlichen Diablerien. Dieses Motiv trägt eine topographische Markierung, die Hölle steht bei Rabelais immer in Verbindung zum Unterleib. Weiter haben wir Flüche, »Ich will die Seuche kriegen« (S. 236), die auf den Unterleib zu beziehen sind, und Metaphern für den Geschlechtsakt: eine aus dem Bereich des Reitens (»saccade«), die andere aus einem Sprichwort (»ein guter Handwerker verwendet ohne Unterschied alles, was er zu bearbeiten findet« [S. 236]). In beiden Fällen findet eine Degradierung und eine Erneuerung von Gegenständen aus anderen Bereichen (Reiten, Handwerk) auf der Ebene des Unterleibs, auf der materiell-leiblichen Ebene statt; auch dies bereitet das groteske Motiv vor.

Dank dieser Sprachelemente entsteht eine zwanglose Atmosphäre. Die Ausdrücke stehen großenteils in direktem Zusammenhang mit der materiell-leiblichen Basis; sie verkörperlichen und degradieren die Dinge, vermischen Körper und Welt und bereiten damit die *Verwandlung des Glockenturms in einen Phallus* vor.

Ist dieses groteske Motiv nun pure Satire auf das lasterhafte Klosterleben, wie Schneegans behauptet?

Das bisher analysierte Fragment ist Teil der recht umfangreichen Episode über die Pilger, die Gargantua zuerst zusammen mit dem Salat verschluckt, die sich dann aber glücklich retten können. Die Episode richtet sich deutlich gegen die Pilgerschaft und den (Aber-)Glauben an die Reliquien, ihre vermeintlich von Krankheiten (hier von der Pest) befreiende wunderbare Wirkung. Doch in dieser satirischen Ausrichtung erschöpft sich der Sinn der Episode keineswegs. Nicht die satirische Absicht bestimmt ihren Verlauf. In ihrem Zentrum steht ein typisch groteskes Motiv, die Pilger werden *verschluckt* und anschließend (ein nicht weniger typisches Motiv) *mit Urin begossen.* Das Ganze endet mit einer Travestie der Psalme, die quasi alle Mißgeschicke der Pilger vorausgesagt haben. Doch die Psalmmotive haben eine viel allgemeinere, universale Bedeutung, und es wäre unsinnig anzunehmen, sie alle seien allein dazu mobilisiert, um die Faulenzerei der Pilger und ihren primitiven Glauben an die Reliquien lächerlich zu machen. Der Kampf gegen die Pilger und ihren Aberglauben ist die offizielle Lesart der Episode. Diese spricht Grandgousier in seiner Rede an die Pilger auch direkt im offiziellen Gestus des weisen Politikers an. Hier tritt Rabelais auf wie der Hofberichterstatter, der den aktuellen Standpunkt der Regierung zum Mißbrauch der Pilgerschaft kundtut. Nicht der Glaube, sondern finsterster Aberglaube wird angeprangert.[174] Der *offizielle Sinn* der Episode wird offen ausgesprochen. Die *inoffizielle, volkstümlich-festliche Sprache der Motive* sagt jedoch etwas ganz anderes. Ihr starkes materiell-leibliches Moment entlarvt und erneuert die ganze Welt der mittelalterlichen Philosophie und Weltanschauung, die Religion, die Heiligen, die Reliquien, die Klöster, die Pseudoaskese, Todesangst, Eschatologie und Prophezeiungsgläubigkeit. Die Pilger sind in dieser zusammengewürfelten Welt bloß ein winziges und jämmerliches Detail, das man, ohne es zu merken, mit dem Salat verschluckt oder beinahe im Urin ertränkt. Das Materiell-Leibliche hat hier *positiven* Charakter, und genau dieses Element wird hier so unwahrscheinlich übertrieben: der glockenturmhohe, grandiose Mönchsphallus, die Urinströme Pantagruels und seine unfaßbar riesige, alles verschluckende Gurgel.

So meint der im Motiv des grandiosen Phallus entlarvte und erneuerte Klosterglockenturm, der mit seinem Schatten eine Frau schwängern kann, gewiß nicht das *Lasterhafte* des Klosterlebens. Er entlarvt das ganze Kloster, den Grund, auf dem es steht, das *verlogene asketische Ideal* und *dessen abstrakte und unfruchtbare Ewigkeit*. Der Schatten des Kirchturms ist der Schatten des Phallus, der neues Leben bringt. Nichts bleibt vom Kloster als ein lebendiger Mensch, der Mönch Bruder Jan, Vielfraß und Freund des Weines, schonungslos nüchtern und rückhaltlos offen, kraftvoll und heroisch kühn, voller unerschöpflicher Energie und Verlangen nach dem Neuen.

Der schwängernde Kirchturm hat, wie alle Motive dieser Art, topographische Bedeutung, der *aufstrebende*, in den Himmel ragende Turm wird zum *Phallus* (zum *Unterleib*), der Schatten *fällt auf die Erde* (nach *unten)* und *befruchtet* die Frau (den *Unterleib*).

Auch das Motiv der panurgischen Mauer ist schon durch den Kontext vorbereitet: »›O mein Freund‹, sagte Pantagruel, ›weißt du auch, was Agesilaos einst antwortete, als man ihn fragte, warum die große Stadt Lakedämon nicht mit Mauern umgürtet sei? Er zeigte nämlich auf die Einwohner und Bürger der Stadt, die so kriegserfahren und so kühn und wohlbewaffnet waren, und sprach: ›Das sind die Mauern der Stadt.‹ Damit wollte er sagen, daß nur eine Mauer aus Menschenknochen Schutz biete und daß die Städte und festen Orte keine so sichern und starken Mauern haben könnten wie die Mannheit der Bürger und Einwohner.‹« (S. 398/399) Schon in dieser Antikenreminiszenz im hohen Stil wird die groteske *Verkörperlichung der Mauer* eingeleitet, und zwar durch eine Metapher: die stärkste Mauer besteht *aus den Knochen von Kriegern*. Der menschliche Körper wird zu Baumaterial, die Grenze zwischen Körper und Welt ist schon transparent. Hier Panurges Projekt:

> »Ich sehe, daß hierzulande die Schnuckelschneckchen der Weibsen wohlfeiler sind als die Bausteine. Aus ihnen müßte man die Mauern zusammenfügen, indem man sie schön

symmetrisch und nach den Gesetzen der Baukunst anordnete, die größten nämlich zuunterst in der ersten Reihe und dann, scharf gewölbt und übereinander geschichtet, die mittleren und ganz oben die kleinen, hernach müßte man sie zierlich mit Nagelköpfen spicken, wie's am großen Turm von Bourges zu sehen ist, und zwar aus lauter strackgesteiften Stoßplempen, welche in den Hosenlätzen der Klosterbrüder hausen.

Welcher Teufel vermöchte solches Mauerwerk niederzulegen? Kein Metall hielte dergleichen Stöße aus. Und dann – falls sich die Feldschlangen an ihnen reiben sollten, würdet Ihr's bei Gott erleben, daß unverweilt daraus die gesegnete Frucht der Lustseuche knüppeldick herausspritzen täte, und das im Hui wie ein Schock Teufel! Auch kann der Wetterstrahl nicht dreinschlagen. Ja, warum? Sie sind allesamt geweiht und geheiligt.« (S. 399/400)

Es ist offensichtlich, daß der niedrige Preis der Pariserinnen hier nur ein Nebenmotiv ist. Auch im zentralen Motiv geht es keineswegs um die moralische Verurteilung, sondern um die *Fruchtbarkeit als die stärkste Kraft.* Es wäre gleichermaßen falsch, das Motiv etwa auf die folgende Art zu rationalisieren: eine hohe Geburtenrate, ein kräftiges Bevölkerungswachstum ist die beste militärische Verteidigung der Stadt. Dieser Gedanke steht nicht im Widerspruch zu unserem Motiv, doch er ist viel zu speziell.

Die panurgische Mauer ist komplexer und vor allem ambivalent, sie hat ein Moment von topographischer Negierung, das die Festungsmauern, den Glanz des Krieges, die Kanonenkugeln und sogar den Blitz, der hier machtlos ist, entlarvt und erneuert. Militärische Macht und Stärke sind machtlos vor der Fruchtbarkeit des Materiell-Leiblichen.

An anderer Stelle im Roman finden wir die lange Erörterung Panurges, daß das früheste und wichtigste Utensil militärischen Erfolges der *Hosenlatz* ist, *der die Geschlechtsorgane schützt.* »Ist der Kopf verloren, so geht nur der Mensch drauf; gingen aber die Schellen verloren, so ginge die ganze menschliche Natur zugrunde« (S. 569), sagt Panurge hier und fügt hinzu, daß die Geschlechtsorgane jene Bausteine waren, mit denen Deukalion und Pyrrha die Menschheit nach der Sintflut wieder aufgebaut haben. Hier haben wir erneut das Motiv der körperlichen Produktivität als dem besten aller Bausteine.

Panurges Überlegung ist in einer weiteren Hinsicht interessant; sie macht das utopische Moment deutlich. Panurge konstatiert, daß die Natur, die alle Arten des Pflanzenreichs erhalten möchte, die Samen und Keime der Pflanzen mit Häuten, Schalen, harten Schichten, Dornen, Rinde und stachligen Nadeln schützt, der Mensch aber nackt und ohne Schutz seiner Geschlechtsteile geboren wird. Diese Stelle erinnert an ähnliche Überlegungen bei Plinius (mit ihnen beginnt das 7. Kapitel seiner *Naturgeschichte*). Doch kommt er mit seiner allgemein düsteren Weltsicht zu dem pessimistischen Schluß, das Menschengeschlecht sei schwach. Panurges Folgerungen dagegen sind zutiefst optimistisch. Er schließt aus der Tatsache, daß der Mensch nackt und ohne Schutz der Geschlechtsteile geboren wird, daß er zum Frieden und zur friedlichen Herrschaft über die Natur bestimmt sei. Erst das »eherne Zeitalter« hat ihn gezwungen, sich zu wappnen (und nach der biblischen Legende begann er die Bewaffnung mit dem »Hosenlatz«, d. h. mit dem Feigenblatt); früher oder später aber wird der Mensch zu seiner friedlichen Bestimmung zurückkehren und sich völlig entwaffnen.[175] Hier ist, in etwas reduzierter, rationaler Form, expliziert, was im Motiv der *unzerstörbaren Körpermauer* bereits impliziert war.

Die von Schneegans angeführten Beispiele lassen sich auf diesen gemeinsamen objektiven Gehalt zurückführen; die Unterschiede sind dabei von zweitrangiger Bedeutung. Natürlich gibt es sie, aber nicht dort, wo Schneegans sie vermutet. Die Theorie des psychologischen Wahrnehmungsmechanismus und die engen ästhetischen Normen seiner Zeit haben Schneegans den Blick auf das in Wahrheit groteske Wesen der untersuchten Erscheinung verstellt. Vor allem stehen die analysierten Beispiele (die Szene mit dem Stotterer aus der Commedia dell'arte, Scarrons *Aeneis*-Travestie und schließlich die Beispiele aus Rabelais' Roman) mehr oder weniger deutlich in der Tradition der volkstümlichen Lachkultur des Mittelalters und des *grotesken Realismus.* Diese *Körperkonzeption,* die in ihnen zum Ausdruck kommt, ist die wichtigste Gemeinsamkeit zwischen ihnen. In allen drei Fällen haben wir denselben Modus der Darstellung des körperlichen Lebens, der sich vom »klassischen« wie vom naturalistischen Darstellungstyp unterscheidet. Daher können wir alle drei Phänomene, ohne die Unterschiede zu bestreiten, unter den allgemeinen Begriff des Grotesken subsumieren.

Grundlage aller grotesken Motive ist eine *besondere Vorstellung vom Körperganzen und den Grenzen* dieses Ganzen. Die Grenzen zwischen Körper und Welt und zwischen verschiedenen Körpern verlaufen in der Groteske völlig anders als in klassischen oder naturalistischen Motiven. Wir haben das schon an einer ganzen Reihe Rabelaisscher Episoden aufgezeigt. In diesem Kapitel wollen wir diese Beobachtungen erweitern und systematisieren und die Quellen der grotesken Körperkonzeption Rabelais' aufsuchen.
Doch wenden wir uns zuerst noch einem weiteren von Schneegans' Beispielen zu, der Karikatur auf Napoleon III., die auf der übermäßigen Vergrößerung der Nase des Kaisers beruht. Das Groteske beginnt nach Schneegans dort, wo diese Übertreibung phantastische Züge annimmt und die menschliche Nase zur Tiernase wird. Wir brauchen nicht ausführlich über die Karikatur zu sprechen, denn sie ist recht oberflächlich und hat nichts wirklich Groteskes. Was uns interessiert, ist das *Motiv der Nase*, das sowohl in der Weltliteratur und in fast allen Sprachen (solche Ausdrücke wie »eine lange Nase machen«) als auch im internationalen Repertoire an beleidigender und degradierender Gestik weit verbreitet ist. Schneegans weist zu Recht auf den grotesken Charakter des Übergangs von der menschlichen zur Tiernase hin. Tatsächlich ist die Mischung von menschlichen und tierischen Zügen eine der ältesten Varianten des Grotesken. Doch die Bedeutung der Nase in den grotesken Motiven versteht Schneegans nicht. Die *Nase* steht hier immer für den *Phallus*. Ein berühmter Arzt aus dem 16. Jahrhundert, der jüngere Zeitgenosse Rabelais' Laurent Joubert, über dessen Theorie des Lachens wir schon gesprochen haben, hat ein Buch über populäre medizinische Vorurteile geschrieben.[176] Darin (Buch 5, Kap. 4) berichtet er von der außerordentlich verbreiteten Ansicht, daß man nach Größe und Form der Nase Größe und Potenz des Geschlechtsorgans beurteilen könne. Diese Auffassung äußert in seinem Mönchsjargon auch Bruder Jan; überhaupt wird sie von der Literatur des Mittelalters und der Renaissance geteilt, sofern

diese mit dem volkstümlich-festlichen Motivsystem in Verbindung stand. Das bekannteste Beispiel ist das berühmte Fastnachtsspiel von Hans Sachs *Der Nasentanz.*
Als Teile des Gesichts spielen in der grotesken Körperkonzeption nur *Mund und Nase* eine wesentliche Rolle. Kopfform, Ohren und auch die Nase erhalten erst dadurch grotesken Charakter, daß sie *tierische Formen* oder die *Form irgendwelcher Gegenstände* annehmen. Die Augen dagegen besitzen überhaupt keine Bedeutung. Sie drücken das *individuelle* und sozusagen *innere* Leben des Menschen aus, das für das Groteske irrelevant ist. Die Groteske interessiert sich allenfalls für die *vorstehenden Augen* (vgl. die Szene zwischen dem Stotterer und Harlekin); für sie ist alles *interessant, was hervorspringt, vom Körper absteht,* alle Auswüchse und Verzweigungen, alles, was über die Körpergrenzen hinausstrebt und den Körper mit anderen Körpern oder der Außenwelt verbindet.
Hervortretende Augen sind außerdem schon deshalb interessant, weil sie von *rein körperlicher Anspannung* zeugen. Doch im Grunde reduziert sich das groteske Gesicht auf den Mund, den *aufgerissenen Mund,* alles andere ist nur *Umrahmung dieses Mundes,* Umrahmung der *klaffenden und verschlingenden Bodenlosigkeit des Körpers.*
Der *groteske Körper* ist, wie schon mehrfach betont, ein *werdender.* Er ist *nie fertig* und *abgeschlossen, er ist immer im Entstehen begriffen und erzeugt selbst stets einen weiteren Körper; er verschlingt die Welt und läßt sich von ihr verschlingen* (wir erinnern an das groteske Körpermotiv in der Episode der Geburt Gargantuas und der Rinderschlachtung). Deshalb spielen jene seiner *Teile, in denen er über sich selbst, über die eigenen Grenzen hinauswächst und einen neuen, zweiten Körper produziert, eine besondere Rolle: der Bauch und der Phallus.* Sie bilden das Zentrum des grotesken Körpers, und genau sie werden auch zum Gegenstand *positiver Übertreibung.* Sie können sich sogar *vom Körper trennen,* ein *selbständiges* Leben führen, denn sie verdrängen den Restkörper als etwas Zweitrangiges (besonders leicht löst sich die *Nase* vom Körper). Die nächstwichtige Rolle nach dem Bauch und den Geschlechtsorganen nimmt für den grotesken Körper der *Mund* ein, der die Welt verschluckt, und dann der *Hintern,* denn all diese *Ausstülpungen und Öffnungen*

zeichnen sich dadurch aus, daß an ihnen die Grenze zwischen zwei Körpern oder Körper und Welt überwunden wird. Hier gehen Tausch und gegenseitige Orientierung vonstatten. Daher *geschehen* auch die Hauptereignisse im Leben des grotesken Körpers, alle *Akte des Körperdramas* – Essen, Trinken, die Verdauung (und neben Kot und Urin auch andere Ausscheidungen: Schweiß, Schleim, Speichel), Beischlaf, Schwangerschaft, Entbindung, Wachstum, Alter, Krankheiten, Tod, Verwesung, Zerstückelung und Verschlungenwerden durch einen anderen Körper –, an der *Grenze zwischen Körper und Welt* und *dem alten und dem jungen Körper.* In allen Ereignissen des Körperdramas sind *Anfang und Ende des Lebens miteinander verflochten.*

So ignoriert die künstlerische Logik des grotesken Motivs die geschlossene, gleichmäßige und glatte (Ober-)Fläche des Körpers und fixiert nur seine Auswölbungen und Öffnungen, das, was über die Grenzen des Körpers hinaus –, und das, was in sein *Inneres* führt.[177] Berge und Abgründe bilden das Relief des grotesken Körpers oder, architektonisch gesprochen, Türme und unterirdische Verließe.

Natürlich können in grotesken Motiven auch beliebige andere Glieder, Organe und Körperteile figurieren (besonders im Motiv des zerstückelten Körpers). Doch spielen sie im grotesken Körperdrama nur Statistenrollen; auf ihnen, soweit sie nicht Ersatz für ein führendes Organ sind, liegt niemals der Akzent.

Im Grunde gibt es, in einem extremen Verständnis des grotesken Motivs, keinen individuellen Körper. Der groteske Körper besteht aus Einbrüchen und Erhebungen, die schon den Keim eines anderen Körpers darstellen, er ist eine Durchgangsstation für das sich ewig erneuernde Leben, ein unausschöpfbares Gefäß von Tod und Befruchtung.

Das Groteske ignoriert, wie gesagt, die glatte Oberfläche, die den Körper abschließt und als einzelnen und vollendeten begrenzt. Daher zeigt das groteske Motiv nicht nur das Äußere, sondern auch das Innere des Körpers: Blut, Därme, das Herz und die anderen inneren Organe. Oft mischen sich Inneres und Äußeres in einem Motiv.

Wir haben schon zur Genüge erörtert, daß die grotesken Motive im Grunde einen zweileibigen Körper konstruieren. In der endlosen Kette des körperlichen Lebens markieren sie die Stellen, wo *ein Glied ins andere übergeht, wo das Leben des einen Körpers aus dem Tod des anderen geboren wird.*

Schließlich wollen wir noch anmerken, daß der groteske Körper kosmisch und universal ist. Er zeigt deutlich, daß er aus denselben Elementen zusammengesetzt ist, die auch den großen Kosmos bilden: Erde, Wasser, Feuer und Luft. Er ist unmittelbar mit der Sonne und den Sternen verbunden, er enthält die Tierkreiszeichen und spiegelt die kosmische Hierarchie wider; er kann mit der Natur verschmelzen, mit Bergen, Flüssen, Meeren, Inseln und Planeten; er kann die ganze Welt füllen.

Der groteske Darstellungsmodus von Körper und körperlichem Leben war mehrere Jahrtausende lang maßgebend für Kunst und Literatur. *Vom Standpunkt seiner tatsächlichen Verbreitung betrachtet, herrscht er auch heute noch vor:* groteske Körperformen dominieren nicht nur in der Kunst der nichteuropäischen Völker, sondern auch in der *europäischen Folklore* (besonders in der komischen). Darüber hinaus *überwiegen groteske Körpermotive in der inoffiziellen Redepraxis aller Völker,* besonders dort, wo es um *Fluchen* und *Lachen* geht. Wie ebenfalls schon gesagt, ist die *Thematik des Fluchens und der Komik* immer eine fast ausschließlich *grotesk-leibliche;* der Körper, der in der inoffiziellen und familiären Rede gemeint ist, ist der *befruchtende und empfangende, gebärende und geborenwerdende, verschlingende und verschlungenwerdende, trinkende, ausscheidende, kranke und sterbende Körper.* In allen Sprachen gibt es zahlreiche Ausdrücke, die die *Geschlechtsorgane, den Hintern, den Bauch, die Nase und den Mund* bezeichnen, und nur sehr wenige für andere Körperteile, Arme, Beine, Gesicht, Augen etc. Die relativ seltenen Ausdrücke, in denen die nichtgrotesken Körperteile vorkommen, haben meist rein praktischen Charakter, dienen der Orientierung im Raum, der Bezeichnung von Abständen, Maßen und dem Zählen. Ihnen fehlt jede symbolische Erweiterung und metaphorische Kraft und auch jede besondere Expressivität (deshalb haben sie am Fluchen und Lachen keinen Anteil).

Besonders dort, wo Menschen im familiären Kontakt lachen und fluchen, wimmelt ihre Rede von grotesken Körpermotiven, von koitierenden, exkrementierenden, sich überfressenden Körpern. Die Rede ist überschwemmt von Geschlechtsteilen, Bäuchen, Kot, Urin, Krankheiten, Nasen, Mündern und zerstückelten Körpern. Doch selbst dort, wo sich der Staudamm der sprachlichen Normen erhebt, drängt sich dieser groteske Körperstrom mit Nasen, Mündern und Leibern in die literarische Rede, besonders dann, wenn diese Rede expressiv ist, heiter oder fluchend. Auch das universelle Repertoire an familiärer und beleidigender Gestikulation hat das deutlich markierte groteske Körperkonzept zur Grundlage.

In diesem unübersehbaren Ozean an grotesken Körpermotiven, der alle Sprachen, Literaturen und Gestikulationssysteme überschwemmt, liegt als kleine Insel der Körperkanon von Kunst, Literatur und »zivilisierter« Rede der Neuzeit. In der antiken Literatur war dieser Kanon niemals maßgebend. In der *offiziellen* Literatur der europäischen Völker setzte er sich im Grunde erst in den letzten 400 Jahren durch.

Wir geben eine kurze Beschreibung des neuen, heute herrschenden Kanons, wobei wir weniger auf die darstellenden Künste eingehen als auf die Literatur. Wir entwickeln das Profil des neuen Kanons auf dem Hintergrund der grotesken Konzeption und benennen die Unterschiede.

Typisch für den neuen Körperkanon ist (trotz aller wichtigen historischen und Gattungsvarianten) der *fertige, streng begrenzte, nach außen verschlossene, von außen gezeigte, unvermischte und individuelle ausdrucksvolle Körper.* Alles, was absteht und vom Körper ausgeschieden wird, alle deutlichen Ausbuchtungen, Auswüchse und Verzweigungen, d.h. all das, womit der Körper über seine Grenzen hinausgeht und wo ein anderer Körper anfängt, wird abgetrennt, beseitigt, verdeckt und gemildert. Ebenso werden alle ins Körperinnere führenden Öffnungen geschlossen. Zugrunde liegt diesem Motiv die *individuelle und streng abgegrenzte Körpermasse, die undurchdringliche und glatte Fassade des Körpers.* Die *glatte Oberfläche*, die *Körperebene* erlangt zentrale Bedeutung als Grenze des mit anderen Körpern und der Welt nicht verschmelzenden Individuums. Alle Merkmale des Unvollendeten und Unfertigen des Körpers werden sorgsam entfernt, ebenso alle Erscheinungen des

Innerkörperlichen. Die Normen der offiziellen und der literarischen Rede, die von diesem Kanon bestimmt werden, verbieten alles, was mit Schwängerung, Schwangerschaft und Geburt zusammenhängt, eben das, was an die Unfertigkeit des Körpers und an Innerkörperliches erinnert. Zwischen der familiären und der offiziellen, »anständigen« Rede verläuft hier eine schroffe Grenze.

In dieser Beziehung genoß das 15. Jahrhundert in Frankreich eine vergleichsweise große Redefreiheit. Im 16. Jahrhundert wurden die Redenormen deutlich strenger, und die Grenze zwischen familiärer und offizieller Rede wurde ziemlich starr. Diese Tendenz verstärkte sich besonders gegen Ende des Jahrhunderts, es formte sich schon der Kanon sprachlicher Wohlanständigkeit, der im 17. Jahrhundert gelten sollte. Ende des 16. Jahrhunderts protestierte Montaigne gegen die Zunahme der Redenormen und -tabus: »Was hat das arme Zeugungsgeschäft, das so natürlich, so notwendig, so gerecht ist, den Menschen zuleide getan, daß sie ohne schamrot zu werden, davon zu sprechen sich nicht erlauben, und es aus ernsthaften, ehrbaren Gesprächen verbannen? Wir sagen ohne alles Bedenken: töten, stehlen, verraten, und jenes würden wir nicht ohne entsetzliches Maulspitzen nennen.« (M. de Montaigne, *Essais*, in: *Gesammelte Schriften*, München/Leipzig 1908 – München/Berlin 1915, 5. Bd., S. 107)

Körperteile wie die Geschlechtsorgane, der Hintern, Bauch, Nase und Mund spielen im neuen Kanon keine zentrale Rolle mehr. Außerdem betreffen sie nicht mehr die ganze Gattung, sondern haben rein *expressiven Charakter*, d. h., sie drücken bloß noch das individuelle Leben eines einzelnen und begrenzten Körpers aus. *Leib, Mund und Nase* werden natürlich immer im Motiv des Körpers präsent sein, man kann sie nicht verstecken, doch haben sie im individuellen und vollendeten Körper entweder rein *expressive* Funktionen (im Grunde betrifft das nur den Mund) oder dienen der Charakterisierung und Individualisierung. Von einer symbolisch erweiterten Bedeutung dieser Organe kann im individuellen Körper keine Rede sein, sie werden allein zu praktischen, erläuternden Zwecken erwähnt. Allgemein könnte man sagen, daß im literarischen Motiv des Körpers alles, was nicht charakterisierende oder expressive Funktion hat, nur der von Rede und Handlung körperlichen Nachdruck verleiht.

Im Konzept des individuellen Körpers der Neuzeit besitzen Sexualleben, Essen, Trinken und Ausscheiden eine völlig veränderte Bedeutung. Sie werden nur auf der privaten und individualpsychologischen Ebene gesehen, wo eine unmittelbare Beziehung zum Leben der Gesellschaft und zum kosmischen Ganzen nicht gegeben ist. In dieser eingeschränkten Form kann das Motiv seine alten weltanschaulichen Funktionen nicht mehr erfüllen.

Im neuen Körperkanon konzentriert sich die Aufmerksamkeit auf den Kopf, das Gesicht, die Augen, die Lippen, das Muskelsystem und auf die Haltung des Körpers gegenüber der Außenwelt. In den Vordergrund treten zielgerichtete Haltungen und Bewegungen des *fertigen Körpers,* wobei die Grenze zwischen Körper und Außenwelt prinzipiell unverrückbar ist.

Der Körper des neuen Kanons ist ein einzelner, es bleiben keinerlei Merkmale der Zweileibigkeit bestehen, der Körper genügt sich selbst, spricht nur für sich. Alles, was mit ihm passiert, geht nur ihn an, und deshalb bekommt er auch einen *eindeutigen* Sinn: der Tod ist hier nur Tod, er fällt nie mit der Geburt zusammen, das Alter ist von der Jugend getrennt, Schläge verwunden nur und befördern keine Geburt. Alle Handlungen und Ereignisse sind eingeschlossen in den Zeitraum zwischen Geburt und Tod des einen individuellen Körpers. Diese Grenzen markieren den absoluten Anfang und das absolute Ende. Innerhalb eines Körpers können Anfang und Ende sich niemals treffen.

Im Gegensatz dazu wird im grotesken Körper durch den Tod nichts Wesentliches beendet. Der Tod betrifft ja nicht den kollektiven Körper, im Gegenteil, dieser wird in einer neuen Generation erneuert. Die Ereignisse des grotesken Körpers entwickeln sich immer an der Grenze zwischen zwei Körpern, quasi in ihrem Schnittpunkt: der eine Körper trägt seinen Tod bei, der andere seine Geburt, sie sind zusammengeschlossen zu einem zweileibigen Motiv.

Der Körper des neuen Kanons hat sich ein schwaches Echo der Zweileibigkeit bloß noch in einem einzigen Motiv bewahrt, im Stillen.[178] Doch auch hier sind die beiden Körper, der der stillenden Mutter und der des Kindes, streng individualisiert und in sich geschlossen, die Grenze zwischen ihnen ist unverrückbar. Es handelt sich schon um eine völlig andere Stufe künstlerischer Wahrnehmung des Aufeinanderwirkens zweier Körper.

Schließlich ist dem neuen Körperkanon jede Hyperbolisierung völlig fremd. Im Motiv des individuellen Körpers findet sich dafür kein Nährboden. Das einzig hier Erreichbare ist eine deutliche Akzentuierung charakterisierender oder expressiver Art. Undenkbar ist natürlich auch das Abtrennen einzelner Körperteile und ihre selbständige Existenz.[179]

Rabelais' Roman vollendet die groteske Konzeption des Körpers, die er von der volkstümlichen Lachkultur, dem grotesken Realismus und dem familiären Redemilieu übernommen hat. In allen analysierten Episoden und Einzelmotiven des Romans hatten wir es immer mit dem grotesken Körper zu tun. Durch den ganzen Roman zieht sich ein mächtiger Strom des grotesken körperlichen Elements, des zerstückelten Körpers, einzelner grotesker Organe (etwa in der panurgischen Mauer), ein Strom von Därmen und Innereien, aufgerissenen Mündern, Verschlingendem und Verschluckendem, von Essen und Trinken, Sich-Entleeren, Urin und Kot, Tod, Geburt, Jugend, Alter etc. Die Körper sind untereinander, mit den Dingen (z. B. im Motiv des Quarême-prenant) und mit der Welt vermischt. Überall scheint die Tendenz zur Zweileibigkeit durch. Überall ist das Kollektive und das Kosmische des Körpers betont.

Wir führen noch ein Beispiel an, in dem die Tendenz zur Zweileibigkeit in dem sogar leicht aufgesetzt und grob zutage tritt: »Als Medaillon hatte er [Gargantua] in einer goldenen, achtundsechzig Mark schweren Platte eine entsprechende Emailfigur, auf welcher ein menschlicher Körper abgebildet war mit zwei einander zugewandten Köpfen, mit vier Armen, vier Füßen und zwei Hintern, wie Plato in Symposio sagt, daß die menschliche Natur in ihrem mystischen Anfang gewesen sei« (S. 48). Das Motiv des »Androgynen« in der vorliegenden Interpretation war zu Rabelais' Zeit außerordentlich populär. Aus dem Bereich der bildenden Kunst wäre als Parallele der *Coitus* von Leonardo da Vinci anzuführen, der den Akt in der innerkörperlichen Perspektive darstellt.

Rabelais stellt den grotesken Körper nicht nur in allen wesentlichen Momenten dar, er gibt auch eine Theorie vom Stammesaspekt des Körpers. Besonders aufschlußreich sind in dieser Hinsicht die schon zitierten Überlegungen Panurges. An anderer Stelle sagt er: »Und ich bin dafür, daß fortan in meinem ganzen Salmigundien, wenn man einen Übeltäter hinrichten will, er einen Tag oder zwei vorher wie ein Pelikan sich ausrammeln darf, so daß in all seinen spermatischen Gefäßen auch nicht so viel übrigbleibt, um daraus ein griechisches Ypsilon zu zeichnen. Ein so kostbares Ding darf nicht sinnlos vertan werden. Vielleicht zeugt er noch einen Menschen. So aber wird er ohne Bedauern sterben und läßt einen Mann für einen andern zurück.« (S. 662)

In der berühmten Überlegung Panurges zum Thema Schuldner und Gläubiger, wo er eine ideale, utopische Welt entwirft, in der jeder leihen kann und verleiht, entwickelt er ebenfalls eine Theorie des kollektiven Körpers:

> »Diese leihende, borgende, schuldende Welt ist so gut, daß sie nach vollbrachtem solchem Nährwerk bereits daran denkt, denen zu leihen, die noch gar nicht geboren sind, und durch dergleichen Borg womöglich weiterzubestehen und sich in Ebenbildern zu vermehren, die ihr gleichen, das heißt in Kindern. Zu dem Ende sondert jedes Glied vom Kostbarsten seiner Nahrung einen Teil ab, scheidet ihn aus und führt ihn niederwärts ab: dort hat die Natur geeignete Behältnisse und Gefäße bereit, die auf langen Umwegen und in vielen Windungen zu den Zeugungsgliedern hinunterführen und durch welche sie gehörige Form erhält und geeignete Stellen findet, beim Mann wie auch bei der Frau, um das Menschengeschlecht zu erhalten und fortzupflanzen. Das Ganze geschieht durch Leihen und Borgen des einen wie des andern: darum nennt man's auch die eheliche Pflicht.« (S. 555)

Im selben Dritten Buch wird die Frage erörtert: »Warum die Neuvermählten nicht in den Krieg ziehen mußten« (S. 560). Auch hier geht es um den kollektiven Körper, er ist einer der zentralen Gegenstände der Reflexion im Dritten Buch.

Im nächsten Kapitel werden wir sehen, daß auch der berühmte Brief Gargantuas an Pantagruel dieses Thema behandelt. Doch hier wird die Frage der Gattung schon unter ihrem *historischen* Aspekt betrachtet, unter der Perspektive der Unsterblichkeit und des Wachstums der menschlichen Kultur. Das Thema der relativen Unsterblichkeit des Samens steht in direkter Verbindung mit dem des *historischen Fortschritts der Menschheit.* Mit jeder Generation erneuert sich das Menschengeschlecht nicht bloß einfach, es *erreicht* jedesmal eine *neue, höhere Stufe seiner historischen Entwicklung.* Um dieses Fortschreiten geht es auch, wie wir noch sehen werden, im Lob auf das »Pantagruelion«.

So verschmilzt bei Rabelais das *Thema »kollektiver Körper« mit dem Thema und der lebendigen Empfindung der historischen Unsterblichkeit des Volkes. Das Wissen des Volkes um seine historische Unsterblichkeit bildet den Kern des gesamten volkstümlich-festlichen Motivsystems.* Die groteske Körperkonzeption ist integraler Bestandteil dieses Systems. Deshalb verbindet sich in Rabelais' Motiven der groteske Körper nicht bloß mit dem Kosmos, sondern auch mit einer gesellschaftlichen Utopie und mit der Geschichte, und hier vor allem mit dem Gedanken des Epochenwechsels und der kulturellen Erneuerung.

Wenn es in den bisher analysierten Episoden und Motiven um den *Unterleib* ging, so war immer der Unterleib im direkten Wortsinn gemeint. Doch wir haben festgestellt, daß auch der *aufgesperrte Mund* eine wesentliche Rolle für die grotesken Motive spielt. Er hängt natürlich mit dem unteren Körperbereich zusammen, er ist das *offene Tor, das nach unten führt, in die Körperhölle;* mit dem aufgesperrten Mund verbindet sich das Motiv des *Verschlingens,* das uralte ambivalente *Motiv von Tod und Vernichtung,* und es zentrieren sich eine Reihe von Festmahlmotiven um den aufgesperrten Mund (Schlund, Kehle und Zähne).

Der *aufgesperrte Mund* (Schlund und Zähne) *ist eines der Schlüsselmotive des volkstümlich-festlichen Motivsystems. Eine enorme Vergrößerung des Mundes gehört zu den wichtigsten traditionellen Verfahren, ein komisches Äußeres zu erzeugen,* es wird in der komischen Maske und bei allen möglichen »heiteren Monstren« (z. B. dem Maschecroûte aus dem Lyoner Karneval, den Teufeln aus den Diablerien und bei Luzifer selbst) angewandt.

Bei Rabelais spielt der aufgesperrte Mund eine zentrale Rolle im

Pantagruel. In diesem (chronologisch ersten Band) ist er der eigentliche Held.

Weder die Idee zur Figur des Pantagruel noch ihr Name stammen von Rabelais selbst. *Pantagruel* hieß einer der Teufel aus der Diablerie, und umgangssprachlich bezeichnete man so eine Art von Halsbeschwerden, den Verlust der Stimme nach übermäßigem Trinken (die Säuferkrankheit). Das Appellativum (die Krankheitsbezeichnung) hängt also mit dem Mund, dem Schlund, dem Trinken und der Krankheit zusammen, mit einem typisch grotesken Komplex. Mit demselben Komplex in seiner weitesten, kosmischen Ausprägung ist auch die Figur des Pantagruel in den Diablerien verknüpft.

Wir haben schon festgestellt, daß die Diablerien, Bestandteile der Mysterienspiele, ihrem Charakter nach zu den volkstümlich-festlichen Marktplatzformen zu zählen sind. Sie basieren auf der grotesken Körperkonzeption, und in dieser grotesk-leiblichen Atmosphäre taucht die Figur des Pantagruel zum erstenmal auf.

Zuerst finden wir ihn in einem Mysterium aus der zweiten Hälfte des 15. Jahrhunderts, dem *Mysterium von den Taten der Apostel* von Simon Gréban. In der dazugehörigen Diablerie stellt Proserpina, die »Mutter der Teufel«, Luzifer vier kleine Teufelchen (petits dyables) vor. Jedes von ihnen ist die Verkörperung eines der vier Elemente – Erde, Wasser, Luft und Feuer. Die Teufelchen treten vor Luzifer auf und machen ihm ihre Tätigkeit im entsprechenden Element vor. So entsteht ein kosmisches Panorama vom Leben der Elemente. Eines der vier Teufelchen trägt den Namen Pantagruel. Es verkörpert das *Wasser:* »Leichter als ein Raubvogel überfliege ich alle Bereiche der Meere«, sagt es über sich selbst. Offensichtlich wegen des *Salzwassers* hat es ein besonderes Verhältnis zum *Durst.* Im selben Mysterium sagt Luzifer über Pantagruel: »Nachts vertrieb er sich die Zeit damit, daß er den Säufern Salz in die Kehlen streute.«

In dieser Rolle tritt der Teufel Pantagruel auch in einem anderen Mysterium auf, dem *Mysterium des Hl. Ludwig.* Hier hält er einen Monolog, in dem er ausführlich beschreibt, wie er sich die Nacht über an einigen jungen Leuten zu schaffen gemacht hat, die den Abend vertrunken haben. Er »streute ihnen leise, mit ganz vorsichtigen Bewegungen, um sie nicht zu wecken, Salz in

den Mund. Ehrenwort, als sie aufwachten, spürten sie den anderthalbfachen Durst im Vergleich zum Vorabend!«
Die Figur des Mysterienteufels Pantagruel ist also einerseits mit *kosmischen Elementen (Wasser und Meersalz)*, andererseits mit der *grotesken Körperkonzeption (aufgesperrter Mund, Durst, Saufen)* und schließlich mit der originär karnevalesken Geste des Salz-in-den-Mund-Streuens verbunden. Diese drei miteinander verwandten Momente bilden den traditionellen Kern der Figur des Pantagruel, und dieser ist bei Rabelais vollständig erhalten.
Rabelais hat seinen *Pantagruel* während einer ungewöhnlichen Hitzewelle und Dürre im Jahre 1532 konzipiert und niedergeschrieben. Die Leute liefen damals tatsächlich mit aufgesperrten Mündern herum. Abel Lefranc nimmt zu Recht an, daß der Name des Teufelchens Pantagruel und seine hinterhältige Art, Durst zu wecken, in Rabelais' Umgebung oft erwähnt wurden und daß sie zahlreiche *scherzhafte* Bemerkungen oder *Verwünschungen* ausgelöst haben dürften. Hitze und Dürre machten diese Figur besonders populär. Es ist durchaus möglich, daß Rabelais sie zum Teil auch deswegen in seinen Roman eingeführt hat.
Das erste Kapitel des Buches führt gleich das Motiv des grotesken Körpers mit allen charakteristischen Eigenheiten ein. Es wird von der Herkunft des Stammes der Riesen erzählt, zu dem Pantagruel gehört. Nach dem Mord an Abel nahm die Erde sein Blut in sich auf und wurde davon außerordentlich fruchtbar. Hier der Anfang (der zweite Absatz) des ersten Buchs:

> »Wollet euch denn merken, daß zu Anbeginn der Welt (ich spreche von längst vergangenen Zeiten, es ist mehr als vierzigmal vierzig Nächte her, nach der Art der alten Druiden gerechnet), kurz nachdem Abel von seinem Bruder Kain erschlagen worden war, die Erde, mit dem Blut des Gerechten getränkt, in einem gewissen Jahr so ausnehmend fruchtbar an aller Art Früchten war, die ihr Schoß hervorbringt, und vornehmlich an Mispeln, daß man es seit Menschengedenken das Jahr der großen Mispeln nannte, denn es gingen ihrer drei auf einen Scheffel.« (S. 309)

Dies ist das erste Körpermotiv des Kapitels. Sein *grotesk-karnevalesker* Charakter ist ganz offensichtlich, der *erste Tod* (nach der Bibel war Abels Tod der *erste* auf der Erde) *erneuert die Fruchtbarkeit der Erde.* Wir haben im *kosmischen Aspekt der Fruchtbarkeit des Bodens* die bereits bekannte *Verbindung von Tod und Geburt* vor uns. Der Tod, der Kadaver, das Blut als Samen, der in die Erde eingegraben wird und sich zu neuem Leben aus ihr erhebt – dies ist eines der ältesten und verbreitetsten Motive. Eine seiner leicht erotisch gefärbten Varianten stellt dar, wie *der Tod die Mutter-Erde besamt und sie zwingt, aufs Neue zu gebären.* Rabelais spricht einmal von der Unwürdigkeit der Kinder, die ohne den Willen ihrer Eltern heiraten, »des süßen, des ersehnten letzten Umfangens der großen nährenden Mutter, der Erde, teilhaft zu werden, welches wir Grabstätte nennen« (S. 765). Das *Motiv der Beerdigung* als letzter *Umarmung* der Mutter-Erde ist offensichtlich unter Plinius' Einfluß entstanden, der das Thema der Mutterschaft der Erde, des Todes und der Beerdigung als Rückkehr in ihren Schoß ausführlich behandelt (*Naturgeschichte* II,63). Doch Rabelais ist wenig geneigt, dieses alte Motiv im Stil der antiken Mysterien zu interpretieren. Er versteht es im karnevalesk-volkstümlichen Sinn als die *heitere und nüchterne* Überzeugung von der *relativen historischen Unsterblichkeit* des Volkes und des Einzelnen im Volk. Mit dem *Motiv des Todes, der Erneuerung und der Fruchtbarkeit eröffnet er seinen Roman.*

Besonders fruchtbar war die Erde »unter dem Mispelbaum« (»en mesl«). Wer aber von diesem Baum aß, begann sich ganz sonderbar zu entwickeln: irgendein Körperteil wuchs zu ungeheurer Größe. Es folgt ein Panorama einzelner, unmäßig vergrößerter Körperteile, die den restlichen Menschen völlig verdrängen, im Grunde eine Übersicht über einen zerstückelten Körper von gigantischen Ausmaßen. Vor allem werden staunenswerte Dickwänste (typisch groteske Übertreibung) dargestellt, zu dieser *heiteren Rasse der Dickbäuchigen* gehören Mardi Gras, der heilige Pansart (Dickbauch), der auf unklare Weise mit dem Karneval verbunden war, und bezeichnenderweise auch der Karneval selbst. Außerdem beschreibt Rabelais *Buckel* von unwahrscheinlichen Ausmaßen, ungeheuerliche *Nasen,* extrem langgezogene *Beine* und riesige *Ohren.* Am ausführlichsten widmet er sich den Gestalten, die von den Mispeln riesige *Hoden* oder einen unwahrscheinlich langen *Penis* bekommen haben (sie können ihn sechsmal wie einen Gürtel um die Taille winden). So entsteht ein grandioser grotesker Körper und eine ganze Reihe karnevalesker Figuren.

Dieser Galerie grotesker Körperteile unmittelbar voraus geht die Darstellung *kosmischer* Sternbewegungsstörungen von ebenso karnevaleskem Charakter, z. B. ist ein Stern mit dem Namen »Ähre« aus dem Sternbild der »Jungfrau« in die »Waage« geraten. Auch diese kosmischen Motive verbinden sich unmittelbar mit leiblicher Groteske: die falschen Sternbewegungen waren so schwer zu begreifen, »daß selbst die Sterndeuter sie nicht zu knacken vermögen; müßten auch gar lange Zähne haben, wenn sie bis dort hinauf reichen könnten«. (S. 310) Das groteske Motiv *bis zu den Sternen reichender Zähne* ist Resultat einer realisierten Metapher – sich an einem Problem die »Zähne auszubeißen«.

Dann bringt Rabelais eine Aufzählung der Vorfahren des Pantagruel, eine lange Kette von biblischen, antiken, mittelalterlichen und erdachten Riesen-Namen. Er kannte zahllose Motive und Legenden über die Riesen (er entnahm sie der Aufstellung der antiken Riesen von Ravisius Textor), und sämtlich sind sie eng mit der grotesken Körperkonzeption verflochten. Wir haben die zentrale Rolle des Giganten im antiken Satyrspiel (das vor allem *Drama des körperlichen Lebens war*) schon erwähnt. Die meisten lokalen Gigantenlegenden verbinden Naturerscheinungen und die geographische Beschaffenheit der Gegend (Berge, Flüsse, Felsen, Inseln) mit dem Körper und den verschiedenen Organen des Riesen, so ist der Gigantenkörper von der Welt, der Natur, dem topographischen Relief nicht zu trennen. Wir haben auch schon erwähnt, daß Riesen zum obligatorischen Inventar der volkstümlich-festlichen karnevalesken Motive gehörten.

Soweit der Inhalt des ersten Kapitels; die grotesken Körpermotive verbinden sich mit kosmischen Erscheinungen, die für den ganzen Roman zentrale Motivreihe *Tod, Erneuerung und Fruchtbarkeit* ist hier eröffnet.

Dieselben Motive stehen am Beginn des zweiten Kapitels: »Im Alter von vierhundertachtzigundvierundvierzig Jahren zeugte Gargantua seinen Sohn Pantagruel mit seinem Eheweib namens Badebec – das ist auf deutsch Maulauf –, der Tochter des Königs der Amauroten in Utopia, welche im Kindbett starb. Denn er war so unmäßig groß und wog so schwer, daß er das Licht der Welt nicht erblicken konnte, ohne seine Mutter zu ersticken.« (S. 316)

Die Verbindung von Mord und Entbindung ist uns schon vom römischen Karneval her bekannt. Der Mord wird hier von dem Neugeborenen durch den Geburtsakt selbst begangen.

Entbindung und Tod sind der *aufgesperrte Rachen der Erde und des Mutterschoßes.* Danach tritt der *aufgerissene Mund* bei Mensch und Tier ins Blickfeld.

Es ist die Rede von der schrecklichen Dürre während Pantagruels Geburt:

> »[alles mögliche] Getier fand man verendet, mit *klaffenden Mäulern.* Hinsichtlich der Menschen war es erst recht zum Erbarmen. Ihr hättet sehen können, wie sie mit *heraushängender Zunge* herumliefen gleich Windhunden, die sechs Stunden lang gerannt sind. Nicht wenige stürzten sich in die *Brunnen,* andere krochen in den *Bauch einer Kuh* und suchten darinnen Schatten [...] Und doch hättet ihr, wenn jemand die Kirche betrat, die armen *Dürstenden,* an die zwanzig auf einmal, hinter dem sich herandrängen sehen können, der den Weihbrunn austeilte, und sie *rissen das Maul auf* [...] O wie glücklich war in jenem Jahr, wer einen kühlen und wohlgefüllten *Keller* hatte!« (S. 317/318)

»Brunnen«, »Kuhbauch« und »Keller« sind als Motive dem »aufgerissenen Mund« äquivalent. Der Mund entspricht in der grotesken Topographie dem Bauch und dem Uterus; das erotische Motiv des »trou«, des »Loches«, des Eingangs zur Hölle, ist zugleich der aufgesperrte »Satansrachen«. Der Brunnen ist ein geläufiges Bild der Folklore für den gebärenden Leib; analogen Charakter hat auch der Keller, doch in ihm dominiert eher das Moment von Tod und Verschlingen. Schon zu Beginn des Romans erhalten die Erde und ihre Öffnungen eine zusätzliche grotesk-leibliche Bedeutung. Dadurch ist die spätere *Einbeziehung von Erde und Meer in die Körpersphäre* vorbereitet.

Rabelais spielt auch auf den antiken Mythos von Phaethon an, der beim Führen des Sonnenwagens der Erde zu nahe kam und sie fast verbrannt hätte; die *Erde* schwitzte dabei so, *daß von ihrem Schweiß die Meere salzig wurden* (nach Plutarch erklärte

Empedokles so die Salzhaltigkeit der Meere). Rabelais überführt diese grotesk-leibliche Vorstellung von der hohen mythologischen Ebene auf die Ebene volkstümlich-festlicher Degradierungen: »Da ward die Erde so sehr erhitzt, daß ihr ein gewaltiger Schweiß ausbrach, und sie schwitzte das ganze Meer aus, das darum salzig ist, denn aller Schweiß ist salzig. Und ihr werdet zugeben, daß dem so ist, wenn ihr euern eigenen kosten wollt oder auch den der Lustseuchlinge, wenn sie im Schwitzbad schmoren. Mir ist's einerlei.« (S. 318)

Der gesamte Motivkomplex, der in diesem kurzen Abschnitt zur Sprache kommt, ist überaus charakteristisch. Er ist *kosmisch* (denn hier schwitzt die Erde, und sie salzt mit ihrem Schweiß das Meer), das *Schwitzen,* ein typisch groteskes Motiv, spielt die zentrale Rolle (es ist den anderen Ausscheidungsarten äquivalent, der Schweiß dem Urin). Weiter findet sich in dem kurzen Absatz das Motiv der *Krankheit,* und zwar in der Form der Syphilis, der »heiteren« Krankheit, die mit dem Unterleib verbunden ist. Schließlich steht das Motiv des Schweißes mit dem *Essen* in Zusammenhang (man soll den Geschmack des Schweißes probieren). Dies ist eine schwächere Form von *Skatophagie,* die für die medizinische Groteske (schon bei Aristophanes) charakteristisch ist. Implizit ist in unserem Ausschnitt auch der traditionelle Kern des Teufelchens Pantagruel vorhanden, das ja mit dem Element des Meeres und dem Durstmachen verknüpft ist. Wieder ist die *Erde* Protagonistin: im ersten Kapitel wird erzählt, wie sie, von Abels Blut getränkt, *fruchtbar* wurde und *gebar,* hier, im zweiten Kapitel, *schwitzt* und *dürstet* sie.

Danach bringt Rabelais eine kühne parodistische Travestie auf die religiöse Prozession und die Wundergläubigkeit. Die Gläubigen beten um Regen, und kurz darauf treten aus der Erde große *Schweiß*tropfen aus, wie bei einem stark schwitzenden Menschen. Die Gläubigen halten dies für Tau, den Gott auf ihre Gebete hin heruntergeschickt habe. Doch als die Prozession beginnt und jeder von dem Tau probieren will, zeigt sich, daß es Salzlauge ist, schärfer und konzentrierter als das Meerwasser. So betrügt das Wunder die frommen Hoffnungen der Gläubigen. Das materiell-leibliche Element spielt die entlarvende Rolle.

Genau an diesem Tag nun und zu dieser Stunde wird Pantagruel geboren. Deshalb nennt man ihn »Pantagruel«, was nach Rabelais' burlesker Etymologisierung *»ganz durstig«* heißt.

Die Geburt des Helden findet unter ebenso grotesken Verhältnissen statt: aus dem *weitgeöffneten Schoß* seiner Mutter fährt zuerst ein Troß voller *salziger*, durstmachender *Vorspeisen* heraus, und erst dann erscheint das Kind, »ganz haarig wie ein Bär« (S. 320).

Das dritte Kapitel entwickelt das *ambivalente Motiv von Tod und Geburt.* Gargantua weiß nicht, ob er um den Tod seiner Frau weinen oder vor Freude über die Geburt seines Sohnes lachen soll, und so lacht er »wie ein Kalb« (jung und gerade geboren) und heult »wie eine Kuh« (die gebiert und stirbt).

Im vierten Kapitel werden die Erfolge des jungen Pantagruel beschrieben, die er schon in der Wiege erzielt. Sie bestehen sämtlich im *Zerstückeln, Verschlingen und Verschlucken.* Zu jeder Mahlzeit *trinkt* er die Milch von 4600 Kühen. Brei gibt man ihm aus einer riesigen Glocke, doch seine *Zähne* sind bereits so groß und kräftig, daß er von diesem Geschirr ein ordentliches Stück *abbeißt.* Eines Morgens, als er aus dem *Euter einer Kuh trinken* will, bekommt er eine seiner an der Wiege festgebundenen Hände frei, greift die Kuh bei den Beinen und *verspeist* ihr *Euter und den halben Leib mitsamt Leber und Nieren.* Er hätte sie ganz gegessen, doch nimmt man ihm die Kuh, ein Bein allerdings kann man ihm nicht entwinden, er behält es in der Hand und *verschlingt* es wie eine Wurst. Einmal kommt der zahme Bär Gargantuas an seine Wiege, Pantagruel packt ihn, *reißt ihn in Stücke und verspeist ihn* wie ein Hähnchen. Er ist so stark, daß man ihn an der Wiege festschmiedet, trotzdem erscheint er im Saal, wo Gargantua ein opulentes Festessen gibt, mit der Wiege auf dem Rücken; da seine Hände gefesselt sind, *streckt er die Zunge aus* und holt sich die Dinge vom Tisch.

Wir können die Entwicklung des Motivs des Schluckens nicht vollständig wiedergeben; erwähnen wir nur einige einschlägige Beispiele.

In der Episode mit dem Studenten aus Limousin packt Pantagruel diesen an der *Kehle,* woraufhin er nach einigen Jahren den »Tod Rolands« (S. 342) stirbt, d. h. *verdurstet* (der traditionelle Kern der Figur des Teufelchens Pantagruel).

Im vierzehnten Kapitel, während eines Festessens, das nach

Beendigung des Prozesses zwischen Leckarsch und Schluckefist abgehalten wird, sagt der betrunkene Panurge: »O Freundchen, wenn ich ebenso leicht *hochkäme*, wie ich's *abwärts* kann, ich wäre bereits über der Mondkugel bei Empedokles! Aber ich weiß nicht, was das bedeuten soll: Dieser Wein ist vortrefflich und gar köstlich, doch je mehr ich davon trinke, um so durstiger werde ich. Ich glaube, der Schatten des gnädigen Herrn Pantagruel *zeugt durstige Leute*, wie der *Mond Schleimfluß.«* (S. 388)
Ich möchte das topographische Moment darin hervorheben, die Spannung zwischen der oberen Sphäre des Himmels und der unteren des Magens. Wir erkennen den traditionellen Kern der Figur des Pantagruel, das Durstmachen. Doch hier tritt nur sein Schatten in dieser Rolle auf (eine Analogie zum fruchtbaren Schatten des Klosterglockenturms). Grotesken Charakter hat hier auch die traditionelle Vorstellung vom Einfluß des Mondes (des Himmelskörpers) auf die Erkältung (die Krankheit).
Auf dem Festessen erzählt Panurge die uns schon bekannte Geschichte, wie er in der Türkei fast *zum Spießbraten geworden* wäre, wie er seinerseits einen Türken *am Spieß gebraten* hat und wie ihn die Hunde beinahe *in Stücke gerissen* hätten. Er befreit sich vom »Zahnschmerz« (d.h. dem Schmerz, den ihm die Hunde mit ihren Zähnen zufügten), indem er ihnen den *Speck*, mit dem er umwickelt war, zuwirft. Hiermit ist das Motiv des *Brandes* eingeführt, der die ganze türkische Stadt erfaßt, und das Motiv der *Heilung im Feuer:* Das Braten am Spieß befreit Panurge vom Hexenschuß. Die durch und durch karnevaleske Episode endet mit einem Lob auf den Bratspieß und den Braten.
Der traditionelle Kern der Pantagruel-Figur lebt auch in der Episode mit Thaumast wieder auf. Nach dem ersten Wiedersehen mit Pantagruel verspürt Thaumast einen solchen Durst, daß er die ganze Nacht Wein trinken und sich die *Kehle* mit Wasser spülen muß. Während des Disputes, als das Publikum in die Hände klatscht, schreit Pantagruel: »›Ruhe! Zum Teufel! Ruhe! Bei Gott, ihr Lausbuben, wenn ihr mich hier belästigt, schlag ich euch allen die Köpfe ab.‹
Auf diese Rede hin waren sie verdutzt wie Wildenten, saßen mucksstill da und wagten nicht einmal mehr zu husten, auch wenn sie fünfzehn Pfund Federn *geschluckt* hätten; und ob dieser

Stimme war ihnen der Mund so trocken geworden, daß sie die *Zunge* einen halben Fuß *zum Maul herausstreckten*, wie wenn ihnen *Pantagruel die Kehle versalzen* hätte.« (S. 423)
Auch in der Episode mit der Ritterverbrennung und dem Festessen spielt der aufgerissene Mund Pantagruels eine Rolle. Der gefangene Ritter war »in großer Sorge, Pantagruel könnte ihn gar *mit Haut und Haar verschlingen*, und das hätte er – so gewaltig war sein *Schlund* – mit Leichtigkeit vermocht, so leicht, wie unsereins eine Zuckererbse verschluckt, und er hätte in seinem *Maul* nicht mehr ausgemacht als ein Hirsekorn im *Maul eines Esels«* (S. 461).
In der Darstellung des Kriegs gegen König Anarchos treten alle zentralen Motive des Ersten Buchs deutlich hervor: der *aufgerissene Mund, der Schlund, Salz, Durst, Urin* (statt Schweiß) u. a. Sie ziehen sich als roter Faden durch alle Kriegsepisoden. Pantagruel schickt dem König Anarchos durch einen gefangenen Ritter ein Kästchen mit Wolfsmilch und roten Pfefferkörnern, um ihm Durst zu machen. »Doch sobald der König einen Löffel voll *hinuntergeschluckt* hatte, brannte es ihn dermaßen höllisch im ganzen Schlund, und zugleich schwärte sein *Halszäpfchen* so heillos, daß sich ihm die *Zunge schälte*, und welche Mittel man auch dagegen anwenden mochte, er fand keine Linderung, außer wenn er ohne abzusetzen trank, denn sowie er den Becher vom Munde nahm, brannte ihm die *Zunge* wie Feuer. Darum *goß* man ihm in einem fort durch einen Trichter Wein in den *Schlund.«* (S. 474) Mit dem König beginnen auch seine Heerführer zu trinken. »Also fing ein jeder im Heer an, es ihnen gleichzutun und zu zechen, zu bürsten und zu bechern. Kurz, sie tranken so lang und so viel, daß sie wie die Schweine wirr durcheinander im Lager umsanken und einschliefen.« (a.a.O.) Gleichzeitig bereitet sich Pantagruel mit seinen Rittern auf seine Weise auf den Kampf vor. Er nimmt 237 Weinfäßchen mit und befestigt an seinem Gürtel einen ganzen Bottich *Salz*. Man trinkt den Wein, und Pantagruel nimmt ein *urintreibendes Mittel* ein. Dann wird das Lager König Anarchos' angesteckt, in dem nach dem Umtrunk alle noch schlafen. Die weitere Entwicklung des Motivs ist so charakteristisch, daß wir die entsprechende Passage vollständig zitieren:

»Indessen fing Pantagruel an, das Salz, das er in seiner Kufe hatte, auszustreuen, und da sie mit *offenem Maul* schliefen, *streute er ihnen den ganzen Schlund voll*, so daß die armen Teufel husteten wie die Füchse und schrien: ›Ha, Pantagruel, du hitzest unseren brennenden Durst noch mehr!‹ Mit einmal gelüstete es Pantagruel, sein *Wasser abzuschlagen*, von wegen der Arznei, die ihm Panurge eingegeben hatte, und er *brunzte mitten in ihr Feldlager* so unmäßig und überreichlich, daß er sie allesamt ersäufte und zehn Meilen in der Runde eine wahre *Sintflut* herrschte. Und die Geschichte erzählt, wenn die riesige Stute seines Vaters dabeigewesen wäre und gleichfalls gepißt hätte, so wäre daraus eine Sintflut geworden, gewaltiger als zu Deukalions Zeit; denn jedesmal, wenn sie ihr Wasser ließ, entstand ein Fluß, der breiter und tiefer war als die Rhone und die Donau.

Als das nun die Kriegsleute sahen, die aus der Stadt ausgefallen waren, sprachen sie: ›Sie sind allesamt grausam ums Leben gekommen, seht nur, wie das *Blut* fließt.‹

Doch sie hatten sich getäuscht und *meinten, Pantagruels Urin sei das Blut der Feinde*, denn sie konnten beim Feuerschein der Zelte und dem schwachen Mondlicht nur undeutlich sehen.

Als die Feinde erwacht waren und auf einer Seite das Feuer in ihrem Lager sahen und dazu die Urinsintflut, wußten sie nicht, was sie sagen und denken sollten. Manche sagten, es sei das *Ende der Welt* und *Jüngste Gericht* gekommen, wo *das ganze All in Flammen aufgehen* soll. Andere meinten, die Meergötter Neptun, Protheus, Tritonen und andere verfolgten sie, und das sei wirklich Meer- und Salzwasser.« (S. 476/477)

Wir sehen, daß hier alle zentralen Motive der ersten Kapitel wieder auftauchen; diesmal ist das Salzwasser nicht Schweiß, sondern Urin, und nicht die Erde scheidet ihn aus, sondern Pantagruel, der, als Riese, kosmische Bedeutung erlangt. Der traditionelle Kern der Figur des Pantagruel ist breit ausgestaltet und hyperbolisiert: eine *ganze Armee von aufgerissenen Mündern, ein ganzer Bottich Salz, der in diese Münder gestreut wird, das Element des Wassers und die Meeresgötter, die Überschwemmung mit salzigem Urin.* Das Spiel mit den bekannten Motiven Urin, Blut, Meerwasser fügt sich hier in das Bild einer *kosmischen Katastrophe*, des *Weltuntergangs in Feuer und Flut.*

Die mittelalterliche Eschatologie ist hier durch Motive des Materiell-Leiblichen degradiert und erneuert. Es ist der *karnevaleske Brand, der die Welt erneuert.* Denken wir an das »Feuerfest« in Goethes Beschreibung des römischen Karnevals mit seinem »Tod dir!« oder an die ebenfalls karnevaleske Darstellung des Weltuntergangs in der *Rätsel-Prophezeiung;* Wasserströme, die alles überschwemmen, erweisen sich als *Schweiß* und der *Weltenbrand als heiteres Herdfeuer.* In unserer Episode sind die Grenzen zwischen Körpern und Dingen und zwischen Krieg und Festmahl aufgehoben, das Festmahl, Wein, Salz und Durstmachen werden zu Hauptmitteln der Kriegführung, anstelle von Blut fließen nach dem Trinkgelage reichliche Urinströme.

Vergessen wir nicht, daß der *Urin* (wie der Kot) die *heitere Materie* ist, die *Angst in Lachen* verwandelt. Wie der Kot gewissermaßen ein Mittleres zwischen Körper und Erde ist (das kosmische Bindeglied, das Erde und Körper vereint), so ist der *Urin* ein *Mittelding zwischen Körper und Meer.* Deshalb wird der Mysterienteufel Pantagruel, die *Verkörperung* des salzigen *Meereselements*, bei Rabelais zur *Verkörperung des heiteren Urins* (und sein Urin besitzt, wie wir noch sehen werden, besondere Heilqualitäten). *Kot und Urin verkörperlichen die Materie, die Welt und die kosmischen Elemente,* sie bringen sie in intime Nähe zum Menschen, machen sie *körperlich-begreiflich,* denn diese Materie und dieses Element werden vom Körper selbst produziert und ausgeschieden. *Urin und Kot verwandeln kosmisches Entsetzen in Karnevalsheiterkeit.*

Wir müssen nun die Rolle der *kosmischen Angst,* der Angst vor dem maßlos Großen und dem maßlos Starken – vor dem Sternenhimmel, den Materialmassen der Berge, dem Meer, vor kosmischen Umwälzungen und Naturkatastrophen – betrachten. Sie ist in den ältesten Mythologemen, in der Philosophie, in den volkstümlichen Motiven, in allen Sprachen und dem an sie gebundenen Denken enthalten. *Eine dunkle Erinnerung an kosmische Umwälzungen und eine unbestimmte Angst vor kosmischen Erschütterungen sind in der Sprache und der Kunst* aufbewahrt. Die kosmische Angst, die nicht im strengen Sinn mystisch ist (denn es ist die Angst vor dem Materiell-Großen und vor einer unbezwingbaren Kraft), wird von allen religiösen Doktrinen benutzt, um die Menschen zu beeinflussen. Doch schon in den ältesten Motiven der Volkskunst findet der *Kampf gegen diese Angst, der Kampf gegen die Vorahnung tödlicher kosmischer Erschütterungen und die Erinnerung daran* Ausdruck. In den volkstümlichen Motiven, die diesen Kampf wiedergeben, bildet sich das wahre, *furchtlose Selbstbewußtsein* des Menschen.[180] Der Kampf mit der kosmischen Angst stützte sich niemals auf abstrakte Hoffnungen, auf die Ewigkeit des Geistes, sondern auf das Materielle im Menschen selbst. Der Mensch konnte sich sozusagen die kosmischen Elemente (Erde, Wasser, Luft und Feuer) *aneignen, weil er sie in seinem eigenen Körper fand. Er fühlte den Kosmos in sich.* Die Renaissance war für diesen Aneignungsvorgang besonders sensibilisiert. Theoretischen Ausdruck gab sie ihm in der *Idee des menschlichen Mikrokosmos,* die auch Rabelais in der zitierten Überlegung Panurges über Schuldner und Gläubiger aufgreift. Auf das philosophische Problem des Mikrokosmos kommen wir noch zurück. Zunächst bleiben wir dabei, wie man sich den *materiellen Kosmos mit seinen Elementen über die materiellen Akte und Funktionen des eigenen Körpers aneignete.* Im *Essen und Ausscheiden* und im *sexuellen Erleben* fand man quasi in der *Tiefe des eigenen Körpers* Erde, Meer, Luft und Feuer, die Materie der Welt in all ihren Erscheinungsformen. Die *Motive des Unterleibs* wurden vor allem in dieser *mikro»kosmischen« Bedeutung* verwandt.

In der Volkskunst wird die kosmische *Angst* (wie auch jede andere Angst) vom *Lachen* besiegt. Deshalb spielen *Kot und Urin* als *körperlich-begreifliche Lachmaterie* eine solche Rolle. Deshalb auch treten sie in *hyperbolischer Menge und in kosmischen Maßstäben* auf. Wenn die *kosmische Katastrophe* in *Motiven des Materiell-Leiblichen* dargestellt ist, so ist sie *degradiert und vermenschlicht und verwandelt sich in ein lächerliches Monster.* Die kosmische Angst ist vom Lachen besiegt.

Kehren wir zurück zum Krieg gegen Anarchos. Der Zweikampf zwischen Pantagruel und dem Riesen Werwolf wird ausführlich geschildert. Das Spiel geht mit denselben Motiven weiter. Werwolf nähert sich Pantagruel mit *geöffnetem Rachen* (la gueule ouverte). Pantagruel »schleuderte [...] ihm aus dem Faß, das er am Gürtel trug, mehr denn achtzehn Tonnen und eine halbe

Metze Salz ins Gesicht, daß er ihm Schlund und Kehle, Nase und Augen vollschüttete«. (S. 483/484) Während des darauffolgenden Kampfes schlägt Pantagruel Werwolf in die Leistengegend und vergießt dabei den restlichen Wein. »Da meinte Werwolf, er habe ihm die Blase aufgeschlitzt und der Wein, der ausfloß, sei sein Harn.« (S. 484)
Im folgenden Kapitel wird die Auferstehung Epistemons geschildert und seine Erzählung über den Besuch im Jenseits wiedergegeben. Die Hölle ist in der Körper-Sprache der *Unterleib* oder der *geöffnete Teufelsschlund*, der Tod das *Verschlungenwerden* oder die *Rückkehr in den Schoß der Erde:* es ist ganz offenbar, daß wir im Bereich derselben Motive vom *aufgesperrten Mund* und *geöffneten Schoß* bleiben. Die ausführliche Analyse der Ereignisse des Höllenbesuchs heben wir uns für das folgende Kapitel auf.
Das Ende der Episode vom Kampf gegen König Anarchos bilden zwei rein karnevaleske Motive.
Das erste ist das karnevalesk-utopische »Gastmahl für die ganze Welt«. Als die Sieger im Lande der Amauroten ankommen, »wurden allenthalben in den Straßen *Freudenfeuer angezündet* und *Rundtische* aufgeschlagen, die mit *Speise und Trank* im Überfluß bestellt waren. Es sah aus, als wäre das goldene Zeitalter wiedererstanden, so hoch ging's da her.« (S. 504) Das zweite Motiv ist die *karnevaleske Entthronung des Königs Anarchos,* von der wir an anderer Stelle schon gesprochen haben. Der Krieg gipfelt in einem karnevalesken Festessen und einer Entthronung.
Im folgenden Kapitel wird erzählt, wie Pantagruel während eines heftigen Regengusses mit seiner »herausgestreckten Zunge« das ganze Heer vor Regen schützt. Dann wird die unfreiwillige Reise des Autors (Alcofribas) in *den aufgesperrten Mund* des Pantagruel geschildert. Dort begegnet ihm eine *ganze, unbekannte Welt:* weitläufige Haine, Wälder, befestigte Städte. Es stellt sich heraus, daß in dem Mund mehr als 25 Königreiche existieren. Die Menschen, die sie bevölkern, sind überzeugt, daß ihre Welt älter ist als die Erde. Alcofribas verbringt *im Munde* seines Helden sechs Monate, ernährt sich von den Speisen, die dort durchgehen, und *entleert sich in den Hals.*
Diese Episode erinnert an Lukian (an seine *Wahren Geschich-*

ten), doch schließt sie die Motivreihe vom aufgerissenen Mund hervorragend ab. Im Mund existiert eine ganze Welt, eine Art Mundhölle. Wie schon die Hölle in Epistemons Vision, »steht« auch diese Welt im Mund gewissermaßen »kopf«, z. B. zahlt man hier nicht für die Arbeit, sondern für's Schlafen. Die Episode entwickelt unter dem grotesken Lachaspekt die Idee der *Relativität* räumlicher und zeitlicher Koordinaten.

Das 33. Kapitel handelt von Krankheit und Genesung Pantagruels. Er leidet an Magengrimmen, und seine *reichlichen, heißen Urinströme* werden an einer Reihe von Orten in Frankreich und Italien zu *heißen Heilquellen.* Wieder tritt er als Verkörperung des materiell-leiblichen kosmischen Urinelements auf.

In dieser Krankheitsepisode wird auch beschrieben, wie einige Leute zu Reinigungszwecken in Pantagruels Magen herabgelassen werden. Die mit Spitzhacken, Spaten und Körben Ausgestatteten liegen in großen Kupferkugeln, die Pantagruel wie *Pillen verschluckt* (das Motiv des Schluckens). Im Magen angekommen, verlassen sie die Kugeln und führen ihre Reinigungsarbeiten durch. Wie im vorhergehenden Kapitel der *Mund,* so ist hier der *Magen* in grandiosen, fast kosmischen Dimensionen dargestellt.

Schließlich gibt es auch im letzten, abschließenden Kapitel Motive des grotesken Körpers. Es wird ein Plan für die folgenden Teile des Romans vorgelegt. Unter den in Aussicht gestellten Episoden wird u. a. die *Zerschlagung der Hölle durch Pantagruel* angesagt, wobei er Proserpina ins Feuer werfen und Luzifer vier *Zähne* einschlagen und ein Horn zerschmettern soll. Weiter ist eine Reise Pantagruels zum Mond vorgesehen, wo er prüfen will, ob sich wirklich, wenn der Mond abnimmt, drei Viertel seiner Masse in den Köpfen der Frauen befinden.

So ist das (chronologisch) erste Buch des Romans vom Motiv des aufgesperrten Mundes, der Kehle, der Zähne und der Zunge beherrscht. Der aufgesperrte Mund, das traditionelle Attribut des Teufels Pantagruel aus den Mysterienspielen, verbindet sich organisch mit dem Schlucken und Verschlingen einerseits und dem Bauch, dem Magen und der Geburt andererseits. Zugleich hat es mit Festmahlmotiven, mit Tod, Vernichtung und Hölle zu tun. Schließlich ist auch das andere Charakteristikum der traditionellen Pantagruel-Figur, der Durst, das flüssige Element, der

Wein oder der Urin, mit dem aufgerissenen Mund verbunden.

Damit sind alle führenden Organe und Körperteile im Leben des grotesken Körpers angesprochen und um ein zentrales Motiv gruppiert.

Das Motiv des aufgerissenen Mundes ist die klarste Darstellung des offenen, unabgeschlossenen Körpers. Er ist das *sperrangelweit geöffnete Tor ins Körperinnere.* Offenheit und Tiefe des Körpers werden noch dadurch unterstrichen, daß sich im Mund eine ganze, bewohnte Welt eröffnet und sich Menschen in die Abgründe des Magens begeben können wie in ein Bergwerk. Als Ausdruck der gleichen *körperlichen Offenheit* dient das Motiv des *geöffneten Schoßes* der Mutter Pantagruels, des fruchtbaren Schoßes der mit Abels Blut getränkten Erde, der Hölle etc. Die *Tiefen des Leibes* sind fruchtbar, hier geht das Alte zugrunde und wird das Neue aus dem Überfluß geboren. Das ganze erste Buch ist buchstäblich von Motiven der Zeugungskraft, der Fruchtbarkeit und des Überflusses gesättigt. Neben der leiblichen Geöffnetheit ist ständig die Rede vom Phallus oder dem Hosenlatz als Phallusersatz. So hat der groteske Körper keine Fassade, keine glatte, geschlossene Oberfläche, überhaupt keine äußere Expressivität. Der Körper, das sind die fruchtbaren Körperhöhlen oder die zeugenden vorgewölbten Körperteile. Der Körper verschlingt und gebiert, nimmt und gibt.

Ein solcher Körper ist nie exakt von der Welt abzugrenzen. Er geht in sie über, vermischt sich mit ihr, verschmilzt mit ihr. Im Innern der Welt (wie im Mund Pantagruels) verbergen sich neue, unbekannte Welten. Der Körper nimmt kosmische Ausmaße an, und der Kosmos wird verkörperlicht. Die *kosmischen Elemente werden zu heiteren leiblichen Elementen des wachsenden, produzierenden und triumphierenden Körpers.*

Der *Pantagruel* wurde während einer *Naturkatastrophe* konzipiert und niedergeschrieben, die 1532 über Frankreich hereinbrach. Die Not war zwar nicht verheerend, doch groß genug, um die Zeitgenossen zu beschäftigen und kosmische Ängste und *eschatologische Vorstellungen* wiederzubeleben.

Der *Pantagruel* war in entscheidendem Maß Replik auf diese Ängste und religiös-eschatologischen Stimmungen. Er ist ein Stück Renaissance-Publizistik auf volkstümlicher Marktplatz-

Grundlage, die kämpferische Reaktion auf Tagesereignisse, auf aktuelle Gedanken und Stimmungen in einem bestimmten historischen Moment.

Im Sommer 1532 herrschte große Hitze und eine schwere Dürre, die sechs Monate, vom Frühling bis zum November, anhielt. Die Saat und besonders die Weinberge waren bedroht. Daher veranstaltete die Kirche Gottesdienste und Prozessionen, deren parodistische Travestie wir am Anfang des Romans finden. Im Herbst 1532 brach in einigen Orten Frankreichs eine Pestepidemie aus, die auch das ganze nächste Jahr nicht eingedämmt werden konnte. Auf diese Pest wird im *Pantagruel* ebenfalls angespielt, sie wird mit den schädlichen Dämpfen aus dem schmerzenden Magen des Helden erklärt.

Die Naturkatastrophe und die Pestepidemie weckten, wie gesagt, in diesen Jahren und auch schon früher, im 14. Jahrhundert, die alte *kosmische Angst* und damit verbundene *eschatologische* und mystische Vorstellungen. Katastrophen aller Art schaffen jedoch gewöhnlich zugleich einen wachen *Sinn für die Geschichte* und den Wunsch nach *freier Überprüfung* aller dogmatischen Glaubenssätze und Bewertungen (vgl. im 14. Jahrhundert Boccaccio und Langland). Etwas Vergleichbares, wenn auch der Anlaß nicht allzu triftig war, spielte sich in jenen Tagen ab, als der *Pantagruel* entstand. Für Rabelais diente diese Stimmung als Orientierungspunkt für sein Buch. Es ist möglich, daß die *Figur des angstmachenden Teufelchens Pantagruel* und die ganze Färbung dieses Motivs direkt *dem Redemilieu des Marktplatzes und der familiären Tischgespräche entnommen sind*, in denen sie unmittelbarer Adressat *heiterer Verwünschungen* der Welt und der Natur sowie Protagonist zwangloser Travestien auf das Thema Eschatologie, Vorsehung, weltweite Katastrophe etc. waren. Doch um diese Figur konzentrierte Rabelais die *in Jahrtausenden entwickelten* Motive der *volkstümlichen Lachkultur*, die den Kampf gegen die *kosmische Angst* und die *Eschatologie* sowie die Vorstellung vom *heiteren, materiell-leiblichen, ewig wachsenden und sich ewig erneuernden Kosmos* spiegelten.

Das Erste Buch ist das kosmischste. In den folgenden Büchern schwächt sich dieses Moment ab, und es treten soziale, politische und historische Themen in den Vordergrund. Doch bleibt die Überwindung der kosmischen Angst und der eschatologischen

Orientierung bis zum Ende des Romans eines seiner Leitthemen. In der Entwicklung dieses Themas spielt der groteske Körper eine außerordentlich wichtige Rolle. Dieser wachsende und ewig triumphierende *Volkskörper* fühlt sich im Kosmos wie *im eigenen Haus.* Er ist Fleisch vom Fleisch und Blut vom Blut des Kosmos, er besteht aus *kosmischen Elementen und Kräften.* Diese Kräfte finden in ihm ihre optimale Gestalt. *Der Körper ist das letzte und beste Wort des Kosmos, er ist die führende kosmische Kraft,* und so ist der Kosmos für ihn nicht schrecklich. Auch der Tod ist es nicht. Der Tod des Individuums ist nur ein Moment des triumphierenden Lebens des Volkes und der ganzen Menschheit, sogar ein für *ihre Erneuerung und Vollendung unverzichtbares Moment.*

Kommen wir zur Analyse einiger Quellen der Rabelaisschen grotesken Körperkonzeption. Die groteske Körperkonzeption war, wie wir schon sagten, in der Sprache, besonders in allen Formen familiärer sprachlicher Kommunikation, lebendig. Sie war Grundlage aller beschimpfenden, entlarvenden, neckenden und heiteren Formen der *gestischen Sprache* (Faustzeigen, Nase zeigen, Hintern zeigen, Spucken, alle möglichen obszönen Gesten), und sie liegt schließlich auch den verschiedensten Formen und Gattungen der Folklore zugrunde. Man traf einfach überall auf diese Konzeption, und Rabelais und seinen Zeitgenossen war sie vertraut. Die Quellen, die wir nun nennen, stellen nur jeweils typische Ausdrucksformen dieser vorherrschenden und alle Bereiche erfassenden Körperkonzeption dar und korrespondieren unmittelbar mit der Thematik des Romans.

Zunächst wollen wir auf die Riesenlegenden eingehen. Die Figur des Riesen ist schon an sich ein groteskes Körpermotiv, doch kann natürlich das groteske Moment an verschiedenen Riesen mehr oder weniger stark entwickelt sein. In den Ritterromanen, die zu Rabelais' Zeit sehr verbreitet waren, kommen Riesen wohl vor, doch haben sie ihre grotesken Züge fast völlig verloren. Sie zeigen oft einfach gesteigerte physische Kraft und sind ansonsten ihrem Lehnherrn und Besieger sehr ergeben.

In der italienischen heroisch-komischen Tradition – bei Pulci *(Il Morgante Maggiore)* und besonders bei Folengo *(Fracassus)* –

leben an den aus dem höfischen in den komischen Bereich versetzten Riesen groteske Züge wieder auf. Rabelais war mit der italienischen Tradition der komischen Riesen vertraut, sie muß als eine der Quellen seiner grotesk-leiblichen Motive gelten. Direkte und unmittelbare Quelle Rabelais' aber ist bekanntlich das Volksbuch *Die Große Chronik des Gargantua* (1532). Dieses anonyme Werk hat einige Elemente einer parodistischen Travestie auf die *Artusromane*, doch ist es natürlich keineswegs eine literarische Parodie im späteren Verständnis. Der Riese hat hier deutlich grotesk-leiblichen Charakter. Als Quelle der Chronik dienten die mündlichen Volkslegenden vom Riesen Gargantua. Die Legenden existierten in mündlicher Version lange vor Erscheinen des Volksbuches und leben in ebenfalls mündlicher Tradition bis heute fort, und zwar nicht nur in Frankreich, sondern auch in England. Einige Versionen wurden im 19. Jahrhundert aufgezeichnet und von P. Sebillot in einem Band *Gargantua dans les traditions populaires* (Paris 1883) versammelt. Zeitgenössische Berrichon-Legenden über Gargantua und andere Riesen sind in dem Buch von Jean Baffier, *Nos Géants d'autrefois. Récits berrichons* (Paris 1920) zusammengestellt. Selbst in dieser späten mündlichen Tradition hat die Figur des Gargantua ganz und gar grotesk-leiblichen Charakter. Im Vordergrund des Interesses steht der grandiose Appetit des Riesen, andere groteske Körperfunktionen treten dahinter zurück; bis heute sagt man in Frankreich »Quel Gargantua«, »was für ein Vielfraß!«.

Alle Riesenlegenden sind eng mit dem geographischen Relief der Gegend verbunden, in der sie erzählt werden, die Legende findet immer *visuelle Stützen im örtlichen Landschaftsbild*, sie findet den *zerlegten, verstreuten* oder in den Boden gedrückten *Körper des Riesen* in der Natur. Bis heute gibt es in vielen französischen Orten Felsen, Steine und Megalithen-Monumente, Dolmen, Hinkelsteine etc., die mit dem Namen Gargantua verbunden sind. Alle bezeichnen Körperteile oder verschiedene Gebrauchsgegenstände, sie heißen »Gargantuas Finger«, »Gargantuas Zahn«, »Gargantuas Löffel«, »Gargantuas Becher«, »Gargantuas Sessel«, »Gargantuas Spazierstock«, u. a. Zusammen ergibt sich der auch bei *Rabelais anzutreffende Komplex aus Küchengerät, häuslichen Gebrauchsgegenständen und abgetrennten Teilen des Riesenkörpers.* Zu Rabelais' Zeit war diese Steinwelt aus Dingen und Körperteilen natürlich noch bunter.

Die über ganz Frankreich verteilten Fragmente des zerstückelten Riesen und seiner Utensilien besitzen äußerste *groteske Anschaulichkeit* und mußten einen gewissen Einfluß auf Rabelais haben. Im *Pantagruel* erwähnt er die riesige Tasse, in der der Brei für den Helden gekocht wurde. Diese Tasse, so fügt er hinzu, könne man noch heute in Bourges bewundern. Heute existiert in Bourges nichts dergleichen. Doch es gibt Zeugnisse aus dem 14. Jahrhundert, daß dort tatsächlich ein riesiger Stein in Bassinform stand, die sogenannte »Scutella gigantis«, d. h. »der Riesenbecher«; einmal im Jahr füllten ihn die Weinverkäufer mit Wein für die Armen. Rabelais hat das Motiv aus der Realität übernommen.[181]

Neben der leiblichen Groteske der *Großen Chronik* muß auch der *Schüler Pantagruels,* ein anonymes, 1537 erschienenes Werk, erwähnt werden. Das Buch zeigt Einflüsse Rabelais' und der *Naturgeschichte* Lukians; daneben hat es ein volkstümlich-festliches Moment und steht unter dem unmittelbaren Einfluß der mündlichen Tradition der Riesenlegenden. Der *Schüler Pantagruels* seinerseits übte einen gewissen Einfluß auf die späteren Teile von Rabelais' Roman aus.

Die Bedeutung der volkstümlich-festlichen Riesen ist nicht gering zu veranschlagen. Der Riese war eine der Figuren des Jahrmarkts- und Schaubudenrepertoires (wo er zusammen mit dem Liliputaner noch heute auftritt), er war auch eine obligatorische Figur in Karnevalsumzügen und auf Fronleichnamsprozessionen. Am Ausgang des Mittelalters hielt sich eine Reihe von Städten neben ständigen »Stadtnarren« auch ständige »Stadtriesen« oder sogar eine »Riesenfamilie«, die auf Kosten der Stadt lebte und auf allen volkstümlich-festlichen Prozessionen auftreten mußte. Die Institution der Stadtriesen bestand in einer Reihe von Städten und sogar Dörfern Nordfrankreichs und besonders Belgiens bis ins 19. Jahrhundert, so z. B. in Lille, Douai, Cassel. 1835 wurde in Cassel ein Fest zur Erinnerung an die Hungersnot von 1638 veranstaltet, und es trat ein Riese auf, der an der kostenlosen Suppenvergabe an die Bevölkerung teilnahm. Die Verbindung des *Riesen mit dem Essen* ist charakteristisch. In Belgien gab es besondere Feiertagslieder über den *Riesen,* in

denen er mit dem *häuslichen Herd* und der *Zubereitung des Essens* in Verbindung gebracht wurde.
Natürlich kannte Rabelais die Figur des volkstümlich-festlichen Riesen, des unentbehrlichen Begleiters aller volkstümlichen Marktplatzbelustigungen und Karnevalszeremonien. Wir haben allerdings keinerlei direkte Daten zu diesem Komplex seines Schaffens. Ihm waren sicher viele lokale Riesenlegenden bekannt, die uns nicht überliefert sind. Der Roman nennt Namen von legendären Riesen, die von einer besonderen Beziehung zum Essen und Schlucken sprechen: Engolevent, Happe mousch, Maschefoin u. a.
Rabelais kannte schließlich auch die antiken Riesen, über die wir schon sprachen. Besonders wichtig scheint der »Zyklop« des Euripides, auf den er sich im Roman zweimal bezieht.
Soviel zu den Quellen der Riesenfiguren. Wir sind der Ansicht, daß die volkstümlich-festlichen Riesen für Rabelais von größter Bedeutung waren. Sie waren äußerst populär, jedermann vertraut, ganz von der Atmosphäre volkstümlich-festlicher Marktplatzzwanglosigkeit geprägt und schließlich eng mit den volkstümlichen Vorstellungen von materiell-leiblicher Fülle und Überfluß verbunden. Figur und Atmosphäre des festlichen Marktplatzriesen hatten zweifellos auch Einfluß auf die Bearbeitung der Gargantualegende im Volksbuch, der *Großen Chronik*. Der Einfluß der volkstümlichen Riesen in ihrer Jahrmarkts- und Marktplatzversion auf die Riesenmotive in den ersten beiden Büchern Rabelais' ist nicht zu bezweifeln. Was die *Große Chronik* angeht, so war ihr Einfluß eher äußerlich und beschränkte sich im wesentlichen auf die Übernahme einiger Sujetmomente.

Eine wichtige Quelle für grotesk-leibliche Motive sind die Legendenzyklen und literarischen Texte, die von den sogenannten »Wundern Indiens« erzählen. Diese hatten bestimmenden Einfluß auf die ganze mittelalterliche Phantastik, und so, direkt oder indirekt, auch auf Rabelais.
Kurz zur Geschichte. Der erste Sammler indischer Wundererzählungen war der im 4. Jahrhundert v. Chr. in Persien lebende Grieche Ktesias von Knidos. Er sammelte Erzählungen über die Schätze, die wunderbare Flora und Fauna Indiens und über die

ungewöhnliche Körperbildung seiner Bewohner. Sein Werk ist nicht überliefert, doch haben Lukian (für seine *Wahren Geschichten*), Plinius, Isidor von Sevilla u. a. daraus geschöpft.
Im zweiten Jahrhundert n. Chr. tauchte in Alexandria der ebenfalls nicht erhaltende *Physiologus*, eine mit Legenden und Wundern durchsetzte Naturgeschichte, auf. Sie beschreibt Mineralien, Pflanzen und Lebewesen. Die »Reiche der Natur« mischen sich untereinander auf oft groteske Art und Weise. Der *Physiologus* wurde in den folgenden Jahrhunderten gründlich rezipiert, u. a. von Isidor von Sevilla, dessen Werk seinerseits Hauptquelle für die mittelalterlichen »Bestiarien« wurde.
Eine Kompilation des gesamten Legendenmaterials schuf im 3. Jahrhundert n. Chr. ein gewisser Pseudo-Kallisthenes. Es gibt zwei lateinische Versionen dieses Werks, eine von Julius Valerius etwa aus dem Jahre 300, und eine weitere mit dem Titel *Die Geschichte der Kriege Alexanders des Großen*, die im 10. Jahrhundert entstand. In der Folgezeit geht diese Legendenfassung in alle kosmographischen Arbeiten des Mittelalters ein (Brunetto Latini, Gautier de Metz u. a.), diese zeigen deutlich den Einfluß der grotesken Körperkonzeption, wie sie die Kompilation der »Wunder Indiens« präsentiert.
Die Legenden über die Wunder Indiens gehen auch in viele Reisebeschreibungen ein, sowohl in authentische (Marco Polo) als auch in fiktive (z. B. in das populäre Reisebuch von Jehan de Mandeville). Im 14. Jahrhundert stellte man die Reisen unter dem Titel *Weltwunder* zusammen. In dieser Handschrift finden sich interessante Miniaturen, die deutlich groteske menschliche Figuren zeigen. Schließlich finden die Wunder Indiens auch Eingang in den *Alexanderroman*.
Soviel zur Entstehung und Verbreitung der Legenden über die Wunder Indiens. Sie prägten auch die Motive zahlreicher Werke der bildenden Kunst des Mittelalters.
Welcher Art nun sind diese Wunder? Sie erzählen von märchenhaftem Reichtum, von der ungewöhnlichen Natur Indiens und auch von vielen rein phantastischen Dingen: von feuerspeienden Teufeln, magischen Kräutern, vom verzauberten Wald und der Quelle der Jugend. Großen Raum nehmen Tierbeschreibungen ein. Neben realen Tieren (Elefant, Löwe, Panther u. a.) werden phantastische, Drachen, Xanthippen, Einhörner, Phoenixe etc.

beschrieben. Mandeville schildert ausführlich einen Greif, Brunetto Latini einen Drachen.

Von besonderem Interesse für uns sind die Beschreibungen nie gesehener menschlicher Wesen. Diese Wesen haben rein grotesken Charakter. Einige sind zur Hälfte Tiere, etwa Nilpferde, deren Beine mit Kufen beschlagen sind, Sirenen, »Sinocephale«, die bellen, statt zu sprechen, Satyrem, »Onozentauren« u. a. Es erscheint eine ganze Galerie von *Mischkörpern.* Natürlich gibt es auch Riesen, Zwerge und Pygmäen, außerdem Menschen mit allerlei Mißbildungen: »Sciopoden«, die nur ein Bein haben, »Leumanen«, die keinen Kopf haben und das Gesicht auf der Brust, Menschen mit einem Auge auf der Stirn, mit Augen auf den Schultern oder auf dem Rücken, Menschen mit sechs Beinen, solche, die mit der Nase essen etc. Das ist die ungebremste groteske anatomische *Phantastik,* die das Mittelalter so liebte.

Dieses freie Spiel mit dem Körper und seinen Organen liebte auch Rabelais: man muß nur an die Pygmäen erinnern, die aus Pantagruels Augen geboren werden und bei denen das Herz nicht weit vom After liegt, oder an die ungeheuerlichen Kinder der Antiphysis, an die berühmte Beschreibung der Quarêmeprenants etc. In all diesen Motiven arbeitet die gleiche anatomische Phantasie.

Die Legenden über die Wunder Indiens stehen in enger Verbindung zum Motiv der Hölle. Die zahlreichen Dämonen, die in den Wäldern und Tälern Indiens auftauchen, zwingen zu der Annahme, daß hier an einigen Stellen *Öffnungen* versteckt sein müssen, die in die Hölle führen. Das Mittelalter war davon überzeugt, daß genau hier, in Indien, das irdische Paradies gelegen habe, der erste Aufenthaltsort von Adam und Eva. Man setzte ihn drei Tagesreisen von der Quelle der Jugend entfernt an. Es wurde erzählt, daß Alexander von Makedonien in Indien das von allen Seiten unzugängliche »Kloster der Gerechten« gesehen habe, wo diese bis zum Jüngsten Gericht wohnen sollen. In der Legende über den Priester Johannes (Presthan) und sein Reich (das in Indien lokalisiert wurde) ist ebenfalls von den Wegen in die Hölle und ins irdische Paradies die Rede. Durch das Reich des Johannes floß der Physon, ein Fluß, der im irdischen Paradies entspringt. Das Vorhandensein von Wegen und

Öffnungen (»trous«), die in die Hölle oder ins irdische Paradies führen, bestimmt den Charakter jener wunderbaren Länder.

Dies hängt mit der spezifischen künstlerisch-ideologischen Wahrnehmung und Interpretation des Raumes im Mittelalter zusammen. Gemäß der mittelalterlichen Konzeption ist der irdische Raum wie ein grotesker Körper aufgebaut, er besteht aus Erhebungen und Einbrüchen. Die glatte Erdoberfläche wird ständig durch Strebungen nach oben oder nach unten, in die Tiefe der Erde, in die Hölle, unterbrochen. In dieser Tiefe vermutete man, wie im Mund Pantagruels, die Existenz einer anderen Welt. Man wanderte über die Erde und suchte Tore und Türen, die in andere Welten führen. Klassischer Ausdruck dieser Streifzüge ist *Die Reise des Hl. Brendan.* In den Volkslegenden ist der irdische Raum, der aus Erhebungen und Senken (»Löchern«) zusammengesetzt ist, mehr oder weniger verleiblicht.

Das alles macht den spezifischen Charakter der mittelalterlichen Topographie und der mittelalterlichen Vorstellung vom Kosmos aus. Auf dieses Thema kommen wir im nächsten Kapitel zu sprechen.

Der Legendenkreis über die Wunder Indiens war im Mittelalter sehr populär. Außer der im weiten Sinn kosmographischen Literatur (wozu wir auch die Reiseliteratur zählen wollen) waren auch die übrigen literarischen Gattungen des Mittelalters stark von ihm beeinflußt. Die Wunder Indiens fanden in der bildenden Kunst starke Resonanz: Sie boten den Stoff für zahlreiche Miniaturen, Handschriftenillustrationen, Wandgemälde und Skulpturen in Kathedralen und Kirchen.

Der groteske Körper war also eine für die Phantasie und das Auge des mittelalterlichen Menschen durchaus gewohnte Erscheinung. In der Literatur und den bildenden Künsten traf man ständig auf den Mischkörper, auf die wunderlichsten anatomischen Phantasien, auf das freie Spiel mit menschlichen Körperteilen und Organen. An die Aufhebung aller Grenzen zwischen Körper und Welt war man ebenfalls gewöhnt.

Im letzten Kapitel des *Pantagruel*, wo er den weiteren Plan seines Romans entwirft, kündigt Rabelais auch eine Episode über eine Reise seines Helden ins Land des Priesters Johannes (Presthan),

d. h. nach Indien an. Unmittelbar darauf sollte die Episode von der Zerschlagung der Hölle folgen, der Hölleneingang befand sich offensichtlich im Reich Presthans. Das bedeutet, daß den Wundern Indiens im ursprünglichen Romanplan eine wesentliche Rolle zugedacht war. Besonders groß aber ist natürlich ihr direkter und indirekter Einfluß auf Rabelais' groteske anatomische Phantastik.

Eine weitere zentrale Quelle für die groteske Körperkonzeption waren die mittelalterlichen Mysterienspiele, und hier besonders natürlich die Diablerien. Der in den Diablerien gezeigte Körper ist grotesk. Sehr oft geht es um den *zerstückelten Körper, das Braten, Anzünden und Verschlingen von Körpern.* In dem *Mysterium von den Taten der Apostel,* wo wir auch zum erstenmal das Teufelchen Pantagruel antreffen, befiehlt Luzifer den Teufeln, einige Häretiker zu braten, wobei eine lange und ausführliche Beschreibung sämtlicher Arten gegeben wird, auf die sie brennen sollen. In einem anderen, dem *Mysterium des Hl. Quentin,* gibt es eine lange Aufzählung von Verben, insgesamt über 100, die die verschiedenen Möglichkeiten körperlicher Folter bezeichnen: im Feuer schmoren, verstümmeln, vierteilen, in Teile reißen etc. Es findet eine groteske Zerstückelung und Anatomisierung des Körpers statt. Bei Rabelais gibt es das Motiv vom *Auffressen sündiger Seelen,* das zweifellos mit den Diablerien zusammenhängt. Wir haben schon den leiblich-grotesken Charakter der ganzen Aufmachung der Diablerienteufel und ihrer Körperbewegungen erwähnt.
Entscheidend für die groteske Körperkonzeption ist der Aufbau der Mysterienbühne. In diesem drückt sich die mittelalterliche Vorstellung von der hierarchischen Organisation des irdischen Raumes aus. Den Vordergrund nahm eine besondere Konstruktion ein, eine Art Podium, das die erste Etage der Bühne bildete. Dieses Podium stellte die *Erde* dar. Den Bühnenhintergrund bildeten, etwas erhöht, das *Paradies,* der *Himmel* (diese Bezeichnung hat sich nicht als Bezeichnung für die Bühne, sondern für den erhöhten Teil der Publikumsplätze, die Galerie, erhalten). Unter dem Podest aber, das die Erde bildete, befand sich die *Höllengrube.* Sie bestand aus einem breiten Vorhang, auf dem ein *riesiger, furchterregender Teufelskopf* (der Kopf des »Harle-

kin«) abgebildet war. Der Vorhang wurde mit Hilfe von Schnüren bewegt, und die Teufel sprangen dahinter durch den *aufgesperrten Schlund des Satans* (manchmal auch durch die Augen) hervor und tanzten auf dem Podest, das die Erde bildete, herum. In einem Mysterium aus dem Jahr 1774 gibt es die folgende Szenenanweisung: »die Hölle soll als riesiger Schlund dargestellt werden, der sich je nach Bedarf öffnet und schließt.«[182]

So war der *aufgesperrte Schlund* das, was alle Mysterienzuschauer unmittelbar vor sich sahen. Dieser Eingang in die Hölle befand sich genau in der Mitte des Bühnenvordergrunds und in Augenhöhe der Zuschauer. Der »Höllenschlund« (»la guelle d'Enfer«, wie er gewöhnlich hieß) fesselte die Aufmerksamkeit des mittelalterlichen Publikums. Alle Neugier war auf ihn konzentriert. Wir haben schon gesagt, daß die Diablerien (d. h. der volkstümlich-festliche Teil der Mysterien) beim breiten Publikum immer ausgesprochen beliebt waren und oft den Rest des Mysterienspiels völlig in den Hintergrund drängten. Daraus kann man schließen, daß der Aufbau der Mysterienbühne für die künstlerische Wahrnehmung der räumlichen Welt prägend war. *Das Publikum freundete sich mit dem aufgesperrten Schlund in seinem kosmischen Aspekt an*, es gewöhnte sich daran, hineinzuschauen und von dort das Erscheinen der interessantesten und groteskesten handelnden Personen zu erwarten. Wenn man den gewaltigen Anteil der Mysterienspiele am künstlerisch-ideologischen Leben des späten Mittelalters in Rechnung stellt, kann man durchaus sagen, daß der aufgesperrte Rachen mit der künstlerischen Vorstellung sowohl von der Welt selbst als auch von ihrer Verkörperung auf der Bühne verschmolz.

Otto Driesen, der dem Bühnenrachen des »Harlekin« einige schöne Seiten in seinem Buch *Der Ursprung des Harlekin* widmet, reproduziert darin (S. 149, Zeichnung 1) die Skizze zu einem Ballett aus dem 17. Jahrhundert (diese Skizze liegt im Archiv der Pariser Oper). Dort findet sich genau im Zentrum der Bühne ein riesiger Kopf mit aufgesperrtem Rachen. Im Schlund sitzt ein Teufelchen, zwei Teufel schauen aus den Augen, je einer sitzt in den Ohrmuscheln, und um den Kopf herum tanzen Teufel und Clowns. Die Skizze verrät, daß im 17. Jahrhundert das Motiv des aufgesperrten Rachens und szenisches Geschehen darin noch normal und völlig verständlich waren. Übrigens weist Driesen darauf hin, daß noch zu seiner Zeit der Ausdruck »Harlekinmantel« (»manteau d'Arlequin«) in den Pariser Theatern ein terminus technicus zur Bezeichnung des Vordergrundes der Bühne war.

So war die Topographie der Mysterienbühne im Grunde grotesk-leibliche Topographie. Es unterliegt keinem Zweifel, daß der aufgerissene Mund, das Leitmotiv des *Pantagruel,* nicht nur vom traditionellen Kern dieser Figur (Salz-in-den-Mund-Streuen etc.), sondern auch von der Konstruktion der Mysterienbühne beeinflußt war. Die Organisation der Rabelais-Motive spiegelt die grotesk-leibliche Topographie dieser Bühne. In der Rabelaisistik hat, soweit uns bekannt ist, noch niemand die zentrale Rolle des aufgesperrten Mundes in Rabelais' erstem Buch bemerkt und mit der Organisation der Mysterienszene in Verbindung gebracht. Dabei ist dieses Faktum außerordentlich wichtig. Es zeugt davon, wie groß der Einfluß volkstümlich-szenischer Theaterformen auf Rabelais' erstes Werk und den ganzen Charakter seiner künstlerisch-ideologischen Seh- und Denkweise war. Es zeigt auch, daß das Motiv des aufgesperrten Mundes in seiner grotesk-komischen Bedeutung, wie sonderbar und unverständlich dieses für den neuzeitlichen Leser sein mag, für Rabelais' Zeitgenossen *vertraut und verständlich* war. Man kannte die Universalität, die kosmischen Bezüge des Schlundes und erwartete, daß aus dem aufgesperrten Mund groteske Figuren auf jene Bühne springen, auf der die zentralen Ereignisse der Bibel spielen. Verständlich und anschaulich war auch die topographische Bedeutung des aufgesperrten Mundes als Tor zur Hölle.

Einigen Einfluß auf die Entwicklung der grotesk-leiblichen Phantasie hatten auch die im Mittelalter hochgeschätzten Reliquien. Teile der Körper verschiedener Heiliger waren über ganz Frankreich, ja über die ganze christliche Welt verteilt. Es gab keine noch so kleine Kirche, kein Kloster, wo nicht irgendeine Reliquie, ein mehr oder weniger winziger Körperteil aufbewahrt wurde. Oft waren diese Reliquien recht sonderbar (etwa ein Tropfen Milch aus der Brust der Gottesmutter oder der *Schweiß* einiger Heiliger, von dem Rabelais spricht); man verehrte Hände, Füße, Köpfe, Zähne, Haare, Finger etc., wir könnten eine lange groteske Liste von Organen des zerstückelten Körpers aufmachen. In Rabelais' Zeit war das Verspotten der Reliquien sehr verbreitet, besonders natürlich in der protestantischen Satire; sogar der Agelast Calvin schrieb eine Art Pamphlet über die Reliquien, dem komische Töne nicht ganz abgehen. Der zerstückelte Heiligenkörper diente in der mittelalterlichen Literatur oft als Vorwand für groteske Motive und Aufzählungen. In einer der besten parodistischen Travestien des Mittelalters, im schon erwähnten *Traktat des Garcia* (1099), bringt der Held, der reiche, schacherfreudige Erzbischof von Toledo, dem Papst wundertätige Reliquien der heiligen Märtyrer Ruphinus und Albinus nach Rom. In der Sprache der Travestien und Parodien jener Zeit standen diese nichtexistenten Heiligen für Gold und Silber. Es wird die besondere Liebe des Papstes zu diesen beiden Heiligen geschildert. Er lobt sie und bittet, daß man ihm alle teuren Überreste ihrer Körper bringe, wobei er eine völlig groteske Aufzählung der einzelnen Körperteile vornimmt: »... etwas von den Nieren des Albinus, etwas von den Eingeweiden des Ruphinus, etwas vom Bauch, vom Magen, vom Kreuz, vom Hintern, von den Rippen, von der Brust, von den Beinen, von den Armen und vom Hals. Was noch? Von allen Körperteilen dieser beiden Heiligen ein Stück.«

Die lateinische Unterhaltungsliteratur des Mittelalters war sehr reich an solchen Motiven. Wir erwähnten die parodistische Grammatik, die die grammatischen Kategorien fast ausschließlich auf der Ebene des *Unterleibs* interpretiert. Die *Erneuerung* abstrakter grammatischer Kategorien und philosophischer Begriffe auf der materiellen Ebene war überhaupt charakteristisch für die Unterhaltungsliteratur des Mittelalters. Der berühmte Dialog zwischen Salomon und Markulf z. B. (auch Rabelais zitiert ihn im *Gargantua*) stellt den moralisierenden und stilvollen Äußerungen Salomons die Antworten des Schelmen Markulf gegenüber, die die Fragen meist sehr grob in die materiell-leibliche Sphäre übertragen.

Ein interessantes Beispiel für die mittelalterliche groteske Anatomie will ich noch anführen. Seit dem 13. Jahrhundert war in fast allen Ländern Europas das sogenannte *Eselstestament* sehr populär. Darin vermacht der sterbende Esel die verschiedenen Teile seines Körpers den verschiedenen sozialen und Berufsgruppen des Mittelalters, beginnend mit dem Papst und den Kardinälen. So ergibt sich eine groteske Zerstückelung des Körpers, verbunden mit der entsprechenden Zerlegung der sozialen Hierarchie: der Kopf des Esels soll an die Päpste, die Ohren an die Kardinäle, die Stimme an die Chorsänger, der Kot an die Bauern (zur Düngung) gehen etc. Die Quelle dieser grotesken Anatomie des Eselskörpers ist sehr alt. Nach dem Zeugnis des Hieronymus amüsierten sich schon im 4. Jahrhundert n. Chr. die Scholaren über ein *Schweinetestament (Testamentum porcelli).* Dieses antike Testament wurde im Mittelalter kopiert (einige Handschriften sind erhalten); auf diese Quelle geht offensichtlich das *Eselstestament* zurück.

Uns interessiert an diesem *Eselstestament* die *Verbindung* zwischen der *Zerstückelung des Körpers* und der *Gliederung der Gesellschaft.* Die parodistische Travestie belebt die alten, verbreiteten mystischen Vorstellungen von der Herkunft der verschiedenen sozialen Gruppen aus den verschiedenen Körperteilen der Gottheit (ein altes Beispiel für diese sozial-leibliche Topographie ist die *Rigveda*), meist der toten, zerstückelten Gottheit.[183] Hier ist an die Stelle des Gotteskörpers der *Eselskörper* getreten. Der *Esel* ist bekanntlich eine traditionelle *Travestie der Gottheit.* In den mittelalterlichen Travestien spielen der Esel, seine einzelnen Organe, sein Schrei und die zu seiner Anfeuerung benutzten Rufe eine große Rolle. Bei Rabelais finden wir Eselstreiberschreie und einige Male den charakteristischen Fluch »viedaze«, d. h. Eselsphallus. Der topographische Charakter dieses Schimpfworts ist offensichtlich. An anderer Stelle bei Rabelais heißt es: »Das ist genauso schwierig, wie einen Laut (pet) aus dem Arsch eines toten Esels zu erzeugen.« Das ist die Potenzierung des topographisch Unteren: der Hintern, noch dazu der eines *Esels,* ja sogar eines *toten Esels.* Ähnliche in die Potenz erhobene Flüche finden wir bei Rabelais oft.

Eine andere wichtige Quelle der grotesken Körperkonzeption sind Schwüre, Flüche und Schimpfworte. Da wir zu diesem Komplex schon vieles gesagt haben, begrenzen wir uns hier auf einige ergänzende Betrachtungen.

Jedes Schimpfwort enthält auf irgendeine Art das materiell-leibliche Motiv des *schwangeren Todes.* Unsere Analyse des

Pantagruel hat gezeigt, daß eines seiner zentralen Motive das *des gebärenden Todes* ist: der erste Tod, der die Fruchtbarkeit der Erde erneuert, die Geburt Pantagruels, die für seine Mutter tödlich ausgeht, etc. Dieses Thema wird ständig in den verschiedensten leiblich-topographischen Motiven variiert und geht, ohne den körperlichen Bezug zu verlieren, in das Thema des historischen Todes und der historischen Erneuerung über: Ritterverbrennung, Verkehrung von Tod und Krieg in ein Festessen, Entthronung des Königs Anarchos etc. Streng genommen liegt, wie paradox das auch klingen mag, ein *umgekehrter Fluch* vor: *die ganze Welt wird als schwangerer und geborenwerdender Tod vorgeführt.*

In der karnevalesken Atmosphäre, in der Rabelais' Motive entstanden, waren die Schimpfworte die Funken, die von dem welterneuernden Brand in die verschiedenen Richtungen sprühten. Nicht umsonst erklang auf dem Feuerfest »Moccoli« zu jeder gelöschten Kerze mit freudiger Intonation der Ruf »Tod dir!« Die Form der heiteren Beschimpfung, der heiteren Verwünschung, der heiteren Schmähung der kosmischen Kräfte, die zunächst kultischen Charakter hatte, spielte später eine wichtige Rolle in jenem Motivsystem, das den Kampf mit der kosmischen und überhaupt jeder Angst vor dem Höheren verarbeitete. Auch die alte rituelle Beschimpfung und das rituelle Auslachen galt ja der *höheren Kraft*, der Sonne, der Erde, dem König, dem Feldherrn. Der Spott hat sich in der feierlichen Marktplatzbeschimpfung der Rabelaiszeit erhalten.

Eine weitere wichtige Quelle für die groteske Körperkonzeption waren die verschiedenen Formen der *volkstümlichen Marktplatzkomik*. Der Marktplatz ist eine Welt für sich mit eigenen Gesetzen, wir streifen hier nur flüchtig all diese bateleurs, trajectaires, theriacleurs, die Turner, Taschenspieler, Narren, Affendressierer (die Tiere waren quasi die Travestierung des Menschen), Verkäufer medizinischer Allheilmittel etc. Die Welt der von ihnen kultivierten komischen Formen war eine deutlich grotesk-leiblich akzentuierte. Selbst heute noch ist der groteske Körper am vollständigsten in den Schaubuden und z. T. auch im Zirkus erhalten.

Leider ist uns die französische Volkskomik nur in einem relativ späten Stadium (seit dem 17. Jahrhundert) einigermaßen gut bekannt. Damals hatte sie schon den Einfluß der italienischen Stegreifkomödie aufgenommen. Diese geht zwar auch von der grotesken Körperkonzeption aus, doch in einer durch literarische Einflüsse etwas geglätteten und abgeschwächten Form. Allein in den »lazzi«, in den sujetlosen Kunststücken dieser Komödie, ist die groteske Körperkonzeption vollständig erhalten.

Wir haben zu Beginn des Kapitels die kleine Szene aus der Commedia dell'arte zwischen dem Stotterer und dem Harlekin analysiert. Die Komik dieser Szene besteht darin, daß die Artikulation eines schwierigen Worts als *Geburtsakt* inszeniert ist. Dies ist ein für die alte Volkskomik ganz typischer Gedanke. Die *Bewegungslogik* des volkstümlich-komischen Körpers (dies kann man bis heute in den Schaubuden und im Zirkus beobachten) ist die *leiblich-topographische.* Das Bewegungsmuster dieses Körpers ist am Verhältnis von *Oben und Unten* orientiert, es besteht aus Flügen und Stürzen (Einbrüchen.) Der einfachste Ausdruck dieses Bewegungsmusters, sozusagen das *»Grundphänomen«*, ist das *Radschlagen,* d. h. das dauernde Verlagern des Oberkörpers nach unten und wieder zurück oder, was äquivalent wäre, das ständige Umplazieren von Himmel und Erde. Dieses Prinzip taucht auch in einer ganzen Reihe anderer einfacher Bewegungen des Schaubudenclowns auf. *Der Hintern will an die Stelle des Kopfs und umgekehrt.* Ein anderer Ausdruck desselben Prinzips ist das *Auf-den-Kopf-Stellen* und *Umdrehen* in Bewegungen und Handlungen des volkstümlich-komischen Körpers. Eine gründlichere und subtilere Analyse würde in vielen traditionellen und typischen Gesten und Kunststücken dieser Komik die gleiche Inszenierung des Geburtsaktes aufdecken, wie wir sie in der einen kleinen Szene fanden. Man könnte sogar verallgemeinernd sagen, Grundlage der überwiegenden Mehrzahl der traditionellen Gesten und Kunststücke ist die mehr oder weniger deutliche Imitation der *drei Grundakte im Leben des grotesken Körpers:* des *Beischlafs,* der *Agonie* (wozu in der grotesk-komischen Ausdrucksweise gehört: herausgestreckte Zunge, sinnleer glotzende Augen, Ersticken, Röcheln usw.) und des *Geburtsakts. Diese drei Akte gehen sehr oft ineinander über,* da ihre äußeren Symptome und ihr Ausdruck weitgehend übereinstimmen (Anspannung und Konzentration, vorquellende Augen, Schweiß, Arm- und Beinzucken etc.). *Inszeniert wird das eigenartige, komische Tod- und Auferstehungsspiel ein und desselben grotesken Körpers.* Dieser Körper fällt ständig ins Grab und steigt wieder heraus, er bewegt sich ununterbrochen von unten nach oben (ein übliches Kunststück ist der vermeintliche Tod und die unerwartete Wiederbelebung des Clowns). Die Körpertopographie ist in der volkstümlichen Komik untrennbar mit der kosmischen Topographie verflochten. Im Aufbau der Schaubude oder der Zirkusbühne, worin sich der komische Körper bewegt, nehmen wir die gleiche topographische Gliederung wahr wie auf der Mysterienbühne: Erde, Hölle und Himmel (natürlich ohne den christlichen Sinn, den die drei Sphären im Mysterium haben). Man spürt auch hier die kosmischen Elemente: Luft (akrobatische Flüge und Kunststükke), Wasser (Schwimmen), Erde und Feuer.

Grotesken Charakter hat auch die Modellierung des volkstümlichen komischen Körpers. Wir erwähnten im vorigen Kapitel die eigenartige Figur des *Gros Guillaume,* der Wein und Brot verkörpert. Sein Äußeres zeigt sehr anschaulich das *allgemeine Prinzip, nach dem die volkstümlichen Figuren geschaffen sind: die Grenzen zwischen Körper und Dingen und Körper und Welt sind verwischt, und irgendein grotesker Körperteil* (Bauch, Hintern, Mund) *wird besonders akzentuiert.*

Auch im *sprachlichen* Repertoire der Volkskomik, in den Obszönitäten, Beschimpfungen und Verwünschungen, degradierenden Travestien, zerstückelten Körpern etc., finden wir überall Spuren der grotesken Körperkonzeption, es leuchtet ein, daß diese eine sehr wesentliche Quelle der Rabelaisschen groteskleiblichen Motive wurde.

Noch einige Worte zur epischen grotesken Anatomie. Auch dem antiken und dem mittelalterlichen Epos sowie dem Ritterroman war die groteske Körperkonzeption nicht fremd, auch für sie waren Motive des zerstückelten Körpers, ausführliche anatomische Beschreibungen von Verwundungen und Schlägen etc. alltägliche Erscheinungen. Anatomisierende Wunden- und Todesbeschreibungen werden für das Epos (unter dem Einfluß von Homer und Vergil) sogar zu beinahe kanonischen Forderungen. Ronsard schreibt in seinem Vorwort zur *Franciade:* »Wenn du willst, daß irgendein Offizier oder Soldat auf dem Schlachtfeld stirbt, so muß er an der Stelle seines Körpers angegriffen werden, deren Verletzung am ehesten tödlich wirkt, und dafür mußt du ein guter Anatom sein.« Doch die Möglichkeiten der grotesken Anatomisierung des Körpers sind im Epos begrenzt, denn der Körper ist hier zu sehr individualisiert und abgeschlossen. Hier haben wir nur Überreste der grotesken Konzeption, die schon vom neuen Körperkanon überlagert sind.

Wesentlichen Einfluß auf die groteske Körperkonzeption bei Rabelais hatten Plinius, Athenaios, Macrobius und Plutarch, d. h. vor allem die Vertreter der antiken Symposienliteratur. Das antike Tischgespräch kreist um den grotesken Körper und groteske Körperfunktionen, seine Themen sind Beischlaf, Schwangerschaft, Geburt, Essen, Trinken und Tod.

Den stärksten Einfluß auf Rabelais' groteske Körperkonzeption jedoch besaß, vor allen anderen antiken Autoren, Hippokrates, genauer gesagt die *Hippokratische Schriften-Sammlung*. Dieser Einfluß betraf nicht nur die medizinisch-philosophischen Ansichten, sondern selbst die Motive und den Stil. Dies ist damit zu erklären, daß das Denken des Hippokrates und der übrigen Autoren der Sammlung weniger begrifflichen als bildhaften Charakter hatte.

Die *Hippokratische Schriften-Sammlung* ist von ihrer Zusammensetzung her äußerst heterogen. Hier sind Arbeiten aus verschiedenen Schulen vereinigt, vom Philosophisch-Medizinischen her gibt es wesentliche Unterschiede in der Auffassung vom menschlichen Körper, vom Wesen der Krankheiten und der Methoden ihrer Heilung. Doch bei allen Differenzen bleibt die Grundlage sämtlicher Arbeiten die groteske Körperkonzeption. Die Grenze zwischen Körper und Welt ist gelockert, der Körper wird vor allem in seiner Offenheit und Unvollendetheit betrachtet, die äußere Gestalt wird von der innerkörperlichen nicht getrennt, die Aufmerksamkeit richtet sich immer auf den Austausch zwischen Körper und Welt, große Bedeutung wird den Ausscheidungen beigemessen.

Die Lehre von den vier Elementen war die Folie, auf der die Grenze zwischen Körper und Welt verschwimmen konnte. Hier eine Passage aus dem Kapitel »Über die Winde« (de flatibus):

»Die Körper der Menschen und der sonstigen Lebewesen

werden durch dreierlei Nahrung ernährt. Diese dreifache Nahrung aber hat folgende Namen: Speise, Trank und Luft. *Die Luft in den Körpern wird ›Wind‹ (Blähung, Gas), die außerhalb der Körper aber ›freie Luft‹ genannt.* Diese (die Luft) ist eine sehr große Macht von allen in allem, und es lohnt sich, ihre Macht zu betrachten.

Wind ist Fließen und Strömen von Luft. Wenn nun viel Luft eine starke Luftströmung hervorruft, *so werden die Bäume durch die Gewalt der Luft entwurzelt und herausgerissen, das Meer* wird aufgewühlt, und Lastschiffe von seltener Größe werden hin und her geworfen. [....]

Alles nämlich zwischen Erde und Himmel ist von Luft erfüllt. *Diese ist auch schuld an Kälte und Wärme,* da sie zur Winterszeit verdichtet und kalt, zur Sommerszeit aber gelassen (verdünnt) und sanft (warm) wird.

Selbst der *Sonne, des Mondes und der Sterne Lauf wird durch die Luft ermöglicht,* denn für das *Feuer ist die Luft Nahrung,* ein Feuer aber, der Luft beraubt, könnte nicht brennen. Daher *gewährt* die dünne Luft sogar der *Sonne das immerwährende Leben.* [....]

Daß also die Luft im Weltall eine Macht bedeutet, ist gesagt worden. Sie ist andererseits für die lebenden Wesen *Ursache des Lebens* und für die Kranken Ursache der *Krankheiten.* So groß ist das Bedürfnis nach Luft für alle Körper, daß der Mensch, der sich von allem andern, Speise und Trank, enthielte, dies wohl zwei, drei oder einige Tage mehr würde aushalten können. Würde man ihm aber die Zugänge der Luft in den Körper unterbinden, so würde er schon in einem Bruchteil eines Tages zugrunde gehen. So überaus notwendig ist die Luft für unseren Körper. [...]

Mit vielen Speisen gelangt aber notwendigerweise auch viel Luft in den Körper. *Denn mit allem, was gegessen und getrunken wird, dringt Luft in den Körper, bald mehr, bald weniger.* Das ist aus folgendem ersichtlich.

Nach dem Essen und Trinken stellt sich bei den meisten *Aufstoßen* ein. Es steigt nämlich die eingeschlossene Luft nach oben, nachdem sie die Blasen, in denen sie sich verbirgt, gesprengt hat.«[184]

Der Autor dieses Texts hält die Luft für das Hauptelement des

Körpers, doch er stellt es sich nicht in einer gesichtslosen chemischen Formel vor, sondern in den *konkreten* und *anschaulich-bildhaften* Formen seines Auftretens: als Wind, der *vollbeladene Schiffe* herumwirbelt, als *Luft, die die Sonnen- und Sternbewegungen lenkt,* als *Lebenselement. Das kosmische Leben und das Leben des menschlichen Körpers sind einander äußerst nahe gerückt* und in ihrer *anschaulichen* Einheit gezeigt, die alles einschließt, von der *Bewegung der Sonne und der Sterne* bis zum menschlichen *Rülpsen.* Der Lauf der Sonne und das Aufstoßen werden von derselben konkreten fühlbaren Luft erzeugt. Andere Arbeiten der Schriften-Sammlung nehmen andere Elemente als Medium zwischen Körper und Kosmos an, das Wasser oder das Feuer.

Im Abschnitt »Luft, Wasser und Ortslage« (De aere, aquis, locis) findet sich die folgende Passage:

»Was die Erde angeht, so ist es mit ihr ähnlich wie mit dem Menschen. Dort, wo die Jahreszeiten große und häufige Klimaveränderungen bewirken, ist auch das Gelände wild und ausgesprochen unregelmäßig. Man findet dort viele gestrüppbewachsene Berge, aber auch Felder und Haine. Wo aber die Jahreszeiten sich nicht allzu sehr unterscheiden, da ist auch die Landschaft ausgeglichen. *Ebenso verhält es sich mit den Menschen,* wenn man sie sich einmal aufmerksam anschaut. *Es gibt Typen, die der waldigen, wasserreichen Berglandschaft ähneln,* und andere, die der *wasserlosen freien Fläche ähnlich sind; einige erinnern an Haine und Seen, andere an die Ebene, an kahle und trockene Gegenden,* denn die Jahreszeiten, die das Äußere der Natur so abwechslungsreich gestalten, unterscheiden sich ja voneinander; und wenn sie sich unterscheiden, so erzeugen sie auch Vielfalt und Abwechslungsreichtum in den Menschentypen.«[185]

Hier verschwimmen die Grenzen zwischen Körper und Welt an einer anderen Linie: der der *Verwandtschaft* und *konkreten Ähnlichkeit des Menschen mit Naturlandschaften, mit der Gestalt der Erdoberfläche.* In dem Traktat *Über die Zahl sieben* aus der *Hippokratischen Schriften-Sammlung* wird ein noch groteskeres Bild verwandt. *Die Erde ist hier als großer Menschenkörper dargestellt, der Kopf ist der Peleponnes, der Isthmus die Wirbelsäule,* etc. Jeder *Teil der Erde,* jedes Land, entspricht einem bestimmten *Körperteil;* die physischen und seelischen Eigenschaften und die gesamte Lebensweise der Bevölkerung eines Landes hängen von ihrer *anatomischen Lokalisierung* ab.

Die antike Medizin, die die *Hippokratische Schriften-Sammlung* repräsentiert, maß Ausscheidungen aller Art eine extrem hohe Bedeutung bei. In den Augen des Arztes war der Körper vor allem dadurch charakterisiert, daß er Urin, Kot, Schweiß, Schleim und Galle absondert. Weiter setzt er die Krankheitssymptome zu den *letzten Ereignissen im Leben des Körpers* in Bezug; sie werden als Hinweise für den Ausgang des Kampfes zwischen Leben und Tod interpretiert. Als Indikatoren und Faktoren dieses Kampfes stehen die *winzigsten körperlichen Veränderungen den Konstellationen der Himmelskörper* und den Sitten und Gebräuchen der Völker gleichrangig gegenüber. Hierzu ein Zitat aus dem ersten Buch der *Epidemien:*

> »Folgendes sind die Gesichtspunkte, aus denen wir die Erkrankungen voneinander gesondert haben: Wir gewannen sie von der Leibesnatur, soweit sie allen gemeinsam und soweit sie dem Einzelnen eigentümlich ist; [...] Ferner von der *allgemeinen Witterung und von der besonderen, wie sie unter den einzelnen Himmelsstrichen und Landstrichen wechselt; von der Lebensgewohnheit, von der Lebensordnung, von den Beschäftigungen, vom Lebensalter des einzelnen, von seinen Reden, seinem Betragen, seinem Schweigen, seinen Gedanken, vom Schlaf und Wachen und Träumen nach Art und Zeit; von unwillkürlichen Bewegungen des Kranken wie Zupfen, Kratzen, Weinen; von den Krankheitssteigerungen; von den Abgängen, Harn, Auswurf, Erbrochenem* und von allen Krankheitsbewegungen von und zu irgendeiner Stelle und von allen *Krankheitsabscheidungen,* mögen sie zum *Verderben* oder zur *heilsamen Entscheidung* führen, *Schweiß, Starrfrost, Kaltwerden; Husten, Niesen, Schluchzen, Atmen; Ausstoßen, Winde, stille wie geräuschvolle; Blutaustritte, Blutflüsse.* Was aus alledem und als Folge davon entsteht, muß berücksichtigt werden.«[186]

Das Zitierte ist charakteristisch für die *Hippokratische Schriften-Sammlung.* Es vereint auf *einer Ebene Anzeichen für Leben und Tod, die ihrer hierarchischen Stellung nach und von ihren kosmischen Obertönen her* äußerst unterschiedlich sind. Sie rangieren vom Zustand der *Himmelsgestirne bis zum Niesen und Furzen des Kranken.* Charakteristisch ist auch die dynamische Reihung in der Aufzählung der Körperfunktionen. Solche zweifellos von Hippokrates beeinflußten Reihen finden wir bei Rabelais sehr oft. Panurge lobt z. B. die nützlichen Eigenschaften der grünen Sauce auf die folgende Art:

»Aus grünem Korn macht ihr eine leckere grüne Soße, leicht verdaulich und einfach zu kochen, die euch den Kopf erfrischt, die Lebensgeister anregt, das Auge erfreut, die Eßlust weckt, das Herz stärkt, die Zunge letzt, die Haut klärt, die Muskeln kräftigt, das Blut kühlt, das Zwerchfell entspannt, die Leber verjüngt, die Milz entstopft, die Nieren erleichtert, die Lenden schmeidigt, die Wirbel lockert, die Harngänge säubert, die Samengefäße weitet, die Spannmuskeln der Schellen strafft, die Blase ausputzt, das Gemächte schwellt, die Vorhaut entwickelt, die Eichel bekrustet, das Glied grädet. Sie schmiert euch die Därme, und ihr könnt gut rülpsen, fisten, furzen, scheißen, seichen, niesen, schluchzen, husten, spukken, kotzen, gähnen, schneuzen, schnaufen, ein- und ausatmen, schnarchen, schwitzen, den strammen Hans stellen und habt tausend andere rare Vorzüge.« (S. 544/545)

Sprechen wir noch kurz von der berühmten facies hippocratica, dem »hippokratischen Gesicht«. Hier ist das *Gesicht* nicht subjektiver Ausdruck, es spiegelt nicht Gefühle und Gedanken des Kranken, sondern ist *Indikator für das objektive Faktum der Todesnähe. Durch sein Gesicht spricht nicht der Kranke selbst, sondern Leben und Tod, der Vorgang des Sterbens gehört schon in die überindividuelle Sphäre des Gattungskörpers. Gesicht und Körper des Sterbenden hören auf, sie selbst zu sein,* der Grad der *Ähnlichkeit mit sich selbst* zeigt *Todesnähe oder -ferne.* Dazu ein Zitat aus der »Prognostik«:

»Bei den akuten Krankheiten muß man seine Beobachtungen folgendermaßen anstellen.

Zuerst (beobachte man) das *Gesicht des Kranken,* ob es so wie bei Gesunden ist, besonders ob es so wie sonst aussieht, denn in diesem Fall stünde es am besten; ist es aber ganz gegenteiliger Art wie sonst, dann (steht es) am schlimmsten. Das wäre folgender Fall:

Spitze Nase, tiefliegende Augen, eingesunkene Schläfen, kalte und geschrumpfte Ohren, zurückgebogene Ohrläppchen, spröde, gespannte und trockene Gesichtshaut, gelbe oder dunkle, bläuliche oder bleierne Farbe des ganzen Gesichts.«[187]

Oder: *»Wenn aber zugleich mit einem der sonstigen (ungünstigen) Zeichen ein Augenlid oder die Lippe oder die Nase schief, runzlig oder bläulich wird, so wisse man, daß (der Kranke) dem Tod nahe ist. Todverkündend sind aber auch schlaffe, herunterhängende, kalte und ganz weiße Lippen.«*[188]

Zitieren wir zum Schluß noch die bemerkenswerte Beschreibung der *Agonie* aus den »Aphorismen«.

»Die Grenze des Todes ist erreicht, wenn die Wärme des Lebenshauches wieder über den Nabel an den Ort oberhalb des Zwerchfelles zurückgekehrt und zugleich alle Feuchtigkeit verkocht ist. Wenn dann die Lunge und das Herz die Feuchtigkeit abstoßen, während die Wärme sich in den Pforten des Todes zusammendrängt, verhaucht auf einmal der Hauch der Wärme, den wir Seele nennen. Indem weiter die Seele teils durch das Fleisch, teils durch die Atmungswege am Kopf das Zelt des Leibes verließ, hat sie das kalte und tote Menschenbild zugleich mit der Galle und dem Blut und dem Schleim und dem Fleisch, woraus das Ganze zum Ganzen gefügt war, preisgegeben.«[189]

In den Zeichen der Agonie und in der Sprache des sterbenden Körpers wird der Tod zu einem Moment des Lebens, erhält er leiblich-ausdrucksvolle Realität und spricht in der Sprache des Körpers selbst. Der Tod ist ganz in den Lebenszyklus einbezogen, er ist eines seiner Momente. Das Verbrennen der Körperflüssigkeit, die Konzentration der *Wärme* an wenigen *entscheidenden Punkten*, ihr Verdampfen und *schließlich das Entweichen der Seele, der Galle und der Feuchtigkeit durch die Haut und die Öffnungen des Kopfes* zeigen sehr deutlich die *groteske Offenheit des Körpers* und die Bewegung des *kosmischen Elements* in und aus ihm. Für das Motivsystem des *schwangeren Todes* waren das »hippokratische Gesicht« und die Beschreibung der Agonie außerordentlich bedeutsam.

Wir haben schon erwähnt, daß für Rabelais' Arztbild auch die hippokratische Auffassung vom Arzt wesentliche Bedeutung hatte. Wir zitieren eine Definition des Arztberufs aus Hippokrates' Traktat *Das ehrbare (ärztliche) Verhalten (De habitu decenti):*

»Wenn man jedes einzelne der obengenannten Dinge sich aneignen will, so *muß man deshalb Philosophie in die ärztliche Wissenschaft und ärztliche Wissenschaft in die Philosophie einfügen.* Denn:

Ein Arzt, der zugleich Philosoph ist, kommt einem Gott gleich.

[...]

Der Unterschied zwischen den beiden (Fächern) ist nämlich nicht groß, weil alle Eigenschaften, die zur Philosophie gehören, auch in der ärztlichen Wissenschaft enthalten sind, nämlich: Freisein von Habsucht, Rücksichtnahme, Schamhaftigkeit, bescheidene Kleidung, Würde, Urteilsfähigkeit, Ruhe, Entschiedenheit, Lauterkeit, Reden in (Denk-)Sprüchen, genaue Kenntnis dessen, was für das Leben nützlich und notwendig ist, Abkehr von Unredlichkeit, *Freisein von Aberglauben, göttliche Erhabenheit.*«[190]

In diesem Zusammenhang ist es interessant, daß die Zeit Rabelais' die einzige Epoche in der europäischen Geschichte war, in der die Medizin im Zentrum nicht nur der Naturwissenschaften, sondern auch der Geisteswissenschaften stand und fast mit der Philosophie gleichgesetzt wurde. Dies war nicht nur in Frankreich so; viele berühmte Humanisten und Gelehrte jener Zeit waren Ärzte: Agrippa von Nettesheim, der Chemiker Paracelsus, der Mathematiker Geronimo Cardano, der Astronom Kopernikus. Dies war die *einzige Epoche* (einzelne, individuelle Versuche gab es natürlich immer), *die versuchte, ihr ganzes Weltbild, ihre ganze Philosophie an der Medizin zu orientieren.*[191] Man versuchte, die Forderung des Hippokrates zu erfüllen, man trug die Philosophie in die Medizin und die Medizin in die Philosophie. Fast alle französischen Humanisten hatten in der einen oder anderen Form Anteil an der medizinischen Forschung und befaßten sich mit antiken Traktaten zur Medizin. Das Sezieren von Leichen, damals noch sehr selten, zog die Aufmerksamkeit weiter Kreise der gebildeten Gesellschaft auf sich. 1537 führte Rabelais eine öffentliche Sezierung an der Leiche eines Gehängten durch, wobei er Erläuterungen abgab. Diese Demonstration des zerstückelten Körpers fand großes Echo. Étienne Dolet widmete diesem Ereignis ein kurzes lateinisches Gedicht, in dem der Gehängte das eigene Glück rühmt: anstatt den Vögeln zum Fraß dient seine Leiche der Demonstration der erstaunlichen Harmonie des menschlichen Körpers, und das Gesicht des berühmtesten Arztes der Epoche beugt sich über sie. – Auch der Einfluß der Medizin auf Kunst und Literatur war niemals größer als in Rabelais' Epoche.

Zum Schluß noch einige Worte über den berühmten *Hippokrates-Roman,* der der *Hippokratischen Schriften-Sammlung* als Supplement beilag. Er ist der erste europäische Briefroman und der erste Roman, dessen Held ein *Theoretiker* (Demokrit) ist, schließlich auch der erste Roman, der das Thema der Manie (den Wahnsinn des lachenden Demokrit) behandelt. Erstaunlicherweise haben Literaturhistoriker und Literaturtheoretiker diesen Roman bisher fast völlig ignoriert. Wir sagten schon, daß er großen Einfluß auf Rabelais' Theorie des Lachens (und auch auf die der ganzen Epoche) hatte. Wir können ergänzend sagen, daß die schon erwähnte (Pantagruel in den Mund gelegte) Rabelaissche Apologie der Dummheit von Demokrits Überlegungen zum Wahnsinn jener praktisch Weisen geprägt ist, die grobe und auf den materiellen Nutzen berechnete Arbeiten verrichten und ihn selbst für wahnsinnig halten, da er über all ihre praktische Seriosität lacht. Diese Leute, die sich den praktischen Sorgen verschrieben haben, »halten Wahnsinn für Weisheit und Weisheit für Wahnsinn«. Die Ambivalenz von Weisheit und Wahnsinn zeigt sich hier sehr deutlich, wenn auch in leicht rhetorischer Form.

Ein weiteres Detail im *Hippokratischen Roman* ist für unsere Fragestellung wichtig. Als Hippokrates, gerade in Abdera angekommen, den »wahnsinnigen« Demokrit besucht, findet er ihn vor seinem Haus mit einem geöffneten Buch in der Hand, und um ihn herum liegen Vögel mit *bloßgelegten Innereien.* Es stellt sich heraus, daß er eine Arbeit über den Wahnsinn schreibt und die Tiere seziert, um den Ort der *Galle* zu finden, deren zu reichliches Vorhandensein er für die Quelle des Wahnsinns hält. So stehen im Roman das *Lachen,* der *Wahnsinn* und der *zerstükkelte Körper* nebeneinander; zwar sind die Elemente dieses Komplexes rhetorisch voneinander getrennt, doch ihre Wechselbeziehung und ihre Ambivalenz sind noch in ausreichendem Maße spürbar.

Der Einfluß der *Hippokratischen Schriften-Sammlung* auf das philosophische und medizinische Denken war, ich wiederhole es, sehr groß. Von allen *schriftlichen* Quellen der grotesken Körperkonzeption ist diese Sammlung wohl die wichtigste.

In Montpellier, wo Rabelais seine medizinische Ausbildung erhielt, dominierte die hippokratische Richtung in der Medizin. Rabelais selbst hält im Juni 1531 einen Kurs über den griechischen Text des Hippokrates, was damals noch ein Novum war. Im Juni 1532 gibt er die *Aphorismen* des Hippokrates mit einem eigenen Kommentar heraus (in der »Édition Griffe«). Ende 1537 kommentiert er in Montpellier den griechischen Text der *Prognostik* des Hippokrates. Der italienische Arzt Menardi, dessen Briefe zur Medizin Rabelais herausgab, war konsequenter Hippokratiker. All dies spricht dafür, daß das Studium der Hippokratischen Schriften für Rabelais (besonders zur Entstehungszeit der beiden ersten Bücher des Romans) einen hohen Stellenwert hatte.

Zum Abschluß möchte ich noch kurz die in vieler Hinsicht den hippokratischen parallelen Auffassungen des Paracelsus erwähnen. Grundlage aller medizinischen Theorie und Praxis ist für ihn die völlige Entsprechung zwischen Makrokosmos (dem Weltraum) und Mikrokosmos (dem Menschen). Die wichtigste Grundlage der Medizin ist die Philosophie, gefolgt von der Astronomie. Der *Sternenhimmel ist im Menschen selbst,* und der Arzt, der ihn nicht kennt, kann auch den Menschen nicht kennen. Der menschliche Körper ist für Paracelsus unendlich reich, er enthält alles, was im Weltraum existiert, bzw. der *Weltraum ist in all seiner Vielfalt im menschlichen Körper noch einmal vorhanden. Alle Elemente der Welt treffen und berühren sich im menschlichen Körper.*[192]

Abel Lefranc setzt die philosophischen Anschauungen Rabelais' (besonders in der Frage der Unsterblichkeit der Seele) mit der Padovaner Schule Pomponazzis in Verbindung. In seinem Traktat *Über die Unsterblichkeit der Seele* versucht dieser, die Identität von Seele und Leben und die Unabtrennbarkeit der Seele vom Körper, der sie schafft und individualisiert, ihrer Tätigkeit die Richtung gibt und sie mit Inhalt füllt, zu beweisen: außerhalb des Körpers wäre die Seele völlig leer. Auch für

Pomponazzi ist der Körper der Mikrokosmos, der alles vereint, was im übrigen Kosmos getrennt ist. Rabelais war die Padovaner Schule bekannt, sein Freund Dolet, der in Padua studiert hatte, war ein Schüler und glühender Anhänger Pomponazzis.

Die groteske Körperkonzeption fand Eingang in die humanistische Philosophie der Renaissance und vor allem in die italienische Philosophie. Diese entwickelte (auf der Grundlage antiker Vorstellungen) die Idee des Mikrokosmos, die Rabelais übernahm. Der menschliche Körper wurde zum Ausgangspunkt, von dem aus und um den herum die Zerstörung des mittelalterlichen hierarchischen Weltbildes in Angriff genommen werden konnte und der das Entstehen einer neuen Konzeption ermöglichte. Mit diesem Vorgang müssen wir uns etwas ausführlicher beschäftigen.

Der mittelalterliche Kosmos ist nach dem aristotelischen Modell gedacht. Grundlage ist die Lehre von den vier Elementen (Erde, Wasser, Luft und Feuer), denen jeweils ein bestimmter Raum und hierarchischer Ort in der Schichtung des Kosmos zukommt. Alle Elemente, d. h. Naturkräfte, sind einer definierten Ordnung von *oben und unten* unterworfen. Wesen und Bewegung jedes Elements werden von seiner Lage im Verhältnis zum Zentrum des Kosmos bestimmt. Dem Zentrum am nächsten gelegen ist die Erde, jedes ihrer Teilchen strebt in gerader Linie dem Zentrum zu, d. h., fällt zu Boden. Genau umgekehrt verläuft die Bewegung des Feuers, es strebt immer nach oben und entfernt sich so vom Zentrum. Zwischen den Bereichen der Erde und des Feuers liegt der Bereich der Luft und des Wassers. Das Grundprinzip aller physikalischen Phänomene ist die Verwandlung eines Elements in ein benachbartes. Feuer wird zu Luft, Luft zu Wasser, Wasser zu Erde. Diese wechselseitige Verwandlung ist das Gesetz von Entstehung und Vernichtung, dem alles Irdische gehorcht. Über der irdischen Welt aber erhebt sich die Sphäre der Himmelskörper, die diesem Gesetz nicht unterworfen ist. Die Himmelskörper bestehen aus einer besonderen Art von Materie, der »quinta essentia«. Diese Materie unterliegt keiner Verwandlung mehr, in ihr gibt es nur die reine Bewegung, d. h. die Umplazierung im Raum. Den Himmelskörpern als den vollendetsten ist auch die vollendete Bewegung eigen: das *Kreisen* rund um das Zentrum der Welt. Über die »Himmelssubstanz«, d.h. die Quintessenz, wurden endlose scholastische Streitgespräche geführt, sie finden auch ein Echo im Fünften Buch von Rabelais' Roman, in der Episode um die Königin Quintessenz.

Charakteristisch für die mittelalterliche Vorstellung vom Kosmos ist die *Wertakzentuierung des Raums, eine Stufung von unten nach oben in strenger Entsprechung zum Wert.*

Je höher ein Element auf der kosmischen Leiter rangierte, desto näher war es dem »unbewegten Beweger« der Welt, desto »besser« und vollkommener war es. *Begriffe und Motive von Oben und Unten in ihrer räumlich-wertenden Ausprägung waren dem mittelalterlichen Menschen in Fleisch und Blut übergegangen.*

In der Renaissance wurde dieses hierarchische Weltbild zerstört, all seine Elemente wurden auf *eine Ebene* überführt. *Höhe* und *Tiefe* wurden zu relativen Begriffen, der Akzent verschob sich auf die Unterscheidung zwischen »vorwärts« und »zurück«. Die Überführung der Welt in eine Fläche, die *Ablösung der Vertikalen durch die Horizontale* bei gleichzeitiger Aufwertung der Zeitkomponente nahm ihren Ausgang vom *menschlichen Körper*, der zum *relativen Zentrum des Kosmos* wurde. *Dieser Kosmos aber bewegt sich schon nicht mehr von unten nach oben, sondern vorwärts entlang der Horizontalen der Zeit, aus der Vergangenheit in die Zukunft.* Im menschlichen Körper wird die kosmische Hierarchie zerstört, der Mensch behauptet sich außerhalb dieser Hierarchie.

Der Umbau des Kosmos von der vertikalen Ordnung in eine horizontale, am Menschen und am menschlichen Körper orientierte, findet klaren Ausdruck in der *Oratio de hominis dignitate (Rede über die Würde des Menschen)* von Pico della Mirandola. Es ist die Eingangsrede Picos zur Verteidigung jener 900 Thesen, auf die Rabelais anspielt, wenn er Pantagruel zur Verteidigung der 9764 Thesen antreten läßt. In dieser Rede behauptet Pico, daß der Mensch das höchste aller Wesen sei, inklusive der himmlischen Geister, denn *er sei nicht nur Sein*, sondern auch *Werden.* Der Mensch kann in keine Hierarchie eingefügt werden, denn *die Hierarchie kann nur ein festes, unbewegliches, unveränderliches Sein bestimmen, nicht aber das freie Werden.* Alle übrigen Wesen bleiben immer dort, wo sie einmal geschaffen wurden, denn die Natur schafft sie fertig und unveränderlich. Sie gibt einen einzigen Samen, und nur der kann und muß sich in ihnen entwickeln. *Der Mensch aber erhält mit der Geburt den Samen zu jedem nur möglichen Leben. Er selbst wählt* den Samen aus, der sich entwickeln und in ihm Früchte tragen soll, er zieht ihn heran und nährt ihn in sich. *Der Mensch kann Pflanze oder Tier werden, aber auch Engel oder Gottessohn.* Pico behält die Sprache der Hierarchie bei, z. T. auch die alten Werte (er ist vorsichtig), doch im Kern ist die Hierarchie zerstört. Solche Momente wie das *Werden,* das Vorhandensein *vieler Samen und Möglichkeiten,* die *Freiheit der Wahl* zwischen ihnen führen den Menschen in die *Horizontale der Zeit* und des *historischen Werdens.* Der *Körper des Menschen vereint in sich alle Elemente und alle Reiche der Natur:* Pflanze, Tier und den Menschen selbst. Der *Mensch ist nichts Geschlossenes und Fertiges,* er ist unvollendet und offen. Dies ist die wichtigste These Pico della Mirandolas.

In seiner *Apologia* erscheint das Motiv des Mikrokosmos (in Verbindung mit Ideen einer Naturmagie) im Gedanken einer *»universalen Sympathie«,* dank derer der *Mensch in sich das Höchste mit dem Niedrigsten, das Ferne mit dem Nahen vereinen* und in alle Geheimnisse, die *im Innern der Welt verborgen* sind, eindringen kann.

Die Idee einer »Naturmagie« und der »Sympathie« zwischen allen Erscheinungen war in der Renaissance sehr verbreitet. In der Form, die sie von Batista Porta, Giordano Bruno und besonders Campanella erhielt, spielte sie ihre Rolle in der Zerstörung des mittelalterlichen Weltbildes, indem sie die hierarchische Ferne zwischen den Erscheinungen aufhob, vereinigte, was getrennt war, die falsch gezogenen Grenzen zwischen den Phänomenen auflöste und der Übertragung der ganzen Vielfalt der Welt in die Horizontale des in der Zeit entstehenden Kosmos Vorschub leistete.

Außerordentliche Verbreitung fand in der Renaissance die Idee einer *allgemeinen Beseeltheit.* Ficino verteidigt sie, indem er zu beweisen sucht, daß die Welt nicht ein Aggregat von toten Elementen ist, sondern ein beseeltes Wesen, in dem jeder Teil *Organ des Ganzen* ist. Patrizzi sucht in seiner *Panpsychia* nachzuweisen, daß im Weltraum alles beseelt ist, von den

Sternen bis zu den einfachsten Elementen. Von dieser biologistischen Auffassung war auch Cardano nicht weit entfernt, der in seiner Lehre über die Natur alle Erscheinungen in Analogie zu organischen Formen betrachtet. Metalle etwa sind für ihn »vergrabene Pflanzen«, die ihr Leben unter der Erde führen. Steine durchlaufen eine Entwicklung, die der des Organischen analog ist, auch sie haben Jugend, Wachstum und Reife.

All dies konnte teilweise direkt auf Rabelais Einfluß nehmen, denn diese Lehren entstanden aus den Grundtendenzen der Zeit. Alle Dinge der Welt *haben ihren alten Platz in der Hierarchie des Weltalls verlassen und sich auf die horizontale Ebene der werdenden Welt begeben. Sie fangen an, sich auf dieser Ebene neue Plätze zu suchen und untereinander neue Beziehungen und Nachbarschaften herzustellen.* Das *Zentrum,* um das sich alle Dinge und Werte neu gruppieren, ist der *menschliche Körper,* der in sich die ganze Vielfalt des Weltalls birgt.

Alle genannten Vertreter der Renaissance-Philosophie – Pico della Mirandola, Pomponazzi, Porta, Patrizzi, Bruno, Campanella, Paracelsus u. a. – vereint das Bestreben, den *ganzen Weltraum* mit allen Elementen und Kräften, mit Oben und Unten, im Menschen wiederzufinden und zwar im menschlichen *Körper,* der alle disparaten Kräfte und Erscheinungen des Kosmos einander annähert und in sich vereint. Die Philosophie formuliert in der Sprache der Theorie die neue Vorstellung vom *Kosmos* als einem *für den Menschen nicht bedrohlichen eigenen Haus.* In der Motivsprache des Lachens ist die gleiche Erfahrung in Rabelais' Roman formuliert.

Für die meisten der genannten Vertreter der Renaissance-Philosophie spielten Astrologie oder »Naturmagie« eine mehr oder weniger große Rolle. Rabelais nahm weder Magie noch Astrologie ernst. Er konfrontierte und verband Dinge, die in der mittelalterlichen Hierarchie getrennt und unendlich weit voneinander entfernt waren, entthronte sie und erneuerte sie auf der materiell-leiblichen Ebene – doch nutzte er dafür weder magische »Sympathie« noch astrologische »Korrespondenzen«. *Rabelais ist konsequenter Materialist,* und die Materie begreift er nur in ihrer körperlichen Form. Die Materie, aus der der gesamte Weltraum besteht, zeigt im menschlichen Körper ihre eigentliche Natur und ihre größten Möglichkeiten. Der menschliche

Körper ist für Rabelais die Vollendung und daher der *Schlüssel zur Materie überhaupt. Im menschlichen Körper wird Materie schöpferisch, originell, hier ist sie aufgerufen, den ganzen Kosmos zu besiegen, die Materie des ganzen Kosmos zu organisieren. Im Menschen gewinnt die Materie historischen Charakter.*
Im Lob auf das »Pantagruelion«, das Symbol für die technische Kultur der Menschheit, finden wir die folgende Passage:

»Dergestalt daß die himmlischen Geister, die Meer- und Landgötter allesamt darob gar erschraken, da sie sahen, wie durch die Anwendung dieses gebenedeiten Pantagruelion die arktischen Völker im vollen Anblick der antarktischen das Atlantische Meer durchschifften, die beiden Wendekreise passierten, in der heißen Zone voltierten, den ganzen Tierkreis durchmaßen, sich am Äquator herumtrieben und am Horizont beide Pole vor Augen hatten. In sotanem Schrecken sprachen die olympischen Götter: ›Pantagruel hat uns durch den Gebrauch seines Krautes mehr Kopfzerbrechen und verdrießliche Gedanken gemacht als voreinst die Aloïden. *Er wird in Bälde heiraten, und sein Ehweib wird Kinder kriegen.* Gegen dieses Schicksal können wir nichts ausrichten, denn es ist durch die Hände und Spindeln der Schicksalsschwestern, der Töchter des Zwanges, gegangen. Vielleicht finden seine Kinder später einmal ein ähnlich wirksames Kraut, mit dessen Hilfe die Menschen die Quellen des Hagels, die Spundlöcher des Regens und die Werkstatt der Blitze in Augenschein nehmen können. Sie werden in die Lande des Mondes einbrechen, werden das Gebiet der Himmelszeichen betreten und dort Quartier nehmen, die einen im Goldenen Adler, die andern im Hammel, andere in der Krone, wieder andere in der Harfe, im Silbernen Löwen. Sie werden sich mit uns zu Tisch setzen und unsere Göttinnen zu Weibern nehmen, denn die sind der einzige Weg, zu Göttern zu werden.‹« (S. 778/779)

Trotz des leicht rhetorischen und offiziellen Stils dieser Passage sind ihre Gedanken durchaus nicht-offizieller Natur. Sie ist die Vergöttlichung, die Apotheose des Menschen. Der irdische Raum ist besiegt, die über die ganze Erde verstreuten Völker sind dank der Meeresschiffahrt vereint. Alle Völker, die Glieder der Menschheit, sind dank der Erfindung des Segelns in *realem, materiellem Kontakt. Die Einheit der Menschheit ist erreicht.*

Mit der Segelschiffahrt, die Rabelais hier feiert, beginnt die Menschheit, das Wetter für sich zu nutzen, nach den Sternen zu greifen und sie ihrer Macht zu unterwerfen. Die Apotheose der Menschheit basiert auf der *raum-zeitlichen Horizontalen* der Renaissance – von der *mittelalterlichen hierarchischen Vertikalen* ist nichts übrig. *Die Bewegung in der Zeit ist durch die Geburt immer neuer Generationen gewährleistet.* Dies erschreckt die Götter: Pantagruel *»wird heiraten und Kinder haben«.* Das ist die relative Unsterblichkeit, von der Gargantua im Brief an seinen Sohn schreibt. Hier wird die Unsterblichkeit des Gattungskörpers der Menschheit in einer rhetorischen Sprache verkündet, doch das lebendige, tiefe Gespür für diese Fragen prägt, wie wir gesehen haben, alle volkstümlich-festlichen Motive in Rabelais' Roman. Nicht der biologische Körper, der sich in neuen Generationen nur wiederholt, sondern ausdrücklich der Körper der *historischen, entwicklungsfähigen Menschheit* steht im Zentrum dieses Motivsystems.

So hat sich in der grotesken Körperkonzeption ein neuer, konkreter und realistischer Sinn für die Geschichte gebildet – nicht ein abstrakter Gedanke an die Zukunft, sondern das lebendige Empfinden der Teilhabe jedes Einzelnen am unsterblichen Volk, das Geschichte macht.

Sechstes Kapitel
Materiell-leibliche Motive

> Eure Philosophen, die darüber klagen, daß alles, was es gibt, von den Alten beschrieben worden sei und ihnen nichts Neues zu erfinden übrigbleibe, sind mehr, als sich sagen läßt, im Unrecht. Was sich euch am Himmel zeigt und ihr Phänomene nennt, was die Erde euch zur Schau gestellt hat, was das Meer und alle die Flüsse in sich bergen, ist nichts gegen das, was im Erdenschoß verborgen ist.
> Rabelais (S. 1351)

> Das Ewige regt sich fort in allen:
> Denn alles muß in Nichts zerfallen,
> Wenn es im Sein beharren will.
> Goethe, *Alles und Eins*
> (Hamburger Ausg. Bd. 1, 1962, S. 369)

Die oben angeführte Textstelle aus dem Fünften Buch des Romans, die als Epigraph dieses Kapitels dienen soll, hat Rabelais vermutlich nicht selbst geschrieben.[193] Sie ist jedoch (sieht man von ihrem Stil ab) nicht nur in bezug auf den Roman, sondern auch auf eine Reihe verwandter Phänomene der Renaissance und der ihr voraufgehenden Epochen ungemein aussagekräftig. Mit den zitierten Worten verschiebt die Priesterin der Göttlichen Flasche das Zentrum des Interesses nach unten, in die Tiefe, in den Kern der Erde. Das Neue und die Reichtümer, die dort vergraben liegen, übertreffen alles, was man am Himmel, auf der Erdoberfläche, im Meer und in den Flüssen findet. Wirklicher Reichtum und Überfluß liegen unten.
In ihrer Abschiedsrede sagt die Priesterin: »Ziehet hin, Freunde, beschützt und beschirmt von dieser intellektualen Sphäre, deren Mittelpunkt überall und deren Umfang nirgendwo ist, die wir Gott nennen. Und kommt ihr in eure Welt, so gebt klar und deutlich Zeugnis, daß unter der Erde die großen Schätze und wundersamen Dinge sind.« (S. 1351)
Die berühmte Definition der Gottheit, »diese intellektuale Sphä-

re, deren Mittelpunkt überall und deren Umfang nirgendwo ist«, stammt von Hermes Trismegistos, sie wird übernommen vom *Rosenroman*, vom Hl. Bonaventura, von Vincent de Beauvais und anderen und war zu Rabelais' Zeit eine geläufige Formel. Für Rabelais, den Autor des Fünften Buchs und die Mehrzahl der Zeitgenossen bedeutet sie vor allem die *Dezentrierung des Weltalls*; der Mittelpunkt liegt nicht mehr im Himmel, er ist überall, *jeder Ort genießt dasselbe Recht.* Dies gibt dem Autor des Fünften Buchs die Möglichkeit, das *relative Zentrum* vom Himmel *unter die Erde* zu verlegen, an jenen Ort, der nach den Vorstellungen des Mittelalters der am weitesten von Gott entfernte war, *in die Hölle.*[194]

Den Worten unseres Epigraphs unmittelbar vorangehend erklärt die Priesterin Bacbuc, Ceres habe geahnt, daß ihre Tochter unter der Erde, in der Hölle, mehr Glück und Reichtum vorfinden werde als oben.

Die Erwähnung der Ceres (der *Fruchtbarkeitsgöttin*) und ihrer Tochter Persephone (der *Göttin der Unterwelt*) sowie die darin enthaltene Anspielung auf die elysischen Mysterien verraten die Zielrichtung des *Lobs auf das Innere der Erde*, die ganze Episode über den Besuch beim Orakel der Göttlichen Flasche ist eine Travestie der Mysterien des Elysiums.

Die Worte der Priesterin der Göttlichen Flasche, die wir als Epigraph gewählt haben, führen hervorragend in das Thema unseres Kapitels ein. Eine kräftige Bewegung nach unten, in die Tiefen der Erde und des menschlichen Körpers kennzeichnet die ganze Rabelaissche Welt. Von dieser Bewegung nach unten sind alle Motive, alle zentralen Episoden, alle Metaphern und Vergleiche erfaßt. Die Rabelaissche Welt, in toto und en detail, strebt zur – irdischen und leiblichen – Hölle. Wir sagten schon, daß nach Rabelais' ursprünglichem Plan Pantagruels Suche nach der Hölle und der Abstieg dorthin (das Dantesche Sujet auf der Lachebene) einen zentralen Platz im Sujet des Romans hätte einnehmen sollen, und tatsächlich ist Rabelais, obwohl er zwanzig Jahre und mit großen Unterbrechungen an seinem Roman schrieb, von seinem ursprünglichen Plan nicht abgegangen und hat ihn im wesentlichen erfüllt. So beginnt die Bewegung nach unten, in die Hölle, schon mit der Idee zum Roman und prägt jedes seiner Details.

Die Ausrichtung nach unten kennzeichnet auch alle Formen volkstümlich-festlicher Belustigung und den grotesken Realismus. »Nach unten«, »mit der Innenseite nach außen«, »Kopfüber« – mit diesen Bewegungen ließen sie sich beschreiben. Sie werfen um, drehen herum, kehren das Oberste zuunterst, setzen den Hintern an die Stelle des Gesichts, und dies alles sowohl im räumlichen als auch im metaphorischen Sinn.

Die Richtung nach *unten* gehört zu allen Schlägereien, Prügelszenen und Hieben: sie werfen auf die Erde, stampfen in den Boden. Doch damit sind sie zugleich schöpferisch, sie säen aus und bringen die Ernte ein (denken wir an die Hochzeitsschläge im Hause de Basché, an die Verwandlung der Schlacht in eine Ernte oder ein Festmahl etc.). Durch die Abwärtsbewegung sind auch, wie wir gesehen haben, Verwünschungen und Flüche gekennzeichnet, auch sie graben ein Grab, doch es ist das fruchtbare Körpergrab.

Eine Art von Degradierung oder Beerdigung ist auch die karnevaleske Entthronung, die mit Schlägen und Beschimpfungen einhergeht. Im Narren sind alle Attribute des Königs umgekehrt, von oben nach unten gekippt; der Narr ist der König der »verkehrten Welt«.

Die Degradierung ist schließlich auch das zentrale künstlerische Prinzip des grotesken Realismus. Alles Heilige und Hohe wird auf der materiell-leiblichen Ebene umgedeutet, es verbindet und mischt sich mit ihr. Wir haben von der grotesken Schaukel gesprochen, die in ihrer Bewegung den Himmel mit der Erde verschmelzt. Der Akzent liegt nicht auf dem Aufflug, sondern auf dem Herabgleiten der Schaukel, der Himmel geht in die Erde über, nicht umgekehrt.

All diese Degradierungen haben weder moralischen noch relativen Charakter. Sie sind konkret-topographisch, anschaulich und fühlbar; sie streben zum unbestrittenen, positiven Zentrum der verschlingenden und gebärenden Erde und zum Körper. Alles Vollendete, scheinbar Ewige, Begrenzte und Veraltete wird in die irdische und leibliche Hölle verbannt zu Tod und neuer Geburt.

Die Ausrichtung nach unten, die alle Formen volkstümlich-festlicher Belustigung und des grotesken Realismus bestimmt, ist bei Rabelais noch einmal konzentriert, mit neuem Sinn gefüllt und zu einer einheitlichen Bewegung gebündelt, die in die Tiefen der Erde und des Körpers zielt, wo »die größten Reichtümer und jenes Neue sich verbergen, worüber die alten Philosophen noch nicht schreiben«.

Wir wollen die beiden Episoden des Romans etwas eingehender analysieren, in denen der Sinn der Abwärtsbewegung aller Rabelaisschen Motive und der besondere Charakter der Rabelaisschen Hölle am klarsten hervortritt. Diese sind die berühmte Arschwisch-Episode im *Gargantua* und die Auferstehung Epistemons mit der anschließenden Schilderung seiner Eindrücke vom Jenseits.

Zunächst zu Gargantua.

Der kleine Gargantua erzählt seinem Vater von der neuesten und besten Art des Arschwischs (»torchecul«), die er nach langen Experimenten entdeckt hat. Er beschreibt diesen besten Arschwisch so: »ein Mittel, mir den Arsch zu wischen, [...] wie es herrlicher, vortrefflicher und zuträglicher nicht sein könnte«. (S. 68)

Dann folgt eine lange Reihe von erprobten Wischobjekten; wir zitieren den Anfang:

> »›Ich wischte mich einmal am samtenen Gesichtslärvchen einer Dame und fand es gut, denn die weiche Seide tat mir am Hintern ungemein wohl.
>
> Ein andermal mit einer Frauenhaube, und mit demselben Wohlgefühl.
>
> Ein andermal mit einem Halstuch.
>
> Ein andermal mit einem Paar karminrot seidner Ohrklappen, aber daran hingen traubenweis vergoldete Scheißkugeln, und die zerschunden mir den ganzen Hintern. Daß doch das Sankt-Antons-Feuer dem Goldschmied, der sie schuf, und dem Fräulein, das sie trug, den Mastdarm ausbrennte! Das Übel verging, als ich mich mit einer Pagenkappe wischte, die nach Schweizerart rundum schön mit Federn besetzt war.
>
> Als ich hernach einmal hinter einem Busch kackte, fand ich da eine Märzkatze. Mit der wischte ich mich, aber ihre Krallen kratzten mir das ganze Perinäum wund und blutig.
>
> Das heilte ich wieder aus, als ich mich tags darauf mit den Handschuhen meiner Mutter wischte, die wunderherrlich nach Fotzsackerment dufteten.

Danach wischte ich mich mit Salbei, mit Fenchel, mit Dill, Majoran, Rosen, Kürbis-, Kohl- und Runkelrübenblättern, mit Weinlaub, Eibisch, Königskerzen (die den Arsch scharlachrot färben), mit Lattich und Spinatblättern – was alles für die Katz war! –, dann mit Bingelkraut, Flöhkraut, Brennesseln, Beinwurz. Aber davon bekam ich das lombardische Blutkacken, und das ward ich wieder los, als ich mich mit meinem Hosenlatz wischte.‹« (S. 68-70)

Bleiben wir vorläufig bei diesem ersten Teil und schauen uns die Arschwischaufzählung an.

Die Verwandlung von Gegenständen in einen Arschwisch bedeutet vor allem ihre Degradierung. Ausdrücke wie »zum Arschabwischen«, »taugt nicht mal als Klopapier« und zahlreiche ähnliche sind auch in der modernen Sprache noch sehr geläufig, obwohl sich hier nur das negative, vernichtende Moment gehalten hat.

In unserer Episode dagegen ist das erneuernde Element nicht nur durchaus lebendig, es dominiert ganz und gar. All die unterschiedlichen Gegenstände, die zum Arschwisch gemacht werden, werden vernichtet, um wieder neu zu erstehen. Ihre beinahe ausgelöschte Gestalt kommt vor dem ungewohnten Hintergrund zu neuer Geltung.

In der Aufzählung ist jeder Gegenstand ein Ereignis. Sein Auftritt ist unerwartet, durch nichts vorbereitet und durch nichts gerechtfertigt, jeder beliebige andere Gegenstand könnte mit dem gleichen Erfolg als Arschwisch benutzt werden. Die Gegenstände sind hier von allen logischen und anderen Sinnbezügen befreit, sie folgen aufeinander fast wie im »coq-à-l'âne«, diesen absichtlich sinnlosen Worthäufungen und Phrasen (bei Rabelais in den Reden Leckarschs und Schluckefists zu finden).

Sobald aber ein Gegenstand in dieser eigenartigen Reihe aufgetaucht ist, wird er auch vom Standpunkt der ihm völlig fremden Bestimmung zum Arschwisch bewertet. Diese Situation zwingt, ihn völlig neu zu sehen, ihn sozusagen an seinem neuen Platz und in seiner neuen Funktion auszuprobieren. Bei dieser Probe werden Form, Material und Größe wahrgenommen wie zum ersten Mal.

Doch geht es nicht nur um die formale Erneuerung. Diese ist nur ein Moment jener inhaltlichen Erneuerung, die mit der Ambivalenz des Materiell-Leiblichen zusammenhängt. Wenn wir uns die Arschwischreihe genau anschauen, so bemerken wir, daß die Wahl der Gegenstände nicht völlig zufällig ist, sondern daß sie eine eigene, wenn auch ungewöhnliche Logik hat. Die ersten fünf Gegenstände, die als Arschwisch benutzt werden, Halbmaske, Haube, Halstuch, Ohrwärmer und Kappe, sind ursprünglich alle für Gesicht und Kopf bestimmt, für den oberen Teil des Körpers. Ihr Auftritt als »torchecul« ist eine buchstäbliche *Vertauschung von Oberkörper und Unterleib, der Körper macht einen Purzelbaum, schlägt ein Rad.*

Die fünf Arschwische gehören zu dem großen Kreis von Motiven, die mit der *Ersetzung des Gesichts und überhaupt des Oberen durch den Hintern und das Untere arbeiten. Der Hintern ist das »umgekehrte«, das »verkehrte Gesicht«.* Die Weltliteratur und alle bekannten Sprachen kennen zahllose Varianten dieser Ersetzung des Gesichts durch den Hintern und des Oberen durch das Untere, eines der einfachsten und verbreitetsten verbalen bzw. gestischen Beispiele ist der Kuß auf den Hintern. In Rabelais' Roman finden wir ihn mehrmals; das Schwert des Gymnastes, mit dem er den karnevalesken Wurstkrieg bestreitet, heißt »Leck-mich« (»Baise-mon-cul«), eine der handelnden Personen heißt »Leckarsch« (»Baisecul«) und die Sibylle von Panzoust läßt Panurge und seine Gefährten unter ihre Röcke blicken. Diese rituellen Gesten (besonders das Hinternzeigen) sind heute noch lebendig.[195]

Die ersten fünf Wischutensilien gehören also in den traditionellen Motivkreis der Ersetzung des Gesichts durch den Hintern. Die Bewegung von oben nach unten ist in ihnen in voller Offensichtlichkeit vollzogen und wird noch durch eine heftige Verwünschung der Goldperlen (»de merde«) und eine weitere an die Adresse des Juweliers und der Besitzerin unterstrichen: »Daß doch das Sankt-Antons-Feuer [ihnen] den Mastdarm ausbrennte!«

In dieser konzentriert materiell-(unter-)leiblichen Atmosphäre vollzieht sich auch die oben angesprochene formale Erneuerung der abgenutzten Vorstellung vom Gegenstand. Die Geschmeidigkeit der Seide, der Atlasstoff der Ohrenschützer, die »traubenweis vergoldeten Scheißkugeln« treten in aller Konkretheit

und Fühlbarkeit hervor. In der neuen Sphäre der Degradierung entfalten sich alle Eigenschaften des Materials und der Form.
Dieselbe Logik herrscht auch in der weiteren Folge der Arschwische. Der sechste ist ein Märzkätzchen. Seine unerwartete Verwendung, zu der es alles andere als geeignet scheint, macht seine Katzennatur, seine Geschmeidigkeit und seine Krallen äußerst fühlbar. Es ist der dynamischste aller Arschwische. Hinter ihm steht eine (nur in der Phantasie auszuführende) kleine dramatische Szene, eine heitere Farce »joué à deux personnages« (Katze und Hintern). Eine ähnlich farcenhafte Szene verkörpert fast jeder Arschwisch. Der Gegenstand spielt eine Rolle, für die er nicht vorgesehen ist, und lebt dank dieses Umstandes wieder auf. Diese Neubelebung von Gegenständen, Situationen, Rängen, Berufen und Masken kennen wir aus der Commedia dell'arte, der Farce, der Pantomime und aus verschiedenen Arten der volkstümlichen Komik. Das Ding oder die Person werden auf eine ihnen fremde, oft der eigentlichen Bestimmung genau entgegengesetzte Art genutzt (aus Zerstreutheit, aufgrund von Mißverständnissen, in der Intrige) und dies ruft Lachen hervor und läßt den Gegenstand in seiner neuen Umgebung neu erscheinen.
Wir werden uns die Arschwische nicht einzeln vornehmen; dies ist schon deshalb nicht nötig, weil Rabelais sie im Fortgang der Aufzählung nach einem Gruppenprinzip anordnet. Auf die Handschuhe der Königin folgt eine lange Reihe von Pflanzen, die noch einmal in Untergruppen aufgeschlüsselt werden kann: Gewürze, Gemüse, Salate, Heilkräuter (auch wenn diese Gruppierung nicht ganz streng eingehalten ist). Diese Aufzählung ist eine Art anschauliche Botanik. Jede Nennung ist für Rabelais mit einer genau definierten visuellen Vorstellung vom Blatt, seiner Struktur, seiner Größe verbunden, er bringt uns dazu, die Blätter in ihrer neuen Funktion genau zu testen und ihre Form und Größe abzuschätzen. Botanische Beschreibungen ohne strenge morphologische Analyse waren in der Renaissance sehr in Mode. Ein weiteres Beispiel dafür gibt uns Rabelais in den Kapiteln über das »Pantagruelion«. In der Arschwischepisode beschreibt er die Pflanzen nicht, sondern nennt sie bloß, doch ihre unerwartete neue Verwendung läßt ihre optische und materiale Gestalt in der Phantasie erstehen. Im Fall des »Pantagrue-

lion« verfährt er genau umgekehrt, er gibt eine genaue Beschreibung und läßt dann den Namen der Pflanze (Hanf) erraten.

Es ist hinzuzufügen, daß auch die Verwendung des Grünzeugs als Arschwisch von der – wenn auch weniger krassen – Bewegung nach unten lebt. In den meisten Fällen handelt es sich um Lebensmittel, die mit dem Eßtisch und dem Mund assoziiert werden. Die Vertauschung von oben und unten, Gesicht und Hintern ist auch hier in gewissem Grade spürbar.

Ich zitiere mit einigen Kürzungen die weitere Entwicklung der Arschwischreihe:

»›Daraufhin wischte ich mich mit den Bettlaken, der Decke, den Vorhängen, mit einem Kissen, einem Teppich, einem grünen Tuch, einem Wischlappen, einem Handtuch [...].‹

›Hernach‹, fuhr Gargantua fort, ›wischte ich mich mit einer Kappe, mit einem Kopfkissen, einem Pantoffel, einem Ranzen, einem Korb – herrjemine! was war das für ein erbärmlicher Arschwisch! –, hierauf mit einem Hut. Beachtet wohl, daß von den Hüten die einen glatt, die andern haarig, andere samten, seiden oder taftig sind. Der beste von allen ist der rauhhaarige, denn er bewirkt eine vortreffliche Säuberung von fäkalischen Substanzen.

Dann wischte ich mich mit einem Huhn, einem Hahn und einem Junghühnchen, mit einem Kalbsfell, einem Hasenpelz, einer Taube, einem Seeraben, mit dem Aktensack eines Advokaten, einer Kapuze, einer Haube, einem Lockvogel.‹« (S. 70-73)

Auch hier sind, wie wir sehen, die Arschwische nach Gruppen geordnet. In der ersten Gruppe stehen die Attribute von Bett und Tisch, auch hier die Umkehrung und die Bewegung von oben nach unten. Dann folgt die Gruppe Heu und Stroh, deren materiale Qualität im Licht der neuen Bestimmung sehr schmerzlich fühlbar wird. Die nächste, buntere Gruppe thematisiert das der neuen Verwendung nicht Entsprechende des Gegenstandes und folglich die farcenartige Komik seines Einsatzes (besonders im Fall des Körbchens, was auch durch ein Ausrufezeichen hervorgehoben wird). In der Gruppe der Hüte wird ihr Material unter dem Gesichtspunkt der neuen Verwendung geprüft. In der letzten Gruppe dominiert wiederum das Unerwartete und die Farcenkomik der unangebrachten Verwendung von Gegenständen. Auch die Länge der Aufzählung an sich und die Abwechslung in der Reihe sind nicht bedeutungslos. Es ist die gesamte Dingwelt, die den Menschen so umgibt: Kopf- und Gesichtsbedeckungen, Bett- und Tischutensilien, ein zahmer Vogel, Lebensmittel. In der dynamischen »Schimpf«tirade der Arschwische erneuert sich diese Mikrowelt. In der heiteren degradierenden Farce ihrer Verwendung als Arschwisch dominiert natürlich das positive Moment. Rabelais liebt all diese Dinge in ihrer Konkretheit und Vielfalt, er sortiert sie neu und berührt sie wieder und auf neue Art, prüft ihr Material, ihre Form, ihre Individualität und den Klang ihrer Namen. Es ist ein Teil jener großen Inventarisierungsliste der Welt, die Rabelais am Ende der alten und zu Beginn der neuen Ära anlegt. Wie bei jeder Inventur wird jeder Gegenstand geprüft, gewogen und gemessen, sein Verschleiß festgestellt und Unbrauchbares und Verdorbenes ausgesondert. Alles ist neu zu berechnen und zu veranschlagen, Fiktionen und Illusionen sind abzuschreiben, die Jahresbilanz muß realistisch sein.

Die Inventarisierung zum neuen Jahr ist vor allem heiter. Alle Gegenstände werden auf der Lachebene taxiert und befühlt, Angst und Seriosität sind besiegt. Das leistet der *materiell-leibliche Aspekt, der zugleich materialisierend und erleichternd wirkt.* Er befreit die Dinge von der sie umgarnenden Pseudoseriosität, von der aus Angst suggerierten Sublimation und Illusion. Genau dazu dient, wie wir jetzt sehen werden, auch die Arschwischepisode. Die lange Reihe der entlarvten und erneuerten Gegenstände des häuslichen Alltags bereitet eine Entlarvung anderer Art vor.

Kommen wir zum letzten, besten Arschwisch, den Gargantua gefunden hat:

> »›Doch komme ich zum Schluß und sage und bleibe dabei, es geht kein Arschwisch über ein recht zartflaumiges Gänschen, wenn man nämlich seinen Kopf zwischen die Beine klemmt. Glaubt mir das ruhig auf mein Ehrenwort. Denn Ihr verspürt dabei am Arschloch ein so wundersames Wollustgefühl, sowohl der weichen Flaumfedern wegen als auch wegen der temperierten Wärme des Gänsleins, die sich ohne weiteres dem Mastdarm und den andern Eingeweiden mitteilt und

dann sogar in die Gegend des Herzens und ins Gehirn aufsteigt.

Und glaubt nur nicht etwa, die Seeligkeit der Heroen und Halbgötter in den elysäischen Gefilden liege in ihrem Asphodelos, Ambrosia oder Nektar, wie diese Vetteln sagen. Nein, nach meiner Meinung liegt sie darin, daß sie sich den Hintern mit einem Gänschen wischen, und das ist auch die Ansicht des Magisters Johannes Scotus.‹« (S. 73)

Mit der Darstellung dieses letzten Arschwischs wird das Motiv des sinnlichen Genusses und des Glücks (»béatitude«) eingeführt. Der physiologische Weg zu diesem Glück wird gezeigt: es entsteht am After, durch die Zartheit des Flaums und die Körperwärme des Gänschens. Dann steigt es den Dickdarm hoch und gelangt über die anderen inneren Organe zum Herzen und von dort zum Hirn. Es stellt sich heraus, daß eben in diesem Genuß auch das ewige Glück nach dem Tod besteht, das allerdings nicht die Heiligen und Gerechten im christlichen Paradies, sondern die Halbgötter und Helden in den Elysischen Feldern genießen. *So führt uns die Arschwischepisode direkt in die Hölle.*

Der Motivkreis vom verkehrten Gesicht und der Vertauschung von oben und unten ist aufs engste mit dem Tod und der Hölle verknüpft. Diese traditionelle Verbindung war zu Rabelais' Zeit noch sehr lebendig.

Als die Prophetin von Panzoust Panurge und seinen Gefährten ihren Hintern zeigt, ruft er aus »da seht das Loch der Sibylle« (S. 615) (»trou de la Sybille«). So nannte man den Eingang zur Hölle. Die mittelalterliche Legende kannte eine ganze Reihe von »trous« an verschiedenen Stellen Europas, die als Eingang zum Fegefeuer oder zur Hölle galten und denen man damals in der familiären Rede einen obszönen Sinn gab. Besonders bekannt war das »Loch des Hl. Patrick« in Irland. Diese Öffnung galt als Eingang zum Fegefeuer und wurde vom 12. Jahrhundert an von Pilgern aus allen europäischen Ländern besucht. Auf die Legenden, die diese Öffnung umgeben, kommen wir noch zurück. Trotz der Pilgerfahrten hatte auch das »Loch des Hl. Patrick« obszöne Bedeutung. Rabelais selbst führt es in diesem Sinn ein (im »antidotierten krausemausen Krimskrams«, »Fanfreluches antidotées«, dem zweiten Kapitel des *Gargantua*). Hier ist die

Rede von »Sankt Patricks Loch, von Gibraltar und tausend andern Löchern« (S. 18). Gibraltar hieß auch »trou de la Sybille« (der Name leitet sich von der Stadt Sevilla her), und auch dies gebrauchte man im obszönen Sinn.

Als Panurge nach dem Besuch bei dem sterbenden Poeten Raunzemurner, der alle Mönche verjagt hat, in Beschimpfungen ausbricht, prophezeit er das Schicksal der Seele des ruchlosen Dichters:

> »Seine Seele fährt zur Hölle, zu dreißigtausend Fudern höllischer Teufel. Wißt Ihr, wohin? Potz Leichnam! lieber Freund, stracks unter den Nachtstuhl Proserpinas, mitts hinein in den eigentlichen Höllenpfuhl, in welchen sie die fäkalische Wirkung ihrer Klistiere ablädt, linkerseits des großen Kessels, drei Klafter weit von den Krallen Luzifers, auf dem Weg zur finstern Kammer Demiurgons.« (S. 639)

Verblüffend ist die auf geradezu danteske Weise exakte Lachtopographie der Hölle. Der schrecklichste Ort dort unten ist für Panurge nicht etwa der Satansrachen, sondern Proserpinas Nachttopf. Der Hintern der Proserpina ist eine Art Hölle in der Hölle, das Unterste des Untersten, und genau hierhin soll sich die Seele des ruchlosen Raunzemurner begeben.

Es ist also keineswegs verwunderlich, daß uns die Arschwischepisode und die in allen Motiven vorhandene Bewegung von oben nach unten am Ende in die Hölle führt, für Rabelais' Zeitgenossen war das keine Überraschung. Allerdings landen wir nicht in einer richtigen Hölle, sondern eher im Paradies.

Gargantua spricht vom Glück der Halbgötter und Helden in den Elysischen Feldern, d. h. im antiken Paradies, doch in Wirklichkeit geht es um eine offensichtlich parodistische Travestie der christlichen Lehre von der ewigen Seligkeit der Heiligen und Gerechten im Paradies.

In dieser Travestie wird der christlichen Lehre von der Bewegung nach oben die Bewegung nach unten entgegengesetzt. Die gesamte religiöse Topographie ist auf den Kopf gestellt. Es ist gut möglich, daß Rabelais die Glückslehre des Thomas von Aquin im Auge hatte. In der Arschwischepisode entsteht das Glück nicht oben, sondern unten, am After. Die parodistische Travestie der mittelalterlichen Topographie ist augenfällig. Das Glück der Seele ist hier tief in den Körper eingelagert, in seinen untersten

Teil. Hiermit ist die Abwärtsbewegung aller Motive der Episode abgeschlossen.
Die Travestie einer der zentralen christlichen Doktrinen ist jedoch von zynischem Nihilismus weit entfernt. Das Materiell-Leibliche ist produktiv. Es gebiert und garantiert damit die relative Unsterblichkeit der Menschheit. Es begräbt abgestorbene und leere Illusionen, und geboren wird die reale Zukunft. Wir haben schon in Rabelais' mikrokosmischer Körperkonzeption gesehen, wie der Körper sich um jene sorgt, »die noch gar nicht geboren sind« (S. 555), und wie jedes Organ den kostbarsten Teil seiner Nahrung »nach unten« schickt, in die Fortpflanzungsorgane. Die Abwärtsbewegung aller Rabelaisschen Motive geht im Grunde in die heitere reale Zukunft. Doch zugleich werden die Verewigungsansprüche des in seiner Begrenztheit und wegen seines Alterns lächerlichen Individuums verspottet. Beide Momente, Verspotten des anspruchsvollen Alters und die heitere reale Zukunft der Menschheit, verschmelzen im Motiv des materiell-leiblich Unteren. In der Rabelaisschen Welt soll es uns nicht wundern, daß die herabsetzende Nutzung zum Abwischen des Hinterns nicht nur das Bild einzelner realer Gegenstände erneuert, sondern auch direkten Bezug zur realen Zukunft der Menschheit hat.
Der ganze Roman bestätigt unsere Interpretation des abschließenden Teils der Episode. Rabelais unterwirft konsequent alle Elemente der mittelalterlichen Glaubenslehre und der Sakramente einer parodistischen Travestie. Die Episode von der Auferstehung Epistemons travestiert, wie wir sehen werden, die bekanntesten biblischen Wunder. Eine (vorsichtige) Travestie der Passion und des Sakraments der Kommunion (des »Abendmahls«) zieht sich als roter Faden durch den ganzen Roman. Wichtige, ja geradezu strukturierende Funktion hat sie für die beiden ersten Bücher. Man könnte sie als eine umgekehrte Transsubstantiation beschreiben: Blut wird zu Wein, der zerstückelte Körper zu Brot, das Leiden zum Festmahl. Wir haben die verschiedenen Aspekte dieser Travestie in der Analyse einiger Episoden beobachtet. In der mikrokosmischen Konzeption des menschlichen Körpers zeigt Rabelais, wie Brot und Wein im Organismus des Menschen zu Blut werden. Das ist die Kehrseite derselben Travestie. Wir finden im Roman eine ganze Reihe

anderer parodistischer Travestien verschiedener Momente von Glaubenslehre und Kult. Wir sprachen schon vom Märtyrertum und der wunderbaren Rettung Panurges in der Türkei, Lefranc hält den Stammbaum Gargantuas für eine Parodie auf die biblischen Stammbäume, etc. etc., die Arschwischepisode mit der parodistischen Travestie des glückseligen Lebens der Heiligen und Gerechten im Jenseits kommt nicht unerwartet.[196]
Ziehen wir Bilanz aus unserer Analyse dieser Episode, die sich auf dem Hintergrund der Literatur der Neuzeit so sonderbar und grob ausnimmt.
Der Arschwisch ist ein durchaus traditionelles, auf familiäre Art degradierendes komisches Thema. Es gibt in der Weltliteratur eine Reihe von Parallelen zu unserer Episode. Allerdings ist das Thema nirgends so ausführlich und differenziert und mit solcher komischen Dramatik behandelt wie bei Rabelais.
Nicht nur offensichtliche Ambivalenz ist für seinen Umgang mit dem Arschwisch-Thema charakteristisch, sonden auch die deutliche Akzentuierung des positiven, erneuernden Pols. Wir beobachten ein heiteres und freies Spiel mit Gegenständen und Begriffen, doch es hat ein weitgestecktes Ziel: die Atmosphäre düsterer Pseudoseriosität, die die Welt umgibt, zu zerstreuen, damit die Welt anders aussieht – zugänglicher, dem Menschen und seinem Körper näher – und damit das Wort anders in ihr klingt – heiter, familiär und furchtlos. Das Ziel der Episode ist die uns schon geläufige Karnevalisierung von Gedanke und Wort. Sie ist nicht ein (moderner) Ausflug ins Obszöne, sondern organischer Teil der großen und komplexen Welt des volkstümlichen Marktplatzes, Teil des heiteren Karnevalsfeuers, das die alte Welt verbrennt.
Die Episode ist stufig komponiert: die Entlarvung (durch die Verkehrung in ein Tuch zum Hinternabwischen) und Erneuerung auf der materiell-leiblichen Ebene beginnt mit Kleinigkeiten und schreitet fort zu den Grundlagen der mittelalterlichen Weltordnung. Wir erleben der Reihe nach die Befreiung von der kleinlichen Seriosität des Alltäglichen, vom didaktischen Sendungsbewußtsein der Moralisten und Scheinheiligen und schließlich von jenem drückenden Ernst der Angst, der sich in Gedanken an das Weltende, das Jüngste Gericht und die Hölle und andererseits an das Paradies und die Glückseligkeit nach

dem Tod ausdrückt. Wir erleben eine konsequente Befreiung des Worts und der Gestik vom kläglich-seriösen Ton der Bitte, Klage, Demut und Andacht und vom grausam-ernsten Ton der Einschüchterung, der Drohungen und Verbote: Alle offiziellen Äußerungen des mittelalterlichen Menschen waren von diesem Ton geprägt und vergiftet. Furchtlose, freie und nüchterne Seriosität kannte die offizielle Kultur des Mittelalters nicht. Die familiär-karnevaleske Marktplatzgeste des kleinen Gargantua, der alles zum Arschwisch macht (und damit materialisiert und erneuert), bereitet den Boden für diese neue, kühne, nüchterne und *menschliche* Seriosität.

Sie bereitet auch eine neue wissenschaftliche Welterfahrung vor. Die Welt konnte nicht zum Gegenstand freier, *experimenteller* und *materialistischer* Erkenntnis werden, solange sie durch *Furcht und Andacht* vom Menschen getrennt, solange sie von hierarchischen Prinzipien getragen war. Die familiäre Aneignung der Welt hob die von Angst und Andacht geschaffene Distanz und alle Tabus auf, näherte die Welt dem Menschen und seinem Körper an und erlaubte, alles zu berühren, von allen Seiten abzutasten, umzukrempeln und zum Kern vorzudringen, Beliebiges einander gegenüberzustellen, alles – für wie heilig es auch gehalten wurde – zu analysieren, abzuwägen, auszumessen und auszuprobieren, und all das auf der Ebene materiell-sinnlicher Erfahrung.

Deshalb verbanden sich die *volkstümliche Lachkultur* und die *neue experimentelle Wissenschaft* in der Renaissance organisch. Sie trafen sich auch in allem, was Rabelais, als Schriftsteller oder als Wissenschaftler, tat.

Kommen wir zur Episode der Erweckung Epistemons und seiner Erfahrungen im Jenseits.

Diese Episode ist eine der kühnsten im ganzen Roman. Abel Lefranc hat in seiner sorgfältigen Analyse überzeugend dargelegt, daß sie eine parodistische Travestie zweier biblischer Wunder ist: der Auferweckung des Lazarus und der Auferweckung der Tochter Jairus'. Einige Züge entstammen dem ersten, andere dem zweiten Wunder. Lefranc findet außerdem Hinweise auf die Wunder der Heilung des Taubstummen und des Lahmen.

Die parodistische Travestie beruht auf der Mischung von Anspielungen auf die entsprechenden Bibeltexte und materiell-leiblichen Motiven. So wärmt Panurge den Kopf Epistemons an seinem Hosenlatz – buchstäblich topographische Degradierung und zugleich *heilender Kontakt mit der Zeugungskraft.* Dann wird der Körper Epistemons an den Platz gebracht, wo das Festmahl stattgefunden hat, und dort geschieht die Auferstehung. Dazu werden Hals und Kopf Epistemons mit »gutem weißen Wein« abgewaschen, ein anatomisierendes Motiv kommt dazu (»vene contre vene« usw.), schließlich muß Panurge schwören: er ist bereit, den eigenen Kopf hinzuhalten, wenn es nicht gelingt, Epistemon wiederzuerwecken. Uns ist vor allem die thematische Korrespondenz des Schwurs »[ich] will [...] selber den Kopf verlieren« (S. 490) mit der Handlung der Episode (Epistemon verliert den Kopf) wichtig. Dieses Zusammentreffen ist typisch für das Rabelaissche Motivsystem, die Thematik von Verwünschungen, Flüchen und Schwüren wiederholt sich in den dargestellten Ereignissen (zerstückelte Körper, Abwurf zur materiell-leiblichen Basis, Überschütten mit Urin). Und noch etwas ist charakteristisch. Panurge fügt hinzu, man solle seinen Kopf nicht riskieren, »so wettet nur ein Narr!« (»fol«) (S. 490). Doch der »Narr« (»fol, sot«) hatte in Rabelais' Kontext (und in der ganzen Epoche) nie die negative Bedeutung gewöhnlicher Dummheit. Der Narr ist ambivalent, das Wort meint immer den Festtagsnarren, den Narren und Dummkopf der Sottie, den volkstümlichen Marktplatznarren. Der Verlust des Kopfes ist für den Narren ohne größere Bedeutung, wie er selbst sagt –, und deshalb ist der Verlust des Kopfes ebenso ambivalent wie die Dummheit. Dieser närrische Unterton geht auf die ganze Epistemon-Episode über. *Der Verlust des Kopfes ist ein reines Lachschauspiel.* Auch die folgenden Ereignisse der Episode – Auferstehung und Schilderung der Visionen vom Jenseits – sind im gleichen Geist der karnevalesken oder schaubudenhaften Lachhandlung erzählt.

Und so ist die eigentliche Wiedererweckung Epistemons dargestellt:

> »Mit einmal holte Epistemon Atem, schlug dann die Augen auf, gähnte, nieste, ließ dann einen zünftigen Hausmannsfurz knallen. Da sprach Panurge: ›Jetzt ist er sicher gesund.‹

Und er gab ihm ein Glas sauren Krätzer mit einer gezuckerten Brotscheibe zu trinken.

Auf diese Weise wurde Epistemon mit Kunst und Geschick geheilt, nur daß er noch mehr als drei Wochen heiser war und einen trockenen Husten behielt, den er nur durch fleißiges Trinken loswurde.« (S. 493)

Die Anzeichen der Rückkehr ins Leben folgen einer deutlich nach unten führenden Linie. Zuerst kommt das Atmen, dann das Öffnen der Augen (Anzeichen geistigen Lebens und auf den oberen Teil des Körpers bezogen). Dann beginnt der Abstieg: Gähnen (ein niederes Lebenszeichen), Niesen (noch tiefer, es geht um ein Körpersekret ähnlich wie beim Entleerungsvorgang) und schließlich Furzen. Doch dieses letzte Lebenszeichen erweist sich als das entscheidende: »A ceste heure est il guery«, bemerkt Panurge abschließend.[197] So ist hier alles auf den Kopf gestellt, das Untere nimmt die Stelle des Oberen ein, nicht das Atmen durch den Mund, sondern das Furzen durch den Hintern wird zum eigentlichen Symbol des Lebens und zum realen Zeichen der Wiederbelebung.

Im Schlußteil der angeführten Passage wird der Wein (ein Festmahlmotiv) zum zentralen Motiv, das den Sieg des Lebens über den Tod bekräftigt und Epistemon später auch hilft, sich vom trockenen Husten zu befreien, der ihn noch eine Zeitlang quält.

Soviel zum ersten Teil der Episode, der Auferstehung selbst. All ihre Motive gehorchen, wie wir sehen, der Bewegung nach unten. Wichtig ist auch die Umrahmung durch Festmahlmotive. Der zweite Episodenteil ist den Visionen des Epistemon gewidmet, und auch er ist von Festmahlmotiven eingerahmt. Ich zitiere den Anfang:

»Und nun hob er zu sprechen an und erzählte, er habe die Teufel gesehen, mit Luzifer ganz gemütlich Zwiesprache gehalten und in der Hölle und in den Elysäischen Feldern herrlich und in Freuden gelebt, versicherte auch in aller Beisein, die Teufel seien umgängliche Gesellen. Was die Verdammten anlange, sagte er, bedaure er's, daß ihn Panurge so bald schon wieder ins Leben zurückgerufen habe.

›Denn‹, so sagte er, ›ich hatte einen Heidenspaß an ihrem Treiben.‹

›Wieso?‹ fragte Pantagruel.

›Man behandelt sie‹, versetzte Epistemon, ›gar nicht so schlecht, wie Ihr meint; aber ihr Gewerbe ist aufs seltsamste verändert. Denn ich sah Alexander den Großen, der flickte alte Hosen und verdiente sich damit armselig sein täglich Brot.
Xerxes bot Senf feil,
Romulus war Salzhändler,
Numa Nagelschmied,
Tarquinius ein Knollfink,
Piso ein Bauer‹.« (S. 493/494)

Das Motiv der Hölle ist von Anfang an mit dem des Festmahls verbunden, Epistemon hat sowohl hier als auch in den Elysäischen Feldern getafelt. Während des Essens bot die Hölle ihm das überaus einnehmende Schauspiel vom jenseitigen Leben der Verdammten. Es erscheint wie der reine Karneval. Alles ist genau umgekehrt wie in der oberen Welt, alles Hohe wird entthront, alles Niedrige gekrönt. Die Aufzählung ist nichts anderes als eine Reihe karnevalesker Verkleidungen der Helden der Antike und des Mittelalters. Position und Beruf im Jenseits dienen zu ihrer Degradierung, und dies häufig im buchstäblich-topographischen Sinn. Alexander von Makedonien etwa ist damit befaßt, alte Hosen zu reparieren. Oft sind es einfach realisierte Flüche, was dem Helden im Jenseits zugemutet wird. Achilles hat die Krätze. Von ihrer Komposition her erinnert die Reihe an die Arschwischreihe, die neuen Aufgaben und Beschäftigungen der Helden treffen uns ebenso unvorbereitet wie die zum Arschwisch umfunktionierten Dinge, und das Inadäquate der neuen Positionen erzeugt den gleichen Effekt farcenhaften Kopfstehens. Wir greifen noch ein Detail heraus. Papst Sixtus kuriert sich in der Hölle von der Syphilis. In diesem Zusammenhang gibt es den folgenden Dialog:

»›Wie?‹ rief Pantagruel, ›dort drunten gibt es auch Lustseuchlinge?‹

›Ei freilich‹, erwiderte Epistemon, ›so viele habe ich noch gar nie beisammen gesehen. Es sind ihrer mehr als hundert Millionen. Denn, glaubt mir getrost, wer die Franzosen auf dieser Welt nicht gehabt hat, der kriegt sie im Jenseits.‹

›Potz Wetter!‹ meinte Panurge. ›Ich bin sie also los, denn ich habe drin gesteckt bis zum Loch von Gibraltar und über die

Säulen des Herkules hinaus und habe mir von den reifsten heruntergeschlagen!« (S. 496)

Hier ist vor allem die Logik der Umkehrung hervorzuheben – wer auf der Erde nicht an Syphilis litt, der bekommt sie in der Hölle. Wir kennen den speziellen Charakter dieser »heiteren« Krankheit, die den Unterleib befällt. Schließlich wollen wir noch die für die Alltagssprache der Epoche typischen geographischen Bilder für den Unterleib in Panurges Rede erwähnen, »das Loch von Gibraltar« und die »Säulen des Herkules«. Beide lagen an der Westgrenze der antiken Welt, und über sie führte der Weg zur Hölle und auf die Inseln der Seligen.

Der karnevaleske Charakter der Entthronungen tritt deutlich in dem folgenden Passus hervor:

»Dergestalt also verdienten alle die, welche auf dieser Welt große Herrschaften gewesen waren, dort unten sauer ihr kümmerliches Brot. Hingegen die Philosophen und alle die Leute, die hienieden arm gewesen waren, waren dort nun ihrerseits große Herren.

Ich sah Diogenes, der kam in Prächten einherstolziert, trug ein Purpurgewand und ein Zepter in der Rechten und piesackte Alexander den Großen bis aufs Blut, wenn er ihm seine Hosen nicht schön geflickt hatte, und zahlte es ihm mit derben Stockhieben.

Ich sah Epiktet, galant nach französischer Art gekleidet, wie er in einer schönen Laube mit einem Schärlein junger Frauenzimmer scherzte, zechte, tanzte und es sich wohl sein ließ, und neben ihm lagen Sonnentaler haufenweise.« (S. 498/501)

Die Philosophen (Diogenes und Epiktet) spielen hier die Rolle der zu *Königen gewählten Karnevalsnarren.* Die *Königskleidung*, der *Purpurmantel* und das *Zepter des Diogenes* werden genau beschrieben, daneben sind auch die Stockschläge nicht vergessen, mit denen der *»alte«, entthronte König Alexander von Makedonien* bedacht wird. Die Figur des Epiktet ist in einem anderen, galanteren Stil gezeichnet; er ist der tafelnde und tanzende *Festtagskönig*.

Im gleichen karnevalesk-festlichen Geist ist der Rest der Vision gestaltet. Der Schriftsteller Jean Lemaire, führender Vertreter der Rhetoriker-Schule und zu Lebzeiten Feind der Päpste, spielt in der Hölle die Rolle des Narrenpapstes. Seine Kardinäle sind

die ehemaligen Narren Caillette und Triboullet. Ehemalige Könige und Päpste küssen Lemaire den Schuh, und er befiehlt den Kardinälen, sie mit Schlägen zu entlohnen.
Das Ganze geht natürlich nicht ohne rituelle degradierende Gesten ab. Als Xerxes, der mit Pfeffer handelt, zu viel dafür verlangt, pißt ihm Villon in den Pfeffer. Perceforest pinkelt an eine Wand, auf der das »Sankt-Antons-Feuer« dargestellt ist. Für diese Lästerung hätte ihn der Freibogner von Bagnolet, der in der Hölle Inquisitor ist, beinahe bei lebendigem Leib verbrannt.
Ein Festessen, wie gesagt, umrahmt die ganze Episode. Kaum hat Epistemon seine Erzählung beendet, meint Pantagruel: »Nun aber, [...] wollen wir einen Happen essen und dazu trinken, ich bitt euch, Kinder. Denn diesen ganzen Monat bekommt einem ein guter Trunk.« (S. 503)
Während des Essens, an das sich Pantagruel und die Gefährten sofort begeben, entscheidet sich das Schicksal des besiegten Königs Anarchos. Pantagruel und Panurge beschließen, ihn schon jetzt, auf der Erde, an die Position zu gewöhnen, die er in der Hölle einnehmen wird, und ihm ein einfaches Handwerk beizubringen.
Im 31. Kapitel wird die karnevaleske Entthronung des Königs Anarchos dargestellt, die wir oben schon besprochen haben. Panurge steckt ihn in ein Narrenkleid (das Kleid wird genau beschrieben, einzelne Besonderheiten motiviert Panurge durch Wortspiele) und macht ihn zum Verkäufer von grüner Sauce. So soll die karnevaleske Entthronung jene kopieren, die in der Hölle stattfindet.
Ziehen wir Bilanz aus unserer Analyse: Das *Motiv der Hölle* hat hier klar zutage tretende *volkstümlich-festliche* Züge. *Die Hölle ist ein Festmahl und ein Karneval.* Wir finden in ihr alle bekannten ambivalenten Motive vom *Überschütten mit Urin, Verprügeln, Verkleiden und Fluchen.* Die Bewegung nach unten, die alle Motive Rabelais' kennzeichnet, führt immer in die Hölle, und auch die Höllenmotive selbst behalten diese Bewegungsrichtung bei.

Die *Hölle* ist in Rabelais' Motivsystem der *Knotenpunkt, in dem sich die Hauptstränge kreuzen, – Karneval, Festmahl, Schlacht und Schläge, Flüche und Verwünschungen.*

Wie erklärt sich die zentrale Stellung des Höllenmotivs, und welche Bedeutung hat es?
Diese Frage ist natürlich nicht theoretisch zu beantworten. Wir müssen Rabelais' Quellen hinzuziehen sowie die Tradition der Höllendarstellung, die sich durch das ganze Mittelalter zieht und ihre Vollendung in der Literatur der Renaissance findet, weiter die *volkstümlichen Elemente* in dieser Tradition zeigen und schließlich die Bedeutung sowohl dieser Tradition als auch des Höllenmotivs selbst vom Standpunkt der großen und aktuellen Aufgaben der Epoche Rabelais' zu verstehen suchen.
Zunächst einige Worte zu den antiken Quellen. Höllendarstellungen finden sich u. a. in den folgenden Texten: im 11. Lied der *Odyssee*, in Platons *Phaidros, Phaidon, Gorgias* und im *Staat*, in Ciceros *Traum des Scipio*, in Vergils *Aeneis* und schließlich in einer Reihe von Werken Lukians (besonders in *Die Höllenfahrt des Menippus oder das Todtenorakel*).
Rabelais kannte natürlich diese Werke, doch von einem Einfluß auf seinen Roman kann, außer im Falle Lukians, nicht die Rede sein, und auch dieser wird gewöhnlich stark überschätzt. Tatsächlich beschränken sich die Parallelen zwischen der *Höllenfahrt* und der Epistemon-Episode auf rein Äußerliches.
Die Hölle ist auch bei Lukian als ein heiteres Spektakel dargestellt. Eine besondere Rolle spielen Verkleidung und Rollentausch. Menipp formuliert seine Eindrücke in der Hölle folgendermaßen:

> »Dieser Anblick brachte mich darauf, das menschliche Leben in meinen Gedanken mit irgend einer großen Festprocession zu vergleichen, und die Glücksgöttin als die Vorsteherin des Auszugs zu betrachten, die alles dabey anordnet, den aufziehenden Personen ihre mannichfaltigen Rollen austheilt, und jeden, dem was er vorstellen soll gemäß, kleidet und ausschmückt. Dem einen hängt sie einen Königsmantel um, setzt ihm eine Tiare auf, bindet ihm ein Diadem um die Stirne und giebt ihm einen Trabanten zu: einem andern zieht sie einen Sclavenkittel an, einen dritten putzt sie heraus um einen Adonis vorzustellen, einen vierten verkleidet sie in einen Pickelhäring: je mannichfaltiger das Schauspiel ist und je mehr die Figuren von einander abstechen, desto besser!« (L. v. Sa-

> mosata, *Werke*, 1, Teil 2, *Die Höllenfahrt des Menippus oder das Todtenorakel*, S. 348/349)

Die Mächtigen der Welt, die ehemaligen Könige und ehemaligen Reichen sind in der lukianischen Hölle in der gleichen Lage wie bei Rabelais.

> »Aber noch ärger hättest du gelacht, wenn du gesehen hättest, daß unsere weiland im Leben gewesene Könige und große Herren bey ihnen dort betteln gehen oder aus Dürftigkeit Häringe verkaufen oder das Abc lehren, und sich von jedem der Lust dazu hat, mißhandeln und *Ohrfeigen geben lassen müssen wie die letzten Sclaven.* Ich wenigstens konnte mich gar nicht mehr halten, wie man mir den König Philippus von Macedonien zeigte, der in einem kleinen Winkel zusammengehuckt saß und *um Taglohn Schuhe flickte.* Den Xerxes, den Darius und eine Menge ihresgleichen ... (op. cit., S. 351)

Doch was für ein Unterschied bei aller äußerlichen Ähnlichkeit! *Lukians Lachen ist abstrakt, es spottet, doch es ist ohne jede echte Heiterkeit.* Von der Ambivalenz der Saturnalienmotive ist in seiner Hölle fast nichts übrig. Die traditionellen Motive sind blutleer und dienen oft nur noch der abstrakten Moralphilosophie eines späten, zynisch gewordenen Stoizismus. Auch bei Lukian werden die ehemaligen Könige mit Schlägen belohnt, mit »Ohrfeigen« wie für die »letzten Sklaven«. Doch diese Schläge sind in die Hölle übertragene *Schläge aus dem Alltag der Sklavenhaltergesellschaft.* Von der saturnalischen Ambivalenz des Königs und Sklaven in einer Person ist nichts geblieben. Die Schläge sind ohne jede schöpferische Kraft, es gäbe nichts, dessen Geburt oder Erneuerung sie beförderten. Ebenso eindeutig alltäglichen Charakter haben die Festmahlmotive. Auch bei Lukian wird in der Hölle gegessen, doch dieses Essen hat mit dem Rabelaisschen nichts gemeinsam. Die ehemaligen Könige können es nicht genießen, ebensowenig wie die ehemaligen Sklaven. In der Hölle ißt man einfach, man hält kein Festmahl, auch die Philosophen veranstalten keine Symposien, sie lachen nur albern und spotten über die ehemaligen Könige oder die Reichen. Das Entscheidende aber ist, daß bei Lukian das materiell-leibliche Prinzip nur der formalen Degradierung des Hohen, seiner Versetzung in den Bereich des Alltäglichen dient; es verliert seine Ambivalenz und hat keine erneuernde Wirkung. Dies bedingt den drastischen Unterschied in Stil und Ton zwischen Lukian und Rabelais.

Den Anfang der mittelalterlichen Tradition der Höllendarstellung macht die sogenannte *Apokalypse des Petrus.* Sie stammt von einem griechischen Autor gegen Ende des 1. oder Anfang des 2. Jahrhundert n. Chr. und ist eine Kompilation antiker Vorstellungen des Jenseits, allerdings an die christliche Glaubenslehre angepaßt. Dem Mittelalter war das Werk nur indirekt zugänglich[198], es hatte starken Einfluß auf die *Visio Pauli (Vision des Paulus)* aus dem 4. Jahrhundert, deren verschiedene Redaktionen im Mittelalter sehr verbreitet waren und ihrerseits die zahlreichen irischen Höllen- und Paradieslegenden beeinflußten, die in der Geschichte der mittelalterlichen Literatur eine zentrale Rolle spielen.

Besondere Bedeutung unter den irischen Höllenlegenden haben die vom »Loch des Hl. Patrick«. Diese Öffnung führt direkt ins Fegefeuer. Nach der Legende hat Gott sie zuerst dem im 5. Jahrhundert lebenden Patrick gezeigt. Um die Mitte des 12. Jahrhunderts stellte der Mönch Henri de Saltré in seinem *Traktat über das Fegefeuer des Hl. Patrick* den Abstieg eines Ritters ins Fegefeuer dar. Etwa um dieselbe Zeit entstand auch die berühmte *Vision des Tungdal.* Tungdal unternimmt nach seinem Tod eine Reise in die Hölle, kehrt jedoch in die Welt der Lebenden zurück, um ihnen von den schrecklichen Schauspielen zu berichten, die er miterlebt hat. Diese Legenden stießen auf starkes Interesse und motivierten eine ganze Reihe neuer Werke: *Das Fegefeuer des Hl. Patrick* von Marie de France, *Über die Gleichgültigkeit gegenüber der Welt* von Papst Innozenz III., *Die Dialoge des Hl. Gregorius*, die *Göttliche Komödie* von Dante.

Die Motive der Visionen vom Jenseits aus der *Visio Pauli* wurden von der keltischen Phantasie aufgegriffen, überarbeitet und mit neuen Motiven angereichert und bildeten schließlich eine selbständige, immer variantenreichere Gattung. Besonders entwikkelten sich die grotesken Körpermotive. Auch die Zahl der Sünden und der Vergeltungsmaßnahmen wuchs (von 7 auf 9 und mehr). In der Struktur der Motive der Qualen im Jenseits erkennt man mühelos die Logik der Flüche, Verwünschungen und Beschimpfungen, die Logik der leiblich-topographischen Negierung und Degradierung. Diese Motive bestehen einfach in der Realisierung der Metaphern, die in den Flüchen und Verwünschungen stecken. Die Körper der gepeinigten Sünder werden unter ihrem grotesken Aspekt dargestellt. Oft tritt der Bezug zum Verschlingen offen zutage, einige Sünder braten am Spieß, andere müssen geschmolzenes Metall trinken. Schon in der *Vision des Tungdal* ist Luzifer mit Ketten an einen glühenden Herdrost geschmiedet; dabei ist er selbst mit dem Verspeisen von Sündern beschäftigt.

Es gibt einen besonderen Zyklus von Höllenlegenden, die um die Figur des Lazarus kreisen. Nach einer dieser Legenden berichtet Lazarus bei einer Mahlzeit Christi mit Simon dem Aussätzigen von den Geheimnissen des Jenseits. Eine Augustinus zugeschriebene Predigt beschreibt das Privileg des Lazarus, als einziger Lebender die Geheimnisse des Jenseits zu kennen. Auch in dieser Predigt gibt Lazarus seine Erfahrungen während eines Festessens zum Besten. Im 12. Jahrhundert beruft sich der Theologe Pierre Comestor auf das Zeugnis des Lazarus. Ende des 15. Jahrhunderts taucht die Figur des Lazarus in allen Mysterien auf, seine Schilderungen am gedeckten Tisch finden Eingang in die populären Volkskalender.

All die Legenden über das Reich des Jenseits, die auch eine starke grotesk-leibliche Komponente hatten, bestimmten die Thematik und das Motivrepertoire der Diablerien, in denen sich eben jene Elemente besonders entwickelten. In den Diablerien verstärkte sich der komische, der Lachaspekt der grotesken Höllenmotive.[199]

Welchen Einfluß nun hatten die Legenden und die auf ihnen basierenden Werke auf das Motiv der Hölle bei Rabelais?

In Rabelais' Höllendarstellung stehen, wie wir wissen, zwei Momente im Vordergrund: die Festmahlmotive (ein Festessen bildet den Rahmen für die Erzählung Epistemons; er selbst ißt in der Hölle; das Festessen der Philosophen, der Verkauf von Lebensmitteln im Jenseits) und der durch und durch karnevaleske Charakter der Hölle.

Das erste Moment ist in den Legenden und der mittelalterlichen Literatur in ihrem Umkreis enthalten. Schon in der *Vision des Tungdal* aus dem 12. Jahrhundert frißt Luzifer die Sünder. So wurde er manchmal auch auf der Mysterienbühne dargestellt. Auch bei Rabelais finden wir dieses Motiv. Im *Pantagruel* ist erwähnt, Luzifer habe sich einmal von der Kette losgerissen, weil er zum Frühstück ein Frikassee aus der Seele eines Sergeanten gegessen und davon eine schreckliche Kolik bekommen hatte. Im Vierten Buch (Kap. 46) steht die ausführliche Betrachtung des Teufels über die geschmacklichen Vorzüge der verschiedenen Seelen, welche gut zum Frühstück taugen, welche zum Mittagessen, und in welcher Zubereitung. Rabelais' Quellen sind hier offensichtlich zwei Poeme, der anonyme *Salut d'Enfer* und der *Songe d'Enfer* von Raoul de Houdenc. Beide stellen den Besuch der Autoren bei Beelzebub und ihre Teilnahme am Teufelsmahl dar. Schon hier unterhalten sich die Feinschmecker ausführlich über die Zubereitung von Sündern. Der Held des *Salut d'Enfer* bekommt eine Wucherer-Suppe vorgesetzt und als zweiten Gang Gebratenes Falschmünzerfleisch in Advokatensauce. Raoul de Houdenc beschreibt die *Höllenkochkunst* noch ausführlicher. Beide Dichter werden wie Epistemon in der Hölle mit einem Essen empfangen, und beide sprechen, ebenfalls wie Epistemon, ganz einfach mit Beelzebub.

Ebenso zweifelsfrei ist der Einfluß des Lazarus-Legendenzyklus auf Rabelais. Wir erwähnten schon, daß die Epistemon-Episode zum Teil eine Parodie auf das Wunder der Wiedererweckung des Lazarus im Neuen Testament ist. Epistemons Bericht über das Jenseits ist, wie auch die legendäre Erzählung des Lazarus, von Festmahlmotiven umrahmt.

Soviel zu den Quellen des ersten, des Festmahl-Moments in der Rabelaisschen Höllendarstellung.

Doch auch das zweite, das karnevaleske Element ist in beiden genannten Poemen sehr stark. Eine gewisse Festlichkeit ist schon in den ältesten keltischen Legenden vorhanden. Die Hölle ist das besiegte und verurteilte Böse der Vergangenheit. Zwar ist dieses Böse vom offiziellen, christlichen Standpunkt her dargestellt, und so hat auch seine Verneinung einen dogmatischen Charakter, doch in den Legenden ist diese dogmatische Ablehnung eng mit folkloristischen Vorstellungen – die Erde als verschlingender und gebärender Schoß, die Vergangenheit als auszutreibendes heiteres Monster – verbunden. Die folkloristische Konzeption der heiteren Zeit mußte auch in die Höllenmotive, Motive des besiegten Bösen der Vergangenheit, Eingang finden. So wird in der *Vision des Tungdal* Luzifer im Grunde als heiteres Monster gezeigt, als besiegte alte Macht und besiegte Angst vor der Macht. Deshalb konnten diese Legenden sowohl die beiden genannten, deutlich volkstümlich-festlichen Poeme als auch die absolut karnevaleske Welt der Diablerien beeinflussen. Das besiegte Böse, die besiegte Vergangenheit, die besiegte alte Macht und die besiegte Angst – sie brachten die düsteren Motive der Danteschen Hölle wie auch die heitere Hölle Rabelais' hervor, wobei die Übergänge zwischen diesen Höllen fließend sind. Schließlich hat die Logik des Unteren und der Umkehrung die Höllenmotive unausweichlich einer karnevalesk-grotesken Interpretation unterworfen.

Es ist noch ein Moment zu berücksichtigen. Die Götter der antiken Mythologie, vom Christentum zu Teufeln degradiert, und die Motive der römischen Saturnalien, die im Mittelalter hartnäckig weiterlebten, wurden vom orthodoxen christlichen Bewußtsein in die Hölle versetzt und trugen ihren Saturnischen Geist dorthin.

Eine der ältesten überlieferten Karnevalsbeschreibungen ist in Form einer mystischen Höllenvision verfaßt. Der normannische Historiker Ordericus Vitalis aus dem 11. Jahrhundert stellt uns in allen Einzelheiten die Vision eines gewissen Geistlichen namens Goschelin dar, der am 1. 1. 1091 nachts bei der Rückkehr von einem Kranken von dem auf dem menschenleeren Weg daherkommenden »Heer des Harlekin« überrascht wurde. Harlekin selbst ist ein mit einer gewaltigen Keule bewaffneter Riese (er erinnert an Herkules). Das Heer, das er anführt, ist sehr bunt. Vorneweg marschieren Menschen in Tierfellen, bewaffnet mit allen möglichen Küchen- und Haushaltsgeräten. Die Folgenden tragen 50 Särge, auf denen kleine Menschen mit großen Köpfen und großen Körben in den Händen sitzen. Dann kommen zwei Äthiopier mit einer Folterbank, auf der der Teufel einen Menschen mit glühenden Sporen durchbohrt. Es schließt sich eine große Zahl von Frauen an; sie reiten auf Pferden und heben sich rhythmisch in den Sätteln, die mit glühenden Nägeln gespickt sind. Unter ihnen sind vornehme Damen, die zum Teil sogar noch am Leben sind. Nach den Frauen kommt die Geistlichkeit und am Schluß der Prozession die von Flammen umgebenen

Krieger. Bei allen Teilnehmern handelt es sich um die Seelen verstorbener Sünder. Goschelin spricht mit dreien von ihnen, darunter mit der seines verstorbenen Bruders.
Soweit die Vision Goschelins.[200] Der Begriff »Karneval« taucht natürlich nicht auf. Goschelin selbst und der berichtende Historiker halten die Vision für das »Heer des Harlekin«. Diese mythologische Vorstellung (sie entspricht dem »wilden Heer«, der »wilden Jagd« und dem »Heer des Königs Artus«) wird hier christlich interpretiert, es sind die herumirrenden Seelen aus dem Fegefeuer. Christliche Vorstellungen bestimmen Ton, Charakter und viele Details der Erzählung Ordericus', den Schrecken Goschelins, das Stöhnen und Klagen der Prozessionsteilnehmer, die Strafen, die die einzelnen erhalten haben (der auf der Folterbank Gequälte erweist sich als Priestermörder, die Frauen auf den mit glühenden Nägeln gespickten Sätteln werden für ihre Unzucht bestraft). So ist die Atmosphäre ganz und gar nicht karnevalesk. Doch zugleich ist der karnevaleske Charakter einzelner Motive und der gesamten Prozession nicht zu bezweifeln. Wir finden das für den grotesken Körper typische *Motiv des Riesen*, eines populären Teilnehmers an allen karnevalsähnlichen Prozessionen (wie gesagt, erinnert er an Herkules, besonders wegen der Keule; das Herkules-Motiv war in der antiken Tradition eng mit dem der Hölle verknüpft). Derselben grotesken Körperkonzeption entstammen auch die Äthiopier. Charakteristisch für den Karneval sind die Neugeborenen, die auf Särgen sitzen; die christliche Färbung des Motivs kann die Ambivalenz des gebärenden Todes nicht völlig verdecken. Auf der Ebene des Materiell-Leiblichen müssen auch die lasterhaften Frauen mit ihren unzüchtigen Bewegungen verstanden werden. Sie stellen den Koitus dar (denken wir an Rabelais' Metapher für den Beischlaf, die er vom Reitsport entlehnt, »saccade«). Völlig karnevalesken Charakter hat natürlich das in Tierfelle gehüllte und mit Küchen- und Haushaltsgeräten bewaffnete Fußvolk. Die Flamme schließlich, die die Krieger umgibt, ist das Karnevalsfeuer (vgl. die »moccoli« des römischen Karnevals). Auch das Entthronungsmoment ist erhalten, die Sünder sind ehemalige Feudalherren, Ritter, vornehme Damen, Geistliche; jetzt sind sie bar jeder privilegierten Stellung. Goschelin spricht mit einem Vicomte, der dafür bestraft wird, daß er ein ungerechter Richter

war; ein anderer Adeliger wird dafür bestraft, daß er seinem Nachbarn die Mühle weggenommen hat.
Die Neujahrsvision, vor allem das antike Motiv des Harlekin mit seiner Keule, erinnert an eine Prozession »entthronter heidnischer Götter«. So wurden Karnevalsprozessionen im Mittelalter, besonders in den germanischen Ländern, bekanntlich auch interpretiert. Die Vorstellung der gestürzten höheren Kraft und Wahrheit ging in die Karnevalsmotive ein. Auch ein später Einfluß der Saturnalien auf die Entwicklung dieses Vorstellungskomplexes ist natürlich nicht ausgeschlossen. Die antiken Götter spielen in gewissem Maße die Rolle des entthronten Saturnalienkönigs. Kennzeichnenderweise verteidigt eine Reihe deutscher Wissenschaftler in der zweiten Hälfte des 19. Jahrhunderts die germanische Herkunft des Wortes »Karneval« mit dem Hinweis, es leite sich von »Karne« (oder »Harth«) – »heiliger Ort« (d. h. die heidnische Gemeinde, die Götter und ihre Diener) und von »val« (oder »wal«) – tot, ermordet, erschlagen – her. Der Karneval bedeutete nach dieser Erklärung »Prozession toter Götter«.
Die platte Erzählung des Ordericus Vitalis bezeugt, wie eng im 11. Jahrhundert Höllen- und Karnevalsmotive sogar bei gottesfürchtigen Christen miteinander verbunden waren. Gegen Ende des Mittelalters entwickeln sich aus dieser Verbindung die Diablerien, in denen das karnevaleske Moment endgültig die Oberhand gewinnt und die Hölle in ein heiteres volkstümliches Spektakel auf dem Marktplatz verwandelt wird.
Ein Produkt dieser »Karnevalisierung der Hölle« ist auch jene Hölle, die auf fast allen Festen und Karnevals der Renaissance eine Rolle spielte.
Sie nahm ganz unterschiedliche Formen an. Hier zum Beispiel ihre Metamorphosen in den Nürnberger Karnevalsumzügen des 16. Jahrhunderts (sie sind ausführlich protokolliert): ein Haus, ein Turm, ein Schloß, ein Schiff, eine Windmühle, ein feuerspeiender Drache, ein Elefant mit Reitern, ein kinderfressender Riese, ein alter Teufel, der böse Ehefrauen verschlingt, ein Geschäft voller altem Kram und Trödel (zum Verkauf), der Venushügel, ein Brotofen, in dem die Narren gebacken werden, eine Kanone zum Beschießen zänkischer Frauen, ein Fangeisen zum Narrenfangen, eine Galeere mit Mönchen und Nonnen, ein

Glücksrad, auf dem die Narren gedreht werden, etc. Gewöhnlich wurden diese mitgeführten Gestelle mit Feuerwerkskörpern gespickt und vor dem Rathaus abgebrannt.
Alle Variationen der »Karnevalshölle« sind ambivalent, und alle schließen, in verschiedener Form und Stärke, ein Moment der durch Lachen besiegten Angst ein. Alle stellen sie, in mehr oder weniger harmloser Form, die alte, absterbende Welt als Strohpuppe des Karnevals dar. Oft sind dies einfach lächerliche Monstren, manchmal wird das Veraltete an der abtretenden Welt, ihre Unnötigkeit, Unsinnigkeit, Dummheit und ihre lächerlichen Ansprüche etc. hervorgehoben. All das ist dem degradierenden Plunder analog, mit dem Rabelais' Hölle vollgestopft ist: alte Hosen, mit denen sich Alexander von Makedonien abplagt, Haufen von Lumpen und Abfällen, in denen die ehemaligen Wucherer kramen, etc. Diese Welt wird dem erneuernden Karnevalsfeuer überantwortet.

Die Volkskultur hat immer, in allen Etappen ihrer jahrtausendelangen Entwicklung, die wesentlichen Gedanken, Motive und Symbole der offiziellen Kultur in die Sprache des ambivalenten Materiell-Leiblichen übersetzt. Im vorigen Kapitel haben wir gesehen, wie die kosmische Angst, die mit ihr verbundenen Motive kosmischer Katastrophen und die eschatologischen Theorien, die in der offiziellen Weltanschauung kultiviert wurden, ihr Lachäquivalent in den Motiven karnevalesker Katastrophen, parodistischer Prophezeiungen etc. fanden. Diese befreiten von der Angst, näherten die Welt dem Menschen an, machten die Zeit weniger bedrückend und verwandelten sie schließlich in die heitere, festliche Zeit der Ablösungen und Erneuerungen.
Ähnlich verhält es sich mit den Höllenmotiven. Das Mittelalter durchzieht, wie wir gesehen haben, eine Tradition der Karnevalisierung der offiziellen christlichen Höllenvorstellungen, die Karnevalisierung von Hölle, Fegefeuer und Paradies. Am Ende des Mittelalters bildete die »Hölle« das Thema, in dem sich die beiden Kulturen, die Volkskultur und die offizielle, trafen. An diesem Thema zeigte sich schärfer und deutlicher als anderswo das Faktum der zwei Welten, der zwei Weltanschauungen, die diese Kulturen repräsentierten. Die Hölle ist ein Bild für die Bilanz, für das Ende und die Vollendung und zugleich das letzte

Gericht über jedes einzelne Menschenleben, ein Gericht, das die *höchsten Kriterien* (im religiös-metaphysischen, ethischen, sozialen und politischen Sinn) der offiziellen christlichen Weltanschauung zugrunde legt. Die Hölle ist ein synthetisches Motiv, das keineswegs abstrakt, sondern auf klare, konzentrierte, bildhafte und emotionale Weise die Vorstellungen des offiziellen Mittelalters von Gut und Böse repräsentiert. Daher war sie ein außerordentlich wirksames Instrument kirchlicher Propaganda.

Die charakteristischen Züge des offiziellen Mittelalters waren im Bild der christlichen Hölle ins Extrem gesteigert. Hier zeigte sich am schlagendsten die ahistorische Bewertung des Menschen und seiner Umwelt. Es triumphierte die Vertikale von Aufstieg und Fall; die Horizontale der historischen Zeit, der progressiven Bewegung in der Zeit, wurde geleugnet.

Darum versuchte die Volkskultur, diesen extremen Ausdruck düsterer Seriosität mit Lachen zu überwinden und in einen heiteren, karnevalesken Popanz zu verwandeln. Das Höllenmotiv wird umgeformt, der unfruchtbaren Ewigkeit wird der schwangere und gebärende Tod gegenübergestellt und der Verewigung des Vergangenen, Alten die Geburt der besseren Zukunft, des *Neuen* eben aus dem absterbenden Alten. Während die christliche Kirche die Erde entwerten und von ihr ablenken will, bestätigt die Karnevalshölle die Erde und ihren Kern als den fruchtbaren Schoß, wo sich Tod und Geburt treffen, wo aus dem Tod des Alten neues Leben geboren wird. Deshalb finden wir in der karnevalisierten Hölle überall die Motive des Materiell-Leiblichen.

Die Hölle wird in der volkstümlichen Tradition zum Motiv einer durch Lachen besiegten doppelten Angst: der Angst vor der mystischen Hölle selbst (vor der Hölle und dem Tod) und der Angst vor der Macht und Wahrheit der Vergangenheit (die in den letzten Zügen liegt und von der Hölle überwunden ist).

In der Renaissance füllte sich die Hölle mehr und mehr mit Königen und Päpsten, kirchlichen und weltlichen Machthabern, selbst mit gerade verstorbenen oder noch lebenden. In der Hölle wurde alles Verurteilte, Negierte und Verdammte versammelt. Deshalb nutzte die Satire der Renaissance und des 17. Jahrhunderts die Hölle oft für die Darstellung einer Galerie von verhaßten historischen Persönlichkeiten und negativen gesellschaftlichen Typen. Doch diese Satire hatte oft (z. B. bei Quevedo) rein destruktiven Charakter, die Ambivalenz der Motive war in ihr sehr abgeschwächt, das literarische Motiv der Hölle trat in eine neue Entwicklungsphase.

Wir wissen aus dem letzten Kapitel des *Pantagruel*, daß Rabelais beabsichtigte, seinen Helden in das legendäre Land Presthans nach Indien zu senden und ihn von dort aus in die Hölle reisen zu lassen. Das Thema taucht nicht überraschend auf, da im *Pantagruel* der aufgesperrte Rachen im Grunde die gleiche »gueulle d'enfer« wie auf der mittelalterlichen Mysterienbühne, Leitmotiv ist.

Rabelais' wichtigste Quelle, das Volksbuch über Gargantua, enthält eine Episode, wo der Held zur Hölle absteigt. Zwar fehlt sie in der *Großen Chronik*, doch in einer Farce aus dem Jahr 1540 wird auf diese Episode als auf etwas allgemein Geläufiges angespielt; auch in einer neueren, mündlichen Version der Legende, die Sébillot aufgezeichnet hat (vgl. op. cit., S. 52-53), kommt eine ähnliche Episode vor.

Die Figuren der Volkskomik steigen ebenfalls oft in die Hölle hinab. Etwa Harlekin, der, wie Pantagruel, in seiner vorliterarischen Vergangenheit ein Teufel war. 1585 erschien in Paris ein Werk mit dem Titel *Die heitere Geschichte von den Taten Harlekins, des italienischen Komödianten, die berichtet von seinen Träumen und Visionen, seinem Abstieg in die Hölle, um Mama Cardina von dort heraufzuholen, wie und mit Hilfe welcher Zufälle er von dort entwich, nachdem er den Höllenkönig selbst, Cerberus, und alle anderen Teufel betrogen hatte.* In der Hölle schlägt der Harlekin Purzelbäume, macht tausend unmögliche Sprünge, läuft rückwärts, streckt die Zunge heraus, etc., er bringt Charon und selbst Pluto zum Lachen.

Harlekins heitere Sprünge und Purzelbäume stehen nicht im Widerspruch zur Hölle, sie sind ambivalent wie die Hölle selbst. Sie haben topographischen Charakter, ihre Orientierungspunkte sind Himmel, Erde, Hölle, oben, unten, Gesicht und Hintern. Sie spielen mit der Vertauschung von Oben und Unten, Gesicht und Hintern; mit anderen Worten: das Thema »Abstieg zur Hölle« ist schon in der schlichten Purzelbaumbewegung impliziert. So liegt die Verbindung aller Figuren der Volkskomik zur Hölle nahe. Auch der berühmte Komiker Tabarin stieg im 17. Jahrhundert in die Hölle hinab. 1612 erschien sein Buch *Der Abstieg Tabarins in die Hölle.*

Nach den Romanplänen verlief der Weg Pantagruels in die Hölle durch das Reich Presthans in Indien. Der Weg nach Indien aber führt zugleich in den äußersten Westen, in das vermutete »Land des Todes«, die Hölle. Nach Rabelais durchquerte er die brasilianischen »îles de Perlas«. Die Thematisierung des legendären Wegs in das »Land des Todes« (»Westlich der Säulen des Herkules«) ist auch eine Anspielung auf die geographischen Forschungen der Zeit; Franz I. beauftragte 1523/24 den Italiener Verrazano, in Zentralamerika eine Meerenge zu suchen, durch die man den Weg nach China und Indien abkürzen könnte (anstatt, wie die Portugiesen, Afrika zu umschiffen).

Rabelais hat das im letzten Kapitel des *Pantagruel* vorgelegte Programm zur Weiterführung des Romans im wesentlichen eingehalten. Die Handlung allerdings entspricht nicht dem Plan. Es kommt weder das Reich Presthans noch die Hölle vor. Diese ist ersetzt durch das »Orakel der Göttlichen Flasche« (wie Rabelais selbst es dargestellt hätte, wissen wir nicht), der Weg in den Südwesten durch den Weg nach Nordwesten (die Reise Pantagruels im Vierten Buch).

Dieser Weg in den Nordwesten ist eine Reaktion auf die veränderte geographische und koloniale Orientierung Frankreichs. Verrazano hatte in Mittelamerika keine Meerenge gefunden. Rabelais' berühmter Zeitgenosse Jacques Cartier entwickelte eine neue Idee – die Suche nach der Meerenge weiter im Norden, in den Ländern rund um den Polarkreis. 1540 dringt Cartier nach Kanada vor, 1541 beauftragt ihn Franz I., diesen neu entdeckten Teil Nordamerikas zu kolonisieren. Darum ändert Rabelais den Weg seines Helden und läßt ihn mit Cartier nach Nordwesten, in die Polargegend, segeln.

Der reale Weg des Jacques Cartier in den Nordwesten entspricht dem von *keltischen Legenden tradierten Weg in die Hölle und ins Paradies.* Das Meer nordwestlich von Irland galt als geheimnisumwittert, man hörte im Gebrüll der Wellen die Stimmen und das Stöhnen Verstorbener, dort lagen rätselhafte Inseln, und sie bargen Wunder, die den indischen Wundern gleichkommen sollten. Die keltischen Legenden über die Wunder der Irischen See fanden in der Spätantike Eingang in die Literatur, etwa bei Lukian und Plutarch. Bei Rabelais gibt es eine Episode über eingefrorene und aufgetaute Wörter, die er von Plutarch übernimmt, das Motiv selbst jedoch ist zweifellos keltischen Ursprungs. Dasselbe gilt für die Episode über die Makreonen-Insel, in der Plutarchs Einfluß spürbar ist. Übrigens erzählt Plutarch, daß auf einer der nordwestlichen Inseln, d. h. in der Irischen See, Saturn sich aufzuhalten pflegte, beschützt von Briareos.[201]

Wir betrachten nun eine Legende aus dem keltischen Zyklus, die unmittelbaren Einfluß auf die Reise Pantagruels (d. h. auf das Vierte Buch des Romans) hatte. Die Legende stellt einen alten keltischen Mythos in christianisierter Form dar. Im 10. Jahrhundert entstand die *Seereise des Hl. Brendan (Navigatio sancti Brendani),* im Mittelalter fand sie in ganz Europa in verschiedenen Prosa- und Versversionen außerordentliche Verbreitung. Die interessanteste Bearbeitung ist ein 1125 entstandenes englisch-normannisches Poem aus der Feder des Mönchs Benoît. Wir fassen seinen Inhalt kurz zusammen (und weisen dabei auf Entsprechungen bei Rabelais hin):

Der Hl. Brendan begibt sich mit 17 Mönchen seines Klosters von Irland aus in nordwestlicher Richtung auf die Suche nach dem Paradies, wobei sie bis in den Polarkreis gelangen (dies ist auch Pantagruels Route). Die Reise dauert sieben Jahre. Der Hl. Brendan (wie auch Pantagruel) entdeckt von Insel zu Insel immer neue Wunder. Auf einer Insel leben hirschgroße weiße Hammel, auf einer anderen sitzen auf riesigen Bäumen mit rotem Laub weiße Vögel, die Gottes Lob singen; auf einer weiteren Insel herrscht tiefes Schweigen, und die Laternen zünden sich zu den Gottesdienstzeiten von selbst an (der Alte auf dieser Insel des Schweigens erinnert stark an den alten Makroben bei Rabelais). Das Osterfest müssen die Reisenden auf dem Rücken eines Hais verbringen (bei Rabelais gibt es eine Episode mit dem »Physeter«, d. h. mit dem Walfisch). Sie werden Zeugen eines Kampfes zwischen Drachen und Greif, sehen eine Seeschlange und andere Meeresungeheuer. Dank ihrer Frömmigkeit überwinden sie alle Gefahren. Sie bekommen einen reichgeschmückten Altar zu sehen, der sich auf einer Saphirsäule aus dem Ozean erhebt. Sie fahren an einem Hölleneingang vorbei, aus dem eine Flamme schlägt, und in der Nähe dieses Höllenschlundes begegnen sie Judas auf einem schmalen Felsen, um den die Wellen tosen. Hier ruht er sich an den Feiertagen von den Höllenqualen aus. Schließlich kommen sie zur Paradiestür, die von Wänden aus Edelstein umgeben ist, überall glänzen Topase, Amethyste, Bernstein und Onyx. Ein Abgesandter Gottes erlaubt ihnen, das Paradies zu betreten. Sie finden üppige Haine, Blumen, Bäume voller Früchte; alles verströmt ein köstliches Aroma, die Wälder sind voller zahmer, sanfter Tiere; hier fließen Flüsse aus Milch, und der Tau ist aus Honig; es gibt weder Hitze noch Kälte, weder Hunger noch Traurigkeit.

Die Legende über den Hl. Brendan ist ein anschauliches Beispiel mittelalterlicher Vorstellungen vom irdischen Raum und der Bewegung darin. Es gibt, wie beim grotesken Körper, keine glatte Oberfläche, nur Vertiefungen und Erhebungen. Ein hervorragendes Symbol für dieses legendäre Relief ist das Loch zur Hölle und gleich daneben der aufstrebende Feiertagsfelsen des Judas oder die Säule mit dem Altar, die sich aus den Meerestiefen erhebt. Das Höllenloch und die Paradiestür unterbrechen die glatte Oberfläche der Erde, in deren Tiefe sich andere Welten eröffnen. In der Legende verbinden sich kirchlich-christliche Vorstellungen auf widersprüchliche Weise mit volkstümlichen. Die letzteren sind noch sehr stark und machen den Reiz der Legende aus. Das Paradies erweist sich als volkstümlich-utopisches Reich des materiell-leiblichen Überflusses und des Friedens, als Goldenes Saturnisches Zeitalter, wo statt Krieg, Kampf und Leiden Fülle und Überfluß herrschen. Nicht umsonst hat Plutarch auf einer der Inseln in der Irischen See den Aufenthaltsort Saturns lokalisiert. Auf diese Weise sind in diesem frommen Poem, wie auch in der Vision Goschelins, ganz deutlich die Saturnalienmotive erkennbar.

In Pantagruels Reise in den Nordwesten verbindet sich der alte legendäre Weg in das utopische Reich des Überflusses und des Friedens mit dem aktuellen, realen Weg, mit dem letzten Wort der geographischen Forschung der Zeit, mit dem Weg des Jacques Cartier. Eine solche Verknüpfung ist für alle zentralen Motive bei Rabelais charakteristisch; mit diesem Aspekt seines Schaffens werden wir uns in unserem letzten Kapitel beschäftigen.

Die von der *Seereise des Hl. Brendan* stammenden Motive verbinden sich im Vierten Buch mit völlig andersartigen. Im Grunde führt Pantagruels ganze Reise durch die Hölle, durch die überlebte Welt lächerlicher Monster. Die Insel der Schinnöser, die Insel der Geschwollenen und der Karnevalskrieg mit ihnen, die karnevaleske Figur des Quarême-prenant (hier ist die Grenze anatomischen Phantasierens erreicht), die Inseln der Papimanen und Papstfötter, die Insel des Messer Bauch und die Festmahlsgeschenke der Bauchanbeter, die in die Erzählung eingefügten Episoden und Novellen, besonders die schon besprochene über die Hochzeitsschläge im Hause de Basché und den Streich Villons, all das sind karnevalistisch stilisierte Bilder der alten Welt, des alten Rechts und der alten Wahrheit. Lächerliche Monstren, die Figuren aus den Diablerien bevölkern die Karnevalshölle. Die Abwärtsbewegung in den verschiedensten Varianten prägt alle Motive des Vierten Buchs. Verknüpft sind sie hier mit zahlreichen aktuellen politischen Anspielungen.

Der philosophische Sinn der Abwärtsbewegung und des Höllenmotivs zeigt sich auf dem Hintergrund jener radikalen Umstrukturierung des mittelalterlichen Weltbilds, wie sie sich in der Renaissance vollzog. Im vorigen Kapitel haben wir den hierarchischen Charakter der mittelalterlichen Vorstellungen vom physischen Kosmos (die hierarchische Schichtung der vier Elemente und ihre Bewegungen) beschrieben. Den gleichen hierarchischen Charakter hatte auch die moralische und metaphysische Weltordnung. Bestimmenden Einfluß auf das ganze mittelalterliche Denken und selbst auf das bildliche Denken übte Dionysos Areopagites aus, dessen Werk die Hierarchievorstellung ausführlich entwickelt.[202] Seine Lehre ist eine Vereinigung von Neuplatonismus und Christentum. Aus dem Neuplatonismus stammt die Idee des stufigen Kosmos, der in höhere und niedere Welten eingeteilt ist, das Christentum steuert die Vorstellung der Buße als einer Vermittlung zwischen den höheren und niederen Welten bei. Dionysos gibt eine systematische Beschreibung der hierarchischen Leiter, die vom Himmel zur Erde führt. Zwischen dem Menschen und Gott liegt die Welt der reinen Intelligenzen und himmlischen Kräfte. Sie ist in drei

Kreise unterteilt, die jeweils wieder in drei Bereiche gegliedert sind. Die kirchliche Hierarchie bildet diese himmlische Hierarchie genau ab. Die Lehre des Dionysos Areopagites hatte großen Einfluß auf Eriugena, Albertus Magnus und Thomas von Aquin.

Im mittelalterlichen Weltbild hatten oben und unten, höher und niedriger sowohl in räumlicher als auch in wertender Hinsicht absolute Bedeutung. Deshalb spielten die Motive der Bewegung nach oben oder der umgekehrte Weg des Abstiegs, des Falls im System der Weltanschauung eine so exklusive Rolle. Diese hatten sie auch im Motivsystem der Literatur und Kunst inne, die von dieser Weltanschauung geprägt waren. Man dachte sich jede wesentliche Bewegung als Aufwärts- oder Abwärtsbewegung längs der Vertikalen. Alle Bewegungsmotive und -metaphern des mittelalterlichen Denkens und der Kunst des Mittelalters haben deutlich ausgeprägten und verblüffend konsequenten vertikalen Charakter. Die Bewegung entlang der Horizontalen, vorwärts oder zurück, kam in diesem Motivsystem nicht vor, sie war bedeutungslos, änderte nichts am Wert oder Schicksal eines Gegenstandes, sie wurde als Auf-der-Stelle-Treten gedacht, als sinnlose Bewegung in einem geschlossenen Kreis. Es ist bezeichnend, daß selbst die Reise- und Wanderliteratur des Mittelalters keinerlei Pathos der Bewegung nach vorn, in die Ferne, entlang der Horizontalen kannte: der Weg dieser Reisen ist gekrümmt, er steht unter dem Einfluß der Vertikalen und der hierarchischen Bewertung des irdischen Raumes.

Die hierarchische Bewegung entlang der Vertikalen bestimmte auch das Verhältnis zur Zeit. Man stellte sich die Zeit als Horizontale vor und die Hierarchie entsprechend außerzeitlich. Für den Aufstieg in der Hierarchie hatte die Zeit keine wesentliche Bedeutung, und so gab es nicht die Vorstellung vom Fortschritt in der Zeit, von einer Vorwärtsbewegung in ihr. Man konnte augenblicklich in einer höheren Sphäre wiedergeboren werden, ehe der Krug Mohammeds ausgeschüttet war. Auch die Eschatologie der mittelalterlichen Weltanschauung entwertete die Zeit.

Sehr bezeichnend in dieser Hinsicht ist das Weltbild Dantes. Hier kommt der Bewegung eine wichtige Rolle zu, doch sind alle Bewegungsmotive und -metaphern von der vertikalen Tendenz des (räumlichen und werthaften) Aufstiegs und Falls bestimmt. Er kennt bloß »nach oben« und »nach unten«, kein »vorwärts«. Doch das Motivsystem und die Metaphorik der vertikalen Bewegung sind bei ihm in bewundernswürdiger Vielfalt entwickelt.

Die ganze Dantesche Welt erstreckt sich entlang der Vertikalen, vom Untersten, dem Teufelsschlund, bis zu den Höhen des Aufenthaltes Gottes und der Seligen. Die einzig wesentliche Bewegung, die die Lage und das Schicksal der Seele ändert, ist die nach oben oder unten entlang der Vertikalen. Nur auf dieser Vertikalen gibt es für Dante wirkliche Vielfalt; Unterschiede zwischen Dingen, die sich auf einer Ebene befinden, sind nicht wesentlich. Dies ist ein charakteristischer Zug mittelalterlicher Weltanschauung: nur ein hierarchisches Merkmal unterscheidet ein Ding vom anderen und schafft eine Merkmals-Vielfalt. Den anderen, nicht-hierarchischen Unterschieden gegenüber verhielt sich das offizielle Denken gleichgültig.

In der Danteschen Welt finden wir keinerlei wesentliche Motive von Ferne und Nähe im real-räumlichen oder zeitlichen Sinn; Dante kennt nur die hierarchische Nähe oder Ferne. Bezeichnenderweise gibt es auch zur Figur der Beatrice, sowohl in der *Göttlichen Komödie* als auch im *Neuen Leben*, nur hierarchisch gefärbte Entfernung oder Annäherung: der Fall der Seele entfernt von ihr, der Aufstieg führt in ihre Nähe. Die endlose Entfernung von der Geliebten kann in einem Moment überwunden werden, und ein einziger Augenblick kann sie unendlich weit entrücken. Raum und Zeit sind quasi aus dieser Liebesgeschichte völlig ausgeschlossen, sie kommen nur in hierarchischer oder symbolischer Form vor. Welch ein Unterschied zu der volkstümlichen Liebeslyrik, wo die reale räumliche Entfernung vom Geliebten, der lange und mühevolle Weg zu ihm und die Zeit der Erwartung, der Sehnsucht und der Treue eine so große Rolle spielen![203] In Dantes Welt hat die Zeit keinen Wert. In der hierarchischen Welt ist in jedem zeitlichen Querschnitt sowohl das Allerunterste als auch die höchste Vollendung vorhanden, die reale historische Zeit ändert daran nichts.

Doch befindet sich das mittelalterliche Weltbild bei Dante schon in der Krise. Entgegen allen ideologischen Forderungen existieren auf einer hierarchischen Ebene, auf einem Niveau, Individualität und Vielfalt. Figuren wie Farinata, Ugolino, Paolo und Francesca u.a. sind sehr differenziert gezeichnet, doch keineswegs wegen ihrer hierarchischen Position auf den Etappen des Aufstiegs der Seelen. Dantes Welt ist sehr komplex. Seine künstlerische Kraft beweist sich an der extremen Spannung auseinanderstrebender Kräfte, die in all seinen Motiven zu spüren ist. Den mächtigen Aufwärtsstrebungen entlang der Vertikalen widersetzt sich eine ebenso mächtige Tendenz der Motive, sich in die Horizontale des realen Raums und der historischen Zeit loszureißen, die Tendenz, ein Schicksal jenseits der hierarchischen Formen und Werte des Mittelalters zu begreifen und zu formen.

In Rabelais' Epoche verliert die hierarchische Welt des Mittelalters ihre Kraft. Das einseitige, zeitlose, vertikale Weltmodell mit seinem absoluten Oben und Unten, seinem einseitigen System von aufsteigender und abfallender Bewegung beginnt sich umzustrukturieren. Ein neues Modell entsteht, in dem die Horizontale die führende Rolle übernimmt, die Vorwärtsbewegung im realen Raum und in der historischen Zeit. An diesem neuen Modell arbeiten Philosophie und Wissenschaft, die menschliche Praxis und die Kunst.

Im Kampf um ein neues Weltbild und bei der Zerstörung der mittelalterlichen Hierarchie nutzt Rabelais ständig das traditionelle folkloristische Mittel der »verkehrten Hierarchie«, der »auf den Kopf gestellten Welt«, der »positiven Verneinung«. Er bringt mit Absicht die Hierarchien durcheinander, um die konkrete Realität des Gegenstandes herauszuschälen und zu befreien, um seine materiell-leibliche Gestalt zu zeigen, sein reales Sein jenseits aller hierarchischen Normen.

Die kräftige, absolute Abwärtsbewegung der volkstümlichen Motive, ihre Zeitkomponente und das ambivalente Höllenmotiv stellt Rabelais dem abstrakten, hierarchischen Aufwärtsstreben entgegen. Die reale Erde und die reale historische Zeit sucht er nicht oben, sondern unten. Echter Reichtum liegt, nach den Worten der Priesterin der Göttlichen Flasche, in der Tiefe, unter der Erde verborgen, und die Weisheit, ebenfalls nach ihren Worten, in der Zeit, denn sie entdeckt alle Geheimnisse und verborgenen Schätze.

Das materiell-leibliche Prinzip, die Erde und die reale Zeit werden zum relativen Zentrum des neuen Weltbildes. Nicht der Aufstieg der individuellen Seele in höhere Sphären entlang der zeitlosen Vertikalen, sondern die Vorwärtsbewegung der ganzen Menschheit entlang der Horizontalen der historischen Zeit wird zum wichtigsten Wert. Die individuelle Seele wird, nachdem sie das Ihre getan hat, alt und stirbt zusammen mit dem individuellen Körper, doch der Volks- und Menschheitskörper, von den Verstorbenen vorangebracht, wird sich immer erneuern und schreitet voran auf dem Weg seiner historischen Vollendung.

Rabelais gab diesen Ideen in dem berühmten Brief Gargantuas an Pantagruel nahezu theoretischen Ausdruck. Betrachten wir den entsprechenden Teil des Briefs:

> »Unter den Gaben, Gnaden und Vorrechten, mit welchen der höchste Schöpfer, Gott, der Allmächtige, die Menschennatur von Anbeginn an gesegnet und ausgezeichnet hat, dünkt mich die Gabe vor allem einzigartig und vorzüglich zu sein, durch welche sie in ihrem sterblichen Zustand schon eine Art Unsterblichkeit erwerben und im Verlauf des vergänglichen Lebens ihren Namen und ihre Nachkommenschaft verewigen kann. Dies geschieht durch Kinder und Kindeskinder, die in legitimer Ehe von uns gezeugt werden. [...]
>
> Nicht ohne gerechten und billigen Grund danke ich Gott, meinem Bewahrer, dafür, daß er mir zu sehen verstattet hat, wie mein ergrautes Alter in Deiner Jugend aufs neue erblüht. Denn wenn dereinst nach dem Ratschluß dessen, der alles lenkt und wägt, meine Seele diese irdische Wohnstatt verläßt, werde ich meines Erachtens nicht gänzlich gestorben sein, vielmehr von einem Ort an einen andern hinübergehn, sintemal ich in Dir und durch Dich in meinem sichtbaren Abbild auf dieser Welt bleibe und weiterlebe, sehend und mit ehrenwerten Leuten und meinen Freunden fürderhin Verkehr pflegend, wie ich's bisher tat.« (S. 352/353)

Der Brief ist im hohen rhetorischen Stil der Zeit abgefaßt, in der Sprache des äußerlich völlig kirchentreuen Humanisten, einer Sprache, die alle Sprachnormen der Epoche erfüllt. Weder im Ton noch im leicht archaisierenden Stil noch auch in der sehr korrekten Wort- und Ausdruckswahl gibt es die kleinste Anspielung auf das Marktplatzmilieu, das den größten Teil des Romans

prägt. Der Brief klingt wie einer anderen Sprachwelt entsprungen, er ist ein Beispiel für die offizielle Rede jener Zeit.
Der Inhalt aber entspricht den offiziellen Ansichten der katholischen Kirche ganz und gar nicht. Trotz der so frommen Floskeln, mit denen fast jeder Absatz beginnt und endet, liegen die Gedanken von der Unsterblichkeit auf einer völlig anderen Ebene als die kirchliche Lehre von der Unsterblichkeit der Seele. Was Rabelais hier interessiert, ist die andere, relative Unsterblichkeit, die an den Körper gebunden ist, an das Leben auf der Erde, die der lebendigen Erfahrung zugänglich ist. Ihn interessiert die Unsterblichkeit des Samens, des Namens, der Geschichte und der menschlichen Kultur. Die Behauptung dieser relativen Unsterblichkeit und ihre Darstellung sind so angelegt, daß eine Unsterblichkeit der Seele außerhalb des Körpers ganz und gar abgewertet wird. Die statische Verewigung der aus einem gebrechlichen Körper kommenden Seele im Jenseits, wo sie kein irdisches Wachstum, keine Entwicklung mehr erwartet, ist für Rabelais nicht befriedigend. Er will sich, sein Alter und seine Gebrechlichkeit in der neuen Jugend seines Sohnes, Enkels und Urenkels sehen. Ihm ist sein sichtbares, irdisches Bild teuer, dessen Züge in den Nachkommen erhalten bleiben. In Gestalt seiner Nachkommen will er »auf dieser Welt« und unter guten Freunden bleiben. Er will die Verewigung des Irdischen auf der Erde, die Bewahrung aller irdischen Lebenswerte: die schöne physische Gestalt, die blühende Jugend, die Heiterkeit der Freunde. Er will, daß das Leben weitergeht, daß alles Wertvolle für die nächsten Generationen erhalten bleibt, und nicht die Verewigung statischer Zustände der glückseligen Seele. Er will die lebendige Ablösung und ewige Erneuerung, damit das Alter und die Gebrechlichkeit in neuer Jugend aufblühen. Dies meint er ganz buchstäblich. Er sagt nicht, die Jugend des Sohnes löse das Alter des Vaters ab, eine solche Ausdrucksweise würde Vater und Sohn, Alter und Jugend trennen, würde sie als zwei statische, in sich geschlossene Einheiten einander gegenüberstellen. Rabelais' Motiv ist zweileibig, er sagt, das Alter selbst blühe in der neuen Jugend auf (»mon antiquité chanue refleurir en ta jeunesse«). Damit gelingt ihm eine Übersetzung des volkstümlich-grotesken Motivs des schwangeren Alters oder des gebärenden Todes in die offizielle rhetorische Sprache. Rabelais' Aus-

drucksweise unterstreicht die ununterbrochene, aber widersprüchliche Einheit des Lebensprozesses, der im Tod nicht endet, sondern, im Gegenteil, triumphiert, denn der Tod ist die Verjüngung des Lebens.

Wir wollen noch einen Ausdruck in der oben zitierten Passage hervorheben, Gargantua schreibt: »wenn dereinst [...] meine Seele diese irdische Wohnstatt verläßt, werde ich meines Erachtens nicht gänzlich gestorben sein, vielmehr von einem Ort an einen andern hinübergehn« (S. 353). Man könnte denken, daß das »Ich« ganz und gar nicht stirbt, weil es sich zusammen mit der Seele, die den Körper verläßt, in die oberen Gefilde erhebt, »von einem Ort an einen andern« wechselt. Doch es stellt sich heraus, daß das Schicksal der Seele, die den Körper verlassen hat, Gargantua überhaupt nicht interessiert. Den Aufenthaltswechsel denkt er sich hier auf der Erde, im irdischen Raum, ihn interessiert das irdische Leben, das Schicksal seines Sohnes und in dessen Person das Leben und Schicksal aller künftigen Generationen. Die Vertikale des Aufstiegs der Seele, die den Körper verlassen hat, entfällt. Es bleibt die Horizontale des Übergangs von einer Behausung in die andere, aus dem alten Körper in den jungen, von einer Generation in die andere, von der Gegenwart in die Zukunft.

Doch hat Rabelais keineswegs die biologische Erneuerung und Verjüngung des Menschen in den folgenden Generationen im Sinn. Das biologische Moment ist für ihn vom sozialen, historischen und kulturellen nicht zu trennen. Das Alter des Vaters blüht in der Jugend des Sohnes nicht auf der gleichen, sondern auf einer neuen und höheren historischen und kulturellen Entwicklungsstufe wieder auf. Das Leben wiederholt sich nicht in der Erneuerung, es geht weiter in Richtung Vollendung. In einem späteren Teil des Briefs geht Gargantua auf den großen Umschwung ein, der sich zu seinen Lebzeiten vollzog:

> »Aber durch Gottes Güte wurden zu meinen Lebzeiten den Wissenschaften Licht und Würde wiedergeschenkt, und ich sehe, es hat sich alles so sehr zum Bessern gewendet, daß ich heute mit knapper Not in die erste Klasse der kleinen Schulbuben aufgenommen würde, wiewohl ich in meinen besten Mannesjahren (nicht zu Unrecht) für den Gelehrtesten dieses Jahrhunderts galt.« (S. 354/355)

Hier ist das für Rabelais charakteristische klare Bewußtsein von der historischen Wende, dem schroffen Zeitenwechsel, dem Beginn eines neuen Zeitalters zu spüren. In den übrigen Teilen seines Romans drückt er dieses Bewußtsein der Epochenwende in den volkstümlich-festlichen Neujahrs-, Frühlings- und Karnevalsmotiven aus, hier, im Brief, gibt er ihm klaren theoretischen Gehalt.

Sehr deutlich ist Rabelais' Gedanke vom besonderen Charakter der menschlichen Verjüngung formuliert. Der Sohn wiederholt nicht einfach die Jugend seines Vaters. Die Kenntnisse des Vaters, eines der gelehrtesten Menschen seiner Zeit, erweisen sich als unzureichend für den Eintritt in die erste Klasse der Elementarschule, sie sind geringer als die eines Kindes der neuen Generation, der neuen Epoche. Es gibt einen kulturellen Fortschritt der Menschheit in der Geschichte, und dank dessen ist die Jugend jeder neuen Generation eine völlig andere als die vorhergehende – sie steht auf einer neuen und höheren kulturellen Entwicklungsstufe.

Es vergingen zweieinhalb Jahrhunderte, bis dieser Gedanke Rabelais' von Herder (nicht unbedingt in seiner besten Version) in der Lehre von der Verjüngung der menschlichen Kultur mit der Jugend jeder neuen Generation aufgegriffen wurde. Doch dieser Versuch einer Rechtfertigung des Todes bleibt in seinem idealistischen und konstruierten Optimismus weit hinter Rabelais' vorbehaltloser Rechtfertigung des Lebens einschließlich des in ihm enthaltenen Todes zurück.

Bei Rabelais hat der Tod nichts Tragisches, er ist ein unumgängliches Moment im Wachstums- und Erneuerungsprozeß des Volkes, er ist die Kehrseite der Geburt.

Sehr exakt (wenn auch etwas rationalistisch und oberflächlich) hat Rabelais diese Beziehung zwischen Geburt und Tod im dritten Kapitel des *Pantagruel* formuliert. Gargantua bekommt einen Sohn und verliert zugleich die Frau. So gerät er in eine überaus schwierige Lage:

»der Zweifel, der seinen Verstand quälte, galt dem Zwiespalt, ob er wegen der Trauer um sein Weib weinen oder aus Freude über seinen Sohn lachen sollte« (S. 321). Mal »plärrt [Gargantua] wie eine Kuh« (S. 323), doch dann denkt er an Pantagruel und ruft aus:

»›Ho, ho, ho, wie bin ich froh! Trinken wir eins, ho! Zum Teufel mit der Schwermut! Bring vom Besten, spül die Gläser, leg das Tischtuch auf, jag die Hunde fort, blas das Feuer, zünd die Kerze an, schließ diese Tür, schneid das Suppenbrot, schick mir die Armen herein und gib ihnen, was sie haben möchten! Halte mir meinen Oberrock, ich will nur das Wams anbehalten, so kann ich den Gevatterinnen besser schöntun.‹ Indes er dies sagte, hörte er die Litanei und die Mementos der Priester, die sein Ehegespons zu Grabe trugen.« (S. 323)

Geburt und Tod haben sich hier getroffen, der Tod ist die Kehrseite der Geburt. Gargantua weiß nicht, ob er lachen oder weinen soll, doch die Freude über die Erneuerung siegt, und er begrüßt das triumphierende Leben mit einem Festmahl. Dieses hat, wie alles in der Rabelaisschen Welt, einen utopischen Zug. Alles, was die Festmahlsheiterkeit stört, muß verschwinden. Es darf keine Armen geben und keine bettelnden Hunde, zum Festmahl ist jeder geladen. Es wird die Kleidung gewechselt: »Halte mir meinen Oberrock, ich will nur das Wams anbehalten.« Zugleich wird die Liturgie des Abendmahls travestiert: Wein, Brot, ein sauberes Tischtuch, brennende Kerzen, geschlossene Tür. Doch hier feiert man den realen Triumph des realen Lebens über den Tod.

Schauen wir uns einen anderen Tod in der Darstellung Rabelais' an. Die schon analysierte Episode mit dem Magister Janotus Bragmardo endet folgendermaßen:

»Kaum hatte der Sophist seine Ansprache beendet, da brachen Ponokrates und Eudämon in schallendes Lachen aus, und so unbändig lachten sie, daß sie meinten, sie müßten den Geist aufgeben, nicht anders als Crassus, da er einmal einen Eselhengst Disteln fressen sah, und als Philemon beim Anblick eines Esels, der die zum Mahl zugerüsteten Feigen verzehrte, so daß er vor lauter übermäßigem Lachen starb. Mit ihnen fing auch Magister Janotus um die Wette zu lachen an, bis ihnen die Tränen in die Augen traten infolge der heftigen Erschütterung der Hirnsubstanz, bei welcher die lakrimale Feuchtigkeit ausgepreßt und neben den Sehnerven hinausgetropft wurde. Also wurde von ihnen Demokrit heraklitisierend und Heraklit demokritelnd dargestellt.« (S. 99)

Der *Tod durch Lachen* ist eine Variante des *heiteren Todes.*

Rabelais greift oft auf dieses Motiv zurück. Im 10. Kapitel des *Gargantua* zählt er eine Reihe von Toden vor Glück oder Freude auf. All diese Tode entstammen antiken Quellen. Aulus Gellius beschreibt den Tod des Diagoras, dessen drei Söhne bei den Olympischen Spielen siegten; er starb vor Freude in dem Moment, als ihm die Söhne ihre Lorbeerkränze auf den Kopf legten und das Volk Blumen über ihn streute. Von Plinius übernahm Rabelais den Tod des Lakedämoniers Chilon, der ebenfalls vor Freude über den Sieg seines Sohnes bei den Olympischen Spielen starb.[204] Im ganzen werden neun Beispiele für den Tod aus Freude aufgezählt. Rabelais gibt sogar, unter Verweis auf Galen, eine physiologische Erklärung für den Tod aus übermäßiger Freude.

Im Dritten Buch wird die heitere Agonie des Dichters Raunzemurner dargestellt. Als Panurge mit seinen Gefährten bei ihm ankommt, »finden sie den guten Alten im Todeskampf,doch frohgemut, heiteren Gesichts und mit leuchtenden Augen« (S. 635).

Im Vierten Buch gibt Rabelais im Zusammenhang mit dem sonderbaren Tod des Riesen Blähnüsterich, des »Windmühlenschluckers« (S. 895), eine lange Aufzählung ungewöhnlicher und kurioser, darunter auch heiterer Tode (z. B. Tod durch Ertrinken in einem Faß voll »malvasie«). Die Mehrzahl der Beispiele entnimmt er den »gelehrten Sammlungen«, alten und neuen, die zu seiner Zeit sehr verbreitet waren und in denen Todesfälle schon systematisiert wurden. Seine Hauptquelle ist die Sammlung des Ravisius Textor.[205] Hierin ist das erste Kapitel den Todesarten gewidmet, ein eigener Paragraph versammelt »Die vor Freude und Lachen Verstorbenen«.[206] Das Interesse an ungewöhnlichen Todesarten ist allen Epochen gemeinsam, doch das besondere Interesse am heiteren Tod und am Tod vor Lachen ist besonders charakteristisch für die Renaissance und für Rabelais.

Der *Tod* ist bei Rabelais und in seinen volkstümlichen Quellen ein ambivalentes Motiv, weshalb er auch heiter sein kann. Das Todesmotiv fixiert den einen (individuellen) sterbenden Körper, doch zugleich erfaßt es den Rand eines anderen Körpers, den des geborenwerdenden jungen. Selbst wenn dieser nicht deutlich gezeigt und genannt wird, so ist er doch implizit im Motiv des

Todes enthalten. Wo Tod ist, ist auch Geburt, Ablösung, Erneuerung. Umgekehrt ist auch das Motiv der Geburt ambivalent; es erfaßt den Rand des sterbenden Körpers.
Mit der Ambivalenz der Rabelaisschen Motive müssen wir uns noch weiter beschäftigen, doch wenden wir uns nun der formalen Ebene zu.

Kommen wir zunächst zur besonderen Verwendung der Negation bei Rabelais (sie ist uns zum Teil schon bekannt) und gehen dann anschließend zur Verschmelzung von Lob und Beschimpfung über.[207]
Die Negation in den volkstümlich-festlichen Motiven ist niemals abstrakt, sie ist immer anschaulich, bildlich, konkret. Hinter der Negation steht nicht etwa nichts, sondern eine Art umgekehrter Gegenstand, das karnevaleske Gegenstück zum Verneinten. Die Negation konstruiert den negierten Gegenstand neu, wobei sie vor allem seine Lage im Raum und das Verhältnis seiner Einzelteile zueinander ändert. Sie versetzt ihn in die Hölle, vertauscht Oben und Unten, Hintern und Gesicht, verzerrt Proportionen, hebt einzelne Eigenschaften auf Kosten anderer schroff hervor. Das Nichtsein des Gegenstandes ist seine Kehrseite, und diese Kehrseite hat eine zeitliche Konnotation: Sie ist das Vergangene, Ehemalige. So bleibt der vernichtete Gegenstand in der Welt, doch in einer neuen raum-zeitlichen Existenzweise, er wird quasi zu einem neuen, an seine eigene Stelle getretenen Gegenstand.
Der Karneval feiert die Vernichtung der alten und die Geburt der neuen Welt, des neuen Jahres, des neuen Frühlings, des neuen Reiches. Die vernichtete alte Welt wird zusammen mit der neuen gezeigt, und zwar als der absterbende Teil einer doppelten, zweileibigen Welt. Deshalb gibt es unter den Karnevalsmotiven soviele Umkehrungen, Rückseiten und mit Absicht gestörte Proportionen. Dies fällt vor allem an der Kleidung der Karnevalsteilnehmer auf. Männer gehen als Frauen verkleidet und umgekehrt, man trägt die Kostüme linksherum, Kleidungsoberteile als Unterteile etc. In einer Charivaribeschreibung vom Anfang des 14. Jahrhunderts heißt es: »Sie trugen all ihre Kleider mit dem Hosenboden vorn.«
Die selbe Logik der Umkehrung und der Ersetzung des Unteren

durch das Obere zeigt sich in Gesten und Bewegungen: Rückwärtsgehen, Reiten mit dem Gesicht zum Schwanz des Pferdes, auf den Händen Laufen, den Hintern zeigen.[208]

Diese Logik beherrscht die Auswahl der Karnevalsrequisiten. Auch sie werden sozusagen falschherum gebraucht, entgegen ihrer gewöhnlichen Bestimmung. Haushaltsgegenstände werden zu Waffen umfunktioniert, Küchenwerkzeug und Geschirr zu Musikinstrumenten, oft trägt man unnötige und betont unnütze Sachen mit sich herum, durchlöcherte Eimer, Fässer ohne Boden etc. Wir haben gesehen, welche Rolle solcher »Plunder« in der Karnevalshölle spielt.

Auch über die Rolle der Vertauschung von oben und unten (angefangen bei einfachen Purzelbäumen bis hin zu komplizierten komischen Posen) in der Volkskomik haben wir schon ausführlich gesprochen.

Auf raum-zeitliche, topographische Weise ist die Negation auch in Flüchen realisiert (es geht um die Tiefe der Erde, den menschlichen Unterleib). *Der Fluch ist die älteste Form ambivalenter bildlicher Verneinung.* In Rabelais' Motiven spielt die Negation in ihrem raum-zeitlichen Ausdruck, als »verkehrte« Welt, eine immense Rolle. Wir haben hierfür schon genügend Beispiele angeführt.

Bei all dem ist wesentlich, daß die raum-zeitliche (chronotopische) Negation, die den negativen Pol fixiert, sich vom positiven Pol dennoch nicht löst. Sie ist nicht abstrakte und absolute Verneinung, die das Negierte säuberlich von der restlichen Welt trennt, sondern faßt ihren Gegenstand in seinem Werden, in seiner Bewegung vom negativen zum positiven Pol. Man hat es hier nicht mit einem abstrakten Begriff zu tun (denn es geht nicht um die logische Negation), vielmehr darum, die Metamorphose, die Umstülpung der Welt zu beschreiben, einer Welt, die die Phase des Todes durchläuft, um wieder neu geboren zu werden. Dies entgeht einer Interpretation, die in solchen Motiven die nackte, negierende Satire auf ganz bestimmte, streng abgrenzbare Phänomene der Gegenwart sieht. Richtiger (wenn auch nicht ganz exakt) wäre es, zu sagen, daß diese Motive auf die Gegenwart als solche zielen und daß sie die Gegenwart als den Prozeß der Geburt der Zukunft aus der Vergangenheit oder den schwangeren Tod der Vergangenheit darstellen.

Neben der chronotopischen Form der Negation gibt es die verwandte Operation, aus einer vorhandenen Verneinung einen positiven Gegenstand zu konstruieren. Hier herrscht dieselbe Logik der Umkehrung und Verdrehung, doch in einer etwas abstrakteren Weise, ohne eine exakte chronotopische Umkehrung. Diese Form war im grotesken Realismus außerordentlich verbreitet. Ihre einfachste Variante ist die schlichte Ersetzung der Negation durch eine positive Setzung. Weitgehend nach diesem Muster funktioniert Rabelais' Episode über das Kloster Thelem. Was sonst in Klöstern verboten ist, ist hier erlaubt oder sogar gefordert. In der Literatur des Mittelalters finden wir eine ganze Reihe analoger Konstruktionen, z.B. die *Regeln des glücklichen Libertins,* ein parodistisches Klosterreglement, das auf der Zulassung und Sanktionierung all dessen beruht, was den Mönchen nicht gestattet ist. Ähnlichen Charakter hat auch das sogenannte *Ordenslied der Vaganten,* das auf der Aufhebung der üblichen Tabus basiert. Das Motiv des »verkehrten Klosters«, wo alles dem Kult der Venus und der Liebe dient, finden wir in der Renaissance bei Jean Lemaire im *Tempel der Venus* und bei Coquillart in den *Neuen Rechten.* Beide Werke hatten einen gewissen Einfluß auf Rabelais.
In diesem Spiel mit der Negation ist die Zielscheibe – die offizielle Welt mit ihren Tabus und Beschränkungen – leicht zu identifizieren. In der entsprechenden Literatur findet die unterhaltende, feiertägliche Aussetzung der Verbote und Begrenzungen ihren Ausdruck. Sie spielt ein karnevaleskes Spiel mit der Verneinung, und dieses Spiel kann auch in den Dienst utopischer Tendenzen treten.
Das interessanteste Beispiel für das karnevaleske Spiel mit der Negation ist die berühmte *Historia de Nemine (Geschichte Nemos)* – eines der kuriosesten Stücke in der Geschichte der lateinischen Unterhaltungsliteratur des Mittelalters.
Ein gewisser Radolph (wahrscheinlich ein Franzose) hat die *Historia de Nemine* in Form einer Predigt zusammengestellt. Nemo ist ein Wesen, das seiner Natur, seiner Situation und seinen außergewöhnlichen Fähigkeiten nach der zweiten Person der Heiligen Dreieinigkeit, Jesus Christus, gleicht. Radolph schöpft seine Informationen aus einer Reihe alt- und neutestamentarischer und liturgischer Texte, außerdem aus den Werken

Ciceros, Horaz' und anderer Autoren der Antike, und er findet so viel Material, weil er das Wort »nemo« (lat. »niemand«) nicht als Verneinung auffaßt, sondern als den Eigennamen »Nemo«. Wenn es etwa in der *Heiligen Schrift* heißt: »nemo deum vidit«, niemand hat Gott gesehen, liest Radolph »Nemo deum vidit«, Nemo hat Gott gesehen. Derart ist alles, was in einem Text als für niemanden möglich, erreichbar oder erlaubt erklärt wird, für Nemo möglich, erreichbar und erlaubt. Resultat dieses Textverständnisses ist eine grandiose Figur, ein beinahe gottgleiches Wesen von außergewöhnlicher Kraft (Nemo weiß, was niemand weiß) und mit extremen Freiräumen (Nemo darf, was niemand darf).

Radolphs eigenes Werk ist nicht überliefert, doch die von ihm geschaffene Figur des Nemo faszinierte viele seiner Zeitgenossen und rief eine besondere Sekte ins Leben, die »Secta neminiana«. Gegen diese Sekte trat ein gewisser Stefan aus dem Kloster Saint-Georges auf. In seinem Werk versuchte er, die Neministen zu entlarven und forderte von der Pariser Geistlichkeit deren Verurteilung und Verbrennung. Das polemische Werk Stefans ist erhalten, und ebenso eine lange Reihe von späteren Überarbeitungen der Geschichte des Nemo. Zahlreiche Handschriften aus dem 14. und 15. Jahrhundert lassen auf die große Popularität von Nemo damals schließen. Worin bestand der Reiz dieser eigenartigen Figur?

Die Absichten ihres Erfinders, Radolph, kennen wir nicht. Er wird den von ihm geschaffenen Nemo jedoch kaum ernstgenommen haben, höchstwahrscheinlich war es ein Spiel, die Freizeitbeschäftigung eines gebildeten mittelalterlichen Geistlichen. Doch der beschränkte Stefan (ein Agelast vom Typ des Klopfschwanz) nahm alles ernst und kämpfte gegen die neminianische Häresie. Doch ist sein Standpunkt nicht typisch, denn alle Bearbeitungen der Geschichte des Nemo, die wir kennen, haben ganz offensichtlich spielerischen Charakter.

Es gibt keinen Anlaß, eine direkte Beziehung zwischen der Geschichte Nemos (in allen uns bekannten Versionen) und dem Narrentag oder überhaupt einem bestimmten Fest vom Karnevalstyp anzunehmen. Die Beziehung Nemos zur Feiertagsatmosphäre allgemein, zur Atmosphäre der »fetten Tage«, unterliegt natürlich keinem Zweifel. Das Spiel mit der *Bibel* ist das typische

Freizeitvergnügen des mittelalterlichen Geistlichen. Hier (wie überhaupt in der Mehrzahl der mittelalterlichen Parodien) tobt sich, in der Sprache der Apologeten des Narrentags gesprochen, die dem Menschen angeborene Dummheit (im ambivalenten Sinn) aus. Das Spiel ist die Luft, die in das Faß eingelassen werden muß, damit es nicht platzt »von der ununterbrochenen Gärung von Andacht und Gottesfurcht«.

Nemo ist ein zwangloses karnevaleskes Spiel mit den Tabus und Negierungen der offiziellen Weltanschauung. Er ist buchstäblich als das Freisein von all den Beschränkungen und Verboten konstruiert, die auf dem Menschen lasten und ihn bedrücken und die die offizielle Religion sanktioniert. Daher sein außerordentlicher Reiz, den er auf die Menschen des Mittelalters ausübt. All das ewige »keiner darf«, »keiner kann«, »keiner weiß«, »keiner lacht« verwandelt sich in das heitere »Nemo darf«, »Nemo kann«, »Nemo weiß«, »Nemo lacht«. Die Autoren der Bearbeitung der *Geschichte Nemos* fügen immer neue Freiheiten und Ausnahmen für Nemo hinzu. Es heißt »nemo est acceptus propheta in patria« (niemand ist Prophet in seinem Vaterland), doch Nemo ist Prophet in seinem Vaterland. Keiner darf zwei Ehefrauen haben, Nemo darf es. Nach den Regeln der Benediktinerklöster durfte nach dem Abendessen nicht gesprochen werden, auch hier gibt es für Nemo eine Ausnahme, er darf sich auch nach dem Essen unterhalten, »post completorium Nemo loquatur«. Seine Sonderrechte gelten gegenüber den höchsten Gottesgeboten wie den kleinsten Verboten und Beschränkungen des Klosterlebens.

Das in Nemo personifizierte Spiel mit der Negation hat ein gewisses utopisches Moment, wenn auch von eher formal-anarchischem Charakter. Bei allen Unterschieden zwischen diesem Spiel mit der Verneinung und den oben analysierten chronotopischen Formen (verkehrte Welt) bestehen zwischen beiden wesentliche funktionale Gemeinsamkeiten.

Rabelais spielt das Spiel mit der Verneinung sehr gern. Neben der Utopie von Thelem, die wir schon erwähnten, zeigt das auch die Darstellung des kindlichen Zeitvertreibs des kleinen Gargantua. Hier werden Sprichworte konträr zu ihrem eigentlichen Sinn realisiert. Ebenso wesentlich ist die Rolle des Spiels mit der Verneinung in der Beschreibung der äußeren und inneren Organe des Fastenden (Quarême-prenant) und seiner Lebensweise. Dieses Motiv tritt auch in Panurges Lob auf die Schulden und in der Darstellung der Insel Ennasin auf sowie in einer Reihe anderer Episoden. Überhaupt ist das Spiel mit der Verneinung über den ganzen Roman verteilt. Oft ist es schwer, die Grenze zwischen raum-zeitlicher, chronotopischer Umkehrung und dem Spiel mit der Verneinung (d. h. der Sinnverkehrung) zu ziehen, eins geht unmittelbar ins andere über (etwa in der Beschreibung des Fastenden). Das raum-zeitliche Motiv schlägt Purzelbäume, und ebenso der Sinn und die Bewertung. Wie der Körper, so kann auch die Bedeutung Räder schlagen. In dem einen wie im anderen Fall verschiebt das Spiel das Motiv ins Groteske und Ambivalente.

Sowohl das Spiel mit der Negation als auch seine chronotopische Variante dienen der Vereinigung des Alten und des Neuen, des Sterbenden und des Geborenwerdenden in einem gemeinsamen Motiv; beide sind Ausdruck des zweileibigen Weltganzen und des Spiels mit der Zeit.

Kommen wir zum Verschmelzen von Lob und Beschimpfung in einem einzigen Wort bei Rabelais. Im Kapitel über die Sprache des Marktplatzes haben wir festgestellt, daß die Beschimpfung die Kehrseite des Lobs ist. Das janusköpfige Marktplatzwort richtet sich an einen zweileibigen Gegenstand, an eine zweileibige Welt, an eine Zeit, die zugleich stirbt und gebiert, an die zukunftsschwangere Vergangenheit. Lob oder Beschimpfung können dominieren, doch jedes enthält das andere in sich und kann jederzeit in sein Gegenteil umschlagen.

Bei Rabelais gibt es kein neutrales Wort, immer nur eine Mischung von Lob und Beschimpfung. Und Lob und Beschimpfung meinen immer das Ganze, die heitere Zeit. Die Perspektive auf das Ganze ist keineswegs neutral und gleichgültig, sie ist nicht etwa die Position des »unbeteiligten Dritten« – in der werdenden Welt ist für unbeteiligte Dritte kein Platz. Das Ganze lobt und beschimpft zugleich, Lob und Beschimpfung sind in einzelne Stimmen aufgeteilt und getrennt, doch in der Stimme des Ganzen sind sie zu einer ambivalenten Einheit zusammengeschlossen.

Lob und Beschimpfung mischen sich bei Rabelais nicht nur im

Wort des Erzählers, sondern sehr oft auch in den Reden der Personen. Sie beziehen sich sowohl aufs Ganze als auch auf jedes noch so unbedeutende Detail (denn nichts kann vom Ganzen getrennt werden). Das Verschmelzen von Lob und Beschimpfung ist ein Grundzug des Rabelaisschen Worts.

Es wäre oberflächlich und geradezu falsch, die Verschmelzung dieser beiden Aspekte damit zu erklären, daß an jedem realen Ding und an jeder realen Person immer Positives und Negatives zu finden ist. Diese Erklärung ist zu mechanisch, sie behandelt ihr Objekt als etwas Unbewegliches und Fertiges und isoliert einzelne Züge nach Maßgabe moralischer Prinzipien. Bei Rabelais beziehen sich Beschimpfung und Lob auf alles. Alles Existierende – als Ganzes genommen und in jedem seiner Teile – ist im Werden, und deshalb ist es komisch, doch auf einnehmende Weise.

Wir wollen zunächst zwei Episoden aus Rabelais' Roman analysieren, in denen die Verschmelzung von Lob und Beschimpfung in großer Klarheit und Anschaulichkeit sichtbar wird; anschließend weisen wir auf eine Reihe analoger Erscheinungen und ihre gemeinsamen Quellen hin.

Im Dritten Buch wendet sich Panurge, tief betrübt wegen der ungeklärten Probleme seiner Heirat und von den für ihn ungünstigen Antworten verwirrt, mit der Bitte um Rat und Entscheidung an Bruder Jan. Er kleidet seine Bitte in die sakrale Form einer Lobeslitanei (eines Akathistos), als Anrede (Invokation) dient das obszöne Wort »couillon« (Hoden). Insgesamt gebraucht er es 153mal, immer verbunden mit einem Epitheton, das den untadeligen Zustand dieser Organe Bruder Jans beschreibt.

Wir zitieren den Anfang der Litanei:

»Hör zu, mein Herzenshödel, mein
Trumm-Kujon,
Plumpfuß-Kujon,
bleischwerer Kujon,
haariger Kujon,
maseriger Kujon,
Stuck-Kujon,
Schnörkel-Kujon,
wie ein Hase aufgespießter
Kujon,
unverfrorner Kujon,
blitzblanker Kujon,
buntscheckiger Kujon,
gehämmerter Kujon,
geschworner Kujon,

kornreicher Kujon,	strammer Kujon,
hochgeborner Kujon,	Arabesken-Kujon,
milchpraller Kujon,	zugespitzter Kujon,
kalfaterter Kujon,	altertumskundiger Kujon«
	(S. 659).

Die Kette der 153 Epitheta zu »couillon« ist bunt, einige kommen aus der bildenden Kunst (»grotesque, arabesque«), andere aus der Literatur (»tragique, satirique«) etc., wieder andere sind durch Alliterationen, Reime oder Assonanzen verbunden. Doch diese Verbindungen sind äußerlich, sie haben keine Beziehung zum eigentlichen Gegenstand, der mit dem Wort »couillon« bezeichnet wird. In bezug auf jenen sind alle 153 Epitheta gleichermaßen unerwartet und durch nichts motiviert. Das Wort »couillon« ist, wie alle obszönen Wörter, in dieser Rede isoliert, natürlich wird es weder in den darstellenden Künsten noch in der Architektur noch im Handwerk benutzt. Was die 153 Epitheta einzig zusammenhält, ist ein positiver Wertakzent, alle stellen den »couillon« als in hervorragendem Zustand befindlich dar und sind in dieser Hinsicht Lob und Huldigung. Somit ist die ganze Invokation Panurges an Bruder Jan Lob und Huldigung.

Nachdem Panurge sein Anliegen vorgetragen hat, bekommt er die Antwort von Bruder Jan. Doch der ist nicht zufrieden mit ihm, und daher ist sein Ton ein anderer. Er wählt dieselbe Anrede »couillon«, benutzt sie ebenfalls 153mal, doch mit Epitheta, die den extrem schlechten und bedauernswerten Zustand dieses Organs beschreiben. Hier ein Ausschnitt aus der Antwortlitanei:

«Sag, du verschrumpelter Kujon,

verschimmelter Kujon,	flauer Kujon,
modriger Kujon,	erschöpfter Kujon,
bammelnder Kujon,	schwächlicher Kujon,
durchfrorener Kujon,	flügellahmer Kujon,
schlapper Kujon,	verfaulter Kujon«
	(S. 668).

Dies ist eine Schimpfinvokation. Das Prinzip der Epithetawahl ist (mit Ausnahme einiger Ausdrücke, die die Symptome venerischer Krankheiten beschreiben) dasselbe wie bei Panurge, sie sind in bezug auf das gemeinte Organ zufällig. Die Ähnlichkeiten der parodistischen Litanei mit der Arschwischepisode liegen auf der Hand. Alle 303 Epitheta werden durch das gemeinsame, für sie ungewöhnliche Bezugswort aufgefrischt. Dieser Effekt ist uns schon bekannt. Kommen wir zu einem neuen Aspekt.

Das Wort »couillon« war in der Marktplatzatmosphäre und in der familiären Rede als Beschimpfung, Kosewort (»couillard, couillette«), als freundschaftlicher Ansporn und als einfache Ausschmückung der Rede sehr gebräuchlich. Auch in Rabelais' Roman ist es häufig; hier gibt es auch zahlreiche Ableitungen: couillard, couillatre, coullaud, couillette, coullonnas, coullonné, couilloniforme, couillonique, couillonniquement, und schließlich den Eigennamen des Holzfällers, Couillatris. Rabelais liebte ungewöhnliche Ableitungen von obszönen Ausdrükken; das Wort »couillon« war wesentlich familiärer als vergleichbare Anreden, und darum hat er wohl gerade dieses Wort für seine parodistische Litanei gewählt.

Das Wort »couillon« war durch und durch ambivalent, es verband Lob und Beschimpfung. In dieser Beziehung glich es den Ausdrücken »fol« oder »sot«. So wie der Narr (»fol, sot«) König der »verkehrten Welt« war, war der »couillon« als Sitz der Zeugungskraft sozusagen das Zentrum des inoffiziellen, verbotenen Weltbildes, der König des Unterleibs. Die Ambivalenz dieses Wortes hat Rabelais auch in der Litanei ausgespielt. Hier kann man nirgends eine exakte Grenze zwischen Lob und Beschimpfung ziehen, zwar wählt dieses nur positive und jenes nur negative Epitheta, beide Attribuierungen aber beziehen sich auf das ambivalente Wort »couillon«. Die Tatsache, daß der Ton, in dem das geschieht, sich ändert, daß die bittend-schmeichelnde Intonation von einer spöttisch-geringschätzigen abgelöst wird, verstärkt nur die Ambivalenz dieses Marktplatzwortes. Die Lobinvokation Panurges und die Schimpfinvokation Bruder Jans sind jede für sich genommen, doppelgesichtig; zusammen bilden sie quasi eine Doppelgesichtigkeit zweiten Grades.

Das ambivalente Lobeswort »couillon« bestimmt die Atmosphäre für das Gespräch zwischen Panurge und Bruder Jan, eine Atmosphäre, die für den ganzen Roman charakteristisch ist. Mit diesem Wort wird der Ton der absoluten, familiären Marktplatzoffenheit angeschlagen, er nennt alle Dinge beim Namen, zeigt sie von vorn und hinten, oben und unten, innen und außen. An wen sind Lob und Beschimpfung in dieser Litanei gerichtet? An Bruder Jan? Vielleicht an den »couillon«? Oder an die 303 Dinge, die als Epitheta fungieren, mit diesem obszönen Wort sich verbinden und so sich selbst entlarven und erneuern?

Formal sind Lob und Beschimpfung in dieser Litanei an Bruder Jan und Panurge gerichtet, doch eigentlich haben sie keine bestimmten Adressaten. Sie breiten sich nach allen Seiten aus, beziehen (in der Verbindung Epitheton – obszönes Wort) alle möglichen Bereiche von Kultur und Wirklichkeit ein. Das ambivalente Wort »couillon« ist, wie auch das Familiäre der Verbindung von Lob und Beschimpfung, universal. Nicht umsonst wird hier die sakrale Form der Litanei benutzt; damit wird diese pietätvolle, einseitig lobende Form selbst degradiert und in den Strom von Lob und Beschimpfung gezogen, der das widersprüchliche Werden der Welt abbildet. Dies nimmt der ambivalenten Provokation den Charakter schlichter, alltäglicher Familiarität und macht sie zum universalen Ausgangspunkt für eine echte »verkehrte« Litanei auf das im »couillon«-Motiv verkörperte Materiell-Leibliche.

Es ist gewiß kein Zufall, daß zwischen die beiden Litaneien die Ansichten Bruder Jans über die Geburt des Antichristen einerseits und die Notwendigkeit, vor dem Jüngsten Gericht seine Samenkanäle (»couilles«) zu leeren andererseits, sowie Panurges Gedanke, jeder Verbrecher solle vor seiner Hinrichtung ein neues Leben zeugen, eingeschoben sind. Sie unterstreichen die universale, kosmische Bedeutung des »couillon«-(»couilles«-)Motivs.

Somit ist die oben analysierte parodistische Litanei konzentrierter Ausdruck der wichtigsten Eigenart des Rabelaisschen Worts, das nämlich immer, in mehr oder weniger deutlicher Form, Lob und Beschimpfung in sich vereint und immer an die doppelgesichtige werdende Welt gerichtet ist.

Diese Eigenarten des Rabelaisschen Wortes finden sich schon in der zwanglosen volkstümlichen Marktplatzrede, an der sich sein Stil orientiert.

Charakteristisch für diese Rede ist das Fehlen neutraler Wörter. Sie hat als gesprochene Sprache immer einen Adressaten, hat es mit einem Gesprächspartner zu tun, mit dem, für den oder über den sie spricht. Für diesen Gesprächspartner, die zweite Person, existieren keinerlei neutrale Formen und Epitheta, sondern nur höfliche, lobende, schmeichlerische, zärtliche oder aber geringschätzige, erniedrigende, beschimpfende. Doch auch in bezug auf eine dritte Person gibt es keine streng neutralen Formen und Töne; im Grunde gibt es sie auch nicht in bezug auf Dinge, auch eine Sache kann man nur loben oder beschimpfen.

Je offizieller die Rede, desto deutlicher sind die beiden Tonarten (Lob und Beschimpfung) voneinander unterschieden, denn die Rede reflektiert die herrschende gesellschaftliche Hierarchie, das offizielle Wertsystem und jene statischen Grenzen zwischen den Dingen, wie sie eine offizielle Weltanschauung aufrichtet.

Je inoffizieller aber die Rede, um so familiärer ist sie, und um so häufiger und grundsätzlicher mischen sich die beiden Tonlagen, um so schwächer wird die Grenze zwischen Lob und Beschimpfung. Sie beginnen, derselben Person und derselben Sache zu gelten, und diese verkörpern die ganze werdende Welt. Die festen offiziellen Grenzen zwischen Dingen und Werten beginnen sich aufzulösen, und es erwacht die alte Ambivalenz des Worts, das immer Leben und Tod wünscht, von Aussaat und Wiedergeburt zugleich spricht. Es erwacht der inoffizielle Aspekt der werdenden Welt und des grotesken Körpers, doch dieses Erwachen der alten Ambivalenz geschieht in zwangloser und heiterer Form.

Reste dieser Ambivalenz kann man noch heute in der familiären Rede selbst kultivierter Leute heraushören. In der intimen Korrespondenz findet man manchmal zärtlich gemeinte Grobheiten und Schimpfwörter, wenn in einer Beziehung eine bestimmte Grenze überschritten ist, beginnt ebenfalls die Überwindung des gewöhnlichen Wortgebrauchs, die Zerstörung sprachlicher Hierarchien. Die Rede gewinnt einen neuen, familiären, offenen Ton, die üblichen zärtlichen Worte erscheinen konventionell und falsch, abgenutzt, einseitig und vor allem nicht ausreichend; sie sind hierarchisch gefärbt und der zwanglosen Familiarität nicht angemessen. Deshalb werden diese gewöhnlichen Worte vermieden und durch Grobheiten oder durch Neubildungen ähnlicher Färbung ersetzt. Solche Worte werden als real, vollwertig und lebendig empfunden. In ihnen sind Lob und Beschimpfung zu einer Einheit verschmolzen. Da ist wieder das doppelgesichtige »couillon« aus den Litaneien Bruder Jans und Panurges. Überall, wo die Bedingungen für eine inoffizielle, lebendige Kommunikation gegeben sind, streben die Wörter nach dieser ambivalenten Fülle. Die heutige häusliche Kommunikation klingt oft, als ob der alte Marktplatz wieder auflebte, heutige Intimität erinnert an die alte Familiarität, die alle Grenzen zwischen den Menschen aufhebt.

Es wäre völlig unangemessen, hier eine psychologische Erklärung zu suchen. Das Problem ist soziolinguistischer Natur. Alle Völker der Gegenwart besitzen noch riesige Bereiche unpublizierbarer Rede, die für die gehobene Umgangssprache, die an den Normen und Ansichten der Schriftsprache orientiert ist, einfach nicht existieren. Nur kümmerliche und geglättete Fragmente dieser unpublizierbaren Sphäre sprachlichen Lebens dringen auf Buchseiten vor, meist in »Milieuschilderungen«, in der direkten Rede (auf jener Ebene der Rede, die von der unmittelbaren seriösen Autorenrede am weitesten entfernt ist). In dieser sprachlichen Sphäre ernsthafte Behauptungen, ideologisches Denken, ein vollwertiges künstlerisches Motiv zu situieren, scheint unmöglich – nicht, weil es hier gewöhnlich von Obszönitäten wimmelt (es ginge auch ohne sie), sondern weil diese Sphäre etwas *Alogisches* besitzt, etwas, das die gewohnte Distanz zwischen Dingen, Phänomenen und Werten zerstört: Sie mischt das, was der gewöhnlich streng getrennt und als schroffer Gegensatz begriffen wird. In den Bereichen nichtpublizierbarer Rede verlaufen alle Grenzen anders, als es das herrschende Weltbild fordert und erlaubt. Diese Grenzen wollen quasi auch den benachbarten Gegenstand, die folgende Entwicklungsphase umfassen.

Die alogischen Bereiche unpublizierbarer Rede haben in der Neuzeit nur da Bestand, wo alle seriösen Redeziele entfallen, wo sich Leute unter sehr familiären Bedingungen einem ziel- und zügellosen sprachlichen Spiel hingeben können oder ihre sprachliche Phantasie von allen ernsten Gedankengängen und aller seriösen künstlerischen Produktion abwenden. In der nichtmündlichen Literatur sind sie schwach vertreten, hauptsächlich in den niederen Formen bloßer Sprachkomik.[209]

Inzwischen hat diese Sphäre unpublizierbarer Rede ihre frühere Bedeutung fast verloren, ihre Beziehung zur Volkskultur ist

geschwunden, sie hat sich weitgehend in ein Relikt vergangener Kommunikationsmöglichkeiten verwandelt.
Zu Rabelais' Zeit war das völlig anders. Die »unpublizierbare« Rede war nicht vor der Öffentlichkeit zu verbergen, im Gegenteil, sie war mit der Marktplatzöffentlichkeit ganz wesentlich verbunden. Ihr Anteil an der Volkssprache, die erstmalig zur Sprache der Literatur und Ideologie wurde, war bedeutend, und ihre Rolle im Prozeß der Zerstörung der mittelalterlichen Weltanschauung und der Entwicklung eines neuen, realistischen Weltbildes ist kaum zu überschätzen.
Eine sehr populäre Form volkstümlicher sprachlicher Komik war der sogenannte »coq-à-l'âne«, d. h. »vom Hahn zum Esel«. So nennt sich eine Gattung sinnloser Sprachschöpfungen, eine Art losgelassene Rede, die sich nach keinerlei Normen, nicht einmal nach denen elementarer Logik, richtet.
Sinnlose Sprachschöpfungen waren im Mittelalter sehr verbreitet, ein Element vorsätzlicher Sinnlosigkeit war in vielen Gattungen enthalten. Die Gattung »fatrasie« z. B. war auf diese Art von sprachlicher Komik spezialisiert. Es handelt sich bei ihr um ein Versgebilde aus sinnlos kombinierten Wörtern, die allein durch Assonanzen und Reime zusammengehalten werden. Im 16. Jahrhundert fand der sprachliche Un-Sinn in den Sotties seinen Platz.
Die Bezeichnung »coq-à-l'âne« wurde für die »Nonsens-Gattung« verwendet, nachdem Clément Marot 1535 sein erstes derartiges Gedicht mit dem Titel *Epitre du coq-à-l'âne, dediée à Lyon Jamet*[210] versehen hatte. In diesem Sendschreiben gibt es weder kompositorische Einheit noch logische Folgerichtigkeit im Gedankengang und in der Darstellung der Fakten. Es ist die Rede von verschiedenen höfischen und hauptstädtischen Tagesereignissen, und diese Thematik soll das Sammelsurium an Fakten und Gedanken rechtfertigen, deren einzige Gemeinsamkeit tatsächlich nur in ihrer »Aktualität« besteht.
An Rabelais' Roman hat der »coq-à-l'âne« großen Anteil. Die Rede von Leckarsch und Schluckefist und das Schlußwort Pantagruels, die sich über das 11., 12. und 13. Kapitel des »Pantagruel« erstrecken, sind als reiner »coq-à-l'âne« angelegt. Dasselbe gilt für das 11. Kapitel des *Gargantua*, wo mittels einer Aufzählung von Sprichwörtern und Redensarten (die meist

irgendwie auf den Kopf gestellt sind) die kindlichen Spiele des Helden beschrieben werden. Eine besondere Variante des »coq-à-l'âne« ist das 2. Kapitel dieses Buchs, »Der antidotierte krausemause Krimskrams [...]« (S. 17).
Über den ganzen Roman sind Elemente sprachlichen Nonsens verstreut, das 9. Kapitel des Vierten Buchs, wo es um die eigenartigen Namen, Verwandtschaftsbeziehungen und Ehen der Bewohner der Insel Ennasin geht, bildet in dieser Hinsicht eine Art Höhepunkt.
Was ist der künstlerisch-ideologische Sinn der »coqs-à-l'âne«? Vor allem sind sie ein Spiel mit Worten, geläufigen Ausdrücken (Sprichwörtern, Redensarten) und Wortverbindungen, die hier außerhalb der gewöhnlichen, logischen und anderen Sinnbeziehungen benutzt werden. Die Wörter haben Urlaub, sie sind vom Druck der Logik, des Sinns und der sprachlichen Normen befreit. Sie gehen ungewohnte Beziehungen ein und schaffen neue Kontexte; zwar sind die so entstandenen Wortverbindungen meist nicht von Dauer, doch die kurze Koexistenz der Wörter und Dinge außerhalb der gewohnten Sinnvorgaben erneuert sie, deckt ihre innere Ambivalenz, ihre Bedeutungsvielfalt und ihre Möglichkeiten auf. Das gilt für den »coq-à-l'âne« ganz allgemein.
Je nach Kontext hat er natürlich besondere Funktionen. »Der antidotierte krausemause Krimskrams /.../« (S. 17) etwa ist als Rätsel angelegt. Es werden, untermalt mit Obszönitäten und Festmahlmotiven, historische Ereignisse geschildert. Das Gedicht legt dem Leser nahe, darin Anspielungen auf aktuelle oder nicht allzu weit zurückliegende politische Ereignisse zu suchen.[211] Dies schafft eine besondere, karnevaleske Wahrnehmung des politischen Lebens und der Geschichte, die Ereignisse werden ihrer traditionellen und offiziellen Interpretationen entkleidet und bieten so neue Verständnis- und Wertungsmöglichkeiten.
Anderen Charakter hat der »coq-à-l'âne« im 11. Kapitel desselben Buchs. Die kindlichen Spiele Gargantuas sind hier mit Hilfe von Sprichwörtern und gängigen Ausdrücken beschrieben, doch folgen sie ohne jede logische Verbindung aufeinander und sind auf den Kopf gestellt. Gargantua handelt jedesmal dem Sinn der Sprichwörter entgegen, d. h., er tut das Gegenteil von dem, was

sie vorschreiben: er setzt sich zwischen zwei Stühle, schmiedet, wenn das Eisen kalt ist etc. Resultat dieser Darstellung ist ein kleiner Gargantua im Stil des Narren aus der Folklore, der alles falsch herum anfängt, der gegen den gesunden Menschenverstand und jede Norm handelt. Gargantua demonstriert eine der Varianten der »verkehrten Welt«.

Wieder anders ist schließlich die Rede Leckarschs, Schluckefists und Pantagruels in der Rechtsstreitepisode. Es handelt sich hier nicht um eine Parodie auf die Gerichtsrhetorik der Epoche (vor Gericht spricht man anders), es ist überhaupt keine Parodie. Die Motive, die diese Reden füllen, haben eigentlich nichts miteinander zu tun – hier liegt reiner, sozusagen klassischer »coq-à-l'âne« vor.

Wir zitieren den Anfang von Leckarschs Rede:

»›Edler Herr, es ist die lautere Wahrheit, daß eine einfältige Frau aus meinem Hausgesinde einmal Eier zu Markte trug ...‹

›Bedeckt Euch, Leckarsch‹, sagte Pantagruel.

›Vielen Dank, edler Herr‹, sprach der Herr von Leckarsch. ›Doch es fügte sich, daß sie zwischen den beiden Wendekreisen hindurchkam, zwei Weißpfennige zenitwärts und einen Groschen, dieweil die Riphäischen Gebirge in dem Jahr nur kargen Ertrag an Gimpelleimruten hatten, und zwar infolge eines Aufruhrs der Schindluderer, der sich zwischen den Kauderwelschen und den Müllerkunden erhoben hatte von wegen der Rebellion der Schweizer, welche sich wohl furzigtausend an der Zahl am Altjahrsabend zusammengerottet hatten, um das Neujahr einzusingen und ihre Spenden zu kassieren, denn an selbigem Tag teilt man den Ochsen Suppe aus, und die Mädchen dürfen über den Schlüssel zum Kohlenkasten verfügen, damit sie den Hunden ihren Hafer geben können.

Die ganze Nacht tat man, die Hand auf dem Pott, nichts anderes, als Bullen zu Fuß und Bullen zu Pferd abzusenden, um die Schiffe aufzuhalten, denn die Schneider wollten aus den ergaunerten Tuschschnipseln ein Pusterohr machen, um das ozeanische Meer zu bedecken, das dazumal nach dem Dafürhalten der Heubinder mit einem Topf voll Kohl schwanger ging: aber die Ärzte sagten, sie sähen in seinem Urin dafür keinerlei offenkundige Anzeichen, im

Trappenschritt zweischneidige Streitäxte mit Senf zu essen, es sei denn, die Herren vom Gerichtshof gäben in gedämpfter Tonart der Lustseuche Befehl, nicht mehr hinter den Seidenwürmern drein Nachlese zu halten, denn die Bettelleute hatten schon wacker angefangen, nach Noten den Almhopser zu tanzen, einen Fuß im Feuer und den Kopf in der Mitte, wie der gute Ragot zu sagen pflegte‹.« (S.373/374)

Zwischen den Motiven dieses Fragments gibt es, wie wir sehen, keinerlei Sinnzusammenhang, Leckarschs Rede springt wirklich »vom Hahn auf den Esel«. Sie funktioniert nach dem Muster unserer Redensart »im Garten steht der Holunder und der Onkel ist in Kiev«. Doch selbst die disparatesten Motive bewahren den Geist des Rabelaisschen Motivsystems – auch sie repräsentieren die groteske Welt, in der der gebärende, verschlingende und ausscheidende Körper mit den Naturerscheinungen und selbst dem Kosmischen verschmilzt: die unfruchtbaren »Riphäischen Gebirge«, die keine »Gimpelleimruten« geben, das Meer, das schwanger ist mit einem Nachttopf voller Kohlsuppe und sich an »Streitäxten mit Senf« überfressen hat, Ärzte, die den Urin des Meeres analysieren (der »Pantagruel-Komplex«). Verschiedene Haus- und Küchenutensilien erfahren eine karnevaleske Verwendung, die ihrem eigentlichen Zweck genau entgegengesetzt ist: Suppenverteilung an die Ochsen, Hundefütterung mit Hafer, ein Gericht aus Äxten. Schließlich sind all diese groteskleiblichen, kosmischen und karnevalesken Motive von politischen und historischen Ereignissen durchsetzt (der Aufstand der Schweizer, Bullen, Depeschen und Stafetten, um Schiffe aufzuhalten). Die Motive und die Art ihrer Mischung sind typisch für die volkstümlich-festlichen Formen. Wir finden sie auch in den Sotties und Farcen der Rabelais-Zeit. Dort jedoch sind sie in der Regel bestimmten Sujet- und Sinnlinien unterworfen; in der zitierten Passage aber herrscht das freie, karnevaleske, von keinem Sinnrahmen eingegrenzte Spiel. Die Grenzen zwischen den Dingen sind aufgehoben, und die groteske Gestalt der Welt tritt in aller Schärfe hervor.

In einer Zeit der radikalen Zerstörung der Grundlagen des hierarchischen Weltbildes und des Aufbaus einer neuen Weltordnung, in einer Situation, in der alle alten Werte, Gegenstände und Begriffe überprüft werden, hatte der »coq-à-l'âne« wesentliche Bedeutung. Er bot eine zeitweise Befreiung von allen Sinnverbindungen und lieferte eine Form für zwanglose Erneuerung derselben. Er war eine Art Karnevalisierung der Rede, welche er von der einseitigen Seriosität der offiziellen Weltanschauung und von den gängigen Wahrheiten und den üblichen Ansichten befreite. Dieser sprachliche Karneval überwand die jahrhundertealten Schranken der mittelalterlichen Weltanschauung und bereitete einen neuen, nüchternen Ernst vor.

Kehren wir zur Frage der Verschmelzung von Lob und Beschimpfung bei Rabelais zurück und schauen uns hierzu ein weiteres Beispiel an.

In einer Episode des Dritten Buchs loben Pantagruel und Panurge den Narren Triboullet um die Wette. Sie finden 208 Epitheta, die den Grad seiner Narrheit (»folie«) beschreiben – auch eine Art Litanei. Die Epitheta entstammen den verschiedensten Bereichen: der Astronomie, der Musik, der Medizin, der Juristerei, der internationalen Politik, der Falkenjagd etc. Sie sind ebenso überraschend und logisch keineswegs zu rechtfertigen wie die in der analysierten parodistischen Litanei. Auch hier ist alles ambivalent, denn die Epitheta, die die höchste Stufe einer Qualität ausdrücken, beziehen sich ja auf die Dummheit und loben sie. Schon die Dummheit an sich ist, wie wir wissen, ambivalent. Ihr Repräsentant ist der Narr, der König der »verkehrten Welt«. In den Worten »fol« oder »couillon« bilden Lob und Beschimpfung eine untrennbare Einheit. Das Wort »Narr« als reines Schimpfwort, d. h. als reine Negation oder als reines Lob (im Sinn etwa von »heilig«) zu verstehen, hieße, den Sinn dieser Wechselgesangslitanei zu zerstören. An anderer Stelle im Roman wird Triboullet als »Morosoph« bezeichnet, d. h. als Dummweiser. Rabelais' komische Etymologisierung des Wortes »philosophie« als »fin folie« ist bekannt. Auch das ist ein Spiel mit der Ambivalenz des Motivs und des Wortes »fol«.

Rabelais selbst nennt das Lob auf Triboullet »blason«. Dieses Wort hat, abgesehen von seinem Gebrauch in der Heraldik, eine Doppelbedeutung: es bezeichnet Lob und Beschimpfung. Diese Doppelbedeutung war schon im Altfranzösischen vorhanden; sie ist zu Rabelais' Zeit noch erhalten, obwohl die negative

Sinnseite, die »blâme«, etwas abgeschwächt ist; später wird die Bedeutung des Wortes auf seine positive Seite, auf das Lob, »louange«, eingegrenzt.
Der Blason war eine literarische Modeerscheinung der ersten Hälfte des 16. Jahrhunderts. Man »blasonierte« alles, nicht nur Personen, auch Gegenstände.
Clément Marot schuf mit zwei kleinen Scherzgedichten, *Die schöne Brust* und *Die häßliche Brust*, einen neuen Typ des Blason, der große Resonanz fand. Seine Schriftstellerkollegen begannen abwechselnd Blasons auf die verschiedenen Teile des weiblichen Körpers zu schreiben, auf Mund, Ohr, Zunge, Zahn, Auge, Brauen etc., buchstäblich eine anatomische Zerlegung des weiblichen Körpers. Der für die Epoche typische Ton der Blasons, scherzhaft-familiäres Lob und Beschimpfung zugleich, wurzelte im selben volkstümlichen Sprachmilieu, aus dem auch die damalige fortschrittliche Literatur (besonders die Vertreter der Marot-Schule) schöpfte. Der Blason bewahrte mehr oder weniger die Doppelbödigkeit in Ton und Wertung, d. h. die widersprüchliche Einheit des Tons: dieser Ton erlaubte ein ironisches und zweideutiges Lob, und er ermöglichte das zu loben, was zu loben nicht üblich war.[212] Der Blason lag außerhalb des offiziellen Systems gradliniger und gezielter Wertung. Er war ein zwangloses, zweideutiges, beschimpfendes Lob. Ich zitiere die Definition der Gattung »Blason«, wie sie Th. Sebillet in seiner *Französischen Poetik* (*Art poetique François*, 1548) gibt:
»Der Blason ist ungebrochenes Lob oder absolute Schmähung dessen, was er sich zum Ausgangspunkt nimmt. Häßliches wie Schönes, Schlechtes wie Gutes eignen sich dazu gleichermaßen.«
Diese Definition fixiert und unterstreicht mit großer Deutlichkeit die Ambivalenz des Blason. Die *Poetik* Sebillets ist die der Marot-Schule; als eine Schule der Rabelais-Zeit hat sie auch für unseren Autor erhellende Funktion.
Manchmal hatten die poetischen Blasons, besonders die aus der Marot-Schule, auch schon den Charakter des reinen Lobs oder der reinen Negation. Die rhetorische Degeneration der Gattung verstärkte sich zum Ende des Jahrhunderts. Die Verbindung zu den volkstümlichen Blasons und dem volkstümlichen doppelsinnigen Lob im Marktplatzstil wird immer lockerer, dafür ver-

stärkt sich der Einfluß antiker (rhetorisierter) Formen des komischen Lobgesangs.[213]

Im 15. und der ersten Hälfte des 16. Jahrhunderts waren einige Elemente des Blason auch in den großen Gattungen, den Mysterienspielen und Sotties, sehr verbreitet. Wir finden hier das Lob auf die Narren (»sots«) in Form einer langen Epitheta-Reihung: diese Aufzählungen erinnern stark an das Rabelaissche Lob auf Triboullet. Eine solche Aufzählung gibt es z. B. im *Mysterium des Hl. Quentin*. Im *Narrenmonolog*[214] finden wir die blasonierende Häufung von ca. 100 Epitheta (die volle 48 Verse einnehmen), im *Neuen Narrenmonolog*[215] sind es sogar 150.

Somit hatte das ambivalente Blason-Lob auf Triboullet Tradition und wurde von den Zeitgenossen als etwas Selbstverständliches aufgenommen (wir haben schon mehrmals auf die Bedeutung der Figur des Narren und des Motivs der Dummheit für die Epoche hingewiesen).

Kommen wir zu den volkstümlichen Blasons im engeren Sinn. Eigentlich umfaßte die volkstümliche Blasontradition hauptsächlich Lob und Beschimpfung fremder Nationen, verschiedener Gegenden, Provinzen, Städte und Dörfer. Bestimmte Regionen waren mit (mehr oder weniger ausgearbeiteten) Klischees behaftet, die entsprechenden Epitheta hatten ambivalente, wenn auch etwas stärker schmähende Bedeutung.

Die älteste Sammlung dieses Genres stammt noch aus dem 13. Jahrhundert. Zur Zeit Rabelais' erschien eine neue Blasonsammlung unter dem Titel *Dict des Pays*[216]; hier werden kurze, gewöhnlich nur ein Merkmal zugrundelegende Beschreibungen von Nationen, Provinzen und Städten gegeben.

Bei Rabelais begegnen wir einer Reihe von Kurzcharakteristiken, die die volkstümlichen Blasons kopieren. So sagt er etwa »Saoul comme un Anglais« (betrunken wie ein Engländer). Schon in der ersten Sammlung aus dem 13. Jahrhundert wird England so charakterisiert: »Li mieldre buveor en Engleterre« (die besten Trinker kommen aus England).[217] Im 1. Kapitel des *Pantagruel* erwähnt Rabelais die »couilles de Lorraine«. Die Bewohner Lothringens wurden in den Blasons tatsächlich wegen ihrer ungewöhnlich großen »couilles« (Hoden) aufs Korn genommen. Rabelais erwähnt auch die Schnelligkeit der Basken, die Liebe in Avignon, die Neugier der Pariser, alles Epitheta aus den volkstümlichen Blasons. Ein sehr alter Blason ist auch »Li plus sot en Bretaigne« (die größten Narren sind die Bretonen). Diese Beispiele sollen genügen.

Wir sehen, daß die volkstümlichen Blasons äußerst ambivalent sind. Jede Nation, Provinz oder Stadt ist in bezug auf irgendein Merkmal führend in der ganzen Welt: die Engländer sind die besten Trinker, die Bewohner Lothringens die potentesten, in Avignon gibt es die meisten leichten Mädchen, die Bretonen sind die Dümmsten, etc. Doch das so herausgehobene Merkmal ist meist doppeldeutig oder, besser gesagt, zwiespältig. Das führt dazu, daß Lob und Beschimpfung zu einer untrennbaren Einheit werden. Das Merkmal der Bretonen, »die größte Dummheit«, ruft unmittelbar den Blason auf Triboullet in Erinnerung. Gewöhnlich gelten die volkstümlichen Blasons als ironisch. Das ist jedoch nur zutreffend, wenn man den ursprünglichen griechischen Wortsinn zugrunde legt und nicht den neuen, subjektiveren und negativeren Sinn.[218]

In Rabelais' Roman sind alle Blasontypen seiner Zeit vertreten. Im *Pantagruel* gibt es ein Versblason des Lizentiaten der Universität von Orléans im Geist der Marot-Schule. Über den ganzen Roman sind volkstümliche Blasons (d. h. ethnische Epitheta) verstreut, von denen wir einige schon zitiert haben. Das Lob auf den Narren Triboullet und die parodistische Blason-Litanei Bruder Jans und Panurges zeigen das Wesen des Blason, seine Doppelgesichtigkeit, seine absolute Ambivalenz, seine widersprüchliche Einheit. Schließlich ist der Blason-Ton überall in Rabelais' Roman präsent.

Eine gewisse Doppelgesichtigkeit ist selbst den reinen Schimpftiraden ohne merkliche Beimischung von Lob nicht abzusprechen. Wir zitieren ein Beispiel aus dem 25. Kapitel des *Gargantua:*

> »Doch waren die Fladenbäcker keineswegs willens, auf ihre Bitte einzugehen, vielmehr – was noch ärger ist – beschimpften sie obendrein gröblich, schalten sie Haderlumpen, Zahnlücker, spaßige Rotköpfe, Lotterbuben, Bettscheißer, Galgenvögel, Duckmäuser, Faulpelze, Leckermäuler, Fettwänste, Maulhelden, Taugenichtse, Rüpel, üble Kunden, Schnorrer und Hungerleider, Großmäuler, Laffen, Hanswürste, Tagediebe, elende Schlucker, Tölpel, Lackel, Schöpsköpfe,

Lästermäuler, Großhänse, Bettelpack, Saudreckhirten, Scheißkerle und gaben ihnen noch mehr solcher ehrenrühriger Schimpfnamen, setzten auch hinzu, ihnen stehe es nicht zu, von diesen leckeren Fladen zu essen, grobes Kleiebrot und Pumpernickel sei grade gut genug für sie.« (S. 137/138)

Dies ist eine gewöhnliche Schimpftirade, allerdings von außergewöhnlicher Länge, sie besteht aus 28 Schimpfworten. Sie kommt nicht von einem einzelnen, sondern aus der Menge der Bäcker, die alle durcheinander fluchen; nur für den Leser sind die Ausdrücke nacheinander aufgereiht. Die Reihe als ganze ist nicht ambivalent, ihr Ziel ist ausschließlich die Beschimpfung; die einzelnen Ausdrücke aber haben zum großen Teil doch ambivalente Züge, sie bezeichnen Tierisches, körperliche Mängel, Dummheit, Trunksucht, Völlerei, Exkremente – alles charakteristische Bestandteile des volkstümlich-festlichen Motivsystems. Ein Fluch wie »chienlicts« (d. h. »chie-en-lit«) meint u. a. auch eine bestimmte Karnevalsmaske. So ist das dargestellte Objekt der Tirade der unabgegrenzte und gemischte menschliche Körper und das körperliche Leben (Essen, Exkremente) in seiner grotesken Ambivalenz. Sogar diese gewöhnliche Schimpftirade zeigt das Doppelgesicht der Welt, die besondere Art der Darstellung von Menschen und Gegenständen, die im offiziellen System literarischer, bildlicher Rede nicht existiert.

Betrachten wir noch eine Verknüpfung von Lob und Beschimpfung in Rabelais' Roman, die berühmten Inschriften von Thelem, die bestimmte Besucher hinausjagen, andere dagegen einladen. Diese Inschriften sind der Gattung der »cris« zuzurechnen, den Marktplatzausrufungen, mit denen Mysterienspiele und Sotties eröffnet und Zuschauer verschiedener Schichten und Zünfte sowie (in den Sotties) die Narren herbeigerufen wurden. Diese »cris« sind laute Marktplatzlockrufe im – parodistisch verwandten – offiziellen Stil.[219] Die Inschrift auf den Türen von Thelem kann (abgesehen natürlich von ihrer Strophenform und dem Reim) als eine ihrer Varianten angesehen werden.

Die Inschrift besteht aus zwei Teilen, einem, der hinauskomplimentiert, und einem, der lockt. Der erste Teil hat beschimpfenden, der zweite lobenden Charakter. Der Schimpfcharakter des ersten Teils ist voll durchgehalten. Mit der ersten Strophe werden die Heuchler verjagt; hierzu werden 15 beleidigende

Anreden aufgeboten (»hypocrites, bygotz, vieux matagotz, marmiteux« u. a.), und auch die übrigen in dieser Strophe verwandten Vokabeln haben einen unfreundlichen Beigeschmack (abus meschant, meschanceté, faulseté, troublez u. a.). In den lockenden Strophen (beginnend mit der fünften) werden im Gegensatz zum Vorangegangenen nur Vokabeln mit lobenden, zärtlichen oder anderweitig positiven Konnotationen (»gentilz, joyeux, plaisans, mignons, serains, subtilz« u. a.) gewählt. Also steht eine reine Beschimpfung einer Huldigung gegenüber. Die Inschrift als ganze ist ambivalent, doch in ihrer Struktur gibt es nichts Zweideutiges, jedes Wort ist eindeutiges Lob oder eindeutige Beschimpfung. Daher bleibt auch der gesamten Inschrift nur eine etwas rhetorische, äußerliche Ambivalenz.

Diese Rhetorisierung von Lob und Beschimpfung finden wir bei Rabelais dann, wenn er sich von den volkstümlich-festlichen und Marktplatzformen entfernt und sich der offiziellen Rede und dem offiziellen Stil nähert. Das gilt in gewissem Grade für die Episode über das Kloster Thelem. Zwar gibt es auch hier ein Moment von Umkehrung, Spiel mit der Verneinung und einige weitere volkstümlich-festliche Momente, doch im wesentlichen ist Thelem eine humanistische Utopie, die den Einfluß schriftlicher (vor allem italienischer) Quellen verrät.

Analoges finden wir auch dort, wo Rabelais direkt, als (nahezu offizieller) »königlicher Publizist« auftritt.

Im Dritten Buch gibt es ein Gespräch zwischen Gargantua und Pantagruel, das um die damals aktuelle Frage der Unzulässigkeit kirchlicher Unterstützung von Ehen kreist, die gegen den Willen der Eltern geschlossen werden. Darin haben wir ein deutliches Beispiel der Rhetorisierung von Schimpf- und Lobestiraden:

> »Denn (wie Ihr sehr richtig gesagt habt) es gab kein Gesetz auf der Welt, das den Kindern die Freiheit gewährt, ohne Wissen, Erlaubnis und Zustimmung ihrer Väter zu heiraten. Aber kraft der Gesetze, von denen ich spreche, gibt es in ihren Landen keinen Hurenbock, Schelm, Halunken, Galgenvogel, Stinkkerl, Stunkmaul, Aussätzigen, Strauchritter, Dieb oder Bösewicht, der nicht jedes Mädchen, wie's ihm paßt, und wäre sie noch so edel, schön, reich ehrbar und schamhaft, gewaltsam aus dem Haus ihres Vaters, aus den Armen ihrer Mutter rauben könnte, all ihren Anverwandten zum Trotz,

wenn der Hurenhengst sich bloß erst einmal mit einem Pfaffen zusammengetan hat, welcher eines Tages von der Beute sein Teil bekommt.« (S. 763)

Die Schimpf- und Lobestiraden haben hier jede Ambivalenz eingebüßt, sie sind isoliert und einander als geschlossene Positionen gegenübergestellt. Ihre Adressaten sind streng geschieden. Es handelt sich um eine rhetorische Rede, die schroffe, statische Grenzen zwischen Gegenständen und Werten zieht; vom Marktplatzmilieu ist nur die übertriebene Länge der Schimpftirade übrig.

Das analysierte Verschmelzen von Lob und Beschimpfung hat große theoretische und literaturgeschichtliche Bedeutung. Lobende und beschimpfende Momente hat natürlich jedes Wort in der lebendigen Rede, neutrale, gleichgültige Wörter gibt es nicht – allenfalls künstlich neutralisierte. Für die ältesten Redeformen aber ist offensichtlich eine Verschmelzung von Lob und Beschimpfung charakteristisch, d. h. eine »Zweitonigkeit« des Wortes; in der inoffiziell-familiären und der volkstümlich-komischen Sphäre hat sie sich gehalten und mit neuem Sinn gefüllt, in dieser Sphäre haben wir sie betrachtet. Das zweitonige Wort erlaubte dem lachenden Volk, das ganz und gar nicht an der Stabilisierung der existierenden Ordnung und des herrschenden Weltbildes (der offiziellen Wahrheit) interessiert war, das Ganze der werdenden Welt, die heitere Relativität all ihrer begrenzten Klassenwahrheiten, die ewige Unfertigkeit der Welt und die ständige Mischung von Lüge und Wahrheit, Böse und Gut, Dunkel und Licht, Feindseligkeit und Freundlichkeit, Tod und Leben zu fassen.[220] Das volkstümliche, zweitonige Wort löst sich niemals vom Ganzen und vom Werdenden, und deshalb erhält Negatives und Positives in ihm nicht getrennten, unabhängigen und statischen Ausdruck. Das zweitonige Wort wird niemals das sich drehende Rad bremsen, um sein Oben und Unten, Vorne und Hinten zu fixieren, im Gegenteil, es betont den ständigen Platztausch und die Verschmelzung. Der Akzent fällt immer auf das Positive, doch, wie gesagt, ohne daß dieses dabei vom Negativen getrennt würde.

In der offiziellen Weltanschauung der herrschenden Klasse ist eine solche Zweitonigkeit des Wortes im allgemeinen nicht möglich. Zwischen allen Dingen bestehen feste und stabile Grenzen, und zudem sind sie alle vom aus Widersprüchen sich entwickelnden Weltganzen isoliert. In der offiziellen Kunst und der offiziellen Ideologie herrschte fast immer Eintonigkeit in Gedanke und Stil.

In der Renaissance gab es einen harten Kampf zwischen dem zweitonigen volkstümlichen Wort und den stabilisierenden Tendenzen des offiziellen, eintonigen Stils. Für ein Verständnis der komplexen Stilphänomene dieser großen Epoche wäre es wichtig, diesen Kampf und den damit verbundenen Konflikt zwischen dem grotesken und dem klassischen Kanon näher zu untersuchen. Er setzt sich natürlich, mitunter verdeckt, in den folgenden Epochen fort. Doch dieses Thema führt über die Grenzen unserer Arbeit hinaus.

Das alte zweitonige Wort ist der stilistische Ausdruck des alten Motivs der Zweileibigkeit. Im Prozeß des Zerfalls dieses Motivs machen wir in der Literatur und in verschiedenen szenischen Formen eine interessante Beobachtung. Es treten paarige Motive auf, die oben und unten, hinten und vorn, Leben und Tod in ihrer halbgetrennten Existenzform verkörpern. Ein klassisches Beispiel für ein solches Paar sind Don Quijote und Sancho Pansa; ähnliche Paare sind noch heute im Zirkus, in der Jahrmarktsschaubude und in anderen Formen der Komik üblich. Besonders interessant ist der *Dialog* zwischen solchen Figurenpaaren. Er zeigt uns das doppeldeutige Wort im Stadium des noch unvollständigen Zerfalls. Im Grunde unterhalten sich hier Gesicht und Hintern, Oben und Unten, Geburt und Tod. Analoges haben wir in antiken und mittelalterlichen *Streitgesprächen* zwischen Winter und Frühling, Alter und Jugend, Fastenzeit und fetten Tagen, alter Zeit und neuer Zeit, Eltern und Kindern vor uns. Solche Streitgespräche sind organischer Bestandteil des volkstümlich-festlichen Formensystems, sie gehören zu Ablösung und Erneuerung dazu (Goethe erwähnt in seiner Beschreibung des römischen Karnevals einen solchen Streit). Auch die antike Literatur kennt diese Streits (Agone), wir kennen z. B. ein Fragment τριχορια, d. h. Streit dreier Chöre, wo jeder Chor – Greise, Ehemänner und Jungen – den Wert seiner Altersstufe zu erweisen sucht.[221] Solche Agone waren besonders in Sparta und Unteritalien sehr verbreitet (im heutigen Sizilien sind sie noch

immer unverzichtbarer Bestandteil jedes Volksfestes). Auch die – literarisierten – Agone des Aristophanes gehören zu dieser Gattung. Ähnliche Streitgespräche in lateinischer Sprache (z. B. der *Conflictus veris et hiemis)* und besonders in den Volkssprachen waren im Mittelalter in allen europäischen Ländern verbreitet.
All diese Agone und Streits sind im Grunde Dialoge zwischen ungleichzeitigen Kräften und Erscheinungen, Dialoge zwischen verschiedenen Zeiten, den beiden Polen des Werdens, Anfang und Ende einer Metamorphose. Sie entwickeln, rationalisieren und rhetorisieren das dialogische Moment, das im zweideutigen Wort (und im zweileibigen Motiv) angelegt ist. Die volkstümlich-festlichen Streitgespräche zwischen Zeiten und Altersstufen wie auch die Dialoge zwischen Figurenpaaren, zwischen Gesicht und Hintern, Unten und Oben sind offensichtlich eine der folkloristischen Wurzeln des Romans und seines gattungsspezifischen Dialogs. Doch auch dies entfernt uns zu weit vom Thema.

Es bleibt uns nur noch, Bilanz aus diesem Kapitel zu ziehen. Das zuletzt Analysierte, die Verschmelzung von Lob und Beschimpfung, bildet auf der stilistischen Ebene die Ambivalenz, Doppelleibigkeit und Unvollendetheit (die ewige Unfertigkeit) der Welt ab, Charakteristika, die wir in ausnahmslos allen Rabelaisschen Motiven festgestellt haben. Die alte Welt gebiert im Sterben eine neue. Die Agonie bildet mit dem Geburtsakt eine untrennbare Einheit. Dieser Prozeß wird in den Motiven des Materiell-Leiblichen dargestellt, alles wandert nach unten, in die Erde und ins Körpergrab, um zu sterben und neu zu erstehen. Deshalb ist das Rabelaissche Motivsystem ganz von der Abwärtsbewegung geprägt. Alle Motive werfen etwas um und stoßen in die Tiefe, sie degradieren, verschlucken, verurteilen, negieren (topographisch), vernichten, beerdigen, schicken zur Hölle, beschimpfen und verfluchen, und gleichzeitig lassen sie etwas beginnen, sie zeugen, säen, erneuern, loben und rühmen. Die allgemeine Abwärtsbewegung, die vernichtet und zugleich gebiert, verbindet solche auf den ersten Blick disparaten Dinge wie Schlägereien, Flüche, die Hölle, das Verschlingen etc.
Selbst bei Dante sind die Höllenmotive manchmal offenkundig

realisierte Beschimpfungsmetaphern, realisierte Flüche, und oft erscheint bei ihm ganz offen das Motiv des Verschlingens (Ugolino benagt den Schädel Ruggieros; das Hungermotiv in seiner Erzählung; der Satansschlund, der Judas, Brutus und Cassius beißt). Häufiger noch sind Verschlingen und Beschimpfung implizit in seinen Motiven enthalten. Doch die Ambivalenz dieser Motive ist in der Danteschen Welt fast erstickt.
In der Renaissance waren alle »unteren« Motive – vom zynischen Fluch bis zum Höllenmotiv – von einem deutlichen Sinn für die historische Zeit geprägt, von dem Gefühl und Bewußtsein einer weltgeschichtlichen Wende. Bei Rabelais ist das Moment der Zeit und des historischen Umbruchs besonders stark, es ist in all seinen materiell-leiblichen Motiven enthalten und gibt ihnen historische Färbung. Die Doppelleibigkeit wird bei ihm zum historischen Nebeneinander zweier Welten, zur Verschmelzung von Vergangenheit und Zukunft in einem gemeinsamen Akt, dem Tod des Alten und der Geburt des Neuen, im gemeinsamen Motiv der zutiefst komischen, werdenden und sich erneuernden historischen Welt. Es ist die Zeit selbst, die flucht und lobt, prügelt und verschönert, tötet und gebiert, die zugleich spöttische und heitere Zeit, das »spielende Kind« Heraklits, dem die Herrschaft über die Welt gebührt. Rabelais faßte das historische Werden in eindrucksvoller, unnachahmlicher Weise in den Kategorien des Lachens. Dies war nur in der Renaissance möglich, hier ist es durch den Verlauf der historischen Entwicklung vorbereitet. »Die Geschichte ist gründlich und macht viele Phasen durch, wenn sie eine alte Gestalt zu Grabe trägt. Die letzte Phase einer weltgeschichtlichen Gestalt ist ihre *Komödie.* [...] Warum dieser Gang der Geschichte? Damit die Menschheit *heiter* von ihrer Vergangenheit scheide.«[222]
In seiner Universalität und Welthaltigkeit erlaubt und fordert das Rabelaissche Motivsystem extreme Konkretheit, Fülle, Detailliertheit, Genauigkeit, Aktualität und Tagespolitik in der Darstellung zeitgenössischer Wirklichkeit. Jedes Motiv vereint in sich größte Breite und kosmische Dimensionen mit großer lebendiger Konkretheit, Individualität und publizistischer Aktualität. Diesem bemerkenswerten Zug des Rabelaisschen Realismus ist das letzte Kapitel unserer Arbeit gewidmet.

Siebtes Kapitel
Rabelais und die zeitgenössische Wirklichkeit

Bisher haben wir das Rabelaissche Werk vorwiegend mit Blick auf die Volkskultur betrachtet. Unser Interesse war, an ihm den Kampf zweier Kulturen zu verfolgen – den Kampf zwischen der Volkskultur und dem offiziellen Mittelalter. Doch, wie schon mehrfach erwähnt, verbindet Rabelais diese grundsätzliche Auseinandersetzung mühelos mit der Reaktion auf aktuelle, große und kleine Ereignisse jener Jahre, Monate und sogar Tage, in denen die einzelnen Teile des Romans entstanden. Man kann geradezu behaupten, der ganze Roman sei direkt aus dem Dickicht seiner Zeit gewachsen, aus Auseinandersetzungen, in dem Rabelais aktive Partei und interessierter Zeuge war. In den Motiven des Romans verbindet sich die unüberschaubare volkstümliche Universalität mit größter Konkretheit, Individualität und Aktualität.

Der Roman vereint die kosmische Breite des Mythos mit der tagespolitischen Schärfe einer Magazinsendung und der Konkretheit und anschaulichen Exaktheit des realistischen Romans. Hinter den scheinbar phantastischen Motiven stehen reale Ereignisse, lebendige Personen, die immense persönliche Erfahrung des Autors und seine genauen Beobachtungen.

Die französische Rabelaisistik hat große und mühevolle Arbeit geleistet, um die enge Verbindung der Motive Rabelais' mit der zeitgenössischen Wirklichkeit aufzudecken. Ergebnis dieser Arbeit ist eine umfangreiche und in vielem wertvolle Sammlung von Fakten. Leider geht die heutige Rabelaisistik dieses Material von sehr dürftigen methodologischen Positionen aus an. Es dominiert ein kruder Biographismus, soziale und politische Entwicklungen der Epoche verlieren an Relevanz und Brisanz, sie werden beschönigt und zu Fakten der Biographie des Autors gemacht, die auf einer Ebene mit den kleinen Ereignissen des privaten und alltäglichen Lebens stehen. Hinter der Masse der emsig gesammelten biographischen Fakten verschwindet die Problematik der Epoche und des Romans, verschwindet auch die authentische *volkstümliche Position*, die Rabelais in den Konflikten seiner Zeit einnahm.

Gleichwohl messen einige Rabelaisforscher, allen voran Abel Lefranc, dem politischen Geschehen der Epoche und ihrem Echo im Roman große Bedeutung bei. Doch werden sowohl die Ereignisse als auch ihr Niederschlag im Roman im Sinne der *offiziellen Kultur* interpretiert. Lefranc nennt Rabelais geradeheraus den *»königlichen Publizisten«*.
Publizist war Rabelais tatsächlich, doch kein königlicher, auch wenn er die relative Fortschrittlichkeit der Monarchie und einzelner Handlungen des Königs durchaus sah. Wir sagten schon, daß Rabelais beachtliche Beispiele eines möglichen Journalismus aus dem Volk, vom Marktplatz gegeben hat, eines Journalismus also, der gar nichts Offizielles hat. Als Journalist solidarisierte sich Rabelais mit keiner Gruppierung innerhalb der herrschenden Klassen (einschließlich des Bürgertums), er übernahm keinen Standpunkt und keine Maßnahme und war mit keinem Ereignis der Epoche völlig einverstanden. Doch zugleich verstand und schätzte er die *relative* Fortschrittlichkeit einzelner Institutionen und Maßnahmen und begrüßte sie in seinem Roman. Diese Wertschätzung und Begrüßung war nirgends vorbehaltlos und niemals offiziell; die volkstümlich-festlichen Motive, von der Ambivalenz des Lachens geprägt, erlauben es, die *Begrenztheit* dieser Fortschrittlichkeit zu zeigen. Von der Position des *Volkes,* die in Rabelais' Roman Ausdruck findet, gab es immer umfassendere Perspektiven, die über jene begrenzte Progressivität hinausgingen, die für die politischen Kräfte der Zeit erreichbar war.
Rabelais' Ziel ist es, das offizielle Bild seiner Epoche und ihrer Ereignisse zu zerstören und sie als Tragikomödie vom Standpunkt des *lachenden Volkschores auf dem Marktplatz* zu inszenieren. Er mobilisiert alle Mittel der nüchternen volkstümlichen Motive, um aus der Darstellung der unmittelbaren Gegenwart alles Offizielle und die von den Interessen der herrschenden Klassen diktierte, beschränkte Seriosität auszutreiben. Rabelais glaubt seiner Epoche nicht, er übernimmt nicht einfach, »was sie über sich selbst sagt und wofür sie sich selbst hält«. Er will im Auftrag des ewig wachsenden, unsterblichen Volkes ihren wahren Sinn ermessen.
Wenn Rabelais das offizielle Bild der Epoche und ihrer Ereignisse zerstört, so nicht um einer wissenschaftlichen Analyse willen;

er spricht keine begriffliche Sprache, sondern die Sprache der volkstümlich-komischen Motive. Indem er aber alle Pseudoseriosität und das verlogene historische Pathos wegwischt, bereitet er den Boden für eine neue Seriosität und ein neues historisches Pathos.

Wir wollen nun an einer Reihe von Beispielen verfolgen, wie im Roman die zeitgenössische Wirklichkeit, von bestimmten Lebensdaten des Autors bis hin zu den großen Ereignissen der Epoche, Widerhall findet.

Im *Pantagruel*, dem chronologisch ersten Buch, werden im Kapitel über die Geburt des Helden die Dürrekatastrophe und die Durstperiode beschrieben. Die Dürre dauerte nach Rabelais' Worten »sechsunddreißig Monate, drei Wochen, vier Tage, dreizehn Stunden und ein weniges länger noch« (S. 316). Aus den Erinnerungen von Zeitgenossen erfahren wir, daß im Entstehungsjahr des *Pantagruel* (1532) tatsächlich eine nie dagewesene Dürre herrschte, die sechs Monate anhielt. Rabelais übertreibt nur ihr Ausmaß und ihre Dauer. Wir haben bereits darauf hingewiesen, daß die Dürre und der allgemeine Durst die Figur des Mysterienteufelchens und Durstmachers Pantagruel wiederaufleben ließen.

Die Episode, wo Panurge Ablaßzettel kauft und sich so finanziell saniert, finden wir ebenfalls im *Pantagruel*. Tatsächlich wurde im Entstehungsjahr des Romans in Frankreich ein außerordentliches päpstliches Jubiläum begangen, und die Kirchen, die Panurge der Reihe nach aufsucht, hatten tatsächlich das Recht, Ablaßzettel zu verkaufen. So haben wir auch hier absolute Detailtreue.

Im selben Buch steht auch die folgende Episode:

> »Hernach las [Pantagruel] einmal in den schönen Chroniken seiner Ahnherren und fand, daß Gottfried von Lusignan, Gottfried mit dem großen Zahn zubenannt, der Großvater des Vetters der ältesten Schwester der Muhme des Tochtermanns des Oheims der Schwiegertochter seiner Stiefmutter, zu Maillezays begraben liege, und so nahm er eines Tags Urlaub, um ihn als wohlgesitteter Hach zu besuchen. Er brach mit etlichen seiner Kumpane von Poitiers auf, hierauf kamen sie durch Legugé, besuchten den edlen Ardillon, den Abt, dann durch Lusignan, dann durch Sansay, durch Celles,

durch Coulonges, durch Fontenay le Comte, begrüßten den gelehrten Tiraqueau und gelangten von da nach Maillezays, allwo er das Grabmal des besagten Gottfried mit dem großen Zahn besichtigte.« (S. 333)

Als Pantagruel auf Gottfrieds Grab die steinerne Figur sieht, die den Toten darstellt, ist er über ihren wütenden Gesichtsausdruck überrascht.

Diese Episode hat zwei phantastische Momente, das Motiv des *reisenden Riesen Pantagruel* und die parodistisch-komische Bestimmung seiner verwandtschaftlichen Beziehungen zu Gottfried von Lusignan. Alles andere, Personen- und Ortsnamen, Ereignisse, der wütende Gesichtsausdruck der Skulptur und weitere Einzelheiten entsprechen mit absoluter Genauigkeit der Wirklichkeit und sind aufs engste mit dem Leben und den Eindrücken Rabelais' selbst verflochten.

Zu jener Zeit (1524–1527) war Rabelais Sekretär des Geoffroy d'Estissac, Bischof und Abt von Maillezais, er war mit ihm oft von Maillezais nach Potiers und zurück (d. h. die Route Pantagruels) gereist und dabei durch all die Orte gekommen, die er in der Episode so exakt bezeichnet. D'Estissac fuhr ständig in seiner Eparchie herum (wie die meisten Grundbesitzer seiner Zeit begeisterte er sich für das Bauen), und Rabelais begleitete ihn. Daher kannte er die Provinz Poitou bis in den letzten Winkel. In seinem Roman nennt er mehr als 50 Orte, darunter winzigste und abgelegenste Siedlungen. Alle waren ihm von der eigenen Biographie her vertraut. Im Franziskanerkloster von Fontenay-le-Comte verbrachte er seine ersten Mönchsjahre; in der Stadt selbst war er Mitglied eines Zirkels humanistisch gesonnener Juristen, die sich im Hause Tiraqueau versammelten, bei einem Mann, dem Rabelais bis zu seinem Lebensende freundschaftliche Gefühle entgegenbrachte. In der Nähe von Ligugé lag eine Abtei, wo Rabelais häufig bei dem gelehrten Abt Ardillon zu Gast war (hier begann er offensichtlich, unter dem Einfluß Jean Bouchets, Gedichte in französischer Sprache zu schreiben). Ardillon und Tiraqueau sind wirkliche (prominente) Zeitgenossen Rabelais'.

Auch Pantagruels Vorfahre Gottfried von Lusignan (genannt »mit dem großen Zahn«) ist keine fiktive, sondern eine historische Gestalt. Er lebte zu Beginn des 15. Jahrhunderts. Einmal ließ er die Abtei von Maillezais anzünden (dafür macht ihn Rabelais in der Hölle zum Feuersteinverkäufer), doch später bereute er seine Tat, baute die Abtei wieder auf und beschenkte sie reich. Dafür wurde ihm in der Kirche von Maillezais eine prunkvolle steinerne Skulptur als Denkmal gesetzt (begraben ist er allerdings an anderer Stelle).

Auch der ausgesprochen wütende Gesichtsausdruck des steinernen Gottfried, den Rabelais erwähnt, entspricht der Wirklichkeit. Zwar ist die Skulptur zerstört, doch der Kopf wurde 1834 in den Ruinen der Kirche von Maillezais gefunden, heute steht er im Museum der Stadt Niort. Jean Plattard beschreibt ihn folgendermaßen: »Gerunzelte Brauen, ein harter und unbeweglicher Blick, ein zerzauster Schnurrbart, der *Mund geöffnet,* die *Zähne gefletscht,* alles an dieser Figur war naiver Ausdruck von Wut.« (op. cit. S. 58)

Wir weisen besonders auf den *aufgesperrten Mund* und das *Zähnefletschen* hin – es sind die zentralen grotesken Züge des Pantagruel aus dem ersten Buch. Dies ist wohl der Grund, warum Rabelais, der den Kopf in der Kirche der Abtei oft gesehen hat, Gottfried zum Vorfahren Pantagruels macht.

Für die Komposition und die handelnden Personen ist diese kleine, relativ unwichtige Episode typisch für den ganzen Roman. Die grotesk-phantastische (und sogar kosmische) Figur des Pantagruel ist in eine *Rabelais intim vertraute Wirklichkeit* eingebettet; Pantagruel bereist die *Orte, die Rabelais genau kannte,* und er sieht, was auch Rabelais sah. Die Episode nennt sehr viele Namen – Orts- und Personennamen, ja sogar Adressen (von Tiraqueau und Ardillon) – und sie sind alle authentisch.

Die Wirklichkeit um Pantagruel ist also *real und individuell,* diese Welt besteht aus *persönlichen Bekannten* und *unverwechselbaren Gegenständen.* Das Allgemeine, das Appelativum, Abstraktion und Typisierung sind auf ein Minimum reduziert. Wichtig ist die exakte topographische Situierung der Motive (dies gilt für den ganzen Roman), Rabelais versucht immer, die Besonderheiten dieser oder jener Stadt oder Provinz, irgendein lokales Kuriosum oder eine Legende in das Gewebe seiner Erzählung einzuflechten. Wir haben schon erwähnt, daß der Becher, in dem der Brei Pantagruels gekocht wurde, zu Rabelais' Zeit in Bourges tatsächlich als »Gigantenkelch« gezeigt wurde.

Der kleine Pantagruel war mit Ketten an seine Wiege geschmiedet, wozu Rabelais bemerkt, daß sich eine dieser Ketten in La Rochelle, eine weitere in Lyon und die dritte in Angers befinde. Sie waren tatsächlich dort und wurden den Besuchern dieser Städte gezeigt. In Poitiers brach der junge Pantagruel ein Stück Stein vom Fels und baute daraus einen Tisch für die Studenten der Stadt. Der Stein existiert noch heute dort, nur ist er in zwei Teile zersprungen. Dieses Lokalkolorit verstärkt die Individualität und die *visuelle Präsenz* der gesamten Rabelaisschen Welt. Sogar alltägliche Gegenstände (wie die Breischüssel) werden hier als individuelle und unverwechselbare behandelt, was gewöhnlich nur mit Gegenständen des persönlichen Gebrauchs historischer Persönlichkeiten geschieht. Man stellt sie aus wie im Museum. Auf das Rabelaissche Individualisierungsverfahren kommen wir noch zurück.

Kommen wir nun zum chronologisch zweiten Buch des Romans, zum *Gargantua*. Seine Handlung spielt (mit Ausnahme der Pariser Ereignisse) in der Umgebung von Chinon, in Rabelais' Heimat. Alle größeren und kleineren Orte dieser Episode sind exakt benannt und können auf zeitgenössischen Landkarten oder in den Grundbüchern aufgesucht werden. Im (topographischen) Zentrum liegt bekanntlich die königliche »Residenz« Grandgousiers, des Vaters von Gargantua. In der letzten Zeit ist es gelungen, diese Residenz zweifelsfrei mit dem Landgut Devinière zu identifizieren, das dem Vater Rabelais', Antoine Rabelais, gehörte. Rabelais selbst ist auf diesem Gut geboren. Das bescheidene Häuschen seiner Familie steht noch heute. Auch der alte Kamin ist erhalten, an dem im Roman der alte Grandgousier sitzt, Kastanien röstet und darauf wartet, daß sie platzen, das Feuer mit einem am Ende gebogenen Stock korrigiert und der Familie Geschichten aus der guten alten Zeit erzählt, bis zu dem historischen Moment, als man ihm den unerwarteten Angriff Pikrocholos' meldet.

Als die Residenz Grandgousiers identifiziert worden war, fand man auch alle anderen Plätze und konnte sämtliche topographischen Hinweise aufnehmen, die Rabelais in die Schilderung der Ereignisse einflicht. Alles ist real und detailgetreu (allerdings in den Dimensionen vergrößert). Unweit von Devinière am linken Ufer des Flüßchens Négron liegt noch heute jener Hain – »la prairie de la Saulsaye« –, wo die »muntern Reden der Bezechten« (S. 28) geschwungen wurden und wo am 4. Februar während des karnevalesken Rinderschlachtfests Gargantua zur Welt kam. Lefranc nimmt mit einigem Recht an, daß dies der tatsächliche Geburtsort und Geburtstag Rabelais' sei.

Auch die topographischen Details des pikrocholinischen Kriegs erwiesen sich als real. Seuilly, Lerné, die Straße, die die beiden Orte verbindet und an der sich die Schlägerei zwischen den Weinbauern und den Bäckern abspielt, das Tal des Négron, der Austragungsort der Kriegshandlungen um Devinière auf einem sehr kleinen, von Lerné, La Roche-Clermault, Vaugaudry und La Vaugyon begrenzten Gebiet, all das wird im Roman genau bezeichnet und läßt ein klares Bild aller militärischen Operationen entstehen. Der Klosterweinberg, den Bruder Jan verteidigte, existiert noch heute, sogar ein Teil der alten Mauer aus der Zeit Rabelais' ist erhalten. Auch das Ereignis, das den pikrocholinischen Krieg auslöste, ist real. Rabelais nutzte einen Konflikt in seiner unmittelbaren Umgebung; die Parteien waren seine eigene Familie und ihre Freunde und auf der gegnerischen Seite Gaucher de Sainte-Marthe. Der letztere besaß ein Fischereiunternehmen an der Loire, das die Schiffahrt behinderte. Es kam zum Konflikt und zum Prozeß gegen die Bewohner der umliegenden Siedlungen, deren Interesse dem ungehinderten Schiffsverkehr galt. Der Prozeß zog sich, mal schleppend, mal wieder aufflammend, sehr lang hin, in ein brisantes Stadium kam er im Herbst 1532, als Rabelais zur Weinernte bei seinem Vater in Devinière zu Gast war. Der Advokat Antoine Rabelais war einmal mit seinem Nachbarn Gaucher de Sainte-Marthe befreundet gewesen und hatte sogar dessen Interessen vor Gericht vertreten, im Konflikt mit den Bewohnern der umliegenden Siedlungen jedoch stand er auf der Gegenseite. Das Interesse dieser Partei wurde von dem Advokaten Gallet vertreten, einem Verwandten und engen Freund des alten Rabelais. So befand sich der Sohn Rabelais bei seinem spätsommerlichen Aufenthalt in Devinière im Zentrum dieses Konflikts und nahm möglicherweise sogar einigen Anteil daran.

Die Darstellung des pikrocholinischen Kriegs ist voller Anspielungen auf diesen realen Konflikt. Sogar einige Namen sind authentisch. So tritt als Unterhändler Grandgousiers ein gewisser Gallet auf. Der verprügelte Bannerträger der Bäcker, der mit den Anlaß zu dem ganzen Krieg bot, heißt Marquet, und eben dies war der Name des Schwiegersohns von Gauchet de Sainte-Marthe. Im 47. Kapitel reiht Rabelais in einer seiner typischen Nominationen 32 Adelssitze auf, die die »alte Konföderation« bildeten und Grandgousier ihre Hilfe anboten. Davon ist nicht ein einziger fiktiv. Es sind die Namen von Städten, Städtchen, Dörfern und kleinen Nestern, die am Ufer der Loire und der Vienne oder in deren Nähe lagen und unmittelbar an der Handelsschiffahrt auf der Loire interessiert waren. Sie bildeten im Prozeß gegen Gaucher de Sainte-Marthe tatsächlich einen Bund. So ist es sehr gut möglich, daß auch die Schlägerei zwischen den Bäckern von Lerné und den Weinbauern von Seuilly stattgefunden hat. Lefranc weist darauf hin, daß zwischen den beiden Dörfern noch heute eine Rivalität besteht, irgendeine undeutliche Erinnerung an eine sehr alte Feindschaft. Die zentralen Episoden des *Gargantua* haben wirklich stattgefunden; solche phantastischen Ereignisse wie das Verschlingen der Pilger mit dem Salat und das anschließende Ertränken im Urin geschahen auf dem Hof und im Garten des Landsitzes Devinière, auf dem vertrauten Schauplatz des Vaterhauses und seiner nächsten Umgebung, die mit aller topographischen Exaktheit beschrieben und fast ohne Veränderungen noch heute zu besichtigen sind.

Ähnlich ist es in allen übrigen Episoden dieses wie auch der folgenden beiden Bücher des Romans. Hinter den meisten hat die Forschung reale Orte, reale Personen und tatsächliche Ereignisse ausmachen können. Folgende Personen aus dem Dritten Buch sind Zeitgenossen Rabelais': Herr Trippa ist Heinrich Cornelius Agrippa von Nettesheim, der Theologe Hippothadée Lefèvre d'Etaples, der Poet Raunzemurner Jean Lemaire, der Doktor Rondibilis der Arzt Rondelet. Das Dörfchen Panzoust (in der Episode über Sibylle von Panzoust) existiert, dort lebte tatsächlich eine sehr populäre Wahrsagerin; noch heute kann man die Felsgrotte, die sie angeblich bewohnte, besichtigen.

Auch für das Vierte Buch ließen sich sicherlich solche Nachweise bringen, allerdings verfügt die Forschung hier noch nicht über so umfangreiche und gesicherte Erkenntnisse wie zu den ersten Büchern. Begrenzen wir uns auf ein Beispiel, auf die eingeschobene Novelle über Villons Streich. Die Handlung dieser »tragischen Farce« spielt in Saint-Maixent (d.h. in der Rabelais gut bekannten Provinz Poitou). In der Nähe dieses Städtchens steht noch heute das Kreuz an der Straße, das Rabelais erwähnt, als er berichtet, daß das Hirn des Klopfschwanz »beim Osanière-Kreuz [...] herausfiel« (S. 878). Möglicherweise ist die Episode, neben ihren literarischen Quellen, auch von einer lokalen Legende geprägt, denn eine der nahegelegenen Pfarreien heißt noch heute »paroisse du moine mort«, »Gemeinde des toten Mönchs«.

Lassen wir es damit bewenden. Die angeführten Beispiele machen eine wichtige Eigenart der Rabelaisschen Motive recht deutlich: ihre Verbindung zur realen und dem Autor vertrauten Wirklichkeit. Das unmittelbare Objekt der Darstellung, die erste Ebene aller Motive ist die Welt der *persönlichen Bekannten, der vertrauten und häufig benutzten Gegenstände und der Schauplätze der eigenen Geschichte.*

In dieser Mikrowelt (der ersten Ebene der Darstellung) ist alles authentisch und einzigartig. Die Rolle des Appelativums, des Allgemeinen, ist gering, jeder Gegenstand möchte quasi bei seinem *eigenen Namen* genannt werden. Typischerweise zieht Rabelais auch bei Vergleichen und Gegenüberstellungen immer möglichst historisch Einmaliges heran. Als Pantagruel z.B. im Anschluß an das Festmahl nach der Ritterverbrennung davon spricht, wie gut es wäre, jedem eine Glocke an die malmenden Kiefer zu hängen, denkt er nicht an beliebige Kirchenglocken, sondern nennt ganz bestimmte – die *Glocken nämlich von den Kirchtürmen von Poitiers, Tours und Cambrai.* Ein Beispiel aus dem Vierten Buch: »Bruder Jan im Verein mit Küchenmeistern, Vorkostern, Brotverteilern, Mundschenken, Vorschneidern, Aufschneidern, Schankburschen trug vier entsetzliche Schinkenpasteten auf, so groß, daß mir bei ihrem Anblick die vier Bastionen von Turin in den Sinn kamen.« (S. 1104) Es könnten noch viele ähnliche Beispiele angeführt werden. Rabelais hat eine Vorliebe für den *selbst gesehenen, historisch einmaligen Gegenstand* (ein anderer Aspekt dieser Neigung ist sein von der ganzen Epoche geteiltes Interesse für Kuriosa, Raritäten und Wunderdinge).

Die meisten Objekte aus den analysierten Episoden können wir noch heute besichtigen, so z. B. die »königliche Residenz« Grandgousiers und die Herdstätte der Familie, dieses Symbol friedliebender Politik, den Klosterweinberg Bruder Jans, den steinernen Kopf des Gottfried »mit dem großen Zahn«, das Wegkreuz bei Saint-Maixent, an dem das Hirn des Klopfschwanz hängenblieb.

Doch mit dieser Mikrowelt der persönlichen Bekannten und der vertrauten Orte und Gegenstände erschöpft sich die in Rabelais' Roman eingegangene Wirklichkeit keineswegs. Diese Mikrowelt ist die ihm (seiner Person, seinem Leben, seinem Auge) nächstgelegene Ebene der Motive im Roman. Dahinter öffnet sich eine zweite, allgemeinere und historisch bedeutsamere Ebene, die ebenfalls die zeitgenössische Wirklichkeit wiedergibt. Doch mißt man hier schon mit anderen Maßstäben.

Kehren wir noch einmal zum pikrocholinischen Krieg zurück. Seine Grundlage bildet, wie wir gesehen haben, der Konflikt der Siedler an der Loire mit dem Nachbarn des Antoine Rabelais, Gauchet de Sainte-Marthe, eine *örtlich begrenzte Angelegenheit, die nur ein paar Familien betraf.*

Doch Rabelais' Zeitgenossen und deren nächste Nachfahren sahen in Pikrocholos keineswegs Gauchet de Sainte-Marthe. Sie vermuteten hinter ihm *Karl v.* oder andere *aggressive Herrscher*, z. B. Ludwig Sforza oder Ferdinand von Aragon. Und sie hatten recht. Der ganze Roman ist aufs engste mit den politischen Ereignissen und Problemen der Zeit verknüpft, und dies ist für die ersten drei Bücher, besonders für den *Gargantua* und das Dritte Buch, der *Kampf zwischen Frankreich und Karl v.* In gewisser Hinsicht ist der pikrocholinische Krieg eine *direkte Reaktion auf diesen Kampf.* In der bemerkenswerten Episode vom Kriegsrat des Pikrocholos steckt eine gezielte Satire auf die Eroberungspolitik Karls v. Sie ist die Antwort Rabelais' auf eine analoge Szene bei Thomas Moore, der in der *Utopie* Franz I. Aggressivität und den Griff nach der Weltherrschaft vorwarf. Rabelais richtet diese Anschuldigungen gegen Karl v. Quelle der Rede Gallets, in der er Pikrocholos der Aggression beschuldigt und die friedliche Politik Grandgousiers verteidigt, ist eine an die deutschen Fürsten gerichtete Rede Guillaume Du Bellays (des zukünftigen Gönners und Freunds Rabelais') über die Gründe des Kriegs zwischen Frankreich und Karl v.

Das *Problem des Aggressors* stellt sich in der konkreten Frage des Krieges zwischen Karl v. und Franz i. und war für die Epoche fundamental. Es entstand dazu eine Reihe anonymer Schriften aus dem Umkreis der Brüder Du Bellay, dem auch Rabelais zuzurechnen war.

Der pikrocholinische Krieg ist Rabelais' Stellungnahme zur *aktuellen politischen Diskussion der »Aggression«.* Pikrocholos und seine Ratgeber verkörpern die aggressive, militaristische Politik. Zweifellos trägt Pikrocholos einige Züge Karls v. Dieser Bezug auf die politische Problematik der Epoche schafft die zweite, aktuell-politische Ebene der Motive des pikrocholinischen Kriegs.

Doch im 15. und 16. Jahrhundert dachte man allgemeiner und prinzipieller über die Frage von Krieg und Frieden nach. Es ging nicht nur um den *speziellen Fall,* die Suche nach dem Aggressor in einem bestimmten militärischen Konflikt, sondern um das *prinzipielle Recht der Herrscher* und Völker, Krieg zu führen, und um den *Unterschied zwischen gerechten und ungerechten Kriegen.* Auch die Frage der Schaffung eines allgemeinen Friedens wurde erörtert (vgl. z. B. die Schriften Thomas Moores und Erasmus' von Rotterdam).

Auch mit dieser allgemeineren und prinzipielleren politischen Problematik sind die Motive des pikrocholinischen Kriegs eng verknüpft. Diese Problematik erweitert und vertieft die zweite Bedeutungsebene.

Natürlich ist auch diese zweite Ebene *konkret* und *individuell-historisch.* Es gibt keine *abstrakte* Verallgemeinerung und Typisierung, nur die *Individualität im größeren historischen* Rahmen. Von der *kleinen* Individualität kommen wir zur *großen, umfassenden* Individualität (und nicht zum abstrakten Typus); im Großen wiederholt sich die Struktur des Kleineren.

Hinter diesen beiden Ebenen eröffnet sich noch die dritte und letzte Bedeutungsebene des pikrocholinischen Kriegs: der groteske Körper des Riesen, die Festmahlmotive, der zerstückelte Körper, Urinströme, Verwandlung von Blut in Wein und von Schlachten in Festmähler, die karnevaleske Entthronung des Königs Pikrocholos etc. sind Aspekte der volkstümlich-festlichen Karnevalsinterpretation des pikrocholinischen Kriegs, die wir schon analysiert haben.

Diese dritte, volkstümlich-festliche Bedeutungsebene ist ebenfalls *individuell und konkret,* doch diese Individualität ist *universal.* In den volkstümlich-festlichen Motiven eröffnet sich *ein Sinn des historischen Prozesses, der weit über die Grenzen nicht nur der Zeitgenossenschaft Rabelais', sondern seiner ganzen Epoche reicht.* Darin zeigt sich der *Standpunkt des Volkes* zu Krieg und Frieden, zur Aggression, zur Macht und zur Zukunft. Auf dem Hintergrund dieses in Jahrtausenden gestalteten volkstümlichen Standpunktes tritt die *heitere Relativität* aller Ereignisse und der ganzen politischen Problematik der Epoche hervor. Natürlich *negiert* diese heitere Relativität *nicht* die Unterschiede zwischen gerecht und ungerecht, wahr und falsch, progressiv und reaktionär, wie sie *vom Standpunkt der Epoche* aus zur Diskussion standen, doch diese Unterschiede verlieren ihre *Absolutheit* und ihren *beschränkten Ernst.*
Die volkstümlich-festliche Universalität dringt in alle Motive Rabelais' ein, prägt jedes Detail und läßt es am großen Ganzen teilhaben. All die bekannten, visuell präsenten, individuellen Gegenstände und topographischen Gegebenheiten, die die erste Ebene der Motive bilden, haben teil an der großen *individuellen Welt, am zweileibigen, werdenden Ganzen, das sich im Strom von Lob und Beschimpfung auftut.* So verliert sich der Roman weder in naturalistischer *Verzettelung* in der Wirklichkeit noch in *abstrakter Tendenz.* Wir haben exemplarisch die Motive des pikrocholinischen Kriegs analysiert, doch alle übrigen Motive des Romans besitzen ebenfalls diese zweite Bedeutungsebene. Sie sind alle mit aktuellen politischen Ereignissen und Problemen ihrer Zeit verknüpft.
In den politischen Fragen seiner Zeit war Rabelais hervorragend informiert. Ab 1532 war er in engem Kontakt mit den Brüdern Du Bellay, und beide standen im Zentrum des politischen Lebens. Jean Du Bellay war unter Franz I. quasi der Leiter des Büros für diplomatische und literarische Propaganda, das damals große Bedeutung erlangte. Eine ganze Reihe von Pamphleten, die in Deutschland, in den Niederlanden, in Italien und schließlich in Frankreich selbst kursierten, stammten von den Brüdern Du Bellay oder waren zumindest von ihnen inspiriert. Die Brüder Du Bellay hatten in allen Ländern ihre diplomatischen und literarischen Agenturen.

Durch seine enge Verbindung zu den Du Bellays hatte Rabelais quasi über Quellen erster Hand Zugang zur großen Politik. Er konnte zusehen, wie sie »gemacht« wurde. Wahrscheinlich war er in viele geheime Pläne des Königshauses eingeweiht, deren Durchführung in den Händen der Brüder Du Bellay lag. Er begleitete Jean Du Bellay auf seinen drei Reisen nach Italien, die wichtigen Missionen an den Papst galten, während der französischen Okkupation Piemonts war er an der Seite Guillaume Du Bellays. Bei der historischen Begegnung Franz I. und Karls V. in Aigues-Mortes hielt er sich in der Suite des Königs auf. So war er unmittelbarer Zeuge einiger zentraler politischer Aktionen seiner Zeit. Sie vollzogen sich vor seinen Augen und in seiner unmittelbaren Nähe.

Beginnend mit dem *Gargantua* (dem chronologisch zweiten Buch) spielt die aktuelle Politik im Roman eine wesentliche Rolle. Neben direkt thematisierten politischen Fragen stecken die drei letzten Bücher des Romans voller – für uns mehr oder weniger klarer – Anspielungen auf Ereignisse und Politiker jener Zeit.

Verfolgen wir die politischen Themen, die dem Dritten und Vierten Buch zugrunde liegen.

Das zentrale Motiv des Prologs zum Dritten Buch, die Verteidigung Korinths, spiegelt die zeitgenössischen Verteidigungsmaßnahmen Frankreichs und besonders der Stadt Paris, die im Zusammenhang mit der Verschlechterung der Beziehungen zu Karl V. ergriffen wurden, wider. Jean Du Bellay war der Leiter dieser Maßnahmen. Die Darstellung der weisen und humanen Politik Pantagruels in den ersten Kapiteln des Dritten Buchs ist ein fast unverhülltes Lob auf die Politik Guillaume Du Bellays im von Frankreich annektierten Piemont. Rabelais war während der Okkupation Sekretär Guillaume Du Bellays und somit in alle Maßnahmen seines Vorgesetzten eingeweiht. Guillaume Du Bellay – Herr de Langey – war einer der bedeutendsten Männer seiner Zeit und offensichtlich der einzige Zeitgenosse, dem der nüchterne und fordernde Rabelais eine gewisse Ehrerbietung nicht verweigern konnte. Herr de Langey beeindruckte ihn tief und hinterließ Spuren in seinem Roman.

Rabelais war Guillaume Du Bellay auf der letzten Etappe von dessen politischer Tätigkeit sehr eng verbunden; er saß an seinem Sterbebett, balsamierte seinen Leichnam und trug ihn mit an die

Grabstelle. Die letzten Minuten des Herrn de Langey spricht er im Vierten Buch seines Romans an.

Es war die Politik Guillaume Du Bellays in Piemont, die ihm die tiefe Sympathie Rabelais' einbrachte. Du Bellay hatte vor allem versucht, die Bevölkerung der okkupierten Gebiete auf seine Seite zu ziehen, er bemühte sich, die Wirtschaft Piemonts zu fördern, und hinderte die Armee durch strenge Disziplin an der Unterjochung der Bevölkerung. Darüber hinaus ließ er große Mengen Getreide nach Piemont bringen und unter den Einwohnern verteilen, wofür er sein gesamtes privates Vermögen opferte.[223] Dies waren damals völlig neue Methoden der militärischen Okkupation. Das erste Kapitel des Dritten Buchs beschreibt die piemontesische Politik des Herrn de Langey. Das zentrale Motiv dieses Kapitels ist die Fruchtbarkeit und der Überfluß für das ganze Volk, zunächst ist von der Fruchtbarkeit der Utopisten (der Untertanen Pantagruels) die Rede, dann folgt das Lob auf die Okkupationspolitik Du Bellays (in diesem Falle Pantagruels).

> »Wollet hier also vermerken, ihr Zecher, daß es die rechte Art nicht ist, neu eroberte Länder in Gehorsam zu halten und nicht wieder zu verlieren, wenn man (wie es irrige Ansicht gewisser tyrannischer Geister zu ihrem Schaden und ihrer Unehre gewesen ist) die Völker ausplündert, knechtet, mit Fronarbeit plackt, zugrunde richtet, schindet und mit eisernen Ruten lenkt, kurz, indem man die Völker frißt und verschlingt nach Art dessen, den Homer den ungerechten König Demovoros, das heißt den Völkerfresser, nennt. [...] Gleich wie neugeborene Kindlein muß man sie säugen, wiegen, herzen. Wie einen frisch gepflanzten Baum muß man sie stützen, schirmen, vor allen Unwettern, Unbilden und widrigen Zufällen schützen. Wie einen Menschen, der von langer, schwerer Krankheit genesen ist und sich allgemach zu erholen beginnt, muß man sie pflegen, schonen, kräftigen.« (S. 537/538)

Das Lob auf die neue Politik ist geprägt von der volkstümlich-festlichen Konzeption des wachsenden und sich erneuernden kollektiven Volkskörpers. Wachstum und Erneuerung sind die *Leitmotive zum Thema Volk. Das Volk ist das neugeborene Kind*, ein *frisch gepflanztes Bäumchen*, ein *gesundender, sich erneuernder Organismus. Der Herrscher ist nährende Mutter,*

Gärtner, Arzt. Auch für den schlechten Herrscher gibt es eine grotesk-leibliche Definition – er ist der »Völkerfresser«.
Dieses typisch Rabelaissche und zudem karnevalesk-festliche Bild vom Volk und vom Herrscher erweitert und vertieft das aktuelle Problem der Okkupation Piemonts, es stellt die Verbindung zum Ganzen der wachsenden und sich erneuernden Welt her.
Herr de Langey hat, wie schon gesagt, eine tiefe Spur im Dritten und Vierten Buch des Romans hinterlassen. Die Erinnerung an ihn und an seine letzten Lebensminuten inspirieren die Kapitel vom Tod der Helden im Vierten Buch. Mit ihrem *fast ernsten Ton* heben sie sich deutlich vom gesamten übrigen Text ab. Das von Plutarch übernommene Thema verbindet sich hier mit Motiven aus dem keltischen Legendenzyklus über die Wanderungen im nordwestlichen Todesreich (besonders die *Reisen des hl. Brendan*). Die Kapitel über den Tod der Helden sind eine Art *Requiem für Guillaume Du Bellay*.
Darüber hinaus prägte Guillaume Du Bellay entscheidend die Gestalt des Helden des Dritten und Vierten Buchs. Der Pantagruel dieser beiden Bücher ähnelt schon nicht mehr dem Mysterienteufelchen, Durstmacher und Helden heiterer Facetien. Er wird weitgehend zum Ideal des Weisen und Herrschers. Hier eine Passage aus dem Dritten Buch, die ihn beschreibt:

> »Ich habe euch ja schon gesagt und sage es noch einmal: er war der gutherzigste Mensch, eine Seele von einem Mann, seelengut und der wohlmeinendste Ehrenmann, der jezumal ein Schwert umgürtete. Alles nahm er wohl auf; was einer tat, legte er zum besten aus, niemals grämte er sich, nie nahm er an etwas Anstoß. Wäre ja auch wahrlich nicht mehr in der göttlichen Wohnstatt der Vernunft daheim gewesen, wenn er sich sonderlich betrübt oder aufgeregt hätte, denn all die Güter, die das Himmelszelt überdeckt und die Erde in allen ihren Dimensionen birgt, in Höhe, Tiefe, Länge und Breite, sind es nicht wert, daß unsere Gefühle sich darob erregen oder daß wir uns Verstand und Geist verwirren lassen« (S. 542)

Die mythischen und karnevalesken Züge Pantagruels sind abgeschwächt, die Figur wird menschlicher und heldischer, doch zugleich bekommt sie etwas abstrakten und rhetorischen Charakter. Diese Veränderungen nahm Rabelais offensichtlich unter

dem Eindruck der Persönlichkeit Guillaume Du Bellays vor, dem er in seinem Pantagruel ein Denkmal setzen wollte.[224]
Doch darf man die Identifikation von Pantagruel und Guillaume Du Bellay nicht überbewerten; dies ist nur ein Moment der Figur, ihre Grundlage bleibt eine breitere und universalere als das rhetorische Lob auf Herrn de Langey, es ist nach wie vor die Folklore.

Das Vierte Buch enthält zahlreiche Anspielungen auf zeitgenössische politische Ereignisse und Fragen. Wir haben gesehen, daß die Reise Pantagruels eine Kombination des alten keltischen Wegs ins utopische Todesland und dessen Wiederbelebung in den realen Kolonisierungsbestrebungen des Jacques Cartier ist.

Als das Vierte Buch entstand, spitzte sich Frankreichs Kampf gegen die päpstlichen Ansprüche deutlich zu. Er fand sein Echo in den Kapiteln über die Dekretalen. Als diese Kapitel niedergeschrieben wurden, hatten sie fast den Charakter einer amtlichen Verlautbarung, sie entsprachen der gallikanischen Position des Königs. Als das Buch aber erschien, war der Konflikt mit dem Papst beinahe beigelegt; so kam Rabelais' journalistischer Auftritt etwas zu spät.

Anspielungen auf aktuelle politische Ereignisse sind auch in solchen wichtigen Episoden des Vierten Buchs wie dem Wurstkrieg (das Ringen der Genfer Calvinisten) und der Sturmepisode (das Konzil von Trient) zu finden.

Lassen wir es bei den angeführten Beispielen bewenden. Sie zeigen in ausreichender Deutlichkeit, *wie sehr die politische Gegenwart, aktuelle Ereignisse, Aufgaben und Probleme in Rabelais' Roman ihren Niederschlag fanden.* Das Buch ist eine Art aktuelles politisches »Panorama«, doch zugleich ist der Problemhorizont seiner Motive unvergleichlich weiter, als eine solche Rundschau es jemals sein könnte.

In den Konflikten seiner Zeit nahm Rabelais die *fortschrittlichsten Positionen* ein. Die *Monarchie* war für ihn die Verkörperung jenes *neuen Prinzips*, dem die unmittelbare *historische Zukunft* gehören sollte – dem *Nationalstaat.* Deshalb stand er den päpstlichen Ansprüchen sowie den Ansprüchen des Kaisers auf eine höhere, übernationale Macht gleichermaßen feindlich gegenüber. In den Ansprüchen von Papst und Kaiser sah Rabelais die absterbende Vergangenheit, das gotische Zeitalter, im *Nationalstaat dagegen ein neues, junges Konzept der Existenz des Volkes in der Geschichte.*

Ebenso fest umrissen waren seine Positionen in den Bereichen Wissenschaft und Kultur. Er war überzeugter Verfechter der humanistischen Bildung mit ihren neuen Methoden und Werten. In der Medizin forderte er die Rückkehr zu den antiken Quellen – zu Hippokrates und Galen – und war ein Feind der arabischen Medizin, die seiner Auffassung nach jene verfälschte. Auch im Bereich des Rechts forderte er die Rückbesinnung auf die Antike, er wollte eine neue Hinwendung zum römischen Recht und eine Befreiung vom Ballast der verworrenen, barbarischen Auslegungen ungebildeter mittelalterlicher Kommentatoren. In militärischen und technischen Angelegenheiten, in der Erziehung, in der Architektur und in allen Fragen des Sports, der Kleidung, des Alltagslebens und der Sitten war er Anhänger jener Neuerungen, die damals aus Italien kamen. In allen Fragen, die er in seinem enzyklopädischen Roman anschneidet, war er ein *fortschrittlicher Vertreter seiner Zeit.* Er hatte ein ausgeprägtes *Gespür für das Neue,* nicht einfach für Neuheiten und Moden, sondern für das *wesentlich Neue,* das tatsächlich *aus dem Tod des Alten geboren wurde* und dem die *Zukunft* gehörte. Er konnte das wirklich Neue aufspüren, auswählen und zeigen.

Seine fortschrittliche Position in der Politik, in Kultur, Wissenschaft und Alltag spricht Rabelais an einigen Stellen des Romans unzweideutig aus, so etwa in den Episoden über die Erziehung Gargantuas, über das Kloster Thelem, im Brief Gargantuas an Pantagruel, in den Überlegungen Pantagruels zu den mittelalterlichen Kommentaren zum römischen Recht, im Gespräch Grandgousiers mit den Pilgern, im Lob auf die Besatzungspolitik Pantagruels etc. All diese Episoden sind mehr oder weniger rhetorisch, hier dominieren die Schriftsprache und der offizielle Stil der Epoche. Wir hören die *direkte* Stellungnahme, die für die Epoche neue, fortschrittliche Position und zugleich die *aufrichtige Meinung* Rabelais'.

Wenn aber der Roman nur aus diesen Episoden bestünde, kein anderes Wort, keine andere Sprache, kein anderer Stil darin zum Ausdruck käme, so wäre Rabelais zwar ein fortschrittlicher, ja sogar vorzüglicher, für die Epoche jedoch einfach nur *typischer*

Humanist gewesen; er wäre ein Guillaume Budé, aber nicht der geniale und einzigartige Rabelais.

Das letzte Wort der Epoche, das er hier *aufrichtig und ernsthaft vorbringt,* ist trotz allem nicht *Rabelais' eigenes* letztes Wort. Er kannte die Grenzen dieser Progressivität und dieses Ernstes. Das *wirklich letzte Wort Rabelais' ist das heitere, zwanglose und absolut nüchterne Wort des Volkes;* es ließ sich mit dem *begrenzten Maß* an Progressivität und Wahrheit, das *für die Epoche erreichbar* war, nicht bestechen. Dem heiteren Wort des Volkes standen ganz andere Zukunftsperspektiven offen, wenn auch die positiven Umrisse dieser Zukunft noch undeutlich und utopisch waren. Jede *Bestimmtheit und Vollendung,* die die Epoche erreichen konnte, war in gewissem Grade *lächerlich,* denn sie war *begrenzt.* Das Lachen aber war *heiter,* denn jede *begrenzte* Bestimmtheit (und somit *Vollendung*), die stirbt und zerfällt, keimt in *neuen Möglichkeiten* wieder auf.

Das letzte Wort Rabelais' ist deshalb nicht in den rhetorisierten statements des Romans zu suchen, wo das Wort fast eindeutig und fast völlig ernst ist, sondern im Milieu der volkstümlich-festlichen Motive, in das diese Episoden eingebettet sind (was sie vor völliger Einseitigkeit und Begrenztheit bewahrt). Wie ernst Rabelais auch in diesen Episoden, in seinen direkten und eindeutigen Aussagen ist, immer läßt er eine *Hintertür* in die *weitere Zukunft* offen, die alle *relative* Fortschrittlichkeit und jene *relative* Wahrheit lächerlich macht, die von der eigenen Epoche und der *überschaubaren Zukunft* erreicht werden können. Deshalb *erschöpft sich Rabelais nirgends in seinen direkten Aussagen.* Dies ist keineswegs romantische Ironie, sondern *volkstümliche Unerschöpflichkeit und ein Anspruchsniveau,* das er vom gesamten System der volkstümlich-festlichen Lachkultur übernimmt.

So wird die zeitgenössische Wirklichkeit, die in so hohem Maß in Rabelais' Roman eingeht, auf dem Hintergrund der volkstümlich-festlichen Motive gesehen, und das hat zur Folge, daß selbst die besten Perspektiven dieser Wirklichkeit unbefriedigend erscheinen, sie bleiben weit zurück hinter den Sehnsüchten und Idealen des Volkes, die die volkstümlich-festlichen Motive inszenieren. Deshalb braucht die zeitgenössische Realität ihre Konkretheit, Anschaulichkeit und Lebendigkeit noch lange nicht zu verlieren; im Gegenteil: in der extrem *nüchternen Beleuchtung* durch die volkstümlich-festlichen Motive gewinnt alles Wirkliche eine besondere *Plastizität, Fülle, Materialität und Individualität. Es wird von allen dogmatischen Sinnbezügen befreit,* die realen Erscheinungen treten in der *zwanglosen* Atmosphäre deutlich hervor.

Wie alle großen Werke seiner Zeit hat Rabelais' Roman enzyklopädischen Charakter. Kein Bereich des Wissens und des praktischen Lebens, der hier nicht vertreten wäre, und zwar durchaus im Detail. Die heutige Rabelaisforschung – und hier gebührt L. Sainéan besonderes Verdienst – hat die frappierende Kompetenz Rabelais' in allen Bereichen, die er anspricht, aufgezeigt. Aufgrund einiger Spezialstudien kann es heute als erwiesen gelten, daß Rabelais umfassende und einwandfreie Kenntnisse nicht nur in der Medizin und den verschiedenen Zweigen der Naturwissenschaft besaß, sondern ebenso im Rechtswesen, in der Architektur, der Kriegskunst, der Meeresschiffahrt, der Gastronomie und der Falkenjagd, in Sport und Spiel, in der Numismatik und in vielem mehr. Die Nomenklatur Rabelais': sein Wortschatz auf all diesen Gebieten beeindruckt nicht nur durch seinen Reichtum, sondern auch durch die beachtliche Kenntnis feinster technischer Ausdrucksnuancen, die gewöhnlich nur der Spezialist beherrscht. Welchen Spezialbegriff Rabelais auch benutzt, er tut das mit der Exaktheit und dem Recht des Meisters, nicht des Dilettanten. In der Mitte des vorigen Jahrhunderts wurden ernste Zweifel an seiner Kompetenz im Gebrauch des reichhaltigen Wortschatzes zur Meeresschiffahrt laut. Diese Zweifel äußerte der Meeresspezialist Jalles. Doch Sainéan bewies ihre Unbegründetheit, auch in diesem Bereich ist Rabelais' solides Wissen unbestritten.

Die enzyklopädischen Kenntnisse Rabelais' und sein weiter Horizont haben einen spezifischen Zug, den die Rabelaisforschung noch kaum bemerkt hat – es dominiert überall das *Neue, Frische, Erstmalige.* Seine Enzyklopädie ist die der *neuen Welt.* Sie ist konkret und dinglich, und vieles tritt in ihr zum ersten Mal in den Horizont der Zeitgenossen, erhält zum ersten Mal einen Namen oder gibt einem alten Wort eine neue Bedeutung. Die Welt der Dinge und der Worte (der Sprache) ist in der Renaissance einer gewaltigen Erweiterung und Bereicherung, einer

grundlegenden Erneuerung und einer deutlichen, charakteristischen Umgruppierung unterworfen.
Es ist allgemein bekannt, wieviel Neues in der Renaissance in den Gesichtskreis der Menschen trat. Frankreich erreichte es mit einiger Verspätung, dafür jedoch fast auf ein Mal und in einem gewaltigen Strom. Dieser Strom kam seit den italienischen Kriegen aus Italien und schwoll immer stärker an. Zu Rabelais' Lebzeiten hatte der italienische Einfluß seinen Höhepunkt erreicht. Da die Beziehungen zu Italien mit dem Kontakt der beiden Heere begann, kamen auch zuerst militärische Neuheiten und Militärtechnik ins Land, und erst an zweiter Stelle strukturierten sich unter dem italienischen Einfluß andere Lebensbereiche, wie die Industrie, der Handel, das Alltagsleben und die Kunst um. Mit den neuen Dingen kamen neue Wörter, die Sprache wurde überschwemmt mit Italizismen, Gräzismen, Latinismen und Neologismen. Was diese Neuerungen so bedeutsam macht ist, daß sie nicht isoliert blieben, sie hatten die *Kraft, auch das Alte zu erneuern und umzuformen,* sie zwangen die alte Umgebung zur Anpassung, wie wir es von vielen technischen Entdeckungen und Erfindungen kennen.
Rabelais liebte das wirklich *in die Zukunft Weisende* und hatte ein besonderes Gespür für neue Dinge und neue Wörter. Er blieb nicht nur nirgends hinter seinem Jahrhundert zurück, sondern war ihm oft sogar voraus. Sein (daneben auch mit einigen Archaismen durchsetzter) militärischer Wortschatz reflektiert die neueste Kriegstechnik und ist besonders im Bereich des militärischen Ingenieurwesens sehr differenziert. Viele Wörter sind in seinem Roman überhaupt zum ersten Mal belegt.
Auch im Bereich der Architektur war Rabelais' Wortschatz auf dem neuesten Stand. Architektonisches hat im Roman einen relativ hohen Stellenwert. Viele neue und *erneuernde* Termini gebraucht Rabelais als einer der ersten, z. B. das Wort »symétrie«. Die gleiche Frische des ersten Gebrauchs haben Begriffe wie »peristyle«, »portique«, »architrave«, »frize«. All diese Wörter und die damit bezeichneten Gegenstände bleiben nicht isoliert, sie verändern die Architekturvorstellungen der Epoche. Im Wortschatz anderer Wissens- und Praxisbereiche spielen neue Wörter und Gegenstände die gleiche zentrale Rolle. Rabelais' Wortschatz ist aber auch reich an Archaismen, er strebte in

allem und überall nach Fülle und Vielfalt. Doch das Neue ist bei ihm besonders akzentuiert, und immer nützt er dessen anstekkende Wirkung.

Kommen wir zu einem stilistischen Charakteristikum des Rabelaisschen Worts.

Rabelais schöpfte viele sprachliche Elemente aus *mündlichen* Quellen, er sucht nach frischen Wörtern, die zum ersten Mal aus dem Volk, aus dem Milieu mündlicher Rede ins System *schriftlicher* Sprache überwechseln. Sogar die Lexik fast aller Wissenschaftszweige kam zum Großteil aus der mündlichen Rede und trat *zum ersten Mal in den Kontext geschriebener Sprache, des systematischen, schriftlich niedergelegten Gedankens, der Intonation und Syntax der Schriftsprache.* Zu Rabelais' Zeit begann gerade erst der Kampf der Wissenschaft um das Recht, in der Volkssprache, der Vulgärsprache, zu denken und zu schreiben. Weder die Kirchen noch die Universitäten oder die Schulen erkannten diese Sprache an. Rabelais war es, der, zusammen mit Calvin die französische Prosa begründete. Er mußte sich in allen Bereichen des Wissens, mal mehr, mal weniger, auf die mündliche Rede stützen und daraus seine lexikalischen Funde schöpfen.

Nehmen wir z. B. seinen ichthyologischen Wortschatz. Er ist beachtlich. Allein im 60. Kapitel des Vierten Buchs (das Festmahlopfer der Bauchanbeter) nennt er mehr als sechzig Fischarten. Hier gibt es Fluß-, Mittelmeer- und Ozeanfische. Wie kommt Rabelais zu einem so reichhaltigen Fisch-Vokabular? Natürlich hat er es nicht aus Büchern. Die Arbeiten der Begründer der französischen Ichthyologie, Guillaume Rondelet und Pierre Belon, erschienen erst nach seinem Tod in den Jahren 1553 und 1554. Seine Quelle konnte also nur die mündliche Rede sein. Die Bezeichnungen für die Ozeanfische lernte er in der Bretagne und in der Normandie, irgendwo in den Häfen von Saint Malo, Dieppe und Le Havre. Er wandte sich direkt an die bretonischen und normannischen Fischer, und von ihnen erfuhr er die ortsüblichen Bezeichnungen für die einzelnen Fische. Die Namen der Mittelmeerfische sagten ihm die Fischer von Marseille. Die Fischnamen waren absolut frisch, so frisch wie der Fisch im Korb, den Rabelais wahrscheinlich zugleich inspizierte. Sie hatten noch nie neben den Namen *fremder* Fische gestanden, sondern nur neben denen der verwandten, z. B. ebenfalls bretonischen Fische, neben kräftigen bretonischen Schimpfwörtern und Flüchen, neben dem bretonischen Wind und dem Brausen des Meeres. Es waren, streng genommen, noch keine Appellativa, sondern *Rufnamen,* fast *Eigennamen* der jeweils in einer Gegend bekannten Fische. Den zusätzlichen *Grad an Allgemeinheit* erhalten sie erst im schriftlichen Kontext, eigentlich erst aus der Feder Rondelets oder Belons, denn auch in den *Aufzählungen und Nominationen* Rabelais' sind sie *fast noch Eigennamen.*

Es geht nicht so sehr darum, daß Rabelais die aufgezählten Namen aus mündlicher Quelle erfuhr, sondern darum, daß sie *nie zuvor im schriftlichen Kontext aufgetreten waren. Das prägte ihren Charakter in der sprachlichen Wahrnehmung Rabelais' und seiner Zeitgenossen.* Es waren noch keine Gattungsnamen, sondern eher, wie schon gesagt, Rufnamen, *das abstrakt-systematische Moment war in ihnen noch sehr schwach entwickelt.*

Mehr oder weniger vergleichbar ist Rabelais' Wortschatz aus anderen Wissensbereichen. Das gilt auch für die Medizin. Zwar nutzt er hier viele Neologismen, Gräzismen und Latinismen, doch schöpft er vieles aus der Vulgärsprache. Oft stellt er das volkssprachliche Äquivalent neben den gelehrten Neologismus (z. B. »epiglotte« und »gargamelle«). Besonders interessant sind die *Krankheitsbezeichnungen in der Vulgärsprache.* Hier ist der Charakterzug des *Eigennamens* und zugleich der des *beschimpfenden Spitznamens* sehr ausgeprägt. Viele Krankheitsbezeichnungen sind direkt mit den Namen bestimmter Heiliger verbunden, die aus irgendeinem Grunde als Beschützer vor der jeweiligen Krankheit oder auch als ihre Verursacher galten (z. B. »le mal Saint Antoine« und »le mal Saint Vit«). Doch wurden überhaupt alle Krankheiten leicht *personifiziert,* man nannte sie beim *Namen* wie *lebendige Wesen.* In der Literatur der Zeit finden wir die Darstellung von Krankheiten als Personen – das gilt besonders für die Syphilis (La Dame Verolle) und die Gicht (La Goutte). Krankheitsbezeichnungen spielen eine besondere Rolle in *Flüchen* und *Schimpfwörtern* und werden oft zu *beleidigenden Spitznamen;* wenn man einem Menschen die Cholera, die Pest oder irgendeine andere Seuche auf den Hals schicken will, so nennt man ihn selbst Cholera, Pest oder Seuche. Die vulgärsprachlichen Ausdrücke für die Geschlechtsorgane schlagen sehr leicht in diese Richtung um. Mithin haben wir in Rabelais' medizinischem Wortschatz viele Bezeichnungen, die von der verallgemeinernden Schriftsprache noch zu wenig abgeschliffen sind, um neutrale Wörter der Literatursprache und der wissenschaftlichen Terminologie zu sein.

Daher stehen die frischen Wörter der mündlichen Vulgärsprache, die hier zum ersten Mal in die Sprache schriftlicher Rede einrücken, in vieler Hinsicht den Eigennamen nahe. Sie sind auf besondere Weise individualisiert, das *beschimpfende und lobende Element* ist in ihnen sehr stark und nähert sich den *Spitz- und Spottnamen.* Sie sind noch zu wenig verallgemeinert, um zu einfachen Gattungsbezeichnungen der Schriftsprache zu werden. All diese ihre Eigenschaften waren zudem *ansteckend,* bei einer entsprechenden Anlage des Gesamttextes greift ihr Ton auf die anderen Wörter über und prägt den Charakter der ganzen Rede.

Hiermit treffen wir eine ganz wesentliche Eigenart der Lexik Rabelais': zwischen Gattungs- und Eigennamen gibt es bei ihm in verschiedener Hinsicht nicht jene feste Grenze, an die wir uns in der Hochsprache gewöhnt haben. Formale Unterschiede bleiben bestehen, doch innerlich ist die Grenze zwischen Gattungs- und Eigennamen nahezu aufgehoben, beide treffen sich in einem gemeinsamen Punkt, im *lobenden und beschimpfenden Spitznamen.*

Wir wollen die Namensproblematik hier nicht ausführlich behandeln, wir referieren nur einige Überlegungen dazu.

Die meisten Eigennamen haben bei Rabelais den Charakter eines Spitznamens. Das betrifft nicht nur die von ihm selbst erdachten, sondern genauso die der Tradition entnommenen, so auch die vier Namen seiner Hauptthelden: Gargantua, Grandgousier, Gargamella und Pantagruel. Zwei dieser Namen haben eine ganz klare Etymologie, Grandgousier (großer Schlund) und Gargamella (Schlund), und diese war sowohl in der volkstümlichen Tradition als auch Rabelais (und seinen Lesern) bewußt.

Wenn ein Name eine *bestimmte* und *entschlüsselbare* Bedeutung hat, noch dazu eine, die die Person *charakterisiert,* so ist es nicht einfach ein Name, sondern ein *Spitzname.* Solche *Spitznamen* sind nie *neutral,* weil sie immer ein *wertendes Element* enthalten, sie sind im Grunde *Blasons*. Alle *echten* Spitznamen sind *ambivalent*, sie haben *lobende und beschimpfende Nuancen*.

Etwas komplizierter ist es bei dem Namen Gargantua. Seine Etymologie ist nicht so leicht zu klären[225], und Rabelais und seine Zeitgenossen konnten sie offensichtlich nicht eindeutig rekonstruieren. In solchen Fällen greift Rabelais zu künstlichen, bewußt gezwungenen und unwahrscheinlichen Etymologien. So auch hier. Gargantua wird mit dem schrecklichen Schrei »Zu trinken! Zu trinken! Zu trinken!« (S. 37/38) geboren. »Que grand tu as...« sagt Grandgousier zu ihm und meint damit die Kehle des Kindes. Nach diesen ersten vom Vater an ihn gerichteten Worten wird der Junge »Gargantua« getauft. Diese komische Etymologie trifft sogar die tatsächliche Etymologie des Namens (Schlund).

Eine ebenso künstliche Etymologisierung (jedoch nach einem anderen Prinzip) erfährt auch der Name »Pantagruel« (der ewig Dürstende), denn dessen Entstehungsgeschichte war Rabelais und seinen Zeitgenossen ebenfalls nicht klar. Alle vier Spitznamen sind ambivalent. Die ersten drei haben die Bedeutung »Schlund«, und dies nicht im neutralen anatomischen Sinn, sondern als *lobender und beschimpfender Hinweis auf Völlerei, Verschlucken und Verschlingen und auf das Festmahl*. Es geht, wie immer, um den *aufgesperrten Mund, das Bauch-Grab, das Verschlingen und Gebären*. In diesen Bereich gehört auch die Etymologie des Namens »Pantagruel« als des ewig Dürstenden, die den ambivalenten Sinn der traditionellen Figur deutlich macht. Das Fehlen von Wurzeln in der Volkssprache schwächt natürlich die Ambivalenz dieses Namens.[226]

Die Namen, die Rabelais von der Tradition übernahm, sind entweder an sich lobend und beschimpfend, oder er verhilft ihnen durch eine künstliche Etymologie dazu.

Auch die von ihm selbst erfundenen Namen sind ambivalente Spitznamen. In dieser Beziehung ist die Aufzählung der 64 Köche im Vierten Buch des Romans sehr aufschlußreich, die Namen sind sämtlich *auf den gemeinsamen Beruf zugeschnitten*. Ihre Grundlage bilden vor allem Gerichte, Fisch, Salate, Gemüse, Geschirr und verschiedenes Küchengerät. Von Suppen abgeleitet sind »Bouillonsec«, »Potageanart«, »Souppimars« u. a., von Fleischgerichten »Soufflembayau«, »Cochonnet« etc.; sehr viele Namen leiten sich vom Speck (»lard«) her. Dieser Teil der Aufzählung ist *eine akustische Küche, ein akustisches Festmahl auf der Basis von Kochnamen.* Der andere Teil der Aufzählung besteht aus *beschimpfenden* Spitznamen, die auf *körperliche Mängel, Häßlichkeit oder Unsauberkeit* hinweisen. Er entspricht seinem Wesen nach einer Fluchtirade, etwa der, mit der die Bäcker die Hirten überschütten. Die Namen der Ratgeber und Krieger des Pikrocholos haben den Charakter von Schimpf- und Spitznamen, z. B. Merdaille (»Hauptmann Dünnpfiff«), Racquedenare (»Geizhals«), Trepelu (»unansehnlicher Mensch«), Tripet (»eine Maß Wein«).

Die Ableitung der *Eigennamen von Flüchen* ist bei Rabelais und überhaupt *in der Volkskomik sehr verbreitet.*

Anderen Charakter haben die Lobestitel griechischen Ursprungs. Sie unterscheiden die Krieger Grandgousiers von denen des Pikrocholos: Sebaste (»der Angesehene«), Tolemre (»der Kühne«), Ithibot (»der Aufrechte«). Zu diesem Typus von Namen gehören auch Ponokrates, Epistemon, Eustenes und sogar Panurge (Πανούργος – der, der alles kann).

Diese griechischen Namen entsprechen formal den Spitznamen, doch sie sind rhetorisch und ohne echte Ambivalenz. Sie ähneln den bereits analysierten rhetorisierten getrennten Reihen von Lob und Beschimpfung an den »offiziellen« Stellen des Romans.

Echte Ambivalenz besitzen nur jene Lob- und Beschimpfungstiraden, die in der Vulgärsprache und ihrer volkstümlichen Bildlichkeit wurzeln.

Lassen wir es bei den angeführten Beispielen bewenden. Alle Eigennamen bei Rabelais sind auf diese oder jene Art als *lobend-beschimpfende Spitznamen interpretierbar.* Die einzigen Ausnahmen sind die Namen realer historischer Persönlichkeiten und Freunde des Autors (z. B. Tiraqueau) oder solche, die den tatsächlichen Namen im Lautbild möglichst nahe kommen sollten (z. B. Rondibilis statt Rondelet).

Doch nicht nur Personennamen tendieren zur ambivalenten Mischung von Lob und Beschimpfung. Wie wir gesehen haben, erhalten auch geographische Bezeichnungen leiblich-topographische Interpretation, etwa der »Trou de Gibraltar«, die »Bondes d'Hercule« u. a. In einigen Fällen nimmt Rabelais Zuflucht zu künstlicher, komischer Etymologisierung, z. B. bei der Er-

klärung der Herkunft der Namen »Paris« und »Beauce«. Hier ist natürlich noch anderes im Spiel, doch die grobe Linie der Deutung und Verdrehung der Namen zu lobenden und beschimpfenden Spitznamen ist dieselbe.
An einigen Stellen im Roman wird das Thema der Eigennamen und Bezeichnungen direkt angesprochen. Im Dritten Buch geht es um die Herkunft von Pflanzenbezeichnungen, und im Vierten Buch wird ein karnevaleskes Spiel um die Namen auf der Insel Ennasin getrieben, im selben Buch haben wir eine lange Diskussion über Namen im Zusammenhang mit den beiden Kapitänen Riflandouille und Tailleboudin.
Rabelais' Eigennamen nähern sich also lobend-beschimpfenden Spitznamen. Doch wie wir gesehen haben, gilt das gleiche für die Appellativa. Das Moment der *Allgemeinheit* ist im Rabelaisschen Kontext sehr *abgeschwächt.* Die Tier-, Pflanzen- und Körperteilbezeichnungen, die Namen für Speisen, Getränke, Küchengeräte und Haushaltsutensilien, für Waffen und für Kleidungsstücke klingen bei Rabelais wie *Rollennamen in einem eigenen Satyrspiel der Dinge und des Körpers.* Bei der Analyse der Arschwischepisode haben wir die Rolle von Gegenständen als handelnde Personen in einem komischen Drama beobachtet (das Körperdrama verband sich mit dem Drama der Gegenstände). Auch hier ist zu sagen, daß viele der Namen für Gräser, Pflanzen und z. T. auch Gegenstände, die als Arschwisch auftreten, im literarisch-schriftlichen Kontext noch frisch sind. Ihre unerwartete Rolle und Kombination in der Arschwischreihe fördert ihre Individualisierung noch weiter. Sie sind selbst aus den schwachen systematisierenden und verallgemeinernden Bindungen gelöst, in denen sie bis dahin in der mündlichen Rede standen. Außerdem tritt in der dynamischen beschimpfenden Arschwischreihe ihre Materialität und individuelle Form besonders deutlich hervor.
Die Individualisierung von Bezeichnungen wird durch die Häufung von Eigennamen (geographischen und Personennamen) im Roman unterstützt. Wir sagten schon, daß Rabelais zu Vergleichen und Gegenüberstellungen historisch einmalige Gegenstände heranzieht (z. B. vergleicht er Piroggen mit den Bastionen der Stadt Turin), jedem Ding gibt er historische und topographische Bestimmtheit.

Zuletzt wollen wir noch die Rolle der Rabelaisschen Namen für die *parodistische Zerstörung veralteter und ideologischer Sinnbeziehungen zwischen Dingen und Phänomenen* ansprechen. Manchmal geht er dabei bis zur Zerstörung elementarer logischer Verbindungen (in den Alogismen des »coq-à-l'âne«). Sobald die Dinge und ihre Namen *von den Fesseln der absterbenden Weltanschauung befreit sind,* gewinnen sie eine besondere freie *Individualität* und ihre Namen bewegen sich in die Richtung des *heiteren Spitznamens.* Die frischen Wörter der mündlichen Volkssprache, die der schriftliche Kontext mit seiner strengen lexikalischen Differenzierung, den *Verfeinerungen und Begrenzungen in Bedeutung und Ton* noch nicht in seine sprachlichen Hierarchien gezwungen hat, besitzen eine besondere, karnevaleske Freiheit und Individualität und nehmen daher im karnevalesken Drama der Dinge und des Körpers leicht irgendwelche Rollen ein.

So besteht eine der wesentlichsten Eigenheiten von Rabelais' Stil darin, daß Eigennamen einerseits und Gattungsbezeichnungen andererseits ihrer gemeinsamen Grenze, dem lobend-beschimpfenden Spitznamen, zustreben. Durch diesen Mechanismus beziehen alle Dinge in Rabelais' Welt ihre eigentümliche Individualität: das principium individuationis ist Lob und Beschimpfung. *Im individualisierenden Strom von Lob und Beschimpfung sind die Grenzen zwischen Personen und Dingen geschwächt: alle sind Teilnehmer am Karnevalsdrama vom Tod des Alten und der Geburt des Neuen.*

Ein anderes Charakteristikum des Rabelaisschen Stils ist der karnevaleske Gebrauch der Zahlen.

Die Literaturen des Altertums und des Mittelalters kennen die symbolische, metaphysische, mystische Verwendung von Zahlen. Es gab heilige Zahlen: 3, 7, 9 u. a.; in der *Hippokratischen Schriften-Sammlung* gibt es einen Traktat *Über die Zahl sieben,* diese wird dort als Krisenzahl für die ganze Welt und besonders für den menschlichen Organismus aufgefaßt. Doch ist schon die Zahl an sich, d. h. jede Zahl, heilig. Die Antike ging von der pythagoreischen Vorstellung der Zahl als dem Ursprung alles Existierenden und jeder Ordnung, einschließlich der göttlichen, aus. Die mittelalterliche Zahlensymbolik und -mystik ist bekannt. Heilige Zahlen lagen der Komposition von Kunstwerken,

auch literarischen, zugrunde. Denken wir an Dante, für den heilige Zahlen nicht nur den Aufbau des gesamten Weltalls bestimmen, sondern auch die Komposition seines Poems.
Etwas vereinfacht könnte man das Prinzip der Zahlenästhetik der Antike und des Mittelalters wie folgt darstellen: Die Zahl muß bestimmt, abgerundet und symmetrisch sein, nur eine solche Zahl kann Grundlage für Harmonie und ein vollendetes, statisches Ganzes sein.
Rabelais reißt der Zahl ihr heiliges und symbolisches Gewand herunter, er entthront sie, *er profanisiert sie.* Doch es ist keine nihilistische, sondern eine heitere, karnevaleske Profanation, die Zahl wird erfrischt und erneuert.
In Rabelais' Roman gibt es viele Zahlen, kaum ein Kapitel kommt ohne sie aus, und immer haben sie karnevalesken und grotesken Charakter. Dies wird mit verschiedenen Mitteln erreicht. Einige Male werden heilige Zahlen direkt parodistisch degradiert, z. B. ist in Anlehnung an die Zahl der neun Musen die Rede von neun Bratspießen (für das Wild). Weiterhin kommen drei Triumphsäulen mit karnevalesken Accessoires vor (in der Episode über die Verbrennung der 660 Ritter – eine Zahl, die schon an sich parodistisch und apokalyptisch ist). Doch von diesen Zahlen gibt es relativ wenige. Die meisten rufen den Lacheffekt über ihre groteske Hyperbolik hervor (die Menge des getrunkenen Weins, gegessener Speisen etc.). Allgemein sind Rabelais' Zahlenangaben maßlos übertrieben und aufgebläht, sie überschreiten – bewußt – jede Plausibilitätsgrenze. Daneben ruft der Anspruch auf (ebenfalls übertriebene) Genauigkeit in Situationen, in denen eine einigermaßen genaue Zählung überhaupt nicht möglich ist, den komischen Effekt hervor. Z. B. wird behauptet, Gargantua habe in seinem Urin »zweihundertsechzigtausendvierhundertachtzehn« (S. 85) Personen ertränkt. Doch das Wichtigste ist die groteske *Struktur* der Rabelaisschen Zahl. Wir wollen dies an einem Beispiel erläutern.
Wir zitieren eine kurze Passage aus der Erzählung Panurges von seinen türkischen Abenteuern:

> »da kamen mehr als sechs, was sag ich? mehr als dreizehnhundertundelf Köter, große und kleine, in einem Haufen aus der Stadt gestoben, die alle vor der Feuersbrunst davonliefen.« (S. 396/397)

Das ist eine groteske Übertreibung, noch dazu mit einem plötzlichen Sprung (von 600 gleich auf 1300), wir haben ein degradierendes Objekt der Zählung (Hunde), absurde Übertreibung der Genauigkeit der Angabe bei gleichzeitiger Unmöglichkeit, eine Zählung überhaupt durchzuführen, und dann zwei Wörtchen, die die ganze Genauigkeit entlarven: »mehr als«. Noch wichtiger aber ist die Struktur der Zahl selbst. Wenn wir nur 1 addieren würden, 1312, so würde sie sich schon beruhigen, abrunden, der komische Effekt wäre stark gemindert. Wenn wir sie aber zu 1512 machten, wäre sie statisch vollendet, hätte sie ihre ganze Asymmetrie und Offenheit verloren und wäre keine Rabelaissche, groteske Zahl mehr.

So ist die Struktur aller großen Zahlen bei Rabelais. Sie weichen betont von der gleichgerichteten, soliden Zahl ab. Nehmen wir die schon genannte Zahl der im Urin Ertrunkenen: 260418, und ändern wir ihre ästhetische Struktur. Bei 250520 etwa wäre der Effekt ein völlig anderer. Und noch ein Beispiel, die Zahl der im Klosterweinberg Getöteten, 13622. Ändert man ihre Struktur ein wenig, zu 12520 z. B., und schon hat man ihre groteske Seele getötet. Davon kann die Analyse einer beliebigen großen Zahl bei Rabelais leicht überzeugen. Rabelais hält sein Strukturprinzip streng durch. All seine Zahlen sind ruhelos wie der Teufel in den mittelalterlichen Diablerien. In der Struktur der Zahl ist, wie in einem Wassertropfen, die Struktur der gesamten Rabelaisschen Welt abgebildet. Auf dieser Zahl kann kein harmonisches und fertiges Weltall aufbauen. Rabelais' Zahlenästhetik ist eine völlig andere als die der Antike und des Mittelalters.

Es hat vielleicht den Anschein, als sei nichts dem Lachen ferner als eine Zahl. Rabelais aber kann sie komisch werden lassen und hat sie gleichberechtigt mit allen anderen Dingen in die karnevaleske Welt seines Romans eingeführt.

Abschließend möchten wir noch ein besonders wichtiges und interessantes Thema aufgreifen: die besondere Beziehung der Rabelais-Zeit zur Sprache und zur sprachlich vermittelten Weltanschauung.

Die Renaissance ist die einzige Epoche in der Geschichte der europäischen Literaturen und Sprachen, in der wir das Ende einer Zweisprachigkeit und einen *Sprachenwechsel* beobachten können. Vieles, was in dieser Phase des literarischen und sprachlichen Lebens möglich war, kam in den folgenden Epochen nie wieder.

Von der künstlerischen Prosa und besonders vom Roman der Neuzeit kann man sagen, daß sie *auf der Grenze zweier Sprachen* entstanden. Das sprachliche und literarische Leben war auf dieser Grenze konzentriert. Es gab eine starke gegenseitige Orientierung der beiden Sprachen aneinander, sie wirkten zusammen und beleuchteten sich gegenseitig, jede erkannte sich selbst, ihre Möglichkeiten und Grenzen, *auf dem Hintergrund der jeweils anderen.* Die Sprachgrenze war in bezug auf jeden Gegenstand, jeden Begriff, jeden Gesichtspunkt spürbar. Denn *zwei Sprachen bedeuten zwei Weltanschauungen.*

Wir sagten schon im ersten Kapitel dieser Arbeit, daß die Trennungslinie zwischen den beiden Kulturen, der Volkskultur und der offiziellen, zu einem gewissen Teil exakt entlang der Sprachgrenze zwischen Vulgärsprache und Latein verlief. Die Vulgärsprache, die alle Sphären der Ideologie zu erfassen begann und die lateinische Sprache von dort verdrängte, brachte neue Gesichtspunke mit, neue Denkformen (z. B. die Ambivalenz) und neue Werte, denn diese Sprache war die Sprache der Arbeit und des Alltags, die Sprache der – meist komischen – »niederen« Gattungen (Fabliau, Farce, »cri de Paris« u. a.) und schließlich die Sprache der zwanglosen Rede auf dem Marktplatz (natürlich war die Volkssprache nicht völlig homogen, auch in ihr gab es Sphären der offiziellen Rede). Im übrigen war das Lateinische die offizielle Sprache des Mittelalters. Die Volkskultur fand sich in ihr nur undeutlich und etwas entstellt wieder, am ehesten noch im lateinischsprachigen Zweig des grotesken Realismus.

Doch ging es nicht nur um die beiden Sprachen, die National- und Volkssprache und das mittelalterliche Latein. Mit dieser Hauptgrenze schnitten sich noch andere Sprachgrenzen; die gegenseitige Orientierung der Sprachen aneinander war komplex und vielseitig.

Auf die Frage, wie der Übergang vom Lateinischen zur Volkssprache gerade von der Renaissance mit ihren klassischen Tendenzen hat bewerkstelligt werden können, sagte der Romanist und Sprachhistoriker Ferdinand Brunot sehr zutreffend, daß *gerade der Wunsch der Renaissance, die lateinische Sprache in ihrer antiken, klassischen Reinheit zu erneuern, diese unweigerlich zu einer toten Sprache gemacht habe.* Die antike, klassische Reinheit der Sprache zu bewahren und diese zugleich im täglichen Umgang und in der Dingwelt des 16. Jahrhunderts zu verwenden, alle Begriffe und Dinge der *Gegenwart* in ihr auszudrücken, erwies sich als unmöglich. Die *Wiederherstellung der klassischen Reinheit* der Sprache führte zur Stilisierung und schränkte ihren *Gebrauch* zwangsläufig ein. Auch hier, in bezug auf die Sprache, zeigt sich die Ambivalenz jeder »Erneuerung« – die Kehrseite der Wiederbelebung ist der *Tod.* Die Gegenwart, die Neuzeit in ihrer Neuheit entwand sich der Umklammerung des ciceronischen Latein und seinem Anspruch, lebendige Sprache zu sein.

Die Wechselbeziehung zwischen der Volkssprache und dem mittelalterlichen Latein komplizierte sich durch die Orientierung des letzteren am ursprünglichen, klassischen Latein. *Die eine Grenzlinie überschnitt sich mit der anderen.* Das ciceronische Latein zeigte das wahre Gesicht des mittelalterlichen Latein, und dieses Gesicht sah man im Grunde zum ersten Mal. Bis dahin hatte man seine Sprache (das mittelalterliche Latein) beherrscht und ihre Häßlichkeit und Armut nicht bemerkt.

Das ciceronische Latein konnte dem mittelalterlichen den »Spiegel der Komödie« vorhalten, und es erschien darin das Latein der *Dunkelmännerbriefe.*

Die wechselseitige Beleuchtung des klassischen und des mittelalterlichen Latein erfolgte auf dem Hintergrund einer Gegenwart, die sich ebensowenig in das eine wie in das andere Sprachsystem einfügte. Die Gegenwart warf ihr Licht auf das klassische Latein, und es erwies sich als schön, aber tot.[227]

Die neue Welt und die neuen gesellschaftlichen Kräfte, die sie repräsentierten, fanden in den nationalen Volkssprachen ihren adäquatesten Ausdruck. Das ist der Grund, warum der Vergleich des klassischen mit dem mittelalterlichen Latein vor der Instanz der Volkssprachen stattfand. In einem einzigen, unteilbaren Prozeß wirkten drei Sprachen aufeinander und grenzten sich voneinander ab.

Rabelais hätte das Verhältnis der drei Sprachen wohl mit einer

»farce jouée à trois personnages« (Drei-Personen-Farce) und Texte wie die *Dunkelmännerbriefe* oder die Poesie der Makkaroniker mit der gegenseitigen Beschimpfung dreier Sprachen auf dem Marktplatz verglichen. Den heiteren Tod der Sprache, das Husten, die Versprecher, die Atemnot des Alters, porträtiert er in der Rede des Janotus de Bragmardo.

Der Prozeß der gegenseitigen Erhellung der Sprachen ermöglicht der *Gegenwart,* dem Neuen, *eine extrem scharfe Selbstwahrnehmung; Epochengrenzen, Grenzen der Weltanschauung und des Alltagslebens werden deutlich spürbar.* Das Gefühl für die Zeit und ihren Verlauf kann innerhalb eines sich nur langsam und stufenweise erneuernden Sprachsystems niemals so scharf und deutlich sein. Im nivellierenden System des mittelalterlichen Latein waren die *Spuren der Zeit* fast völlig verwischt, das Bewußtsein lebte in einer eigenen, quasi unveränderlichen Welt. In diesem System war es besonders schwierig, sich in der Zeit umzuschauen (wie übrigens auch im Raum, d. h. die Besonderheiten der eigenen Nation oder Provinz wahrzunehmen). Doch *auf der Grenze dreier Sprachen* mußte sich ein extremes Zeitbewußtsein entwickeln. *Das Bewußtsein sah sich auf der Grenze unterschiedlicher Epochen und Weltanschauungen,* es konnte zum ersten Mal den Lauf der Zeit *im großen Maßstab* messen und *sein Heute, dessen Abstand zum Gestern, seine Grenzen und Perspektiven* deutlich wahrnehmen. Die Orientierung aneinander, die gegenseitige Erhellung dreier Sprachen zeigte plötzlich, *wieviel Altes gestorben war und wieviel Neues geboren.* Die Gegenwart sah ihr Gesicht im »Spiegel der Komödie« und erkannte sich.

Doch es ging nicht nur um die gegenseitige Erhellung dreier Sprachen. Ein Abgrenzungsprozeß vollzog sich auch im Innern der nationalen Volkssprachen. Es gab noch *keine einheitliche* Nationalsprache, sie war erst im Entstehen begriffen. Im Prozeß des Überwechselns der Ideologie in das System der Nationalsprachen und in der Entstehung einer einheitlichen Literatursprache begann die *wechselseitige Orientierung der Dialekte aneinander.* Sie waren innerhalb der Nationalsprachen von einem gemeinsamen Nenner noch weit entfernt, doch ihre naive und friedliche Koexistenz war beendet. Sie begannen sich untereinander zu vergleichen, ihre Eigenart wurde offenbar. Es entwickelte sich ein wissenschaftliches Interesse an den Dialekten und ihrer Erforschung und auch ein künstlerisches Interesse am Gebrauch von Dialektismen (in Rabelais' Roman spielen sie eine große Rolle).[228]

Das besondere Verhältnis des 16. Jahrhunderts zu den dialektalen Besonderheiten zeigt ein Buch wie das von Odde de Triors, *Joyeuses Recherches de la langue Toulousaine (Heitere Erforschung des Toulouser Dialekts).* Diese »heiteren Untersuchungen« erschienen 1578 und zeigen kräftige Spuren Rabelais'.[229] Doch das Verhältnis des Autors zu Sprache und Dialekt ist typisch für die ganze Epoche. Er führt die Eigenarten des Toulouser Dialekts auf dem Hintergrund der Sprache der Provence vor und interessiert sich vor allem für jene Zweideutigkeiten und heiteren Mißverständnisse, die aus der Unkenntnis dieser Eigenheiten entstehen. Er nutzt die dialektalen Besonderheiten und Nuancen für ein Sprachspiel im Geist Rabelais'. Die gegenseitige Erhellung der Sprachen wird hier als *heitere Farce* entwickelt.

Die Idee einer »heiteren Grammatik« ist nicht neu, die Tradition heiterer grammatikalischer Facetien zieht sich, beginnend vom 7. Jahrhundert *(Vergilius Grammaticus),* durch das ganze Mittelalter. Doch diese Tradition hat eine formalistische Tendenz, sie ist an die lateinische Sprache gebunden und hat somit nicht den äußeren Zugang zu einer Sprache *als Ganzer,* zur eigenartigen Physiognomie einer bestimmten Sprache und zu ihrer *Komik.* Eben dieser Zugang aber ist für die linguistische und grammatische Facetie und Travestie des 16. Jahrhunderts charakteristisch. Die Dialekte werden zu runden fertigen Rede- und Denktypen, sozusagen zu *sprachlichen Masken.* Die Rolle der italienischen Dialekte in der Commedia dell'arte ist allgemein bekannt, hinter jeder Maske stand ein bestimmter Dialekt; allerdings sind die Darbietungen der Sprach- und Dialektmotive und ihre Komik hier recht primitiv.

Rabelais hat in der Episode mit dem Limousiner Studenten im *Pantagruel* ein wunderbares Muster für die Sprache der Latinisatoren gegeben. Dabei geht es wirklich um ein *Bild der Sprache, sie ist als Ganze* in ihren wesentlichen Momenten gezeigt. Die Darstellung ist *beschimpfend und entlarvend,* nicht ohne Grund ist die Rede des Studenten voller Obszönitäten. Pantagruel, den dieses Latein reizt, greift sich den Studenten bei der Kehle, und der erschreckte Unglücksrabe wechselt in den reinsten heimatlichen Limousiner Dialekt.[230]

Wenn das Wechselverhältnis der großen Sprachen das Gefühl für die Zeit konkretisierte, so schärfte die gegenseitige Erhellung der Dialekte innerhalb einer Nationalsprache das Gefühl für den *historischen Raum* und für lokale Eigenständigkeit. Es entstand jene neue, differenzierte Sicht des eigenen Landes und der ganzen Welt, die für die Epoche charakteristisch ist und auch in Rabelais' Roman deutlichen Ausdruck findet.

Doch auch mit der wechselseitigen Orientierung der Dialekte aneinander ist noch nicht alles gesagt. Die Nationalsprachen, die zu Sprachen von Literatur und Ideologie wurden, mußten unweigerlich in engen Kontakt zu anderen Nationalsprachen treten, die den selben Prozeß bereits vollzogen hatten und die Welt der neuen Dinge und Begriffe schon beherrschten. Für das Französische war diese Sprache das Italienische. Mit der italienischen Technik und Kultur drangen auch viele Italianismen ins Französische ein. Sie überfluteten es geradezu und riefen schnell feindliche Reaktionen hervor. Es begann der Kampf zwischen Puristen und Italianisierer, und es entstanden Parodien auf die durch Italianismen verunstaltete Sprache. Eine solche Parodie schrieb auch Henri Estienne.

Die Italianisierung der französischen Sprache und der Kampf dagegen sind neuartige, wichtige Etappen in der Geschichte der wechselseitigen Erhellung der Sprachen. Hier haben wir es mit zwei Nationalsprachen zu tun, deren gegenseitige Orientierung aneinander neue Momente einführt, das Gefühl für die jeweilige Sprache als einem in seiner Begrenztheit und seinen Perspektiven *charakteristischen* Ganzen und das Gefühl für die Zeit und den konkreten historischen Raum.

In diesem Zusammenhang ist die große Bedeutung der *Übersetzung* hervorzuheben. Sie spielte im sprachlichen und literarischen Leben des 16. Jahrhunderts eine historisch einmalige Rolle. Die Homerübersetzung von Salel war ein Ereignis, ein noch größeres war die Plutarchübersetzung von Amyot (1559). Auch die Übersetzungen aus dem Italienischen waren wichtig. Man konnte nicht in eine fertige Sprache übersetzen, die Sprache wurde überhaupt erst im Prozeß der Übersetzung geschaffen und erarbeitete sich hierin die Welt der Ideologie, der neuen Dinge und Begriffe, die bis dahin nur in der Form der fremden Sprache faßbar war.[231]

Das literarische und sprachliche Bewußtsein der Epoche bildete sich in der komplexen Überschneidung von Sprach-, Mundart- und Jargongrenzen heraus. Die naive und unreflektierte Koexistenz von Sprachen und Dialekten war beendet, und das sprachliche und literarische Bewußtsein fand sich nicht im stabilen System einer formierten, unangreifbaren Sprache, sondern auf der Überschneidungslinie vieler Sprachen, genau auf der Linie ihrer *wechselseitigen Orientierung* und ihres *Ringens* miteinander. Diese Sprachen waren Weltanschauungen, und keineswegs abstrakte, sondern konkrete, soziale, von einem Wertsystem geprägt, nicht zu trennen von Lebenspraxis und Klassenkampf. Daher fand sich *jeder Gegenstand, jeder Begriff, jeder Standpunkt und jede Intonation am Überschneidungspunkt mehrerer Sprachen und Weltanschauungen,* fand sich hineingezogen in einen erbitterten ideologischen Kampf. Unter diesen Bedingungen war *sprachlicher Dogmatismus* ebenso unmöglich wie sprachliche *Naivität.* Man nennt die Sprache des 16. Jahrhunderts und besonders die Sprache Rabelais' auch heute noch manchmal naiv. In Wirklichkeit kennt die Geschichte der europäischen Literaturen keine Sprache, die weniger naiv wäre. Ihre außerordentliche Ungezwungenheit und Freiheit sind von Naivität weit entfernt. Das sprachlich-literarische Bewußtsein der Epoche konnte die eigene Sprache nicht nur von innen fühlen, *sondern es konnte sie auch von außen, auf dem Hintergrund anderer Sprachen sehen,* es konnte ihre *Grenzen* fühlen und im Vergleich ihre Individualität wahrnehmen.

Eine solche aktive Mehrsprachigkeit macht das Bewußtsein im Verhältnis zur Sprache sehr frei. Sogar die jeweilige grammatische Struktur erscheint sehr plastisch. Auf der künstlerisch-ideologischen Ebene ist vor allem die *extreme Freiheit der Motive und ihrer Kombinationen, ihre Unabhängigkeit von den sprachlichen Normen und von aller konventionellen sprachlichen Hierarchie wichtig.* Die Trennung zwischen Hohem und Niederem, Verbotenem und Erlaubtem, Heiligem und Profanem in der Sprache ist aufgehoben.

Der Einfluß des verborgenen, in Jahrhunderten stabilisierten

Dogmatismus der Sprache auf das Denken und besonders auf die künstlerische Arbeit ist kaum überzubewerten. Wenn das *schöpferische Bewußtsein nur in einer einzigen Sprache* oder in mehreren, aber streng getrennten Sprachen lebt, dann ist dieser im sprachlichen Denken selbst gelegene Dogmatismus nicht zu überwinden. Sich außerhalb seiner eigenen Sprache stellen kann man nur, wenn eine große historische Sprachablösung im Gang ist, wenn verschiedene Sprachen aneinander und an der Welt gemessen werden, wenn man an ihnen *epochale, kulturelle und soziale Grenzen deutlich wahrnimmt.* Das war in der Renaissance der Fall, und nur damals war die *künstlerisch-ideologische Radikalität der Rabelaisschen Motive* möglich.

In seinem wichtigen Buch *Pulcinella* spricht A. Dieterich von der Eigenart der antiken komischen Kunst Unteritaliens (Mimen, Farcen, komischen Spielen, Narrheiten, Rätseln, komischen Improvisationen etc.) und stellt eine interessante These auf: all diese Formen seien typisch für die *Mischkultur.* In Unteritalien treffen und mischen sich griechische, oskische und lateinische Sprache und Kultur; in der Brust jedes Süditalieners leben sozusagen drei Seelen. Der erste römische Dichter Ennius war Süditaliener. Auch die Atellanen liegen mit ihrer komischen Kultur auf der Überschneidungslinie der griechischen und der oskischen und später auch der römischen Kultur.[232] Schließlich ist die Figur des Pulcinella an jenem Ort entstanden, *wo Völker und Sprachen sich ständig mischten.*[233]

Die *zwanglose komische Sprache* Siziliens und Unteritaliens, die Stimmung der Atellanen und schließlich das Narrenwort Pulcinellas entstanden auf der Grenze verschiedener Sprachen und Kulturen, die in unmittelbarem Kontakt waren und sich in gewissem Grade auch verbanden. Das Faktum der Entstehung und Entwicklung der komischen Formen *an der Grenze verschiedener Sprachen* hatte für ihre *komische Universalität und Radikalität* außerordentliche Bedeutung. Mit einer *intellektuellen* Anstrengung allein läßt sich jener tiefsitzende Dogmatismus in der Literatur nicht verhindern, der durch die Begrenzung auf eine einzige, einheitliche Sprache entsteht und im System dieser Sprache verankert ist. Das völlig neue, echt prosaische, nüchterne, *furchtlose* (und daher *heitere*) Leben des Motivs fängt erst im sprachlichen Grenzbereich an. Im geschlossenen und für andere

Sprachen tauben System einer einzigen Sprache ist das Motiv zu sehr gefesselt für jene »göttliche Frechheit und Ungeniertheit«, die Dieterich den unteritalienischen Mimen und Farcen, den Atellanen (soweit wir darüber urteilen können) und der Volkskomik Pulcinellas zuschreibt.[234] Eine zweite Sprache ist eine zweite Weltanschauung oder eine andere Kultur, und dies in einer konkreten und *nie völlig übersetzbaren* Form. Nur auf einer Sprachgrenze ist die extreme Zwanglosigkeit und heitere Schonungslosigkeit der Rabelaisschen Motive möglich.

In Rabelais' Werk ist *dank der Überwindung des sprachlichen Dogmatismus die Zwanglosigkeit* der volkstümlichen Lachkultur auf die höchste Stufe ideologischer Bewußtheit gehoben. Die Überwindung des Dogmatismus war nur im Prozeß der wechselseitigen Orientierung und Erhellung verschiedener Sprachen möglich, wie er zu Rabelais' Zeit ablief. Das sprachliche Leben der Epoche war ein Drama von *Tod und Geburt, Altern und Erneuerung* einzelner sprachlicher Formen und Bedeutungen und ganzer *sprachlicher Weltanschauungen.*

Wir haben die – aus unserer Sicht – wichtigsten Aspekte des Rabelaisschen Werks analysiert und zu zeigen versucht, daß es die volkstümliche Lachkultur ist, die seine Unverwechselbarkeit ausmacht.

Der größte Mangel der zeitgenössischen westlichen Rabelaisforschung besteht darin, daß sie die Volkskultur nicht kennt und das Werk Rabelais' in den Rahmen der offiziellen Kultur zu pressen versucht, ihn im einheitlichen Strom der »großen«, d. h. der offiziellen französischen Literatur sehen will. So erfaßt sie gerade das Wesentliche an Rabelais' Werk nicht. Wir haben versucht, Rabelais in jener Kultur zu situieren, die immer die Alternative zur offiziellen Kultur der herrschenden Klassen war, die ihren eigenen Standpunkt zur Welt und besondere künstlerische Formen zu dessen Darstellung entwickelt hat.

Literaturwissenschaft und Ästhetik gehen gewöhnlich von den reduzierten Äußerungsformen des Lachens in der Literatur der letzten drei Jahrhunderte aus und versuchen dann, auch das Lachen der Renaissance in eine daraus abgeleitete enge Konzeption vom Lachen und dem Komischen zu pressen; übrigens ist diese Konzeption selbst für das Verständnis Molières unzureichend. Rabelais ist Erbe und Vollender des jahrtausendealten volkstümlichen Lachens. Sein Werk ist ein unersetzlicher Schlüssel zum Verständnis der Lachkultur auf dem Gipfel ihrer Möglichkeiten.

Unsere Untersuchung ist nur ein erster Schritt im großen Unterfangen, die volkstümliche Lachkultur zu erforschen. Von der Relevanz unserer Fragestellung sind wir überzeugt. Es erschwert ein Verständnis des kulturellen und literarischen Lebens, überhaupt der Problematik ganzer Epochen, wenn man die volkstümliche Lachkultur ignoriert, die immer das Gegenstück zur offiziellen Kultur der herrschenden Klassen war und niemals mit ihr verschmolz. In der Beschäftigung mit der Vergangenheit müssen wir uns zu oft auf mehr oder weniger offizielle Quellen und Interpreten verlassen, weil wir die Stimme des Volkes selbst nicht hören, seinen reinen und unvermischten Ausdruck nicht finden und entziffern können (und darum hat man noch heute eine sehr einseitige Vorstellung vom Mittelalter und seiner Kultur).

Alle Akte des weltgeschichtlichen Dramas vollzogen sich vor dem *lachenden Chor des Volkes.*[235] Stellen wir uns Puškins *Boris Godunov* ohne die Volksszenen vor – er wäre nicht nur unvollständig, er wäre völlig zerstört. Jede handelnde Person steht für einen begrenzten Gesichtspunkt; der Sinn einer Epoche und ihrer Ereignisse, wie ihn die Tragödie versteht, wird erst mit den Volksszenen offenbar. Das letzte Wort hat bei Puškin das Volk.

Der Vergleich des Volkes mit dem Chor ist nicht nur metaphorisch. Jede Epoche der Weltgeschichte hat in der Volkskultur ihre Spuren hinterlassen. Immer gab es den Marktplatz und das lachende Volk, das dem Usurpator im Alptraum erschien:

> Die Menschen unten schwärmten auf dem Platz
> Und deuteten nach mir, und alle lachten,
> Von Scham und Schrecken ward ich da befallen
>
> (Alexander Puschkin, *Boris Godunow*, in:
> *Poetische Werke*, Berlin 1962, S. 432)

Alle Akte des weltgeschichtlichen Dramas spielten sich vor dem lachenden Chor des Volkes ab; doch nicht in jeder Epoche hatte das Volk einen so bedeutenden Chorführer wie Rabelais. Der Dirigent des Volkschores der Renaissance präsentierte die schwierige Sprache des lachenden Volkes so klar und umfassend, daß ihr Werk, der Roman, auch als Schlüssel zur volkstümlichen Lachkultur anderer Zeiten dient.

Anmerkungen

1 Jules Michelet, *Histoire de France*, Paris 1893-99, Bd. x, S. 355. Der *»goldene Zweig«* ist der prophetische Goldzweig, den Aeneas von Sybille erhält.

2 Vgl. die interessante Analyse und die Überlegungen zu diesem Thema bei E. M. Meletinskij, *Proischoždenie geroičeskogo ėposa (Die Herkunft des Heldenepos)*, Moskau 1963 (besonders S. 55-58); das Buch gibt auch bibliographische Hinweise.

3 Analog lagen die Dinge in der römischen Antike, wo die Lachliteratur von den Freiheiten der Saturnalien, an die sie von ihrer ganzen Anlage her gebunden war, profitierte.

4 In ihrem degradierenden und »erdnahen« Charakter erinnern die Dialoge zwischen Salomon und Markolf stark an die Gespräche zwischen Don Quijote und Sancho Pansa.

5 Zu den Terrakotta-Darstellungen schwangerer Alter siehe Herman Reich, *Der Mimus. Ein litterar-entwicklungsgeschichtlicher Versuch*, Berlin 1903, S. 507-508. Er versteht diese Darstellungen im oberflächlich-naturalistischen Sinn.

6 Viel und wertvolles Material zu grotesken Motiven des Mittelalters ist in der umfangreichen Arbeit Emile Mâles greifbar: *L'Art religieux de la fin du moyen âge en France*, Paris 1908; *[...] du* XIIe *siècle en France*, Paris 1922; *[...] du XIIIe siècle en France*, Paris 1902.

7 Nicht jedoch der Antike im allgemeinen; in der dorischen Komödie, im Satyrspiel, in einigen Formen der sizilianischen Komik, bei Aristophanes, im Mimus und in der Atellane finden wir eine analoge (groteske) Körperkonzeption; wir finden sie darüber hinaus bei Hippokrates, Galen, Plinius, in den *Symposien* Athenaios', Plutarchs und Macrobius' und in einer ganzen Reihe anderer literarischer Werke der nichtklassischen Antike.

8 Interessantes Material und wertvolle Betrachtungen zur antiken und z. T. auch zur mittelalterlichen und Renaissance-Groteske enthält das Buch von Albrecht Dieterich, *Pulcinella. Pompejanische Wandbilder und römische Satyrspiele*, Leipzig 1897. Allerdings verwendet der Autor den Begriff »Groteske« nicht. Seine Arbeit jedoch ist in vielem bis heute aktuell.

9 Wir zitieren hier die hervorragende Definition des Grotesken von L. E. Pinskij: »Das Leben durchläuft in der Groteske alle Entwicklungsstufen, von den niedrigsten, trägsten und primitivsten bis zu den höchsten, beweglichsten und beseelten Formen, und in dieser Girlande erweist es seine Einheit. Indem es das Entfernte einander annähert, sich Ausschlie-

ßendes verbindet und dabei gegen herrschende Vorstellungen verstößt, ist das Groteske in der Kunst dem Paradoxon in der Logik verwandt. Auf den ersten Blick ist es nur scharfsinnig und unterhaltsam, jedoch enthält es bedeutende Möglichkeiten.« (Leonid Efimovič Pinskij, *Realizm ėpochi Vozroždenija [Der Realismus in der Renaissance]*, Moskau 1961, S. 119-120).

10 (Leipzig 1788). In etwas überarbeiteter und erweiterter Form erschien das Buch später noch einmal: Friedrich W. Ebeling, *Flögel's Geschichte des Grotesk-Komischen*, Leipzig 1861/62. In dieser Fassung erlebte es fünf weitere Auflagen. Wir werden im weiteren aus der Ebeling-Ausgabe zitieren. 1914 erschien eine weitere Bearbeitung von Max Brauer, *Geschichte des grotesk-komischen; ein beitrag zur geschichte der menschheit* [...] Nach der Ausgabe von 1788 neu bearbeitet und hrsg. von Max Brauer, München 1914.

11 *Die Nachtwachen des Bonaventura*, Berlin 1910.

12 Wir sprechen hier schon von der Maske in der volkstümlich-festlichen Kultur der Antike und des Mittelalters und lassen ihre frühere Bedeutung im Kult beiseite.

13 Genauer gesagt, sie zeigt den Moment des Übergangs von Dunkelheit zu Licht, von Nacht zu Tag und Winter zu Frühjahr.

14 Bei Jean Paul finden wir viele für die romantische Groteske ausgesprochen typische Motive, besonders in seinen »Träumen« und »Visionen« (siehe dazu: Johann Paul Friedrich Richter, *Träume und Visionen*, Auswahl und Einführung Richard Benz, München 1954). Diese bieten eine Fülle von Beispielen für die Nacht- und Gräber-Poesie.

15 Das Buch wurde 1961/62 nach Kaysers Tod in der Reihe »Rowohlts deutsche Enzyklopädie« neu aufgelegt; wir werden uns im weiteren mit unseren Seitenangaben auf diese Ausgabe beziehen.

16 *»Geburt und Grab*, / Ein ewiges Meer, / Ein wechselnd Weben, / Ein glühend *Leben.«* Hier werden Leben und Tod einander nicht *gegenüber*gestellt. *Geburt* und *Grab* werden beide mit dem gebärenden und verschlingenden Schoß der Erde in einem Atemzug genannt, beide sind notwendige Momente im lebendigen Ganzen des ewig in Ablösung und Erneuerung begriffenen Lebens. Dies ist ein bezeichnender Zug an Goethes ganzem Weltgefühl. Es sind zwei völlig verschiedene Welten, wo Tod und Geburt *gegenübergestellt* sind oder Geburt und Grab *zusammengehören*. Die letztere ist die Welt der Volkskultur und z. T. auch Goethes Welt.

17 Von den sowjetischen Arbeiten wäre hier das ausgezeichnete Buch von Ol'ga Michajlovna Frejdenberg, *Poėtika sjužeta i žanra (Poetik des Sujets und der Gattung)*, Leningrad 1936, zu erwähnen. Es versammelt sehr viel folkloristisches Material, das in direkter Beziehung zur volkstümlichen Lachkultur (besonders der Antike) steht, doch es arbeitet

hauptsächlich mit Theorien des vorlogischen Denkens, die Existenz einer volkstümlichen Lachkultur wird nicht zum Thema.

18 Das posthume Schicksal der Werke Rabelais', d.h. die Rezeptions-, Interpretations- und Wirkungsgeschichte ist, was die faktische Seite angeht, recht gut erforscht. Neben zahlreichen Publikationen zum Thema in der *Revue des études rabelaisiennes* (von 1903 bis 1913) und in der *Revue du seizième siècle* (von 1913 bis 1932) gibt es zwei Spezialuntersuchungen: Jacques Boulenger, *Rabelais à travers les âges*, Paris 1925, und Lazare Sainéan, *L'influence de la réputation de Rabelais. Interprètes, lecteurs et imitateurs, un Rabelaisien*, Paris 1930. Hier sind u.a. auch zeitgenössische Stimmen zu Rabelais' Werk zusammengestellt.

19 Estienne Pasquier, *Lettres*, Bd. II, Paris 1619. Zitiert nach L. Sainéan, op. cit., S. 100.

20 ... *et de la tenue des estats de Paris.* Kritisch revidierter Text, herausgegeben von Josef Frank, Oppeln 1884 (erste Ausgabe 1594).

21 (o. O. ca. 1610.) Wieder herausgegeben von Charles Royer, in zwei Bänden, Paris 1896.

22 Es gibt eine interessante Beschreibung eines grotesken, karnevalsähnlichen Festes in Rouen im Jahre 1541. An der Spitze der Prozession, die eine Parodie auf die Beerdigungsfeierlichkeiten war, wurde ein Banner mit einem Anagramm des Namens »Rabelais« getragen, und zum Festessen las einer der Teilnehmer in Mönchskleidung von der Kanzel herab statt aus der Bibel aus der *Chronik des Gargantua (Les grandes et inestimables croniques du grant et enorme geant Gargantua*, Paris 1532) (siehe J. Boulenger, op. cit., S. 17 und L. Sainéan, op. cit., S. 20).

23 Friedrich Dedekind, *Grobianus et Grobiana libri tres*, [1]1549, [2]1552. Die deutsche Übersetzung besorgte der Lehrer und Verwandte Fischarts, Kaspar Scheidt (*Grobianus. Von groben Sitten, und unhoeflichen geberden*, 1551). Sehr kritisch, doch durchaus gerechtfertigt nimmt K. Marx Stellung zur grobianistischen Literatur des 16. Jahrhunderts (siehe K. Marx, *Die moralisierende Kritik und die kritisierende Moral*, in: *MEW*, Bd. 4, S. 331ff.).

24 Vgl. den Titel eines der bemerkenswertesten Bücher aus dem 16. Jahrhundert, Bonaventure Despériers *Les Nouvelles récréations et joyeux devis de Jen Bona venture des Periers, valet de chambre de la Royne de Navarre (Neue Mußestunden und heitere Gespräche)*, Lyon 1561.

25 Mit dem Epitheton »plaisant« verband man im 16. Jahrhundert gattungsunabhängig alle literarischen Werke. Das beliebteste und einflußreichste ältere Werk war für das 16. Jahrhundert der *Rosenroman*. Clément Marot brachte es 1527 in einer sprachlich modernisierten Version heraus und empfahl es in der Einleitung mit den Worten: »C'est le *plaisant* livre du ›Rommant de la Rose‹...«

26 Siehe besonders das 6. Buch der *Epidemischen Krankheiten*, auf das sich auch Rabelais in den genannten Prologen stützt.

27 Aristoteles, *De anima*, Buch 3, Kapitel 10.

28 »Drum lernet hier, im Herzen stets bewahrt: / Das Lachen ist allein des Menschen Art.« (S. 7)

29 Gott hat dem Menschen die Verfügung über die Welt gegeben, / Und nur ihm allein hat er das Lachen zugestanden, / Damit er sich auf heitere Art unterhalte, nicht dagegen dem Tier, / Das weder Verstand noch Geist hat. (In: *La Muse française, Ronsard et la pléiade* [1524-1924], Paris 1924.)

30 Viel Material zur antiken traditionellen Lachfreiheit und besonders zur Freiheit des Lachens im Mimus finden wir bei Herman Reich. Er zitiert Ovids *Tristia*; hier werden die lockeren Verse mit der Berufung auf die Tradition mimischer Freiheit und die Zulässigkeit mimischer Obszönitäten gerechtfertigt. Er zitiert Martial, der in seinen Epigrammen die Freiheiten, die er sich dem Kaiser gegenüber herausnimmt, mit dem Hinweis auf das traditionelle Verspotten des Imperators und Feldherrn auf der Siegesfeier begründet. Schließlich analysiert er eine interessante Apologie des Mimus, der von einem Rhetoren aus dem 6. Jahrhundert, Chloritius, stammt und viele Parallelen zur Rechtfertigung des Lachens in der Renaissance bietet. In seiner Rechtfertigung des Mimus muß Chloritius vor allem das Lachen selbst verteidigen. Er geht auf die von den Christen vorgebrachte Anschuldigung ein, das Lachen, das der Mimus hervorruft, stamme vom Teufel, und erklärt dann seine völlig andersartige Überzeugung: Der *Mensch* unterscheidet sich dadurch vom *Tier*, daß er *sprechen* und *lachen* kann. Bei Homer lachen die Götter, Aphrodite »lächelt süß«, sogar der strenge Lykurg errichtete dem Lachen ein Denkmal. Das Lachen ist ein Geschenk der Götter. Chloritius kann sogar ein Beispiel anführen, wo mit Hilfe des Mimus, d. h. *durch das von ihm hervorgerufene Lachen*, ein *Kranker geheilt* wurde. Chloritius' Apologie des Lachens erinnert in vielem an dessen Rechtfertigung im 16. Jahrhundert und hier besonders an Rabelais' Argumentation. Das Lachen ist universal, es unterscheidet den Menschen vom Tier, es ist göttlicher Herkunft und schließlich mit der ärztlichen Kunst und der Heilkraft verbunden (siehe H. Reich, op. cit., S. 52-55, 282f., 207f.).

31 Die Annahme einer schöpferischen Potenz des Lachens war auch dem nichtklassischen Altertum geläufig. In einem ägyptischen alchimistischen Papyrus (er liegt heute in Leiden) aus dem 3. Jahrhundert n. Chr. wird die Erschaffung der Welt auf das göttliche Lachen zurückgeführt: »Als Gott lachte, wurden sieben Götter geboren, die die Welt beherrschen ... Er lachte auf, und es wurde Licht ... Er lachte zum zweiten Mal auf, und das Wasser war da ...« Beim siebten Auflachen wurde die

Seele geboren. Siehe Salomon Reinach, *Le Rire Rituel*, in: ders., *Cultes, Mythes, et Religions*, Paris, [2]1908-1909, Bd. IV, S. 112-113.

32 Siehe H. Reich, *Der Mimus*, S. 116ff.

33 Interessant ist die Geschichte mit den »Tropen«: aus ihrem heiteren, frohen Ton entwickelten sich einige Elemente des sakralen Dramas (siehe Léon Gautier, *Histoire de la poésie liturgique au moyen âge*, I, *Les tropes*, Paris 1886, und Jacob Peter Jacobsen, *Essai sur les origines de la comédie en France au moyen âge*, Paris 1910).

34 Zum Narrentag siehe Felix Bourquelot, *L'office de la fête des fous*, Sens 1856; Henri Villetard, *Office de Pierre de Corbeil;* Paris 1907; ders., *Remarques sur la fête des fous*, Paris 1911.

35 Diese Apologie ist Teil eines Rundschreibens der Pariser theologischen Fakultät vom 12. 3. 1444. Das Schreiben verurteilt den Narrentag und weist die Argumente seiner Apologeten zurück.

36 Im 16. Jahrhundert publizierte die Societas zwei Bände Materialien.

37 Wie lebendig das Motiv des Esels noch heute ist, zeigt sich u. a. auch in der russischen Literatur. Der »Eselsschrei« in der Schweiz *weckte* den Fürsten Myškin aus Dostoevskijs *Idiot wieder auf* und verband ihn mit dem fremden Land und mit dem Leben. Der Esel und sein Schrei ist auch eins der zentralen Motive in Aleksandr Bloks *Nachtigallengarten*.

38 Zum »Osterlachen« siehe Johann Philipp Schmid, *De risu paschalis*, Rostock 1847, und S. Reinach, *Le Rire Rituel*, in op. cit., Bd. IV, S. 127-129. Das Oster- wie auch das Weihnachtslachen sind mit der Tradition der römischen Saturnalien verbunden.

39 Dabei geht es natürlich nicht um das *gewöhnliche* Überfressen und Saufen, sondern um die symbolische, *utopische* Bedeutung des »Gastmahls für die ganze Welt«, den Triumph des materiellen Überflusses, des Wachstums und der Erneuerung.

40 Siehe K. F. Flögel, op. cit., S. 254.

41 Über diesen Legendenzyklus werden wir noch sprechen. Wir erinnern auch daran, daß die Hölle unabdingbarer Bestandteil des Karnevals war.

42 Der *Karneval* mit seinem komplexen Figuren- und Motivsystem war der vollste und reinste Ausdruck der volkstümlichen Lachkultur.

43 Abgesehen von den entsprechenden Kapiteln in allgemeineren literaturhistorischen Arbeiten zum Mittelalter (Maximilianus Manitius, Adolf Ebert, Ernst Robert Curtius) wollen wir hier drei Arbeiten speziell zur parodia sacra nennen: Francesco Novati, *La parodia sacra nelle letterature moderne* (siehe Novatis *Studi critici e letterari*, Turin 1889); Eero Ilmari Ilvonen, *Parodies de thèmes pieux dans la poésie françoise du moyen âge*, Helsingfors 1914; Paul Lehmann, *Die Parodie im Mittelalter*, München 1922. Die drei Arbeiten ergänzen sich wechselseitig. Novati faßt den Bereich der parodia sacra am weitesten (seine

Arbeit ist bis heute nicht veraltet und bleibt grundlegend). Ilvonen bietet eine Reihe von kritischen Texten ausschließlich zur französischen Mischparodie (d. h. in einer Mischung aus Latein und Französisch verfaßt, was in der Parodie keine Seltenheit ist), er leitet seine Textsammlung mit einer allgemeinen Einführung in die Parodie des Mittelalters und einem Kommentar ein. Lehmann bietet eine vorzügliche Einführung in die parodia sacra, begrenzt sich jedoch auf die lateinischsprachige Variante. Alle drei Autoren analysieren die parodia sacra als isoliertes Phänomen und legen daher auch ihre organische Verbindung zur grandiosen Welt der volkstümlichen Lachkultur nicht dar.

44 Siehe die Analyse der *Cena Cypriani* bei Novati, op. cit., S. 266f. und bei Lehmann, op. cit., S. 25f. Zum Text der *Cena*... siehe die kritische Ausgabe von Karl Strecker: *Monumenta Germaniae,* Poetae IV, 857, Berlin 1923.

45 Ilvonen z. B. veröffentlicht in seinem Buch sechs Parodien auf das *Vaterunser* und eine auf das *Ave Maria.*

46 Die Zahl dieser Parodien ist außerordentlich hoch. Im komischen Tierepos ist die Verwendung von Motiven aus Kult und Ritus sehr verbreitet. Besonders ergiebig in dieser Hinsicht ist das *Speculum stultorum (Der Narrenspiegel)* von Nigellus Wirecker. Es ist die Geschichte von Brunellus' Esel, der nach Salermo trabt, um seinen unansehnlichen Schwanz loszuwerden, der in Paris Theologie und die Rechte studiert, schließlich Mönch wird und einen eigenen Orden gründet. Auf dem Weg nach Rom fällt er seinem Herrn in die Hände. Die Geschichte ist durchsetzt mit parodistischen Anspielungen auf Epitaphe, Rezepte, Segen, Gebete, Ordensstatute etc.

47 Zahlreiche Beispiele für das Spiel mit den Kasus finden wir bei Paul Lehmann, op. cit., S. 75-80 und 155-156 (»Erotische Grammatik«).

48 Seine russischen Kollegen nennt Puškin »Ihr trinklustigen, verwegenen jungen Mönche«.

49 Für die Werkausgabe 1542 nahm Rabelais aus Vorsicht eine gewisse Reinigung der ersten beiden Bücher des Romans vor; er beseitigte alle Anspielungen auf die Sorbonne, aber es kam ihm nicht im entferntesten in den Sinn, das »Sitio« und andere analoge Travestien auf geistliche Texte zu entfernen. So stark waren die Rechte des Karnevals auf Lachfreiheit zu seiner Zeit.

50 Im 16. Jahrhundert wurden in protestantischen Kreisen oft sakrale Texte in der familiären Rede auf herabziehende Weise genutzt. In seiner *Apologie pour Hérodote* (Paris 1879, entstanden 1566) beklagt Rabelais' Zeitgenosse Henri Estienne den ständigen profanisierenden Gebrauch sakraler Redewendungen bei Trinkgelagen. Er führt zahlreiche Beispiele dafür an. So zitierte man, wenn man ein Glas Wein kippte,folgende Worte aus dem Beichtpsalm: »Schaffe in mir, Gott, ein

reines Herz und gib mir einen neuen, gewissen Geist« (Psalm 51.12) (wörtlicher: Gott, gib mir ein reines Herz und *erneuere* den Geist der *Wahrheit* in meinem *Leib*). Sogar Geschlechtskranke bemühten geistliche Zitate zur Beschreibung ihrer Krankheit und der damit verbundenen Last (siehe H. Estienne, op. cit., I, S. 16).

51 Allerdings drückt sich hierin schon manchmal die spezifische Begrenztheit der frühbürgerlichen Kultur aus; dann kommt es zum Verflachen und zum Verfall des Materiell-Leiblichen.

52 Typisch für die zweite Hälfte des 16. Jahrhunderts ist das zwanglose literarische »Gespräch« (mit vornehmlich materiell-leiblicher Thematik) – Tischgespräche, Festtagsgespräche, Gespräche zur Unterhaltung, z. B. Noël du Fail, *Les propos rustiques*, Paris 1878; ders., *Œuvres facétieuses*, Paris 1874; ders., *Les contes et discours d'Eutrape*, Rennes 1585; Jacques Tahureau, *Les Dialogues*, Paris 1565; Nicolas de Cholières, *Matinées*, Paris 1586; ders., *Les apresdisnees*, Paris 1587; Guillaume Bouchet, *Les serees*, Paris 1586; François Béroalde de Vervilles, *Le moyen de parvenir*, o. O. ca. 1599. All diese Werke sind dem karnevalisierten Dialog zuzurechnen, und alle hatten mehr oder weniger starken Einfluß auf Rabelais.

53 Herzen, der das lachende Mittelalter nicht kannte, formuliert wesentliche Einsichten zur Funktion des Lachens in der Kulturgeschichte: »Das Lachen hat etwas Revolutionäres ... Voltaires Lachen hat mehr zerstört als das Klagelied Rousseaus.« (Übersetzt nach Aleksandr Ivanovič Gercen, neunbändige Werkausgabe, Moskau 1956. Bd. 3, S. 92.) An anderer Stelle sagt er: »Das Lachen ist eine sehr ernste Angelegenheit, und wir geben es nicht her. In der Antike wurde auf dem Olymp und auf der Erde über Aristophanes und seine Komödien gelacht, noch Lukian lachte darüber. Seit dem 4. Jahrhundert hörte die Menschheit zu lachen auf, sie weinte und trug unter Stöhnen und Gewissensbissen die schweren Ketten, die auf ihrem Geist lasteten. Sobald jedoch das Fieber des Fanatismus vergangen war, begannen die Menschen wieder zu lachen. *Man müßte die Geschichte des Lachens schreiben.* In der Kirche, im Schloß, an der Front, vor dem Chef des Departements, vor dem Polizeioffizier, vor dem deutschen Beamten lacht man nicht. Die Leibeigenen haben nicht das Recht, in Gegenwart des Gutsbesitzers zu lächeln. *Nur Gleichgestellte unter sich lachen.* Der Untergebene lacht nicht vor dem Höhergestellten, und wenn er es nicht unterdrücken kann, wird es als mangelnder Respekt ausgelegt. Wenn man den Menschen zwingt, vor dem Gott Apis zu lächeln, so beraubt man ihn seiner Würde und macht ihn zu einem Ochsen.« (*A. I. Gercen ob iskusstve [Herzen über die Kunst]*, Moskau 1954, S. 223)

54 Siehe Aleksandr Nikolaevič Veselovskij, *Izbrannye stat'i (Ausgewählte Aufsätze)*, Leningrad 1939, S. 441-442.

55 Hier zeigt sich die bürgerliche, moralisierende Tendenz (schon im Sinne des späteren Grobianismus) und zugleich der Versuch, die Parodie zu verharmlosen.

56 Vor kurzem ist ein Buch erschienen, das in diesem Zusammenhang außerordentlich interessant ist: *Neizvestnyj pamjatnik knižnogo iskusstva. Opyt vosstanovlenija francuzskogo legendarija* XIII *veka (Ein unbekanntes Stück aus der Geschichte der Buchkunst. Der Versuch der Wiederherstellung eines französischen Legendars aus dem 13. Jahrhundert),* Moskau/Leningrad 1963. Der Herausgeber ist Vladimir Sergeevič Ljublinskij, der auch die Rekonstruktion der Handschrift, einer Rarität aus dem 13. Jahrhundert, leitete. Die Blätter des Legendars sind vorzügliche Beispiele für das Nebeneinander von Ernst und Lachen (vergl. die Analyse Ljublinskijs S. 63-73).

57 Das »Royaume de la Basoche« war eine Vereinigung von Parlamentsschreibern, die sich mit der Inszenierung von Moralitäten beschäftigte. Das erste Privileg erhielt die Gesellschaft schon unter Philipp dem Schönen. Im folgenden entwickelten die Basochiens ein Kleingenre zum Anlocken des Publikums, die sogenannten »Paraden«. Diese nutzten ausgiebig die Rechte des Lachens auf Zwanglosigkeit und Obszönität. Die Basochiens schrieben auch Parodien auf geistliche Texte und schließlich »sermons joyeux«, komische Predigten. Wegen dieser Aufführungen waren sie starken Repressionen ausgesetzt, sie wurden mehrmals verboten, 1547 wurde die Gesellschaft endgültig aufgelöst.
Die »Enfants sans soucis« (die sorglosen Kinder) führten Sotties auf. Ihr Oberhaupt war der »Prince des sots« (Narrenprinz).

58 Die Komödienautoren – Aristophanes, Plautus, Terenz – hatten keinen großen Einfluß. Es ist zum Gemeinplatz geworden, Rabelais mit Aristophanes zu vergleichen, indem man die große Nähe zwischen beiden in der Methode, Komik zu erzeugen, betont. Diese jedoch ist durch Einflüsse nicht erklärbar. Selbstverständlich kannte Rabelais Aristophanes, unter den elf erhaltenen Büchern mit seinem Ex libris ist auch ein Band Aristophanes in lateinischer Übersetzung. Spuren eines Einflusses lassen sich jedoch am Roman kaum feststellen. Das einzig erhaltene Satyrspiel des Euripides, *Kyklops*, kannte Rabelais gut; er zitiert es zweimal in seinem Roman, und hier ist auch ein gewisser Einfluß spürbar.

59 Rabelais' Kenntnis der Antike, die Antikenkenntnisse der Renaissance und Geschmack und Vorlieben dieser Zeit sind bei Jean Plattard, *L'œuvre de Rabelais (sources, invention et composition),* Paris 1910, hervorragend dargestellt. Als Ergänzung zu dieser Arbeit kann Pierre Louis Joseph Villey-Desmeserets, *Sources et évolution des essais de Montaigne,* Paris 1908, dienen. Schon die Pléiade nimmt einige Ände-

rungen an dieser Auswahl aus dem antiken Erbe vor und bereitet das 17. Jahrhundert mit seiner unbedingten und deutlichen Ausrichtung an der »klassischen Antike« vor.

60 Naum Jakovlevič Berkovskij (Hrsg.), *Rannij buržuaznyj realizm*, Leningrad 1936.

61 Siehe Karl Marx, Friedrich Engels, *Werke*, Band 1-39, Berlin (Ost) 1956-1966, Bd. 3. *Deutsche Ideologie I*, Feuerbach, S. 46-49.

62 Siehe J. Boulenger, op. cit. in Anm. 18, S. 34. Siehe auch den Aufsatz zum Thema von Henri Clouzot, *Balletts de Rabelais au XVII siècle*, in: *Rev. Et. Rab.*, Band V, S. 90.

63 Sogar bis in die letzte Zeit entstehen in Frankreich Opern nach Rabelais' Stoffen, z. B. *Panurge* von Jules Massenet (uraufgeführt 1913) und *Gargantua* von Antoine Mariotte (uraufgeführt 1935 in der Opéra-Comique).

64 Ein Teil dieser Studien fand seinen Ausdruck in der Maskeradenszene im zweiten Teil des *Faust*.

65 Im 16. Jahrhundert werden sie von Estienne Pasquier und Henri Estienne erwähnt.

66 In *La Foire Saint-Germain* in seinem *Recueil de quelques vers burlesques* von 1648. Auch Sorel hat den Jahrmarkt von Saint-Germain mit seinen karnevalesken Belustigungen beschrieben (in seinem unvollendeten Roman *Polyandre, histoire comique*).

67 »Marot und Rabelais haben die unverzeihliche Sünde begangen, ihre Werke mit Obszönitäten zu garnieren. Beide hätten genug angeborenes Talent besessen, sich auch ohne diese zu behelfen und auch so diejenigen zufriedenzustellen, die das Komische an einem Buch höher schätzen als das Erhabene. Besonders schwer zu verstehen ist Rabelais. Man kann sagen, was man will, sein Werk ist ein Rätsel, eine Chimäre, eine Frau mit einem schönen Gesicht, doch mit den Beinen und dem Schwanz einer Schlange oder eines noch fürchterlicheren Tiers; es ist eine ungeheuerliche Mischung von hoher, delikater Moral und schmutzigem Laster. Wo Rabelais schlecht ist, ist er es über alle Maßen, da liefert er gemeinen Fraß für den Pöbel; wo er gut ist, ist er vorzüglich und unvergleichlich, er wird zur erlesensten aller Speisen.«

68 Man kann mit nahezu hundertprozentiger Sicherheit davon ausgehen, daß die *Kurze Erklärung* von Rabelais selbst stammt.

69 Der volle Titel lautet: *Le Rabelais moderne, ou ses œuvres mises à la portée de la plupart des lecteurs* (acht Bände).

70 Doch natürlich wurden auch in letzter Zeit noch verschiedene Versuche gemacht, Rabelais' Roman als eine Art Kryptogramm aufzufassen und zu enträtseln.

71 Über die Funktion und die künstlerische Bedeutung der Arschwischepisode werden wir im 6. Kapitel sprechen.

72 Nach einer zweiten Lektüre des *Gargantua* 1759 war Voltaire dem Werk etwas günstiger gesonnen, im Grunde jedoch änderte sich wenig; er schätzte Rabelais vor allem und fast ausschließlich wegen seiner antiklerikalen Einstellung.

73 Im 19. Jahrhundert plante George Sand die Herausgabe eines »bereinigten« Rabelais, doch ihr Plan blieb unausgeführt. Eine für die Jugend bearbeitete Rabelaisfassung erschien unseres Wissens erstmals 1888.

74 *MEW, Anti-Düring,* Bd. 20, S. 16.

75 Rabelais war sich über den nur relativen Wert dieser progressiven Qualität durchaus im klaren.

76 Die in der Neuzeit, besonders seit der Romantik verbreitetste Form des reduzierten Lachens ist die *Ironie.* Über das Problem der Ironie hat Beda Allemann ein interessantes Buch geschrieben: *Ironie und Dichtung,* Pfullingen 1956. Hier werden der Begriff und die Varianten der Ironie bei Friedrich Schlegel, Novalis, K. W. F. Solger, Søren Kierkegaard, Friedrich Nietzsche, Thomas Mann und Robert Musil behandelt. Die Analysen Allemanns sind fein und profund, doch sieht er Ironie als *rein* literarisches Phänomen und spricht ihre Beziehungen zur volkstümlichen Lachkultur nicht an.

77 Wir verweisen auf die entsprechenden Analysen Dieterichs in seinem *Pulcinella.*

78 Puškins Mozart versteht sowohl das Lachen als auch die Parodie, während der finstere Salieri beides nicht begreift und sich fürchtet. Hier der Dialog zwischen den beiden nach dem Spiel des tauben Geigers:

SALIERI: Darüber kannst du lachen?
MOZART: Ach, Salieri!
  Ist's möglich, daß du nicht lachst?
SALIERI: Nein, mir ist's
  Zum Lachen nicht, wenn ein nichtswürdiger Maler
  Mir die Madonna schmiert des Raffael;
  Zum Lachen nicht, wenn Gaukler mir verächtlich
  Durch Parodie den Alighieri schänden.

(Alexander S. Puschkin, *Sämtliche Dramen,* Deutsch von Henry von Heiseler, Dessau 1941; *Mozart und Salieri,* S. 87-96, S. 91).

79 Wir können die Romantik hier nicht in ihrer Komplexität behandeln, es geht uns nur um jene Züge, die es (wenn auch nur zu einem gewissen Grad) ermöglichen, Rabelais und die Groteske in ihren Eigenheiten wahrzunehmen und zu verstehen.

80 In solchen Umbruchepochen hat die Volkskultur mit ihrer Konzeption des unvollendeten Lebens und der heiteren Zeit starken Einfluß auf die Literatur. Dies sieht man in der Renaissance besonders deutlich.

81 *Œuvres de François Rabelais.* Ed. critique publiée par Abel Lefranc,

Jacques Boulenger, Henri Clouzot, Paul Dorneaux, Jean Plattard et Lazare Sainéan, Paris 1912-1931.

82 Hier die grundlegenden biographischen Arbeiten zu den einzelnen Lebensperioden Rabelais': A. Dubouchet, *F. Rabelais à Montpellier, 1530-1538*, Montpellier 1887: Arthur Heulhard, *Rabelais: ses voyages en Italie, son exil à Metz*, Paris 1891; A. Bertrand, *Rabelais à Lyon*, 1894; Jean Plattard, *L'adolescence de Rabelais en Poitou*, Paris 1923.

83 Lucien Febvre, *Le problème de l'incroyance au XVIe siècle. La religion de Rabelais*, Paris 1942.

84 Siehe Pierre Daix, *Sept siècles de roman*, Paris 1955. Siehe ebenfalls die ausführliche Kritik an Febvre in Leonid Efimovič Pinskij, *Realizm ėpochi Vozroždenija (Der Realismus in der Renaissance)*, Moskau 1961, S. 106-114.

85 Aleksandr Nikolaevič Veselovskij, op. cit. in Anmerkung 54.

86 Siehe Ju. A. Focht, *Rable, ego žizn' i tvorčestvo (Rabelais, Leben und Werk)*, Moskau 1914. Außerdem sollte noch eine Arbeit erwähnt werden, die nicht in direktem Zusammenhang mit der russischen Literatur zu Rabelais steht. Der Lektor für französische Sprache an der Universität von St. Petersburg Jean Fleury veröffentlichte 1876/77 eine zweibändige, für die damalige Zeit gar nicht schlechte Sammlung kritischer Aufsätze zu Rabelais.

87 Eine ausführlichere Analyse dieses Vergleichs werden wir im 2. Kapitel vornehmen.

88 Siehe *Sbornik statej v čest' ak. A. I. Sobolevskogo (Festschrift für A. I. Sobolevskij, Mitglied der Akademie)*, Leningrad 1928.

89 Siehe *Uč. zap. MGPI*, 1935, Vyp. I.

90 Zum erstenmal legte Pinskij seine Konzeption in seinem Aufsatz *O komičeskom u Rable (Über das Komische bei Rabelais)*, in: *Voprosy literatury* 1959, Nr. 5, dar.

91 Aleksandr Sergeevič Puškin, *Stichi, sočinennye noč 'ju vo vremja bessonnicy* (Gedichte aus einer schlaflosen Nacht); der zweite Vers in der Redaktion V. A. Žukovskijs.

92 Siehe unter *Roman du Fauvel* in der *Histoire littéraire de la France*, XXII, S. 146: »L'un getoit la bren au visage... L'autre getoit le sel au puis«, d. h. der eine wirft den Leuten Dreck ins Gesicht, der andere streut Salz in den Brunnen.

93 Es gibt zum Beispiel ein Fastnachtsspiel von Hans Sachs mit dem Titel *Spiel über die Scheiße*.

94 Siehe das einbändige *F. Rabelais. Tout ce qui existe de ses œuvres.* Herausgegeben von Louis Moland, Paris 1880.

95 Dies ist eine erweiterte und veränderte Redaktion der *Großen Chronik*. Sie enthält eine Reihe Entlehnungen aus dem *Pantagruel*. Erschienen ist sie wahrscheinlich 1534, der Autor ist François Gérault.

96 In der ganzen Weltliteratur und besonders in der anonymen mündlichen Folklore finden wir zahlreiche Beispiele für die Verbindung der Agonie mit der Defäkation oder die Gleichzeitigkeit von Eintritt des Todes und Ausscheidung. Es ist dies eine der verbreitetsten Arten, den Tod und den Sterbenden zu degradieren. Man könnte diesen Degradierungstyp das Malbrou[gh]-Thema nennen. Aus der hohen Literatur kann ich hier nur die wahrhaft saturnalische Szene aus Senecas *Divi Claudii apocolocyntosis* (»Verkürbissung« etwa im Sinn von »Veräppelung«) anführen, wo der Kaiser eben im Moment der Defäkation stirbt. Bei Rabelais selbst finden wir das Malbrou[gh]-Thema in verschiedenen Variationen. So sterben etwa die Bewohner der Insel Hauch, indem sie Gase ablassen, wobei ihre Seele durch den After austritt. An anderer Stelle führt er das Beispiel eines Römers an, der sterben muß, weil er in Gegenwart des Kaisers einen gewissen Laut produzierte. Solche Motive degradieren nicht nur den Sterbenden, sondern sie erniedrigen und materialisieren den Tod selbst und machen ihn zu einem heiteren Popanz.

97 Eine typische Formulierung der verächtlich-herablassenden Haltung Rabelais und seinem Jahrhundert gegenüber prägte auch Voltaire in seinem *Scottisier*:
»Man lobt Marot, Amyot und Rabelais, wie man gewöhnlich kleine Kinder lobt, wenn es ihnen zufällig gelingt, etwas Gutes zu sagen. Man billigt diese Schriftsteller, weil man ihr Jahrhundert verachtet, und die Kinder, weil man in diesem Alter noch nichts von ihnen erwartet.«
Diese Äußerung ist charakteristisch für das Verhältnis der Aufklärung zur Vergangenheit und besonders zum 16. Jahrhundert. Man hat sie leider viel zu oft, in den verschiedensten Variationen, bis in unser Jahrhundert wiederholt. Diese völlig abwegigen Vorstellungen von der Naivität des 16. Jahrhunderts sollten endlich ad acta gelegt sein.

98 Siehe Henri Clouzot, *L'ancien théatre en Poitou,* Niort 1900.

99 Die studentische Unterhaltungsliteratur war im wesentlichen einfach Teil der öffentlichen Kultur auf den Plätzen. Von ihrem sozialen Charakter her war sie der Volkskultur verwandt und verschmolz manchmal geradezu mit ihr. Unter den namenlosen Verfassern von Werken des grotesken Realismus (besonders gilt dies natürlich für dessen lateinischsprachigen Zweig) waren sicher nicht wenige Studenten bzw. ehemalige Studenten.

100 Sogar Goethes schriftstellerische Produktion wurde zu einem gewissen Grad noch von den Terminen der Frankfurter Buchmesse reguliert.

101 Die Verbindung von seriöser, wissenschaftlicher Bildung mit dem Verfassen von Jahrmarkts- und karnevalesker Literatur war eine für Rabelais' Zeit durchaus vertraute Erscheinung.

102 Dafür ist der »legendäre« Rabelais eine volkstümlich-karnevaleske

Marktplatzfigur. Sein Leben, wie es sich in der mündlichen Überlieferung darstellt, ist ein einziges Spiel mit Mystifikationen, Verkleidungen und Streichen. Louis Moland nennt den legendären Rabelais treffend »un Rabelais de carêmeprenant«, d. h. »Butterwochen-Rabelais« oder »karnevalesker Rabelais«.

103 Allerdings hatte Burckhardt weniger volkstümliche Marktplatzfeste im Auge als Feste bei Hof und überhaupt die offiziellen Feierlichkeiten der Renaissance.

104 Wir kennen z. B. ein parodistisches Rezept aus dem frühen Mittelalter, das ein Mittel gegen Glatzenbildung empfiehlt.

105 Die Syphilis kam in Europa in den letzten Jahren des 15. Jahrhunderts auf und wurde als »maladie de Naples« bezeichnet. Eine andere, vulgärere Bezeichnung war »gorre« oder »grand'gorre«. »Gorre« heißt Luxus, Pomp, »grand'gorre« Üppigkeit, Großartigkeit, Luxus. 1539 erschien ein Werk mit dem Titel *Le triomphe de la très haulte et puissante Dame Verole (Der Ruhm der überaus mächtigen und angesehenen Dame Verole)* (vérole, d. i. Syphilis, ist auch im Französischen ein Femininum).

106 Von Lukian stammt eine komische Verstragödie *Tragopodagra* (Helden sind der Podagrakranke, die Göttin Podagra, der Henker und der Chor). Rabelais' jüngerer Zeitgenosse Fischart schrieb das *Podagrammatisch Trostbüchlein*; dort rühmt er ironisch die Gicht, die er für eine Folge des wohlgenährten Müßiggangs hält. Das *ambivalente Lob der Krankheit* (vor allem der Syphilis und der Gicht) ist, wie schon gesagt, eine zur damaligen Zeit häufige Erscheinung.

107 Dieser vielköpfige Adressat wird wohl *zunächst* die Jahrmarktsmenge sein, die sich um die Schaubuden drängt, das Lesepublikum der »Chroniken«. Über diesen kollektiven Adressaten ergießen sich Lob und Beschimpfung, denn ein Teil der Leser sind Vertreter des Alten, der absterbenden Welt und der überholten Weltanschauung, Agelasten (Leute, die nicht lachen können), Heuchler, Verleumder und Vertreter des Dunkels, die anderen sind Vertreter des Lichts, des Lachens und der Wahrheit. Zusammen bilden sie *eine* Menge, *ein Volk, das stirbt und sich erneuert,* und *dieses Volk ist zugleich Adressat von Lob und Verwünschung.* Doch nur auf der ersten Ebene ist die Jahrmarktsmenge gemeint, *dahinter,* hinter der Menge und dem Volk, steht *die ganze Welt, unfertig und unvollendet,* im Sterben gebärend und zum Sterben geboren.

108 In der deutschen Übersetzung lautet die Stelle: »Was ihr Sinnen und Trachten angeht, so verlegen sie sich ganz und gar auf das Lesen pantagruelinischer Bücher, nicht so sehr, um ihre Zeit fröhlich hinzubringen, nein, eher um böswillig unsereinem zu schaden, das heißt: mit Stänkern und Gifteln, mit Belfern, Krakeelen, Lästern, Mäkeln

und Nörgeln, will sagen: mit Verleumden.« (S. 518) Eine adäquate Übersetzung dieser Stelle ist natürlich unmöglich.

109 Eine solche Gravüre aus einem Buch von 1534 ist in der Monographie G. Lotes reproduziert (siehe op. cit., S. 164/165, Bild IV).

110 Wir kennen bis heute den Ausdruck »der letzte Schrei« (»dernier cri«) in der Mode.

111 Zu den »cris de Paris« siehe Alfred Franklin, *La vie privée d'autrefois*, Paris 1887–1901, II, 1887: L'annonce et la réclame; hier ist die Rede von den Ausrufungen in verschiedenen Epochen. Außerdem siehe Georges Kastner, *Les voix de Paris, essai d'une histoire littéraire et musicale des cris populaires*, Paris 1857.

112 In Königsberg z. B. stellten die Metzger zum Karneval 1583 eine Wurst mit dem Gewicht von 400 Pfund her, die von 90 von ihnen getragen werden mußte. 1601 wog die Wurst schon 900 Pfund. Übrigens kann man heute noch grandiose Würste oder Brezeln (allerdings Attrappen) in den Vitrinen von Wurst- und Brotläden liegen sehen.

113 Von den Rabelaisforschern war es L. Sainéan, der in seinem sehr materialreichen Buch zur Sprache Rabelais' auf die Bedeutung der »cris de Paris« hinweis. Doch entgeht ihm deren volle Bedeutung, er beschränkt sich mit dem Hinweis auf direkte Anspielungen auf die Schreie im Roman (siehe *La langue de Rabelais*, Bd. I, S. 275).

114 Zu historischen Veränderungen der Redenormen in bezug auf Obszönität siehe Ferdinand Brunot, *Histoire de la langue française des origines à nos jours*, Paris 1933–1953. Darin Bd. IV, Kap. V L'honnêté dans le langage.

115 Als »Passah des Herrn« starb, / Folgte ihm der »Gute Tag des Herrn« / Als jedoch der »Gute Tag des Herrn« einschlief und starb, / Löste ihn »Hol mich der Teufel« ab, / Und nach seinem Tode hörten wir / »Ehrenwort des Ehrenmannes«.

116 Rabelais spielt auf eine Legende an, die das Märtyrium jenes Heiligen mit Bratäpfeln (ein karnevalesk-degradierendes Motiv) in Verbindung bringt.

117 Es ist keine volle Travestie, nur eine travestierende Anspielung. Ähnlich gewagte Anspielungen sind für die Unterhaltungsliteratur der »fetten Tage« (d. h. im grotesken Realismus) nichts Ungewöhnliches.

118 Sie schwören bei Gott, seinen Zähnen, seinem Kopf, / Seinem Körper, seinem Rumpf, seinem Bart und seinen Augen, / Sie greifen ihn an allen Stellen, / Sodaß er völlig zerstückelt wird, / Wie Fleisch zu Hackepeter für die Piroggen.

119 L. Sainéan, op. cit., Bd. II, S. 472.

120 Übrigens findet man auch auf hohem epischem Niveau die Beschreibung von Schlachten als Festmähler, so z. B. im russischen *Igorlied.*

121 Diese beiden Worte sind schon in Rabelais' Text verbunden (im Vierten

Buch, 16. Kapitel steht der Fluch »A tous les millions de diables qui puissent *anatomiser* la cervelle et en faire des *entommeurs*«).

122 Seneca spricht in seiner *Divi Claudii apocolocyntosis* davon. Wir haben diese bemerkenswerte saturnalische Satire auf die *Degradierung* des toten Kaisers im Moment des Todes (er stirbt während der Defäkation) und danach im *Reich des Jenseits,* wo er sich in einen *»lächerlichen Popanz«* verwandelt, in einen erbärmlichen Narren, *Sklaven* und *glücklosen Spieler,* schon erwähnt.

123 Der Esel spielte auch im volkstümlich-festlichen Motivsystem des Mittelalters eine Rolle, etwa im »Eselstag«.

124 Als paralleles, »gehobenes« Beispiel für die Entthronung können wir den alten russischen Ritus anführen, den Zaren vor dem Tod abzusetzen und ihm den Kopf zu scheren. Die Szene aus Puškins *Boris Godunov* ist wohl allgemein bekannt, wo Boris kurz vor seinem Tod umgekleidet und rasiert wird. Wir haben eine fast komplette Parallele in den Motiven.

125 Ein schwaches Echo davon ist noch in der späteren Literatur, besonders in der Rabelaisschen Tradition, etwa bei Scarron, zu hören.

126 Ein ähnlich karnevaleskes Paar treffen wir auch auf der Insel der Schinnöser an. Außer dem Rotfratzigen, den sich Bruder Jan aussucht, gibt es dort auch einen langen, dünnen Schinnosen, der sich über diese Auswahl ungehalten zeigt.

127 Komische Paare dieser Art sind ein uraltes Phänomen. Dieterich reproduziert in seinem Buch *Pulcinella* die komische Darstellung eines Paares, bestehend aus einem prahlerischen Krieger und seinem Waffenträger, wie sie auf einer antiken Vase aus Unteritalien (Sammlung Hamilton) zu sehen ist. Die Ähnlichkeit von Krieger und Waffenträger mit Don Quijote und Sancho Pansa ist verblüffend (allerdings besitzen unsere beiden Figuren riesige Phalli) (siehe Dieterich, *Pulcinella,* S. 239).

128 Gelb und Grün sind offensichtlich die Livreefarben im Hause de Basché.

129 Im erotischen Sinn wurden auch die Ausdrücke »Kegel« und »kegeln« verwendet. Alle Ausdrücke, die dem Schlag, dem Stock, dem Billardqueue, der Schellentrommel etc. erotische Bedeutung verleihen, finden wir sehr häufig bei Rabelais' Zeitgenossen, etwa im schon erwähnten *Triomphe de la dame Verole.*

130 Das Motiv der Verwandlung von Blut in Wein finden wir auch im *Don Quijote,* und zwar in der Episode, wo er mit den Weinschläuchen kämpft, die er für Riesen hält. Eine noch interessantere Verarbeitung dieses Motivs haben wir bei Apuleus im *Goldenen Esel:* Lucius erschlägt an der Haustür Leute, die er für Räuber hält; er sieht das ausfließende Blut. Morgens ruft man ihn wegen Mordes vor Gericht.

Ihm droht die Todesstrafe. Doch es zeigt sich, daß er Opfer einer heiteren Mystifizierung geworden ist. Die Toten sind einfach Weinschläuche, und die bedrückende Gerichtsszene endet in allgemeinem, heiterem Gelächter.

131 In einem italienischen (nicht-makkaronischen) Werk Folengos, *Orlandino,* gibt es eine durch und durch karnevaleske Beschreibung eines Turniers Karls des Großen: Ritter reiten auf Eseln, Maultieren und Kühen, statt Schildern haben sie Körbe, statt Helmen Küchengeschirr: Eimer, Kesselchen, Töpfe.

132 Diese Vertreter der alten Macht und der alten Wahrheit sind, mit Marx gesprochen, nur Komödianten einer Weltordnung, »deren *wirkliche Helden* tot sind« (MEW, Bd. 1, S. 382). Die volkstümliche Lachkultur nimmt deren Ansprüche (auf Unerschütterlichkeit und Ewigkeit) unter der Perspektive der alles verändernden und erneuernden Zeit wahr.

133 In der kanonischen Ausgabe der beiden ersten Bücher des Romans (erschienen 1542) hat Rabelais alle direkten Anspielungen auf die Sorbonne entfernt und das Wort »Mitglied der Sorbonne« durch »Sophist« ersetzt.

134 »Theologisches Zechen« oder »theologischer Wein« heißt gutes Zechen (degradierende Travestie).

135 Im Grunde entthront und krönt jeder Feiertag, und jeder hat folglich auch seinen König bzw. seine Königin. Vergleiche dazu das Motiv im *Decamerone,* wo an jedem Tag der Festtagsgespräche ein eigener König bzw. eine eigene Königin gewählt werden.

136 Zwei Figuren des vendange-Festes bestimmen den Charakter der ganzen Episode: die Figur Bon-Temps liefert die Idee (der letztliche Sieg des Friedens und allgemeinen Wohlstandes), seine Frau Mère Folle bestimmt den farcenartigen Stil.

137 Fischart verstärkt in seiner freien Übersetzung dieses Buchs die Festatmosphäre, doch interpretiert er sie im Geist des Grobianismus. Grandgousier ist ein leidenschaftlicher Anhänger aller Feiertage, denn er liebt die Festmähler und den Unsinn. Es gibt eine lange Aufzählung der deutschen Feiertage im 16. Jahrhundert: St. Martin, Karneval, Kirchweih, Jahrmarkt, Taufe, etc. Ein Feiertag löst den anderen ab, so daß Grandgousiers Jahr nur aus Festen besteht. Für den Moralisten bedeuten Feiertage Völlerei und Müßiggang. Dieses Feiertagsverständnis und diese Bewertung widersprechen Rabelais natürlich vollkommen. Im übrigen ist Fischarts eigene Beziehung zu ihnen zwiespältig.

138 Der Mischkörper aus dem Ungeheuer und der auf ihm reitenden Hure ist im Grunde dem verschlingenden und gebärenden Bauch des »Rinderschlachtfestes« äquivalent.

139 Auch das antike Satyrspiel war, wie schon bemerkt, ein *Drama des*

Körpers und des körperlichen Lebens. Ungeheuer und Riesen spielten darin bekanntlich eine große Rolle.

140 Siehe Thomas Sebillet, *Art poétique François,* Paris 1548, wieder erschienen Paris 1910.

141 *Prognosticon des Laboureurs,* herausgegeben von Anatole de Courde de Montaiglon, in: *Recueil de poésies françoises de XVe et XVIe siècles, morales, facétieuses, historiques, réunis et annotées par A. de Montaiglon,* Paris 1855–1878, Bd. II.

142 Wiedererschienen ebenda, Bd. IV. Möglicherweise stammt die *Allgemeine Prognostik* von Rabelais.

143 Ebenda, Bd. XIII.

144 Ebenda, Bd. XII.

145 Der Humanist und Zeitgenosse Rabelais' Nicolaus Leonicus Thomaeus veröffentlichte einen Dialog über das Würfelspiel (Lyon 1532).

146 Diese Behauptung trifft, mit einer gewissen Einschränkung, auch auf das Spielmotiv bei Lermontov zu *(Der Maskenball, Štos und Lugin, Die Schatzmeisterin, Der Fatalist).* Einen ganz eigenen Charakter haben die Spielmotive bei Dostoevskij *(Der Spieler, Der Jüngling).*

147 Wir haben hier natürlich nicht den vollen Sinn dieser Episode dargelegt, uns interessiert im Moment nur die Verwendung des Würfelmotivs.

148 Den Streit um das Wesen der Frau behandelt Abel Lefranc ausführlich in seiner Einführung ins Dritte Buch (Bd. V der kritischen Werkausgabe, S. XXX ff.).

149 Folgende Jugendwerke sind ganz in seinem Geist geschrieben: *Das Jahrmarktsfest zu Plundersweilen, Hanswursts Hochzeit, Ein Fastnachtsspiel, auch wohl zu tragieren nach Ostern von Pater Brey, dem falschen Propheten.* In einem dieser volkstümlich-festlichen Stücke (dem unvollendeten *Hanswursts Hochzeit*) finden wir solche karnevalesken Stilmittel wie die Verwandlung von Marktplatzflüchen in Eigennamen (dafür gibt es hier mehrere Dutzend Beispiele).

150 Johann Wolfgang von Goethe, *Werke.* Textkritisch durchgesehen von Erich Trunz et al., Hamburger Ausgabe, Hamburg 1958 –. Im weiteren beziehen sich, wenn nicht anders angegeben, die Seitenangaben auf diese Ausgabe.

151 Objektiver als bei den Romantikern ist das Karnevaleske (das Groteske, die Ambivalenz) bei Heine wiedergegeben, obwohl auch bei ihm das von den Romantikern übernommene subjektive Element dominiert. Hier die für seine Wahrnehmung der Ambivalenz charakteristischen Verse aus *Atta Troll: »Wahnsinn, der sich klug gebärdet! / Weisheit, welche überschnappt! / Sterbesseufzer,* welche plötzlich / Sich verwandeln in *Gelächter*!...« (In: Heinrich Heine, *Werke,* Gedichte Band 1, Frankfurt/Main 1968, *Atta Troll,* Caput XXVII, S. 409).

152 Als Parallelbeispiel führen wir die interessante saturnalische, karneva-

leske Volkslegende über den Köng Pétaut und seinen Hof an. Sie wird auch bei Rabelais erwähnt (Drittes Buch, 4. Kapitel), in der *Mennippäischen Satire* und in Molières *Tartuffe* (1. Akt, 1. Szene). Oudin gibt folgende Erläuterung zum König Pétaut: *»Der Hof des Königs Pétaut:* Hier sind alle Herren, hier ist der Ort, wo jeder Kommandos gibt, wo man keinen Unterschied zwischen Herren und Dienern macht *(vulgär).«* Im anonymen *Essai sur les dictions (Versuch über die Sprichwörter)* aus der zweiten Hälfte des 16. Jahrhunderts heißt es: »Das ist der Hof des Königs Pétaut, wo jeder Herr ist.«

153 Über die Diablerie von Chaumont siehe Emile Jolibois, *La diablerie de Chaumont,* Chaumont/Paris 1838.

154 Siehe Otto Driesen, *Der Ursprung des Harlekin,* Berlin 1904.

155 In der Literatur des 16. Jahrhunderts gab es den karnevalesk-kulinarischen Ausdruck »Pentheus-Ragout«.

156 Die Legende, Rabelais sei kurz vor seinem Tod unnachsichtig verfolgt worden, hielt sich bis in die letzte Zeit. Abel Lefranc konnte sie jedoch widerlegen. Rabelais ist ganz offensichtlich in Ruhe gestorben, ohne die Protektion durch den Hof oder die Unterstützung einflußreicher Freunde verloren zu haben.

157 Übersetzt nach: Nikolaj Aleksandrovič Dobroljubov, *Stichotvorenija Ivana Nikitina (Die Gedichte des Ivan Nikitin), Sobranie sočinenij v devjati tomach (Werkausgabe in 9 Bänden),* Leningrad 1963, S. 167.

158 Es wäre interessant, eine vergleichende Analyse der Etymologie und der Bedeutungsnuancen verschiedensprachiger Bezeichnungen für den Feiertag zu versuchen. Entsprechendes gilt für die Festmotive in den Volkssprachen, in der Folklore und in der Literatur. Alle Ergebnisse zusammen genommen ergäben ein vollständiges Bild der Festtagswelt, des ganzen Festtagskosmos.

159 Die interessanteste Analyse des feiertäglichen Weltgefühls stammt von Otto Friedrich Bollnow: *Neue Geborgenheit – das Problem einer Überwindung des Existenzialismus,* Stuttgart 1955. Das Schlußkapitel ist der »Anthropologie des Festes« gewidmet. Der Autor zieht keinerlei historisches Material heran, unterscheidet nicht zwischen volkstümlichen (Karneval) und offiziellen Festen, ignoriert den Lachaspekt der Welt, die Volkstümlichkeit und den utopischen Charakter des Festes. Trotzdem enthält das Buch eine ganze Reihe anregender Überlegungen.

160 Auffällig ist das völlige Fehlen von Festmahl-Motiven in der Episode über das Kloster Thelem. Alle Gebäude des Klosters sind angegeben und ausführlich beschrieben, doch sonderbarerweise ist die Küche vergessen; sie scheint in Thelem keinen Platz gefunden zu haben.

161 In reduzierter Form lebt die Tradition des grotesken Symposiums natürlich noch weiter; wir finden sie im 19. Jahrhundert, z. B. in den

Tischgesprächen Beethovens, wieder; im Grunde kennen wir sie noch heute.

162 Francois Habert d'Issoudun, *Le songe de Pantagruel,* Paris 1542.

163 Diese »komische Jenseitsvision« ist gedruckt bei Karl Breu (Hrsg.), *The Cambridge Songs, A goliard's Song Book of the* XI*th Century,* Cambridge 1915.

164 Siehe Th. Wright (Hrsg.), *Latin Poems Commonly Attributed to Walter Mapes,* London 1841.

165 Als Autor des Werks wird ein »Magister Golias« genannt. Das ist das Appellativum für den Libertin, einen Menschen, der sich vom normalen Trott befreit und die Grenzen der offiziellen Weltanschauung hinter sich gelassen hat. Die Bezeichnung wurde auch für Trinker und Leute, die ein leichtsinniges Leben führen, gebraucht. Die Vaganten hießen bekanntlich auch »goliards«. Etymologisch ließe sich der Name auf zweierlei Art erklären: von seiner Ähnlichkeit mit dem lateinischen »gula« (Schlund: Völlerei) und von der Ähnlichkeit zum Namen Goliath her. Die eine wie die andere Interpretation war den Zeitgenossen bewußt, semantisch stehen sie miteinander nicht im Konflikt. F. Neri und F. Ermini haben die Existenz eines eigenen »Goliath-Zyklus« nachgewiesen. Der biblische Riese Goliath wurde von Augustinus und Beda Venerabilis als die Verkörperung des Antichristlichen dargestellt. Um diesen Goliath entstanden Legenden und Lieder, die seine extreme Freß- und Trinklust beschreiben; ganz offensichtlich hat er eine Reihe von folkloristischen Riesen verdrängt, die den grotesken Körper versinnbildlichen.

166 Den Streit zwischen dem Geistlichen und dem Ritter behandeln auch einige volkssprachliche Werke (siehe Charles Oulmont, *Les débats du clerc et du chevalier dans la littérature du Moyen-âge,* Paris 1911).

167 Gedruckt in: *Blasons, Poésies anciennes recueillies et mises en ordre par Dominique Martin Méon,* Paris 1807.

168 Zu Lebzeiten Rabelais' wurde dieses Buch siebenmal neuaufgelegt, z. T. unter anderem Titel. Es entstand unter dem Eindruck der beiden ersten Bücher von Rabelais' Roman, umgekehrt hat Rabelais es für sein Viertes Buch genutzt (für die Wurstkriegepisode und die Episode über den Riesen Blähnüsterich).

169 Hans Sachs beschreibt in seinem *Schlaraffenland* ein Land, in dem man Nichtstun, Faulheit und Völlerei schätzt und den, der die anderen auf diesem Gebiet übertrifft, auch noch belohnt. Wer mit *Leberwürsten* kämpft, wird zum Ritter geschlagen. Fürs Schlafen wird man bezahlt. Wir sehen hier die Parallele zu Rabelais' Motiven, zur Wurstkriegepisode und den Episoden über den Aufenthalt des Alcofribas im Munde Pantagruels. Doch bei Hans Sachs hat alles einen moralischen Ton, der Rabelais völlig abgeht.

170 Es war noch im 16. Jahrhundert völlig lebendig, man sieht es an den Bildern Pieter Breughels d. Ä., an den Kupferstichen *Die Fastenküche* und *Die fette Küche*, an der Skizze *Der Kampf zwischen Butterwoche und Fastenzeit* und schließlich am *Tournier zwischen Fasten und Karneval;* alle Bilder sind 1560 entstanden.

171 Zu dieser Farce siehe Louis Guyon, *Les diverses Leçons en cinq livres*, Lyon 1604, Kapitel 25.

172 Die Interpretation des hohen Turms als Phallus war Rabelais und seinen Zeitgenossen aus antiken Quellen vertraut. Dazu eine Passage aus Lukian *(Von der Syrischen Göttin):* »In diesem Vorhofe stehen auch die *Phallen,* welche Bacchus hier aufgestellt hat, und die nicht weniger als *hundert und achtzig Fuß* hoch sind. Auf einen derselben steigt alle Jahre zweymal ein Priester hinauf, der sich sieben Tage lang auf der Spitze desselben aufhalten muß. Der Zweck dieses Hinaufsteigens wird verschiedentlich angegeben. Der gemeine Mann glaubt, er bespreche sich in dieser Höhe mit den Göttern, und bete Seegen und Glück auf ganz Syrien herab, und die Götter hörten seine Bitten desto besser da er ihnen so viel näher sey.« (Lukian, *Sämtliche Werke,* Dritter Band, v, S. 321/322).

173 Hier die deutsche Übersetzung:
»›Dummes Zeug!‹ erwiderte der Mönch. ›Und wäre sie auch häßlich wie Proserpina, sie würde doch gepelzt, denn ein guter Handwerker verwendet ohne Unterschied alles, was er zu bearbeiten findet. Ich will die Seuche kriegen, wenn Ihr sie nicht bei Eurer Heimkehr geschwängert vorfindet, denn allein schon der Schatten eines Klosterkirchturms wirkt fruchtbar.‹« (S. 236).

174 Die Kritik an diesen abergläubischen Vorstellungen wird im Geist des Evangelismus geäußert, der zur Entstehungszeit dieser Passage vom König unterstützt wurde.

175 Ein analoges Motiv finden wir bei Erasmus von Rotterdam in den *Collectanea Adagiorum veterum ...*, Argentorati 1510. Auch er beginnt damit, daß der Mensch nackt geboren werde, und zieht daraus den Schluß, daß er nicht für den Krieg, sondern für die Freundschaft geschaffen sei.

176 Laurent Joubert, *Erreurs populaires et propos vulgaires touchant la médicine et le régime de santé*, Bordeaux 1579.

177 Übrigens erstreckt sich diese groteske Logik auch auf Motive aus der Natur und der dinglichen Welt, wo ebenfalls Senken (Löcher) und Erhebungen betont sind.

178 Wir erinnern an die zitierten Äußerungen Goethes aus den *Gesprächen mit Eckermann* zu Correggios *Abstillen* und Myrons *Kuh*. Was Goethe anzieht, ist eben die Zweileibigkeit, die beide Bilder auf einer niedrigen Stufe wahren.

179 Die gleiche klassische Körperkonzeption liegt auch dem neuzeitlichen Kanon des Verhaltens in Gesellschaft zugrunde. Zu den Forderungen guter Erziehung gehört: die Ellenbogen nicht auf den Tisch zu stützen, im Gehen weder einen Buckel zu machen noch mit den Hüften zu wackeln, den Bauch einzuziehen, geräuschlos zu essen, nicht zu schnaufen, den Mund geschlossen zu halten etc., d. h. den Körper auf jede nur erdenkliche Art zu schließen, abzugrenzen und seine vorspringenden Teile zu glätten. Es wäre interessant, den Kampf zwischen der grotesken und der klassischen Körperkonzeption in der Geschichte der Kleidung und der Mode zu verfolgen. Noch interessanter wäre eine Untersuchung des Kampfes der beiden Konzeptionen in der Geschichte des Tanzes.

180 Motive, die diesen Kampf wiedergeben, verbinden sich oft mit solchen, die den parallelen Kampf der individuellen Körper mit der Erinnerung an die Schmerzen der Geburt und mit dem Vorgefühl des Todeskampfes zeigen. Die kosmische Angst sitzt tiefer und ist grundsätzlicher; sie nistet sozusagen im Gattungskörper der Menschheit und bildet deshalb die Grundlage des Denkens und aller Sprachen und Motive. Die kosmische Angst ist die primäre, sie ist stärker als die individuell-leibliche Angst vor dem Tod, doch sie mischen sich manchmal in der Folklore und besonders in literarischen Motiven.Die kosmische Angst ist das Erbe der alten Machtlosigkeit des Menschen vor den Naturkräften. Die Volkskultur stand dieser Angst fremd gegenüber und überwand sie im Lachen und in der lachenden Verkörperlichung von Natur und Kosmos, denn Grundlage dieser Kultur war immer die unirritierbare Überzeugung von der Macht und dem sicheren Sieg des Menschen. Die offiziellen Kulturen dagegen nutzten und, man könnte fast sagen, kultivierten diese Angst zu Zwecken der Erniedrigung und Unterdrückung des Menschen.

181 Viel Folklore-Material über den zerstückelten steinernen Riesenkörper und seine Gerätschaften finden wir bei Salomon Reinach, op. cit. in Anm. 31, Bd. III: *Les monuments de pierre brute dans le langage et les croyances populaires (Steinbrocken in Sprache und Aberglauben)*, S. 364–433; siehe auch Paul Sebillot, *Le Folklore de France,* 4 Bde., 1904–1907, Bd. I, S. 300–412.

182 Siehe auch die Beschreibung der Bühne in den *Leiden des Herrn,* wie sie in Valenciennes 1547 aufgeführt wurden (in einer Beilage zu Louis Petit de Juleville, *Histoire de la langue et de la littérature françaises des origines à 1900,* 2 Bde., 1922–1926, Bd. II, S. 415–417).

183 In der *Rigveda* (X, 90) wird die Entstehung der Welt aus dem Körper des Menschen Purusha dargestellt: Die Götter opferten ihn und zerteilten seinen Körper nach den Regeln der Opfertechnik. Aus den einzelnen Körperteilen entstanden die verschiedenen Kasten und verschiede-

ne kosmische Phänomene: aus dem Mund die Brahmanen, aus den Armen die Krieger, aus den Augen die Sonne und aus dem Kopf der Himmel, aus den Beinen die Erde etc. In der christianisierten germanischen Mythologie treffen wir auf eine ähnliche Konzeption, doch hier entsteht der menschliche Körper aus verschiedenen Teilen der Welt. Adam ist aus acht Teilen zusammengesetzt: sein Fleisch ist aus Erde, seine Knochen aus Stein, das Blut aus Meerwasser, die Haare aus Pflanzen, die Gedanken aus Wolken etc.

184 *Die Werke des Hippokrates,* Bd. 1, v, S. 17–20.

185 Ebenda, Bd. 1, IV, S. 23–58.

186 Ebenda, Bd. 2, XI, S. 35.

187 Ebenda, Bd. 2, X, S. 54.

188 Ebenda, Bd. 2, X, S. 55.

189 Ebenda, Bd. 3, XIV, S. 80.

190 Ebenda, Bd. 1, I, S. 33/34.

191 Völlig zutreffend beschreibt G. Lote diese Sonderstellung der Medizin: »... die *Wissenschaft der Wissenschaften* war im 16. Jahrhundert die Medizin, die damals starken Einfluß hatte und viel Vertrauen genoß, was schon für das 17. Jahrhundert nicht mehr gilt.« (op. cit., S. 163).

192 Zu Rabelais' Zeit war die Auffassung, daß jeder Körperteil einem Sternzeichen entsprach, nahezu allgemein anerkannt. Sehr verbreitet waren Darstellungen des menschlichen Körpers, bei denen in seine verschiedenen Organe und Teile Sternzeichenmotive eingetragen waren. Solche Darstellungen hatten philosophisch-grotesken Charakter. Lote reproduziert in seiner Monographie (Tafel 8, S. 252/253) drei solcher Zeichnungen aus dem 15. und 16. Jahrhundert, in denen jedem Körperteil ein Sternzeichen entspricht, wobei die Sternzeichen im menschlichen Körper selbst lokalisiert sind.

193 Es ist auch ganz und gar nicht Rabelais' Stil. Doch es ist nicht ausgeschlossen, daß der Autor des Fünften Buchs den Plan oder Notizen Rabelais' vor sich hatte, die vielleicht auch den Gedanken des obigen Zitats enthielten.

194 In Dantes Welt ist der von Gott entfernteste Punkt der dreifache Schlund Luzifers, der Judas, Brutus und Cassius benagt.

195 Das Den-Hintern-Zeigen ist eine der auf der ganzen Welt verbreitetsten degradierenden Gesten. Sie kommt auch in der ältesten Charivari-Beschreibung aus dem 14. Jahrhundert, dem *Roman du Fauvel*, vor. Hier wird ein Lied über den Kuß auf den Hintern gesungen, und außerdem zeigen einige Teilnehmer ihren Hintern. Die Rabelais-Legende hat in diesem Zusammenhang folgende Anekdoten zu berichten: Rabelais habe bei einer Papstaudienz angeboten, das rückwärtige Gesicht des Papstes zu küssen unter der Bedingung, daß er es vorher ordentlich wäscht. Im Roman versprechen die Einwohner von Papimanien, bei einem Treffen mit dem Papst ebenso zu verfahren.

Bei *Salomon und Markulf* gibt es folgende Episode: Salomon weigert sich einmal, Markulf eine Audienz zu geben. Als Rache dafür ruft Markulf pfiffig den König zu sich, wobei er ihn im Ofen sitzend und den Hintern herausstreckend empfängt und verkündet: »Du wolltest mein Gesicht nicht sehen, also schau dir meinen Hintern an!«

196 Doch natürlich darf man sie nicht als Äußerungen eines abstrakten, rationalistischen Atheismus mißverstehen. Sie ist Lachkorrektiv gegen einseitige Seriosität jeder Couleur. Sie ist ein heiteres Satyrspiel, das die ambivalente, »ewig unvollendete Ganzheitlichkeit« des Lebens erneuert.

197 Diese Worte Panurges sind travestierende Anspielung auf das *Evangelium,* wo Essen als Zeichen für die tatsächliche Wiedererweckung der Tochter des Jairus genommen wird.

198 Es wurde 1886 in einem ägyptischen Grab entdeckt.

199 Diese grotesk-komischen Elemente waren, wie gesagt, im Ansatz schon in der *Vision Tungdals* vorhanden, sie wirkten auch auf die bildende Kunst. Hieronymus Bosch etwa unterstrich in einem seiner um 1500 entstandenen Panneaus zu Tungdal-Motiven besonders die grotesken Momente der Vision (der an den Ofenrost geschmiedete Luzifer verschlingt die Sünder). In der Kathedrale von Bourges gibt es Fresken aus dem 13. Jahrhundert, die das Leben und den Tod darstellen und ebenfalls die grotesk-komischen Momente herausstreichen.

200 Otto Driesen analysiert die Vision Goschelins ausführlich (Op. cit., S. 24–30).

201 Nach Ansicht zeitgenössischer Forscher (z. B. Georges Lotes) hatte Rabelais eine Vorliebe für die keltische Phantastik. Das habe sich auch darin ausgedrückt, daß er sogar in der antiken Literatur (etwa bei Plutarch) genau jene Elemente wählte, die keltischer Herkunft sind.

202 *Über die göttlichen Namen, Über die himmlische Hierarchie, Über die kirchliche Hierarchie.*

203 Das berühmte provenzalische Motiv von der »princesse lointaine« ist ein Mischmotiv, das die hierarchische Ferne des offiziellen mittelalterlichen Denkens und die reale räumliche Ferne der Volkslyrik vereint.

204 Wir weisen besonders darauf hin, daß die Freudentode der Greise mit dem Triumph der Söhne, d. h. mit dem Sieg des jungen Lebens zusammenhängen.

205 Das Buch erschien erstmals 1503, bis 1532 folgten zwei weitere Auflagen; es war sehr populär.

206 In der schon im Mittelalter sehr populären Anthologie des Valerius Maximus gibt es ebenfalls ein Kapitel »Über ungewöhnliche Tode« (Buch IX, Kapitel 12). Von hier hat Rabelais fünf Fälle übernommen. Auch in der Anthologie des Battista Fregoso *(Battista Fulgosa)* (1507) gibt es ein Kapitel über ungewöhnliche Tode; von hier stammen zwei der Beispiele Rabelais'. Beide Bücher bezeugen die Popularität der

Themen »ungewöhnlicher Tod« bzw. »heiterer Tod« im Mittelalter und in der Renaissance.

207 Wir kommen hier auf einen Aspekt der Motivik der Volkskunst zu sprechen, der bis heute nicht bemerkt wurde und nie zum Gegenstand einer Analyse gemacht wurde – der elementar-dialektische Aspekt. Bis heute befaßt man sich immer mit Phänomenen, die formal-logische Beziehungen ausdrücken, die zumindest im Rahmen solcher Beziehungen bleiben, sozusagen eindimensionale, einstimmige Phänomene, die die Statik der Motive nachzeichnen und dem Werden und der Ambivalenz fremd gegenüberstehen. Dabei ist es gerade die bildliche Dialektik, die die volkstümliche Lachkultur so interessant macht.

208 In der schon erwähnten Charivari-Beschreibung (dem *Roman du Fauvel)* heißt es: »Li uns montrent son cul au vent.«

209 Eine große Rolle spielen die unpublizierbaren Redesphären gewöhnlich in der Jugendperiode in der Entwicklung eines Schriftstellers, in der Periode, die seine *schöpferisch-originelle* Phase vorbereitet (und die immer mit einem gewissen Verstoß gegen das herrschende Weltbild verbunden ist und mit seiner wenigstens partiellen Revision). Ein gutes Beispiel ist das nichtpublizierbare Redeelement in der Sprache des jungen Flaubert. Überhaupt bietet Flauberts Korrespondenz mit den Freunden ein reiches und recht zugängliches Material für unsere Fragestellung (familiäre Redeformen, Obszönitäten, zärtliche Beschimpfung, nicht-zielgerichtete sprachliche Komik etc.). Dies gilt besonders für die Briefe de Poitevins an Flaubert und die Flauberts an Feydeau.

210 Der Ausdruck coq-à-l'âne selbst, der sprachlich Unzusammenhängendes und Inkonsequentes bezeichnet, existierte natürlich schon vorher.

211 Vertreter der historisch-allegorischen Methode versuchten, diese einzelnen Anspielungen zu dechiffrieren.

212 Diesen Charakter hat auch Panurges Lob auf die Schulden. In der italienischen Literatur war das zweideutige Lob gleichfalls sehr verbreitet. Vergleich hierzu das Lobgedicht Bernis *Lode del debito (Lob der Schulden)* und das uns schon bekannte Lob auf das Kartenspiel.

213 Ein interessantes Beispiel rhetorisierten Beschimpfungslobs in Form eines komischen Traktats ist Hans Jacob Christoffel von Grimmelshausens *Der Satyrische Pylgram* (1666). Der Untertitel lautet: »Kalt und Warm, Weiß und Schwarz«. Im Vorwort tut Grimmelshausen kund, daß außer Gott auf der Welt nichts perfekt sei, und außer dem Teufel nichts derart schlecht, daß man es in keiner Hinsicht loben könne. Im Traktat werden 20 Themen behandelt (der Mensch, das Geld, der Wein, Frauen, Waffen und Pulver, Krieg, Maskenball, Medizin u. a.), wobei zuerst jeder Gegenstand gelobt und dann erst getadelt wird, und somit zum Schluß eine Art Synthese entsteht.

214 Montaiglon, *Recueil,* Bd. I, S. 11–16.

215 Ebenda, Bd. III, S. 16–18. 216 Ebenda, Bd. V, S. 110–116.

217 Interessanterweise wiederholt Lermontovs Maksim Maksimyč dieses alte Blason auf die Engländer. Es kommt auch bei Shakespeare vor (in einer Replik Jagos im *Othello*).

218 Ende des vorigen Jahrhunderts begann man, interessantes Material über volkstümliche Blasons aus den verschiedenen Provinzen Frankreichs zu veröffentlichen. Hier einige volkskundliche Arbeiten: Henri Gaidoz und Paul Sébillot, *Blason populaire de la France,* Paris 1884; Alfred Canel, *Blason populaire de la Normandie,* Rouen 1859: Banquier, *Blason populaire de la Franche Comté,* Paris 1897.

219 Die berühmte Sottie von Pierre Gringoire *Farce du jeu du Prince des Sotz et mère sotte* (Paris 1872/73) beginnt mit einem »cri« an die Narren aller Stände. Siehe dazu Émile Picot, *Recueil général des sotties,* 2 Bde., Paris 1902–1912, Bd. II, S. 168.

220 Eine interessante Behandlung des Themas »Doppelleibigkeit« in seinem philosophischen Aspekt finden wir in Goethes Gedicht *Paria.* Das Zusammenfallen von Lob und Beschimpfung (in bezug auf die Gottheit) ist auf der thematischen (nicht stilistischen) einstimmigen Ebene so ausgedrückt:

...Und ich werd ihn *freundlich mahnen,*
Und ich werd ihm *wütend sagen,*
Wie es mir der Sinn gebietet,
Wie es mir im Busen schwellet.
Was ich denke, was ich fühle –
Ein Geheimnis bleibe das.

(Goethe, *Werke,* Hamburger Ausgabe Bd. 1, ^{6}1962, S. 365)

221 Siehe *Carmina Popularia,* herausgegeben von Wilhelm Theodor Bergk.

222 *MEW,* Bd. 1, S. 382.

223 Nach seinem Tod erhielten die Erben fast nichts mehr. Auch die Pension, die Du Bellay Rabelais testamentarisch vermacht hatte, wurde diesem, offensichtlich wegen fehlender Mittel, nicht ausgezahlt.

224 Die Identifikation von Guillaume Du Bellay und Pantagruel hat Georges Lote überzeugend aufgezeigt (op. cit., S. 387ff.).

225 Spanisch bedeutet »garganta« »Kehle«, die provenzalische Sprache kennt das Wort »gargantuon«, »Vielfraß«. Offensichtlich ist die Etymologie des Namens Gargantua dieselbe wie bei den anderen Protagonisten des Romans: Kehle, Schlund.

226 Obwohl vielleicht gewisse Wurzeln in der Nationalsprache und ein entsprechendes schwaches Bewußtsein dieser etymologischen Bedeutung vorhanden waren. Das nimmt zumindest Sainéan an (op. cit., Bd. II, S. 458).

227 Die Gegenwart zeigte auch das Gesicht des geschraubten, stilisierten

Latein der Ciceroepigonen im »Spiegel der Komödie«. Das Latein der Makkaroniker ist eine Reaktion auf den Purismus der Humanisten. Es ist keineswegs Parodie auf das Küchenlatein, syntaktisch ist es völlig korrekt, der Wortschatz jedoch ist durchsetzt mit volkssprachlichen Wörtern mit lateinischen Endungen. In die lateinische Satzkonstruktion ergießt sich die der antiken und klassischen Welt völlig fremde Welt der neuen Gegenstände und Begriffe.

228 Rabelais hatte z. B. eine deutliche Vorliebe für den Dialekt der Gascogne, weil er am energischsten klingt und die meisten Schimpfworte, »jurons« und Flüche zu bieten hat. Eine lobende Beschreibung dieses Dialekts finden wir auch bei Montaigne (in den *Essais,* Buch 2, Kap. 17).

229 Claude Odde de Triors, *Joyeuses Recherches de la langue Toulousaine,* herausgegeben von F. Noulet, Toulouse 1892.

230 Das Mittelalter kannte nur eine primitive *Komik der fremden Sprache.* So gibt es in den Mysterienspielen recht oft Rede in nichtexistenten Sprachen, die durch ihre *Fremdheit* und *Unverständlichkeit* Lachen hervorrufen sollen. Sinnhaltiger ist der Gebrauch fremder Sprachen in der berühmten Farce *Maistre Pierre Pathelin.* Hier spricht der Held bretonisch, flämisch, limousinisch, lothringisch, picardisch und normannisch, schließlich makkaronisches Latein und »Grimoire«, eine nichtexistente Sprache. Ähnliches gibt es bei Rabelais in der Episode mit Panurge, der Pantagruel in sieben Sprachen antwortet, darunter auch in zwei erfundenen.

231 Zu den Prinzipien der Übersetzung schrieb Estienne Dolet *La manière de bien traduire d'une langue en aultre* (France (?) 1540). Joachim Du Bellay räumt in seiner *La défense et illustration de la langue françoise* (Paris 1549) den Prinzipien der Übersetzung viel Platz ein. Zu den Übersetzungen aus jener Zeit siehe Pierre Louis Joseph Villey-Desmeserets, *Les sources d'idées,* Paris 1912. Hilfreiche Analysen übersetzerischer Methoden gibt René Sturel in *Jacques Amyot, traducteur des Vies parallèles de Plutarque* (Paris 1909) (Hier wird die erste Fassung der Übersetzung Amyots analysiert, woran allgemeine Züge der Übersetzung des 16. Jahrhunderts deutlich werden).

232 Siehe Dieterich, *Pulcinella,* S. 82. 233 Ebenda, S. 250.

234 »Die Art und Stimmung der antiken Possen wie der Atellanen und vieles ähnlichen wird nur dem offenbar, der einmal über den Pulcinella von Neapel mit ganzer Seele gelacht hat. Es ist eine göttliche Frechheit und Ungeniertheit in diesem leichtfüßigen Sohn des sonnigen Campaniens.« (ebenda, S. 266).

235 Natürlich nimmt das Volk auch selbst am weltgeschichtlichen Drama teil, doch es unterscheidet sich von den übrigen Beteiligten durch seine Fähigkeit zum ambivalenten Lachen und sein Recht darauf.

Michail Bachtin
Die Ästhetik des Wortes

Herausgegeben und eingeleitet von Rainer Grübel
Aus dem Russischen übersetzt von
Rainer Grübel und Sabine Reese
Frankfurt/Main 1979
edition suhrkamp 967. 367 Seiten

Michail Michajlovic Bachtin (1885 bis 1975), Altersgefährte der russischen Formalisten, hat eine eigene Methodik entwickelt, welche die Sprache im Rahmen einer semiologischen Kulturtheorie zu erfassen trachtet. Bachtin bestimmt Sprache als *dialogische Handlung.* Unser Band vereinigt Aufsätze, die in den Jahren 1919 bis 1974 entstanden sind. Sie gelten dem ästhetischen Problem des Wechselverhältnisses von Inhalt, Material und Form in der Wortkunst, der Struktur- und Funktionsgeschichte des Wortes im Roman, dem Gegensatz von offizieller und inoffizieller Lachkultur bei Rabelais und Gogol sowie einer Kritik der strukturalistischen Literaturwissenschaft.

François Rabelais
Gargantua und Pantagruel

Mit den Illustrationen von Gustave Doré
Herausgegeben von Horst und Edith Heintze
Erläutert von Horst Heintze und Rolf Müller
Frankfurt/Main 1974
insel taschenbuch 77. 2 Bände. 896 Seiten

»Für Rabelais mußt Du Dir Zeit nehmen: er ist nichts für moderne Diagonalleser, die über der Geschwindigkeit des Begreifens das Begreifen selbst vergessen. Rabelais selbst hat sein ganzes Leben an dem Werk gearbeitet. Zuerst erschien Buch II Pantagruel zu Lyon 1532, Buch I Gargantua kam 1535 heraus, das dritte Buch folgte 1546 und das vierte 1548. Über die Echtheit des 5. Buches streiten sich die Gelehrten. Es lag 1564 vor und basiert zweifellos auf Entwürfen Rabelais', der 1553 starb. Fremde Hände haben sie vervollständigt und redigiert, ohne jedoch den Stil und den Geist der anderen Bücher zu treffen. Auf das Leben und die Gestalt Rabelais' kann ich Dich nur neugierig machen. (...)
Tu Dir also den Gefallen und nimm einmal den Rabelais vor. Du wirst, wenn Du geduldig herangehst, wahre Wunder erleben. Nach den Erfahrungen, die ich mit dem unerschöpflich heiteren Werk gemacht habe, glaube ich Dir dies versprechen zu können.«
Herbert Heckmann